Karl der Große

Thomas R. P. Mielke, 1940 als Sohn eines Brasilienpastors in Detmold geboren, lebt in Berlin. Nach einer Ausbildung zum Fluglotsen und dem Besuch der Werbeakademie Hamburg arbeitete er drei Jahrzehnte als Kreativdirektor in internationalen Werbeagenturen. Neben historischen Bestsellern wie »Gilgamesch«, »Attila« und »Colonia« schrieb er weitere historische Romane und Romanbiografien. Seine Bücher erreichen sechsstellige Auflagen und wurden in mehrere Sprachen übersetzt.

Dieses Buch ist ein Roman. Die Handlung ist frei erfunden, wenngleich in das historische Umfeld eingebettet. Einige Personen, Orte, Ereignisse, Zeitangaben und Schreibweisen sind historisch belegt, einige sind es nicht oder in heutiger Lesart verwendet. Letzteres gilt besonders für das noch nicht abschließend geklärte Geburtsjahr Karls des Großen.

THOMAS R.P. MIELKE

Karl der Große

Der Roman seines Lebens

ÜBERARBEITETE NEUAUSGABE

emons:

Bibliografische Information der Deutschen Nationalbibliothek
Die Deutsche Nationalbibliothek verzeichnet diese Publikation
in der Deutschen Nationalbibliografie; detaillierte bibliografische
Daten sind im Internet über http://dnb.d-nb.de abrufbar.

© Emons Verlag GmbH
Alle Rechte vorbehalten
Umschlagmotiv: Monogramm Karls des Großen von 781
Gestaltung Innenteil: César Satz & Grafik GmbH, Köln
Druck und Bindung: CPI – Clausen & Bosse, Leck
Printed in Germany 2015
Erstausgabe 2013
ISBN 9783954511709
Überarbeitete Neuausgabe

Unser Newsletter informiert Sie
regelmäßig über Neues von emons:
Kostenlos bestellen unter
www.emons-verlag.de

Inhalt

Vorwort
1. Der Papst und das Kind
2. Ränkespiele
3. Die Pippinische Schenkung
4. Vom Bastard zum Gesalbten
5. Geisel in Pavia
6. Das erste Fähnlein
7. Ritt gegen die Araber
8. Die aquitanische Frage
9. Riskanter Ruhm
10. Zwei Königskinder
11. Tod eines Hausmeiers
12. König der Franken
13. Ein Sachse kommt
14. Mission an der Götterbrücke
15. Bauern, Äbte, Geometer
16. Zerstörer der Irminsul
17. Über die Alpenmauer
18. Die Langobardenkrone
19. Sachsentaufe
20. Das Rolandslied
21. Die Weserfestung
22. Das Dachtelfeld-Massaker
23. Verdener Blutgericht
24. Der letzte Sachsenfürst
25. Mit Rom gegen Baiern
26. Tassilos Untergang
27. Drei Königspfalzen
28. Neue Pläne
29. Verdammte Donau

30. Revolte in Regensburg
31. Der Schatz der Awaren
32. Königsboten
33. Das Attentat auf den Papst
34. Das Kaiserkomplott
35. Herrscher des Abendlandes
36. Von Gott verlassen
37. Ein Stern verglüht

Anhang:
Nachwort
Personen
Stammtafel Vorfahren
Stammtafel Geschwister und Nachkommen
Literaturauswahl

Vorwort

IBU DU MI ENAN SAGES, IK ME DE ODRE WET.

»Wenn du nur einen sagst, ich mir die anderen weiß«, heißt es in einem berühmten Vers des Hildebrandsliedes – dem einzigen Fragment, das noch aus Karls germanischem Liederbuch stammt und nicht wie andere Dokumente gleich nach Karls Tod Opfer der ersten groß angelegten Büchervernichtung in der Geschichte Europas wurde.

Neben lateinisch abgefassten Werken hatten die mündliche Überlieferung sowie nicht schriftlich gesicherte Verlautbarungen zu Karls Zeit einen wesentlich glaubhafteren Informationswert als zu Beginn des 21. Jahrhunderts. Seltsamerweise entdeckt gerade die heute heranwachsende Generation, wie Namen von einzelnen Menschen oder bestimmte Reizworte ganze Wolken von Zusammenhängen wecken.

Karl und seine Gefährten waren keineswegs eine staatstragende Elite mit klarem Ziel und heldischem Auftrag. Aber sie bildeten eine interaktive Gruppe aufeinander eingeschworener »Edelinge«. Sie zelebrierten Klassizismus als Spiel und pflegten ihre Männergemeinschaft unweit von Camelot, der Götterdämmerung und anderen großen Familiensagas der menschlichen Geschichte.

Vieles von Karl und seinen Kampfgefährten, seinen Ehefrauen, Geliebten und Kindern wurde bereits zu ihren Lebzeiten aus unterschiedlichsten Blickwinkeln weitererzählt. Schreibweisen von Namen und Orten, die Jahreszahlen und das Würdigen oder Verschweigen bestimmter Ereignisse verbergen sich auch heute noch in einem fast mystisch-liebenswerten Unschärfenebel.

Auch die Chronisten im audiovisuellen Zeitalter neigen dazu, den Wert der Dinge nach Beweisbarkeiten in der Denkweise der sogenannten Aufklärung zu bestimmen.

Was aber, wenn bereits die Reichsannalen des Klosters Lorsch geschönte Hofberichterstattung sind und Eginhard/Einhard als einziger Zeitzeuge Karls in seiner »Vita Caroli Magni« mehrfach

Frauen und Kinder, Jahreszahlen und Zusammenhänge verwechselt?

Wenn zudem im »Roman seines Lebens« von Paderborn, Regensburg oder Venedig gesprochen wird, ist das zwar eine Hilfe für den Leser, aber streng genommen geschichtlich unwahr, da es diese Namen damals noch nicht gab.

Aus Karls Regierungszeit sind heute 261 Urkunden bekannt. 41 davon sind mit Schreibfehlern gespickte Originale, 122 noch fehlerhaftere Kopien und 98 nachgewiesene Fälschungen. Karls Leben ist 1.200 Jahre lang umgeschrieben und nach den unterschiedlichsten Absichten gedeutet worden. Weltweit gibt es Tausende von Arbeiten über Karl den Großen, Charles the Great oder Charlemagne – aber nicht einmal eine Handvoll Romane (was nichts anderes als »verständliche Sprache« bedeutet) über das Leben dieses Mannes, das im Wortsinne bewegter war als irgendein anderes.

1.200 Jahre nach seinem Tod sollte Karl deshalb das Recht erhalten, auch einmal Mensch zu sein – ein ganz normaler Mensch.

Thomas R. P. Mielke
Berlin im Jahr vor 2014

1

Der Papst und das Kind

Die Ohren der Stute spitzten sich. Gleichzeitig schnaubte die Braune in die viel zu frühe Winterkälte. Von allen Pferden der kleinen Reiterschar, die sich am Rand der vereisten oberen Rhone flussaufwärts kämpfte, trug die Stute die leichteste Last.

»He, Karl, pass auf!«, rief der versetzt hinter ihm reitende Anführer der Kriegergruppe. »Sieh nach vorn und nicht auf die Ohren der Mähre!«

»Sie hat etwas gehört!«, antwortete der Junge, und seine hellblauen Augen blitzten stolz. Er ärgerte sich über die ständigen, eigentlich gut gemeinten, aber verletzenden Belehrungen seines Onkels. War er nicht groß genug, um mit seinen fellumwickelten Füßen festen Halt in den Steigbügeln zu finden? Hatte er den Wintereinbruch bereits im November nicht ebenso durchgehalten wie die in Schafspelze gehüllten Männer mit ihren Ohrenwärmern unter Helmen aus Leder und Eisen? Auch ihre Gesichter waren vor Kälte und Anstrengung gerötet. Was machte es da, dass er selbst erst in einigen Tagen seinen zwölften Geburtstag feiern würde?

Natürlich wusste er, welche Auszeichnung es war, dass er zusammen mit den besten Männern des Frankenkönigs einem besonderen Ereignis entgegenreiten durfte.

»Wenn eintrifft«, murmelte er den längsten und schwersten Satz, den er je auswendig gelernt hatte, »wenn eintrifft, worauf das ganze Frankenreich von der Bretagne bis Baiern wartet, das kranke Rom hofft, was der König der Langobarden mit aller Macht zu verhindern versucht hat und was die islamischen Herren Hispaniens, den christlichen Kaiser von Byzanz und den blutrünstigen Kalifen von Damaskus mit Sorge erfüllte, dann ... ja dann wird dieser Tag den Beginn einer neuen Epoche einleiten.«

Ein großer Tag, denn 753 Jahre nach Christi Geburt wollte erstmals ein Papst nördlich der Alpen erscheinen. Und das auch nur, weil er beim König der Langobarden in Pavia kein Gehör gefunden hatte.

Der junge Königssohn hatte mitbekommen, was die Erwachsenen sprachen, doch eigentlich interessierte ihn die großartige Landschaft viel mehr. Noch nie zuvor hatte er derartige Berge gesehen. Die Walliser Alpen kamen ihm wie Wirklichkeit gewordene Weltenwunder aus den uralten Sagen und Überlieferungen der Ahnen vor, wie Asgard, die Burg der germanischen Götter, wie Utgard, die Felsenwildnis, und weit entfernt von Midgard, dem Land der Menschen. Hier hätten die Wipfel der Weltesche Yggdrasil in den Himmel hinaufragen können. Das Schnauben der Pferde, das Klirren der Waffengehänge und die gelegentlichen Warnrufe der Reiter vor und hinter ihm klangen genau so, wie er sich immer die ersten Ausritte der Uralten vorgestellt hatte.

Der Anführer der Reiterschar merkte, wie es in Karl arbeitete. »Was ist denn, Blondschopf? Noch immer beleidigt, dass ich dich heute Morgen im Kloster über dem Grab des heiligen Moritz zurücklassen wollte?«

»Nein«, sagte Karl und presste seine vor Kälte schmerzenden Lippen zusammen. Gekränkt und dennoch stolz drehte er den Kopf zur Seite. Seit sie die Königspfalz von Ponthion in der Champagne verlassen hatten, war kaum eine Stunde vergangen, in der Onkel Bernhard ihn nicht gerügt, auf Fehler in seinem Verhalten hingewiesen und immer wieder belehrt hatte.

»Komm, Junge«, beschwichtigte Bernhard. Er ritt dicht neben Karl und legte ihm den Arm um die Schulter. »Ich meine es doch nur gut. Du bist ein großer, schöner Kerl, mutig und königlich in deinem Denken, aber du musst noch lernen, dass Träumereien ebenso tückisch sind wie das Eis hier am Ufer des Flusses.«

Karl hörte die Worte seines Onkels, aber er wollte sie nicht verstehen, denn gleichzeitig bewegten sich erneut die Ohren seiner Stute.

»Siehst du das?«

Er sah seinen Onkel herausfordernd an. Er war ebenso wie sein Vater Pippin ein Sohn des berühmten Karl Martell. »Die Stute hört, was du nicht hörst! Und ich bemerke es, deshalb werde ich eines Tages größer und besser sein als du!«

Bernhard lachte. »Karl, ich fürchte mich vor dir!«, rief er dröhnend. Er war der Anführer der Abordnung, die sein Halbbruder als König der Franken dem Papst entgegenschickte. Er lachte erneut, dann beugte er sich vor und ließ sein Pferd noch riskanter über die mehrschichtigen Eisplatten am Felsenufer staksen.

»Dein Hengst hat auch etwas gehört!«, rief Karl ihm nach. »Ich glaube, sie kommen … dort oben, an der Nordflanke des Mons Jupiter …«

Er deutete zum gewaltigen Bergmassiv, das aus dem engen Flusstal der oberen Rhone wie eine unüberwindliche, bis in den Himmel aufragende Mauer aussah. Bernhard zügelte seinen schwarzen Rappen, legte die Hand über die Augen und blinzelte über die strahlenden Schneeflächen hinweg zum dunklen Teil des Mons Jupiter.

»Vor so hohen Bergen müssen wir Flachländer uns vorsehen«, rief er Karl zu. »Wir stammen vom unteren Rhein und haben kein Gefühl für die Gefahren des Hochgebirges.«

Im gleichen Moment drang das ferne Echo eines Trompetensignals bis zu den Männern.

»Sie kommen, sie kommen!«, riefen die Reiter, die sich seit Tagen im Sattel hielten. Karl spürte die Aufregung, und auch die Pferde schienen die tagelangen Anstrengungen zu vergessen. Selbst Bernhards Rappe fing sich wieder und sprang mit einem weiten Satz neben Karls Stute.

»Unglaublich!«, sagte Bernhard und bewunderte die bunten Flecken hoch oben im Schnee. »Sie haben es geschafft! Ausgerechnet in der kalten Jahreszeit kommt ein Papst aus Rom über die Alpen. Stephan II., in Rom abgeholt, beschützt und begleitet durch unsere beiden besten Kirchenmänner.«

Karl konnte sich kaum an den Abt Fulrad von Sanct Denis erinnern. Er hatte ihn nur einmal gesehen. Von Burchard von Würzburg wusste er nur, dass er ein Schüler des großen Missionars Bonifatius sein sollte.

»Und wie findest du das alles, Junge?«, rief Bernhard vergnügt.

»Ich glaube, dass es sehr wichtig ist.«

»Wichtig? Nur wichtig?« Bernhard lachte noch lauter. »Es wird der größte Triumph deines Vaters sein! Denk doch – der Papst aus Rom, der mächtige Bischof der Christenheit … dieser Mann kommt unter unserem Schutz durch das gefährliche Aostatal und die Bergriesen ins Frankenreich! Und was will er? Ich sage es dir: Er will die Macht deines Vaters … gegen die Langobarden, die Araber, gegen die Oströmer in Konstantinopel und gegen die schlaff gewordenen Adelsfamilien am Tiber, die längst vergessen haben, was Rom einmal war. Sie lassen Schafe rund um den Lateranpalast weiden! In Rom, Karl, verstehst du?«

Karl überlegte, was er über Rom wusste. Bisher hatten ihm seine Lehrer mehr über die Völkerwanderung, die germanischen Stämme und über die Merowinger als schwache Frankenkönige erzählt. Kaum ein Tag war vergangen, an dem er nicht etwas vom Ruhm und der Kraft seines Vaters gehört hatte, der vor Kurzem noch Hausmeier der fränkischen Merowingerkönige und nicht selbst König der Franken gewesen war.

Rom … ja, was war Rom? Eine vage Erinnerung an ein Weltreich, das seit Jahrhunderten keine Bedeutung mehr hatte. Karl wusste, dass es überall an den großen Strömen und selbst in den düsteren Wäldern von Gallien, Austrien und Neustrien alte Kastelle, verfallene Städte und Reste von gepflasterten Römerstraßen gab. Er hatte sogar etwas aus der Schrift von Caesar über den Krieg der Römer in Gallien gelesen, auch wenn er die Sätze noch nicht nachschreiben konnte. All die Geschichten von den versunkenen Königreichen gefielen ihm, weil sie groß, voller Abenteuer und wie ein Ziel für ihn selbst waren.

»Träum nicht schon wieder!«, rief Bernhard. »Was soll denn der Papst vom Sohn das Frankenkönigs denken? Komm, bleib noch zwei Stunden wach, dann treffen wir ihn!«

Karl wusste nicht, was er erwartet hatte, aber mit Sicherheit nicht das, was er jetzt sah … Der Zug des Papstes war keine glanzvolle Prozession, sondern sah viel eher wie ein jämmerlich wirkender Abstieg frierender Saumtiere aus. In der Mitte der mühsam näher kommenden Gruppe wurde ein unsicherer Zelter an ledernen Gurten geführt. Von seinem Brustgeschirr spannten sich weitere Leinen bis zu einer durch den Schnee tiefer rutschenden Kuhhaut, auf der sich eine vermummte Gestalt festklammerte.

»Ist das der Papst?«, fragte Karl ungläubig. Sein Onkel wischte sich über seinen mit Eisperlen bedeckten Schnurrbart.

»Scheint so«, sagte er. Das, was er sah, schien ihm ebenso wenig zu gefallen wie den anderen. »Aber vergiss nicht, dass dieser Mann seit Oktober unterwegs ist. Und unsere beiden edelsten Kirchenfürsten, die ihn jetzt begleiten, waren vor zwei Jahren schon einmal in Rom.«

»Ich weiß«, sagte Karl. »Sie sollten den damaligen Papst Zacharias fragen, ob es gut sei, dass derjenige König heißt, der zusammen mit seinem Sohn ins Kloster Prüm geschickt wurde und nur noch den Titel hat, oder ob nicht viel eher derjenige der wahre König ist, der alle Macht in seinen Händen hat.«

»Wer hat dir das gesagt?«, fragte Bernhard verwundert.

»Viele«, antwortete Karl. »Ich habe zugehört, wenn sich die Edlen und auch die Knechte darüber unterhielten. Und Vaters Frage an den Papst muss gut gewesen sein, sonst wäre doch immer noch der Merowinger Childerich III. König der Franken, oder?«

»Darüber könnte man lange streiten«, seufzte Bernhard.

Karl spürte, dass es Geheimnisse der Macht geben musste, von denen er nichts ahnte. »Auf jeden Fall hat die Reichsversammlung in Soissons vor zwei Jahren uns zum König gewählt«, sagte er. »Ich war dabei, und ich habe selbst gesehen, wie Bonifatius meinen Vater salbte. Und wie der letzte König der Franken aus dem Geschlecht der Merowinger geschoren und ins Kloster geschickt wurde ...«

»Dann pass schön auf, dass du nicht ebenfalls die Kutte bekommst!«

Karl schnalzte abfällig.

Aus irgendeinem Grund hatten die Reiter an einer Schleife des Flusses an einer mehrere Fuß hohen Felswand angehalten. Bernhard schickte einen Grafen aus seiner Begleitung vor. Der viel zu schwer bewaffnete Graf Rupert stammte aus dem oberen Rheingau. Er kam bereits nach wenigen Augenblicken wieder. »Sie bauen sich ein Zelt auf. Ich denke, dass sie den Papst vor seiner ersten Begegnung mit uns umkleiden.«

»Auch das noch!«, schimpfte Bernhard. »Und mittlerweile frieren wir uns hier die Ärsche ab!« Er sah sich hektisch um, dann zeigte er auf eine ausgewaschene Stelle am Flussufer.

»Wir sitzen ab und schlagen dort drüben Feuer. Holz haben

wir mit. Und für einen Becher heißen Wein sollte die Zeit reichen!«

Steifbeinig rutschte er von seinem Pferd und übergab es einem Pferdeknecht. Karl folgte ihm. Sie sahen zu, wie die Waffenknechte ein kleines Feuer im Schnee auflodern ließen und einen Kessel für den Wein aufhängten. Die Männer, die bisher wie angewachsen auf den Rücken der Pferde gehangen hatten, liefen aufstampfend im Kreis herum, schlugen die Arme zusammen und versuchten, die Kälte aus ihren Körpern zu vertreiben.

»Verrückt, was?«, schnaubte Bernhard.

»Ich weiß nicht, was du meinst«, sagte der junge Königssohn.

»Na ja, da läuft der heiße Schweiß aus allen Körperfalten – gleichzeitig frieren uns Nasen und die Finger ab … hier, sieh mal meinen Bart …« Er beugte sich zu Karl hinüber, zerrte an seinem Bart und brach sich plötzlich einen ganzen Eiszapfen aus seinem blonden Haargestrüpp. Karl wollte nicht, aber er musste lachen.

»Jetzt hast du dir den halben Schnurrbart abgebrochen!«

Bernhard, der Krieger, Heerführer und Halbbruder des neuen Frankenkönigs, starrte ungläubig auf das Eisstück in seinen Fingern. Mit seinem dichten Büschel aus blonden Haaren sah er wie ein wässriger Pinsel aus den Schreibstuben der Mönche aus.

»Hach!«, sagte Bernhard, nachdem er sein Erstaunen und seinen Ärger hinuntergeschluckt und seine edlen, aber vereisten Barthaare weggeworfen hatte. Er drehte sich um und stampfte mit seinen in graugrüne Binden gewickelten Beinen durch den Schnee. Karl hatte Mühe, ihm zu folgen. Sein Fellmantel und das extra für ihn geschmiedete Kurzschwert schleiften, und mit jedem Schritt sank er bis zu den Kniehosen ein.

Der Platz, an dem die Knechte laut lärmend ein Feuer angezündet hatten, war beinahe schneefrei, aber glatt und gefährlich.

»Herrgott, warum ausgerechnet hier?«, fluchte einer der jungen Reiter. Karl sah, wie Bernhard sein Gesicht verzog. Mit seinem halben Schnurrbart sah es ziemlich schief aus.

»Hör auf zu grinsen!«, fauchte er Karl an.

»Aber ich grinse doch gar nicht …«

»Natürlich grinst du! Jeder hier grinst!«

»Die Männer frieren«, sagte Karl. »Nur deshalb verziehen sie den Mund ...«

»So?«, fragte Bernhard und hielt sich die Hand vor sein Gesicht. »Meinst du wirklich?«

Karl nickte ernsthaft. Er blickte auf das lodernde Feuer, über dem der Kessel mit rotem gewürztem Wein zu singen begann. »Ein halber Schnurrbart sieht nicht gut aus«, sagte er nachdenklich.

»Ja, und? Was soll ich tun?«, fauchte Bernhard.

Karl hob die Schultern. Er überlegte eine Weile, und eine kleine Falte bildete sich auf seiner kindlich glatten Stirn. »Du könntest deinen Helm abnehmen und den Kopf schnell durch die Flammen des Feuers dort bewegen.«

»Bist du wahnsinnig? Soll ich mit Kindereien Gott den Allmächtigen erzürnen! Das würde mir die Haare und auch noch den Kinnbart ansengen.«

»Ja«, sagte der Junge mit seiner hellen Stimme. »Genau das soll es ja!«

Bernhard zuckte zusammen. Erst jetzt begriff er, was der nicht einmal Zwölfjährige ihm vorschlug. Karl wollte ihn nicht quälen, ihn nicht verletzen oder zum Narren halten. Im Gegenteil! Klar und vorausschauend empfahl er seinem Onkel den kurzen Schmerz der Flammen für den zerstörten Bartschmuck anstelle des Gelächters, das Bernhard nicht vermeiden konnte, wenn er so vor den Papst träte und zum Königshof zurückkehrte.

»Du meinst, ein paar verkohlte Haare ...«

»... sind besser als ein halber Schnurrbart!«

»Verdammt, verdammt!«, murmelte Bernhard. »Aber der Papst könnte jeden Augenblick um den Felsen kommen.«

»Dahinten ist er schon«, stieß Karl unnachgiebig und ein wenig atemlos hervor. »Na los, Onkel Bernhard!«

»Dass ein so kleiner Kerl so grausam sein kann ...«

»Ich bin viel größer als alle anderen in meinem Alter!«, stellte Karl fest. »Außerdem ist mein Gedanke nur gut für dich!«

»Ja, ja, das weiß ich doch!«

»Und warum wartest du dann?«

»Weil ich mich erst daran gewöhnen muss, dass dieses Kind vor mir nicht nur klar denken, sondern auch herrschen und befehlen kann!«

»Ich habe nichts gesagt, was du nicht machen könntest.«

»Genau das ist es!«, stieß Bernhard rau und irgendwie vergnügt hervor. »Man darf nur das befehlen, was man auch durchzusetzen weiß. Merk dir das, Karl! Es ist die erste Regel jedes Herrschertums.«

Bernhard kraulte noch einmal seinen malträtierten Bart, dann stampfte er zum Feuer, ließ sich einen Becher mit heißem Wein geben, trank ihn, ohne zu pusten, mit einem langen Schluck leer, rülpste, wie um sich Mut zu machen, und rutschte so vollendet aus, dass niemand merkte, wie er mit voller Absicht unter dem Weinkessel ins Feuer glitt.

Mehrere Männer schrien auf. Einige sprangen hoch und griffen nach Bernhards Beinen. Sie zogen ihn auf dem Rücken liegend heraus, warfen Schnee über sein Gesicht und löschten gleichzeitig mit heißem Rotwein die vielen kleinen Flammen seines Pelzes. Graf Rupert schlug Bernhard mehrmals ins Gesicht. Der schon vom heißen Wein rotnasse Schnee wurde durch die verkohlten Bartreste und Wollfäden immer schmutziger.

Karl ging vorsichtig um das Feuer und seinen Onkel herum. Ihre Blicke trafen sich, und Karl erkannte sofort die große Frage in den Augen seines Onkels.

»Gut so!«, meinte er. Er wandte sich an Graf Rupert. »Meine Mutter sagt immer: ›Mit Ringelblumen auf den Wunden ist zum März der Schmerz verschwunden.‹«

Als der Papst mit seinem frierenden, völlig erschöpften Gefolge ankam, musste keine Seite große Worte machen. Doch dann geschah etwas sehr Sonderbares, denn niemand bei den Franken war darauf vorbereitet, an Bernhards Stelle zu treten. Es war Karl, der kaum zwölfjährige Sohn des Frankenkönigs, der den Papst aus Rom ohne Furcht begrüßte.

»Salve, Pontifex Maximus!«, rief er so, wie es sein Vater tat, wenn er beim Märzfeld über die Köpfe von vielen hundert Kriegern hinwegbrüllen musste. »Sei höchst willkommen bei uns im Frankenreich! Gibt es bei euch in Rom auch so Schnee?«

Der Papst zuckte bei jedem Wort wie unter einem Peitschenschlag zusammen. Er verzog sein Gesicht, als würde ihm die helle Kinderstimme trotz seiner pelzbesetzten roten Kappe sehr schmerzhaft in den Ohren klingen. Derartig überrascht, hockte er in all seiner Pracht und Würde wie erstarrt auf seinem Zelter und ließ wie ein Weib beide Beine nach einer Seite hängen. Er öffnete den Mund, bewegte die Lippen und brachte dennoch keinen Ton hervor. Bischof Burchard und Abt Fulrad warfen sich ziemlich entsetzte Blicke zu. Mit einer derartigen Begrüßung hatten auch sie niemals gerechnet.

»Ein Kind!«, keuchte Papst Stephan II. schließlich. »Bin ich den Franken etwa nur so viel wert, dass mir weder ihr König noch einer ihrer Großen entgegenkommt?«

»Darf ich dir Karl vorstellen?«, rief der schmalgesichtige, asketisch wirkende Abt von Sanct Denis geistesgegenwärtig. »Er ist der Sohn von König Pippin ...«

»Der Thronfolger?«, fragte der Papst misstrauisch.

»Ja«, bestätigte Bischof Burchard mühsam. Sein vor Kälte gerötetes, fleischiges Gesicht wurde noch roter. Er griff sich an die Brust und begann zu keuchen. »Er und sein kleiner Bruder Karlmann ... sind König Pippins einzige Söhne.«

Noch ehe der Papst etwas entgegnen konnte, brach Bischof Burchard zusammen. Megingaud, sein ebenfalls rotgesichtiger engster Vertrauter, versuchte ihn aufzufangen. Es war, als hätte der erste Bischof von Würzburg gerade noch die Kraft gehabt, den Papst über die Alpen zu begleiten.

Die Sonne senkte sich den ehedem weiß-blau strahlenden Gipfeln der Berge zu. Die Schatten in den Tälern wurden dunkler, und Kälte zog wie ein Gespenstertuch über soeben noch helle Schneematten.

Fast hundert Reiter, Edle, Geistliche, Bedienstete und Sklaven zogen im Tal der Rhone zum Genfer See hinab. Voran ritt Bernhard mit vier Waffenknechten. Ihm folgten Karl, fränkische Reiter und ein Gemisch frierender Römer. In ihrer Mitte hing Papst Stephan wie eine hohe Dame auf seinem Zelter, der auch bei Schnee und Eis den Passgang nicht vergaß. Es hatte lange gedauert, bis er durch die vereinten Bemühungen Bernhards und der fränkischen Kirchenfürsten wieder milder gestimmt war. Zuerst hatte Karl nicht verstanden, worum es eigentlich ging, doch dann war ihm klar geworden, dass er mit seinem guten Willen fast eine Katastrophe verursacht hatte. Den Abschluss bildeten die leise betenden Würzburger mit dem bewegungsunfähigen Korpus ihres Bischofs und Abt Fulrad mit den Mönchen seines Klosters, die sie von Anfang an begleitet hatten.

Kurz vor Sanct Moritz schloss sich schreiend und singend fränkisches Fußvolk an. Die Männer schlugen das Kreuzzeichen vor Brust und Kopf, warfen sich vor dem Pferd des Papstes in den Schnee und krochen dessen Spuren wie einer heiligen Blutspur hinterher.

Der Papst hatte seinen wärmenden Fellmantel über den Rücken seines Zelters gelegt. Hoch aufgerichtet und eingehüllt in den roten Ornat für höchste Feiertage, thronte er wie ein König auf seiner Mähre. Nach all den Tagen und Wochen der Qual und Erniedrigung genoss er die Anbetung, die seiner würdig war.

Es war längst dunkel im Tal der Rhone, als der Zug aus Reitern und Fußvolk endlich das Ufer des großen Alpensees erreichte. Sie bogen zum Nordufer hin ab. Schneller als üblich wurden Zelte errichtet, drei, vier Feuer entzündet, Kessel an hölzernen Stangen aufgehängt, Schnee, klein geschnittenes Fleisch und teils gefrorenes, teils getrocknetes Wurzelgemüse zusammengeschüttet und zu Suppen gekocht.

Fast alle Männer kamen zur Abendmesse. Papst Stephan segnete und sprach ein Gebet für den daniederliegenden Burchard. Er predigte über die schwere Aufgabe christlicher Missionare in den von Heiden bewohnten Gebieten nördlich des früheren römischen Limes-Grenzwalls und über die gottgewollte Aufgabe der Frankenkönige. Beiläufig verkündete er, dass Megingaud Bischof Burchards Erbe antreten sollte.

Anschließend holten sich alle einen guten Schlag heiße Fleischsuppe, schlürften Schluck um Schluck und wärmten sich die Hände an ihren irdenen Näpfen und Holzschalen, kauten auch ein paar Bucheckern oder den Sterz – das harte, dauerhafte Brot aus Schrot, das nicht so schnell den Schimmel ansetzte. Sie redeten nicht viel dabei. Einige machten sich noch etwas Met heiß, dann zogen sie sich nach und nach zurück und putzten mit Werg, Bienenwachs und Wolle die eisernen Lamellen ihrer Helme und die Ringe der Kettenhemden. Jeder von ihnen pflegte sorgsam den Teil der Ausrüstung, auf den er ganz besonders stolz sein konnte. Einige kämmten Helmschweife aus langem Rosshaar oder von ihren Mädchen. Andere pinkelten vorsichtig in kleine Öllampen aus Ton, rührten mit einem Pfeilende weißen Kalkstaub, Gerbsaft von ausgepressten Eicheln und Bibergeil zu einer glatten Paste. Sorgfältig walkten sie jede Schnur und jeden Fleck aus Leder an Harnisch, Helm und Ausrüstung damit ein. Erst spät blickten die Letzten noch einmal zum Polarstern am kalten Nachthimmel, ehe sie sich endlich unter die schwer gewordenen Felldecken legten.

Bernhard und Karl blieben als Letzte wach. Nur noch ein kleines Öllicht hing an einer Schnur von den Zeltstangen herab.

»Was meinst du, warum dieser Papst mitten im Winter zu deinem Vater kommt?«, fragte Bernhard.

»Das weiß ich doch«, antwortete Karl. Er dachte darüber nach, wie Onkel Bernhard sich fühlen musste: Zuerst verliert er seinen halben Bart, dann brennt er sich die restlichen Gesichtshaare ab, und wie zum Hohn wäre beinahe auch noch der Empfang des Papstes misslungen.

»Lass hören, was du weißt«, hakte Bernhard nach und tat, als wäre der Tag vollkommen normal verlaufen, gähnte und warf sich nochmals zur Seite. Karl wusste es besser. Er war überhaupt nicht müde. Hellwach blickte er zur kleinen Flamme des Öllichtes hinauf. Draußen war fast alles still. Nur ein paar Männerstimmen waren zu hören. Für Karl gehörte es seit seinen frühesten Kindertagen zu den schönsten Ereignissen eines zu Ende gegangenen Tages, wenn er noch ein wenig über Gott und die Welt, die Uralten und Ahnen, über ferne, geheimnisvolle Königreiche und all ihre Geschichten hören und sich später auch unterhalten konnte. Er liebte die Sagen und Märchen, die von den Frauen in der Spinnstube erzählt wurden. Sie gehörten ebenso zu seiner Welt wie das Klirren der Waffen und das Schnauben der Pferde.

Erst vor Kurzem hatte er entdeckt, dass es wahre und unwahre

Geschichten gab. Nicht, dass er jede Mär als Lüge empfand, aber es kam ihm vor, als würden die Männer um seinen Vater die gleichen Vorgänge ganz anders beschreiben und beurteilen als Frauen und Kinder. Ihm fiel selbst auf, dass er sich mehr und mehr bemühte, nach Männerart zu antworten und zu berichten.

»Südlich der Alpen hat der neue Langobardenkönig Aistulf von seiner Hauptstadt Pavia aus den Kampf um den Dukat von Rom und die Pentapolis wieder aufgenommen«, sagte der kaum Zwölfjährige ernsthaft und mit großen, blinkenden Augen. »Er ist ein wilder Hund und will ein Königreich Italien mit der Hauptstadt Rom.«

»Gut gelernt«, meinte Bernhard. »Aber so wild ist Aistulf gar nicht. Dein Großvater Karl Martell zum Beispiel hat überhaupt nichts gegen ihn gehabt. Immerhin hat er Pippin, deinen Vater, genau deshalb von einem Langobarden adoptieren lassen.«

»Ging das denn?«, fragte Karl nachdenklich. Er hatte nie verstanden, warum sein eigener Vater nicht nur der Sohn von Karl Martell, sondern auch Adoptivsohn des Langobardenkönigs Liutprand gewesen war. »Wie kann jemand Sohn oder Tochter eines anderen werden, nur weil einige Notare nicken und ein Stück Pergament unterschrieben wurde?«

»Nun, Karl Martell war ziemlich gut befreundet mit dem Langobarden«, sagte Bernhard und reichte ihm einen Holzbecher mit heißem Würzwein. »Beiden ging es um Baiern. Deshalb heiratete Liutprand die Agilolfingerprinzessin Guntrud und dein Großvater Karl Martell ihre Schwester Swanahild. So konnten beide ihren Machtbereich bis nach Baiern ausdehnen. Und in den dreißiger Jahren – nach dem Sieg über die Sarazenen bei Tours und Poitiers – wurde Pippin als Adoptivsohn nach Pavia geschickt.«

»Ja, aber da war Vater schon dreiundzwanzig und kein Kind mehr!«, sagte Karl, nachdem er kurz im Kopf die Jahreszahlen nachgerechnet hatte. »Kann man denn Erwachsene einfach adoptieren?«

»Oh ja«, lachte Bernhard halblaut. »Auch das ist hohe Politik. Immerhin hatte Karl Martell mehrere Söhne, mich eingeschlossen, und Liutprand nur eine Tochter. Wenn alles wie geplant gelaufen wäre, hätte mein Halbbruder Karlmann die Frankenkrone übernommen und dein Vater Pippin wäre König von Italien geworden.«

»Ich später etwa auch?«, fragte Karl entsetzt.

»Vielleicht, vielleicht auch nicht«, sagte Bernhard und nahm laut schlürfend einen großen Schluck heißen Weines. »Liutprand war eigentlich ein guter König. Er konnte weder lesen noch schreiben, aber er unterstützte mehrmals den Papst gegen den Kaiser in Byzanz ... bis er selbst gegen die Pentapolis und Rom vorging. Und erst im Alter, als er kränkelte, wurde er nachgiebig und schwach gegenüber den Einflüsterungen seiner Berater. Nach ihm blieb sein Neffe und Mitkönig Hildeprant nur noch wenige Monate im Amt.«

»Was geschah dann?« Karl hatte bisher eher gelangweilt von den Langobarden gehört. Ihn interessierte die Geschichte seiner eigenen Familie viel mehr. Ebenso wie die Geheimnisse und Verschwörungen der Merowingerkönige und der Burgunder mit Siegfried, Hagen von Tronje, Wieland dem Schmied und all den anderen, von denen am abendlichen Kaminfeuer in einer der vielen Pfalzen oft erzählt wurde.

»Die Edlen der Langobarden wählten Ratchis, den furchtlosen Sohn des Herzogs von Friaul, zu ihrem neuen König. Doch nur mit großer Mühe konnte Ratchis seinen Bruder vom Königsmord zurückhalten ...«

»Ach so«, sagte Karl. »Jetzt kann ich mir schon denken, was passierte ...«

»Na? Was?«, fragte Bernhard und spuckte vom Wein rot gefärbte Kräuter in den Schnee.

»Warte, gleich«, sagte Karl. Er überlegte angestrengt und deutete dabei mit der rechten Hand mehrfach und schnell in verschiedene Richtungen. »Also«, meinte er dann, »erstens muss das lange Bündnis zwischen uns und den Langobarden einen Bruch bekommen haben ...«

»Stimmt«, sagte Bernhard. »Ratchis ließ sogar die alten Festungen in den Alpentälern wieder aufbauen.«

»Und zweitens könnte etwas mit Rom passiert sein.«

»Treffer!«, sagte Bernhard und rülpste. »Du bist ein kluges

Kerlchen, Karl. Leider lebt Zacharias, dieser weitsichtige Papst aus Griechenland, nicht mehr. Stephan II. ist Römer. Wie er wirkt, hast du ja selbst gesehen! Trotzdem ... wenn alles wie verhandelt und geplant verläuft, erhält der Papst das gesamte Land südlich von Padua einschließlich der byzantinischen Provinzen.«

»Und wir?«

»Pst!«, zischte Bernhard und lachte leise. »Na, was wohl?«

»Den Rest?«, fragte Karl.

»Aber schweig darüber, verstanden? Das alles ist so streng geheim, dass selbst die Zeltleder abgewaschen werden müssten, die meine Worte jetzt gehört haben!«

Draußen waren die Feuer bis auf die Glut vor drei vermummten Wachtposten längst im geschmolzenen Schnee erloschen. Ein paar der Frankenkrieger in ihren Zelten schnarchten, furzten innig oder knirschten noch eine Weile mit den Zähnen. Dann legte sich die Stille der sternklaren Winternacht über das Lager und schloss das Buch jenes Tages, der auch in mehr als tausend Jahren unvergessen sein sollte ...

Der lange Weg durch die verschneiten Wälder und über die eisigen Berge Burgunds bis zur Königspfalz von Ponthion in der Champagne dauerte zwölf Tage. Zweimal lagen Getötete am Wegesrand, einmal ein nackter Gefrorener, dessen Mund noch immer wie ein vornehmer jüdischer Mercatore lächelte, ein andermal konnte niemand mehr die Gesichter des Paares in blutigen Lumpen erkennen, das wohl vergeblich versucht hatte, sein kleines Kind zwischen sich vor räuberischen Nachtvögeln oder Bären zu schützen.

Erst in den letzten Tagen, nachdem sie die vereiste Marne überquert hatten, kamen der Papst, sein Gefolge und die Abordnung des Frankenkönigs fast ohne Zwischenfälle voran. Nur einmal hatte kurz vor Sonnenaufgang ein Haufen halb verhungerter Pilger versucht, ein paar Vorräte zu stehlen. In einer anderen Nacht, dicht vor Chalons an der Marne, waren hungernde Wölfe im Mondlicht aufgetaucht. Feurige Fackeln hatten schnell beide Ereignisse beendet.

Am Tag darauf schickte Bernhard einen Boten voraus. Und

dann geschah, was die Berater Pippins schon vor Monaten rund um die Truhe mit dem halben Mantel des heiligen Martin geplant hatten …

Am 6. Januar des Jahres 754, dem Dreikönigstag, näherte sich Papst Stephan mit seinen Begleitern dem Hofgut, in dem der neue Frankenkönig überwinterte. Von einem flachen Hang aus wirkte der erste Blick auf das Geviert aus langen Wohnhäusern mit umlaufenden Balkonen, Stallungen, Höfen mit bunten Zelten und kahlen Obstbäumen wie das Gemälde aus einer fremden Welt. Der innere Bereich wurde durch einen hohen Palisadenzaun geschützt. Überall stiegen dünne Rauchfahnen in den blassblauen Winterhimmel. Schon von Weitem ließ sich erkennen, dass Pippins Hofstaat sehr viele Menschen umfassen musste.

Immer mehr Reiter und dann auch Fußvolk sammelten sich am Saum des Winterwaldes. Bernhard hatte den rechten Arm gehoben. Niemand wagte, an ihm vorbeizureiten oder den Schnee vor seinem Pferd mit seinen Füßen zu berühren. Nur Karl, der junge Königssohn, verstand nicht, was nun vorging. Er trieb sein Pferd bis an die Seite seines Onkels.

»Warum geht es nicht weiter?«

»Ganz ruhig, Junge!«, befahl Bernhard leise. »Du kannst mich alles fragen, aber nicht jetzt.«

Im gleichen Augenblick sah Karl, wie sich vom Hofgut aus eine seltsame Prozession in Bewegung setzte. Reiter um Reiter kam durch das Haupttor. Helme und Brustharnische blitzten im Licht der frühen Wintersonne. Lanzen mit bunten Bändern und farbenprächtige Fahnen stellten sich auf. Dann kamen Pferde, die die allerhöchsten Berater des Frankenkönigs trugen. Sie wurden angeführt von Graf Rupert von Hahnheim und dem alt und verhutzelt wirkenden, aber von jedermann geachteten und verehrten Bischof Chrodegang von Metz.

Und dann kam Pippin der Kurze – nicht eingehüllt in einen wärmenden Pelz, sondern im vollen farbenprächtigen Glanz seines Königsornats. Obwohl er noch sehr weit entfernt war, erkannte Karl, dass sich sein Vater sogar die goldene Merowingerkrone auf sein wallendes blondes Haar gesetzt hatte.

Dreitausend Doppelschritte waren zu überwinden, und es schien, als hätte Pippin der Kurze sämtliche Männer seines Winterlagers aufgebracht, um jenen Römer zu empfangen, der sich als oberster Apostel der Christen aufgemacht hatte, um ihn, den ehemaligen Verwalter der Frankenkönige, zu sehen.

Es wurde Mittag, ehe Pippin und sein Gefolge den Rand des Waldes erreichten, an dem der Papst seit Stunden wartete. Von Nordwesten her zogen ganz langsam schwere Wolken über den Himmel. Und als der Augenblick gekommen war, griff Bernhard in die Zügel von Karls Stute und führte sie zur Seite. Er brauchte Platz für die historische Begegnung zwischen dem Papst der Christenheit und dem König der Franken.

Mehrere Male wollte Karl fragen, was das alles bedeuten sollte, und jedes Mal hob Bernhard nur die Hand.

»Später, Karl, später!«, wehrte er ab. Karl sah, wie das Pferd seines Vaters bis zu dem kleinen Erdbuckel aufstieg, auf dem der Zelter des Papstes leise schnaubend stand. Und dann geschah etwas ganz Ungeheuerliches – etwas, das Karl so tief verwirrte, dass er fast aufgehört hätte zu atmen …

Sein Vater, der große neue König der Franken, der Held so vieler Schlachten, stieg von seinem reich geschmückten Pferd, ging auf die Mähre des Papstes zu, beugte sich über die beiden zur linken Seite hinunterhängenden Füße von Stephan und küsste sie.

»Nein!«, keuchte Karl. Er spürte, wie die harte Hand seines Onkels ihn zurückhielt. »Sei still!«, befahl Bernhard. »Dein Vater übernimmt jetzt den Marschallsdienst für den Papst aus Rom.«

»Warum? Warum?«

»Du wirst verstehen!«, versprach Bernhard. »Ich schwöre dir, dass du verstehen wirst.«

Karl musste sich zwingen, seiner Tränen Herr zu werden. Er sah, wie sich sein Vater vor dem Papst auf den Boden warf, wie er durch Schnee und Schmutz kroch, dann aufstand und die Zügel des Zelters in die Hand nahm. Pippin führte das Pferd des Papstes wie ein niederer Stallknecht die ganze Strecke bis in den Hof der Winterpfalz.

Und Karl ritt hinter ihm. Er weinte.

2

Ränkespiele

Am nächsten Tag wachte Karl spät auf. Der Kaplan des Hofgutes hatte bereits mehrere Messen gelesen. Überall in den Gebäuden und in den Innenhöfen klangen die Stimmen und der Lärm der Gerätschaften viel leiser und gedämpfter als sonst. Karl blieb noch eine Weile in der Wärme der Bettfelle liegen. Er dachte darüber nach, was er in den letzten Wochen und am vergangenen Tag gesehen und erlebt hatte. Erst als er im Nebenzimmer das Juchzen seines kleinen zweijährigen Bruders Karlmann und dann die warme Stimme seiner Mutter hörte, schlug er die Felle zur Seite und richtete sich auf.

Es war kalt und dunkel in seinem Zimmer. Er zog die Schultern zusammen, rieb sich über die Augen und gähnte. Die Reise bis in die Alpen war doch sehr anstrengend gewesen. Er rutschte von seinem Lager und tappte zum Wasserbecken unter den vom Balkon aus geschlossenen Fensterläden. Mit ausgestreckten Fingern durchbrach er die dünne Eisschicht auf dem Wasser. Ein paar Spritzer für das Gesicht mussten genügen, denn noch am vergangenen Abend hatte er wie alle anderen in einem großen Holzzuber mit heißem Wasser gebadet. Seine Mutter Bertrada selbst hatte ihn mit Seifenkraut gewaschen, liebevoll abgetrocknet und ihm ein neues, selbst gewebtes und genähtes Hemd für die Nacht gegeben. Karl hatte ihr berichtet, was er erlebt hatte – so lange, bis er in ihren Armen eingeschlafen war.

Er trocknete sich mit einem rauen Leinentuch ab, dann öffnete er eines der kleinen Fenster und stieß die Außenluken auf. Draußen fiel Schnee. Die großen, weichen Flocken sanken so dicht nach unten, dass er kaum das Schnitzwerk des Balkongeländers erkennen konnte. Deshalb also klangen die Stimmen und Geräusche von draußen so gedämpft.

Er lief zum Schemel, auf dem ihm seine Mutter neue Kleidungsstücke hingelegt hatte. Sie kamen ihm wie nachträgliche Geschenke zum Weihnachtsfest vor. Es war das erste Mal gewesen, dass er den höchsten Feiertag fern von Vater und Mutter zugebracht hatte. Schnell kleidete er sich an. Er zog ein zweites Leinenhemd über, schlüpfte in lange Strümpfe, legte das Wams aus Schaffell an, das bis zu seinen Oberschenkeln reichte, gürtete sich und band die weichen Lederschuhe um seine Füße.

Als er die Tür zum Nebenzimmer öffnete, kam ihm wohlige Wärme entgegen. Seine Mutter und einige ihrer Hofdamen saßen in einem großen Raum mit einem Kaminfeuer an der Stirnwand. Drei der Frauen spannen, zwei andere stickten, und seine Mutter fütterte Karlmann mit warmem Gerstenschleim.

»Ist seine Amme nicht da?«, fragte Karl. Er merkte sofort, dass er etwas Falsches gesagt hatte. Bertrada trug ein langes, besticktes Hauskleid nach Art der Merowingerkönige, das von einem siebenfach gewebten Gürtel und einer rot emaillierten goldenen Fibel unter dem linken Schlüsselbein zusammengehalten wurde. Ihr blondes Haar fiel in weichen Wellen über ihre Schultern. Sie drehte sich halb zu ihm um und deutete einen Kuss in seine Richtung an.

»Willst du uns keinen Christengruß wünschen?«

»Gelobt sei Jesus Christus«, sagte Karl gehorsam. »Ich wünsche dir, Mutter, und deinen edlen Damen einen Guten Tag.«

»Und deinem Bruder Karlmännchen nicht?«

Karl verzog sein Gesicht. »Er kann doch noch nichts verstehen.«

»Dennoch solltest du dich allmählich daran gewöhnen, dass du einen Bruder hast«, sagte Bertrada. »Karlmännchen wird bald drei Jahre alt, und er ist geboren, als euer beider Vater bereits König war. Demnach werdet ihr euch eines Tages sein Reich teilen müssen.«

»Ich werde zwölf«, sagte Karl trotzig. »Und ich wurde geboren, als Vater noch Hausmeier der Merowinger war ... Majordomus, wie es die Gallier im Westen und die Lateiner ganz fein nennen. Aber ich weiß trotzdem, dass ich nur ein Bastard bin! Ihr wart eben nicht verheiratet, als ich geboren wurde. Und Vater hat dich nur deshalb doch noch zu seiner Frau gemacht, weil er König werden wollte.«

»Karl! Wie kannst du so etwas sagen!«

»Stimmt es denn nicht? Vater musste nachweisen, dass er gesunde Nachkommen zeugen kann. Erst da hat er sich an uns erinnert, und schnell: Große Versammlung, Schwertknauf auf Schild geschlagen … da warst du plötzlich die Königin und ich der Thronfolger! Und jetzt soll ich das mit diesem Bettnässer teilen.«

Bertrada übergab Karlmann an eine hereingeschlüpfte Amme. Sie streckte die Arme in Richtung Karl aus. Zögernd und unwillig ging er auf sie zu.

»Allmählich solltest du damit aufhören«, sagte sie sanft. »Ich habe dir doch oft genug erklärt, wie schwierig all das auch für mich und deinen Vater war.«

Karl sehnte sich plötzlich nach der Zeit zurück, als er sie in den schönen und stillen Sommertagen, an den bunten Herbstnachmittagen und den warmen Winterabenden für sich allein gehabt hatte. Er war sieben Jahre alt gewesen, als er den fremden Mann zum ersten Mal gesehen hatte, von dem seine Mutter nur traurig erzählt hatte. Er war mit einer lauten, lärmenden Reiterschar in den Frieden des Waldes eingebrochen, hatte noch von seinem Pferd aus Bertrada aufgehoben, geküsst und lachend vor sich gesetzt.

Kein anderer Tag erschien Karl schlimmer gewesen als jener, an dem er seine geliebte Mutter und Freundin an Pippin den Kurzen, den Räuber, den Herrscher, den Vater, verloren hatte. Bertradas Verrat an ihm war noch grausamer geworden, als er miterleben musste, wie sich ihr Leib wölbte und sie ihm sagte, dass er demnächst ein Brüderchen oder ein Schwesterchen haben würde. Es war ein Bruder geworden, ein kleines, hässliches Tier, das Karl vom ersten Schrei an hasste. Hatte sein Vater nicht ebenfalls seinen Bruder verachtet? Jenen, der auch Karlmann hieß und der nicht in der Lage gewesen war, seinen grausamen, blutrünstigen Sieg über die Alemannen am Lechfeld im Baierischen zu ertragen?

Karlmann, der Ältere, war ins Kloster gegangen. Warum sollte sein eigener Bruder mehr Rechte genießen? Karl starrte auf den Quälgeist und malte sich aus, wie eine Tonsur auf dessen Blondschopf aussehen würde.

»Ist alles wirklich so schwer?«, fragte Bertrada sanft. Sie lächelte verschmitzt, dann legte sie ihren Arm um ihn.

»Ich habe Hunger«, antwortete Karl.

»Möchtest du etwas Gerstenschleim mit Honig?«

»Nein. Ich will Wild, und zwar am Spieß gebraten, wie es die Krieger essen!«

»Doch nicht als Morgenspeise«, meinte Bertrada lachend.

»Als ich mit Onkel Bernhard unterwegs war, haben wir immer Braten gegessen!«, behauptete Karl. »Höchstens mal Fleischsuppe oder Fisch.«

»Ihr seid Verschwender«, seufzte Bertrada und hob scherzhaft drohend den Finger.

Kurz nach der Mittagsruhe hörte der Schneefall auf. Diener und Knechte des königlichen Hofgutes begannen damit, mit Reisigbesen die Wege freizufegen. Und als die Sonne sich rötlich über den Wäldern im Westen niedersenkte, kam König Pippin aus dem Langhaus, in dem er stundenlang mit seinen edelsten Beratern gesprochen und gestritten hatte.

Gut dreißig Männer begleiteten den Frankenkönig in die kleine Kapelle vor den Palisaden. Jeder von ihnen trug die Insignien seiner Stellung. Pfalzgraf und Seneschall, Mundschenk und Kämmerer sowie die Bischöfe Megingaud von Würzburg und Fulrad von Sanct Denis samt Priestern ihrer Klöster traten nacheinander in das schlichte, seit Stunden durch eiserne Feuerschalen vorgeheizte Gotteshaus ein. Ganz zum Schluss schlüpfte auch noch Karl ungesehen in die Kapelle.

Die Edlen und Geweihten des Hofstaates neigten ihre Köpfe vor jener Truhe vor der Apsis, in welcher der halbe Mantel des heiligen Martin aufbewahrt wurde. Die andere Hälfte hatte der ehemalige römische Krieger einem Bettler geschenkt, weil er kein Geld hatte, um es mit ihm zu teilen. Jeder fränkische Schwertträger war fest davon überzeugt, dass Karl Martell die Sarazenen nur deshalb bei Tours und Poitiers überwunden hatte, weil Martins Mantel heilige Kräfte besaß.

Pippin, seine Bischöfe und die Ethelinge des Hofstaates ließen sich im Chorgestühl nieder. Die anderen blieben im leeren, stuhllosen Kirchenraum stehen. Sie alle wussten, dass sie jetzt nur warten mussten. Und dann, nach langem Schweigen, öffnete sich das Hauptportal. Stephan II., der Papst aus Rom, kam leise betend über die Schwelle. Er trug das farblose, bis auf den Grund gebleichte Büßergewand. Unmittelbar vor dem Chorgestühl warf er sich auf die Knie und neigte den Kopf, bis seine Lippen die Schuhe von König Pippin berührten.

»Frieden deiner Seele«, sagte Pippin und schlug das Zeichen« des Kreuzes. Nicht einer sah das kurze Aufblitzen in seinen Augen.

»Erhebe dich, Stephan, und berichte uns, was dich bedrückt!«

Der Papst blieb knien. »Ich bitte dich um Hilfe für den heiligen Petrus und seine Kirche«, antwortete er in die atemlose Stille des Kirchenraums. »Du weißt, wir sind bedroht durch vielfältige Gefahren. Südlich der Alpen nimmt Aistulf, König der Langobarden, den Kampf gegen den Dukat von Rom und das Patrimonium wieder auf. Er will ein Königreich Italien mit der Hauptstadt Rom. Das Exarchat Ravenna ist bereits erobert. Damit stehen alle Zufahrtswege nach Rom unter langobardischer Kontrolle. Rom ist praktisch von der Welt abgeschnitten. Ich habe nicht einmal gewagt, eine offizielle Delegation zu schicken, um eure Dankesschuld einzulösen, die ihr Papst Zacharias, meinem geliebten Vorgänger, durch seine Salbung schuldet. Stattdessen musste ich einem per Schiff nach Gallien heimkehrenden Pilger meinen Brief an euch mitgeben.«

»Wir haben diesen Brief gelesen«, sagte Pippin abweisend. »Aber wie konntest du annehmen, dass der König der Franken den Papst heimlich entführen lassen würde, um ihm dann eine Residenz in Gallien, Neustrien oder Austrien zuzuweisen?«

»Hat nicht Zacharias im Jahr 739 das Gleiche vorgeschlagen?«, fragte Stephan II., wie um sich zu entschuldigen.

»Ja, das ist richtig«, meinte Pippin zustimmend. »Rom muss seit ein paar Jahren recht ungemütlich für die Päpste sein. Aber wir haben auch erkannt, wie gefährlich das alles ist. Bei dem geringsten Fehler wären wir Franken als Papstentführer angeprangert worden. Außerdem dürft ihr nicht vergessen, wie wachsam die Zuträger Ostroms sind … Konstantinopel hat genug mit seinen

inneren Problemen und mit der Abwehr der immer angriffs-
lustigeren Anhänger dieses angeblichen Propheten Mohammed
zu tun, aber es schläft nicht, und Kaiser Konstantin kann noch
immer Untertanenpflicht von dir und uns verlangen!«

»Was redest du von diesem … diesem Kopronymus?«, rief
der Papst aufbrausend. »Ein Kaiser, der bei seiner Taufe ins Becken gepinkelt hat. Nicht er ist mein Problem, sondern diese
langbärtigen Germanen, die vor zweihundert Jahren bis nach
Venetien und Ravenna, Pavia und Verona vorgedrungen sind.
Ihnen genügt nicht mehr, was sie schon haben. Sie wollen alles –
ganz Italien …«

»Vergiss nicht, wen du anklagst«, sagte Pippin streng. »Die
Langobarden waren stets bündnistreu. Sie haben meinen Vater
bei seiner Schlacht gegen die heidnischen Sarazenen so mutig
unterstützt, dass er ihnen sogar seinen jüngsten Sohn und meinen
Bruder zur Adoption mitgab.«

»Ich weiß, ich weiß«, seufzte der Papst mit einer unterwürfigen
Geste. »Aber ich frage dich, ob du als gesalbter König des großen
Frankenreichs es zulassen kannst, dass Aistulf in seiner Rücksichts-
losigkeit und Machtgier nicht einmal mehr vor der Heiligkeit
Roms und dem Patrimonium zurückschreckt. Ich habe keine
Legionen und keine gepanzerten Reiter. Aber du hast sie, Pippin.
Kannst du, der du doch ebenfalls Petrus, den Apostelfürsten
unseres Herrn Jesus Christus, verehrst, mich, seinen gewählten
und damit legitimen Nachfolger, in der Stunde der Gefahr für
ein paar schäbige Vorteile im Stich lassen?«

Ein Murren ging durch den hohen Kirchenraum. Einige der
Männer griffen bereits nach ihren Waffen. Pippin hob beide
Hände. Er wartete, bis wieder Ruhe eingekehrt war.

»Du gehst zu weit, Stephan!«, sagte er warnend. »Außerdem
haben viele edle Franken nach gemeinsamen Schlachten Blutsbrüderschaft mit den Langobarden getrunken. Auch wenn ich
selbst Aistulf nicht besonders mag – er hat Freunde unter den
fränkischen Adeligen, auch hier an meinem Hof. Mächtige Für-
sprecher, deren Einfluss ich nicht einfach übergehen kann …«

»Ich bitte nur, dass du erkennst, worum es wirklich geht …«

»Du willst dein Fell retten!«

»Nein, unsere heilige, geliebte Kirche …«

»Dein angenehmes Leben …«

»Ach, bin ich nur für diese Demütigung bereits im Herbst von Rom aufgebrochen?«, klagte der Papst. »Habe ich dafür alle Strapazen auf mich genommen, am Hof von Pavia, wo man mich nicht einmal hören wollte, und in den eisigen Bergen der Alpen?«

»Ich sehe, dass du sehr erschöpft bist«, nickte Pippin. Er neigte seinen Kopf zur Seite und beriet sich leise mit Abt Fulrad und dessen bischöflichem Amtsbruder aus Würzburg. Zum Schluss tuschelten sie auch noch mit Erzbischof Chrodegang von Metz, dem höchsten aller Kirchenfürsten im Reich der Franken.

»Nun gut, Papst Stephan«, sagte Pippin schließlich. »Wir sind einverstanden, dass du ein paar Tage hierbleibst und dich dann in meinem Hofgut in Quierzy erholst. Abt Fulrad lädt dich ein, vor Ostern in sein Kloster von Sanct Denis bei Paris zu kommen. Von dort aus kannst du bis zu deiner Rückkehr nach Italien die Amtsgeschäfte als Oberhaupt der Kirche führen.«

»Ich danke euch«, sagte der Papst. »Doch … was geschieht in der Zwischenzeit mit der Gefahr der Langobarden?«

»Wir werden nachdenken, den Rat der Edlen einholen und eine Lösung finden«, versprach der Frankenkönig.

»In nomine patris et filiii et spiritus sancti«, antwortete der Papst.

Die nächsten Wochen waren mit intensiven Verhandlungen ausgefüllt. Tag für Tag verließen reitende Boten mit bewaffneten Begleitern das Hofgut an der Marne. Andere Botschaften kamen aus Italien in der verschneiten Champagne an. Karl war nicht bei jedem Gespräch dabei. Dennoch wusste er ebenso wie die Großen in der Umgebung des Frankenkönigs, dass sein Vater keinen Krieg wollte.

»Zu viel verbindet uns Franken und die Langobarden«, meinte auch seine Mutter. »Aber ebenso viel steht bei einem Waffengang gegen sie auf dem Spiel. Komm, wir sehen lieber einmal nach, was aus den Würsten von den Schlachttagen geworden ist.«

Ganz genau wusste sie, womit sie ihren Ältesten locken konnte.

Er lief sofort los, und sie hatte Mühe, seinem vergnügten Lachen durch Räume mit niedrigen Balkendecken, über Ziegelfußböden verwinkelter Treppenaufgänge und schließlich über die dröhnenden Holzplanken bis zu den Lagerräumen der miteinander verbundenen Wohnhäuser, Ställe und Magazine zu folgen.

Die Königin und ihr Sohn leisteten sich diese Spiele sonst nur, wenn der König ausgeritten oder in ganz anderen Gebäuden beschäftigt war. Dann lief sie leichtfüßig wie ein junges Mädchen in ihrem langen kastanienfarbenen Wollkleid mit dem halb offenen dunkelgrünen Mantel, gefütterten Bundschuhen mit weichen Sohlen und ohne Kopfbedeckung über den gefegten Innenhof der Pfalz.

Auch jetzt hatte sie ihr dichtes Blondhaar nur zu einem losen Knoten im Nacken gebunden und anders all die anderen Frauen nicht einmal ein wärmendes Halstuch umgelegt. Sie hielt nichts von Handschuhen und Kopfbedeckungen. Karl wusste noch, wie gern sie es früher gehabt hatte, wenn ihr der Regen über ihr Gesicht rann. Nur in einem ganz bestimmten schmückenden Kleidungsstück unterschied sich Bertrada durch nichts von den Frauen und Mädchen zwischen der Grenzmark der Bretonen und des Herzogtums Baiern, den Sächsinnen und den Frauen der Langobarden: Denn so wie die Männer Gürtel und Messer und Schwertgehänge trugen, hing bei allen Frauen wie auf eine geheime Verschwörung hin ein langes Band oder ein Lederriemen vom metallverzierten Gürtel hinunter, an dem sichtbar Amulette, durchbrochen gegossene Zierscheiben aus Bronze und kleine Gerätschaften wie Kamm, Scherchen und Nadelbüchsen angesteckt waren.

Karls Mutter hatte so viel Schmuck, Gold und Geschmeide in edelsteinverzierten Schatullen, aber auch in einfachen, mit Goldblech beschlagenen Kästen, wie es sich für eine Königin der Franken gehörte. Karl wusste, wie sehr sie ihre alten Kleinodien mochte, die noch von ihrer Mutter Bertrada, der Schwester von Plektrud aus Colonia, stammten. Letztere war damals mit Pippin dem Mittleren und damit Karls Urgroßvater verheiratet, als dieser mit seiner Nebenfrau Chalpaida seinen Großvater Karl Martell zeugte.

Sie hatte ihm viel von Bertrada der Älteren, ihrer sanften Großmutter, und deren habgieriger Schwester Plektrud erzählt. Diese Großtante hatte vor fünfzig Jahren fast die Familie vernichtet. Vielleicht war es der Hass auf die Bastarde Childebrand und Karl Martell gewesen. Unmittelbar nach Pippins Tod verschwanden beide in Kerkern von Aquis Grana und Colonia am Rhein. Auch ihr eigener Sohn Grimoald war ihr nicht gut genug gewesen. Stattdessen wollte sie selbst anstelle des unmündigen, von ihrem Sohn und Merowingerhausmeier Grimoald mit einer Geliebten gezeugten Enkel Theudobald das Reich regieren. Doch Karl Martell, der Halbbruder von Grimoald, entkam dem Kerker. Er fand eine eingeschworene Gefolgschaft und bezwang Schlag für Schlag die Neustrier in den Ardennen und in Cambrai, dann die Friesen und die Sachsen. Mit seinen großartigen Siegen über die vordringenden Araber hielt dieser Mann das ganze Frankenreich fest in einer Hand. Und mehr denn je waren damit die Merowingerkönige zum Abstieg verurteilt.

Für Karl war Plektrud eine ebenso böse Frau wie jene sagenhafte Brunichild, die als Tochter des Westgotenkönigs Gattin des Merowingerkönigs Sigibert geworden war und nach seiner Ermordung anno 575 für achtunddreißig Jahre anstelle ihres Sohnes, ihres Enkels und ihres Urenkels die Königsmacht in ihren Händen festgehalten hatte. Brunichild war erst in ihrem siebzigsten Lebensjahr, verlassen vom Burgunderadel ihrer Pfalz, an Chlothar II. ausgeliefert worden. Und seine Rache hieß drei Tage Folterung und schließlich das Ende voller Blut und Schrecken, bei dem der Leib der Greisin von wilden Pferden totgeschleift wurde.

Er wusste nicht, warum er gerade jetzt wieder an diese beiden Frauen denken musste. Doch wie so viele Geschichten von den Ahnen und Begebenheiten, wie sie Tag für Tag in den Spinnstuben und abends an den Feuern überall im Frankenreich erzählt wurden, gehörten die Berichte über Brunichild und Plektrud einfach dazu. Karl fand, dass man so schön schaudern konnte, wenn man die bekannten Gräuel und Intrigen immer wieder hörte. Andererseits wusste er längst, dass hinter vielen der Erzählungen aus jenen fernen Zeiten oftmals auch Gleichnisse und

Hinweise verborgen waren, die man nur suchen und verstehen musste.

Manchmal, wenn Karl sah, wie seine Mutter irgendwo saß und ihre Finger versonnen am einen oder anderen Erbstück spielten, wünschte er, mehr von fernen Zeiten zu erfahren. Er wollte mehr hören von den Alten der Bibel und den Großreichen der Antike, den Druiden der Kelten und von den ersten Franken, dem sagenhaften König Merowech und den Anfängen seiner eigenen Familie.

Karl hing noch immer sehr an seiner Mutter. Sie war für ihn wie eine Freundin, eine Schwester, die Frau, die er, ohne zu fragen, in die Arme genommen und geheiratet hätte. Er wusste, dass es nicht möglich war, aber er überlegte oft, wenn er nicht schlafen konnte, was wohl geworden wäre, wenn Pippin nicht darum gekämpft hätte, nach dem alten Geschlecht der Merowingerkönige sich selbst und seine Nachkommen zu neuen Königen der Franken zu erheben. Hätte sein Vater ihn dann überhaupt anerkannt?

»Ich hasse, hasse, hasse ihn!«, murmelte er manchmal, obwohl er das eigentlich nicht wirklich meinte. Auch seine Mutter bekam etwas von seinem Zorn ab, dazu der kleine Karlmann, der ganze Hofstaat und alle Edlen, die seinen Vater zum König ausgerufen hatten. Es war schon alles sehr verzwickt, denn gleichzeitig bewunderte er den großen, starken Mann, vor dessen kurz gebelltem Wort selbst Äbte, Bischöfe und Grafen nur noch den Kopf neigten, um ihm Gehorsam anzuzeigen. Und er bewunderte, wie seine Mutter sich verändert hatte.

Sie war vom Mädchen, das verlassen wurde und in den Spinnstuben der Weiber Trost empfangen hatte, zur stolzen, klugen Königin geworden. Bertrada hatte ihm alles gesagt und gezeigt, was sie über die Natur und die Pflanzen, die Tiere des Waldes, die Fische und Vögel, Wetter und Jahreszeiten, Menschen und Sterne wusste. Sie hatten gemeinsam wallende Nebel in Tälern beobachtet und Könige der Feenreiche in ihnen erkannt. Zerbrochen in Baumwipfeln hängende Äste aus den Novemberstürmen waren verlorene Schwerter der Ahnen, Spuren in Steinen Runen und Zeichen der verborgenen Welt. Niemand bestritt die Mächte des Unsichtbaren, und das Geheimnisvolle war überall, im nächtlichen Glühen von vermoderndem Holz, im halb eingestürzten Grabhügel, im ganz zarten Sirren in der Mittagsstille, im Vogelzwitschern und jeder schillernden Blase im Hochmoor.

»Jeder Mensch ist mit sich allein«, hatte sie zu ihm gesagt, »aber wir leben dennoch in einer Echowelt, in der jeder Schmetterling einen Widerhall hat, jedes Wort, das wir sagen, und jede Handlung, die wir begehen oder unterlassen. Alles kommt zurück, im Himmel wie auf Erden. Und selbst den Heerzügen der klirrenden, lauten Lebenden folgt stets die unsichtbare Armee der Toten, die sie antreibt und auslacht, durch Scheinattacken behindert und hochreißt, wenn Pferd und Reiter in Schlamm und Blut nicht weiterkönnen. Der Toten Tatenruhm begleitet uns ebenso wie das Geheul des Bösen, das wir nicht unterlassen haben! Man mag sich weigern und sich mit Bier und Met und grölendem Gesang betäuben, aber es kommt zurück, das Echo jeder guten oder bösen Tat …«

Sie erreichten die große Lagerkammer des Hofgutes, in der Geräuchertes und Geselchtes, Gesäuertes und Gepökeltes aufbewahrt wurde.

»Nun, wie duftet es für deine Nase?«, fragte Bertrada. Ihr Sohn ging langsam an den endlosen Wurstketten, den von Haken herabhängenden Schinken, den irdenen, glasierten und durch Pergament aus gefetteter Schafshaut versiegelten Töpfen mit Sülze und Grützwurst entlang.

»Irgendwas stinkt!«

»Was? Ist das alles?«, fragte sie empört. Er lachte und stieß mit einem Fuß Rattendreck unter einem Sülztopf los.

»Das da riecht nicht so, wie es ein König dulden darf!«, sagte er mit kindlichem Ernst. »Wie soll der Hof einen harten Winter überleben, wenn wir überall Ratten und Mäuse zulassen?«

»Und was willst du dagegen unternehmen?«

»Man müsste die Mönche oder die jüdischen Händler fragen. Es muss doch möglich sein, Vorräte besser zu schützen, als wir es in unseren Pfalzen tun! Außerdem mag ich kein Ungeziefer …«

Sie sahen sich weitere im Halbdunkel liegende Kammern und Vorratsräume an, dann begleitete er sie über den gefegten Innenhof zurück. Pippin und seine engsten Berater kamen ihnen aus den tief eingeschneiten Gebäuden entgegen, die einen Stützpunkt für die gepanzerten Reiter der Scara francisca bildeten. Die meisten waren zu irgendwelchen Aktionen unterwegs oder schützten die strategisch wichtigen Punkte innerhalb des unwegsamen Reiches von den friesischen Katen bis zu den Häfen des Mittelmeeres.

Nur ein paar Dutzend besonders fähige und kampferprobte Söhne von den vierhundert Grafen im Reich und den Besitzern großer Latifundien oder Lehen hatten das Recht und die Verpflichtung, samt ihren Waffen- und Pferdeknechten den König und den Hofstaat bei Tag und Nacht zu schützen. Einige der Anführer hatten Frauen und Kinder, aber die meisten lebten unbeweibt und härter im Zölibat, als es den Priestern vorgeschrieben war. Sie fühlten sich mit Leib und Seele als die »Heilige Schar« und das Schwert des Königs.

Pippin und sein mit bunten Mänteln, Pelzen, schweifgeschmückten Helmen und Handschuhen vermummtes Gefolge trafen mitten im Innenhof der Pfalz auf die Königin und ihren Sohn.

»Warum hast du nichts an?«, fragte der König unwirsch. »Du holst dir den Tod in dieser Kälte!«

»Ich bin daran gewöhnt«, gab Bertrada lächelnd zurück. »Kälte ist nicht so schlimm wie die Nässe, mit der wir uns bei den ewigen Feldzügen plagen müssen. Oder glaubst du, ein Eisenharnisch schützt vor Kopfweh, Husten und Fieber?«

»Ach was!«, wehrte Pippin mürrisch ab. »Darum geht es doch gar nicht. Jetzt aber los und rein ins Haus!«

Bertrada legte ihren Arm über die Schultern ihres Sohnes und führte ihn mit sanftem Druck bis unter den geschnitzten Holzbalkon, der in halber Höhe um den großen Versammlungsraum der Pfalz lief.

»Ärger?«, fragte Bertrada, als sie gemeinsam hineingingen.

»Ja, was denn sonst?«, antwortete der Frankenkönig unwirsch. »Hinter jedem Baum, in jedem Dorf. Aber das Schlimmste von allen Übeln, mit denen mich der Herr wie seinen Knecht Hiob straft, ist dieser verfluchte Langobarde Aistulf! Ich kenne seinen Vater und seinen frommen Bruder Ratchis – mit beiden war genauso gut zu reden wie seinerzeit mit König Liutprand.«

Er ließ sich von seinem Hofmarschall Mantel und Schwertgehänge abnehmen, ging zum lodernden Kaminfeuer und rieb sich wütend die Hände warm. Die anderen legten ebenfalls ab und warfen sich auf knarrende Holzbänke an den Wänden und in die Sesselstühle, die überall herumstanden.

»Mir würde nicht gefallen, wenn die Franken gegen Langobarden ziehen«, sagte Karls Mutter ohne jeden Umweg.

»Mir auch nicht!« Pippin presste seine Lippen zusammen und wollte nichts mehr sagen. Stattdessen erklärte der Marschall die bedrohliche Situation: »Der Langobarde lässt bereits Münzen mit seinem Abbild schlagen und fordert eine Kopfsteuer von einem Goldsolido von jedem Römer im Dukat. Außerdem lässt er alle Italiener mit langobardischem Personenrecht nach Vermögen und Besitz einschätzen. Wer mehr als sieben Hintersassen ernähren kann oder als Händler ebenso wohlhabend genannt wird, muss voll gepanzert und beritten zum Heeresbann erscheinen. Wer vierzig Joch Land oder ein Gleichwertiges an Gut und Geld besitzt, muss mit Pferd, Schild und Lanze kommen. Und selbst Besitzlose müssen sich Schild, Pfeil und Bogen beschaffen und sich als Fußkrieger dem Aufgebot anschließen.«

»Aber dann steht ja fast das ganze Volk der Langobarden bei einem Kriegszug unter Waffen!«, sagte Bertrada kopfschüttelnd.

»Diese Methode taugt nichts!«, sagte Pippin wütend. »Ein Volksheer tritt sich in der Schlacht nur gegenseitig auf die Füße! Und wenn Aistulf noch frecher wird, werde ich ihm beweisen, was ein paar Franken gegen seinen Größenwahn ausrichten können!«

»Ist es das, was der Papst aus Rom von uns verlangt?«, fragte Bertrada. Pippin lachte trocken und erstarrte sofort wieder.

Karl beobachtete das harte Gesicht seines Vaters. Immerhin hatte es dieser Mann mit der wallenden blonden Haarpracht und dem herabhängenden Schnauzbart geschafft, die Merowinger, die ihr Gottkönigtum durch Legenden jahrhundertelang verankert hatten, nach all den gescheiterten Versuchen seiner Vorfahren endgültig zu erledigen.

Aber er hasste und verachtete ihn ebenso sehr. Warum war er zu seiner Mutter nur wie ein wilder Zuchthengst gekommen und dann laut lachend weitergeprescht – irgendwohin in die Wälder, zu fernen Küsten und Stätten des Reichtums, zu Schlachtenglück und den Lagerfeuern, an denen er saufend mit seinen Eroberungen auftrumpfen und prahlen konnte?

Wie und wo hatte er seine Mutter kennengelernt? Im Ardenner Wald? An der Maas bei seinem Familiengut Herstelle? Oder – wie viele sagten – in der Mühle bei Freising in Baiern in einer Nacht, in der die Sternkundigen unter seinen Begleitern ein großes Ereignis voraussagten?

Karl wusste es nicht, und sooft er seine Mutter danach gefragt hatte, war sie ihm kopfschüttelnd und mit einem geheimnisvoll traurigen Lächeln ausgewichen. Warum hatte sein Vater die Jungfrau Bertrada – von der er doch wissen musste, dass ihre Mutter Bertrada die Ältere die Schwester von Plektrud, der ersten Gemahlin eines Urgroßvaters Pippin II. gewesen war –, warum hatte er gerade sie in jener flüchtigen Nacht umfangen, ihr einen dicken Bauch gemacht und sich dann sieben Jahre lang nicht mehr um sie gekümmert?

Schon seit Monaten wälzte Karl diese Gedanken wie schwere Findlinge hin und her. Hätte er, der erste Sohn von Pippin und Bertrada, vielleicht für immer ein Geschätzter wie Onkel Bernhard, ein Geduldeter wie Remigius und Hieronymus, ein Ausgestoßener wie Grifo oder ein von allen Ethelingen und Männern der Kirche nicht einmal wahrgenommener Bastard bleiben können?

Er spürte, wie Tränen und Mordlust in ihm gegeneinander kämpften. Waren er und seine Mutter nur deshalb aufgenommen worden, weil Pippin vor den Großen des Reiches zum richtigen Zeitpunkt ein Weib und einen männlichen Erben vorweisen musste, um vom Hausmeier zum König gewählt zu werden?

Ein kurzer Sonnenschein strich durch die Fenster der kleinen Halle über den Fußboden, löste sich gleich wieder auf und hinterließ einen noch düsteren Grauschleier mitten im Wintertag. In der Halle mussten bereits Kienspanfackeln schräg in die Ringeisen an den Wänden gesteckt werden. Karl beobachtete, wie hoch die Funken an den Spitzen der gelben Flammen flogen, wie sie gegen die Balkendecke stießen und langsam wie Sternschnuppen wieder nach unten fielen.

Im gleichen Moment flammte ein neues, gänzlich unbekanntes Feuer in seinem Kopf auf, von dem andere Jungen erzählten, dass es sie in der Nacht überfallen hatte. Es schlug wie ein heißer, schmerzhafter Blitz durch seinen Rücken, Arme und Schenkel bis zu Fingern und Zehen.

»Was hast du denn, Karl?«, fragte Bertrada. Karl schob die Lippen vor, schüttelte den Kopf und zitterte.

»Nichts!«, keuchte er völlig verstört. »Ich ... ich wundere mich nur.«

»Du wunderst dich?«, fragte seine Mutter und strich ihm die langen blonden Locken aus der hohen Stirn. »Worüber denn?«

»Ach, nur so«, sagte Karl mühsam. Es war nicht das erste Mal, dass er der streichelnden Hand seiner Mutter auswich. Aber jetzt wollte er plötzlich überhaupt nicht mehr, dass sie ihn anfasste.

»Lass mich!«, bat er heiser. Er spürte, wie der ganze Saal vor ihm schwankte, und fühlte sich plötzlich so schwach, dass er sich unbedingt setzen wollte. Ohne zu merken, was um ihn herum geschah, tappte er Schritt für Schritt bis in die äußerste Ecke des Versammlungssaals. Er hockte sich auf das Ende einer Bank, ziemlich weit vom Kamin mit seinem Vater entfernt, zog die Beine hoch und umklammerte sie mit seinen Armen, damit niemand sah, wie nass und klebrig es ihm an der Stelle geworden war, an der die Wollstrümpfe aufhörten. Nicht seine Mutter, nicht sein Vater und keiner der Herren sollte denken, er hätte sich wie der Kopronymus in Byzanz ins Hemd gemacht. Nein, das war etwas ganz anderes gewesen ...

Er schlief ein und merkte erst wieder, wo er war, als neue Fackeln in die Eisenringe gesteckt wurden. Er blinzelte in das rauchige Halbdunkel. Vor allen Wandbänken waren inzwischen die Tafelbretter aufgelegt worden, die auf der Oberseite wie glatt gehobelte Türen aussahen. Der Raum hatte sich bis zum letzten Platz gefüllt.

Knechte schleppten große Platten mit Fisch und Fleisch herein. Karl holte tief Luft und setzte sich vorsichtig gerade hin. Er hatte nicht gewusst, dass ein besonderer Tag war, doch dann fiel ihm ein, dass am nächsten Morgen die Fastenzeit begann. Vorn am Kamin las ein Priester laut aus der Bibel vor. Überall wuselten Bedienstete hin und her, und in einer Ecke stimmte ein Lautenschläger sein Instrument.

Männer und Frauen begannen zu essen. Karl entdeckte den greisen Erzbischof Chrodegang und Abt Fulrad. Sie mussten während des Nachmittags mit ihrem Gefolge in Ponthion angekommen sein. Die meisten der Großen, die den Winter in der Pfalz verbrachten, hatten sich inzwischen ebenso umgezogen und Schmuck angelegt wie der König und die Königin. Karl überlegte, ob es auffallen würde, dass er noch immer die gleichen Kleidungsstücke trug wie am Vormittag. Er verstand nicht, warum er so lange geschlafen hatte.

Der König ließ den Priester so lange seine Psalmen lesen, bis er sich die letzten Gräten eines schönen gedünsteten Karpfens von den Lippen gezupft hatte und zum am Spieß gebratenen Wildschwein übergehen konnte. Der Lautenspieler löste den Vorleser ab. Er sang ein Stück aus dem Hildebrandslied, aber Pippin war zu sehr mit anderen Gedanken beschäftigt, um richtig zuzuhören. Mit einer kurzen Handbewegung schickte er den Sänger wieder fort.

Karl verhielt sich ganz still, denn nicht immer durfte er an den abendlichen Gesprächen teilnehmen. Er nahm sich nur etwas Spießbraten und hörte zu, was vorn gesprochen wurde. Es ging schon erneut um den König der Langobarden.

»Es lässt sich nicht verleugnen, dass Aistulf wie ein hungriger Hund jeden erreichbaren Knochen will«, stellte Erzbischof Chrodegang mit zittriger Stimme fest und nahm sich ein schmales Stück Fleisch.

»Ja, und ausgerechnet wir sollen etwas dagegen tun«, sagte Pippin. »Es ist verflucht – Aistulf erobert Länder und Gebiete, die weder mir noch dem Papst, sondern dem Kaiser in Konstantinopel gehören. Aber Stephan besteht darauf, dass wir ihm verpflichtet sind …«

»Das bist du wohl auch«, sagte Chrodegang schlicht. Er ließ sein kaum angebissenes Bratenstück zu den wild unter den Tischen balgenden Hunden fallen. Pippin starrte ihn wortlos an.

Zum ersten Mal in seinem Leben empfand Karl Mitleid für seinen Vater.

3

Die Pippinische Schenkung

Als feststand, für welche Tage das Osterfest für das Jahr 754 ausgerechnet war, entschloss sich Pippin zu einer allerletzten Drohung. »Schreibt eine Botschaft an König Aistulf«, wies er die Schriftkundigen unter den Priestern an. »Und schreibt genau so, wie ich es euch sage: Der König der Francia würde begrüßen, wenn Du, Aistulf, König der Langobarden, aus Ehrfurcht für die Apostel Petrus und Paulus endgültig von Deinen Feindseligkeiten gegen das römische Gebiet abließest sowie keine widerrechtlichen und ungesetzlichen Handlungen mehr forderst, die diesen Römern bisher nie auferlegt waren.«

Scheinbar zufällig erschien Bischof Megingaud von Würzburg in Begleitung des Thronfolgers in der Schreibstube. »Das ist ein Eingriff in die inneren Angelegenheiten des Langobardenkönigtums«, sagte er leise zu Karl. Pippin hörte ihn trotzdem.

»Stehst du auf seiner oder meiner Seite?«

Megingaud antwortete nicht ihm, sondern sagte zu Karl: »Hier siehst du, dass in der Politik jeder Schritt sorgsam zu überdenken ist. Nicht alle im Reich deines Vaters billigen den Entschluss, dem Papst zu helfen. »Wer ist der Papst?«, fragen sie. »Und was nützt er uns?« Außerdem könnte es sein, dass Aistulf andere für seine Zwecke einspannt, von denen wir in dieser Stunde noch nichts wissen ...«

Pippin riss die Brauen hoch. »Was willst du damit andeuten?«

»Es geht das Gerücht um, dass Aistulf deinen eigenen Bruder als Vermittler gewonnen hat ...«

»Karlmann?« Pippin lachte abfällig. »Das ist unmöglich! Mein Bruder sitzt im Stammkloster des heiligen Benedikt auf dem Mons Cassino fest. Jenseits von Rom hat er gewiss nichts mehr mit meinem Gottesgnadentum zu tun.«

»Vielleicht nicht und vielleicht doch«, gab Bischof Megingaud zurück. »Oder hast du bereits vergessen, was in den vergangenen Jahren geschehen ist?«

»Was meinst du damit?«

»Dass noch nicht alle Tränen getrocknet sind und auch dein Königtum zu frisch ist, um es durch Hochmut zu gefährden.«

»Ich bin der eine und gewählte Frankenkönig.«

»Ja, aber sechs Jahre zuvor, als Zacharias Papst wurde, teilte dein Vater Karl Martell sein Reich in eine romanische und eine germanische Hälfte.« Er wandte sich erneut an den jungen Karl. »Dein Onkel Karlmann erhielt Austrien, Alemannien und Thüringen, dein Vater Neustrien, Burgund und die Provence. Es trifft ja zu, dass Karlmann viel zu zögerlich war, als es dem Baiernherzog Odilo gelang, deine Tante Hiltrud zu heiraten. Dann aber tat er zu wenig gegen die aufständischen Alemannen. Und er verstand die Botschaft unseres Herrn Jesus Christus falsch, als er beim Blutgericht von Cannstatt fast den gesamten Alemannen-Adel der bereits besiegten Rebellen töten und nicht taufen ließ.«

»Ich weiß nicht, was du mir oder meinem Sohn damit sagen willst«, meinte Pippin unwillig.

»Dein Bruder muss ein zutiefst enttäuschter Mann sein, Pippin. Er resignierte, als er sah, dass sich die Königswürde nicht mit dem Wunsch verträgt, das Reich Gottes auf Erden aufzurichten. Nur deshalb überließ er seinen Teil der Francia dir und seinem Sohn Drogo. Du aber hast alles missachtet, was euer Vater Karl Martell gewünscht hat. Du hast Drogos Ansprüche abgewehrt und damit gegen uraltes fränkisches Erbrecht verstoßen. Und du hast sogar Aquitanien unterworfen, das eigentlich deinem Halbbruder Grifo gehörte, dem Sohn von Karl Martell und der Baiernprinzessin Swanahild.«

»Willst du mein Richter sein? Ich tat dies alles nur für ein großes fränkisches Königtum.«

»Ich weiß, was dich bewegt, Pippin, aber nicht allen Großen des Reiches gefällt, was du getan hast und wie du die Langobarden, Alemannen, die Aquitanier und Baiuwaren behandelst. Noch weniger gefällt ihnen, wie sehr du dich mit Rom verbünden willst.«

»Das sagst du, ein Bischof?«

Megingaud hob nur die Schultern. »Ein Papst ist erster Bischof, aber nicht König unserer Kirche.«

»Ohne Zustimmung von Stephan und seinem Vorgänger

Zacharias wäre Childerich III. noch immer König und ich sein Hausmeier. Schon deshalb hat Stephan Anspruch auf einen kleinen Dank von mir.«

»Von dir bestimmt, aber auch von den Franken?«

»Wenn uns die nächsten Monate das bringen, was ich erhoffe, dann werden mir die Männer beim kommenden Reichstag nicht zujubeln. Aber sie werden mir bei einem Feldzug zum Schutz der Kirche gegen Aistulf folgen.«

»Willst du nicht abwarten, ob und wann Karlmann kommt?«

»Karlmann?«, fragte Pippin zurück. Die Antwort lag bereits darin, wie er den Namen seines Bruders aussprach. »Er ist ein Mönch und existiert nicht mehr für uns. Soll ihm sein Papst Anweisungen erteilen.«

Obwohl Karl eigentlich jeden Tag aufs Neue gespannt wartete, ob sein Onkel Karlmann tatsächlich in Kutte und mit einer Tonsur in die Pfalz kommen würde, schmolz der Schnee auf den Feldern, ohne dass irgendetwas geschah.

Es wurde März, bis der Königstross von Ponthion an der Marne zum Hofgut Quierzy aufbrechen konnte. Keines der großen Güter hätte die vielen hundert Edlen und ihre Diener, die gepanzerten Reiter samt ihrer Pferdeknechte, die schon bei Karl Martell so hervorragend gekämpft hatten, die Frauen, Kinder, Handwerker und Priester, Händler und Sklaven länger als ein paar Wochen verpflegen können.

Der Hofstaat und sein Umfeld nahmen alles mit, was irgendwie brauchbar war. Packpferde, Pferdewagen und Ochsenkarren trugen Fässer mit Wein, Bier, Honig und Öl, dazu Mehlsäcke, lederne Zelte, eiserne Feuerkessel, Decken und Kleidungsstücke, Hausrat, Werkzeuge und Schatullen mit Schmuck und Münzen. Der Tross des Königshofs bewegte sich mit stoischem Gleichmut und dennoch wie immer fluchend und lärmend über nassen, schweren Boden. Pferde versanken bis zum Mittelfuß im Morast, und die schwer beladenen Wagen blieben mehrmals am Tag bis an die Achsen stecken.

»Schlechtes Land«, murrte Bernhard, dem inzwischen erneut ansehnliche Bartspitzen gewachsen waren. Karl ritt neben ihm.

»Warum eigentlich?«, fragte er. »Ich habe gelernt, dass ganz früher, in der Antike, ein ausgesätes Korn die zwölffache Ernte eingebracht haben soll.«

»Kann sein«, meinte Bernhard. »Die Griechen und Römer hatten schon immer besseres Wetter als wir. Bei uns gibt es bestenfalls den sechsfachen Ertrag. Davon wird ein Korn für die neue Aussaat zurückgelegt, eins geht an den Königshof, ein anderes wird von Ratten und Mäusen gefressen, eins verschimmelt und nur zwei bleiben übrig ...«

»Ach was!«, sagte Karl und lachte. »Mit einer derartigen Ernteteilung könnte kein Frieling und nicht einmal eine Servilhufe leben!«

»Können sie auch nicht«, antwortete der Stiefbruder des Frankenkönigs trocken. »Was glaubst du denn, warum Jahr für Jahr Tausende von Männern zum Märzfeld kommen? Um immer wieder in quietschenden, rostigen Kettenhemden durch nasse Wälder und über kaltes Land irgendwohin zu ziehen? Um sich dabei die Helme und Schädel einschlagen zu lassen? Um Häuser von Menschen anzuzünden, gegen die sie überhaupt nichts haben?«

»Ja, aber ...« Karl spürte, wie er errötete. Er fühlte sich plötzlich von seinem eigenen Onkel angegriffen. »Der König befiehlt ...«

»Wer hat dir diesen Unsinn erzählt?« Bernhard lachte so abfällig, dass Karl unwillkürlich die Hände um die Zügel seines Pferdes zu Fäusten ballte. »Auch dein Vater kann nicht so handeln, wie er als König gern würde! Er ist genauso an Regeln, Gesetze und Überlieferungen gebunden wie jeder andere.«

»Das glaube ich nicht!«, protestierte Karl.

»Und? Tun alle anderen, was ein König sagt? Nimm doch den König des Himmels ... jeder von uns weiß, dass seine Befehle gut und gerecht, milde und hilfreich sind. Und was tun wir in Jesu Christi Namen? Wir taufen die Ungläubigen mit Schwert und Blut.«

»Ja, aber —«

»Du musst darüber nachdenken«, sagte Bernhard. Er stieß die Hacken in die Flanken seines Pferdes und trieb es bis zu einem halb im Modder versunkenen Wagen. Karl sah ihm nach. Überall schrien die Krieger und Knechte des Hofstaates. Wo war sein

Vater, der König? Und wo seine Mutter Bertrada? Karl spürte den ersten Märzwind durch Mantel und Wollzeug unter dem Eisenharnisch, aber es machte ihm nichts aus.

Bisher hatte Karl die Zeit von Weihnachten bis zum Märzfeld als besonders schlimm empfunden. Was vom Schlachten im Dezember an Wurst und Frischfleisch noch übrig war, bekam in den ersten, meist kalten Monaten des Jahres einen strengen, ranzigen Geruch. Nur Gepökeltes und Geräuchertes hielt sich etwas länger. Der Abschied vom letzten Fleisch fand in den ärmeren Siedlungen und bei den Hörigen der Hufendörfer früher statt als zum Beginn der Fastenzeit. Und in vielen sehr kleinen Dörfern hatten die Menschen die Vorräte lieber unter Eis und Schnee vergraben, als sie sich von den laut fordernd durchziehenden Reitern und Kriegern zu Fuß wegnehmen zu lassen. Was blieb, war oft nur etwas Dinkel, Emmer und harter Sterz gewesen.

In diesem Jahr sah alles ein wenig anders aus.

»Der Papst macht sich bezahlt«, meinte Bernhard respektlos. Und dann, eines Morgens, wurden die ersten anderen Gruppen in den flachen Tälern gesichtet. Sie kamen von überall her, bliesen in Hörner, als sie den Tross des Königs sahen, und manch einer der weit gereisten Edlen preschte voran, um König Pippin und seinen Hofstaat vor den anderen ganz nah zu sehen.

Es wurden mehr und mehr. Am letzten Tag des Monats Februar war der Zug auf über tausend Menschen angewachsen. Und noch einmal dreitausend Franken warteten bereits in Braisne in der Nähe von Soissons auf ihren König. Das Märzfeld, die große alljährliche Volksversammlung, konnte beginnen.

Bereits am Vorabend ging es hoch her auf den noch immer feuchten Wiesen. Männer und Frauen, die sich seit dem vergangenen Herbst nicht mehr gesehen hatten, begrüßten sich und berichteten, welche Plagen der Winter gebracht hatte, wie viel Vieh von wilden Tieren gerissen worden war, wem ein Sohn geboren und welche Tochter an wen verheiratet worden war.

Eher ziellos schlenderte Karl an den Lagerfeuern vor den bereits mit Kätzchen behängten Haselnusssträuchern entlang, als er plötzlich den Namen seines anderen Onkels hörte.

»Man hat Karlmann abgefangen«, berichtete ein irischer Mönch mit bereits trunkener Stimme. Karl drehte sich so, dass kein Feuerschein auf sein Gesicht fiel. Schritt für Schritt schob er sich näher an die Kriegergruppe rund um den Mönch. »Ich sage nur Vienne an der Rhone. Dorthin hat ja der wahnsinnige Kaiser Tiberius den Christusrichter Pontius Pilatus verbannt. Kennt jemand von euch das Kloster dort? Natürlich nicht! Es ist zu unbedeutend, aber gut geeignet, um einem kranken Königsbruder die Letzte Ölung zu verpassen. So unauffällig, dass kein Mensch irgendein Todesröcheln hört ...«

Karl holte mehrere Male tief Luft. Er biss die Zähne zusammen und wusste plötzlich nicht mehr, worüber er sich mehr schämen sollte – über den rauen Irenmönch, den feigen Bruder seines Vaters, den Frankenkönig oder über alle, die stets damit zu tun hatten, dass nichts so war, wie Jesus Christus es gepredigt hatte.

Am selben Abend noch fragte er seine Mutter. Diesmal wollte er nicht, dass sie ihren Arm um ihn legte.

»Nicht alles, was geschieht, entspringt dem Ratschluss Gottes oder ist für die reinsten der Herzen bestimmt«, meinte sie schließlich. »Doch frag nicht mehr danach. Und ganz gleich, was du hörst – niemand wird gegen deinen Vater eine Anklage vorbringen können.«

Der erste Märztag gehörte dem König, den Grafen und den Edlen. Bereits vor Sonnenaufgang loderten überall Feuer auf. Das Morgenmus aus Gerstenschrot wurde kurz gekocht und erst danach mit etwas Salz und Honig mit Geschmack versehen. Dann zogen sich die angereisten Großen Kampfkleidungen und Brustharnische an, setzten die ledernen Rundhelme auf und nahmen selbst ihre Waffen, die ihnen sonst von Knechten nachgetragen wurden.

Nach einem lauten Hornsignal versammelten sich alle, die Rang und Namen hatten, an einem flachen Berghang oberhalb von Braisne. Wieder schallte ein Hornsignal durch die klare Luft. Und dann trat Pippin, König der Franken, vor Freie, Ethelinge und Vasallen, die ihm Treue und Waffendienst bis an ihr Lebensende geschworen hatten.

»Ich grüße euch!«, rief Pippin. »Ich grüße alle, die in Treue zu mir gekommen sind!«

»Wir grüßen dich, gewählter Herrscher aller Franken«, antworteten die Männer im Chor und schlugen mit den Schwertknäufen gegen die Schilde, auf denen jeder sein eigenes Wappen trug.

Pippin hob den linken Arm. Sofort trat Ruhe ein. »Hat irgendjemand ein Anliegen, das wir sofort besprechen und entscheiden müssen?«

Für zwei, drei Augenblicke sahen sich alle an, und keiner wusste, wer beginnen wollte.

»Ich habe eins!«, rief Graf Rupert von Hahnheim im Selztal schließlich. Jedermann wusste, dass der Graf ein frommer Mann war. Zwar hatte er Williswind geheiratet, die nur aus dem Grundbesitzerstand stammte, doch er gehörte zu jenen Edlen, die über große Landrechte verfügten. Graf Ruperts Besitz zog sich durch die Altwässer von Rhein und Neckar bis in die altbesiedelten, fruchtbaren Gebiete der Bergstraße, umfasste die Siedlungen Lorsch und Heppenheim, Viernheim und Weinheim, das Vorland von Worms und reichte mit einigen Sprengeln und Wäldern bis an die Diözesangebiete von Mainz.

Graf Ruperts Wortmeldung ermunterte auch alle anderen.

»Ich habe ebenfalls ein Anliegen!«, rief der groß und stolz in seiner Rüstung aussehende Markgraf der Bretagne.

»Ich auch …«

»Ich auch …«

»Dann tragt mir vor, was wir besprechen und entscheiden müssen«, rief Pippin. Erst jetzt ließ er sich auf dem geschnitzten Stuhl inmitten seiner Begleiter nieder. Neben ihm stand auf einigen übereinandergestapelten Steinen die schwere Truhe, die zu jeder Versammlung und bei jedem Feldzug mitgeführt wurde. Die hölzerne Capella enthielt den Mantel des heiligen Martin.

Der ganze Vormittag verging damit, dass jeder, der etwas zu sagen hatte, sein Anliegen der Volksversammlung mitteilte. Das Ritual war von den Vätern und Vorvätern überliefert. Die Männer hielten sich streng an die Regeln, nach denen nur derjenige sprechen durfte, der vom König dazu aufgefordert war. Ging es

um Fragen, klopften die Männer bei Zustimmung gegen ihre
Schilde. Wer nicht einverstanden war, zischte durch die Zähne.
Wenn jemand aber einen Rat einforderte, bestimmte Pippin,
wer sich darum zu kümmern hatte. Auf diese Weise wurden in
den Morgenstunden des ersten Märztages mehr als drei Dutzend
Anfragen zustimmend oder ablehnend entschieden.

Am Nachmittag, nachdem die Männer bei ihren Frauen gewesen und aus den Fleischtöpfen gegessen hatten, begann die
Stunde des Königs. Mit lauter Stimme trug Pippin vor, was sich
im Frankenreich und am oströmischen Kaiserhof von Konstantinopel, bei den Sarazenen südlich der Pyrenäen, in Friesland,
Aquitanien, im Königreich Britannien und in der Grenzregion zu
den noch immer aufständischen Sachsen inzwischen zugetragen
hatte.

»Besonders ärgerlich ist mir der Tassilo in Baiern«, rief Pippin
schließlich. »Ihr wisst, dass er der Sohn von meiner Schwester
Hiltrud und diesem Agilolfinger ist, dem Baiernherzog Odilo.
Nicht einmal zwölf Jahre alt ist der Knabe – genauso alt wie mein
Sohn Karl. Aber er muckt schon auf, und deshalb will ich ihn
unter fränkische Vormundschaft nehmen. Was meint ihr Herren
dazu?«

Der Lärm der Knaufschläge auf die Schilde war eine eindeutige
Antwort. Pippin neigte leicht den Kopf und lächelte.

»Und nun zu unserem letzten Anliegen. Ich weiß, dass viele
von euch gegen meine Absicht sind, das Patrimonium und das
Recht des Papstes mit Frankenschwertern zu verteidigen. Für
manche von euch ist der König der Langobarden wichtiger als
ein Kirchenfürst, der wie ein Weib auf einem Zelter reitet. Aber
bedenkt, dass ich ein Christenkönig bin, dass jeder von euch an
den einen Gott glaubt und dass wir allen Heiden nur widerstehen
können, wenn wir beweisen, dass wir bereit sind, auch gegen
unser eigenes Blut für Jesus Christus zu kämpfen und zu sterben!«

Noch nie zuvor hatten die Franken eine so lange Ansprache
von Pippin dem Kurzen gehört. Sie wussten nicht, ob sie zustimmen, murren oder zischen sollten.

»Hieß es nicht, dass dein Bruder Karlmann mit einer Botschaft
unterwegs ist?«, rief einer der älteren Grafen.

»Ich habe Karlmann nicht mehr gesehen, seit er mir seinen Teil des Reiches übergeben hat«, antwortete Pippin wahrheitsgemäß. »Nun gut, aber warum müssen wir eigentlich gegen die Langobarden ziehen? Sie haben große Städte mit hohen Mauern, ihre Felder sind fruchtbarer als unsere, und an Vorräten mangelt es ihnen nicht. Sie kennen sich gut aus im Kriegshandwerk. Seite an Seite mit uns haben sie bei Tours und Poitiers gegen die Muselmanen gekämpft. Und ich war noch dabei …«

Er hielt einen Moment inne. Die Umstehenden schienen zu ahnen, dass dieser Graf noch ein ganz ungewöhnliches Wort sagen wollte. »Ich jedenfalls lehne es ab, mit dir, König Pippin, gegen die Männer zu ziehen, mit denen ich Blutsbrüderschaft geschlossen habe!«

Pippin beugte sich ruckartig vor. »Du lehnst es ab?«, rief er scharf. »Weißt du, was du da sagst? Hast du vergessen, welche Strafe jeden Mann ohne Ansehen seiner Person trifft, der die Flucht von den Fahnen des Königs begeht?«

»Noch ist kein Feldzug beschlossen«, antwortete der alte Graf ebenfalls erregt. »Also fliehe ich nicht aus einem Kriegsdienst, sondern weigere mich, ihn zu beginnen! Das ist ein Unterschied, Pippin, ein großer Unterschied sogar!«

Pippins Gesicht verhärtete sich immer weiter. Gleichzeitig klopften mehrere der versammelten Edlen laut und vernehmlich auf ihre Schilde.

»Sag uns einen Grund, König!«, rief ein anderer. »Warum sollen die Langobarden sich nicht nehmen, was sie erobern können?«

»Weil sie beanspruchen, was Papst und Kirche gehört.«

»Dem Papst gehört der Lateranpalast und nicht viel mehr …«

Pippin hob die Hände und nickte dem Bischof von Würzburg zu. »Ihr wisst, dass sich zum ersten Mal ein Papst in unserem Reich befindet«, rief er. »Aber ihr wisst nicht, dass Stephan II. eine Urkunde mitgebracht hat, die wir alle überprüfen konnten. In dieser wertvollen Urkunde steht geschrieben, dass Kaiser Konstantin bereits im Jahr des Herrn dreihundertdreißig dem Papst Silvester das gesamte Weströmische Reich samt Rom übergeben hat. Papst Stephan, unser Gast, ist sehr bescheiden. Er beansprucht jetzt nur noch den Dukat von Rom, das Exarchat von Ravenna und die Pentapolis. Er verspricht, damit einen eigenen Kirchenstaat zu errichten.«

»Wir haben nie etwas von einer derartigen Schenkung gehört!«

»Wir auch nicht – bis wir ebenfalls die Urkunde gesehen haben …«

Pippin winkte einigen Priestern, die sich die ganze Zeit über abseitsgehalten hatten. Zusammen mit Abt Fulrad und Bischof Megingaud brachten sie eine goldbeschlagene und mit Edelsteinen verzierte Schatulle, die wie ein kostbares Evangeliar aussah.

»Lies vor!«, sagte Pippin zu Megingaud.

Der neue Bischof von Würzburg öffnete den Verschluss der Schatulle und nahm ganz langsam ein gesiegeltes Pergament heraus. Er rollte es so weit auf, dass es Abt Fulrad lesen konnte:

»So wie uns die irdische Macht eines Kaisers zukommt, haben wir befohlen, dass ihre hochheilige römische Kirche voller Achtung geehrt und der hochheilige Stuhl Petri noch mehr als unsere kaiserliche Gewalt und unser nur irdischer Thron rühmlich verherrlicht werde, indem wir ihm die Macht, den Ehrenrang, die Kraft und die Ehrenbezeigungen verleihen, wie sie einem Kaiser zukommen …«

Pippin beobachtete die Gesichter seiner Edlen. Sie sahen ihn nicht an. Einige starrten auf den Boden, andere blickten in den hellen Frühlingshimmel, als ginge sie das alles überhaupt nichts an. Die meisten aber konnten zu wenig Latein, um das Vorgelesene zu verstehen.

»Wir verordnen, dass er – der Papst – die Oberhoheit über die vier vorzüglichen Bischofssitze von Antiochia, Alexandria, Konstantinopel und Jerusalem besitzen soll sowie auch über alle Kirchen auf dem Erdenkreis. Der jeweilige Papst der hochheiligen römischen Kirche soll über alle Bischöfe in der ganzen Welt erhaben und ein Fürst über sie sein, und durch sein Urteil soll entschieden werden, was zur Verehrung Gottes und zum Bestand christlichen Glaubens zu besorgen ist.«

Abt Fulrad und der Bischof von Würzburg sahen sich kurz an. Pippin bemerkte die Falten auf ihrer Stirn. Ganz offensichtlich war ihnen der soeben verlesene Text der Urkunde nicht recht. Doch Pippin wusste genau, warum er den Befehl gegeben hatte, auch diesen Absatz vollständig zu verlesen. Mit einer kurzen Handbewegung wies er Abt Fulrad an fortzufahren.

»Und so befiehlt Kaiser Konstantin der Große weiter«, las Fulrad, diesmal in der Tiudisk-Volkssprache, die sie alle verstanden. »Unserem Vater Silvester und allen ihm nachfolgenden Päpsten übereignen wir ...« Er stockte, dann wiederholte er: »... übereignen wir von heute an unseren kaiserlichen Palast, den Lateran, außerdem das Diadem, die Krone unseres Hauptes, die Mitra und das Schulterkleid, den Purpurmantel, die kaiserlichen Zepter und das Siegel sowie den ganzen Aufzug kaiserlicher Majestät und den Glanz unserer Macht –«

»Schnell jetzt – den letzten Absatz!«, unterbrach Pippin. Er merkte, wie ungeduldig seine Männer mittlerweile geworden waren.

»... darum überlassen wir die zur Hauptstadt Rom und alle zu Italien beziehungsweise zum Abendland gehörenden Provinzen, Orte und Städte dem Papst und seinen Nachfolgern ...«

Ein lautes, immer mehr anschwellendes Unmutszischen beendete die Lesung.

»Das kann nicht wahr sein!«

»Alles gefälscht ...«

»Kein Kaiser hätte jemals so etwas aufgesetzt ...«

»Erst recht nicht Konstantin der Große!«

»Ein Trick, der den Päpsten ohne den kleinsten Waffengang neue Länder verschaffen kann!«

»Wollt ihr den Papst«, rief Pippin laut, »wollt ihr den Papst, der unser Reich als Gast und Bittsteller besucht, unchristlichen Betrugs bezichtigen?«

»Man hat schon Schlimmeres gehört!«

Die Umstehenden lachten. Und keiner ahnte, dass in dieser Stunde die Würfel für den Beginn einer Allianz fielen, die für mehr als tausend Jahre nicht nur die Macht der heiligen katholischen Kirche festschreiben sollte, sondern in gleichem Maße auch das Frankenreich, Europa und den ganzen Erdenkreis beeinflusste.

»Wir werden Aistulf noch eine letzte Möglichkeit zur Besinnung geben«, bot König Pippin an. »Wenn er dann immer noch starrköpfig ist, will ich als König aller Franken mit euch zusammen den Schutz der Kirche übernehmen und jenes Recht durchsetzen, das mit der Urkunde von Konstantin dem Großen geschrieben und besiegelt ist. Sagt, ob ihr damit einverstanden seid!«

Ein paar der Männer murrten oder zischten immer noch, aber Unmut und Ablehnung der wenigen gingen unter im Beifallsklopfen aller anderen.

Die Volksversammlung dauerte noch drei Tage. In ritterlichen Spielen maßen die Männer ihre Kräfte. Sie tranken, lachten und amüsierten sich, bis es dem König gefiel, mit dem ganzen Hofstaat zu seiner Pfalz Quierzy weiterzuziehen.

Gleich nach der Ankunft in Quierzy gingen die Verhandlungen mit den Männern aus Rom weiter. Der König befahl, dass Karl jetzt bei jeder wichtigen Zusammenkunft dabei sein sollte. Nach dem dritten Treffen im großen Saal der Pfalz fasste sich Karl ein Herz und näherte sich seinem Vater so schnell, dass seine Mutter ihn nicht mehr abfangen konnte.

»Vater«, sprach er ihn an, und dann noch einmal: »Vater, darf ich mit dir sprechen?«

»Gut, gut, heute Abend«, antwortete der König abwehrend und verständigte sich an Karl vorbei mit einem der jüngsten Gaugrafen. »Wir sehen uns noch, Theoderich! Lass dir deinen Leib nicht schlaff werden bei deinem Moselwein ...«

Die Männer rund um den König lachten. Karl biss die Zähne zusammen. Er ärgerte sich, dass er von seinem Vater einfach nicht so ernst genommen wurde, wie er es wollte und erwartete.

»Ich möchte nicht bis heute Abend warten!«, sagte Karl so laut, dass ihn nicht nur der König, sondern auch alle anderen in seiner Nähe hörten.

»Was ist denn, Kronprinz?« Pippin lachte so lärmend wie auf dem Märzfeld, wenn seine Stimme bis zu den letzten der Vasallen tragen musste. »Brauchst du ein neues Pferd, einen größeren Bogen oder ein Schwert mit goldenem Handgriff?«

Karl hatte auf einmal das Gefühl, als wäre sein Vater ebenfalls erleichtert darüber, dass die langen Verhandlungsstunden endlich vorüber waren.

Trotzdem kamen sie beide nicht zusammen. Irgendetwas stand

zwischen ihnen. Karl wusste einfach nicht, warum sein Vater
abends freundlich und liebevoll zu ihm und seiner Mutter und
tagsüber ihr Gegner sein konnte. Denn Tag für Tag, seit Karl ihn
kannte, schien er im Licht der Sonne oder im Beisein von Grafen,
Mönchen oder Äbten, ja selbst von Kriegern, Knechten oder
Mägden seine spät geehelichte Frau und seinen Erstgeborenen
zu verleugnen. Das alles hatte nichts mit Recht, Gesetz, Verstand
und Manneszucht zu tun. Karl hatte mehrmals schon beobachtet,
dass sich sein Vater nach außen hin ganz anders gab als im sehr
engen, warmen Kreis seiner Familie.

Und plötzlich, just in diesem Augenblick, begriff Karl, warum
sein Vater ihn und seine Mutter niemals in jener Art behandeln
konnte, die für sie beide, ja alle drei und auch noch Karlmännchen dazu, ganz selbstverständlich gewesen wäre: Pippin, sein
Vater, Hausmeier der letzten Merowingerkönige, Eroberer des
Frankenthrons, Schlachtenlenker und unumstrittener Herrscher
über das Riesenreich zwischen der Nordsee und dem Mittelmeer, dieser Mann schämte sich, sobald er seine Frau oder seinen
Erstgeborenen sah ...

Er hatte alles überwunden. Seinen Verrat am Geschlecht der
ersten Frankenkönige, denen er als Oberster der Paladine treue
Dienste und mehr als einen Eid geschworen hatte, seine Ablehnung, mit der er seinen eigenen Bruder Karlmann nach dem
Cannstatter Blutgericht als Schlächter abkanzelte, und auch die
seltsam zufällige Beschaffung einer Ehefrau von hoher Herkunft
und eines gesunden, bereits siebenjährigen Sohnes.

Nichts davon war als Makel am neuen König der Franken
hängen geblieben. Und doch wusste es Karl mit seinen kaum
zwölf Jahren von diesem Augenblick an besser: Sein Vater war
für ihn auf einmal wie Siegfried aus der Familie der Burgunder.
Pippin der Kurze hatte eine sehr weiche und empfindliche Stelle
in seiner harten Haut: Er hatte einfach nicht vorgesehen, dass er
ein sieben Jahre lang vergessenes Mädchen und ihren Sohn eines
Tages nicht nur heiraten, sondern auch lieben könnte ...

»Also, was willst du?«, fragte Pippin und räusperte sich.

»Ich brauche kein Pferd, keinen Bogen und auch kein
Schwert«, sagte Karl, obwohl er liebend gern all das gehabt hätte.

Doch darum ging es ihm jetzt nicht. Er wartete, bis die Diener und einige Mönche die letzten Folianten, Abschriften und Dokumente von den Tischplatten geräumt hatten, auf denen schon in Kürze wieder getafelt werden sollte. »Ich wollte dir nur sagen, dass ich sehr viel von dem, was hier besprochen wird, einfach noch nicht verstehe ...«

»Es langweilt dich?«

»Nein, aber –«

»Na schön, dann will ich dir ausnahmsweise einmal erklären, warum Gehorsam nichts mit Einsicht, sondern nur mit Notwendigkeiten zu tun hat! Ich habe dir befohlen, hier dabei zu sein, und es gefällt dir nicht. Ist es so?«

»Ja.«

»Du würdest lieber reiten, dich mit Schwert und Lanze üben oder in wilder Hatz dem zwölfendigen Hirsch nachjagen?«

»Ehrlich gesagt ... ja.«

»Siehst du, ich weiß, was in deinem Kopf vorgeht. Wir haben bisher nicht sehr viel miteinander geredet. Du bist ein Muttersöhnchen, und ein verzogenes dazu! Das soll kein Vorwurf sein – den müsste ich mir selbst machen.« Er schnäuzte sich über den Handrücken und schleuderte den Schnodder fort. »Aber jetzt rede ich mit dir. Immer nur jagen und zum Heeresbann befehlen, macht noch keinen König aus!«

Karl zuckte mit den Schultern und wusste nicht, ob er die Rede seines Vaters als Lob oder versteckten Tadel auffassen sollte. »Na ja«, sagte er deshalb.

»Hm«, machte Pippin amüsiert. Er dachte eine Weile nach, dann zwirbelte er die Enden seines blonden Schnurrbartes zusammen. »Wenn du Schlachten gewinnen willst ... was sind die beiden wichtigsten Voraussetzungen?«

»So gut wie irgend möglich gerüstet und geübt sein und möglichst viele Schwächen seiner Feinde zu erkennen«, antwortete Karl sofort.

»Vollkommen richtig«, sagte sein Vater. »Und wie geht man mit Freunden um, mit Männern des Vertrauens und mit Verbündeten?«

»Das ... das weiß ich nicht«, antwortete Karl zögernd.

»Kein bisschen anders!«, antwortete Pippin, wieder ganz König. »Wir haben einen Pakt geschlossen – nicht mit dem Teufel oder Höllenmächten, sondern mit einem Papst! Mit diesem und den nächsten werden ich und du ebenfalls enger als mit jeder anderen Macht der Welt zusammenarbeiten. Deshalb, Karl, nur deshalb musst du päpstlicher als jeder Papst sein können. Und du musst fühlen, wann falsche Freunde dich umarmen, die dich doch nur zu Fallgruben oder auf dünnes Eis geleiten wollen.«

Karl war derartig erstaunt über die langen Belehrungen seines Vaters, dass er ihm unwillkürlich seine Hände auf die Arme legte.

»Aber du bist doch der König und könntest jederzeit –«

»Ich könnte jederzeit an einem süßen Bruderkuss ersticken!«, sagte Pippin kalt. »Das Kreuz auf dem Altar kann mich erschlagen, wenn ich kniend bete – der Wein des Abendmahls vergiftet sein. Was glaubst du denn, warum wir Hausmeier der Merowingerkönige das Amt des Mundschenks wieder zum wahren Vorkoster erhoben haben?«

»Ich denke, dass dir eben besonders hohe Diener zustehen …«

»Karl, Karl, du bist ein großer Junge«, seufzte Pippin, »aber du musst begreifen, dass dieses Leben und die Welt mit jedem neuen Tag Kampf und Krieg bedeuten! Vergiss die alten Ammenmärchen aus der Spinnstube deiner Mutter! Zwitschernde Vögelchen, emsige Bienen und zarte Rehlein in einer friedlichen Natur – das sind nur Träume, wie sie die Weiber lieben!«

»Wieso?«, entgegnete Karl mutig. »Ich darf doch wenigstens noch daran glauben, dass irgendetwas an Gottes Schöpfung gut ist!«

»Jaaa!«, lachte Pippin und schlug sich mit der Faust auf die Brust. »Das kannst du, und das sollst du auch! Das Volk muss glauben – und möglichst wenig wissen! Das gefällt ihm. Der Feind muss glauben, dass er stärker ist als du. Das gefällt ihm. Und möglichst jeder andere muss denken, dass du sein Freund bist. Das gefällt ihm …«

Karl wich unmerklich zurück.

»Versuche zu verstehen«, sagte Pippin ernsthaft. »Die angebliche, falsche Freundschaft ist eine mörderische Waffe!«

4

Vom Bastard zum Gesalbten

Am 2. April wurde Karl zwölf Jahre alt und damit mannbar. Dennoch blieb nur wenig Zeit für eine kleine Feier im Familienkreis. Sein Vater gratulierte und umarmte ihn, dann eilte er gleich weiter ins Scriptorium der Pfalz. Noch am gleichen Tag wurde der Schutzvertrag zwischen den Franken und der Kurie abgeschlossen. Unmittelbar darauf ließ Pippin eine Note an den Langobardenkönig schreiben, die eher ein Ultimatum als ein Brief von einem König an einen anderen war. Der Mai verging und auch der Juni. In dieser Zeit musste Karl besonders intensiv seine Lateinkenntnisse verbessern. Während die anderen Kinder seines Alters den Frühling genossen, die jüngeren mit den Tieren spielten und die älteren sich bei den Männern in Kampfspielen übten, war Karl vom ersten Morgengebet bis zum Sonnenuntergang von Priestern umgeben. Sie lösten einander ab, große und kleine, dünne und dicke, und alle hatten nur eine einzige Aufgabe: Sie sollten mit Karl Lateinisch sprechen und darauf achten, dass er selbst bei den alltäglichsten Äußerungen, beim Anblick der blühenden Obstbäume in den Gärten, beim Summen der Bienen und beim Gebell der von Jagdausflügen heimkehrenden Hundemeuten nur in der Sprache des längst vergangenen Römischen Reiches und der bedrohten Kirche antwortete.

Bisher war das Lateinische für Karl eher eine Strafe gewesen, die er erst auf sich nehmen wollte, wenn er erwachsen genug war, um ein Schwert zu führen. Es kam ihm zu hart vor, zu fremdartig und ganz anders in seiner Strenge als die weichere Sprache seiner Mutter Bertrada, die mitfühlen ließ und auch dem dunklen Raunen eine Heimat bot. Ihn störte, dass in dieser Sprache alles Gesetz war, dass nichts verändert werden durfte und selbst Namen – ganz anders als im Fränkischen – eine starre Schreibweise hatten.

Die Priester erzählten ihm vom Sinn des heiligen Messopfers, von Christus als Opferpriester, von Anbetung, Dank und Sühne.

»Es ist sehr wichtig, dass du verstehst, was der Papst schon bald für dich und deine Familie tun wird«, sagte Megingaud von Würzburg eines Tages zu Karl. Karl musste jedes Mal ein Grinsen unterdrücken, wenn er den Bischof Lateinisch sprechen hörte. Er stammte aus Britannien – wie viele Priester im Frankenreich, die das Wort Gottes zu verkünden hatten. Und jeder wusste, dass die Missionare aus Irland und Britannien nicht nur am näselnden Singsang ihrer Aussprache, sondern auch daran zu erkennen waren, dass viele von ihnen sich nach wie vor die Augenlider lila färbten.

Sie saßen allein unter den Apfelbäumen im morgenstillen Garten hinter dem Hühnerhof. Alle Tiere des Gutes waren versorgt, die meisten der Bauern und Sklaven aus den östlichen Ländern befanden sich auf den Feldern, die Krieger waren zum Turnierplatz ausgeritten, König Pippin und seine Berater besprachen sich im großen Saal, und nur vom Waschhaus her klangen leise die Stimmen singender Mägde bis in den Garten.

»Weißt du auch, was eine Salbung bedeutet?«, fragte Megingaud.

»Ja«, antwortete Karl sofort. »Es steht in der Bibel, im ersten Buch Samuel, Kapitel zehn.«

»Was steht da?«, fragte der Bischof überrascht und erstaunt.

»Als Saul zum König berufen wurde, nahm Samuel ein Ölglas und goss es über den Kopf von Saul. Dann küsste er ihn und sagte: »Siehst du, dass dich der Herr zum Fürsten über sein Erbteil berufen hat?« Und genauso war es auch, als David zum König gewählt wurde …« Karl merkte, dass der Bischof nur mühsam sein Erstaunen verbergen konnte.

»Du weißt sehr viel«, sagte Megingaud schließlich. »Viel mehr als jeder andere Knabe, den ich kenne, und sogar mehr als die meisten der Mönche in Klöstern und Abteien.«

»Meine Mutter hat mir alles erklärt«, sagte Karl.

»Bertrada also … Bertrada mit den großen Füßen, wie sie zur Unterscheidung zu deiner Großmutter Bertrada auch genannt wird.«

»Ja. Sie hat mir auch gesagt, dass die Salbung ein Symbol für einen Wechsel der Dynastien ist. Sie bedeutet die Erhebung und die Berufung eines Königs aus einer neuen Familie durch Gott. Sie verleiht zusätzlich priesterliche und bischöfliche Würden.«

»Erstaunlich«, sagte Megingaud. »Darüber habe ich mir noch nie viele Gedanken gemacht, aber wenn deine Mutter es so gesagt hat …«

»Ja, durch das Davidskönigtum ist Vater nicht nur König der Franken, sondern auch oberster Bischof nördlich und westlich der Alpen!«

»Bischof?« Megingaud lachte laut dröhnend. »Pippin der Kurze ein Bischof?«

»Warum sagst du das?«, fragte Karl beleidigt. »Mein Vater ist nicht kurz, sondern groß, stark und mächtiger als Großvater Karl Martell, als Urgroßvater Pippin der Mittlere und dessen Vater Pippin der Ältere. Er ist der stärkste Arnulfinger seit hundert Jahren!«

»Oh, Karl! Ich meinte doch nicht, dass dein Vater klein ist. Ich meinte seine Art, sein Wesen. Er kann nun mal sehr unhöflich, kurz angebunden und verletzend sein. Deswegen und nicht wegen der Gestalt heißt er bei Menschen, die ihn lieben oder fürchten, Pippin der Kurze.«

Die beiden schwiegen eine Weile, dann kam er wieder auf das Thema des Königtums zurück.

»In wenigen Tagen wird dein Vater zum zweiten Mal gesalbt«, sagte Megingaud und schritt vor Karl unter den Apfelbäumen auf und ab. »Aber auch du, deine Mutter und dein Bruder Karlmann − ihr alle werdet die höchste Weihe empfangen, die ein Papst vergeben kann. Du bist gerade erst zwölf Jahre alt geworden, aber du musst wissen, was jede der heiligen Handlungen des Papstes bedeutet …«

»Ich weiß, wie eine Messe abläuft«, sagte Karl.

»Ja, aber wie wir dir bereits sagten, wird sie diesmal etwas anders sein«, antwortete der Bischof. »Alle, die dabei sind, werden sehen und weiterberichten, wie sich der König der Franken und seine Familie verhalten haben. Du kennst die Menschen noch nicht, Karl. Sie warten nur darauf, bei anderen Schwächen zu entdecken. Zehnmal Starkes und Großes zu tun, zählt nichts gegen einen einzigen Fehler.«

»Sind wir denn wie die Wölfe?«, wollte Karl wissen.

»Wir wären es, wenn wir den Glauben an Jesus Christus nicht hätten«, antwortete der Bischof. »An seine Strenge und Milde und an das Reich des göttlichen Vaters, das Augustinus in seinem Werk über den Gottesstaat so trefflich geschildert hat.«

»Ist das ein Buch?«

»Ja, Karl, es ist ein großes Buch.«

»Aber bestimmt wieder in Latein geschrieben ...«

Megingaud lächelte. »Ich könnte es dir vorlesen, wenn es dir selbst noch zu mühsam ist, die Buchstaben und Wörter zu entziffern.«

»Vielleicht später«, sagte Karl nach kurzer Überlegung. »Zuerst will ich wissen, warum ich nur noch Lateinisch sprechen darf.«

»Ich sagte dir doch, worum es geht.«

»Ja, aber ich habe keine Lust mehr.«

»Du wirst noch oft in deinem Leben keine Lust zu dem haben, was von dir verlangt wird und was du tun musst«, sagte der Bischof mit einem tiefen Seufzer.

»Das glaube ich nicht«, sagte Karl. »Nun gut, es ist bald Mittag. Du kannst mich prüfen über das, was ihr mir beigebracht habt. Aber danach will ich spielen und den ganzen Tag nur noch Fränkisch reden!«

»Dann lass uns sehen, ob du diese Belohnung auch verdienst«, sagte Megingaud. »Ich werde jetzt von diesem Baum bis zu dem fünften Baum gehen. Jeder von ihnen soll einen Abschnitt in der heiligen Handlung darstellen. Verstehst du das?«

»Ja, warum nicht?«

»Also, wir kommen voll Sehnsucht zu Gott, in Reue über unsere Sünden. Wir rufen Gott mit einem Lied an – wie heißt es?«

»Introitus«, antwortete Karl gelangweilt.

»Wir flehen um Erbarmen und preisen Gottes Herrlichkeit.«

»Kyrie und Gloria«, ergänzte Karl.

»Das war der erste Baum«, sagte Megingaud. »Jetzt folgen Lesungen von Heilstaten, die uns die frohe Botschaft künden sollen.«

»Das Evangelium, Predigt und Credo.«

»Sehr gut – der zweite Baum. Und nun bereiten wir die Opfergabe vor.«

»Wir singen das Offertorium, legen das Brot, mischen den Wein, waschen die Hände und beten für die Gaben.«

»Der dritte Baum«, sagte Megingaud.

»Prefation, Sanctus, Bitte an Gott, den Vater, um Annahme des Opfers; Bitte an die Lebenden; Bitte um Gemeinschaft mit den Heiligen ...«

»Und dann?«, fragte Megingaud gespannt.

»Wandlung«, sagte Karl, »aber ich weiß nicht, was das heißt.«

»Jesus wandelt durch den Priester die Brot- und Weingaben in seinen eigenen Leib und sein eigenes Blut um«, erklärte der Bischof, »so, wie er es bei seinem letzten Abendmahl getan hat. Damit opfert er sich selbst für das Heil der Welt seinem himmlischen Vater.«

»Das verstehe ich noch nicht«, sagte Karl ehrlich. »Aber ich weiß schon, wie es weitergeht. Nach dem Gedächtnis des Erlösungstodes und der Bitte für die Verstorbenen beten wir das Paternoster und brechen das Brot: Agnus Dei, Empfang der heiligen Kommunion, noch ein Lied und dann der Segen und die Entlassung.«

»Vierter und fünfter Baum«, lobte Megingaud und kam zu Karl zurück. Er setzte sich neben ihn auf einen geschnitzten Holzstuhl. »Du hast sehr gut gelernt. Ich frage daher, warum du die Wandlung nicht verstehst.«

»Na ja«, sagte Karl. »Wir beten, wir hören, aber wie kann Menschenbrot zu Gottesbrot werden?«

»Die Natur des Menschen verlangt sichtbare Opfer«, erklärte Megingaud. »Dadurch, dass ein Priester Brot und Wein für alle sichtbar opfert, wird er zum Werkzeug und Stellvertreter Christi, denn er ist es eigentlich, der sich selbst am Kreuz geopfert hat, um die Menschen zu erlösen.«

»Dann ist jede Messe eine neue Kreuzigung!«, überlegte Karl.

»Ja, in gewisser Weise schon«, stimmte der Bischof zu. »Du musst natürlich auch auf die Sprache der Gebärden achten, auf Kopf und Augen, Hände und die Gesten, die dazu dienen, den Unwissenden die Heiligkeit der Handlung zu vermitteln.«

»Ja, wie bei Vater, wenn er seine Befehle erteilt«, sagte Karl ernsthaft.

Megingaud lehnte sich zurück. »Bist du wirklich erst zwölf Jahre alt?«

»Ich weiß, was wichtig ist«, antwortete Karl und lächelte.

»Ja, Karl, du weißt es!«, sagte der Bischof. »Du weißt es besser als mancher andere vor dir. Du kannst der größte aller Könige der Franken werden, mag es nun zehn oder gar fünfzehn Jahre dauern. Aber versprich mir, dass du in allem, was du tust, nie übermütig wirst.«

»Ich möchte spielen gehen«, sagte Karl. Zum ersten Mal seit vielen Wochen sprach er nicht mehr Lateinisch. Megingaud übersah den Fehler.

»Wer wartet auf dich?«, fragte er.

»Himiltrud.«

»Himiltrud also«, wiederholte der Bischof. »Wie lange kennst du sie bereits?

»Na ja«, antwortete Karl. »Eigentlich schon viele Jahre.«

»Himiltrud, Himiltrud? Wer ist sie? Die Tochter eines Grafen oder eines Bauern?«

»Ach, was denkst du denn!«, protestierte Karl. »Himiltruds Vater ist der beste und tapferste Reiter der ›Heiligen Schar‹.«

»Ah ja, die ›Scara francisca‹«, sagte Megingaud respektvoll. Er kam zu Karl zurück und setzte sich neben ihn auf die Bank.

»Weißt du eigentlich, dass die Scaras von deinem Großvater Karl Martell erfunden wurden?«, meinte er.

»Wieso erfunden?«, fragte Karl. »Es gab doch auch früher schon reitende Krieger. Ich habe sogar Bilder von ihnen gesehen, zum Beispiel von Theoderichs Standbild in Ravenna …«

»Da mag schon sein«, sagte Megingaud. »Genau genommen sind Pferde für uns Franken als Reittiere nicht groß genug. Deswegen züchten die Scaras auch immer prächtigere Hengste und Stuten, um die uns inzwischen viele Völker beneiden. Aber das eigentliche Geheimnis der Scaras liegt darin, dass Karl Martell eines Tages von sarmatischen Reitervölkern hörte und dass diese Vorrichtungen besaßen, die ihnen einen sicheren Halt auf dem Rücken ihrer Pferde gaben.«

»Ach, du meinst die Steigbügel …«

»Ja, die meine ich«, bestätigte der Bischof. »Für dich mag das inzwischen selbstverständlich sein, aber bedenke, wer besser die Lanze in die Schulter einlegen und besser das Schwert führen kann – derjenige, der sicher sitzt, oder derjenige, der ständig hin und her rutscht und auch noch darauf achten muss, dass seine Beine den Leib des Pferdes richtig umklammern.«

»Derjenige, der Steigbügel hat, natürlich.«

»Siehst du, und deshalb hat dein Großvater aus wilden Reiterkriegern, die kaum besser kämpfen konnten als ein Mann zu Fuß, einen fast unbesiegbaren Haufen gebildet. Er hat ihnen alles zugebilligt, was ihrem Ruhm, ihrer Kampfkraft und ihrer Erscheinung dienlich sein konnte: den glänzenden Brustharnisch, Schild, Beinschienen und Lanze, dazu das lange Schwert, einen Helm und einen kostbaren Mantel. Weißt du auch, was eine derartige Ausrüstung kostet?«

»Nein«, antwortete Karl, »warum?«

»Achtzehn Kühe müssen verkauft werden, um die Ausrüstung eines einzigen Panzerreiters zu beschaffen. Es gibt mehr als tausend Dörfer im Frankenreich, die für einen derartigen Preis ein ganzes Jahr überleben könnten. Dein Vater lässt inzwischen fünfhundert Scaras stets unter Waffen stehen. Das ist sehr ungewöhnlich, denn altes fränkisches Recht sagt, dass ein Krieger in Monaten des Friedens keine Waffen tragen darf.«

»Du hast doch selbst gesagt, dass sie wichtig sind.«

»Ja«, seufzte der Bischof. »Vielleicht hast du recht. Und wahrscheinlich braucht man Scaras, Eisenschwerter, Steigbügel und schnelle Pferde, um das Wort unseres Herrn Jesus Christus durchzusetzen. Vielleicht hast du gehört, dass der große Bonifatius auch mein Lehrer war. Er ist an dem Widerspruch von Worten der Vergebung und der Notwendigkeit des Kampfes als Missionar Germaniens zerbrochen. Er hat den Tod als Märtyrer gesucht … im feuchten Friesland war es. Ich habe es erfahren, ehe ich hierher zu dir in den Garten kam, Karl.«

Er nahm ein Tuch aus einer Kutte und schnäuzte sich. Zum ersten Mal sah Karl einen Bischof weinen.

An einem der letzten Julisonntage geschah alles so, wie die Priester und Karl es wochenlang geübt hatten. Am Tag zuvor war Papst Stephan aus Sanct Denis eingetroffen, wo er sich einige Wochen lang aufgehalten hatte. In der Nacht zum Sonntag hatten Pippin, seine Frau Bertrada und ihre Söhne nach altem christlichem Brauch gefastet, gebadet und sich auf die feierliche Messe vorbereitet. Bereits beim ersten Hahnenschrei waren Abt Fulrad und Bischof Megingaud in vollem Ornat in die kleine Holzkirche des Hofgutes gegangen und hatten zusammen mit anderen Priestern und dem Erzkaplan den festgestampften Lehmboden bis in die letzten Kanten sauber gefegt.

Das ungleiche Paar hatte ganz unter sich die Prim gelesen. Als die Sonne aufging, der Hof erwachte und jedermann so schnell wie möglich seine Pflichten erledigte, um das große Ereignis mitzuerleben, da spürte auch Karl, dass dieser Tag wichtiger sein musste als alle anderen, die er bisher erlebt hatte.

Der Einzug der Edlen in die Kirche, der Königsfamilie und schließlich des Papstes mit seinem Gefolge wurde durch altrömische Gesänge nach einem neuen Ritual gefeiert. Die Veränderungen stammten von Bischof Chrodegang in Metz. Der Papst selbst hielt die Messe genau so, wie Karl es mit Megingaud unter den Apfelbäumen geübt hatte. Doch nach der Wandlung, nach dem Opfer von Brot und Wein, forderte Stephan II. den König der Franken und seine Familie auf, vor dem Altar niederzuknien. Pippin, Bertrada, Karlmann und Karl folgten der Anweisung. Sie neigten die Köpfe, und der Papst aus Rom ließ Salbungsöl aus einer kleinen Schale auf ihre Köpfe tropfen. Dazu sprach er die Worte, die schon von den Großkönigen der Heiligen Schrift gesagt worden waren. Und dann erweiterte er die heilige Handlung:

»All ihr, die ihr hier versammelt seid«, sagte er, »all ihr sollt hören, dass ihr niemals einen anderen König haben dürft als einen aus dem Geschlechte Pippins. Dies ist es, was ihr bei Strafe der Exkommunikation lernen und für alle Zeiten beherzigen sollt!«
Er richtete sich auf und breitete die Hände aus.

»Zum Zeichen dafür, wie ernst mir diese Bitte und mein Befehl ist, ernenne ich hiermit und heute euren König Pippin sowie seine Söhne Karl und Karlmann jeden für sich zum Patricius Romanorum, zum Schutzherrn Roms.«

Ein leises, beinahe drohendes Murren wurde laut. Die meisten der fränkischen Edlen blickten sich fragend an. Einige zischten sogar. In vielen Gesichtern standen deutlich sichtbar Misstrauen und Ablehnung. Jedermann hatte den Treueeid auf den König geschworen. Dennoch spürten die Männer, die mehr vom Schwert und altem Frankenrecht verstanden, dass hier etwas in einer spitzfindigen Art verändert wurde, die ihnen nicht gefallen konnte.

»Anmaßung!«, zischte jemand im Hintergrund.

»Das Recht für eine derartige Ernennung steht nur dem Kaiser in Konstantinopel zu«, tuschelte ein anderer.

»Oder zumindest seinem Exarchen in Italien …«

Die leisen Einwürfe wurden von den Oberen vor dem Altar vollkommen ignoriert. Selbst Karl empfand sie in diesem Augenblick als puren Neid. Nach der Beendigung der Messe brachen alle, die dabei gewesen waren, und auch diejenigen, die vor der kleinen Kirche gewartet hatten, in großen Jubel aus. Als Pippin und seine Gemahlin zusammen mit ihren Söhnen die Kapelle verließen, schlugen die allesamt auf ihren Pferden auf dem Vorplatz wartenden Scaras einschließlich der Edlen, die aus allen Teilen des Reiches angereist waren, wie wild mit den Schwertknäufen auf ihre Schilde. Im Schatten der Obstbäume waren inzwischen endlose Reihen von Holzböcken mit Tafelbrettern und Bretterbänken für mehr als tausend Gäste aufgestellt worden.

Der König und seine Familie schritten zusammen mit Papst Stephan, den beiden obersten Bischöfen des Reiches sowie den Würdenträgern des Hofes und der Kurie an den Versammelten entlang. Sie nahmen am Kopfende des weiten Gevierts unter den Apfelbäumen an damastgedeckten Tischen Platz. Hinter ihnen stellten sich Musikanten auf, und im Inneren begannen die Diener des Hofgutes, riesige Schüsseln mit Suppen, Fisch, dazu Holzplatten mit Kapaunen, Krammetsvögeln, Braten von Hirschen, Bären und Wildschweinen aufzutragen. Der Mundschenk füllte die ersten der goldenen Königsbecher mit Wein.

Weiter unten an den Tafeln wurde so reichlich Bier und Met in irdene und kupferne Becher ausgeschenkt wie nie zuvor.

Der fröhliche Lärm war so groß, dass sich weder König Pippin mit dem Papst noch seine Gemahlin mit ihren Söhnen unterhalten konnten. Es gab fünf Gänge für alle. Karl hielt sich beim Essen und Trinken zurück. Er begann mit einem kleinen Hasenschenkel, nahm sich mit seinem Messer etwas Hirschbraten vom Spieß, dann ein Stück Reiher in Kräutern gesotten, eine gebratene Forelle und zum Schluss Mus aus gepfefferten Früchten. Dazu trank er nur einen einzigen Becher mit Honig gesüßtem Essigwasser.

Als die Hitze des Tages schwül wurde und sich im Westen Wolken zu einem Sommergewitter zusammenballten, stand König Pippin auf, hob die Hände und unterband damit das Spielen der Musikanten und jedes Gespräch. Es dauerte eine Weile, bis alle gesehen hatten, dass Pippin etwas sagen wollte.

»Wir haben heute eine große Ehrung empfangen!«, rief er. »Nicht eine Ehrung, sondern zwei. Wir sind vom Nachfolger Petri gesalbt worden, auch hat er den König der Franken samt seinen geliebten Söhnen Karl und Karlmann zu Schutzherren der Kirche und Roms ernannt ...«

Pippin beugte sich vor, nahm seinen schon mehrfach leer getrunkenen Goldbecher und ließ den Mundschenk neu eingießen. Er trank erneut und kippte den Rest über seine rechte Schulter ins Gras. »Hört deshalb, was wir beschlossen haben!«

Karl wunderte sich darüber, dass sein Vater zum ersten Mal nicht in der Ich-, sondern in der Wir-Form sprach. Gehörte diese Art zu reden etwa auch zu den Eigentümlichkeiten, an die sich ein gesalbter und geehrter König zu halten hatte? Er beobachtete die Männer, die satt und mit erhitzten Gesichtern auf ihren Sitzbänken hingen. Viele hatten Wams und Waffen abgelegt, die Hemden über der Brust geöffnet und ihre Bundschuhe ausgezogen. Überall schlüpften sommerlich gekleidete Frauen und junge Mädchen zwischen den Grafen des Reiches, den Herren der Latifundien, den Priestern und Würdenträgern des Hofes hindurch. Sie glitten an schwerfällig ausgestreckten Händen entlang, wanden sich aus den Umarmungen der trunken Lachenden, saßen mal diesem, mal jenem für einen kurzen

Augenblick auf dem Schoß und genossen es, dem Fest die Würze zu geben, die selbst gepfeffertes Fruchtmus nicht bieten konnte.

Manch einer der Scaras, der Krieger und Herren, hätte jedem Befehl König Pippins gehorcht, wenn ihm nichts weiter dafür geboten würde als Brust und Schoß des Weibes, das er gerade für einen flüchtigen Moment in seinen Armen hielt.

»Aistulf hat unsere Vermittlungsversuche abgelehnt«, rief König Pippin. Die Männer höhnten, dann spürten sie, dass sie zischen mussten.

»Er denkt, dass es Schwäche ist, wenn wir nur drohen.«

»Wer ist denn dieser König der Langobarden?«, rief der junge Gaugraf der Rheinfranken. »Weiß er denn nicht, wer du bist?«

»Genau das frage ich euch!«, rief König Pippin. Karl hatte die ganze Zeit das Gefühl, als würden alle Ereignisse und Entscheidungen so unvermeidbar ineinandergreifen wie der Lauf der Sonne und die Veränderungen in der Form des Mondes.

»Wenn er Krieg will, soll er Krieg haben!«, brüllte ein alter Gutsherr, der rechts und links ein junges Mädchen in den Armen hielt. »Ich stelle fünfzehn Fußkrieger mit voller Ausrüstung samt der Verpflegung für drei Monate.«

»Ich stelle achtzehn.«

»Und ich zwanzig!«

»Dann wollt ihr jetzt, dass Frankenkrieger mit einer Heeresmacht über die Alpen ziehen?«, rief Pippin laut.

»Nein … nicht eine Heeresmacht«, lachte der alte Gutsherr. »Geh gleich mit zwei Marschsäulen! Das heizt dem Herrn der Langbärtigen viel besser ein. Lass deinen Bruder Bernhard über den Papstweg am Mons Jupiter in Italien einfallen. Gleichzeitig kommst du, Pippin, von Gallien her wie Hannibal über die Seealpen. Was glaubst du, wie schnell der eitle Aistulf sich dann bis in seine Hauptstadt Pavia flüchtet.«

Nie zuvor hatte es ein derartig fröhliches, ausgelassenes Lärmen unter den Apfelbäumen des Hofgutes gegeben. Die Männer lachten und lachten und trommelten mit ihren Fäusten auf die Tischplatten, bis die ersten vor Vergnügen rücklings aus den Armen der Frauen und Mädchen fielen.

Als hätten die Franken, die vor den Königsboten im Angesicht von Reliquien den Treueeid abgelegt hatten, bereits geahnt, dass der Zug gegen Aistulf doch noch stattfinden würde, kamen in den folgenden Tagen immer mehr Bewaffnete zu Pferd und zu Fuß auf den Wiesen rund um das Hofgut an. Schwerbewaffnete verstärkten die Scaras, während leichter bewaffnete Reiter weder Harnisch noch Helm oder Beinschienen trugen. Sie hatten wie die Krieger zu Fuß meist nur ein Schild als Schutzwaffe und einen Dolch am Gürtel, dazu Lanzen, armlange Schwerter oder Bogen und Köcher, in denen sich mindestens zwölf Pfeile befinden sollten.

Die Streitmacht wuchs von Tag zu Tag. Im Gefolge der Krieger trafen Transportknechte mit zweirädrigen Karren und von Pferden gezogenen Wagen ein, von denen jeder zwölf Metzen Korn, zwölf Maß Wein oder andere Fracht befördern konnte. Obwohl die Jahreszeit freundlich war, hatten die Transportknechte alle Ladungen auf den Wagen rundum in große Lederplanen gehüllt. Auf diese Weise konnten die Wagen selbst einen Fluss durchqueren, ohne dass Korn, Mehl und Gepäck nass wurden.

Zusammen mit den zum Heeresbann verpflichteten Männern des Reiches trafen auch Frauen und Knechte, Leibeigene und sogar Kinder ein. Händler schoben ihre überladenen Karren von Gruppe zu Gruppe. Sie verkauften Heilkräuter, Ringelblumentinktur, Amulette mit Reliquien vom Heiligen Grab oder mit Knochensplittern von Heiligen jeglicher Art. Pilger und Bettler, Gaukler und Spaßmacher versuchten am Rande des mächtigen Heerlagers schon vorab, ihren Anteil an der erwarteten Beute zu sichern.

»Aistulf ist reich«, riefen sie, »die Lombardei fruchtbar. Ihr werdet Früchte finden, die ihr noch nie gesehen habt … Wein, der wie Nektar und Manna schmeckt … schwarzhaarige Mädchen, in denen die Hitze der Sonne von Arabien nachglüht … Städte, wie es sie so groß und prächtig im ganzen Frankenland nicht gibt … Kommt, lasst ein Spiel uns wagen … Wer will schon jetzt Gold und Edelsteine für ein paar Schillinge gewinnen?«

Und viele würfelten mit den Gauklern und Händlern. Drei Wochen nach der Ernennung zum Schutzherrn Roms gab König

Pippin den Befehl zum Aufbruch. Ende August trennte sich die Heeresmacht aus tausend Reitern und viertausend Kriegern zu Fuß. Die erste Gruppe unter dem Befehl von Karls Onkel Bernhard wandte sich nach Osten in Richtung Walliser Alpen. Sie sollte über den Mons Jupiter und dann durch das Aostatal bis nach Piemont vordringen. Bischof Megingaud und Papst Stephan II. samt seinen Begleitern, die diesen Weg schon einmal gegangen waren, begleiteten sie.

Pippin selbst führte die Hauptstreitmacht, der sich auch Abt Fulrad angeschlossen hatte, an den Ufern der Flüsse Saone, Isere und am Ato entlang bis zum Pass des Mons Cenis. Von dort aus ging es über die alte Römerstraße an Susa vorbei und an den felsigen Ufern der Dora Riparia entlang bergab.

Während Bernhard mit seinen Kriegern nicht einmal in Ivrea auf Widerstand stieß, wurden Pippin kurz vor Turin die ersten bewaffneten Langobarden gemeldet.

»Wie viele sind es?«, fragte Pippin den Boten.

»Zweihundert Reiter vielleicht und tausend Mann Fußvolk.«

»Ist das etwa alles, was Aistulf gegen uns aufbringen kann?« Pippin schüttelte ungläubig den Kopf. »Wo steht dieses armselige Langobardenheer?«

»Es hält sich in den Pinienwäldern der Hügel südlich von Turin und in den Weinbergen versteckt.«

»Es hält sich versteckt? Was soll das heißen?«

»Die Anführer glauben, dass sie dir in der flachen Po-Ebene schutzlos ausgeliefert wären. Sie wollen dich vielmehr in die Hügeln und Wälder locken, die sie viel besser kennen als du.«

»Hügel und Wälder also«, sagte Pippin grimmig. »Sie denken, dass wir nur auf offenem Feld kämpfen können ... Ist es so?«

»Ja, so wird es sein.«

»Dann wollen wir ihnen zeigen, wie gut fränkische Krieger in Wäldern sind!« Er wandte sich an seinen Marschall. »Zweihundert Reiter und tausend Mann!«, befahl er. »Wir ziehen gleich und nehmen morgen früh beim ersten Tageslicht die Hügel! Die anderen, der Hofstaat und der gesamte Tross rasten bei Turin am Po-Ufer und warten auf das Eintreffen von Bernhard.«

Karl lenkte sein Pferd neben seinen Vater.

»Kann ich mit?«

Pippin sah seinen Sohn, der wie ein junger Scara gerüstet war, prüfend an. Und wieder hatte Karl das Gefühl, dass ihn sein Vater nicht wie einen erstgeborenen Sohn liebte, sondern ihn nur danach beurteilte, welche Fortschritte er als designierter Thronfolger machte. Der König musterte seinen Sohn vom Glanz des Kernleders in seinem Rundhelm über Harnisch und Waffengurt bis hinab zu den Schuhspitzen. Obwohl er danach zu suchen schien, fand er nichts, was er an Karl aussetzen konnte. Und genau das schien ihn zu ärgern.

»Meinetwegen«, knurrte er undeutlich. »Wird ohnehin Zeit, dass du als Patricius Romanorum siehst, wie man den Feinden der Kirche aufs Haupt schlägt!«

In der folgenden Nacht konnte Karl lange nicht einschlafen. Er hatte sich neben dem Zelt seines Vaters in eine Decke gehüllt ins Gras gelegt. Die Nacht war sehr warm. Karl lauschte noch eine Weile den Worten der Edlen, die mit dem König den Plan für den nächsten Morgen besprachen. Dann lenkte ihn das ungewohnte Lärmen der Zikaden ab. Er drehte sich auf den Rücken und sah zum Nachthimmel hinauf. Noch nie zuvor hatte er so viele so hell leuchtende Sterne am blauschwarzen Himmel gesehen. Je länger er hochsah, umso mehr wurden es.

Am nächsten Morgen weckten ihn die Strahlen einer Sonne, die bereits beim Aufgehen wärmer und gleißender war als nördlich des Alpengebirges. Schnaubende Pferde, klirrende Waffen und die halblauten Rufe der ausgewählten Krieger ließen ihn hellwach werden.

Er raffte seine Decke zusammen, wusch sich eilig am Wassertrog vor dem Zelt seines Vaters und begrüßte seine Mutter.

»Ich finde, dass dein Wunsch, mit den Kriegern auszuziehen, etwas verfrüht war«, sagte sie mit einem leichten Vorwurf in der Stimme. »Du kannst den Schlag eines Schwertes auf deinen Schild noch nicht abwehren.«

»Nein, das kann ich nicht«, gab Karl zu. »Aber ich bin zwölf Jahre alt und damit mannbar. Und ich will alles lernen.«

»Versprich mir wenigstens, dass du in den hinteren Reihen bleibst, wenn ihr die Langobarden trefft.«

»Davon hat Vater mir nichts gesagt.«

»Aber mir«, stellte Bertrada fest. »Und ich möchte, dass du dich daran hältst!«

Eine der Mägde brachte Karl eine Schale mit Gerstenmus. »Iss jetzt«, sagte Bertrada. »Es kann lange dauern, bis du wieder etwas bekommst ...«

Sie wusste nicht, dass sie sich irrte.

Nur wenig später brachen die Reiter und das bewaffnete Fußvolk auf. Die ersten Stunden vergingen ohne Zwischenfälle. Gegen Mittag erreichte die Streitmacht der Franken mit König Pippin und Karl an der Spitze die höchsten Kuppen der grünen Hügel südlich Turins. Die eigenartigen Kronen der Pinienbäume bildeten ein lockeres Schutzdach gegen die sengende Sonne. Nur hin und wieder zogen sich dichte Streifen von Macchiaginster bis in Senken und Mulden hinab. Bisher hatten die Franken noch keinen einzigen Krieger der Langobarden zu Gesicht bekommen.

Pippin und Karl ritten bis zum nördlich steil abfallenden Hang des höchsten Hügels. Vor ihnen öffnete sich ein wundervolles Panorama. Die ganze Po-Ebene tief unter ihnen wurde von dem nach Osten hin offenen Ring der Alpen eingefasst.

»Sieh dort nach Westen«, sagte Pippin zu seinem Sohn. »Von dorther kommen wir. Die beiden Spitzen über dem Gebirge zwischen Italien und unserem Reich sind der Mons Viso und der Mons Cenis.« Er streckte seinen Arm aus und wies nach Nordwesten. »Dort kannst du den höchsten Berg der Alpen sehen. Er heißt Mons Blanc. Und direkt nördlich von uns liegt das Aostatal sowie die Berge Mons Jupiter und der Mons Cervino, genannt Matterhorn ...«

»Es ist sehr schön«, sagte Karl. »Aber warum sprichst du von Bergen und nicht von Onkel Bernhard und seinen Kriegern?«

»Siehst du sie nicht?«, fragte Pippin amüsiert. Karl schüttelte den Kopf.

»Dann achte auf das Glitzern und Blinken dort unten, nördlich von Turin. Was ist das wohl?«

»Ein Fluss, ein See?«, versuchte Karl zu raten.

»Nein, Karl«, verbesserte sein Vater streng. »Das sind die Waffen

73

unserer Krieger, die mit Bernhard den anderen Weg genommen haben. Du musst noch lernen, diese Anzeichen und viele andere zu deuten, wenn du ein Feldherr werden willst. Blinkende Waffen sind verräterisch, ebenso Feuer, Rauch, auffliegende Vogelschwärme und zu große Stille …«

Er brach ab und legte eine Hand zwischen die Ohren seines Pferdes.

»Was hast du?«, fragte Karl.

»Still!«, befahl Pippin. »Sie haben uns den Weg zurück abgeschnitten.«

»Wer?«

»Wer wohl? Die Langobarden selbstverständlich!«

Karl verstand überhaupt nichts mehr. Er sah sich um und konnte nicht erkennen, was seinen Vater so vorsichtig gemacht hatte. Doch plötzlich sah er sie. Die bunten Wappenschilde passten nicht ins Grün der Macchiabüsche.

Er blickte seinen Vater an. Pippin schien auf seinem Pferd in sich zusammengesunken zu sein. »Bleib links von mir!«, sagte er leise. »Bleib jetzt um Himmels willen links von mir! Geduckt und eine halbe Pferdelänge zurück! Hast du verstanden?«

»Nein«, sagte Karl, »aber ich werde tun, was du gesagt hast …«

»Gut, dann zeig jetzt nur, dass du reiten kannst! Und alles andere ist meine Sache. Bist du so weit?«

»Ja.«

»Wende dein Pferd auf der Hinterhand, wenn ich es sage. Pass auf … jetzt!«

Die Pferde mit dem König der Franken und seinem Sohn stiegen steil auf, drehten sich und preschten dicht nebeneinander los. Im gleichen Augenblick brachen die Langobardenreiter aus dem Macchiagebüsch. Es waren zehn, zwölf, die da laut schreiend angriffen, einige mit Sauspießen und Lanzen, andere mit Kurzschwertern. Sie trugen die Farben und Wappen des Herzogs der Toskana.

Pippin fuhr wie ein furchtbares Ungewitter zwischen sie. Er stieg hoch aus den Steigbügeln und ließ sein Langschwert kreisen. Bereits dem Ersten trennte er mit einem Hieb den Kopf ab. Den Zweiten traf er an der Schulter, den Dritten an der Hüfte.

Die bunten Schilde flogen wie zerhacktes Feuerholz zur Seite. Tiefer im Pinienwald klang ein Hornsignal auf. Und dann ein anderes, dessen Bedeutung Karl nicht verstand. Und plötzlich klirrten überall Schwerter, brüllten Krieger Befehle und schrien die Getroffenen in ihrem Schmerz.

Die ersten reiterlosen Pferde brachen durch das Dickicht. Pippin kämpfte allein. Er wehrte Mann für Mann mit seinem Langschwert ab. Es waren gute Männer und geübte Reiter. Karl blieb so dicht bei seinem Vater, dass er jeden der Angriffe wie selbst abgewehrt miterlebte. Blut spritzte überall, und Äste von den Pinien brachen schwer zu Boden. Das Langschwert Pippins kreiste und kreiste. Nur noch fünf Mann, dann vier und schließlich einer. Dieser Verzweifelte ließ seine Waffen fallen, hob seine Hände, senkte den Kopf und erwartete in dieser unterwürfigen Haltung den letzten Schlag des Frankenkönigs.

Doch Pippin wollte nicht mehr. Er ließ sein Schwert sinken und holte mehrmals tief Luft.

»Aus!«, rief er dem Langobarden verärgert zu.

»Ich danke dir, dass du mein Leben schonst«, antwortete der Langobardenkrieger sofort und hob den Kopf. Karl wunderte sich über das schmale, feine Gesicht des Mannes. Noch mehr wunderten ihn die blauen Augen des Langobarden.

»Ach«, sagte Pippin unwirsch, »was kannst du dafür! Berichte lieber deinem König, dass sich niemand vor Pippin verstecken kann! Auch er nicht ... hast du das verstanden?«

Im gleichen Augenblick brachen die ersten der Franken durch das Unterholz. Schon wollten sie auf den Langobarden einschlagen, als sie die anderen auf dem Waldboden sahen.

»Bist du verletzt, Pippin? Oder du, Karl?«

Derartige Fragen gefielen dem König nicht.

»Wo sind sie? Habt ihr sie vertrieben?«, stöhnte er unwirsch.

»Ja, alle. Sie fliehen über die Berge nach Osten.«

»Dann lasst in Jesu Namen auch diesen hier davongehen! Er soll Aistolf berichten, was die Milde eines guten Christen gegen seine Feinde heißt.«

5

Geisel in Pavia

Als Pippin und Karl mit den Kriegern gegen Abend ins Heerlager zurückkehrten, war Bernhard mit seinen Mannen bereits eingetroffen. Auch der Papst mit seinem erschöpften Gefolge hatte seine Zelte einige Schritte weiter zwischen mannshohen Hibiskussträuchern aufstellen lassen.

Sie alle rasteten zwei Tage an den Ufern des Flusses Po, um sich zu erholen, neue Vorräte von den Bauern der Umgebung zu beschaffen und den gemeinsamen Marsch der beiden Heeressäulen gegen Pavia zu besprechen.

Die ungewohnte Sommerhitze machte nicht nur Frauen und Kindern, sondern auch den gepanzerten Reitern der Scara francisca zu schaffen. Trotzdem gab Pippin einen Befehl aus, den Karl zuerst nicht verstand: »Wir ziehen zwei Tage lang nach Osten. Wie ihr an diesen Tagen gekleidet seid, ist euch selbst überlassen. Achtet nur darauf, dass die Sonne euch nicht die Haut verbrennt. Am dritten Tag werden wir Pavia erreichen. Deshalb befehle ich, dass jeder Mann, der eine Rüstung tragen oder eine eiserne Waffe führen kann, dieselben selbst putzt oder putzen lässt, bis kein Rostfleck mehr zu sehen ist.«

Und dann erklärte Pippin, was er vorhatte: »Die Knechte aus dem Tross sollen alle Ersatzwaffen ebenfalls putzen und am Morgen des dritten Tages flach auf die Wagen legen. Wenn uns die Sonne schon mit ihrer Hitze quält, soll sie als Gegenleistung Glanz verschaffen, der Aistulf und die Langobarden blendet.«

Und so geschah es. Aistulf zog sich hinter die Mauern seiner starken Hauptstadt Pavia zurück und ließ sämtliche Zugänge versperren. Zusammen mit seinen Heerführern, Karl und Abt Fulrad ritt Pippin um die schweigende Stadt herum.

»Sieh nur, wie schön das alte Ticinum al Papia ist«, sagte der Abt zu dem neben ihm reitenden Karl. »Wir werden keine Römerstadt im gesamten Frankenreich finden, die so gut erhalten und so liebevoll ausgebaut ist.«

»Ich sehe nur Mauern, Dächer und Türme«, antwortete Karl, »aber nicht eine Bauernkate davor.«

»Ja«, sagte der Abt zustimmend. »Genau das ist der Grund dafür, dass diese Festung seit fast zwei Jahrhunderten den Langobarden als Krönungsstadt dient.«

»Stammen die Langobarden nicht aus den Ländern, in denen Dänen und Nordmannen jetzt wieder unruhig werden?«, fragte Karl.

Abt Fulrad nickte. »Und vom Unterlauf der unteren Elbe.«

»Dann sind sie uns doch enger verwandt als Alemannen, Baiuwaren, Bretonen oder Römer«, überlegte Karl.

»Du hast sehr gut studiert«, schmunzelte Abt Fulrad. »Ich denke, König Aistulf hat ebenso gedacht wie du. Ein Bund zwischen den Franken und den Päpsten – das wird ein Langobardenherrscher nie verstehen …«

»Was geschieht jetzt?«, fragte Karl. Sie näherten sich bereits wieder dem lärmenden Heerlager westlich der ummauerten Stadt. »Kein Aushungern? Kein Gemetzel?«

»Wenn sie so klug sind, wie ich denke, können sie monatelang ausharren.«

Bereits am nächsten Morgen überbrachte ein Bote dem König der Langobarden den Wunsch nach Verhandlungen. Karl wartete ebenso gespannt wie alle anderen darauf, mit welcher Antwort Aistulf ihn zurückschicken würde. Er wunderte sich sehr, mit wem der Bote zurückkehrte. Es war der letzte Überlebende jener Krieger, die Karl und Pippin im Pinienwald südlich von Turin angegriffen hatten.

»Ich bin Desiderius, der Herzog der Toskana«, sagte der mutige junge Mann, nachdem er von seinem Pferd gestiegen war und sich in aller Form vor dem König der Franken verneigt hatte. »Mein König Aistulf, Träger der langobardischen Eisenkrone aus einem Nagel vom Kreuz Jesu Christi, ist bereit, mit seinen Blutsbrüdern, den ruhmreichen Franken, zu sprechen, um allen Leid, Tränen und Trauer zu ersparen.«

»Was schlägt er vor?«, fragte Pippin vollkommen ruhig.

»Aistulf bittet um eine Abordnung, die von Abt Fulrad geführt werden soll und zu der nur fünf unbewaffnete, schriftkundige Priester gehören.«

»Sonst noch etwas?«

»Ja«, sagte Desiderius. »König Aistulf möchte Papst Stephan nicht einmal als Schatten auf den Mauern von Pavia sehen. Ich bleibe als Geisel hier, sofern du einverstanden bist, dass dein ältester Sohn Karl die Delegation in die Mauern von Pavia begleitet.«

»Königssohn gegen Herzog?«, knurrte Pippin. »Ein schlechter Tausch!« Er ging einmal um Desiderius herum und betrachtete ihn von oben bis unten. Der Langobardenadelige sah nicht so aus, als würde er sein Haupt vor einem anderen aus Furcht und Kleinmut neigen. Er war kleiner als Karl und Pippin, doch seine Augen strahlten genauso hart und blau wie die der Franken.

»Nun ja ...«

Pippin überlegte angestrengt und murrte mehrmals. »Von einem Herzog ist es manchmal nicht sehr weit zur Königskrone ...«

Er ging mit weiten Schritten vor den Fahnen, Wimpeln und Standarten vor seinem Zelt auf und ab. »Ich werde nachdenken und dir Bescheid geben«, sagte er schließlich. Dann gab er Fulrad ein Zeichen. »Er soll solange in deiner Nähe bleiben.«

Die Nachricht vom Verhandlungsangebot Aistulfs und seinen Tücken verbreitete sich ziemlich schnell über das ganze Heerlager der Franken. Wo eben noch lärmendes Siegesbewusstsein geherrscht hatte, wo Waffen geschliffen, Helme und Harnische nochmals poliert worden waren, kehrte eine ganz ungewohnte Mittagsstille ein. Die meisten der Männer und Frauen wussten nicht, wer Desiderius war. Sie hatten nie davon gehört, dass ein Langobardenherzog einen uralten lateinischen Namen trug. Für sie war alles andere schon unverständlich und verwirrend genug.

Es dauerte sehr lange, bis Pippin sich entschied. Erst als sich die heiße Sonne den schneebedeckten Bergspitzen im Westen näherte und alle Himmel in Farben strahlten, die nie zuvor ein Frankenheer gesehen hatte, ließ Pippin Karl vor sein Königszelt rufen.

Mit einer kurzen Handbewegung befahl er, sie allein zu lassen. Dann legte er einen Arm um die Schultern seines Ältesten. Gemeinsam gingen sie bis zum Ufergeröll des fast ausgetrockneten Flusses.

»Du hast gehört, was König Aistulf anbietet?«, fragte er, als sie allein waren.

»Ja, er will mich als Geisel.«

Pippin bückte sich, nahm einen flachen Stein auf und warf ihn so über das letzte Flusswasser, dass er vier-, fünfmal hochsprang.

Karl nahm ebenfalls einen Stein. »Willst du mich fragen, ob ich einverstanden bin? Oder suchst du nach einem Gottesurteil?«

»Ich weiß es nicht«, antwortete der König aller Franken. Karl fühlte sich auf einmal unsagbar froh. Er dachte an die Jahre zurück, in denen er mit seiner Mutter ganz allein gelebt hatte. Er sah auf einmal eine große Möglichkeit, endlich auch in der Öffentlichkeit von seinem Vater anerkannt zu werden.

»Ich bin bereit, nach Pavia zu gehen«, sagte er. »Aber nur, wenn du mir sagst, warum ich sieben Jahre lang als Bastard ohne Vater leben musste.«

»Willst du den wahren Grund wissen?«

»Nur den und keinen anderen!«

»Ich wollte König werden ... raus aus dem demütigenden Stand des Dieners von Merowingern, die zu nichts mehr fähig waren. Ihr Blut sei göttlich, hieß es, aber ich wusste, dass sie nur noch deswegen König hießen, weil sie das Recht besaßen, ihr Haar und ihre Bärte nicht zu schneiden. Verkalkte Narren allesamt, und ich besaß die Macht.«

Er setzte sich auf einen großen ausgebleichten Stein an der Uferböschung, stützte die Ellenbogen auf die Knie und legte sein Kinn in die halb geöffneten Handflächen. Noch nie zuvor hatte Karl seinen Vater so gesehen. Er war kein Herrscher mehr, nur noch ein Mann, der seinem Sohn ein Freund sein wollte.

»Du hast noch nicht geantwortet«, sagte Karl furchtlos.

»Ich weiß, ich weiß.« Pippin lächelte ungewohnt milde. »Vieles stand damals auf Messers Schneide, als dein Großvater Karl Martell starb. Anders als er, der Herrscher, aber niemals König werden wollte, stand ich plötzlich ganz oben. Aber wir brauchten einen Merowingerkönig als Legitimation. Deshalb ließen mein

Bruder Karlmann und ich Childerich III. wieder aus dem Kloster holen, in das er von deinem Großvater gesteckt worden war.«

»Das mit den Klöstern habe ich nie verstanden«, sagte Karl. »Ist denn nicht auch Onkel Karlmann, also dein Bruder, vor sieben Jahren ins Kloster gegangen?«

»Das ist die Antwort, Karl. Solange ich die Herrschaft über das Frankenreich mit ihm teilen musste, konnte keiner von uns den Merowinger mit dem heiligen Blut zurück ins Kloster schicken und danach selbst gekrönt werden.«

»Trotzdem – was hat das alles mit Mutter und mit mir zu tun?«

»Ahnst du das nicht? Ich galt als unverheiratet in diesen Jahren. Quasi als Hauptgewinn im großen Spiel um Macht. Schon dadurch war ich interessant für alle edlen und einflussreichen Franken, die eine Tochter zu vermählen hatten.«

»Und für die anderen?«

»Für die zählte viel mehr, ob ich als erwählter König so zeugungsfähig war, dass eine zuverlässige Dynastie entstehen konnte.«

»War das die Mehrheit unserer Adligen?«

»Du bist die Antwort: Ich habe deine Mutter geheiratet. Und du bist der Beweis für die Berechtigung meines Königtums.«

»Ich ahnte das schon lange, aber ich wusste es nicht.«

Pippin stand auf und schritt hin und her über die größten Steine am Flussufer. »Dann sage ich dir jetzt, dass schon einmal ein ähnlicher Versuch in unserer Familie fehlgeschlagen ist – vor fast hundert Jahren, als der Majordomus Grimoald nach der dritten Merowingerkrone griff. Er war klug vorgegangen und hatte den dritten Merowingerkönig namens Sigibert überredet, seinen Sohn zu adoptieren. Als dieser Sigibert dann mit fünfundzwanzig Jahren starb, wurde tatsächlich zum ersten Mal ein Pippinide König der Franken. Sie gaben ihm den Merowingernamen Childebert der Dritte. Er starb bereits sechs Jahre später. Ja, und dann kam wieder ein echter Merowinger als zweiter Childerich. Und unser Vorfahr Grimoald büßte seinen Versuch, Blut von unserem Blut an die Macht zu bringen, mit seinem Leben. Eigentlich war damit das Ansehen unserer Familie vernichtet. Grimoalds Schwester Begga heiratete dann Ansegisel, den Sohn des Bischofs Arnulf von Metz, und erst ihr Sohn Pippin der Mittlere, dein Urgroßvater, konnte wieder Hausmeier werden.«

Karl kniete am Ufer zwischen den Kieseln nieder. Er strich mit seiner Hand durch das kalte Wasser aus den westlichen Bergen. »Wie war das, als du Mutter trafst?«

»Niemand außer Bertrada und mir weiß bis heute, wo es war, aber die Nacht mit ihr in einer Mühle an der Isar warf mich aus allen Plänen. Aber ich sage dir schon jetzt: Du darfst niemals in deinem Leben die Weitsicht und das Ränkespiel von Weibern unterschätzen! Wir führen Pferd und Schwert, aber sie lenken uns mit Fäden, die feiner sind als alles, was in Spinnstuben durch ihre Finger gleitet.«

»Dann stimmt es also, dass Mutter ebenfalls ... und mit dir ...«

»Oh ja!«, stieß der Frankenkönig mit einem Brummen tief aus seiner Brust aus. »Bertrada war von Anfang an eine ganz außerordentliche Weberin der Schicksalsfäden. Und nicht umsonst ist sie die Nichte von Plektrud, die damals deinen Urgroßvater heiratete und gleich nach seinem Tod das Reich an ihren Stiefsohn Karl Martell verlor ...«

Karl bückte sich und nahm einen der Steine aus dem Ufergeröll. Mit einem schnellen Armschwung ließ er ihn über das flache Wasser des Flusses gleiten. Dreimal, fünfmal, bis er am anderen Ufer aufschlug. »Siehst du«, sagte er lachend. »Die Steine dieses Flusses wollen, dass ich nach Pavia gehe.«

Er lachte plötzlich, drehte sich um und sah seinen Vater an. »Und was ist ... was ist, wenn ich dir nicht glaube? Wenn du mich nicht aus edlen Absichten, sondern deshalb verleugnen musstest, weil du bereits verheiratet warst? Und dass Bertrada sich auf der Burg Mürlenbach bei Prüm versteckte, mich einer Nonne in Nevers als Ziehmutter übergab und einfach abwartete, bis du frei für die Krone, mich und sie selbst als Gattin warst?«

Pippin blickte an ihm vorbei zu den Bergen, die sie gerade erst überwunden hatten. Er antwortete Karl nicht ... nicht einmal kurz.

Während der nächsten Tage eilten mehrmals Boten zwischen dem Heerlager der Franken am Po und der fünf Meilen entfernten Stadt am Ticino hin und her. Schließlich begab sich Abt Fulrad zusammen mit Karl und einer kleinen Delegation von unbewaffneten Mönchen und Notaren in die Mauern der langobardischen Königsfestung.

König Aistulf selbst erwartete sie bereits mit seinem halben Hofstaat hinter der Römerbrücke über den Fluss. Gemeinsam zogen sie an den finster vor ihren Häusern stehenden Langobarden vorbei. Doch keiner drohte ihnen, keiner spuckte sie an. Trotzdem fühlten sich die Franken erst im Hof des Königspalastes wohler. Nach einer weiteren Begrüßung durch Aistulf zupfte Karl Fulrad am Ärmel.

»Ich möchte nochmals durch die Straßen der Stadt gehen«, sagte er leise.

»Das geht jetzt nicht, Karl.«

»Warum nicht? Du verhandelst, und ich sehe mir die Langobarden an. Sie interessieren mich viel mehr als die Gespräche, die du führen musst.«

Fulrad beriet sich kurz mit seinen Begleitern, dann trug er Karls Bitte dem Langobardenkönig vor. Aistulf hatte keine Einwände. »Er soll ruhig sehen, wie stark und stolz meine Hauptstadt ist«, sagte er und wandte sich an seinen Marschall: »Eine Eskorte für Karl, den Sohn des Königs der Franken!«

Karl ging mit großen Augen durch die Straßen der alten Stadt. Er kam aus dem Staunen nicht mehr heraus. Gewiss, die Einwohner von Pavia blickten der kleinen Eskorte mit dem hochgewachsenen Jungen in ihrer Mitte nicht sehr freundlich entgegen, aber Karl sah weder Hass noch Wut in ihren Gesichtern, sondern eher eine Mischung aus Neugier und stolzer Verachtung.

»Für sie bist du eine Art Wilder aus den dunklen Wäldern im Norden«, sagte einer der Priester in seiner Begleitung. Karl wunderte sich über die sauberen Gassen und die vielen kleinen Plätze. Er sah kunstvoll geschnitzte Geländer an überdachten Treppen, die in den Innenhöfen der Häuser über mehrere Stockwerke reichten. Von vielen der hohen Fassaden mit ihren schmalen Fenstern hingen kunstvoll bestickte Fahnen mit den Insignien der einzelnen Stadtteile herab.

Und dann läuteten vollkommen unerwartet Glocken. Und wie auf Befehl eines unsichtbaren Dirigenten kehrte das lärmende Leben in die noch immer belagerte Stadt zurück. Bunt gekleidete Männer schoben laut rufend Karren mit Obst und Gemüse vor sich her, der Geruch von Gesottenem und Gebratenem, Zwiebeln und Knoblauch kam aus vielen Fensteröffnungen. Frauen lachten, und Kinder liefen mit einem seltsam spöttisch wirkenden Singsang hinter ihnen her. Auf allen Plätzen wimmelte es plötzlich von Menschen, doch Karl sah nur selten Bewaffnete, die wie Krieger aussahen.

»Warum kümmern sie sich überhaupt nicht darum, dass vor den Mauern ihrer Stadt unser Heer lagert?«, fragte Karl verwundert.

»Warum sollten sie das?«, gab der Priester zurück. »Diese Städter wissen ganz genau, dass wir kein schweres Kriegsgerät, keine Katapulte und keine Oxer haben. Sie denken gar nicht daran, sich in offener Feldschlacht zu stellen, und hinter ihren Mauern können sie viele Monate lang unbesorgt sein …«

Als Karl und seine Eskorte am Nachmittag in den Palast des Langobardenkönigs zurückkehrten, war Abt Fulrad schon zur Rückkehr bereit.

»Wolltet ihr nicht schwierige Verhandlungen führen?«, fragte Karl.

»Das ist auch geschehen«, antwortete Abt Fulrad lächelnd, »wir haben sogar einen schriftlichen Vertrag aufgesetzt.« Er reichte Karl einen goldenen Pokal mit verdünntem und gewürztem Wein. »Hier, trink erst mal«, sagte er. »Wir kehren zu deinem Vater zurück, sobald du dich etwas ausgeruht hast.«

Karl setzte sich auf einen mit reichen Schnitzereien verzierten Stuhl. Durstig trank er einen großen Schluck Wein. »Und?«, fragte er, »was habt ihr vereinbart?«

»Wir fanden einen Weg, den du dir merken solltest«, sagte Abt Fulrad und lächelte zufrieden. »Aistulf wollte den Forderungen des Papstes natürlich nicht nachgeben. Aber um Blutvergießen zu vermeiden und als Zeichen der Freundschaft zwischen den Langobarden und den Franken tritt er alle im Ultimatum genannten Gebiete nicht an den Papst, sondern an den König der Franken ab. Dein Vater wiederum wird sie der Kurie übertragen – als ›Pippinische Schenkung‹ sozusagen.«

»Aber das ist doch …«

»Politik und geschickt«, unterbrach der Abt lächelnd. »Denn auf diese Weise können alle Beteiligten ihr Gesicht wahren. Der Papst bekommt den Grundstein für den uralten Traum von einem eigenen Kirchenstaat, dein Vater löst seine Dankesschuld für den päpstlich genehmigten Übergang des Königtums von den Merowingern auf eure Familien ein, und der König der Langobarden verliert nur etwas, was ihm nach der Konstantinischen Schenkung ohnehin nicht gehörte. Er darf sagen, dass ihm die Urkunde nicht bekannt gewesen ist und dass er sich dem älteren Recht unterwirft.«

Karl und Desiderius kehrten noch am gleichen Tag zurück. Aistulf stellte einige Edle als Geiseln für seine Vertragstreue. Unter dem Schutz fränkischer Waffen und begleitet von Abt Fulrad, zog Stephan II. nach Rom weiter. Er war als Bettler und Büßer aufgebrochen, und jetzt, nach fast einem Jahr, konnte er sich als Sieger fühlen. Beinahe unbemerkt in all den schweren Monaten hatte er auch noch Ostrom auf die Probe gestellt. Nur wenige Franken hatten bemerkt, dass eine Berufung zu »Patriziern von Rom« eigentlich dem Kaiser in Konstantinopel vorbehalten war.

»Wir brechen ab!«, befahl König Pippin noch am gleichen Abend. »Ende des Zuges gegen die Langobarden! Von nun an kann jeder den Weg nach Hause nehmen, der ihm beliebt.«

»Warum murren die Männer?«, fragte Karl seinen Vater schon am nächsten Morgen. Sie waren bereits bei Sonnenaufgang aufgebrochen. Die ganze Nacht durch hatte er wütende Aufschreie und lautes Zischen gehört. Er ritt zusammen mit Pippin und seinem Onkel Bernhard am Nordufer des breiten, steinigen Flusses entlang, von dem die Ebene südlich der Alpen ihren Namen erhalten hatte. Nur der Hofstaat und das ständige Gefolge aus Scaras und Edlen, Bogenschützen und Priestern, den Weibern, Knechten und Kindern bildete einen lauten, weit auseinandergezogenen Treck.

»Warum antwortest du nicht, Vater?«, fragte Karl.

»Soll ich es für dich tun?«, fragte Bernhard seinen Halbbruder.

Pippin schürzte die Lippen, dann nickte er kurz.

»Du wirst noch lernen, was alles hinter dem Befehl eines Königs steht«, begann Bernhard sehr vorsichtig. »Seit es das Volk von uns Franken und Freien gibt, haben wir alles sehr hart errungen. Wir mussten ständig gegen Sachsen und Thüringer, Baiuwaren und Friesen, Bretonen und Langobarden, gegen Araber, die Nordmannen und sogar gegen die Westgoten in Aquitanien kämpfen ...«

»Das weiß ich alles«, wehrte Karl ab.

»Mag sein«, meinte Bernhard nachsichtig. »Aber du musst auch verstehen, dass nichts von allem so gut bestellt ist, dass dir dein Vater ein Reich des Friedens übergeben könnte, wenn der Tag gekommen ist.«

»Nicht so voreilig, Bernhard«, warf Pippin unwirsch ein. »Noch bin ich König der Franken und will es auch noch ein paar Jahre bleiben! Außerdem hat Karls Bruder Karlmann ebenfalls ein Anrecht auf meine Krone!«

»Gewiss, gewiss«, meinte Bernhard lachend. »Aber Karlmann ist noch ein Kind, während dein Erstgeborener inzwischen den Papst empfangen und in Pavia gesehen hat, dass ein paar Tropfen Tinte das Gleiche erreichen können wie Ströme von Blut ...«

»Ihr habt noch nicht auf meine Frage geantwortet«, sagte Karl ungeduldig. Er wusste, dass er Älteren zuhören musste, aber er spürte sehr genau, dass er nur abgelenkt werden sollte.

»Sag es ihm!«, befahl Pippin knapp.

»Nun gut«, seufzte Bernhard und blickte zu Karl. »Gestern Nacht, als du schon geschlafen hast, fand auf dem Lagerplatz der Scaras eine Versammlung statt. Dein Vater hat allen mitgeteilt, warum er Pavia nicht aushungern und stürmen lässt.«

»Viele von unseren Männern sehen die Langobarden als Blutsbrüder und Kampfgefährten an«, sagte Karl und nickte. »Sie werden mit Vaters Entscheidung einverstanden sein.«

»Ja und nein«, antwortete Bernhard. »Vergiss nicht, dass jeder Feldzug den Lohn eines ganzen Jahres einbringen muss! Wenn keine Beute gemacht wird, ist das für viele wie ein verlorener Krieg oder eine verhagelte Ernte! Die Krieger haben Haus und

Hof verlassen, die Äcker und Felder den Frauen und Zweitgeborenen und manchmal sogar Unfreien und Sklaven anvertraut. Die stärksten und besten Männer waren nicht da, wo ihre Äcker sie brauchten. Was sollen sie sagen, wenn sie nun ohne ihre gerechte und von allen erwartete Beute zurückkehren?«

Karl blickte schweigend über den Kopf seines Pferdes hinweg zu den im Morgendunst auftauchenden Bergen im Westen. Die warm und still vor sich hin dösende Landschaft war ganz anders als die Gegenden, die er bisher kennengelernt hatte.

»Ich weiß nicht«, sagte Karl nach einer Weile, in der er angestrengt nachgedacht hatte. »Wenn ich ein Graf oder ein Freier wäre, würde ich nicht sofort ins Frankenreich zurückkehren!«

»Und?«, fragte sein Vater. »Was würdest du tun?«

»Ich würde warten, bis mein König über die Alpen gezogen ist ...«

»Und dann?«

»Dann würde ich zusehen, dass ich doch noch zu meinem gerechten Lohn komme!«

»Mit deinen eigenen zwanzig bis fünfzig Männern? Das könnte dich und allen Leichtsinnigen den Kopf kosten«, warnte Bernhard. »Der Feldzug ist vorbei, und nach uraltem Gesetz darf im Frieden kein Frankenkrieger Schwert, Bogen, Axt oder Messer für Raub oder Gewalt benutzen!«

»Sollen die Meinen im nächsten Winter verhungern?«, fragte Karl aufsässig. Er wusste, dass er nur eine angenommene Rolle in diesem Disput spielte, aber er ahnte plötzlich, wie schwer das Amt eines Königs wirklich war.

»Sieh an, sieh an«, meinte Bernhard lächelnd. »Du beginnst also, wie ein Etheling zu denken. Und auch wenn dein Vater dies nicht gern hören wird, fürchte ich, dass du recht hast! Ich ahne bereits, dass noch viele Wochen lang fränkische Reiter und marodierende Haufen durch die Po-Ebene ziehen werden ... ich sehe, wie sie die Weinlager in den Hügeln von Chieri, Asti und Alba aussaufen, wie sie die Truhen und Kassen der mediterranen Händler aufbrechen, wie sie Gehöfte abbrennen und schließlich sogar die Schafe, die Kühe und Schweine der Langobarden vor sich her über die Alpen treiben ...«

»Hör auf!«, befahl Pippin sichtlich verärgert. Zum ersten Mal erkannte Karl, wie groß die Unterschiede zwischen dem, was er bisher gelernt hatte, und der Wirklichkeit waren. Eine der vielen Veränderungen sah er direkt bei ihrer Rückkehr: Sie schrie und steckte in einem festen Wickelkissen. Er hatte eine Schwester bekommen.

»Rothaid«, sagte seine Mutter, »sie ist bereits getauft.«

Karl erkannte immer deutlicher, wie mühselig das Leben eines Frankenkönigs und seines Gefolges sein konnte. Die vielen Hofgüter und selbst die Pfalzen waren nur Stationen im Jahresverlauf, Orte vorübergehenden Friedens, der Sammlung und zugleich der Vorbereitung.

Jede Heeresversammlung endete mit dem Beschluss für einen neuen Feldzug. Er sah, wie sein Vater kein Jahr auslassen konnte, wenn er die Grenzen sichern, Angriffe von feindlichen Völkerstämmen abwehren und aufsässige Regionen befrieden wollte. Regieren und Königsein kam Karl immer deutlicher als niemals endender Kampf gegen alle nur denkbaren Feinde im Inneren und Äußeren vor. Sogar die Stunden der Stille waren gefährlich, nur trügerisch in ihrer Trägheit, aus der urplötzlich ein Schrei nach Hilfe, eine bösartige Krankheit oder ein Angriff auf die ererbten Werte entstehen konnte. Selbst Kleinigkeiten enthielten oftmals ein Geheimnis, dessen volle Bedeutung erst viel später erkennbar wurde.

Darüber hinaus bekam Karl mit, wie schwierig es für seinen Vater war, das Reich der Franken neu zu ordnen. Er nahm jetzt immer öfter als stiller Zuhörer an den Beratungen Pippins mit Bischöfen und Adligen des Reiches teil. Nach der Übernahme des Königtums von den Merowingern mussten weite Gebiete in neue Gaue aufgeteilt werden. Das ging nur selten ohne Einspruch und erbitterten Widerstand von Klöstern und von Adligen. Manchen von ihnen bestätigte Pippin den Besitz, einige erhob er auch zu Grafen der neu geschaffenen Gaue und gab ihnen damit das Recht, als seine Stellvertreter und in seinem Namen aufzutreten. Und einer seiner engsten Gefährten, der unermüdlich dafür eingetreten war, dass das Königtum der Merowinger abgelöst wurde, war Rupert. Er wurde erster Graf im neuen »Pagus Rhenensis« – dem oberen Rheingau.

Karl, der inzwischen seinen dreizehnten Geburtstag gefeiert hatte, dachte jetzt immer häufiger darüber nach, warum sein Vater keine Hauptstadt, keinen richtigen Königspalast und eigentlich überhaupt keinen Ort hatte, zu dem alle Franken blicken konnten, wenn sie an ihren König dachten. Es gab kein Rom, kein Pavia und kein Konstantinopel, kein Mekka, kein Jerusalem. Der Königshof der Franken – das war im Winter eine gefräßige Larve. Von der Fastenzeit bis zum Märzfeld befand sich der Hof in einem Stadium der Verpuppung. In diesen Tagen war alles ruhig. Wenige Ausritte, keine großen Dispute, Zeit für das feine Handwerk und die leisen Künste – langsames Winterleben, in dem bereits der Duft eines einzigen Bratapfels alle anderen umher sehnsüchtig schnuppern ließ.

Doch dann, wenn die Eisschale platzte, die Männer auf dem Märzfeld grölten und die Natur mit Macht erneut hervorbrach, dann bildeten des Königs Mannen den lauten, eisenklirrenden und bunt gekleideten Zug von Bewaffneten, die einer goldenen Krone folgten, samt ihrem Tross, Frauen und Kindern, Händlern und Gauklern, Bettlern und Pilgern, die sich bei Wind und Wetter, in Sommerhitze ebenso wie im Gewitterregen, bis zu den Herbstnebeln und Raureif auf den Zweigen irgendwohin oder nach nirgendwo durchschlugen.

Was Karl in diesem Jahr sah oder hörte – nahezu alles kam ihm falsch und wie gebündelte Lügen vor. Er sprach kaum noch mit seiner Mutter. Zu seinem Vater war er höflich und gehorsam, aber nicht mehr als andere. Er nutzte jede Stunde, in der er nicht irgendeinen Psalm auswendig lernen oder mit verflucht klecksenden Gänsefedern alte römische Landkarten, die er überhaupt nicht gut und übersichtlich fand, von Pergamentrollen abzeichnen musste. Er wusste, dass er nichts gegen die mühsamen und langweiligen Morgenstunden bei den Schreibern und Notaren des Hofstaates tun konnte. Die Priester gaben sich nicht einmal Mühe mit ihm. Sie sagten ihm mit quäkigen oder höchst weibischen Stimmen, was er tun sollte, und schlurften gleich darauf wieder hinter ihre Pulte im

Schreibsaal, seufzten und gähnten noch einmal und schliefen dann bis zum nächsten Gebet.

Karl brauchte fast eine Woche, bis er Buchstabe für Buchstabe seinen ersten, sehr schweren, aber schönen Satz in lateinischen Buchstaben auf Schafspergament geschrieben hatte:
»PRISTER RAUS ... AUS-M KUNIGS-HOF.«

Drei Tage später bekam er dafür die Strafe Gottes. Er sah sich nach der kurzen Morgenwäsche im metallisch glänzenden Spiegel an. Im gleichen Augenblick glaubte er, dass er sofort sterben müsse. Er sah in ein Gesicht, das wie ein viel zu heiß gebackener Flammkuchen mit roten, fast schon schwarz geschwollenen Pickeln bedeckt war.

»Flohstiche!«, stieß er fast beschwörend hervor. »Läuse und Wanzen und Dämonenkot, gütiger Gott, mein Herr, lass es nur dieses sein!«

Der Gott der Strafe und Verderber Hiobs blieb völlig unnachsichtig. Die bösen Pickel im Gesicht begleiteten Karl das ganze Jahr über. Er schämte sich so sehr, dass er kaum mit anderen zusammentraf, sich lange verschloss und immer mehr von den seltenen, wertvollen Büchern las, die er sich durch seine Onkel Bernhard und Hieronymus vom großen und verehrten Erzbischof Chrodegang in Metz besorgen ließ.

»Der Knabe will, dann soll er auch!« war die Devise Bernhards, sobald sich Pippin oder Bertrada besorgt einmischen wollten. Karl ahnte, dass er die ganze Zeit genau beobachtet wurde. Trotzdem fühlte er sich verlassen und gedemütigt. Er dachte lange über alles nach, was er sah und hörte. Sein Blick folgte dem Flug der Kraniche und der Wildgänse ganz anders als der seiner Gefährten, mit denen er bisher herumgetollt war.

Es war kurz vor Totensonntag, als der Königssohn mit dem verunstalteten Gesicht hoch oben in einem Eichenbaum mit längst braun und krank gewordenen Blättern hockte. Mit Tränen auf den wunden Wangen blickte er nach unten, beobachtete, was in der Königspfalz geschah.

Er beobachtete die Männer, wie sie ihre Tiere herumführten,

Schmiede und andere Handwerker, Mägde, die kichernd Wäsche aufhängten, Gärtner und Diener, Maurer und Zimmermänner und dazu Jungen und Mädchen, die sich um jede Pflasterplatte und jedes Wegstück zu den Gärten stritten und dabei so verhandelten, als sei ein Brocken Dreck und Erde ein ganzes Königreich. Karl schnaubte. Er hatte keine Lust mehr, Pippins Sohn zu sein! Wozu die Buchstaben auf Pergament, wozu die Reiterübungen? Nicht einer von den Großen hatte irgendetwas für seiner Seele Frieden ausgekämpft!

Er beugte sich vor, zupfte ein Eichenblatt ab und zerrieb es mit den Fingern dicht unter seiner Nase. Der mulchige Geruch passte zum Nebelgrau des düsteren Tages. Nichts passte ihm noch, und mit nichts war er zufrieden. Er hätte schreien können, so wütend war er plötzlich über sich und die ganze Welt.

Er schmiegte sich an den Stamm der Eiche, während unter ihm das Leben in der Königspfalz so ablief wie an allen Tagen. Und plötzlich musste er weinen, weil er nicht mehr bei seiner Mutter sein konnte wie früher, weil er die Härte seines Vaters nicht verstand, weil nichts so war, wie es im Paradies sein sollte, und weil er einfach noch nicht wusste, was Gott und eine ganze Welt von ihm erwarteten.

»Wie kann dieser verdammte Hund derartig tollwütig sein?«, fluchte Pippin am gleichen Abend. Bertrada hatte ihm berichtet, was ein paar wandernde Mönche und jüdische Händler berichteten, die am Nachmittag in der Pfalz angekommen waren. »Aistulf ist König – ebenso wie ich … Wir haben erst vor ein paar Monaten einen Vertrag geschlossen … Vierzig seiner Geiseln werden von unseren Grafen überall im Reich sehr gut bewacht! Wie kann er dann zu einem Winterzug gegen Rom aufrufen?«

»So kannst du ihn anschreien – aber nicht mich!«, protestierte Bertrada. Karl senkte den Kopf. Ja, es gefiel ihm immer wieder, wenn seine Mutter dem knochigen König der Franken, der jetzt sein Vater war, furchtlos die Stirn bot.

»Hach, diese Langobarden!«, wütete Pippin und lief aufstampfend hin und her. »Schlimmer als Sarazenen, Baiuwaren und Sachsen zusammen! Was soll ich noch gegen sie unternehmen?

Auf Kuhhäuten über den Schnee der Alpen rutschen wie dieser Papst? Es dauert Wochen, bis ich um diese Jahreszeit ein Heer zusammenrufen kann …«

Eigentlich waren alle bei Hof auf die schweren, für Geist und Magen nahrhaften letzten Monate des Jahres eingestellt. Bereits seit Tagen wurden die Schweine geschlachtet, die im Herbst durch die Eichelmast in den Wäldern fett geworden waren. Überall strich der köstliche Geruch von frisch gekochter Wurst, von Räucherschinken und würzigen Suppen durch die Häuser und Stallungen.

Pippin war am Vormittag mit Karl und einer Gruppe von dreißig Begleitern ausgeritten. Sie hatten mehr zum Vergnügen als mit Absicht ein paar Kapaune und Reiher gejagt und waren erst kurz vor der Vesper-Hore zurückgekehrt.

Nachdem die Jagdbeute an die Küchenmägde übergeben und die Pferde versorgt waren, hatten sich Pippin und Karl zurück-gezogen. Noch im Windfang des Wohntraktes legten sie ihre schneenassen Lederschuhe ab und zogen sich trockene Woll-strümpfe an. Bertrada nahm ihre klammen Felljacken und hängte sie neben dem lodernden Kaminfeuer auf hölzerne Haken an der Wand.

»Wie kann er das tun?«, wiederholte Pippin und rieb sich vor dem Kaminfeuer die Hände. Außer Bertrada und Karlmann waren nur noch zwei Mägde, die Amme für die kleine Rothaid und zwei Edeldamen im Wohnzimmer der Königsfamilie. »Wie kann dieser verdammte König mir Treue schwören, einen Vertrag unterzeichnen, aufrechte Edle seines Volkes als Geiseln stellen … und dann derart leichtfertig handeln?«

»Nun setzt euch erst einmal hin und trinkt eine Schale heiße Brühe«, sagte Bertrada.

»Was soll ich Fleischsuppe trinken, wenn mir der Leib gram ist!«, raunzte Pippin ungehalten. Bertrada nahm einer der Mägde zwei Schalen ab und stellte sie auf den Tisch in der Mitte des Raumes. Sie legte Brot und hölzerne Löffel dazu.

»Nun kommt schon, ihr beiden«, sagte sie sanft.

Karl sah zu seinem Vater, dann zu seiner Mutter. Sie lächelte ihm fast verschwörerisch zu und nickte. Karl kannte seinen Vater.

Er wusste, dass er aufbrausend und hart sein konnte. Doch diesmal war sein Hunger größer. Er setzte sich an den Holztisch, beugte sich vor und begann, die heiße Suppe zu schlürfen. Seltsamerweise reagierte auch Pippin an diesem Abend nicht so wie sonst. Er rutschte ebenfalls an den Bohlentisch, tauchte mit einem Löffel aus Eibenholz in die Suppe und schlürfte langsam Schluck um Schluck.

Bertrada setzte sich zu ihnen. »Vielleicht hat er nie die Absicht gehabt, seine Versprechen zu erfüllen«, sagte sie schließlich.

Pippin hob kurz die Schultern.

»Er hat verloren«, knurrte er und kaute unwirsch auf einem sehnigen Rindfleischbrocken.

»Das ist es nicht«, sagte sie. »Wahrscheinlich ärgert er sich nicht über deinen Sieg, sondern über sich selbst.«

Karl hörte genau zu. Er wusste, dass seine Mutter eine kluge Frau war – auch wenn sein Vater das nicht immer zugeben wollte. Dennoch hatte er mehrmals miterlebt, wie ihre sanfte Art den obersten Krieger der Franken umstimmen konnte.

»Sprich!«, sagte Pippin kurz und ohne sie anzusehen.

»Aistulf hat nie verwunden, dass du dich mit Rom verbündet hast. Aber viel schlimmer muss ihn quälen, wie falsch er die Lage bei uns eingeschätzt hat …«

»Er war ein Narr, als er glaubte, dass ich meinen Bruder Karlmann als seinen Gesandten empfangen würde!«

»Das meinte ich nicht, Pippin«, sagte Bertrada. »Ich fürchte vielmehr, dass auch du Feinde und Neider im eigenen Land hast. Du bist der König der Franken, aber du forderst auch sehr viel von den Vasallen, die Jahr für Jahr mit dir zu Kriegszügen aufbrechen, von den Freien, die ihre Scholle verlassen müssen, und von den Mannen, die dir verpflichtet sind.«

»Jeder von ihnen kehrt mit Geschenken und Beute zurück!«

»Nicht jeder, Pippin, nicht jeder kehrt zurück!«, sagte Bertrada. »Und manch einer mag sich denken, dass es vielleicht angenehmer wäre, als Gutsherr die Früchte der Felder, des Waldes, der Seen und Flüsse zu genießen, als mit dir jedes Jahr gegen die Aufständischen an den Rändern des Reiches, gegen Sachsen und Sarazenen, Baiuwaren und sogar Langobarden zu ziehen …«

Karl war so fasziniert von den Worten seiner Mutter, dass er völlig vergaß, wer der gewählte König der Franken war. Zum ersten Mal wagte er, sich gegen seinen Vater zu stellen. »Darf ich etwas sagen?«, fragte er. Bertrada ermutigte ihn. »Eigentlich sind doch die Langobarden viel eher unsere Brüder als die Römer«, sagte Karl. »Warum kämpfen wir eigentlich gegen sie?«

»Weil sie dumm sind und anmaßend«, antwortete Pippin kurz. »Das glaube ich nicht«, sagte Karl mutig. »Wenn König Aistulf gerade jetzt Rom angreift, dann weiß er doch, dass wir dem Papst nicht helfen können. Ich habe selbst gesehen, wie schwer es ist, mitten im Winter durch Schnee und Eis über die Alpen zu gehen …«

»Ach, was hast du gesehen!«, erwiderte Pippin wütend. »Geht!«

6

Das erste Fähnlein

Das Weihnachtsfest verging, und bis Epiphanias gelangten keine neuen Nachrichten aus Italien über die Alpen. Dennoch hatte Pippin noch vor der Feier zur Geburt des Herrn Dutzende von Scaras mit ihren Knappen und Waffenträgern zu den wichtigsten Grafen des Reiches geschickt. Jeder von ihnen erhielt ein persönliches Geschenk des Königs. Einige bekamen edle Steine oder in Gold gefasste Amulette, andere ein kleines Reliquiar, ein besonderes Votivbild aus einem Kloster, eine Urkunde über ein paar Wildhufen aus dem Salland des Königs oder den überschüssigen Ertrag eines kleinen Klosters.

Am Sonntag Septuagesima, der an die siebzigjährige babylonische Gefangenschaft des jüdischen Volkes als Strafe für seine Untreue erinnern sollte, begann auch in der Königspfalz die Vorfastenzeit. Einige der jüngeren Mönche aus der Schreibstube hatten sich nach draußen geschlichen, um sich in den ersten Strahlen der Frühlingssonne zu wärmen. Karl hörte ihnen unbemerkt zu.

»Stimmt doch gar nicht, dass es auch bis zum Osterfest siebzig Tage sind«, meinte der erste.

»Manchmal ja, manchmal nein«, antwortete der zweite nachdenklich. Er lutschte an einer Süßholzwurzel.

»Ich verstehe nicht, warum es Jahr für Jahr sowohl feste als auch bewegliche Feste geben kann«, sagte der dritte. Karl nickte unwillkürlich. Auch er verstand das nicht.

»Es hängt mit dem Mond zusammen«, sagte der erste der jungen Mönche. »Aber bisher hat noch keiner von den so schlauen Astronomen die Tage des Jahres und die der Mondumläufe so gut berechnet, dass sie für alle Jahre gelten können.«

Karl merkte sich alles und ging nachdenklich zur Holzkirche der Pfalz. Der Gottesdienst hatte bereits angefangen. Obwohl keiner der stehend Versammelten den Kopf wandte, bemerkten alle, dass er zu spät kam. Während der Erzkaplan über den Weinberg des Herrn nach Matthäus zwanzig predigte, schob sich Karl

Schritt für Schritt nach vorn. Sein Vater stand breitbeinig auf den steinernen Platten des Altarraums – genau dort, wo eigentlich sein Sohn stehen sollte.

Zurück, dachte Karl, bloß schnell zurück, ehe ein Unglück geschieht! Im gleichen Augenblick griff Pippin nach hinten. Mit väterlicher und zugleich königlicher Gewalt zog er ihn neben sich. Der Gottesdienst wurde nicht einmal für ein Aufstöhnen der Gemeinde unterbrochen.

Schon kurz darauf hingen die Männer mit ausgestreckten, bänderumwickelten Beinen, losen Felljacken, Gürteln und schwerem Kettenschmuck in ihren Sesselstühlen der Versammlungshalle. Die ersten Fackeln wurden angezündet.

»So, Männer!«, rief der Frankenkönig mit seiner rauen, lauten Stimme. »Jetzt wollen wir wie edle und sehr noble Herren beschließen, was mit Aistulf zu tun ist!«

Er schlug mit seiner Faust auf eine Tischplatte. »Schafft Krüge heran und Trinkhörner!«, befahl er dem Gesinde. »Los, Mundschenk, lass sehen, was es gibt! Wir fasten erst ab morgen …«

Ein paar Tage später saß Karl, eingehüllt in einen warmen Schafspelz, auf dem Palisadenzaun, der das Hofgut einschloss. Er ließ die Hacken seiner Schnürschuhe wie leises Pferdegetrappel gegen die Holzplanken schlagen, schnalzte dabei mit der Zunge und summte gleichzeitig ein paar Melodien, die er irgendwann bei den Feldzügen seines Vaters gehört hatte.

Er beobachtete Menschen und Tiere, die wie bunte Ameisen zwischen den Gebäuden des Hofes hin und her gingen. Einige bewegten sich schnell und zielgerichtet, andere schlenderten nur so herum, schlugen hier die Arme zusammen, traten dort mit dem Fuß gegen irgendeine Gans oder ein Schwein oder grapschten nach allem, was unter der winterlichen Vermummung dralle Brüste oder ein schönes, griffiges Hinterteil vermuten ließ.

Während die anderen Jungen in seinem Alter fast alle bereits eine feste Tageseinteilung sowie stets wiederkehrende Verrichtungen hatten, fühlte sich Karl in diesen Wochen eher überflüssig. Jedes Mal wenn er protestierte, schoben ihm die Mönche in des Königs Auftrag irgendwelche Pergamente zu, die er wie zur

Strafe lesen sollte. Das ging so weit, dass er schließlich nichts mehr hasste als die ekelhaften Buchstaben.

»Rede nicht!«, dröhnte Pippin, wenn Karl auch nur die Brauen hob oder den Mund öffnete. »Wer einmal herrschen will, muss erst gehorchen lernen! Außerdem sollst du eines Tages mehr wissen als ich, sonst wird es nichts mit Krone, Reichsapfel und Zepter!«

Karl blinzelte über die schneebedeckten Felder vor dem im weiten Kreis um das Hofgut liegenden Wald hinweg. Die Sonne war hinter schweren Schneewolken verschwunden. Obwohl noch nicht einmal die Vesper-Hore gekommen war, wurde es bereits dämmerig.

In diesem Augenblick sah Karl einen Reiter am südlichen Waldrand. Der Unbekannte verharrte eine Weile, ganz so, als wisse er nicht genau, ob er gefunden hatte, was er suchte. Doch dann trieb er sein kleines, müde wirkendes Pferd weiter, um noch vor Einbruch der Nacht die sichere Zuflucht zu erreichen.

»Ein Brief, ein Brief!«, rief der bleiche Reiter, als er Karl sah. Er war einer der irischen Mönche. Karl erkannte ihn an seinen seltsam groß wirkenden Augen. Männer wie er hatten den Mut, auch in den Nachtstunden ganz allein durch dichte Wälder und unwegsames Land zu reiten.

»Von wem? Für wen?«, rief Karl dem Mönch entgegen.

»Von Papst Stephan II. für den König der Franken«, keuchte der Reiter. Er kam näher und zügelte seinen Klepper direkt vor den Palisaden.

»Bist du den ganzen Weg allein geritten?«

»Nein, nur das letzte Stück«, berichtete der Bote. »Alle zwölf Stunden ein anderer, von Kloster zu Kloster, so war es Auftrag und Befehl aus Rom …«

»Weißt du, was in dem Brief des Papstes steht?«, fragte Karl und kletterte von den Palisaden.

»Ja, jeder der Boten weiß es. Am Neujahrstag … am Neujahrstag wurde Rom eingeschlossen … von drei Heeresgruppen der Langobarden … Und fünfundfünfzig Tage hat es gedauert, bis ein Getreuer unseres Papstes die Belagerung durchbrechen konnte … Der Papst braucht eure Hilfe, soll ich sagen, er braucht sie dringend und sofort …«

»Steht noch mehr im Brief, den du uns bringst?«

»Oh frag mich nicht, es ist zu grausam, furchtbar, zu grelle Farben für eine Christenseele!«

»Sag mir dennoch, was du gelesen und gehört hast!«, forderte Karl. Der Mönch wusste nicht, wie er sich außerhalb der königlichen Pfalz verhalten sollte. Karl nahm die Zügel seines Pferdes. Ohne auf all die lauten Stimmen im Inneren des Hofgutes zu achten, führte er den Boten durch das Eingangstor. Der letzte Mann in der Kette von Abgesandten Roms war kein Held. Er hing erschöpft in seinem Sattel und hatte offensichtlich nur noch den Wunsch, seinen Brief loszuwerden.

»Diese Barbaren«, jammerte er, »oh, diese schrecklichen und falschen Christen ... Sie haben die Bilder von Heiligen mit ihren Schwertern zerfetzt und ins Feuer geworfen ... sie haben die heiligen Hostien beschmutzt, wimmernde Kinder von den Brüsten der Mütter gerissen, Mönche geschlagen und unsere reinsten Nonnen geschändet ...«

»Steht das alles im Brief des Papstes?«, fragte Karl ungläubig. Der Mönch nickte mit leidendem, himmelwärts gewandtem Gesicht.

»Das und noch viel mehr! Aber nicht dir soll ich berichten, sondern dem König der Franken und Beschützer der Kirche ...«

»Ich bin ebenfalls Beschützer Roms«, sagte Karl stolz.

Der Mönch glitt erschrocken von seinem Pferd. Er stürzte und machte keinen Versuch, wieder aufzustehen. »Verzeih mir, wenn ich nicht gleich gesehen habe, dass du König Pippins ältester Sohn sein musst! Du kannst mich bestrafen, doch führe mich zuerst zu deinem Vater. Nur er hat die Macht, jetzt noch zu helfen!«

Karl war dabei, als sein Vater und seine Berater noch am gleichen Abend den Beschluss fassten, dem Papst beizustehen. Der Erzkaplan setzte ein Schriftstück mit dem Befehl zum Heeresbann gegen den König der Langobarden auf. Diesmal musste Pippin nicht mit dem Widerstand seiner Großen rechnen. Der Wort- und Vertragsbruch Aistulfs und der Bericht über die Gräueltaten in Rom waren zu eindeutig.

Noch in der Nacht kopierten Priester und Schreiber den

Befehl des Frankenkönigs, und bereits im Morgengrauen des nächsten Tages brachen berittene Königsboten vom Hofgut auf. Jeder der ausgewählten Männer trug eine lederne Tasche am Gürtel, in der sich mehrere von Pippin unterzeichnete und gesiegelte Urkunden befanden. Die Königsboten kannten ihre Befehle. Sie sollten in alle Himmelsrichtungen bis zum jeweils nächsten Grafen reiten, und diese sollten ihrerseits eigene Befehle ausschreiben und mit schnellen Reitern an alle Großen, alle Freien und alle zum Kriegsdienst Verpflichteten in ihren Verwaltungsbereichen schicken.

»Es ist wie ein Schneeball, aus dem eine Lawine wird«, erklärte Bernhard seinem Neffen, nachdem die letzten Königsboten hinter den winterlichen Hügeln und in den schwarzen Wäldern verschwunden waren. »Jeder erfährt, wie viel Waffen und Verpflegung er mitzubringen hat und welche Geschenke vom König zum Reichstag erwartet werden.«

Es kam, wie Bernhard gesagt hatte. Bereits nach zwei Tagen trafen die ersten Bewaffneten mit ihren Pferden und Wagen, mit großen Vorräten, Fußknechten und Gefolge ein. Und jeden Abend loderten mehr Feuer in die Winternächte. Nur vier Wochen vergingen, bis König Pippin über fast tausend Reiter und zweieinhalbtausend Bewaffnete zu Fuß verfügen konnte. Noch einmal zweieinhalbtausend Gefolgsleute, Priester und Pilger, Knechte und Händler bildeten den lauten Tross des für die kalte Jahreszeit ungewöhnlichen Feldzugs. Selbst Tassilo III. war mit einem gut ausgerüsteten Kontingent aus Regensburg gekommen. Und genau das ärgerte Karl.

Er verließ die Pfalz und ging an lachend und kreischend um ihre Feuer hockenden Männern und Weibern vorbei. Manche der Weiber griffen nach ihm, andere machten Platz, liefen ein paar Schritte neben ihm her und versuchten, ihm ihre Anliegen wie einem billigen Boten mitzugeben.

Karl wehrte sie ab und stampfte in die Pfalz zurück. Nur wer ihn sehr gut kannte, hätte gesehen, dass sein errötetes Gesicht nicht auf die frische Luft, sondern auf Zorn und Hitze in ihm selbst zurückzuführen war. Er traf seinen Vater im Lärm des

Thronsaals. Zwei Dutzend Adlige, Schreiber und Bedienstete liefen kreuz und quer vor einem Bohlentisch durcheinander, hinter dem Pippin, der Erzkaplan, Bernhard und einige wichtige Gaugrafen über Plänen und Karten, langen Listen und Urkunden saßen. Er stellte sich direkt vor den Platz, an dem sein Vater saß.

»Du störst hier, Karl.«

»Warum darf ich noch keine Krieger anführen?«, rief er durch den Lärm. »Ich bin vierzehn Jahre alt und –«

»Sohn des Frankenkönigs!«, unterbrach Pippin laut. Die anderen verstummten plötzlich. Schlagartig trat Ruhe im großen Saal ein.

»Ja, aber andere in meinem Alter –«

»Sind Vasallen, Paladine, Grafen und Herzöge vielleicht«, sagte Pippin scharf. »Es tut mir weh, wenn einer dieser Edlen nicht mehr ist, aber der Schmerz ist kurz und zu ertragen. Bei dir jedoch …« Er lehnte sich plötzlich wie entspannt zurück und strich sich mit dem Daumennagel über die Unterlippe. Dann nickte er schon fast liebevoll. »Bei dir jedoch kann jeder Gang unter dem Schwert alles zerstören, was mein Großvater, den wir Pippin den Mittleren nennen, mein Vater Karl Martell und ich in mühevoller Arbeit aufgebaut haben.«

Karl wusste, wie sinnlos jetzt noch Widerworte waren. Jedes Mal, wenn sein Vater mehr als zwei Sätze mit ihm redete, kam ihm dies wie ein Wechselbad aus bärenhaften Umarmungen und kalt gezielten Prügelschlägen vor.

»Ich verstehe, dass Tassilo dich ärgert«, sagte Pippin unerwartet. »Deshalb gebe ich dir den Befehl über ein Dutzend junge Scaras samt ihren Waffenträgern und Pferdeknechten. Du kannst dir aussuchen, wer mit dir reiten soll. Meine Bedingung ist, dass du dich bei unserem nächsten Zug niemals auch nur eine Pferdelänge vor mir oder vor meiner Leibwache bewegst!«

»Aber … das ist wie eine Handfessel!«, protestierte Karl. »Wie soll ich zeigen, was ich kann, wenn ich verpflichtet bin, immer nur in deinem Schatten zu reiten?«

»So oder gar nicht!«, sagte der Frankenkönig kurz. Karl sah, wie die Adern an den Schläfen seines Vaters anschwollen. Für einen endlosen Augenblick wusste er nicht, was er tun sollte.

Mitgehen, gedemütigt und mit einer Leibwache anstelle eines Heereskontingents? Oder zurückbleiben und grollen wie Onkel Grifo, Onkel Karlmann und manch anderer aus dem Gefolge seines Vaters? Karl schüttelte trotzig den Kopf.

»Ich komme mit!«, sagte er ebenso knapp wie sein Vater. Karl spürte, wie abwartend die Blicke des Mundschenks und des Marschalls, des Erzkaplans und aller anderen in der Runde waren. Er achtete auf sein Gesicht, weil er nicht wollte, dass sie sahen, was er jetzt wirklich empfand. Er freute sich und hätte jubeln können, dass er endlich als junger Krieger mit einem eigenen Trupp ausziehen durfte. Trotzdem blieben seine Augen dunkel, die Lippen vorgewölbt und seine sonst noch glatte Stirn finster gefaltet.

Noch lange nachdem er stolz und ernst die Versammlung verlassen hatte und in seine Schlafkammer gegangen war, lag er unruhig unter den weichen Fellen seines Bettes. Wieder und wieder malte er sich aus, wie es wohl sein würde, wenn vor ihm seine eigenen Gefährten ritten, mit seinen Farben, seinem Wappen, neben ihm andere, die lieber sterben würden, als einem Pfeil und einem Schwerthieb auszuweichen, der eigentlich ihm zugedacht war.

Draußen kam plötzlich Sturm auf. Der Wind rauschte durch die blattlosen Zweige und Äste der Bäume. Es war Musik in Karls Ohren, denn ganz genau so stellte er sich seinen Sturm vor. Und mit der gleichen Kraft wollte er selbst mit einer neuen, auf ihn selbst verschworenen Heiligen Schar die alten Götter aus den Wäldern jagen, Heiden bekehren und mit der Kraft des Schwertes alle taufen, die sich noch immer gegen die Frohe Botschaft und die Macht des Evangeliums wehrten. In dieser Nacht schlief er zum ersten Mal mit der Gewissheit ein, dass er selbst König werden könnte. Und noch im Traum befasste er sich mit der Zusammenstellung des ersten Fähnleins, das ihm ganz allein gehören sollte.

Am nächsten Morgen gehörte er zu den Ersten, die in der winterlichen Pfalz für einen neuen Tagesrhythmus sorgten.

»Was ist? Was ist?«, rief er bereits im Morgengrauen auf dem Innenhof. »Wacht auf, ihr müden Leiber!«

Er riss die Fensterläden an allen Häusern auf, in denen jene schliefen, die mit ihm reiten sollten.

»Schlafmütze Anselm, komm raus«, rief er beim Ersten, »komm raus, Traumtänzer Warin« beim Zweiten.

»Du auch, Maulheld Eggihard« beim Dritten. Nach und nach suchte er sich einen Jungen oder auch jungen Mann nach dem anderen zusammen.

»Komm her, Audulf ... ihr auch, Burchard und Winniges ... und ihr ebenfalls, Söhne von Onkel Bernhard!«

Er lachte Adalhard und Wala zu. Die stämmigen, ein wenig rundlichen Jungen waren ein, zwei Jahre jünger als er, aber als Pferdeknappen schon gut zu gebrauchen. Cancor, der knapp sechzehn Jahre alte Erstgeborene von Gaugraf Rupert, sollte als »Erster Speer« an seiner Linken reiten. Zu seinem eigenen Waffenträger hatte er Gerold von der Bertholdsbar vorgesehen. Karl kannte ihn ebenso wie seinen Großvater, den Alemannenherzog Godefrid, und seine kleine Schwester Hildegard.

»Du reitest direkt hinter mir, Erich!«, sagte er zu einem kleinen, in der Morgenkälte bibbernden, sonst aber stets zu Scherzen aufgelegten Nachkommen des legendären Herzogs Eticho im Elsass.

»Was zum Teufel machst du mit uns?«, fragte Erich schnatternd.

»Ich teile ein«, rief Karl und lachte.

»Das sehen wir – aber wofür und wen?«

»Habe ich das nicht gesagt?«

»Gar nichts hast du gesagt«, sagte Gerold und gähnte. »Du hast uns aus dem Schlaf gerissen und teilst uns ein wie eine Jagdstrecke.«

»Genau ... hier Hasen, da Rehböcke und dort Wildschweine«, protestierte auch Godescal, der aus der Klostergegend zwischen Paris und Reims stammte.

»Na gut, dann hört ihr es in diesem Augenblick: Ihr sollt mein erstes Kontingent sein! Der König hat bestimmt, dass ich mir selbst aussuchen kann, mit wem ich reiten will.«

Für einen kurzen Augenblick verschlug es den jungen Männern die Sprache. Doch dann schallte ein mächtiges Freudengeheul durch die noch immer schlaftrunkene Pfalz. Karls junge Freunde griffen nach allem, was sie finden konnten, und dann begann ein fürchterliches Schlagen und Lärmen, das erst abbrach, als König Pippin in einem langen Leinennachthemd auf dem geschnitzten Holzbalkon des Haupthauses erschien.

»Ruhe hier, verdammt noch mal!«

»Ich möchte auch mit«, rief ein etwa zwölfjähriger, schon früh am Morgen wie am Sonntag herausgeputzter Junge in die Stille. Jedermann kannte den eitlen Knaben, der eigentlich nicht für ein Leben am rauen Frankenhof geeignet war. Er hieß Angilbert und war der späte Sohn eines bereits verstorbenen Adeligen, der noch für Karl Martell Verträge mit den Abgesandten der Sarazenen abgeschlossen hatte. Angilbert und seine unscheinbare, nicht sehr kluge Mutter wurden nur wegen der Verdienste des Vaters am Königshof geduldet. Sie hatten weder Barvermögen noch Pfründe oder feste Einkünfte. Alles, was der Vater Angilberts einstmals besessen und erworben hatte, wurde nicht als verbriefte, sondern nur als von Gott geduldete Schenkung vom Erzkaplan und Kanzler Hitherius verwaltet. Jedes Mal, wenn er den beiden an hohen Feiertagen ein paar Denare zubilligte, erhielt Angilbert von seiner Mutter fast für die ganze Summe ein neues Wams, Schuhe aus weichem Ziegenleder, Wickelgamaschen oder ein anderes auffälliges Kleidungsstück.

Obwohl der König noch immer drohend und ein wenig seltsam auf dem Balkon stand, mussten die Jungen nicht über ihn, sondern über Angilbert lachen. Karl zischte leise. Er wollte nicht, dass sein Vater die Situation falsch verstand.

»Kommt!«, rief er. »Wir reden drüben auf dem Heuboden weiter!«

Er überlegte kurz, dann nickte er Angilbert zu. »Du auch! Aber beschaff uns zuvor ein anständiges Morgenmahl.«

Er rannte hinter den anderen zum inneren Kuhstall und kletterte in das Halbdunkel des Heubodens hinauf. Nur wenig später kam Angilbert nach. Er schleppte Milch, frisches und noch warmes Brot, dazu Butter, zwei kleine Tontöpfe mit Pflaumenmus und Honig und ein paar Wurstenden heran. Dafür durfte er den ganzen Vormittag lang zuhören, wie sich Karl und seine Gefährten für gemeinsame Angriffe und gegenseitige Verteidigung begeisterten.

Sie alle konnten kaum erwarten, dass die Trompeten geblasen wurden und sich die schimmernde Streitmacht mit all ihren bunten Fahnen, Wimpeln und Feldzeichen, mit Wagen und Schlitten gen Süden in Bewegung setzte.

Es dauerte noch zwei volle Wochen, bis es endlich so weit war. An einem Tag mit kleinen Wölkchen am blassblauen Frühlingshimmel zog das Heer wie eine gut geölte Maschine aus vielen tausend Einzelteilen über die mächtige Barriere, die das Frankenreich von den Gefilden der Langobarden trennte. Der Abstieg von den Alpenriesen war noch schwieriger und gefährlicher als der Aufstieg. Diesmal waren große Teile des Hofstaates und die meisten der Frauen zurückgeblieben. Eine kluge Entscheidung, denn an jedem Pass, jeder Wegbiegung links und rechts der vereisten Bäche fielen Wagen mit gebrochenen Rädern und Pferde mit blutenden Gelenken aus. Viele der großmäuligen Händler und Pilger kehrten um.

Die Po-Ebene empfing Pippin und seine Streitmacht mit tagelangem Nebel. Noch nie zuvor hatte ein Frankenheer einen so kalten und feuchten Marsch ohne Sonne bewältigt. Pappeln und Erlen, traurige Weiden, endloses Schilf und feucht tropfende Haselnusssträucher waren alles, was die Franken im milchigen Dunst bis zum Ufer des Pos zu sehen bekamen.

Karl empfand den Zug trotzdem als großes Abenteuer. Zum ersten Mal konnte er über eine eigene kleine Schar verfügen. Das junge Dutzend freute sich ebenso wie er über die neuen, fast grenzenlos erscheinenden Möglichkeiten. Während die älteren Panzerreiter der Scara francisca ständig bemüht sein mussten, Glanz und Wert ihrer Ausrüstung zu erhalten, hatten die von Karl ausgewählten jungen Krieger schon in den Alpen mit einer kleinen Rebellion begonnen.

Niemand konnte später sagen, wer zuerst auf die Idee gekommen war. Tatsache war und blieb, dass die Scaras um Karl, die allesamt aus den besten Familien des Fränkischen Reiches stammten, die von den Vätern gestellten, wertvollen Ausrüstungsstücke mutwillig verschandelt hatten. Sie hatten spiegelnde

Metallflächen und neues Leder an Harnischen und Schwertgehängen so lange mit Sand abgerieben, bis sie blind und stumpf geworden waren.

Schon seit Tagen amüsierten sie sich über die verwirrten Blicke von Frauen und Waffenknechten, älteren Kriegern und Händlern im Trossgefolge. Manch einer bekreuzigte sich sogar, wenn Karl mit seiner kleinen, absichtlich wild und fast germanisch furchterregend gekleideten Schar quer durch die Reihen jagte. Sie kümmerten sich nicht darum, ob Tragestangen über den Feuerkesseln umstürzten und Suppenkessel in die Flammen kippten, ob Zelte unter den ausschlagenden Hufen ihrer Pferde einrissen oder ob Kinder vor Schreck und Angst aufschrien.

Abends, an einem der Lagerfeuer, sprachen Pippin und sein Halbbruder Bernhard mehrmals über die offensichtlichen Provokationen, doch seltsamerweise war es Pippin, der Karl gewähren ließ.

»Er braucht das!«, sagte er. »Und wenn ich seinen Wildwuchs jetzt beschneide, bleibt nur ein glattes Reis zurück, das schon beim ersten Sturm zerbricht.«

»Willst du denn jeden blinden Trieb und jede Unart dulden?«, fragte Bernhard erstaunt. Sein Bart war wieder so prächtig wie ehedem, aber er hatte noch immer nicht verwunden, dass Karl es gewesen war, der Papst Stephan II. in den Alpen begrüßt hatte.

»Niemand lernt irgendetwas durch unterwürfiges Verhalten«, sagte der Frankenkönig zu seinem Halbbruder. »Ich will nicht, dass mein Sohn wie dressiert an meiner Seite reitet. Er muss sich selbst die Schläge und die Einsicht holen, die einmal seinen Stand begründen sollen!«

»Heißt das, du würdest ihn sogar in offene Messer laufen lassen?«

Pippin starrte eine Weile in die Flammen des Kaminfeuers, dann nickte er bedächtig. »Du kannst deinen beiden Söhnen ja befehlen, dass sie auf ihn achtgeben«, schlug er vor. »Aber kein Reich kann überleben, wenn es durch allzu fromme und gerechte Herrscher regiert wird. Wir haben nicht vier Generationen lang um Einfluss, Macht und gegen alle Welt gekämpft, um die Erziehung unserer Söhne an Weiber und an Mönche abzutreten! Karl muss das Leben lernen, selbst wenn er es dabei verlieren sollte!«

Die wilden Scherze von Karls wilder Schar hatten bereits zu lauten Klagen geführt, als eines Tages kurz vor der Mittagsstunde der Nebel aufriss. Nach all den grauen Tagen leuchteten die Mauern Pavias sandgelb im Schein der Sonne auf. Trompetenstöße erschallten an der Spitze des Heeres – furchtsamer Hörnerklang antwortete von den Zinnen der Langobardenfestung.

Karl und Cancor ritten nebeneinander. »Wer hätte das gedacht«, meinte Karl, »jetzt bin ich schon zum zweiten Mal hier. Beim ersten Mal war ich als Geisel in den Mauern Pavias ... und nun darf ich nicht einmal so weit vorn wie Tassilo mitreiten!«

»Und falls du es versuchen solltest, müsste ich dich daran hindern«, sagte Cancor seufzend. »Jeder von uns würde das tun. Wir kennen den Befehl des Königs.«

»So?«, fragte Karl belustigt. »Wetten, dass du mich nicht aufhalten wirst, wenn ich bis zu den Mauern Pavias reite und mein Messer ins Holz des Stadttors stoße.«

»Dass du es wagst, will ich niemals bezweifeln«, antwortete Cancor, »aber du darfst es nicht!«

»Nun gut, und wenn ich schwöre, dass ich bei allem, was ich tue, nicht vor dem Schatten meines Vater zur Heeresspitze vordringe?«

»Dann kannst du machen, was du willst, und keiner wird dich aufhalten.«

Karl lächelte nur. Zusammen mit seinem kleinen Haufen junger Krieger beobachtete er eine Weile, was geplant war und jetzt durchgeführt wurde. Erst als der Seneschall tatsächlich die Zelte mit den Eingängen zur Mittagssonne hin ausrichten ließ, grinsten die jungen Scaras und nickten sich zu.

»Jetzt fallen alle Schatten Richtung Alpen!«, strahlte Cancor, der Sohn von Gaugraf Rupert, unter seinem wie in hundert Schlachten zerbeulten Frankenhelm. Die anderen lachten ebenfalls und klopften wie zum Hohn auf den alten Kriegerbrauch mit den Fingerknöcheln gegen ihre teuren, aber ebenfalls schäbig aussehenden Helme.

Während des Nachmittags geschah nicht mehr viel. Mit dem üblichen Lärmen wurde das Lager aufgerichtet. Mädchen und Mägde begannen, verdreckte Kleidungsstücke an den Ufern des Ticino zu waschen; die älteren Frauen kümmerten sich um die Suppenkessel, und an den Kriegerfeuern wurden Spießbraten vorbereitet.

Als die Sonne neblig rot über den schneebedeckten Alpenketten im fernen Westen unterging, saßen Karl und seine Gruppe etwas abseits von den anderen. Sie hatten ebenfalls ein Feuer entfacht, aber sie dachten nicht an Suppe oder Braten, sondern genossen den samtigen Nachthimmel Italiens mit seinen vielen tausend Sternen.

Sie sprachen ausgiebig ihren Trinkhörnern zu und verschütteten nach alter Sitte einen guten vorletzten Schluck an die Geister der Nacht, ehe sie die Köpfe zurücklegten, um jeden Tropfen, der noch kam, gurrend und lachend mit ihren Zungen aufzufangen.

»Schön hier«, sagte Erich, der Elsässer, wohlig. Der kleine, quirlige Junge nahm mit beiden Händen seinen Spitzhelm mit den lederumhüllten Eisenbögen, den angenähten Eberzähnen und den bis zu den Kinnbacken fallenden Kettenschürzen ab und schüttelte sein gallisch dunkelblondes Haar aus. Dann schnallte er seinen Brustharnisch auf, legte ihn neben sich und atmete tief durch.

»Ich jedenfalls«, gähnte er müde, »ich warte auf den Tag, an dem ich endlich Graf werde. Dann sollt ihr alle so viel saufen, dass ihr …«

Er kippte so um, dass sein Kopf Cancor in den Schoß fiel.

»Pippin ist dein Vater«, sagte der Sohn des Gaugrafen Rupert ungerührt zu Karl. Er ließ Erich einfach schlafen. »Und wenn mein Vater mir befohlen hätte, nicht vor ihm zu reiten, würde ich gehorchen.«

»Warum?«, fragte Karl.

»Es gibt Pflichten.«

»Woran denkst du?«

»Disziplin. Gehorsam. Enthaltsamkeit für Geist und Körper. Dazu christliche Nächstenliebe … und alle Zehn Gebote!«

Die jungen Panzerreiter rund um Karls Lagerfeuer klopften

auf die Bronzebuckel ihrer am Boden liegenden Schilde. Karl ärgerte sich plötzlich über seine Gefährten.

»Ich gehe doch nach Pavia«, sagte er, »gleich nach der Frühmesse.«

»Gegen den Befehl deines Vaters?«, fragte Cancor erneut.

»Ich übertrete ihn nicht«, antwortete Karl stur. »Ich werde mich nicht eine Pferdelänge vor meinem Vater oder seiner Leibwache bewegen ...«

»Aber du willst allein – vor dem Heer – an ein Stadttor von Pavia schlagen ...«

»Begreift ihr denn nicht?«, fragte Karl amüsiert. »Das Heer lagert in Nord-Süd-Richtung, und Pavia liegt gen Sonnenaufgang!«

»Du meinst, wenn du direkt nach Osten reitest, musst du weder an deines Vaters Zelt noch an den Feuern seiner Leibwache vorbei?«, fragte Cancor. Erich, der kleine Elsässer, hob seinen Kopf aus Cantors Schoß und richtete sich kichernd wieder auf.

»Er will nur zeigen, wie er ... wie er zur gleichen Zeit seines Vaters Order befolgen ... und umgehen kann.«

Nur wer im ersten Licht der Sonne Kühe melken, Säuglingen Brust- oder Honigmilch bieten oder zum Morgenschiss hinter die Büsche am Rand des Heerlagers eilen musste, konnte den seltsamen Reiter sehen, der sich in voller Rüstung gegen die Wand aus Steinen rund um Pavia bewegte. Karl hatte keine Angst. Er ritt weder hastig noch verhalten, sondern wie ein Bauer, der Schritt für Schritt der Furche seines Pfluges folgt. Die starke Stadt sah gegen die rote Scheibe der aufgehenden Sonne wie ein riesiger, noch dunkler Felsen mit ungezählten Zacken an der Oberseite aus. Aber er wollte ihn nicht erklimmen – noch nicht. Vielmehr ritt er, ohne zu zögern, in die Schatten. Allmählich erkannte er das verschlossene Westtor, die ersten Wimpel an aufgerichteten Lanzen, blitzendes Sonnenlicht auf halb verdeckten Helmen und schließlich Hunderte von bunten Mänteln und Harnischen im Gegenlicht. Es schien, als hätte sich die ganze Hauptstadt der Langobarden mit all ihren Bewaffneten auf den westlichen Zinnen der Stadtmauer versammelt.

Obwohl Karl noch mehr als zwei Pfeilweiten entfernt war,

bemerkte er bereits die Verwirrung auf der Mauer. Im gleichen Augenblick wurde ihm bewusst, wie unsinnig sein Vorhaben war. Was konnte er damit gewinnen, was erringen, wenn er tatsächlich weiterritt? Bewies er nicht gerade das Gegenteil von dem, was er seinen jungen Gefährten zeigen wollte? Was war Mut, was Tapferkeit, was tollkühn und was dumm? In dieser Morgenstunde lernte Karl die wichtigste Lektion seines Lebens: Nicht, was die anderen von ihm erwarteten, war wichtig, sondern ganz allein das, was er selbst glaubte, fühlte und vertreten konnte.

Karl hatte plötzlich das Gefühl, als würde alle Zeit um ihn herum einfach stehen bleiben. Er hörte nichts mehr, sah nichts mehr und wünschte, dass er irgendwo anders sein möge, nur nicht in Pfeilweite vor der Hauptstadt der Langobarden.

Und dann öffneten sich mit weithin hörbarem Knarren die hohen Torflügel Pavias. Im frühen Licht der Sonne quoll nie zuvor geschaute Farbenpracht, der Glanz von Gold und Silber, spiegelnder Bronze und glattem Kupfer in die vom Morgentau noch feuchten Uferauen.

Die Krieger und ihr alt gewordener König kamen. Karl sah die weiten bunten Mäntel, Harnische, blitzenden Lanzenspitzen, das Funkeln ihrer Helme mit Nasenschutz und Eisenwangen bis zu blonden Bärten und darüber die Schweife aus bunt gefärbtem Pferdehaar.

All das war ihm fremd und vertraut zugleich. Am liebsten hätte er sein Pferd herumgerissen und ihm die Sporen gegeben. Aber es ging nicht mehr. Er wusste, dass er nicht mehr unbehelligt umkehren oder fliehen konnte. Doch nicht die Angst vor den Schwertern der langobardischen Elite oder den Pfeilen der Wächter auf den Zinnen Pavias hielt ihn fest.

Vielmehr erkannte er, dass er sich nicht einmal bewegen durfte. Kein Frankenheer konnte sich im Angesicht feindlicher Kapitulation einen versagenden und auch noch fliehenden Königssohn leisten.

Der Langobardenkönig und die Eskorte seiner Edlen und seiner besten Krieger ritten direkt zum Frankenlager. Pippin empfing Aistulf mit aller Höflichkeit und ohne jeden Vorwurf. Sie legten ihre Wappenschilde und die weiten Mäntel ab, nahmen an den bereits aufgestellten Bohlentischen Platz, tranken gemeinsam aus großen goldenen Bechern einen Schluck schweren honigfarbenen Wein, den sie »Lacrima Christi« nannten, ehe sie zu den Bedingungen des zweiten Friedens von Pavia kamen. Er war mit dem ersten identisch und enthielt zusätzliche Tributleistungen.

»Wir werden den neuen Vertrag und die Schlüssel aller Städte, die du mir übergeben musst, am Grab von Petrus in Rom niederlegen«, sagte Pippin, nachdem alles besiegelt war. Er lehnte sich zurück, sah plötzlich seinen Ältesten und winkte ihm.

Karl kam nur vorsichtig und zögernd heran.

»Meinen Sohn kennst du ja«, sagte der Frankenkönig.

Aistulfs Nasenflügel blähten sich. Dann schnaubte er und senkte den Kopf. »Zweimal«, sagte er. »Zweimal schon hätte ich deinen Sohn mit weniger als einer Fliegenklatsche töten können!«

»Ja«, sagte Pippin und lächelte, »es war dein größter Fehler, dass du es nicht getan hast!«

Karl starrte seinen Vater vollkommen fassungslos an. Er wollte einfach nicht glauben, dass sein Gefühl vor der Stadtmauer von Pavia richtig gewesen sein könnte. Das war der Augenblick, in dem er aufschreien, vor seinem Vater niederknien und um Strafe flehen wollte. Doch dann begriff er plötzlich, warum der König niemals seinen eigenen Sohn ebenso beschämen konnte wie Aistulf. Sein Schweigen war die schlimmste aller Strafen. Und die lehrreichste.

Die Vereinbarungen für den neuen Vertrag wurden von Abt Fulrad als Vertreter der fränkischen Kirchenfürsten und Gaugraf Rupert, dem königlichen Statthalter in Alemannien, überwacht. Pippin glaubte nicht mehr an die Aufrichtigkeit Aistulfs. Dennoch befahl er erneut, dass Pavia nicht geplündert und keine Beute gemacht werden sollte.

Die Franken kehrten noch finsterer als bei ihrem ersten Feldzug gegen die Langobarden über die Alpen zurück. Ihr Murren erstarb auch nicht, als sie kurz darauf von langobardischen Boten eingeholt wurden. Sie trugen Wimpel und Farben des Herzogs der Toskana und überbrachten mehrere reich gesiegelte

Urkunden und Schreiben sowohl von Desiderius als auch von Papst Stephan. Am gleichen Nachmittag ließ Pippin eine Heeresversammlung an den bereits schneefreien Uferhängen der Dora einberufen.

»Aistulf ist tot!«, verkündete Pippin seinen versammelten Mannen. »Vermutlich aus Gram über den zweifachen Sieg von uns Franken!«

»Dann können wir ja zurück nach Pavia!«

»Wenigstens einmal richtig plündern!«

»Wir brauchen Beute und keine Verträge!«

Pippin hob beide Hände. »Ihr kommt zu eurem Lohn!«, rief der Frankenkönig. »Es sei hiermit versprochen. Aber zunächst müssen wir abwarten, was in Pavia geschieht. Ratchis, der Bruder von Aistulf, hat sein Kloster verlassen und erneut den Langobardenthron eingenommen.«

Die Frankenkrieger zischten und murrten wie schon lange nicht mehr. »Und unsere Beute?«, rief ein enttäuschter Gaugraf. »Sollen wir alle mit Hunger und Not im Gepäck zurückkehren?«

»Nein! Desiderius schenkt uns Spoleto und Benevent.«

»Und was bekommt dieser Papst?«, wollte ein anderer wissen.

»Desiderius überlässt Stephan II. genügend Land für ein großes Klostergut.« Für eine Ewigkeit blieb alles still. Dann klopften langsam, ganz langsam die ersten Edlen auf ihre Schilde. Es wurden mehr und mehr.

»Wir sollten noch einmal über die Güter ziehen, ehe sie an den Papst verschenkt werden!«, rief einer der Grafen, die vom König der Franken zu Weihnachten nicht sehr reich bedacht worden waren.

»Ja, lasst uns umkehren und die Hufen neu abstecken!«

»Ich wollte schon immer einen Olivenhain in der Toskana ...«

»Und ich einen Weinberg bei Asti!«

»Gut, wir halten still«, rief der Graf des Oberrheingaus schließlich. Er spürte offenbar, dass es ganz andere Spannungen zwischen dem König und seinem Ältesten gab. »Aber zum letzten Mal: Falls es erneut Ärger mit den Langobarden gibt, wollen wir Blut und Beute sehen und keine Tintenkrakel!«

7

Ritt gegen die Araber

Die Franken blieben in Oberitalien, bis die Wege und Pässe in den Alpen wieder leichter passierbar waren. Das Heer löste sich auf, und Pippin zog mit seinem Hofstaat und den Scaras über Metz nach Diedenhofen an der Mosel. Thionville, wie das Königsgut auch genannt wurde, war für Karl das liebste Beispiel einer guten Pfalz. Bereits zur Römerzeit hatte das rechteckig angelegte Kastell namens »Theodonis Villa« in allen Einzelheiten den Anforderungen einer Gemeinschaft entsprochen, die sich von den umliegenden Feldern und Wäldern selbst versorgen musste. Selbst beim Backhaus, der Schmiede und der Wassermühle hatte sich seither kaum etwas verändert.

Die Frühlingstage gehörten zu den schönsten, die Karl bisher erlebt hatte. Kurz nach Pfingsten übertrug ihm sein Vater den Befehl über zwei Dutzend weitere Scaras. Sie waren ohnehin mit Karl befreundet. Nur wenig später erfuhren die Franken an Pippins Königshof, dass Stephan II. am sechsundzwanzigsten April gestorben war.

Im Frühsommer kam ein weiterer Bote. Er brachte noch keine Schreiben mit, sondern berichtete nur, dass der neue, Ende Mai gewählte Papst den Namen Paulus angenommen hatte. Die Großen in der Königspfalz saßen wie so oft in diesem Jahr draußen im Obstgarten, tranken leichten, mit Bachwasser verdünnten Wein, kauten dazu an geröstetem Brot und krachenden, vor Tagen schon gegrillten Schweineschwarten, die unablässig von den Bediensteten auf kleinen, runden Holzplatten gebracht wurden.

Die jungen Männer der Scara francisca trugen ihre Hemden geöffnet, zeigten ihren goldenen Brustschmuck und Amulette an langen Ketten, die sonst nur selten zu sehen waren. Auch auf Karls Brust wuchs erster Blondflaum unter einem Amulett mit Amaldinen, Smaragden und zwei durchsichtigen Kristallen, zwischen denen ein Holzsplitter vom Kreuz des Erlösers eingelassen war. Sein Schnauzbart war noch nicht sehr füllig, aber die Spitzen hingen bereits über die Mundwinkel seiner Lippen herab.

Karl wusste längst, dass er von den Mädchen und Weibern im Hofstaat und im Gefolge der Bewaffneten inzwischen auf eine ganze andere Art angesehen wurde als früher. Noch vor dem letzten Heereszug nach Italien hatte er mit ärgerlicher Missachtung reagiert, wenn ihm bestimmte Blicke, ein kurzes halblautes Tuscheln oder eine seltsam abwartende Stille bei seinem Eintritt in Gesindestuben oder die Küche aufgefallen waren.

Das war vorbei. Er hatte sich bereits entschieden. Doch obwohl er das Mädchen seiner Wahl täglich sah, hatte er ihr mit keinem Wort gesagt, was er für sie empfand. Es war nicht nötig. Sie verstanden sich auch so ...

»Was gibt es sonst noch?«, fragte der Frankenkönig den jüngsten Boten aus Italien noch am gleichen Abend. »Was macht unser Freund, der Herzog der Toskana?«

»Er will sich unbedingt die Langobardenkrone aufsetzen.«

»Alles Schuld von deiner Mutter«, schnaubte Pippin. Er sah verärgert aus. »Ich weiß nicht, welchen Narren sie an Desiderius gefressen hat.«

»Wie kannst du so etwas sagen?«, entgegnete Karl mutig. »Sie kennt ihn gar nicht. Außerdem ist Mutter stets auf deiner Seite.«

»Ist sie nicht!«, murrte der Frankenkönig. »Sie will nicht, dass ich nochmals nach Italien ziehe.«

Plötzlich verstand Karl, worüber sich sein Vater wirklich ärgerte. Es war nicht der neue Langobardenkönig und nicht einmal der Papst. Was Pippin schon länger unleidlich machte, war das geheime Einverständnis von Bertrada mit den Mächtigen des Reiches, die nicht wagten, offen gegen ihn zu sein. »Das kann nicht gut gehen«, murmelte er leise. Es war, als hätte sein Vater nur darauf gewartet, dass er die Lippen bewegte.

»Komm, komm!«, rief er herausfordernd. »Du hast doch gerade eben etwas gedacht, was jeder hier im Garten wissen sollte ...«

Karl schüttelte verstört den Kopf. Er spürte, wie sein Gesicht sich rötete. Und plötzlich hörte er die leise Stimme eines Jungen hinter sich. Es war die Stimme von Angilbert, der sich in den vergangenen Wochen als ausgesprochen intelligent und nützlich erwiesen hatte.

»Dreh dich nicht um … ich sage dir, was wir bereits beredet haben.« Karl zögerte einen Augenblick.

»Nun?«, drängte der Frankenkönig. »Was willst du tun?«

»Modus Vivendi vorschlagen«, flüsterte Angilbert.

»Wir werden einen Vorschlag ausarbeiten«, rief Karl mit fester Stimme in den Saal, »einen Vorschlag, der von beiden Seiten als Modus Vivendi angesehen werden kann.«

»Meinst du etwa einen Vergleich – zur Hälfte ihre Forderungen und zur Hälfte unsere?«, fragte sein Vater ungläubig.

»Sag ja!«, flüsterte Angilbert.

»Ein Kompromiss kann keine Seite befriedigen«, rief Karl. »Aber wir dürfen uns auch nicht von Desiderius an der Nase herumführen lassen. Wir haben andere Dinge zu tun und können nicht schon wieder nach Italien ziehen …«

Pippin schob die Lippen vor. Er sah die Zustimmung bei seinen eigenen Beratern und nickte schließlich.

»Gut, Karl! Ich nehme deinen Vorschlag an.«

Obwohl kein Märzfeld war, klopften die Edlen und selbst die Kirchenfürsten, der Marschall und der Seneschall mit ihren Fäusten auf die Tischplatten.

Auch später konnte Karl nicht sagen, warum sich die Gespräche bis über die Sommermonate hinweg zumeist um eine ganz andere Frage drehten. Es begann damit, dass Pippin eines Abends sagte: »Wir brauchen eine Hauptstadt.«

Als ihn die anderen fragend anblickten, erklärte er, was ihn bewegte: »Der Papst hat Rom, die Langobarden Pavia, das Oströmische Reich Konstantinopel. Der Emir von Cordoba in Hispanien prahlt mit seinen Palästen und Bädern. Selbst die Baiuwaren brüsten sich damit, dass Castra Regina, Ratisbona, Regensburg oder wie sie es nennen, eines Königs würdig ist.«

Karl saß in einer Ecke des großen Audienzsaals. Er war nicht sehr aufmerksam bei den Schreibübungen in griechischer Sprache, die ihm die Mönche aufgetragen hatten. Im Grunde fürchtete er diese Aufgaben mehr als ein Duell mit Gleichaltrigen, einen scharfen Ausritt oder die Strapazen einer Alpenpassage. Zu ungelenk kamen ihm seine Finger beim Halten des Federkiels vor, zu mühsam das feine Zeichnen von Schnörkeln und Linien. Mochten sich die Schreiber damit befassen – ihn interessierten viel mehr die Landkarten, auf denen Flüsse und Berge, der Sitz von Völkerstämmen und wichtige Städte markiert waren – doch auch nur dann, wenn er ihre Namen nicht mühsam schreiben musste.

»Wie lange dauert es, eine Hauptstadt zu bauen?«, fragte König Pippin seine Berater. »Eine Generation oder zwei? Selbst wenn es nur zehn Jahre wären, ist mir das zu lang. Aber ich brauche einen Ort, der heilig wie Rom oder stark wie Pavia ist …«

Er schritt unruhig von einer Seite des Saales zur anderen. »Was kann ich tun«, fragte er reihum, »um einen Ort in der Mitte des Reiches zu schaffen, den alle verehren?«

Alle anwesenden Priester, die irischen Mönche und die Großen des Hofstaates berieten viele Stunden lang Pippins Wunsch. Und dann sah Karl, wie Abt Fulrad von einer Gruppe zur anderen ging, mehrmals nickte und schließlich mit einem feinen Lächeln zu Pippin zurückkehrte. Er beugte sich vor und flüsterte dem König der Franken etwas ins Ohr. Pippin wich unwillkürlich zurück.

»Heilige?«, schnaubte er ungehalten. »Ich soll Heilige sammeln? Bin ich Bischof, Abt oder König der Franken?«

Fulrad beugte sich erneut zu Pippin. Obwohl er nur flüsterte, sprachen seine schmalen Hände so deutlich, dass Karl sofort die Idee der Königsberater verstand.

»Der Staub vom Grab des heiligen Martin übertrifft alle Medizin und selbst die geschicktesten Ärzte«, sagte Fulrad dann. »Er reinigt den Leib wie Springwurz, die Lunge wie Ysop und den Kopf wie Bertramwurzel. Und ebenso können Reliquien wie eine Apotheke sein, aus der Heil und Gesundung kommen.«

»Es passt mir nicht«, knurrte Pippin nach einer Weile. »Es passt mir ganz und gar nicht … aber die Idee ist gut. Nun gut … Hiermit befehle ich, dass die Reliquien, die im gesamten Frankenreich entbehrlich sind, nach Compiègne gebracht werden. Kein Graf, kein Kloster, keine Kirche darf mehr als einen Teil zur Verehrung horten. Sobald die Heiltümer dort sind, sollen alle Großen des Reiches über den Schreinen mir selbst und meinen Nachfolgern Treue und Gehorsam schwören ...«

Er zögerte einen Augenblick, sah zu Karl und fügte noch einen Satz an: »Als Erster soll der freche Tassilo aus Baiern mit seinen Bischöfen und Grafen kommen und schwören!«

»Ist das denn möglich?«, fragte Karl verwundert. »Er ist ein Herzog! Wie kann er für ganz Baiern schwören, das doch auch anderen als ihm gehört ...«

»Genau deshalb«, antwortete Pippin seinem Sohn halblaut, »das hat es bisher nicht gegeben. Tassilo ist ebenso alt wie du. Wir werden sehen, ob er dumm genug ist, mir zu gehorchen, oder ob seine Hofberater ebenso verschlagen sind wie unsere.«

Der Herbst verging mit den üblichen Stürmen; dafür verliefen die Weihnachts- und die Fastenzeit ungewöhnlich still, und als der Frühling kam, verflogen Tage und Nächte wie Wolken im Wind.

Für Karl wurden die Stunden immer seltener, in denen er ohne Pflichten allein oder mit seinen Gefährten zusammen sein konnte. Wieder und wieder erzählten sie sich von den Alten, von ihren Schlachten und Intrigen, von Liebe und der Eifersucht zwischen den Weibern und den Kindern. Sie konnten alles viele Dutzend Male hören, ohne die Lust daran zu verlieren.

An seinem fünfzehnten Geburtstag ließ sein Vater ein festliches Turnier ausrichten. Scaras und junge Grafensöhne aus allen Provinzen kamen, um sich außerhalb einer Reichsversammlung in Schwertkampf, Speerwurf, Lanzenstoß und Bogenschießen zu messen. Inzwischen war nicht mehr zu übersehen, dass Karl deutlich größer war als seine Altersgenossen und die meisten erwachsenen Männer am Königshof. Noch fehlte ihm die ausgeglichene Statur, aber er spürte bereits einige Nachteile, die ihm seine Körpergröße einbrachte.

»Was soll das noch werden?«, schimpfte er, als keins von den bereitstehenden Pferden groß genug für einen Wettritt am Waldrand war. Die anderen lachten, als er dennoch aufsaß.

»Nimm bloß die Füße hoch!«, rief Angilbert besorgt. »Sonst bleibst du an jedem Strauch hängen.«

Nachdem alle wieder in ihre Provinzen gezogen waren, genoss Karl an sommerlichen Lagerfeuern die langen, schönen Abende im Kreise der Gefährten. Und wie so oft sprachen sie über die Ahnen und die Merowinger.

»In manchen Zeiten der Merowingerkönige muss es sehr hart für uns Franken zugegangen sein«, sagte Karl an einem wunderschönen Herbstabend. Er lag ebenso wie die anderen jungen Krieger seines ersten Fähnleins zwei Schritt vor dem Feuer im hohen Gras, hatte wie sie einen Holzbecher mit Bier vor sich und drehte an einem langen, dünnen Eisensporn einen Fleischlappen von einem schwarzen Nackenschwein über den Flammen. Die Sonne ging mit einem lang tiefrot nachglühenden, türkisfarbenen und hellblauen Streifenband unter. Der Rauch des Lagerfeuers vor den Palisaden der Pfalz stieg als schmaler weißlich blauer Faden senkrecht zum Himmel hoch, an dem die ersten Sterne als kleine, zögerliche Diamanten auffunkelten.

Noch zwei Jahre nach dem missglückten Auftritt Tassilos und seiner Baiuwaren lachten die Franken, Edlen und Knechte, Weiber und Kinder über den Agilolfinger. Sie nannten ihn längst »Saufkind aus Regensburg« und meinten damit ihn und seine trinkfesten, aber uneinsichtigen Berater.

Ihr eigentlicher Fehler war nicht der Widerstand gegen Verträge gewesen, die sie selbst mit den Franken geschlossen hatten. Der junge Tassilo war vielmehr viel zu lang darauf herumgeritten, dass seine Familie vom Langobardenkönig Wacho abstammte, dessen Tochter Walderada vor einem halben Dutzend Generationen den ersten baierischen Herzog namens Garibald geheiratet hatte.

»Eigentlich tut er mir immer noch leid«, sagte Karl an einem stillen, nicht allzu heißen Sommertag. Er saß mit einigen Gefährten und ihren etwas jüngeren Freundinnen abseits der Pfalz von Compiègne an einem kleinen, zur Oise hinabplätschernden Waldbach. »Früher habe ich Tassilo beneidet. Er war schon Heerführer und Herzog, als ich noch Verse von Virgil und Homer auswendig lernen musste.«

»Und?«, fragte einer der anderen spöttisch. »Hat es ihm irgendetwas eingebracht?«

Die anderen Jungen und selbst die Mädchen lachten. Sie waren allesamt Kinder von Edlen und hatten nie selbst einen einzigen Getreidehalm geerntet – es sei denn, um ihn nach altem Frankenrecht über die Schulter zu werfen, wenn ein Stück Land, auf dem der Halm gewachsen war, an sie verschenkt oder verpfändet wurde.

Sie alle hatten nichts Besonderes vor und vertrieben sich ohne Sorgen ihre Zeit. Ein paar der jungen Männer schnitzten Pfeifen oder Flöten mit vier, fünf Löchern aus fingerdicken Zweigen von Haselnuss- und Holunderbüschen.

Einige der Mädchen sangen leise, andere unterhielten sich, kicherten oder ließen sich küssen und umarmen. Überall raschelte es im Laub, und helle Sonnenstrahlen ließen die hoch aufschießenden Farnwedel wie kostbare Vorhänge in den schönsten Zimmern der Natur aussehen.

An einem dieser Tage ohne Sorgen und ohne allzu große Pflichten am Hof streichelte Karl zum ersten Mal mehr als die Brüste eines Mädchens. Ein paar Libellen und Schmetterlinge surrten und flatterten um sie herum. Kleine Insekten tanzten im Sonnenlicht. Karl küsste Himiltrud, die er schon kannte, seit er mit seiner Mutter an den Königshof geholt worden war.

»Nicht, Karl«, sagte sie leise, als er sie enger an sich zog. »Wir dürfen nicht, was du jetzt möchtest! Du bist der Thronfolger und ich nicht einmal deine Friedelfrau ...«

Er sah in ihre hellgrünen, ein wenig scheu wirkenden Augen und küsste ihre Lippen. Sie lagen nebeneinander unter den gelbgrün durchleuchteten Farnwedeln.

»Willst du denn?«, fragte er. Sie antwortete ihm nicht. Vorsichtig schob er ihr Kleid hoch. Seine Hand glitt an ihrem nackten Schenkel und der Hüfte entlang, über das Tal der Taille, höher zum Hügel ihrer rechten Brust. Sie lächelte und stöhnte leicht. Karls Hand streichelte wieder zurück, weiter als zuvor. Auch sie suchte nach ihm, fand ihn sehr hart. Und dann taten sie das, was sie beide schon oft gesehen, aber noch niemals selbst versucht hatten.

Sein Vater musste irgendetwas bemerkt oder erfahren haben. Karl spürte es und entschloss sich, den geraden Weg nach vorn zu gehen. Pippin, Bertrada, Karlmann und Karl saßen bei einem einfachen Frühstück, als Karl plötzlich auf den hölzernen Tisch klopfte.

»Willst du noch Suppe?«, fragte seine Mutter.

Karl schüttelte den Kopf. »Ich möchte euch etwas fragen«, sagte er.

»Warum so feierlich?«, meinte Pippin.

»Weil es mir wichtig ist«, antwortete Karl.

»Nur zu«, lachte Pippin. »Willst du beim nächsten Feldzug mehr Reiter haben als dieser Tassilo?«

»Nein …«

»Und was dann?«

»Ich will heiraten.«

»Heiraten«, wiederholte sein Vater ungerührt. »Du willst heiraten …«

»Ja.«

»Und wen, wenn ich fragen darf?«

»Himiltrud.«

»Den Namen kenne ich«, sagte Pippin, noch immer ohne Aufregung.

»Sie lebt schon lang mit uns. Ihr Vater ist Theoderich, den du vom Anführer der Scaras zum Gaugrafen von Ripuarien und Colonia gemacht hast.«

»Du musst mir nichts über Theoderich erzählen! Aber du weißt doch, dass er mit uns verwandt ist, oder?«

»Ja, aber …«, stotterte Karl, »natürlich, aber ich meine, dass ich und Himiltrud nicht so bluts–«

»Nicht blutsverwandt genug, um gegen das Gesetz zu sein«, erwiderte Pippin fast schon milde. »Ich weiß das längst mit dir und ihr. Ich habe auch mit Fulrad und den anderen besprochen, was es für uns bedeutet, wenn du sie schwängern solltest.«

»Das ist …« Karl sprang auf und riss empört die Arme hoch.

»Setz dich!«, befahl der König.

»Du kannst sie nehmen«, warf Bertrada ein. »Aber zunächst nur als Friedelfrau und Weib für schöne Nächte. Du weißt ja, was das heißt: pünktliche Morgengaben, keine Verträge oder Verpflichtungen!«

»Und wenn es Kinder geben sollte, gelten sie nicht, verstanden?« Pippin beugte sich zu Bertrada hinüber. »Pass du jetzt auf, dass unser junger Held die Flamme seines Herzen nicht zu schnell dick macht!«

»Das ist nicht meine Sache, sondern die unserer Kräuterweiber!«, antwortete Karls Mutter ungewohnt spitz.

Karl sah, wie Pippins Gesicht dunkelrot wurde. Aus irgendeinem Grund musste das Thema zwischen seinen Eltern bereits ein alter Streitpunkt sein.

»Hach!«, stieß Pippin schließlich hervor und trieb sein Messer in die Bohlenplatte der großen Speisetafel.

Im Herbst wurde Karls Schwester Gisela geboren. Die Scaras und einige kleinere Frankenheere ritten mehrmals nach Süden und nach Norden zu den Sachsen. Auch Pippin war ein paarmal unterwegs. Karl begleitete ihn, obwohl er eigentlich viel lieber in der Nähe von Himiltrud geblieben wäre. Der Winter kleidete die Nordhälfte des Reiches in ein nicht sehr kaltes Schneegewand. Während der ersten Monate des neuen Jahres verunsicherten erneut schnelle Reiter mit der grünen Fahne des Propheten die Südwestflanke des Frankenreiches. Niemand erregte sich besonders, als die Nachricht am Königshof eintraf. Nur Onkel Bernhard nutzte den Anlass, um Karls eigene Scaras auch in den Winterwochen noch härter auszubilden. Gleichzeitig lehrte er sie, was er über die schwierige Region Septimanien, über die noch immer römisch und nicht germanisch denkenden Gallier und die von der Iberischen Halbinsel eingefallenen Sarazenen, Mauren und Araber wusste. »Die Moslemkrieger sind die besten Reiterkämpfer seit den Hunnen unter Attila-Etzel«, sagte er zu Karls jungen Scaras. Nur sie saßen noch um ein loderndes Kaminfeuer im großen Speisesaal der Panzerreiter. Die Älteren waren nach einem ausgiebigen Nachtmahl und ungezählten Krügen Bier in ihren Bettfellen verschwunden.

»Besser als wir?«, fragte Angilbert, der jetzt auch bei allen Zusammenkünften von Karls Gefährten teilnehmen durfte.

»Nein, Angilbert«, antwortete Bernhard, »nicht besser als wir, aber auf eine andere, sehr seltsame Art erfolgreich.« Er strich sich mit Daumen und Zeigefinger der rechten Hand über seinen blonden, lang über die Mundwinkel herabreichenden Schnauzbart.

»Die Muslime kämpfen wie wir … Sie glauben an Gott, den Allmächtigen, und sind jederzeit bereit, ihr Leben im Diesseits zu opfern, um für die Ewigkeit ein Paradies zu erlangen …«

»Keine Religion und keine Philosophie als Entschuldigung für das Übersinnliche jetzt«, unterbrach Karl. »Wir wollen nur wissen, wie wir die Araber im Süden unseres Landes zurückwerfen können.«

»Nun gut«, sagte Bernhard und lockerte seinen schweren, mit Messern behängten Gürtel. »Vor achtunddreißig Jahren haben sie Narbonne erobert und diese einst größte römische Garnison in Gallien wie eine böse Pestbeule an unseren Grenzen ausgebaut. Ihr wisst ja, dass schon die Merowingerkönige Schwierigkeiten mit den Südgebieten unseres Reiches hatten … Aquitanien, Septimanien … überall Seefahrer, reisende Krämer und Sklavenhändler … Syrer und Juden, Griechen und Spanier. Das ist nichts für uns!«

»Aber für uns!« Karl lachte, und seine Augen leuchteten ebenso wie die seiner Gefährten. »Denn diesmal schlagen wir die Sarazenen zwischen Narbonne und Carcassonne!«

»Das hat dein Vater vor sieben Jahren ebenfalls geglaubt«, seufzte Bernhard. »Damals haben sich ihm die von Muselmanen besetzten Städte Septimaniens reihenweise ergeben. Aber inzwischen stoßen sie immer häufiger mit mörderischen Raubzügen in unser Reich vor.«

»Dann wollen wir sie wieder daran erinnern, wo sie hier sind!«, lachte Karl voller Kampfeslust.

Der Feldzug gegen die Araber im Süden Galliens begann fast aus dem Stand. Pippin ließ nur die nächsten Grafen sowie die Höfe an der vorgesehenen Marschstrecke unterrichten. Sie brachen bereits vier Tage später auf. Von Tag zu Tag vergrößerte sich das schnelle, ohne umständlichen Tross nach Süden ziehende Heer.

Gut gelaunt überließ der König der Franken seinem ältesten Sohn die Entscheidung über die Tagesziele. Karl machte seine

Sache gut, wenn auch in den Augen manch erfahrener Krieger zu übereifrig. Er tauchte überall mit seinen Gefährten und ihren Waffenknechten auf, mal vorn, mal hinten, dann wieder in der Mitte bei den älteren Edlen. Die bunten Mäntel und die Wappen auf ihren Schilden waren schon nach kurzer Zeit auch dem letzten Bogenschützen und Pferdeknecht bekannt.

»Lasst ihn!«, sagte Pippin nur. »Er muss erst lernen, dass er Heerführer und kein Schäferhund sein soll.«

Sie zogen rhoneabwärts an Lyon vorbei, bogen vor den endlosen Sümpfen der Camargue nach Südwesten ab, mieden die sandigen Dünen der Mittelmeerküste, umgingen die uralte Geisterstadt Enserune und hielten sich so lange bedeckt, bis sie die schwarzen Berge nördlich von Carcassonne erreicht hatten. Die stark befestigte Stadt sah schon von Weitem ganz anders aus als Turin und Pavia. Mit ihren Römermauern, halbrunden Türmen und Bastionen auf einem steilen Hügel wirkte sie wie eine gigantische, das ganze Land beherrschende Königsburg.

»Das wäre eine Königspfalz … eine Hauptstadt, die mir gefallen würde«, sagte Karl bewundernd, als er mit einem Dutzend seiner Gefährten durch die Reihen der Weinstöcke am Berghang unter der Stadtmauer streifte.

Sie blieben außerhalb der Reichweite von Bogenschützen, Katapulten und irgendwelchen Steinschleudern und erreichten so die Aude. Karl wusste inzwischen, dass der kleine Fluss aus den Pyrenäen kam, genau hier nach Osten abbog und bei Narbonne ins Mittelmeer mündete.

»Es lebe die ›Aquitanische Pforte‹«, sagte er, als sie die Aude erreichten und ihre Beine im kleinen Fluss kühlen konnten. Sie planschten herum, ließen sich ins Ufergras fallen und spotteten über die feigen Araber und Sarazenen, die sich weit oben hinter den Römermauern versteckten.

Ein Hornsignal rief sie zurück. Noch am gleichen Nachmittag ließ Pippin angreifen. Zwei Tage lang ritten schwer bewaffnete Panzerreiter der Scara francisca wieder und wieder vor alle Tore der Bergstadt. Bogenschützen und Krieger zu Fuß schlichen sich vom Fluss an. Doch kaum ein Pfeil oder Stein kam über die festen, abweisenden Stadtmauern. Die Franken sahen nicht einmal ein Blinken von Helmen, Harnischen oder Lanzenspitzen über den Mauern von Carcassonne.

»Was soll das?«, fragte Karl seinen Vater am dritten Tag. Sie waren am Nordufer der klar und jungfräulich vorbeiströmenden Aude zusammengekommen. Die Erfahrenen der Frankenkrieger nutzten die Gelegenheit, um wie so oft in voller Rüstung das eine oder andere Auge mit etwas Schlaf zu schonen. Selbst ihre wie zum Turnier mit Stoff-Schabracken geschmückten Pferde kannten das Ritual. Sie ruhten ebenfalls ein wenig, auch wenn sie stehen und dazu einen Reiter tragen mussten. Es war wie bei einem nicht vereinbarten, aber jedem bekannten Schachspiel. Die Stadt war Burg, stumm und abwartend. Die Scaras Springer, Türme, Läufer. Der Fluss Entscheidung über Tag und Nacht, Weiß oder Schwarz, Zug oder Gegenzug.

»Warum geschieht nichts?«, rief Karl dem König und den Edlen rund um seinen Vater zu. »Sind denn die Muselmanen zu faul für den Kampf?«

Pippin bewegte sich nicht. Niemand bewegte sich. Karl hatte plötzlich das Gefühl, als würde er als Einziger von einer völlig erstarrten Armee noch atmen. Er spürte, wie seine Mundwinkel zuckten, schniefte ein paarmal und gab der Mähre, die ihn trug, die Sporen. Mit einem schmerzhaft lauten Wiehern preschte sein Pferd an den Kriegerstandbildern vorbei.

»Was ist? Was ist?«, schrie Karl mit hoher Stimme. »Warum steht ihr hier rum? Und worauf wartet ihr? Heh, Männer! Los doch!«

Keine in Stein geschlagenen Heerscharen hatten sich jemals weniger bewegt als die Franken vor Carcassonne.

»Ein guter Krieger muss auch im Sattel schlafen können«, meinte Bernhard mit einem seltsamen Glucksen in der Stimme. Er saß in voller Rüstung wie ein sehr weiser Alterskönig auf seinem mit bunt gefärbten Decken und verziertem Ledergeschirr fast völlig zugekleideten Pferd. Auch von ihm selbst, seinem Gesicht, war kaum etwas zu sehen. Nur seine Augen blitzten mit dem gewohnten Schalk, und seine Lippen schürzten sich, um in den nur vierzig Schritt breiten Fluss zu spucken.

»Vielleicht denken diese Carcassonner gar nicht arabisch,

sondern gotisch … Westgotisch, meine ich! Und dann wäre es eigentlich logisch, wenn sie darauf verzichten, ihr Haupt vor uns zu senken.«

»Ach«, stieß Karl unwillig hervor. »Die da oben wissen ganz genau, wer wir sind!«

»Nordmannen, Dänen«, sagte Bernhard und spuckte nochmals in den Fluss. »Germanen vielleicht … ganz entfernte Verwandte … würdest du denn deine Stadt für irgendwelche Horden aus dem Norden öffnen? Ich meine, wenn du jahrelang Frieden und Toleranz, Kultur und Wohlstand hattest …«

»Wir sind die Herren!«

»Ah, ja?«, meinte Bernhard. »Na gut, dann geh doch hin und sag es ihnen!«

Für einen Augenblick wollte Karl Bernhards Herausforderung annehmen. Ehe er dazu kam, röhrten die Hörner zum Aufbruch und Rückzug. Offensichtlich hatte Pippin kein Interesse daran, die Bergfestung wochenlang auszuhungern. Karl und seine angriffslustigen Burschen fluchten enttäuscht.

»Ach was!«, rief er ihnen zu. »Wir finden in Richtung Narbonne bestimmt bessere Möglichkeiten für einen harten Waffengang.«

Der Weg am rechten Flussufer entlang zurück nach Osten in die Niederungen verlief eher langweilig. Die Gegend vor Narbonne wurde immer flacher. Auch als die Silhouette der alten Hafenstadt am Mittelmeer im Dunst eines Nachmittags auftauchte, rechnete keiner der Franken mehr mit Widerstand. Sämtliche Tore der Stadt waren geöffnet. Pippin III. ritt ein, wie es ihm als dem gottbegnadeten, zweifach gesalbten König der Franken gebührte. Er würdigte die Bewohner der Stadt keines Blickes. Einzig die bunten und sofort erkennbaren Araber, Sarazenen und Mauren interessierten ihn.

»Zu viele Weiber auf den Straßen … zu viele Weiber«, sagte er abfällig zu seinem Sohn. »Lass dich dadurch nicht täuschen, Karl! Nicht jedes Volk handelt und denkt so wie wir …«

»Ich sehe auch, dass sie fremd für uns sind.«

»Genauso fremd wie wir für sie! Vieles mag ähnlich sein, aber bei jedem Volk, jeder Rasse und selbst bei jeder einzelnen Familie gibt es Unterschiede, die nicht besser oder schlechter, sondern nur einfach anders sind …«

Und wieder spürte Karl das Gift der Erstarrung, das ihm bereits vor Carcassonne so unwirklich vorgekommen war. Lag es am Pinienduft aus den Gärten, am salzigen Geruch des nahen Meeres, an den jahrhundertealten Erinnerungen in jedem Stein der alten römischen Via Domitia quer durch die Stadt?

»Du willst mich warnen?«, rief Karl seinem Vater zu.

Pippins Pferd trappelte laut auf den Straßensteinen. »Ja, Karl, verdammt!«, rief er. »Und jetzt schnell … zieh blank!« Pippins Befehl kam keinen Augenblick zu früh. Von allen Seiten stürzten in bunte Seidentücher gehüllte Sarazenen trillernd und kreischend von den Balkonen und aus den Fenstern. Viele verfehlten die laut wiehernden, auf der Hinterhand aufsteigenden Pferde der Franken. Aber noch mehreren gelang es, die schwer gerüsteten Panzerreiter der Scara francisca aus dem Sattel zu reißen. Harnische verloren gegen bunte Seidenblusen, Rundhelme aus Leder und Eisenspangen waren zu hinderlich gegen lockere Turbane, gewalkte Schnürstiefel zu schwer gegen weiche Pantoffelschuhe und Schwerter zu lang und grob gegen fein geschärfte Krummdolche. Karl spürte gleich zwei Gegner in seinem Rücken. Er riss die Arme zurück. Die Gurte des Harnischs schnitten schmerzhaft in seine Seiten. Alles kam ihm plötzlich zu klein und zu eng vor. Nicht mit dem Schwert – mit den von eisernen Ringen des Kettenhemdes umhüllten Ellenbogen traf er die Sarazenenkrieger, die sich an seinem Rücken festgekrallt hatten. Einer fiel sofort ab. Dem anderen gelang es, Karls Helm hochzureißen. Der junge Königssohn schrie auf.

Zwei, drei Pfeile von irgendwoher zischten haarscharf an seinem Kopf vorbei. In all dem Röcheln und Eisenklirren, allem Geschrei und Gewieher wusste er nicht mehr, ob er vor- oder zurückreiten sollte, wer Feind und wer Gefährte war, wohin er schlagen und wogegen er schützend den Schild heben sollte. Eisen schnitt scharf durch seine Gesichtshaut. Schwertschläge prallten lärmend von seinem Brustharnisch ab. Blut von den Brauen lief ihm in die Augen. Gerade noch rechtzeitig sah er im Gegenlicht funkelnde Schwertscheiden, blitzende Dolche und gefiederte Holzpfeile.

Karl war so erschreckt über das, was geschah, dass er sehr lang brauchte, um zu begreifen, dass es in dieser Stunde nicht um Ruhm und Ehre, sondern tatsächlich um Leben und Tod ging. Die Sarazenen in Narbonne wollten keinen Kampf als Kräftemessen, sondern den schnellen, gnadenlosen Tod der Gegner.

Auch später wusste Karl nicht, wie er das furchtbare, wenn auch sehr kurze Gemetzel überstanden hatte. Kaum einer von jenen, die mit König Pippin in den Hinterhalt von Narbonne gerieten, war ohne Verletzung geblieben. Noch Wochen danach starben Männer an Fieber und Eiter in ihren Wunden. Der Schock war so groß, dass Pippin viel mehr Krieger, Paladine und Vasallen mit Land und Lehnsrechten belohnen musste als bei jedem anderen seiner Heerzüge.

Dennoch kam allen der Siegeszug bis zu den Dünen und den weiten Sandstränden des Mittelmeers wie eine Belohnung durch den Allerhöchsten vor. Kein Sarazene zeigte sich noch unter Waffen. Selbst in den Wochen der Schwäche und Genesung flammte an keiner Stelle irgendein Widerstand auf. Pippin konnte die Stadt Narbonne und das Gebiet Septimanien wie selbstverständlich dem Frankenreich eingliedern. Und niemand ahnte, dass er damit den Islam endgültig aus Gallien vertrieben und das Werk seines Vaters Karl Martell vollendet hatte.

8

Die aquitanische Frage

Während des Winters in der Pfalz Diedenhofen sprach Pippin immer häufiger davon, dass er die aquitanische Frage lösen musste. Genau genommen hieß sie Waifar und war der Sohn von Herzog Hunoald, der frech genug gewesen war, über die Loire ins nördliche Franken einzufallen, um die Stadt und die Kathedrale von Chartres niederzubrennen.

Sein Sohn war kaum besser. Obwohl fränkischer Herzog, wollte er mit aller Macht die Unabhängigkeit Aquitaniens erkämpfen. Doch nicht mit Pippin! Im vergangenen Herbst war ein weiterer Pippin als dritter Sohn des Frankenkönigs geboren worden. Allen fiel auf, dass er Karl seither immer öfter als Widerpart für alles benutzte, was ihm nicht gefiel. Es war, als würde er zu jeder Kleinigkeit eine Antwort von seinem groß und erwachsen gewordenen Sohn verlangen.

»Dein Großvater hat dort im Südwesten nur ein loses Vasallenverhältnis herstellen können«, sagte er eines Abends beim gemeinsamen Nachtmahl in der Speisehalle zu ihm. Draußen herrschte ein heftiges Schneetreiben, und der jaulende Sturm drückte immer wieder den Rauch des großen Kamins in den Speisesaal zurück.

»Kein Wunder«, antwortete Karl abfällig. »Wenn ich in den vergangenen Jahren Herzog in Aquitanien gewesen wäre, hätte ich auch nur gelacht über die Merowingerkönige.«

»Du vergisst, dass unsere Familie und ich selbst ihre Hausmeier waren«, warnte Pippin. »Ich kann nicht länger zulassen, dass sich Herzog Waifar von Aquitanien wie ein Herrscher ohne Verträge verhält.«

»Was willst du tun?«, fragte Karl durch den Lärm, obwohl er die Antwort bereits kannte.

»Ich kann dieses untätige Warten auf besseres Wetter kaum noch ertragen«, antwortete Pippin grimmig. »Und ich verlange, dass wir im Frühling einen Heerzug gegen Waifar beschließen werden!«

Anders als sonst wartete kaum jemand darauf, wie sich der Zweikampf mit Worten und Gesten zwischen dem König und seinem Ältesten entwickelte. Die meisten der Männer und Frauen des Hofstaates husteten und konnten kaum noch erkennen, was sie aßen und tranken. Einige waren krank. Sie wärmten ihre Hände an Tontöpfen mit heißem Kräutersud. Karl dagegen fühlte sich ausgesprochen wohl, seit er Himiltrud an seiner Seite wusste. Sie lächelten sich immer wieder zu, berührten sich mit sanfter Vertrautheit und genossen den ersten gemeinsamen Winter, in dem sie sich nicht vor dem König und dem Hofstaat verbergen mussten. Auch Pippin hatte – wenn auch gelegentlich murrend – die schöne und kluge und etwas herbe Tochter Theoderichs inzwischen anerkannt. Es beruhigte ihn, dass sein ältester Sohn inzwischen mehr als neun Monate mit dem Mädchen zusammenlebte, ohne dass er irgendwelche Anzeichen üblicher Nachkommenschaft sehen konnte.

Vielleicht waren Bertrada, das Mädchen und Karl doch klüger, als er befürchtet hatte. Ihm war es recht, denn seine Probleme reichten weit über die kleinlichen Tagesfragen hinaus.

»Wenn du auch nur für einen Moment deine Hand aus ihrem Mieder nehmen könntest, würde ich sehr gern einmal ernsthaft mit dir sprechen«, rief Pippin laut seinem Sohn zu. Ein paar Männer und Weiber des Hofstaates rund um den König der Franken lachten, obwohl es ihnen nicht gut ging.

Karl löste sich von Himiltrud. Er presste die Lippen zusammen und spürte, wie ein heißer Schauder durch seinen Körper rann. Eines Tages, dachte er, eines Tages räche ich mich für all die Erniedrigungen, für den Stolz und die dumme Torheit dieser stinkenden Vasallen!

»Fein, dass du mit Kopf und Hand wieder zu uns zurückgekehrt bist«, sagte Pippin. Er schien zu spüren, dass seine groben Scherze nicht mehr die gewohnte Wirkung hatten. Für einige sehr lange Augenblicke hörte der König der Franken nur dem kläglichen, heiseren Gesang eines erkälteten Spielmannes zu. Er winkte ihn ab und nagte noch verbissener an einem Stück Knochenfleisch.

Bertrada hielt sich zurück. Die anwesenden Geschwister des

Frankenkönigs und seine größeren Kinder, die kampferprobten Heerführer, der Kämmerer und der Kapellan, der Pfalzgraf von Diedenhofen samt Marschall und Seneschall taten, als würden sie nichts sehen oder hören. Einige schnieften in bunte Leinentücher, andere konzentrierten sich auf jeden einzelnen Schluck heißen Kräutersuds, den sie wie bei der Probe von altem Wein zuzelnd und schlürfend durch ihre Lippen sogen. Irgendwo in der verrauchten Halle las ein Mönch mit stockender Stimme einen Psalm nach dem anderen.

Und doch wartete jeder auf den großen Zusammenstoß.

Karl oder Pippin – wer würde Sieger an diesem Abend sein?

Und plötzlich wurde erneut deutlich, dass die Königspfalzen eigentlich nichts anderes waren als notdürftig befestigte und geschützte Winterlager des Königshofes. Jedermann, ob König, ob Pferdeknecht, Arzt oder Kräuterweib, Schmied oder Gerber, gehörte zur großen Familie des Königs, die sich für eine Weile nicht durch ihr Reich bewegen konnte. Die meisten hassten die kurzen Wintertage mit ihren mühsamen Pflichten ebenso wie die endlosen Nächte, in denen Wölfe jaulten und die Dämonen heulten.

Die Zeit stand still. Nicht, weil sich irgendetwas geändert hatte. Fünf Dutzend Männer, Frauen und Kinder des Königshofs lärmten, husteten und schmatzten, redeten durcheinander, furzten oder rülpsten wie gewohnt. Und doch fand unbemerkt von vielen in diesem seltsamen Moment die Übergabe der großen Fackel statt.

Generationswechsel.

Es konnte noch Jahre oder Jahrzehnte dauern, bis alles abgewickelt war. Aber an diesem Abend stieg einer ab und einer auf. Und erstmals konnten sie miteinander reden. Karl wusste es. Und Pippin ebenfalls.

Nur wenig später warf der Frankenkönig den Knochen einer Wildschweinschulter über die Tafel hinweg in den Innenraum des Saales. Er wusch das Fett an seinen Fingern in einer hölzernen Schale mit Essigwasser ab. Die Paladine und Edlen folgten seinem Beispiel. Gleich darauf lagen so viele mit Fleischfetzen behangene Knochen auf dem gestampften Lehmfußboden mitten im Saal, dass keiner der vielen großen und kleinen Hunde mehr hinzusprang.

»Zu satt!«, murmelte der Kapellan. »Kaum dass die Pippine das Königtum errungen haben, sind auch die schärfsten Hunde lustlos wie Merowingerkönige geworden.«

Pippin winkte den Knappen und wartete, bis vor ihnen die Tafel mit den Resten des Nachtmahls aufgehoben war. Ohne sich um die verstohlen weitertrinkenden und -essenden Männer und Frauen des Gesindes zu kümmern, stand er ächzend auf und bedeutete Karl mit einer kurzen Kopfbewegung, ihm zu folgen. Sie hüllten sich enger in ihre nur lose über den Schultern hängenden Schafspelze, zogen die Köpfe ein, lehnten sich etwas vor und stampften dann mit vorgebeugten Oberkörpern in das finstere Schneetreiben hinaus.

»Gott weiß, wie oft ich das schon ändern wollte!«, rief Pippin durch das Jaulen. Karl wusste sofort, was er meinte. Obwohl alle Pfalzen ähnlichen Zwecken dienten, unterschieden sie sich in der Zahl und in der Anordnung der Gebäude und ihrer Räume. Diedenhofen hatte zwei große Säle, die wie schmale, einfache Scheunen mit Stroh gedeckt waren und nur vom Hof aus erreicht werden konnten. In beiden Sälen waren die schrägen Dachbalken und ihre Verstrebungen zu sehen. Der größere Bau mit den angefügten Küchen- und Vorratsgebäuden diente als Speisesaal, der kleinere war königlichen Versammlungen, dem Empfang von Abordnungen und Besprechungen in ständig wechselnden Zusammensetzungen vorbehalten.

Karl und sein Vater stampften die wenigen Schritte bis zur kleinen Halle. Es hätte nur einer kurzen Anweisung bedurft, um beide Häuser durch zwei Türen und eine kurze Überdachung miteinander zu verbinden. Aber genau das wollte Pippin offenbar nicht. Inzwischen kam es Karl vor, als würde sein Vater zögerlicher als früher gegenüber notwendigen Veränderungen sein.

Sie stießen die schwere Bohlentür auf und stampften zusammen mit einem kleinen Schneegestöber in den schwach erleuchteten Raum. Nur vier Fackeln flackerten an den Wänden. Unter ihnen hockten halb schlafend und halb dösend vom Seneschall des Hofes eingeteilte Feuerknechte. Kein Feuer, weder in der gesamten Pfalz noch bei den Heerzügen, durfte ohne Bewachung brennen. Zu oft waren in der Vergangenheit Güter und Bauernhöfe, Klöster und ganze Städte Opfer von unbewachten Flammen geworden ...

»Aufwachen!«, rief der König scharf. »Sehe ich euch noch einmal mit geschlossenen Augen unter dem Fackellicht, schenke ich euch als Sklaven den Muselmanen!«

»Vater«, sagte Karl leise, »sie sind unsere Leute, christlich getauft ...«

»Ach was!«, schnaubte Pippin verärgert. Er ging zu einer der Truhen im Thronsaal, hob den schweren Holzdeckel und wühlte in den vielen Pergamentrollen herum. »All unsere heutigen Landkarten sind schlecht!«, murmelte er dabei. »Sie taugen weder für einen Heereszug noch die Verwaltung des Reiches ... Nur noch Sinnbilder des Erdenkreises, ohne brauchbare Angaben über Berge und Flüsse, wie es die Römer konnten.«

»Es sind eben Versuche, das Jenseits nach dem Jüngsten Tag noch im Diesseits zu spiegeln«, meinte Karl.

»Wenn es nur das wäre!«, schnaubte Pippin, noch immer nach vorn gebeugt. »Viel schlimmer sind diese unfähigen Mönche, die als Kartenkopierer überall dort ein Strichlein setzen oder weglassen, wo es ihnen gefällt!«

»Kann man sie dafür tadeln?« Karl wunderte sich, dass sein Vater bisher niemals über derartige Themen gesprochen hatte. »Immerhin heißt es bereits in der »Christlichen Topografie« des Byzantiners Kosmas Indikopleustes: »Was nützt uns jegliche Erkenntnis der Erde, wenn wir dadurch in unserem Glauben nicht weiterkommen?««

»Das war vor hundert Jahren«, antwortete Pippin abfällig. »Außerdem gehörte dieser Kosmograf zu den fanatischen Mönchen, die das einst große Ostrom ruinierten.«

»Meinst du, dass Konstantinopel unwichtig geworden ist?«

»Im Gegenteil!«, sagte sein Vater und richtete sich wieder auf. »Konstantinopel ist eine ungeheuer starke Macht. Eigentlich stärker noch als die ganzen Sarazenen oder der Papst in Rom. Aber die Herrscher am goldenen Horn haben vergessen, was sie

sein könnten und dass sie eigentlich die wahren Kaiser sind! Sie verzetteln sich in kleinlichen Palastintrigen und streiten seit Jahrzehnten über Wert und Bedeutung von irgendwelchen Ikonen.«
»Aber sie haben stets so wie wir die Heiden abgewehrt.«
»Ja, das mag sein«, gab Pippin zu. »Sie haben dafür sogar neue Waffen erfunden.« Er lachte ein wenig und beugte sich erneut über die Kartentruhe an der Stirnwand des Thronsaals. Dann brachte er ein sehr kleines Pergamentstück ans Licht.
»Lies das!«, sagte er.

Karl beugte sich ins Licht und las sehr langsam Wort für Wort des griechischen Dokuments: »Für diese Waffe, entwickelt vom syrischen Architekten Kallinikos, wird ein ausgehöhlter, innen mit Blech von Kupfer oder Eisen ausgekleideter Baumstamm benötigt, den man den Siphon nennen soll ... Als Treibsatz soll man fünfzehn Löffel voll Salpeter, drei Löffel fein gemahlene Holzkohle und zwei Löffel Schwefel langsam miteinander mischen, in den Siphon einfüllen und feststampfen. Als Brandsätze soll man leicht brennbare Stoffe wie Werg, Holzmehl, Kolophonium und Pech zusammenmischen, zu Kugeln formen, anzünden und in den Schlund fallen lassen ... Die Feuerkugeln werden mit Blitzen und Getöse von den Mauern bis zu den feindlichen Schiffen fliegen!«

Karl blickte auf und schüttelte den Kopf. »Warum versuchen wir nicht etwas Ähnliches, wenn es so einfach ist?«

»Erstens kämpfen wir an Land und nicht auf See«, antwortete Pippin. »Und zweitens eignet sich so schweres, umständliches Gerät nicht für die schnelle Taktik eines Frankenheeres.«

»Und wenn man alles viel kleiner bauen würde – nicht schwerer als ein Schwert oder eine Lanze ...«

»Wen willst du damit schrecken, wenn du ihn mit einer brennenden Erbse beschießt?« Er beugte sich erneut über die Truhe. »Hier«, sagte er schließlich und richtete sich mit einer abgegriffen aussehenden Pergamentrolle wieder auf, hielt sie aber noch geschlossen. »Ich zeige dir diese Karte, weil du sie unter allen anderen in dieser Truhe am höchsten achten sollst«, sagte er. »Sie ist der wahre Grund dafür, dass dein Großvater Karl Martell die Heiden bei Poitiers und Tours geschlagen hat!«

Zum ersten Mal seit Karl seinen Vater kannte, sah er ihn schmunzeln und fast spitzbübisch lächeln. »Diese Karte ist so gezeichnet, dass Mitternacht im Norden oben, Mittag im Süden unten, der Sonnenaufgang rechts und der Sonnenuntergang links gezeigt wird!«

»So war es doch schon bei den Griechen«, sagte Karl. »Was ist besonders daran?«

»Alles«, antwortete sein Vater. »Denn bereits Aristoteles nannte im vierten Jahrhundert vor Christus alle Landkarten lächerlich, auf denen die Welt als Scheibe dargestellt wurde. Dennoch benutzten die Römer später zwei völlig unterschiedliche Arten von Karten.«

»Ich weiß«, sagte Karl. »Die Formae gingen von einer Erde als Scheibe, die Tabulae von einer Welt in Kugelform aus.«

»Du weißt das?«, fragte Pippin erstaunt. »Und? Ist dir dabei nie etwas aufgefallen?«

»Doch«, sagte Karl, »es ist ein Widerspruch ... aber man kann keine Landkarten zeichnen, wenn die Erde tatsächlich eine Kugel ist, denn alles würde verzerrt erscheinen!«

Pippin schnalzte mit der Zunge. »Und was meinst du – ist die Erde nun eine Scheibe, oder ist sie eine Kugel?«

»Natürlich eine Kugel!«, behauptete Karl überzeugt.

»Sei vorsichtig«, warnte der Frankenkönig und senkte unwillkürlich seine Stimme. »Sei sehr, sehr vorsichtig, wenn du derlei vor den Bischöfen oder vor Rom behauptest! Du kannst es nicht beweisen und ich auch nicht.«

»Hat nicht bereits Aristoteles vor mehr als einem Jahrtausend drei Beweise genannt?«, widersprach Karl. Er jubilierte innerlich, dass er auf einmal mit seinem Vater genau die Fragen diskutieren konnte, die ihn schon immer interessiert hatten. »Die Masten der Schiffe, die auf See am Horizont aufsteigen ... der Stand der Fixsterne, der in der gleichen Nacht von jedem Punkt aus anders aussieht ... und der Schatten der Erde, der bei einer Mondfinsternis stets rund aussieht – was nicht so sein dürfte, wenn die Erde als Scheibe zu unterschiedlichen Jahreszeiten zwischen Sonne und Mond stünde ...«

»Na schön«, sagte Pippin. »Wie würdest du die Kugelform der Erde auf einem flachen Pergament darstellen?«

»Tut mir leid, Vater«, sagte Karl, »aber ich kenne bereits die Antwort.«

»Von wem?«, fragte Pippin erstaunt.

»Von Bischof Fergil«, antwortete Karl.

»Was, den kennst du noch?«, fragte Pippin. »Du musst noch ein Kind gewesen sein, als wir durchsetzten, dass er Bischof von Salzburg wurde.«

»Ja, aber vorher war er doch Geometer am Königshof der Merowinger – also bei dir. Mutter hat mir von ihm erzählt. Er war ein irischer Mönch, den sie auch Virgil nannten, und wurde von Bonifatius selbst beim Papst verklagt …«

»Du weißt, warum?«

»Weil er nicht von seiner Überzeugung abließ, dass die Erde eine Kugel sei und dass auf der entgegengesetzten Seite von uns ebenfalls Menschen wohnen.«

»Stimmt«, lachte Pippin rau. »Ich erinnere mich. Er nannte diese Phantasiegestalten Gegenfüßler oder ganz vornehm Antipoden.«

»Warum lachst du dabei?«, fragte Karl. »Ich denke, du glaubst ebenfalls, dass die Erde eine Kugel ist.«

»Ja, das ist richtig, aber wie sollen denn auf der Unterseite Menschen leben können? Die würden doch gleich herabfallen!«

»Ich weiß es nicht«, antwortete Karl nachdenklich. »Jedenfalls hat Fergil mir gezeigt, dass eine gute, richtige Landkarte der Erde wie von einem Kegel abgewickelt aussehen sollte – ein Dreieck, dessen Unterlinie halbrund gebogen ist.«

»Ha!«, machte der Frankenkönig. »Genau so! Hat er dir auch gesagt, wer solche Karten erfunden und gezeichnet hat?«

»Ich glaube, Fergil sprach von Ptolemäus«, antwortete Karl zögernd. »Aber ich weiß nicht, was das Geschlecht dieser Ägypterkönige vor der Geburt unseres Herrn damit zu tun gehabt hat.«

Pippin lachte auf einmal laut und dröhnend. »Das ist gut!«, rief er. »Da hast du etwas durcheinandergebracht! Aber nicht schlecht, nicht schlecht! Zur Zeit der Ptolemäerkönige wurde die große Bibliothek von Alexandria gebaut, das jedenfalls ist richtig. Aber Fergil meinte nicht die Könige, sondern Claudius Ptolemäus, und der hat zweihundert Jahre später dort gelebt.«

Er ließ seinen schweren Schafspelz von den Schultern gleiten und hielt ihn neben sich. Einer der Knechte nahm ihn ihm ab. Karl sah es und vollführte die gleichen Bewegungen wie sein Vater.

»Claudius Ptolemäus besaß eine Landkarte aus der Bibliothek von Alexandria, die noch auf die Überlegungen über die Kugelgestalt der Erde des Eratosthenes von Kyrene aus dem dritten Jahrhundert vor der Geburt unseres Herrn zurückgingen.«

»Wie konnte er eine solche Karte haben?«, fragte Karl ungläubig. »Die Bibliothek ist doch bereits vor Christi Geburt abgebrannt.«

»Na und?«, erwiderte Pippin ungeduldig. »Glaubst du etwa, dass alle siebenhunderttausend Schriftrollen immer nur an dem Platz gelegen haben, der für sie vorgesehen war? Man kann ja ausleihen, oder? Außerdem gibt es keinen Brand ohne Brandräuber!«

Er ließ Karl los und beugte sich wieder über die seltsame Landkarte. »Diese Karte hier ist nur eine von den geheimnisvollen sechsundzwanzig Rollen, die Ptolemäus von der bekannten Welt mit allen Flüssen, Küsten und Gebirgen bis hin zum Eis im Norden und dem Dunkel Hyperboreas zeichnete. Niemand weiß wirklich, woher er und die Alten ihr Wissen hatten, und manch einer der Eingeweihten in Rom, Byzanz und Saragossa hat schon behauptet, dass es weitere Kontinente jenseits der Meere gibt …«

»Ich hörte schon von Städten, in denen zwei Millionen Menschen leben sollen«, sagte Karl, und seine Augen glänzten.

»Das ist gen Osten«, bestätigte sein Vater. »Eine von diesen fernen Städten heißt Chagan oder Xi'an. Sie ist vor rund neunhundert Jahren von den Herrschern der Han-Dynastie als Ausgangspunkt der Seidenstraße gegründet und stetig ausgebaut worden. Wenn ich nicht irre, ist Chagan heute die Kaiserstadt der Tangs.«

»Wissen wir eigentlich, wie viele Kaiser es gibt?«, fragte Karl.

Pippin hob die Brauen und kratzte sich nachdenklich im Nacken. »Hm«, machte er, dann rollte er sehr vorsichtig die alte Pergamentrolle des Claudius Ptolemäus auf. »Wenn die Erde tatsächlich eine Kugel ist«, sagte der König der Franken, »dann muss es jenseits von Byzanz und den Kaisern und China noch weitere Länder geben ...«

»Nach Westen hin doch auch«, meinte Karl. »Jenseits der irischen Insel, der bretonischen Mark, des Herzogtums Aquitanien und ferner noch als Vasgonien und die Iberische Halbinsel muss einfach mehr sein als ein stürmischer Ozean!«

»Schon möglich«, sagte Pippin und nickte. »Und irgendjemand wird es finden! Doch das ist nicht unsere Aufgabe.«

Er rollte im Licht der Fackeln und der inzwischen von den Knechten angezündeten Kienspäne ein anderes Pergamentstück aus. Die Karte zeigte einen Ausschnitt aus einem größeren Werk, das zusammen mit vielen anderen einmal ein Dreieck gebildet haben musste. Pippin zeigte auf die Darstellung einer hügeligen Landschaft in der Gegend nördlich von Burdigala. »Hier sitzen die letzten Westgoten. Ihr Herzogtum reicht von der Garonne und der Dordogne bis über die Trüffelwälder des Perigord hinaus. Sie keltern einen Rotwein, der sich mit unserem feinsten Burgunder messen kann.«

»Das Land sieht nicht sehr besiedelt aus«, meinte Karl.

»Ist es auch nicht. Ich kenne diese Gegenden. Sie sind fast menschenleer, warm und idyllisch. Ein Paradies, das Land. Nur in den Sümpfen und an den Flussufern verdrängt das Schilf den Wald und kleine, winzig kleine Mücken stechen wie Feuernadeln. Sie bringen Fieber über jeden, der sich nicht vorsieht.«

Er starrte lange wortlos auf die Karte, dann sagte er: »Wir müssen schnell sein und dürfen nur ganz kurz zuschlagen. Ich will nicht, dass mehr Männer durch das Fieber sterben als durch Waifars Schwerter!«

In den folgenden Wochen hatte Karl mehrmals das Gefühl, als würde sich sein Vater nur zögerlich auf den Feldzug vorbereiten. Selbst als das Maifeld stattfand, ließ er hauptsächlich jene Adligen reden, die das Vulgärlatein des Südens besser sprachen als er selbst. Mit einer kleinen Schar aus fünfhundert Scaras, von denen einige die okzitanischen Dialekte verstanden, und nur neunhundert Fußkriegern brach er schließlich nach Südwesten auf. Sie kamen nur langsam über das zentrale, dicht bewaldete Bergmassiv. Das kleine Königsheer überquerte die schnelle und in der Mittagssonne glitzernde Vezere an einer Furt kurz vor dem Einfluss in die Dordogne. Sie sammelten sich dicht unter den vielen Höhlen in den Felswänden.

Als dann der Letzte am anderen Ufer ankam, schnappte die Falle zu.

Waifar, der Herzog Aquitaniens, musste rechtzeitig erfahren haben, dass ihm der Frankenkönig aufs Haupt klopfen und ihn damit an Vereinbarungen erinnern wollte, die viele Jahre zuvor Karl Martell abgeschlossen hatte. Und nicht die gefürchteten winzigen Stechmücken empfingen Pippins Streitmacht, sondern Schwärme von spitzen Pfeilen, die ohne Ankündigung aus nur von oben zugänglichen Felsenhöhlen heranflogen.

»Zurück!«, rief Pippin sofort, während um ihn herum Pferde scheuten, Getroffene aufschrien, Männer ins Flusswasser stürzten. Karl spürte einen heißen Peitschenschlag an seinem Kopf. Er duckte sich dicht über den Hals seines Pferdes und preschte hinter ein paar Buchen und Eichen. Dichtes Efeugerank hielt ihn auf. Karl nahm seinen ledernen, mit halbrunden Eisenspangen verstärkten Helm ab. Die aquitanische Pfeilspitze hatte das harte Kernleder wie weichen Käse aufgeschnitten. Karl tupfte über das Blut an der Innenseite des Helms und spürte, wie es warm und feucht an seinem Nacken hinunterlief. Er glitt aus dem Sattel und lehnte sich mit dem Rücken an die Flanke seines schnaubenden, unruhig aufstampfenden Pferdes. Für einen Augenblick zitterten seine Knie. Erst jetzt kamen seine beiden Waffenträger und sein Pferdeknecht heran.

»Bist du verletzt?«

»Du blutest ja ...«

»Ach was! Gebt mir ein sauberes Tuch!«

Gleichzeitig brüllte der ganze Uferwald auf. Die Heerführer des Frankenkönigs ließen in Hörner blasen. Sie alle mussten inzwischen erkannt haben, dass sie in eine Falle geritten waren. Das Band der Höhlen war eine uneinnehmbare, vor langer Zeit entstandene Galerie in halber Höhe der Uferfelsen. Wer dort saß, hatte sämtliche Vorteile auf seiner Seite. In wilder Hast zogen sich Scaras und Fußkrieger, Wagen und Waffenknechte über den Fluss zurück. Sie sammelten sich auf einer kleinen Lichtung genau gegenüber des Höhlenbandes.

Als einer der Letzten erreichte Gaugraf Rupert von Hahnheim die Nordseite des Flusses. »Hier kommen wir nicht durch«, ächzte er und stieg mit zusammengebissenen Zähnen von seinem Pferd. Karl hatte sich ein ausgekochtes Tuch um den Kopf gebunden und seinen angeschnittenen Helm wieder aufgesetzt. Er stampfte auf Graf Rupert zu.

»Und du?«, fragte er besorgt. »Hat dich auch ein Pfeil getroffen?«

»Ein Pfeil? Ein Pfeil?«, lachte Rupert mit schmerzverzerrtem Gesicht. »Mindestens drei Spitzen stecken in meinem Rücken ...«

»Lass mich sehen!«

»Ach, das ist nichts für dich!«, keuchte der Graf und hustete. Blutiger Schaum trat in seine Mundwinkel. »Ich weiß, zu welchem Kräuterweib ich gehen muss ... ein bisschen Beinwurz, Mistelsud und eine anständige Salbe aus Ringelblumen, dann kann ich wieder ... tanzen, noch ehe ich mit meinen Kriegern in den Rheingau zurückgekehrt bin ...«

Karl sah, wie Graf Rupert sich zusammenkrümmte. Dann fiel er um. Wie ein alter Baum, der durch einen einzigen Axthieb gefällt wird.

Karl hatte nicht bemerkt, dass sein Vater zusammen mit Bernhard herangeritten war.

»Das ist kein gutes Omen!«, stieß Bernhard hervor. Fünf, sechs Männer kümmerten sich um den reglos am Boden liegenden Gaugrafen. Pippin sagte kein einziges Wort. Mit versteinert wirkendem Gesicht blickte der König auf den treuen Gefährten, der ihn unermüdlich und viele Jahre lang begleitet hatte.

»Zu spät!«, sagte er grimmig, als sich die Männer vor ihm einer nach dem anderen mit hilflosen Gesten aufrichteten.

»Das ist kein gutes Omen!«, wiederholte Bernhard. »Wir sind zu wenige, und Waifar kennt sein Land besser als wir. Er könnte hinter jedem Baum Fallgruben ausgehoben und in jede Höhle, die noch kommt, Bogenschützen gesetzt haben.«

»Rückzug heißt Niederlage«, presste Pippin hervor.

»Dann mach doch irgendeine Art von Frieden …«

»Und wie? Wer soll bis zu den Kriegern Waifars in den Fels-
höhlen aufsteigen?«

»Ich«, sagte Karl.

»Auf keinen Fall!«, stieß Pippin aufbrausend hervor. Erst jetzt
sah er, dass auch sein Sohn zu den Verwundeten gehörte.

»Karl!«, stieß er hervor. »Was hast du am Kopf?«

»Ach, nur einen Schnitt … längst sauber versorgt! Sieh lieber
dich an … du blutest selbst!«

»Eine Falle! Eine Falle!«, wütete Pippin. »Wie Raubgesindel
aus dem Hinterhalt … Typisch für diese Aquitanier, die nur
vulgäres Latein sprechen können!«

»Du musst einen Unterhändler schicken«, meinte Bernhard.

»Aber ich will keinen Frieden, keinen Vertrag wie mit Aistulf
und keine Verhandlungen. Herzog Waifars Aquitanien gehört
zu meinem Reich. Und wer mich hindert, mein Recht durchzusetzen, ist und bleibt ein Abtrünniger!«

»Recht ist immer eine Frage der Macht«, keuchte Bernhard.

»Und du hast keine Macht hier! Du kannst hier und jetzt nur
verlieren! Lass uns zurückkehren und nächstes Jahr wiederkommen!«

»Nächstes Jahr?«, fragte Pippin.

»Nächstes Jahr«, sagte Bernhard und nickte. Überall stöhnten
und ächzten die Verwundeten. Noch nie zuvor hatte Karl so
viel Blut durch die Kettenhemden der Krieger quellen sehen. Es
schien, als habe jeder bei diesem Kampf, der gar keiner gewesen
war, etwas abbekommen.

»Nun gut«, meinte Pippin. Er wandte sich an seinen Sohn.

»Leg deine Waffen, Helm, Harnisch und Beinschienen ab«, sagte
er. »Und dann zieh weiche Gewänder wie ein irischer Mönch
an.«

»Soll ich nicht als dein Sohn über den Fluss gehen?«, fragte
Karl verwirrt.

»Doch«, antwortete Pippin, »aber ich will dich lebend zurück!
Und das geht nur, wenn du so gut wie nackt vor Herzog Waifar
trittst!«

Karl wusste später auch nicht mehr genau, wie er es geschafft hatte, über den Fluss und die Felswand bis zu den Vasgonen zu gelangen. Auf einem schnell gebauten Floß ließ er sich schräg durch den schmalen, aber reißenden Fluss zur anderen Seite treiben. Er sprang ans Ufer, legte die Hände an den Mund und rief zu den eingelegten Pfeilen in gespannten Bogen hinauf, dass er im Auftrag des Frankenkönigs zu Herzog Waifar wollte.

Ohne Verzögerung wurden mehrere Leitern an langen Seilen an der Felswand herabgelassen. Karl griff eines der Seile und kletterte über die mit grünem Moos bewachsenen, uralten, fast verwitterten Stufen im Fels bis nach oben. Und dann betrat er voller Erstaunen die ungewöhnlichste Menschensiedlung, die er je gesehen hatte. Die kleine Stadt lag mitten in der Felswand. Sie war in einem tiefen waagerechten Einschnitt angelegt, der die Höhe eines Hauses, die Tiefe von zehn bis fünfzehn Häusern und die Länge einer halben Meile hatte.

Die Festung in der Felswand hatte nicht eine einzige sie umgebende Mauer, sondern war wie eine gigantische Veranda zum Fluss hin offen. Wohl hätten Pfeile die Häuser erreichen können, vielleicht auch Griechisches Feuer, aber keine Speere oder Lanzen. Karl hatte nie zuvor einen perfekteren Schutz für eine Gruppe von Menschen gesehen. Und eigentlich gab es nur eine Möglichkeit, die Felsenstadt zu erobern: von oben her und mit Hunderten von Männern an langen Seilen gleichzeitig.

»Willkommen bei uns, Sohn von Pippin III. und Enkel des großen Karl Martell«, sagte der breitschultrige, nicht besonders große Herzog von Aquitanien. Er hatte volles Haupthaar und einen gut gepflegten dunklen Vollbart. Karl zuckte nur mit den Schultern. Er wunderte sich vielmehr darüber, dass weder er noch die ebenso wild aussehenden Männer in seiner Begleitung Helme, Schwertgurte oder einen Harnisch trugen. Ganz anders als die Edlen der Langobarden sah Waifar eher wie ein Bauer als wie ein Herzog aus. Nur die Bogenschützen am Rand des senkrecht zum Fluss hin abstürzenden Felsens hatten leichte Helme mit eisernem Nasenschutz und Kettenhemden an.

»Ich weiß, was du denkst«, sagte der Herzog von Aquitanien, als er Karls suchenden Blick bemerkte. »Aber auch das würde nicht gelingen, weil wir nur jene Gitter dort vor unserem schö-

nen Ausblick aufrichten müssten, und jeder Angreifer von oben
würde so lange draußen hängen bleiben, bis er die Pfeile unserer
Bogenschützen fühlt und abstürzt oder einfach an seinem Seil
hängen bleibt.«

Waifar ging mit kurzen, gezirkelt wirkenden Schritten einmal
um Karl herum. Er befühlte den Stoff seiner Kutte und stellte
sich auf die Zehenspitzen, um den Verband über Karls blondem
Haarschopf zu betrachten.

»Du musst einen guten Helm aufgehabt haben«, meinte er.
»Dünnes Eisen und Leder widersteht unseren scharf geschliffenen
Pfeilspitzen nicht ...« Er ging bis zur Felskante, reckte sich und
tat, als würde er wie ein eben erst erwachter Gutsherr über sein
friedlich unter ihm liegendes Land blicken.

»Schön hier, nicht wahr?«, sagte er dann. »Nur schade, dass
es einen Frankenkönig gibt, der mit der Höhe unserer Abgaben
nicht einverstanden ist ...«

Waifar blieb höflich und zuvorkommend. Höchstpersönlich
führte er Karl durch die ungewöhnliche Stadt über der Vezere.

»Bis auf die Fische brauchen wir den Fluss dort unten nicht.
Unser Wasser sickert von oben her durch den Berg«, erklärte
er. »Es gibt so viel davon, dass hier mehr als tausend Menschen
und eine Menge Schweine, Ziegen, Hühner und andere Tiere
jahrelang leben könnten.«

»Und die Vorräte?«, fragte Karl eher interessiert als neugierig.

»Wir haben keine Ratten hier«, sagte Waifar und ging mit Karl
in die hinteren Bereiche des Bergeinschnitts. Mit einer kurzen
Kopfbewegung bedeutete er zwei Burschen, ein leichtes Tor
in einer sehr alt aussehenden Holzwand aufzuziehen. Im kühlen Halbdunkel erkannte Karl bis zur Felsendecke des großen
Raumes aufgestapelte Getreidesäcke, Kiepen mit Trockenobst
und Hunderte von luftgetrockneten Würsten und Schinken, die
an Schnüren von Ösen herabhingen, die ganz so aussahen, als
wären sie schon vor vielen Jahren sorgsam aus dem Felsendach
geschliffen worden.

»Keine Ratten und keine Mäuse, weder Maulwürfe noch
Vögel, die uns hier oben etwas stehlen könnten«, sagte Waifar
und ließ Karl alles sehen. »Denn hier, an diesem Platz, haben

schon seit Jahrtausenden in vielen Notzeiten Menschen überlebt. Zuerst die Wilden, die sich hier vor Raubgetier geschützt haben, dann Kelten, die vor Römern flohen, wir Westgoten zur Zeit der großen Völkerwanderung und schließlich Christen, die über Nacht den angreifenden Sarazenen ausweichen mussten.«

»Nun gut«, sagte Karl und ging wieder in den helleren Bereich der waagerechten Felsspalte zurück. Irgendwo weinten Kinder, und Frauen lachten, als gäbe es kein Frankenheer auf der anderen Seite des Flusses. »Was willst du nun damit erreichen, dass du mir all das hier gezeigt hast?«

»Ich will nur, dass ihr wisst, mit welchem Gegner ihr es hier zu tun habt«, sagte Waifar. Er setzte sich an einen Steintisch mit drei steinernen Sesseln unmittelbar an der Felsenkante und forderte Karl auf, ihm gegenüber Platz zu nehmen. »Von dieser Stelle könnte ein guter Schütze mit einem mannshohen Eibenbogen dich oder mich sogar über den Fluss hinweg treffen. Trotzdem fühle ich mich sicher, solange du direkt neben mir sitzt.«

Waifars Mundschenk brachte einen großen Glaskrug mit weißem Wein und zwei kostbare gebogene Trinkhörner aus Glas. Karl wunderte sich auch darüber nicht mehr. Der Mundschenk füllte beide Trinkhörner. Waifar trank einen großen Schluck, Karl ebenfalls. Der Wein war gut, sehr gut sogar.

»Entre deux mers«, sagte der Herzog Aquitaniens in der galloromanischen Sprache seines Landes. »Er gedeiht ein wenig südlich von hier, kurz vor den Pyrenäen. Damit der Thronfolger der Franken nicht denkt, wir hätten nur den roten wie die Burgunder.«

Erst viel später wurde Karl klar, welchen Fehler Herzog Waifar in diesem Augenblick machte. Es war nicht der Stolz, auch nicht die bauernschlau vorgetragene Arroganz des Gotenherrschers, nein – es war die Sprache, die Karl zur Warnung wurde: zu eigenständig, anders und absichtlich verschlüsselt ...

»Gewiss, ich bin Vasall des Königs als meinem Lehnsherrn. Ihm gehört alles Land, das kein Kirchengut ist und noch keinem übertragen wurde«, sagte Waifar nach einem tiefen Schluck. »Ich darf das Herzogtum von Aquitanien nicht besitzen, sondern nur bewirtschaften oder an meine eigenen Vasallen, deren Lehnsleute und letztlich an die dummen Bauern weiterleihen. Doch dafür muss ich mit meinen Hundertschaften zu jedem Heeresbann eilen, sobald es ihm gefällt. Ich weiß, es ist Gesetz, sobald einer von uns niederkniet, seine Hände faltet und sie von dem Lehnsherrn noch einmal umschließen lässt. Aber genau diese Geste für Schutz als Gegenleistung für die Unterwerfung wird sinnlos, wenn niemand kommt, sobald wir selbst in Not sind.«

»Du meinst … die Überfalle durch die Sarazenen.«

»Über die Berge zwischen den beiden Meeren im Osten und im Westen«, sagte der Herzog im galloromanischen Dialekt seines Landes. »Hier sind schon immer Heere durchgezogen. Aber die Heidenkönige aus Africa und Libyen, Ägypten und der ehemaligen römischen Provinz Syrien kommen immer wieder mit der grünen Fahne ihres Propheten von Cordoba und Vandalusien über die Pyrenäen.«

Sie blickten über den Wald mit Buchen, Eichen und Akazien hinab, vor dem der glasklare Fluss schnell zur Dordogne strömte. Und irgendwo im Wald jenseits der Trauerweiden an den Ufern auf der anderen Seite lagen Tote, Verwundete und der König der Franken mit seinen Männern.

»Siehst du den Felsen dort fast eine Meile entfernt?«, fragte Waifar.

Karl drehte sich um und nickte.

»Siehst du dort auch das dunkle Loch von einer Höhle?«

»Ja.«

»Dort sitzen Männer von mir«, verriet Herzog Waifar. »Wenn ich von hier aus bestimmte Zeichen in ein Horn blasen lasse, hören jene dort die Signale, blasen erneut, und andere flussabwärts, nach Osten und Westen, wiederholen und wiederholen das Signal … Was denkst du? Wie lange brauchen die schnellsten berittenen Boten deines Vaters von hier bis nach Tours oder Poitiers?«

»Ich weiß es nicht«, antwortete Karl verwirrt.

»Gut, dann so einfach, dass du mitrechnen kannst! Wie lange braucht ein Frankenreiter von hier bis zur Küste genau im Westen? Voraussetzung: Römerwege, keine Verzögerungen durch Straßenräuber, eine Brücke bei … Bordeaux …«

Wieder diese Sprache!

Austrien und Neustrien. So hatte alles schon bei den Merowingern angefangen. Ein germanischer Reichsteil und ein galloromanischer. Doch was war richtig? Was in Gottes Namen gerecht? Welche Anmaßung trieb Herzog Waifar zum Widerstand gegen das Königreich Franken?

»Ein gut organisierter Botendienst kann in waldloser Ebene dreihundert Meilen an einem Tag schaffen, die Hälfte davon in mittleren Gebirgen und ein Zehntel über die Pässe in den Pyrenäen, den Alpen und im zentralen Hochland«, sagte Karl fast mechanisch. »Allerdings müssten dabei ständig Pferde und Männer gewechselt werden und alle Furten, Steinschläge und Hohlwege bekannt sein.«

»Nehmen wir einfach einhundert Meilen«, sagte Waifar und beugte sich über den steinernen Tisch zu Karl. Er lachte nicht mehr, war nicht mehr freundlich, sondern kämpfte um alles, was er hatte. Zunächst jedoch ein Vorspiel: Er schob ganz langsam seine linke Hand vor. Sie war gefüllt mit goldglänzenden Solidos.

»Die nicht sehr leichte, nicht sehr schwere Strecke bis zum westlichen Ozean … Ihr Franken aus dem Norden braucht mindestens zwölf Stunden, um eine Nachricht von hier nach dort zu schicken. Ich aber schaffe es in weniger als vier! Weniger als vier, Karl, Sohn des Frankenkönigs … Nimmst du die Wette an?«

»Wie kann ich das? Deine Pferde müssten schnell wie die Adler fliegen … außerdem habe ich keine Goldsolidos bei mir.«

»Faites votre jeu! Wenn ich gewinne, zieht ihr ab!«

»Und was, wenn du verlierst?«

»Ich kann in gut drei Stunden mit meinen Hornsignalen den großen Ozean westlich von hier erreichen!« Zum ersten Mal in seinem Leben erkannte Karl den Unterschied zwischen einem spontanen, ganz persönlichen Sieg und dem viel größeren Gewinn bei einem diplomatischen Zurückweichen. Er hätte spielen und vielleicht sogar gewinnen können, doch das war nicht die Aufgabe!

»Wir ziehen ab«, sagte er mit überlegenem Lächeln. Er hob die Hände. »Und das war es dann wohl, Herzog von Aquitanien.«

143

»Aber mein Nachrichtensystem ist wirklich gut«, sagte Waifar fast schon enttäuscht.

Karl nickte. »Ich glaube dir.«

»Schade.« Diesmal hob Waifar sehr enttäuscht die Hände. Die goldenen Solidos rollten über den Steintisch. Ein paar der kostbaren, seltenen Münzen fielen über die Kante der Felsenstadt bis in den Fluss.

»Willst du noch mit uns essen?«, fragte Waifar.

Karl schüttelte den Kopf. »Gib mir irgendein Stück Schafspergament, auf dem wir schreiben, dass wir Frieden schließen.«

»Bedingungen?«

»Nein.«

»Aber ich.«

»Was denn noch?«, seufzte Karl. Er spürte, dass er sich zusammennehmen musste, und legte seine rechte Hand auf den Verband um seinen Kopf. Die Wunde hämmerte viel stärker, als er wahrhaben wollte.

»Kipp den restlichen Wein über den Verband«, sagte der Herzog von Aquitanien. Karl tat es und dachte zugleich, dass es fürchterlich aussehen musste.

»Ich verlange aber«, sagte Waifar, »dass ihr das Kloster bei Paris in Ruhe lasst, in das ihr meinen Vater Hunoald verbannt habt.«

Karl überlegte eine Weile, aber er sah nichts, was an der Bedingung nachteilig sein konnte, und nickte.

9

Riskanter Ruhm

Nach der Schneeschmelze des Jahres 761 rief der König der Franken zum Maifeld nach Dura im rheinischen Gau. Sein Plan für ein neues Aufgebot wurde von allen laut lärmend begrüßt. Schon nach der ersten Zählung stand fest, dass Pippin diesmal über fast vierhundert Scaras, neunhundert andere Reiter und dreitausend Mann Fußvolk befehlen konnte. Dennoch stand auch der zweite Feldzug gegen Aquitanien unter einem bösen Stern. Das Heer hatte gerade die Loire erreicht, als Karls kleiner, kaum zwei Jahre alter Bruder Pippin krank wurde. Er bekam Fieber und weinte die ganze Nacht. König Pippin besprach sich mehrmals mit seinen allerengsten Beratern und Ärzten. Am nächsten Morgen schob er den Aufbruch des Heeres mehrmals hinaus.

»In seinem Zustand darf dein Sohn auf keinen Fall weiter mitziehen. Er darf auch nicht transportiert werden!«

»Soll ich etwa mit dem Heer hier lagern, bis er wieder gesund ist, oder die Königin mit ihm hier an der Loire zurücklassen?«

Die Ärzte hatten keine Antwort darauf. Karl redete mit dem Erzkaplan und den anderen Kirchenfürsten, die den Heerzug begleiteten. »Wir dürfen nichts tun, was das Leben meines kleinen Bruders in Gefahr bringt«, sagte er entschlossen. »Und wenn wir meinen Vater dazu bringen müssen, alles abzubrechen!«

»Wie stellst du dir das vor?«, fragte Abt Fulrad entsetzt. Er war inzwischen auch alt und zögerlich geworden. »Ich empfehle, dass wir auf Gott vertrauen und um das Leben deines Bruders beten.«

Karl wandte sich an Pippin. »Aquitanien läuft uns nicht davon. Du kannst den Zug auch im nächsten Jahr fortsetzen. Dagegen steht das Leben von einem deiner drei Söhne!« Nie zuvor hatte Karl seinen Vater so unschlüssig gesehen.

»Man sollte Weiber und kleine Kinder am besten gar nicht in den Krieg mitnehmen!«, grollte er. »Merk dir das, Karl!«

Inzwischen hatte sich im Lager herumgesprochen, warum es

nicht weiterging. Mehrere Grafen boten an, ohne den König und einen Großteil der Heiligen Schar gegen Herzog Waifar zu ziehen. Das wiederum wollte der König ebenfalls nicht. Schweren Herzens brach er den Zug nach Aquitanien ab. Zum ersten Mal folgte er damit dem Rat seines ältesten Sohnes – umsonst, wie sich zwei Wochen später herausstellte. Karls kleiner Bruder Pippin starb.

Doch ganz als hätte Gott, der Allmächtige, ein Einsehen, gebar Bertrada kurz vor dem Weihnachtsfest eine Tochter. Karls dritte Schwester wurde auf den Namen Adalhaid getauft.

Karl wurde zwanzig Jahre alt und bezwang langsam das Feuer und das Ungestüm der Jugend. Gehorsam gegen seinen Vater, die Achtung aller ungeschriebenen Gesetze seines Volkes und der Respekt vor den großen Leistungen längst vergangener Könige und Reiche wurden ihm wichtiger als ungezügelt aufwallender Protest. Er wusste, dass es noch viele Jahre dauern würde, bis er die Nachfolge von Pippin als König aller Franken antreten konnte. Das Verhältnis zu seinem Vater war längst nicht mehr so angespannt wie in den ersten Jahren. Dagegen wurde Karlmann von Jahr zu Jahr mehr zu einem schwierigen Rivalen. Der Jüngere duldete nicht die geringste Abweichung vom Glauben und von den Lehren der heiligen katholischen Kirche.

Was der Papst und die Bischöfe und Äbte als zweiter Stand nach dem König sagten, galt ihm mehr als alle Einwände der Fürsten, Herzöge und Grafen als dritter Stand im Frankenreich. Genau deshalb machte sich Karl nichts vor: Wenn Karlmann erst einmal mannbar geworden war, standen die Chancen, das ganze Reich zu erben, ziemlich schlecht für ihn selbst. Pippin musste schon lange gespürt haben, was seinen Ältesten bedrückte.

»Ich habe sehr viel Freude an ihm«, sagte er während des Festes zur Mittsommernacht. Eigentlich waren derartige Zusammenkünfte nicht mehr erwünscht, seit Bonifatius sie verdammt hatte, weil sie zu sehr mit Götzendiensten zu tun hatten. Dennoch ließen der Frankenkönig und viele Äbte diese Feiern immer dann zu, wenn sie spürten, dass neben allen Messen und Gottesdiensten die uralten Gebräuche wieder einmal ihr Recht verlangten.

»Mir ist manchmal, als würde ich in einer doppelten Wahrheit leben«, sagte Karl zu seiner Mutter. Sie war in den vergangenen Jahren immer stiller geworden. Früher hatte sie viel mit ihrem Ältesten geredet. Seit sie ihn an die raue Welt seines Vaters mit ihren Pferden, Waffen und lauten, hitzigen Versammlungen verloren hatte, war kaum noch etwas von der Vertrautheit der frühen Jahre zwischen ihnen. Nur noch gelegentlich legte er seine schwer gewordene Hand auf ihre Schulter oder küsste sie flüchtig auf die Wangen. Sie aber lächelte dann, denn nur sie wusste, dass sie ihn noch nicht gänzlich aufgegeben hatte. Und irgendwann würde sie ihn wieder so eng an sich binden wie in den ersten sieben Jahren seines Lebens. Sie hatte Zeit – mehr Zeit als Pippin ...

Pippin hatte bereits am frühen Abend des Mittsommernachtsfestes die Auflassung gegeben und war in den Thronsaal der Pfalz zurückgekehrt, um noch einmal vor dem Kamin zu sitzen, die Beine auszustrecken und einen letzten Nachtschluck einzunehmen. Viele der Edlen und der Ritter tranken und sangen noch an den Lagerfeuern. Im Thronsaal saßen um diese Stunde nur noch Bertrada, fünf ihrer Edeldamen und ein paar blutjunge, ein wenig traurig schauende Mägde.

In dieser Nacht, in der Grafen und Knechte, die edlen Frauen und die Maiden keinerlei Scheu empfanden, wenn sie sich küssten und umfingen, wenn Met und Wein und Bier so reichlich flossen, dass niemand dursten musste und selbst die Armen und die Hunde noch genug zu saufen hatten, in dieser Nacht zerbrach etwas zwischen dem Frankenkönig und seinem Weib Bertrada. Sie waren fast auf den Tag genau dreizehn Jahre verheiratet. Und das Zerwürfnis begann mit ein paar Worten über Karl.

»Mir passt es nicht«, sagte die Königin. Mit einer kurzen Handbewegung schickte sie alle fort, die bis zu diesem Zeitpunkt bei ihr ausgeharrt hatten. »Mir passt es nicht, wie sich dein Sohn in aller Öffentlichkeit mit dieser hergelaufenen Metze Himiltrud vergnügt ...«

»Lass sie doch«, meinte Pippin großmütig. »Es stört doch niemanden ...«

147

»Mich stört es«, sagte Bertrada hart. »Ich kann nicht länger ansehen, wie Karl verschwendet wird!«

»Verschwendet?«, fragte Pippin verständnislos. Er legte nach und nach seinen Mantel, Waffengehänge und Stiefel ab. »Wollen wir hierbleiben oder gleich schlafen gehen?«

»Merkst du denn nicht, dass ich mit dir reden will?«

»Bei Gott, dann rede doch!«, stöhnte Pippin und ließ sich in den Thronsitz fallen.

»Was sagst du über ihn?«

»Puh«, machte der Frankenkönig, »muss das wirklich sein?« Er sah sie an, seufzte und hob die Hände. »Nun gut, Karl ist nicht dumm, er lernt schnell, und er interessiert sich für die praktischen Dinge der Reichsverwaltung ebenso wie für unsere Herkunft und die Fragen, die über die Gespräche am Kamin hinausgehen.«

»Er ist hart geworden«, sagte Bertrada vorwurfsvoll.

»Erwachsen«, korrigierte Pippin.

»Ich spüre immer deutlicher, dass er sich mehr und mehr von mir entfernt. Und wir sind schuld daran, dass er sich noch immer als Bastard eines Hausmeiers und nicht als Sohn des Frankenkönigs fühlt.«

»Das ist doch Unsinn!«, widersprach Pippin.

Bertrada zog ihr Schultertuch, das von einer kostbaren alemannischen Adlerfibel über der Brust zusammengehalten wurde, noch enger. »Er weiß sehr gut, dass einige bei den Edlen und im Klerus ihn immer noch nicht anerkennen.«

»Er ist mein Sohn. Und ich bin hier der König.«

»Ja«, sagte Bertrada noch bestimmter. »Schon deine Vorväter haben ihre Merowingerkönige nicht mit Respekt behandelt, sondern verachtet. Es fehlte nur der Nachweis, dass die göttliche Abstammung von all den Chlodwigs, Dagoberts und Childerichs auch auf euch selbst ausstrahlt!«

»Genug!«, rief der König der Franken ungehalten. Er merkte nicht, dass ihr ältester Sohn schon seit einiger Zeit im Halbdunkel des leeren Thronsaals stand.

»Kannst du die Wahrheit nicht vertragen?«, spottete Bertrada. »Nein, kannst du nicht! Und unser Karl hat von dir das gleiche kindische Gefühl geringer Wertigkeit geerbt! Er ist genauso wie

ihr alle – wie du, dein Vater Karl Martell bis zurück zu seinem
Vater Pippin, den meiner Mutter stolze Schwester Plektrud dennoch nahm.«

»Was willst du eigentlich, verdammt noch mal?«

»Mehr jedenfalls, als deine Schwerter und alles Kriegsgeschrei
jemals erreichen können!«

»Weiber!«, stieß Pippin abfällig hervor. »Nicht einmal Königssöhne sind dir genug …«

Karl überlegte noch viele Wochen lang, was immer noch
zwischen seinen Eltern stand. War er es selbst?

Er feierte seinen einundzwanzigsten Geburtstag in Nevers mitten
in Burgund. Nur wenig später beschloss die Heeresversammlung
einen erneuten Feldzug gegen Aquitanien. Pippin hatte sein Ziel
fast erreicht, als eines Abends ein Trupp von Reitern im Lager
für die Nacht auftauchte. Die Männer kamen im Auftrag von
Bischof Weomad aus Trier, der einstmals prächtigsten römischen
Kaiserstadt nördlich der Alpen. Sie hatten den weiten Weg fast
ohne Zwischenrast zurückgelegt. Noch ehe sie sich erfrischt
hatten, berichteten sie von neuen Unruhen östlich des Rheins.
Die Neuigkeiten eilten schnell durch das gesamte Lager.

»Es heißt, dass Herzog Tassilo III. nicht länger mit den Franken
gegen Aquitanien ziehen will«, sagte der Erste.

»Es heißt auch, dass die Agilolfinger stets ungewöhnlich gute
Verbindungen zum Herzogtum von Aquitanien hatten«, fügte
der Zweite hinzu.

»Ja, aber Tassilo reitet mit uns«, antwortete Pippin. »Er war
schon in der Lombardei dabei und hat bisher nicht erkennen
lassen, dass er seinen Vasalleneid brechen könnte.«

»Er hat ihn doch gebrochen«, sagte in diesem Moment der
neu hinzukommende Bischof von Würzburg.

»Was soll das heißen?«, fragte Pippin aufbrausend. »Ich habe
ihm erst vor einer Woche die Nachhut übertragen. Das baierische
Aufgebot lagert zwei Stunden hinter uns.«

»Nein«, sagte Bischof Megingaud. »Ich habe gerade erst gehört, dass sie schon gestern an der Loire umgekehrt sind …«

»Umgekehrt?«, fragte Pippin ungläubig. Karl sah, wie seinem

Vater das Blut in den Kopf schoss. »Wie können sie ohne meine Erlaubnis umgekehrt sein?«

»Es heißt, dass Herzog Tassilo sich krank gefühlt hat …«

»Abtrünnige!«, stellte Bernhard verächtlich fest. »Das Ganze ist ein abgefeimtes Spiel gegen dich, Pippin. Ich möchte wissen, wie Herzog Waifar diese neue List gelungen ist …«

»Diesen Verrat bezahlt Tassilo!«, stieß Pippin bebend vor Zorn hervor. Noch nie zuvor hatte Karl seinen Vater so unversöhnlich gesehen. Pippin mahlte mit den Zähnen, dann wandte er sich wortlos um und verließ mit stampfenden Schritten den Raum. Es dauerte zwei Tage, bis Pippin seine Heerführer zusammenrief.

»Ich kann nichts gegen Herzog Waifar unternehmen, solange hinter meinem Rücken Verrat und Aufruhr herrschen«, sagte er noch immer düster.

Die anderen antworteten nicht.

»Sagt nicht, dass Tassilo mein Neffe ist«, fuhr Pippin fort. »Sagt auch nicht, dass wir zum dritten Mal vergeblich gegen Aquitanien ziehen. Doch sagt vor allem nicht, dass ihr auf Beute angewiesen seid.«

»Gut, wir verstehen dich«, meinte Bischof Megingaud schließlich. »Zum Ersten, weil der Baiernherzog Sohn deiner Schwester Hiltrud ist, zum Zweiten, weil die Aquitanier wie die Langobarden eigentlich Blutsbrüder von uns sind −«

»Du redest Unkraut!«, unterbrach Pippin. »Was stört dich wirklich an meinen Plänen?«

»Die Wetterzeichen«, antwortete Megingaud sofort. »Ich weiß seit Monaten von meinen Mönchen, wie hart der Winter dieses Jahres werden kann. Wenn wir jetzt ohne Ernte heimkehren, verhungern Kinder, Frauen und selbst Krieger. Den nächsten Zug gen Aquitanien oder gar Baiern müsstest du dann mit Nebelingen und kraftlosen Gestalten führen …«

»Wer sagt, dass ich dir glauben muss?«, knurrte Pippin.

»Sieh dir die Wolken an oder den Flug der Vögel«, antwortete Megingaud. »Das Moos ist dicht und satt an der Nordseite der Bäume. Eichhörnchen sammeln mehr, als sie benötigen. Die Igel fetten sich schon vor der Zeit, und selbst die Ameisen vergraben ihre Eier viel tiefer als in anderen Jahren …«

»Ein strenger Winter also«, sagte Pippin.

»Der schlimmste, den wir je erlebt haben …«

Pippin blickte zu Karl. »Was meinst du?«

»Wir sollten vorsorglich handeln wie die klügsten der Tiere: Wachs der Bienenwaben sammeln, Bucheckern, Blätter von Brennnesseln und gute Kräuter trocknen, Wurzeln und Pilze, Eicheln und Fruchtknollen, auch wenn sie jetzt noch bitter schmecken.«

»Ach, Karl! Ach, Karl!«, stöhnte sein Vater. »Begreif doch, dass ein Beutestein aus einer Feindeskrone, ein Goldstück aus dem Süden mehr wiegt als alles Pflanzenzeug, das unsere Wagen laden können!«

»Haben wir Gold?«, gab Karl zurück. »Haben wir Säcke voller Münzen?«

»Nein.«

»Dann sollten wir die Warnungen von Bischof Megingaud sehr ernst nehmen!« Und diesmal gab der Frankenkönig seinem Sohn nach. Krieger, Gefolge und der Tross folgten dem Beschluss. Obwohl kaum einer verstand, warum der dritte Feldzug gegen Herzog Waifar abgebrochen wurde, galten auf einmal nicht mehr Kraft und Stärke, gute Bewaffnung oder edle Herkunft als Nachweis hoher Führerschaft. Urplötzlich wurden Kräuterweiber, murmelnde Mönche und die obskuren Nachfolger von Mistel-Druiden zu den Propheten innerhalb des Lagers. Pippin ließ die Männer und Frauen gewähren. Und wenn er durch das Lager schritt, den Aufbruch betrachtete und sich mit seinen Beratern besprach, nickte er viel häufiger als sonst. Es schien, als hätte er den Verrat des Baiernherzogs, der nicht älter als sein eigener Erstgeborener war, noch immer nicht verwunden. Karl hingegen genoss das quirlige Treiben. Er hörte verhutzelten Kräuterweibern und ihren oft jungen Töchtern zu und lächelte, als eines der jungen Mädchen mit sehr schöner Stimme die Herkunft des neuen Königsgeschlechts besang:

»Pippin der Ältere nahm Itta-Iduberga

eine der Töchter nannten sie Begga,

sie nahm Ansegisel, den stolzen Sohn

von Arnulf, Bischof im schönen Metz.
Pippin der Mittlere ward geboren,
er nahm sich Plektrud, die viel wollte,
Schwester Bertradas der Älteren …
doch nicht von ihr stammt Karl Martell,
der große Streithammer, sondern
von Chalpeida, mit der er buhlte.
Den Sohn nannten sie Karl, den Kerl.
Er nahm die dralle Magd Chrotrud,
von ihr stammen Pippin, der Frankenkönig,
samt den Geschwistern Karlmann und Hiltrud,
dann nahm er Swanhild, die Baiernschöne,
und zeugte Grifo, und schließlich Ruodheit,
aus der Bernhard, Hieronymus und Remigius,
Bischof von Rouen, entsprangen.
Hiltrud nahm Odilo, den Baiernherzog,
und gebar Tassilo, der mit sieben Jahren
Herzog von Baiern wurde.
Pippin der Kurze wartete sieben Jahre,
ehe er die jüngere Bertrada
als Mutter seines Erstgeborenen Karl
doch noch zum Eheweibe nahm.
Und ihre Söhne heißen wie einst
Karlmann und Karl, Karlmann und Karl.«

Das Heer zog ungewöhnlich langsam zurück. Mit jedem Tag
verabschiedeten sich kleine Gruppen von Reitern und Kriegern.
Zusammen mit ihren Grafen und Herren kehrten sie in ihre
Heimatgebiete zurück. Als Letzter verabschiedete sich Cancor,
der Sohn von Rupert, als neuer Graf des oberen Rheingaus.

Sie nahmen sehr ungewöhnliche Anweisungen mit. Nach
langen Beratungen hatte Pippin erlaubt, dass in diesem Herbst alle
Klöster und Domänen, Grafschaften, Fronhöfe und die großen
Güter auf Abgaben und die jährlich üblichen Geschenke an ihn
verzichten durften. Dafür sollten Speicher gebaut, Fisch und
Wild gesalzen oder geräuchert werden.

Der Winter begann bereits in den ersten Tagen des Novembers mit tagelangem Schneefall. Zu Weihnachten wurde der Frost so klirrend, dass flache Seen, Fischteiche und Bäche überall im Frankenreich bis auf den Grund zufroren. Keiner der von den Fronhöfen hochgezüchteten und ferkelgroßen Karpfen und nicht einmal Forellen überlebten. Das Damwild wurde zu schwach, um Rinde von den Bäumen zu nagen. Die Tiere in den Ställen starben, und selbst die Feuer in den Häusern reichten nicht mehr aus, um die frierenden Menschen zu wärmen. Das ganze Land versank in immer neuen Schneemassen, die selbst im Frühjahr die Aussaat schlicht unmöglich machten. Kein Händler und kein Pilger konnte reisen. Die Königsboten kehrten oft schon nach einem Tag um, weil sie Bergpässe nicht mehr überwinden und keine Wege durch die Wälder finden konnten. Zum Maifeld, das dieses Mal auf den Wiesen des Maraue genannten Pferdeplatzes vor Worms stattfinden sollte, kamen so wenig Krieger wie nie zuvor. Die meisten hatten nicht einmal die nötige Verpflegung für den Weg nach Worms, geschweige denn für die vorgeschriebenen sechs Monate des Kriegszugs aufbringen können. Vielen war nur allzu deutlich anzusehen, wie furchtbar dieser lange Winter selbst für diejenigen gewesen war, die nur durch Gottes Fügung überlebt hatten.

»Sieht es so schlimm aus?«, fragte Karl jede der neu ankommenden Gruppen. Viele der verhärmten Männer in ihren oft viel zu groß wirkenden Rüstungen sahen aus, als könnten sie längst nicht mehr weinen und erst recht nicht lachen. Die Blicke aus ihren tief liegenden Augenhöhlen waren Antwort genug. Nur manche der sonst so kampferprobten Männer berichteten, was sie gesehen und überstanden hatten:

»Wir waren neun Familien in unserem Dorf bei Xanten«, sagte einer, »drei davon leben nicht mehr. Und in einer weiteren sind nacheinander vier Kinder erfroren. Wir wissen nicht, was mit ihnen dann gemacht wurde.«

»Bei uns in den Ardennen war es so schlimm, dass wir sogar die Felle, die uns doch wärmen sollten, ausgekocht haben, damit wir Suppe trinken konnten.«

»Meine Mönche haben das Kerzenwachs gegessen«, berichtete

Bischof Alberich von Utrecht. Karl hörte sich alles an. Und jeden neuen Tag überlegte er, was er getan hätte, wenn er bereits im letzten Jahr, als Bischof Megingaud die erste Warnung aussprach, König der Franken gewesen wäre. Er machte weder seinem Vater noch den Beratern und Gelehrten am Königshof irgendeinen Vorwurf. Aber vielleicht war der Befehl, Vorräte anzulegen, zu unerwartet und zu spät und nicht hart genug gekommen ...

Der Reichstag konnte nicht so beginnen, wie es üblich war. Zu groß war noch der Schrecken und viel zu furchtbar die Erinnerung an das vergangene halbe Jahr. Alles, was eigentlich besprochen werden sollte, verblasste unter der Notwendigkeit, zunächst einmal für die knapp tausend Angereisten kräftige Suppe und Gersten-schleim zu kochen. Viele vertrugen nicht einmal das. Drei Tage lang war die Maraue vor der alten und halb verfallenen Römerstadt eher ein Krankenlager als ein Ort, an dem höchstes Frankenrecht gesprochen und Politik von Rom bis zum Atlantik und von den Sachsenländern bis nach Hispanien beschlossen werden sollte.

Karl bemerkte, wie sein Vater immer stiller und verschlossener wurde. Er wusste, was ihn bedrückte. Der lange Winter nach mehreren misslungenen Feldzügen ohne die erforderliche Beute belastete Pippin mehr, als er vor seinen Beratern und selbst im engsten Familienkreis zugeben wollte. Und nur einmal sprach er aus, wie schlecht er sich fühlte.

»Warum wolltest du eigentlich König werden?«, fragte Karl, als er für einen kurzen Augenblick allein mit seinem Vater war. »Du hattest doch als Hausmeier der Merowinger fast die gleiche Macht, aber viel weniger Sorgen ...«

»Ja, wozu wird man König?«, wiederholte Pippin düster. »Ist es die Krone oder das Gefühl der Macht?«

»Du weißt doch, wie der Papst damals entschieden hat«, sagte Pippin. »Die Macht im ganzen Reich besaßen bereits Karl Mar-tell, sein Vater und auch dessen Vater. Drei Generationen lang waren wir Könige, ohne dass wir eine Krone trugen und den Titel führen durften, der uns zustand.«

»Aber du bist der erste Frankenkönig aus unserer Familie.«

»Ja, und ich will es weiter sein, selbst wenn ich nur noch über ein Heer aus Schattenwesen befehlen und regieren dürfte!«

»Warum?«

»Weil wir die größte, allerheiligste Verpflichtung im ganzen Abendland erhalten haben«, antwortete Pippin. »Was auch geschieht – es ist mein Ziel des Königtums, den Papst zu schützen und dem Christentum zum Sieg zu verhelfen.«

»Und die anderen? Unsere abtrünnigen Verbündeten? Die Stämme und die Völkerschaften, die Treue schwören und uns doch immer wieder hintergehen? Sie morden und rauben und müssen bestraft werden.«

»Gewiss, das müssen sie«, sagte Pippin mit einem tiefen Seufzer. »Und deshalb brauchen wir einen Erfolg, einen Feldzug, der unser Königtum bestärkt und dem Frankenreich nach diesem Strafgericht Gottes wieder Fleisch und Brot beschert …«

»Du willst mit diesen hungrigen Kriegern einen Feldzug führen?«, fragte Karl verwundert.

»Wir müssen abwarten, was der Reichstag dazu sagt.« Er kam zu Karl und legte ihm seinen Arm um die Schulter. »Auch das musst du noch lernen.«

»Die Menschen hungern«, antwortete Karl. »Ich habe gehört, wie grausam dieser Winter war. Es fehlt an allem – nichts ist mehr da!«

»Heißt das, du würdest doch Krieg wollen?«

Karl überlegte sehr lange. »Nein«, sagte er schließlich. »Wir könnten mit diesen Männern und so, wie es ist, nicht einmal einen ganz kleinen Feldzug gewinnen.«

Pippin ging zum Fenster und starrte schweigend nach draußen. »Ich hätte keinen Vertrag mit Aistulf abschließen und nie dulden dürfen, dass Tassilo für seine Fahnenflucht nicht bestraft wird«, sagte er schließlich. »Es ist die göttliche Weltordnung, die mich nun für mein Zögern züchtigt!«

»Du bist der König der Franken, und dein Wille gilt!«

»Ich bin nicht allein«, sagte Pippin kopfschüttelnd. »Ich muss dem Reichstag die Möglichkeit geben, nach freiem Willen und mit der Mehrheit dieses oder jenes zu wählen.«

»Dann nimm doch Tassilo als Sündenbock!«, meinte Karl.

»Ich weiß, dass er inzwischen vor seinen Leuten geschworen hat, niemals mehr vor das Angesicht eines fränkischen Königs zu treten. Das allein ist eine Beleidigung und Verhöhnung des Königtums, auch wenn er jetzt versucht, Papst Paul als Vermittler zu gewinnen.«

»Was? Woher weißt du das?«

»Ich habe es gehört«, antwortete Karl beschwichtigend. »Mach dir darüber keine Gedanken – Desiderius wird keine Gesandten des neuen Papstes durch die Lombardei reisen lassen!«

»Also? Was tun?«, fragte Pippin seinen Sohn kurz.

»Abwarten«, antwortete Karl. »Man kann auch Kriege gewinnen, indem man sie gar nicht erst anfängt!«

»Karl, Karl«, seufzte Pippin. »Ich hoffe nur, du weißt, was du da sagst.«

Der nachfolgende Reichstag und die Synode der Bischöfe und Priester hatten kein anderes Thema als die Not im Reich. Doch dann gab es plötzlich heftige Wortwechsel über Tassilos Verhalten. Einige Grafen meinten, dass sie noch immer stark genug für einen schnellen, harten Zug gegen Regensburg wären. Andere hingegen samt Karl und Pippin, dem greisen Erzbischof Chrodegang von Metz sowie Abt Fulrad von Sanct Denis mahnten zur Vernunft.

»In diesem Jahr brauchen wir jede Hand für die Äcker und die Felder«, meinte der König. »Baiern ist vielleicht nicht so sehr vom Winter und vom Hunger ausgelaugt wie wir, aber was nützt uns karge Beute, die auch nur wenigen zuteil würde?«

»Soll Tassilos Verhalten etwa ungestraft bleiben?«, fragte Onkel Bernhard die Großen des Reiches. Er war noch immer aufmüpfig. »Was ist mit Desiderius? Und was mit Herzog Waifar?«

»Wir sind nicht stark genug«, antwortete Abt Fulrad weise. »Und eine Niederlage würde andere Stämme auf Jahre hinaus dazu verleiten, sich dem Gesetz und Recht des Reiches zu entziehen!«

Jedermann wusste, wie richtig war, was der Abt sagte. Dennoch dauerte es weitere vier Tage, bis der Reichstag beschloss, erstmals nach langer Zeit keinen Sommerkrieg zu führen.

Niemand war froh darüber, aber die meisten der nach Worms gekommenen Männer sahen ein, dass jede andere Entscheidung ein Abenteuer von höchst ungewissem Ausgang eingeleitet hätte. Und so zogen nach und nach alle wieder aus der Maraue ab. Der König, seine Familie und der Hofstaat blieben in Worms.

Karl zog mehrmals mit einigen jungen Grafensöhnen und geschützt durch einen Trupp von dreißig gut bewaffneten Scaras durch die morastigen Wiesen des Rheingaus. Sie durchquerten dunkle Wälder, machten in Salhöfen Rast und besuchten die Klöster und Siedlungen bis hin zum Maingebiet.

In jedem Königshof, der seinem Vater als König der Franken direkt unterstand, aber auch in den anderen Domänen ließ sich Karl alle Einnahmen und Ausgaben genau erklären. Er interessierte sich für die Anzahl der Hufen von Bürstadt, unterhielt sich in Biblis mit einem freigelassenen Sklaven, der dort das Priesteramt versah, und diskutierte in Gernsheim und Alsheim fast bis zum Morgengrauen darüber, ob es nicht besser wäre, wenn der in endlosen Schleifen dahinziehende Rhein begradigt würde.

Es war kein schlechter Sommer und kein schlechter Herbst für Karl. Er lernte Dinge und erfuhr Zusammenhänge, die wenig mit der Kunst des Kriegshandwerks und viel mit Menschen, ihrer Angst und ihren kleinen Alltagsfreuden zu tun hatten. Jedermann fürchtete einen erneuten harten Winter, doch es blieb mild bis zum Weihnachtsfest. Karl nutzte diese Zeit und verbrachte einige Abende bei Ruperts Sohn Cancor im kleinen, nur wenige Meilen von Worms entfernten Kloster Lorsch. Cancor war von Pippin inzwischen zum Gaugrafen des Oberrheins erhoben worden.

»Schon vor dem Tod meines Vaters hat meine sehr fromme Mutter Williswinda den von ihr ererbten, rechts des Rheins liegenden Teil der Grenzmark Bürstadt an Erzbischof Chrodegang verschenkt«, erklärte Cancor bei Karls erstem Besuch. »Es ist nur ein kleiner Teil des Landes, das wir von deinem Vater erhalten haben, als er noch Hausmeier der Merowingerkönige war.«

Er führte Karl über den quadratischen Innenhof zum Kreuzgang des Klosters auf der Insel inmitten des Flüsschens Weschnitz. »Wir wollten einfach, dass hier ein Kloster nach den Regeln des heiligen Benedikt entsteht.«

»Habt ihr dies alles neu gebaut?«, fragte Karl erstaunt.

»Nein«, antwortete Cancor und lachte. »Die Grundmauern gab es bereits und einige Seitenmauern ebenfalls. Sie gehören zu einer alten »Villa Rustica« aus der Römerzeit. Der Südflügel war in den letzten Jahren die Kirche unserer Familie.«

»Ist Chrodegang schon hier gewesen?«

»Ja, mehrmals«, sagte Cancor. »Wir haben ihm dies hier bereits vor einigen Jahren geschenkt, deshalb leben hier schon Mönche. Im nächsten Sommer wollen wir ihm noch weitere Güter übertragen. Dann feiern wir gemeinsam den Gründungskonvent. Es wäre schön, wenn du auch dabei sein könntest.«

»Das hängt von den Entscheidungen der Reichsversammlung ab. Ich weiß noch nicht, wo wir im Sommer sein werden.«

An einem dieser stillen Nachmittage im Jahr 763 nahm Karl seine zwölfjährige, aber überhaupt nicht mehr kindlich wirkende Schwester Adalhaid auf einen Ritt ins Kloster Lorsch mit. Es machte ihm, dem großen, starken Mann mit lang auf die Schultern wallendem Blondhaar und einem dicht und voll gewordenen Bart, großes Vergnügen, dem ebenfalls hochgewachsenen Mädchen mit bereits sehr weiblichen Rundungen das neu erbaute Kloster mit Kapelle, Refektorium, Kreuzgang und Kräutergarten vorzuführen. Die Mönche von Abt Gundeland sangen für sie während der Vesper-Hore, und nach der blauen Stunde wurden Karl und Adalhaid gedrängt, noch nicht zurückzureiten.

»Esst noch mit uns«, bat Gundeland. »Wir würden gern in unsere Bücher schreiben, dass ihr zur Nacht unsere Gäste wart.«

»Möchtest du?«, fragte Karl seine Schwester. Sie lächelte und schmiegte sich an ihn. Karl gab ihre Zustimmung an den Abt weiter. »Aber nur, wenn ihr nichts darüber in euren Büchern vermerkt!«

Diesmal stimmte Abt Gundeland mit einem feinen Lächeln zu. Es wurde ein sehr schöner, frommer Abend mit viel Gesang und den Geschichten über die Märtyrer der frühen Tage. Die Speisen der Mönche schmeckten köstlich. Es gab Fisch, Kräutersoße und gebackene Krammetsvögel, dazu einen nur auf den ersten Schluck leichten Wein und honigsüßen Met. Und als es Zeit wurde, Fackeln und Kienspane zu löschen, mochte Adalhaid nicht allein in der Mönchszelle schlafen, die für sie frei gemacht worden war.

Nach kurzem Hin und Her nahm Karl sie mit zu sich. Er hatte etwas mehr als sonst getrunken, und irgendwann in der Nacht kamen sie näher zusammen, als sie es selbst gewollt hatten und als es schicklich war. Es war sehr schön, doch noch in dieser Nacht nahm Karl Adalhaid das Versprechen ab, niemals darüber zu sprechen, was in der warmen Nacht im Kloster Lorsch geschehen war …

Adalhaids Sohn wurde noch im gleichen Jahr geboren. Weder Abt Gundeland noch irgendeiner der Mönche im Kloster Lorsch ahnten, wozu sie beigetragen hatten. Abt Fulrad, der als Einziger Karls und Adalhaids Geheimnis kannte, taufte ihn auf den Namen Roland, und das hieß für ihn und Karl Hruodnand – »ein höchst riskanter Ruhm«.

Auf Vermittlung von Abt Fulrad fanden Adalhaid und ihr Sohn Zuflucht im Kloster Tauberbischofsheim. Es wurde von Lioba geleitet, einer Verwandten von Bonifatius. Und nicht einmal Karl erfuhr, wo seine Schwester und sein Sohn versteckt wurden.

10

Zwei Königskinder

Die große Feier im Kloster Lorsch fand am 12. Juli des Jahres 764 statt. Viele der Großen und Edlen aus dem gesamten Frankenreich waren angereist, unter ihnen die Bischöfe Weomad von Trier, Alberich von Utrecht und Johannes von Konstanz. Abt Fulrad von Sanct Denis war gekommen, und selbst Erzbischof Chrodegang aus Metz hatte die für sein Alter beschwerliche Reise auf sich genommen. Er brachte seinen jüngeren Bruder Gundeland mit, der die Benediktinerabtei von Gorizia in Lothringen leitete.

Nach einer feierlichen Messe und der Klosterweihe, die der höchste Geistliche des Frankenreichs persönlich vornahm, wurde die schon einige Tage zuvor abgefasste Schenkungsurkunde verlesen.

Erst viele Monate später wurde bekannt, dass Tassilo III. zur gleichen Zeit, wie zum Hohn und um seine Geringschätzung für das Frankenreich zu zeigen, ebenfalls eine Benediktinerabtei in Ottobeuren gegründet hatte.

Im Jahr darauf ging Tassilo noch einen Schritt weiter. »Habt ihr gehört, was dieser Herzog sich jetzt geleistet hat?«, rief Karl schon auf dem Hof der Pfalz aufgebracht, nachdem er eines Abends verschwitzt und schmutzig von einer Flussfahrt den Neckar hinauf zurückgekommen war. Er eilte sofort zur Königshalle und platzte mitten in eine ungewöhnliche Zeremonie, an der sein Vater, sein kleiner, gerade zwölf Jahre alt gewordener Bruder Karlmann, der ganze Hofstaat und seltsam gekleidete, wie Sarazenen aussehende Männer teilnahmen. Während die Franken auf Bänken unter blakenden Fackeln an den Wänden saßen, hockten die in kostbare farbige Gewänder gehüllten Fremden auf Stapeln von Kissen, die auf dem Boden der Königshalle aufgeschichtet waren.

»Entschuldigt«, sagte Karl sofort. »Ich wusste nicht …«

»Ja, ja«, meinte Pippin gut gelaunt und wies ihn an, sich zu setzen.

Karl zögerte. »Ich muss dir unbedingt –«

»Später, mein Sohn, später«, wehrte der Frankenkönig noch immer gut gelaunt ab. Er wandte sich an die seltsamen Gäste und sagte auf Lateinisch: »Ich darf euch noblen Herren meinen ältesten Sohn vorstellen. Er heißt Karl und ist noch etwas ungestüm in seinem Benehmen.«

Die Fremden kreuzten die Arme vor der Brust und verneigten sich fast bis zum Boden. Erst jetzt bemerkte Karl, wie wertvoll der Schmuck und die Edelsteine an ihren Händen, den bunten Gewändern und ihren großartigen Waffen sein mussten. Er blickte unsicher von einem zum anderen. »Ich verstehe nicht«, sagte er verwundert und verwirrt. Aus irgendeinem Grund verzichtete er darauf, Latein zu sprechen.

»Es sind Abgesandte der Muselmanen«, flüsterte Gaugraf Cancor ihm zu, »Abbasiden ... direkt aus Bagdad ...«

Karl hatte den Namen dieses Ortes noch nie gehört. Er hob die Schultern und sah seinen Vater fragend an.

»Kalif al-Mansur, der Nachfolger und Stellvertreter des Propheten Mohammed, hat Bagdad am großen Fluss Tigris vor zwei Jahren zu seiner Hauptstadt gemacht«, sagte sein Vater mit einem mahnenden Unterton in seiner Stimme. »Es soll die Stadt des Friedens werden.« Offensichtlich hatte Pippin auch erst jetzt davon gehört, doch Karl verstand sofort, was er meinte. Er neigte den Kopf und zeigte den Männern seine geöffneten Hände.

»Ich grüße euch, ihr reichen Herren«, sagte er auf Lateinisch. Die dunklen Augen der Fremden leuchteten.

»Ihr habt einen großen und schönen Sohn«, sagte einer von ihnen zu Pippin gewandt. »Er ist stark und stolz und wird sicherlich ein mächtiger König der Franken!«

Pippins Mundwinkel zuckten. Er grummelte leise und machte eine wegwischende Handbewegung. »Zurück zu eurem Anliegen«, sagte er kurz angebunden.

»Nun, wenn wir wiederholen dürfen, würde sich unser von Allah, dem allmächtigen und einzigen Gott, geliebter Kalif al-Mansur glücklich schätzen, wenn das große arabische Reich und das ebenso ruhmvolle Reich der Franken Gesandte austauschen.«

»Warum?«, fragte Karl völlig undiplomatisch. Sein Vater hob den Kopf und starrte für einige Augenblicke an die Decke des Königssaals. Es schien, als hätte Karls polterndes Eindringen und seine naive Frage die Verhandlungen, die sonst noch viele Tage in Anspruch genommen hätten, abrupt beendet.

»Weil Mächtige voneinander erfahren müssen, was sie beabsichtigen«, sagte Abt Fulrad rettend, »ich jedenfalls stimme für einen Austausch von Gesandten …«

»Ich auch«, sagte der Frankenkönig. Noch ehe Karl begriff, was er verursacht hatte, schnippte der Anführer der bunt gekleideten Fremden mit seinen beringten Fingern. Sofort tauchten dunkelhäutige Sklaven aus dem Hintergrund auf und schleppten schwere Kisten bis in die Mitte des Saales. Die Fremden standen auf. Ihr Anführer zog einen handgroßen, reich verzierten Schlüssel aus seinem Gürtel. Nacheinander schloss er die Kisten auf und ließ die Deckel öffnen.

Auf einen Fingerzeig von Abt Fulrad brachten Bedienstete neue Fackeln. Sie leuchteten in die Kisten, und jedermann im Königssaal war fast geblendet vom Glanz goldener Kelche, vom zarten Schimmer ungezählter Perlenketten und von der Fülle weiterer Geschenke. Ein Duft von Weihrauch, Myrrhe und exotischen Gewürzen verbreitete sich durch Pippins schlichten und rauchgefüllten Königssaal.

»Was ist das?«, fragte der Frankenkönig und räusperte sich.

»Dies sind Geschenke, nur armselige Kleinigkeiten«, lächelte der Anführer der Fremden. »Ich weiß, sie sind nicht wert, dass ihr nur einen Blick für sie verschwendet, aber wir bitten dennoch darum, dass ihr sie voller Großmut annehmt …«

Die Franken brauchten lange, bis sie glauben konnten, dass sie vom Himmel eines Heidengottes ganz ohne Kampf und Heerzug, ohne Belagerung und Geiseln Beute erhalten hatten, die Hunger lindern und die Not der letzten Jahre ein wenig mildern konnte.

»Wir bieten an, dass sich ein Graf oder ein Kirchenfürst von euch mit Dienern und Gefolge samt einer kleinen Schutztruppe in Bagdad niederlässt«, sagte der Anführer der Abbasiden, nachdem das allgemeine Staunen und das Tuscheln ruhiger geworden waren.

»Was ist der Preis dafür?«, stieß Karl unwillkürlich hervor. »Könnt ihr so schnell vergessen, dass erst sechs Jahre vergangen sind, seit wir die letzten Bastionen des Islams aus Gallien vertrieben haben? Oder sind unsere Siege in Narbonne und Septimanien vielleicht der Grund dafür, dass ihr jetzt Frieden und Freundschaft mit uns sucht? Ich frage noch einmal – was ist der Preis dafür?«

Und wieder lächelte der fremde Botschafter. »Nicht viel, Herr Karl. Wir möchten, dass sich einige Edle, Gelehrte unserer Lande, Handwerker, Schreiber und Boten am Hof des Frankenkönigs aufhalten dürfen.«

Karl warf seinem Vater und Abt Fulrad einen kurzen Blick zu. Pippin schürzte die Lippen, sah ebenfalls zu Fulrad und nickte schließlich. Karl sah, wie sein kleiner Bruder den Kopf schüttelte.

»Sie sind Feinde der Christen«, flüsterte er ihrem Vater zu.

Karl verstand trotzdem, was Karlmann sagte. Zu jedem anderen Zeitpunkt und unter jeder anderen Bedingung hätte er weitergestritten. Aber nicht, wenn der hochmütige Knabe an der Seite des Frankenkönigs ihm zustimmte …

»Was noch?«, fragte Karl deshalb den Abgesandten des Kalifen.

»Darf ich so sprechen, wie ich denke?«

»Ja, warum nicht?«

»Sicherlich weißt du, dass schon dein Großvater, der unvergleichliche Karl Martell, uns hart geschlagen hat, als wir nach eurer Zeitrechnung im Jahr 732 ins Reich der Franken eindrangen.«

»Ja«, sagte Karl, »das hat niemand vergessen.«

»Mein Herrscher ist der legitime Nachfolger unseres Propheten Mohammed. Er wäre glücklich über ein Geschenk … Er möchte einmal eines der Schwerter in der Hand halten, mit denen Karl Martell und seine Krieger bei Poitiers und Tours gesiegt haben …«

»Ein Schwert? Ein Frankenschwert für Kisten voller Goldkelche und Perlenketten?«, fragte Karl verwundert.

»Ich weiß, ich weiß«, rief der Anführer der Fremden. »Kein Gold der Welt und nicht die Perlenernte eines Jahrhunderts können den Wert der Frankenschwerter je erreichen …«

»Gib es ihm!«, befahl König Pippin unvermittelt. »Ja, du, Karl! Gib ihm dein Schwert!«

Karl trat zwei, drei Schritte zurück. Er war bereits geneigt gewesen, auf die Bitten der Fremden einzugehen, doch nicht um diesen Preis! Er fasste an den Knauf seines Schwertes, presste die Lippen zusammen und schüttelte so heftig den Kopf, dass sein langes Blondhaar nach allen Seiten wehte.

»Nein«, sagte er stolz und blickte seinem Vater in die Augen. »Es ist genau so angefertigt, wie es Wieland der Schmied schon vor Jahrhunderten getan hat … Geschlagen aus der Glut des Eisens, gekühlt in Eiswasser, gemahlen bis zu feinem Schrot … verfüttert an die Gänse … nochmals geglüht und eingelegt mit Eisenzöpfen …«

»Ja«, sagte der Abgesandte von Kalif al-Mansur. »Ein Schwert von so hoher Kunst möchte mein Herr einmal in seinen Händen halten …«

»Gib es ihm!«

Karl kannte seinen Vater lange genug. Alles in ihm wehrte sich gegen den Befehl, doch irgendwie spürte er, dass hier mehr auf dem Spiel stand als sein Stolz. Er sah einmal in die Runde, suchte nach irgendeinem Zeichen in den Gesichtern der Edlen, nach einem Hinweis darauf, was er tun sollte. Es war Graf Cancor, der ihm mit einem Augenzwinkern zunickte.

»Ich müsste es noch putzen lassen von meinen Waffenknechten«, sagte Karl auf Lateinisch.

»Oh nein!«, wehrte der Anführer der Sarazenen ab. »Kalif al-Mansur wird glücklich sein, wenn er das echte Schwert vom Sohn des großen Frankenkönigs sieht … ein Schwert, dass schon so viele Feinde schlug …«

»Gib es ihm, Karl!«, mahnte Pippin erneut.

Karl presste die Lippen zusammen, dann öffnete er mit einem kurzen Handgriff den Ledergürtel, den er seit vielen Jahren trug. Beim Überfall der Langobarden in den Hügeln von Turin hatte er ein Stück der rechteckigen Granateinlage verloren, später, beim dritten Zug gegen den Aquitanierherzog Waifar einige Ziernieten des Schwertriemens. Für ihn waren dies Erinnerungen, von denen er sich nur sehr ungern trennte.

Er wickelte den Gürtel und den sechsteiligen Schwertriemen um die verschrammte Lederscheide und übergab alles dem Gesandten aus dem Orient. Die Fremden dankten ihm mit tiefen Verbeugungen und lobten seine Großmut, ehe sie in ihrer eigenen, wie ein Wortgesang klingenden Sprache mehrmals den Namen ihres Gottes und des Propheten Mohammeds ausriefen. Pippin ließ aus der Waffenkammer weitere Schwerter bringen, dazu Piken und Lanzen, Angos und Saufedern sowie besonders schön gearbeitete Bogen und Pfeile. Und ganz zum Schluss überreichte er den Muselmanen noch einen armlangen, einschneidigen Sax.

»Nehmt auch dies noch«, sagte er. »Mein Vater Karl Martell hat dieses Hiebschwert einst von Aufständischen an den nördlichen Grenzen des Frankenreichs erbeutet.«

»Ein Sachsenschwert?«, fragte der Anführer der Sarazenen erstaunt. Karl hob die Brauen. Wie gut waren die Fremden eigentlich über all das unterrichtet, was nur sehr wenigen der Edlen hier im Saal bekannt war?

Später am Abend, nachdem die Franken sehr viel gegessen und getrunken und die neue Verbindung zwischen Morgenland und Abendland gefeiert hatten, nachdem die Spielleute gesungen und die Muselmanen immer wieder beschworen hatten, dass der Gott der Christen und der Gott Allah sehr wohl die gleichen Allerhöchsten im Himmel und in Ewigkeit sein könnten, legte Pippin seinen Arm um Karls Schulter. Karl hatte weniger als alle anderen dem Met und Wein zugesprochen.

»Nimm mir nicht übel, was ich von dir verlangt habe«, sagte Pippin mit schwerer Zunge. »Es war sehr wichtig, weißt du. Wir können uns im Augenblick keinen Konflikt mit Mohammeds Gefolgschaft leisten!«

»Aber mein Schwert ...«

»Du sollst ein neues haben ... Das Beste, das je im Frankenreich geschmiedet wurde ... und du wirst es noch ›Joyeuse‹ nennen, so stolz kannst du darauf sein. Jetzt aber sag mir, warum du wie ein wilder Eber in die Verhandlung eingebrochen bist!«

Karl blickte sich kurz nach allen Seiten um. Es war so laut, dass er nicht flüstern, sondern schreien musste: »Tassilo will eine Langobardenprinzessin heiraten!«

»Na und, na und?«, lachte sein Vater trunken.

»Er hat Liutperga nach Regensburg geholt …«

»Kenne ich nicht!«, grölte der Frankenkönig und hob den wieder frisch gefüllten Weinbecher.

»Liutperga ist die älteste Tochter von Desiderius!«, rief Karl. Er wurde langsam wütend.

»Kenne ich nicht!«, rief Pippin erneut und lachte so laut, dass alle anderen mitlachten. Er setzte den Becher an und trank ihn mit einem einzigen Zug leer.

»De-si-de-ri-us!«, brüllte Karl. »Der erste Langobardenkönig, der einen lateinischen Namen trägt!«

»Ach!«, stieß Pippin hervor und rülpste wohlig. Und dann, wie durch einen plötzlichen Schwertschlag, zuckte er zusammen. Er packte mit beiden Händen die Arme seines Sohnes. »Tassilo und eine Tochter von Desiderius, das ist zu viel!«

»Ja!«, brüllte Karl. »Begreif doch endlich!«

Pippin wischte mit einer fahrigen Armbewegung Teller und Weinkelche von der Tafel. Nur ein paar Hunde unter dem Tisch jaulten auf. Der Hofstaat aber schwieg betreten.

Einige Wochen später übergab Erzbischof Chrodegang von Metz, dem die doppelte Belastung von kirchlichen und staatlichen Geschäften über die Kräfte ging, seinem jüngeren Bruder, Abt Gundeland von Gorizia, den Hirtenstab des Klosters Lorsch.

Gundeland freute sich über die neue Aufgabe und ging sofort an die Arbeit. Das kleine, enge Coenobium von Gorizia hatte für ihn immer zu sehr im Schatten von Metz gestanden. Jetzt konnte er beweisen, wozu er wirklich fähig war. Gleich nach der Ankunft auf der Klosterinsel im Rheingau sah er sich die Umgebung an und besprach sich mit den sechzehn Mönchen, die er bereits aus Gorizia kannte. Für eine Nacht schloss er sich über den Landkarten des Rheingaus ein. Bereits zwei Tage später schickte er einen der Mönche nach Worms, um König Pippin zu fragen, ob er etwas gegen eine Vergrößerung des Klosters Lorsch einzuwenden habe.

Wie erwartet erhielt Abt Gundeland die Zustimmung vom

Königshof. Kurz darauf besuchte ihn Graf Cancor mit seinem Bruder Thuringbert. Und wie zufällig erschien auch noch Karl mit einer kleinen Begleitung. Abt Gundeland erläuterte dem Sohn des Frankenkönigs und den beiden Grundherren, warum die Insel im Fluss zu klein für die von ihm geplante Vergrößerung des Klosters war.

»Ich weiß, dass Papst Paul meinen geliebten Bruder, Erzbischof Chrodegang von Metz, mit einem ganz besonderen Geschenk belohnen will«, sagte er geheimnisvoll. »Und nicht einmal der Frankenkönig ahnt, dass Chrodegang schon bald die Leiber der Märtyrer Gorgonius, Nabor und Nazarius erhalten soll …«

»Ich kenne diese Reliquien nicht«, sagte Graf Thuringbert zurückhaltend.

»Aber ich ahne bereits, was du planst«, lächelte Graf Cancor wohlwollend. Der neue Abt des Klosters Lorsch gefiel ihm. »Was wäre nötig, um einen dieser Märtyrer hierherzuholen?«

»Ein neues Kloster«, antwortete Gundeland sofort.

»Und wo?«

»Ich habe mir die Umgebung angesehen«, sagte Gundeland. Er ging zur Fensternische und deutete über den Fluss hinweg. »Dort drüben, auf der Düne und nur sechshundert Schritt von hier entfernt, sah ich Ruinen einer alten Römersiedlung.«

Er drehte sich zu den Grafen um. »Wenn wir sehr schnell sind und ebendort mit dem Bau einer neuen Klosteranlage beginnen, die den kirchlich-liturgischen Vorschriften und den Ordensregeln des heiligen Benedikt entspricht, bin ich ganz sicher, dass sich für den oberen Rheingau etwas machen ließe …«

»Der Hügel gehört mir«, sagte Graf Thuringbert.

»Du könntest ihn dem Kloster schenken«, meinte Karl.

Thuringbert überlegte eine Weile, dann sagte er zu Gundeland: »Nun gut, von mir aus kannst du mit dem Bau des Klosters anfangen. Aber ich schenke dir den Hügel erst, wenn tatsächlich Reliquien eingetroffen sind.« Gundeland nickte sofort.

»An welchen Märtyrer hast du gedacht?«, fragte Karl.

»Nazarius«, antwortete Gundeland. »Er war ein römischer Soldat, der im Jahr 68 nach der Geburt des Herrn wegen seines christlichen Glaubens öffentlich enthauptet wurde. Bischof

Ambrosius fand im Jahr 390 nach der Geburt des Herrn seine Gebeine und setzte sie in der Apostelkirche zu Mailand bei.«

»Nicht schlecht«, sagte Karl. »Aber ein Krieger, der seinen Glauben höherstellt als die Befehle seiner Anführer, wäre kein gutes Vorbild.«

»Er ist ein Heiliger«, sagte Abt Gundeland.

»Was zählt nun mehr?«, meinte Graf Thuringbert.

»Wie kannst du das nur fragen?«, antwortete sein Bruder sofort. »Dieses Land hier ist erst seit wenigen Jahrzehnten fränkisch. Wir brauchen sichtbare Beweise für unser Gottesgnadentum. Und die Reliquien eines vom Papst an Chrodegang und dann an uns gesandten Heiligen sind ein Schatz, durch den das Kloster und das ganze Land ringsum aufblühen und gedeihen kann.«

»So ist es«, sagte Gundeland eifrig: »Vergesst nicht, was die Sichtverbindung zu einer wertvollen Reliquie bedeutet – sie bietet Teilhabe am Heiligen, ist eine Brücke zum Himmel und ein sicherer Weg zur Gnade Gottes.«

»Und ein ebenso sicherer Weg zu weiteren Schenkungen«, meinte Thuringbert sarkastisch. Offensichtlich behagte ihm nicht, was Karl, Abt Gundeland und sein Bruder vorhatten. Dennoch geschah alles wie vereinbart. Die Nachricht, dass die Reliquien eines Heiligen von Rom nach Lorsch kommen sollten, verbreitete sich schnell von Hof zu Hof und von Sprengel zu Sprengel.

Sechs Wochen später, kurz vor dem Jahrestag des jungen Klosters, brachen überall Menschen auf, um den Schrein mit den Gebeinen von Nazarius zu sehen. Männer und Frauen, Freie und Unfreie, Junge und Alte, liefen, fuhren und ritten dem Zug bis in den Pfälzer Wald entgegen. Die Vornehmsten drängten sich, um den Schrein ein Stück des Weges auf ihren Schultern zu tragen. Und als die singende, betende Menschenmenge das Ufer der Weschnitz erreichte, versuchten viele vergeblich, auf die kleine, längst überfüllte Insel überzusetzen. Bereits im gleichen Monat begann ein Strom von Landschenkungen an das Kloster, der auch in den folgenden Jahren nicht abriss.

Die nächsten Wochen verstrichen sommerlich und ungewohnt friedlich. Doch bereits vor der Ernte waren die Vorräte in Worms und den umliegenden Gütern nahezu aufgebraucht. Der Frankenkönig sah sich gezwungen, mit seinem Hof weiter nach Norden zu ziehen.

Nach zwei Wochen gab es in Alsheim kein Rind, kein Schwein oder Schaf, nicht einmal Hühner, Kaninchen und Katzen mehr. Sie zogen weiter nach Nierstein. Karl mochte den schön gelegenen Ort nicht, seit er gehört hatte, dass sein Onkel Karlmann schon vor zwei Jahrzehnten den berühmtesten Weinberg im fränkischen Osten mit Namen Glöck an das Kloster Lorsch verschenkt hatte. Und dann erreichten sie die kleine Pfalz Ingelheim hoch über dem Rhein. Obwohl Karl gern allein und wie gebannt die Morgennebel über dem Rhein tief unter sich und vor den Taunusbergen beobachtete, um dann den Sonnenaufgang stromaufwärts zu genießen, befahl sein Vater einen erneuten Umzug.

»Hast du nicht angeordnet, dass wir die Zeit zwischen Weihnachten und Ostern hier in Ingelheim verbringen?«, protestierte Karl, als sie kurz darauf wieder allein in den kargen Räumen der Familie zusammentrafen.

»Und du?«, bellte Pippin. »Hast du eine Zauberformel oder eine Verheißung des Allmächtigen, wie wir mehr als tausend Münder den ganzen Winter über mit Speis und Trank füllen sollen?«

»Ach, wären wir doch südlich der Alpen«, seufzte Bertrada zwei Tage später, als Karl an einem späten Nachmittag von Schwimmübungen im Rhein in den Innenhof der Pfalz zurückkehrte. »Dort erhalten selbst die Bedürftigen in den Armenhäusern von Lucca täglich ein Brot, zwei Maß Wein und einen Napf Gemüse mit Kräutern in Öl gesotten ...«

»Seit wann sind die Zustände bei den Langobarden ein Vorbild für dich?«, fragte Karl. Seine Mutter saß auf einer Bank im Hof, während der König sich von einer Gruppe von Schreibern und Notaren getrennt hatte, die im warmen Sonnenschein des Herbsttages an langen Bohlentischen saßen. Unter der Aufsicht von Erzkaplan Fulrad übertrugen sie jeden der eintreffenden Berichte über die Ernten aller Hofgüter und Pfalzen säuberlich auf große Pergamentbögen. Im Hintergrund klopften und sägten ein paar Handwerker; Krieger der Scaras und ihre Knappen prüften den Gang von neu hinzugekommenen Pferden, und durch das Hoftor trafen nach und nach immer mehr Kinder ein, die den Nachmittag draußen in den Waldlichtungen und am Berghang verbracht hatten.

»Deine Mutter sitzt zu oft in der Spinnstube«, meinte Pippin abfällig. »Die Weiber kommen dort auf recht aberwitzige Gedanken!«

»Pippin – wie kannst du so etwas behaupten!«

»Stimmt es denn nicht, dass ihr euch bereits mehrfach ausgemalt habt, wie es wohl wäre, wenn alle vier Töchter von diesem Desiderius nach Norden heirateten?«

»Ein paarmal haben wir auch darüber gesprochen«, gab Bertrada zu. »Wie über vieles andere, wenn die Spindeln surren und Wolle durch die Finger gleitet.«

»Erzähl mir nicht, dass das alles Märchen sind!«, sagte Pippin. Karl fragte sich, warum es zwischen seinem Vater und seiner Mutter wieder einmal diese Spannungen gab.

»Willst du mir vorschreiben, worüber ich in der Spinnstube sprechen darf?«, fragte Bertrada.

»Mach, was du willst«, erwiderte der König ungehalten, »aber lass deine Finger aus meinen Angelegenheiten und denen meines Reiches! Du weißt genau, wie schnell Gerüchte sich verbreiten. Und ich habe keine Lust, gegen Geschwätz von Weibern und seine Folgen in den Sattel zu steigen …«

»Nun streitet doch nicht!«, versuchte Karl zu beschwichtigen.

»Um dich geht es doch auch bei dem ganzen Unsinn, den deine Mutter so sehr zu lieben scheint«, sagte Pippin erbost. Karl sah ihn fragend an.

»Sie lässt sich schon seit Monaten über die Schwestern von Tassilos Liutperga berichten, über ihr Aussehen und ihre Fähigkeiten, ihre Kinderkrankheiten und ihre Ausbildung. Offenbar gibt es in der Spinnstube der Frankenkönigin kein anderes Thema mehr als die Töchter des Langobardenkönigs!«

»Stimmt das?«, stieß Karl hervor.

»Seid ihr von Sinnen? Beide?«, fauchte jetzt auch Bertrada. »Seit wann bin ich euch Rechenschaft schuldig?«

»Ich warne ja nur«, sagte der König. »An meinen Hof kommt keine verzogene Langobardin – nicht als eine Schwiegertochter und nicht einmal als Edelfrau!«

»Das sagt ein Mann, der Adoptivsohn eines Langobardenkönigs war«, meinte Bertrada, und der Klang ihrer Stimme war feiner geschliffen als jedes Scara-Schwert.

Im Herbst brach der Frankenkönig mit seinem Gefolge erneut auf. Es schien, als wollte Pippin durch die dichten, nahezu undurchdringlichen Wälder der Eifel ziehen, in denen nur noch überwucherte Ruinen an die ursprünglich keltischen Bewohner und die Jahrhunderte römischer Siedlungen, Prunkvillen und Kastelle erinnerten. Selbst große Römerstädte waren im fünften Jahrhundert nach Christi Geburt unter dem Druck der herumirrenden Germanenvölker in Schutt und Asche versunken, inzwischen längst verfallen und zu Räubernestern abgesunken.

»Ich würde gern wieder einmal den Stammsitz unserer Familie in Herstelle an der Maas sehen«, sagte Pippin eines Abends. »Wir könnten den Rhein entlang bis zur Ahrmündung ziehen und dann nach Nordwesten abbiegen.«

»Und ich würde gern einmal in den heißen Quellen von Aquis Grana baden«, sagte Karl. »Das liegt direkt auf unserem Weg.«

»Uninteressant«, meinte Pippin eher abweisend. »Irgendein alter Opferort für den keltischen Wassergott Grannus.«

»Ja, aber dann hat immerhin Kaiser Neros Bruder Granus Serenus ein Heilbad daraus gemacht«, sagte Karl. Gleichzeitig fragte er sich, was sein Vater gegen den Ort haben konnte.

»Das war doch kaum mehr als eine ›civitas‹«, sagte Pippin, »dreihundert mal sechshundert Schritte groß … Oder waren es fünfzehnhundert mal fünfzehnhundert Fuß? Ich weiß es nicht mehr – ich weiß noch nicht einmal, ob die kleine Pfalz noch existiert, die ich vor zwanzig Jahren für die Merowingerkönige dort eingerichtet habe.«

»Kommen denn keine Geschenke und Berichte aus Aquis Grana?«, fragte Karl verwundert.

»Doch, doch« antwortete Pippin, »aber ich mag nur wenige

der Plätze, an denen ich durch jeden Stein daran erinnert werde, dass dieses Land einmal von Rom besetzt war.«

Die meisten Franken mieden römische Siedlungen, die für sie Friedhöfe eines versunkenen Weltreiches waren. In den folgenden Wochen kam der Hofstaat nur mühevoll voran. Anders als Königsboten, die bei günstigen Bedingungen mit ihren Pferden zwanzig oder gar dreißig Meilen schaffen konnten, anders auch als ein Heer, das samt den Wagen mindestens zehn Meilen von Sonnenaufgang bis Sonnenuntergang bewältigte, ging eine Reise von Königshof zu Königshof wesentlich langsamer voran.

Anfang November ritt der Seneschall des Königshofes mit einigen seiner Leute, einem Trupp Scaras und zwei Dutzend Knechten voraus, um die Ankunft des Königs in Aquis Grana vorzubereiten.

Verwundert blickte Karl von den letzten Hügeln in ein liebliches, von Bächen durchzogenes Talbecken, in dem sich mehrere kleinere Hügel und Anhöhen erhoben. Er ritt neben seinen Vater.

»Das sieht nicht so unscheinbar aus, wie du gesagt hast«, meinte er und wies auf das deutlich erkennbare Geviert der alten Römersiedlung. Die Anlage des Bades wurde von mehreren Häusern und Hütten eingefasst, aus deren Dächern der Rauch fast senkrecht in den ungewöhnlich stillen und klaren Novemberhimmel stieg.

»Hier werden wir nicht einmal eine Woche lang genug zu essen bekommen«, knurrte Pippin abweisend.

»Sag das nicht«, antwortete Karl und deutete nach Norden. »Dort drüben, jenseits des Hügelwaldes, erkenne ich flaches Land mit gutem Boden.«

»Da muss die alte Römerstraße von Colonia nach Lüttich entlangführen«, sagte Pippin und nickte. »Wenn ich daran denke, hätte ich eigentlich Lust, die paar Meilen bis nach Herstelle weiterzuziehen.«

»Ja, warum tun wir das nicht?«, rief Karl sofort begeistert. »Wir sind sonst jedes Weihnachtsfest woanders – warum nicht auch einmal dort, wo wir herkommen?«

»Nein, das geht nicht«, antwortete Pippin kurz.

»Und warum nicht?«

»Weil es nicht geht«, wiederholte Pippin unwirsch. »Das Gut dort ist zu klein. Es könnte nicht einmal ein Viertel von uns über die Weihnachtszeit ernähren …«

»Und wenn wir Vorräte von hier mitnehmen?«, fragte Karl.

»Das ließe sich bei den paar Meilen ohne Probleme organisieren …«

»Nein«, sagte Pippin, »und das zum letzten Mal!«

Urplötzlich spürte Karl, dass sein Vater aus ganz anderen Gründen nicht mehr zurück zum Hofgut der Familie wollte. Aber warum nicht? Etwa weil dort noch die Erinnerung an die Jahre der Hausmeier lebendig war? An seinen großen Vater Karl Martell? Nein, dachte er, es muss ganz andere Gründe geben!

Und dann verstand er plötzlich, warum sich seine Eltern schon seit Wochen zunehmend gereizt verhielten. Hier, in den sanften Hügeln von Aquis Grana, die ihm selbst auf einmal so vertraut vorkamen, hier begann ein Zipfel des großen dunklen Tuches, das über jenen Jahren lag, in denen Pippin noch Hausmeier der Merowingerkönige gewesen war und seinen Sohn kein einziges Mal gesehen hatte.

Pippin richtete sich stolz im Sattel auf. Mit seinen harten Lippen und einem Blick, der bis zum Horizont befahl, war er so unangreifbar, dass Karl nicht weiterfragte. Es war vorbei – eine der wenigen Gelegenheiten, mehr über die ersten Jahre seiner Kindheit zu erfahren, war vertan …

»Vielleicht kann dies sogar der Ort werden, der unserem Königtum ein weithin sichtbarer Mittelpunkt wäre …«

»Was ist mit dir?«, stieß sein Vater ärgerlich hervor. »Du meinst doch nicht im Ernst, dass ich, du oder ein anderer von unseren Nachkommen irgendwann einmal aus dem Sattel steigt, um eine Stadt mit neuen Mauern zu umgeben und sie dann Königssitz zu nennen.«

»Doch, Vater, eben das meinte ich! Was spricht dagegen, dass auch wir Franken einen Mittelpunkt der Macht wie Rom, Ravenna, Pavia oder Konstantinopel hätten? Selbst Vetter Tassilo bezeichnet Regensburg als Hauptstadt seines doch kleinen bairischen Herzogtums. Und Bagdad ist ein neuer Name, der schon jetzt stark und mächtig klingt.«

»Vergiss es, Karl!«, sagte Pippin der Kurze.

»Kein Aquis Grana als gelobte Stadt der Franken also …«

»Siehst du mich wahnsinnig?«, fragte Pippin mit einem harten Lachen. »Entscheide ich mich heute für irgendeine Hauptstadt, jammern mir augenblicklich sämtliche Pfalzen bis hin zu allerkleinsten Königsgütern vor, dass sie zurzeit leider von Unwettern geschlagen, von Wurmfraß arg gepeinigt und ohnehin schon lange zahlungsunfähig sind.«

»Trotzdem«, sagte Karl leise. »Ich hätte gern eine Pfalz mit einer großen Aula, in der ich Dichter, Denker und Schlachtenlenker, Baumeister und Gäste aus den fernsten Landen um mich versammeln könnte … Meister des Handwerks, Mönche, Illuminaten, die in der Lage sind, die Initialen ihrer Buchabschriften mit Glanz und wunderbarer Leuchtkraft zu versehen.«

»Hör auf mit diesen Flausen!«, sagte Pippin unduldsam und wütend. »Du musst endlich begreifen, dass diese Welt samt aller Politik Kampf heißt und nicht Rosinen aus irgendeiner Weinernte! Es geht um den Erhalt des Glaubens und seine Verbreitung! Glück ist ein Stillstand, aber Macht will mehr!«

Sie beobachteten, wie der schier endlose Zug der Reiter und der Wagen, der Frauen, Kinder, Knechte und Leibeigenen an ihnen vorbei den Hügel hinabzog. Viele Gesichter sahen leer aus, in anderen stand wie so oft die Hoffnung nach etwas Ruhe und ein paar guten Tagen mit mehr als Gerstensuppe und hart gewordenem Brot. Die klamm und spannungslos gewordenen Sehnen und Bogen der Pfeilschützen benötigten schon lange ein paar trockene Sonnentage oder die gleichmäßige Raumwärme einer guten Pfalz. Denn trotz des eigentlich recht schönen Wetters hatten sich Lederzelte, Gurtriemen und Abdeckplanen der vierrädrigen Lastkarren so sehr mit Nässe vollgesaugt, dass sie kaum noch vorankamen.

»Eigentlich ist unser Leben ein verflucht mühseliges Geschäft«, sagte Karl mehr zu sich selbst, als er das alles sah. Seine Familie kam im eher ärmlichen Anwesen des noch sehr jungen und aufgeregten Pfalzgrafen Luitfried aus dem Geschlecht der Unruochinger von der Maas unter. Für die anderen wurden in kürzester Zeit einfache Holzhäuser und lederne Zelte aufgerichtet. Und weil die Ernte in der ganzen Gegend unerwartet gut ausgefallen war, sagte der König der Franken noch am gleichen Tag: »Wir bleiben hier – zumindest bis zum Weihnachtsfest, vielleicht auch bis nach Ostern.«

Am Abend, als der König und seine Edlen in der kleinen Aula des Pfalzgrafen zusammensaßen und sich stärkten, hatte Luitfried zunächst keine Zeit, auf alle Fragen zu antworten. Er stand hinter dem König und versuchte, alles so zu lenken, wie es seines Dienstes war, aber ihm fehlte einfach die Erfahrung. »Komm, lass es sein«, meinte Pippin schließlich. »Wir werden essen, was uns aufgetragen wird, auch wenn die Reihenfolge nicht ganz stimmt. Setz dich zu uns und berichte, warum dein Vater nicht bei uns ist.«

»Ich habe dieses Amt erst vor zwei Monaten von Gaugraf Theoderich übernommen«, sagte der Sechzehnjährige stockend. »Hat er uns das gemeldet und geschrieben?«, rief der König dem Kanzleivorstand zu. Hitherius saß am dunkleren Ende der Speisetafeln. Trotzdem sah Pippin, dass er den Kopf schüttelte.

»Mein Vater ist bei einem Ausritt zu den Lehnshöfen in Richtung Maastricht hinterrücks überfallen und erschlagen worden. Samt seinen Schwertgesellen und fünfzehn Wehrmännern, die ihn begleiteten.«

»Waren es Sachsen?«, fragte Karl. »Oder friesische Räuberbanden?«

»Nein«, antwortete der junge Pfalzgraf. »Wir haben fünf von ihnen gefangen und verhört, ehe ich sie verurteilte und ihre Köpfe auf Pfähle an der Straße von Colonia nach Lüttich spießen ließ. Es waren Rompilger aus dem Königreich Mercia in Britannien. Getaufte Christen, halb verhungert und ohne Schuhe an den Füßen. Sie wussten wohl nicht, wie weit der Weg von ihrer Insel durch das gesamte Frankenreich und Italien bis nach Rom ist.«

»Hast du ihnen vergeben?«, fragte der Erzkaplan.

»Oh ja, das habe ich«, antwortete Graf Luitfried. Die anderen nickten. Karl lächelte dem jungen Grafen zu.

»Du hast dich gut, gerecht und würdevoll verhalten«, sagte dann auch der Frankenkönig. »Willst du hierbleiben oder fortan mit mir ziehen?«

175

»Ich würde gern … ich meine, dass ich hier—«

»Gut«, unterbrach Pippin. »Du kannst hierbleiben, aber bei meinem nächsten Besuch will ich hier eine Pfalz sehen, die nicht mehr wie eine Pinkelecke von irgendeinem Römerbad aussieht. Hast du verstanden, was ich meine?«

»Nicht ganz …«

»Ich sage, dass ich dir so lange alle Abgaben und Pflichten für Geschenke nachlasse, bis hier anständige Holzhäuser und Gebäude für den Königshof stehen. Aquis Grana soll eine richtige Pfalz werden wie Ingelheim und Diedenhofen.«

Karl genoss das Bad in den warmen, schweflig riechenden Quellen von Aquis Grana. Die beiden alten Römerthermen samt ihren Umkleideräumen, Wannenbädern und Schwimmbecken, von denen das eine sechzehn mal sieben Schritte groß war, waren zum größten Teil zerstört, doch Karl wurde nicht müde, zusammen mit seinen Gefährten immer neue Kostbarkeiten unter verkrusteten Schichten zu entdecken, die seit Jahrhunderten Mosaiken und Reliefs, Säulen und Skulpturen bedeckten.

Den ganzen Winter über und auch in den ersten Monaten des Frühjahrs verwandten Karl und seine Gefährten jede freie Stunde darauf, den Geheimnissen der Vergangenheit nachzuspüren. Einmal fanden sie einen bronzenen Pinienzapfen von fast einem Schritt Länge. Gut eine Woche später, als der Kupferschmied der Pfalz den Zapfen gesäubert hatte, entdeckte Karl eine bisher unter hart gewordenen Laubverkrustungen verborgene Inschrift. Sie nannte den fruchtbaren Euphrat, den schnellen Tigris, den goldhaltigen Pison und den sanften Gihon als Ursprung aller Wasser des Paradieses.

Ein anderes Mal fanden sie eine Platte aus feinem weißem Marmor, der nur von der dafür berühmten Kykladeninsel Paros stammen konnte.

Karl wischte Lehm und Erdkrumen ab und erkannte ein paar eigenartige Linien, von denen niemand in seiner Begleitung wusste, was sie bedeuten sollten.

»Sieht aus wie ein Mühlespiel, das irgendein römischer Legionär in den Stein geritzt hat«, meinte der junge Graf der Pfalz.

»Ja, oder vielleicht wie ein siebenarmiger Leuchter der Juden«, überlegte Karl.

»Möglicherweise ein Labyrinth«, sagte Angilbert.

»Egal«, lachte Karl, »verwahrt die Steinplatte und hebt sie für mich auf. Vielleicht brauche ich sie irgendwann noch ...«

»Die Platte ist nichts mehr wert ... man müsste die Kritzelei abschleifen ...«

»Wenn das geschieht, werde ich die Abgaben für diese Pfalz verdoppeln, sobald ich König bin«, lachte Karl. »Nein, sie soll bleiben, wie sie ist! Ich werde sie in den Thronsitz einfügen lassen, der mir gebaut werden soll!«

»Und wenn ich die Platte für meinen Thronsitz haben will?«, ertönte in diesem Augenblick die helle Stimme von Karlmann. Karl drehte sich um und hob die Brauen. Er hatte nicht bemerkt, dass sein Bruder die ganze Zeit hinter ihm gestanden hatte.

»Was willst du denn hier?«, fragte er den Fünfzehnjährigen. »Hier reden Männer und keine Kinder!«

Die jungen Söhne von Adligen um Karlmann senkten den Blick. Karlmann selbst trat ohne Furcht noch einen halben Schritt vor. Er war fast drei Köpfe kleiner als der alle überragende Karl.

»Du magst älter sein«, sagte er ohne Furcht. »Vielleicht größer als ich und stärker. Aber ich warne dich! Du vergisst, dass du nur Sohn eines Hausmeiers bist, der bei deiner Geburt nicht einmal mit unserer Mutter verheiratet war ...«

Karl fühlte sich an seiner empfindlichsten Stelle getroffen. Er kam sich wie Siegfried vor, der im Blut des Drachen Unverwundbarkeit erlangt hatte und der auf einmal erkennen musste, dass der eigene Bruder ein Hagen von Tronje war ...

»Was soll das heißen?«, fragte Karl.

»Du willst die Marmorplatte haben«, sagte Karlmann, und seine Lippen zitterten vor Anspannung, »du willst sie haben, weil du zeigen willst, dass du dich über das Königtum unseres Vaters, über die Merowingerkönige und über alle Frankenherrscher erheben kannst. Ich kenne dich, Karl, auch wenn du mich nie bemerken wolltest. Du willst einen Bogen schlagen von den Caesaren Roms bis zu dir ... dem großen Karl!«

Karlmann schluckte, und er bekam kaum noch Luft. In seinen

Augen standen Tränen, und sein Körper bebte. »Ich bin es, Karl!«, stieß er hervor. »Ich bin als Königssohn geboren und nicht als Bastard, so wie du!«

Karl spürte, wie das Blut in ihm aufwallte. Er sah plötzlich rot. Nur mit äußerster Beherrschung konnte er sich dazu zwingen, nicht auszuholen und Karlmann mit einem einzigen Hieb bis in den Unrat der Thermenbecken zu schleudern.

»Sag das … sag das niemals wieder!«, keuchte er mühsam und ballte seine großen Hände zu Fäusten. »Ich weiß, du hast mich nie gemocht, aber ich … ich bin Karl, der Erstgeborene!«

Karlmann zeigte keine Spur von Angst. Im Gegenteil. Er kam noch einen Schritt auf Karl zu, streckte seine noch kindliche Faust aus und öffnete sie.

»Hier, dies habe ich gefunden … eine Kamee aus rotbraunem und weißem Sardonyx …«

»Na und? Ich will nichts sehen von dir!« Karl hatte kein Interesse daran, sich in aller Öffentlichkeit mit einem Knaben zu streiten, der erst seit einem Jahr mannbar war.

»Sieh dir das Profil dieses Kopfes an, Karl!«, lachte Karlmann provozierend. »Es ist Augustus … Kaiser Augustus! Er hält den Stab mit dem Vogel aufrecht in der rechten Hand. Und er trägt den Lorbeerkranz. Das ist meins! Genau deshalb tausche ich diese Kamee nicht mit deinem Spielzeug«

Karl kam nicht mehr zu einer Antwort. Die Glocke der kleinen Pfalzkapelle rief zur Abendmesse. Er drehte sich abrupt um und ging mit langen, stampfenden Schritten fort. Noch nie zuvor hatten ihn seine Gefährten so angegriffen und verstört gesehen.

11

Tod eines Hausmeiers

Als das Osterfest nahte und Karl gerade seinen fünfundzwanzigsten Geburtstag feiern wollte, trafen neue Nachrichten aus Rom ein: Papst Paul, unter dessen Pontifikat der kriegerische Langobardenkönig durch den nicht minder gefährlichen Desiderius abgelöst worden war, lebte nicht mehr. Der neue Papst nannte sich Konstantin II.

»Er ist ein Gegenpapst«, sagten die irischen Mönche, die den König der Franken über die Veränderungen in Rom informierten.

»Was heißt das?«, fragte Karl dazwischen.

»Dass dieser Konstantin nicht lange den Petrusschlüssel in seinen Händen halten wird ...«

»Und? Was spricht man in Rom?«, wollte Pippin wissen.

»Nun«, sagte einer der älteren Mönche vorsichtig. »Es könnte sein, dass übers Jahr Philippus neuer Papst ist – oder ein Mann, der sich Stephan III. nennen könnte ...«

»Ist denn nicht einmal mehr auf Rom Verlass?«, schnaubte der Frankenkönig. »Wie soll ich planen, wie entscheiden, wenn ich nicht weiß, was unsere Kirche tut?« Karl beneidete seinen Vater nicht, denn schnell aufeinanderfolgende Päpste bedeuteten Unruhe und Unsicherheit im ganzen Reich. Gerade weil der Königshof keinen festen Platz hatte und gezwungen war, mal hier, mal dort zu sein, brauchten die Menschen verlässliche Werte, an die sie sich halten konnten. Sie brauchten die stete Wiederkehr von Tag und Nacht, Sommer und Winter, Aussaat und Ernte. Gewiss, sie waren an plötzliche Überfälle, unerwartete Katastrophen, an Krieg und Tod gewöhnt. Aber die Unberechenbarkeit von Naturereignissen, Seuchen und dem Walten von finsteren Mächten hatte stets etwas Allgegenwärtiges, auf das sich Groß und Klein, Reich und Arm einstellen konnten. Bekannte Gefahren des Lebens waren viel leichter zu ertragen als plötzliche Beben in Fundamenten, auf denen alles aufbaute. Und keinen sicheren

Papst, keinen leuchtenden Namen in der fernen Gottesstadt zu haben, schürte die dumpfe Angst bis in die Schlaflieder, die Mütter ihren Kindern vorsangen. Als es Herbst wurde, war eigentlich nicht viel geschehen. Der Hofstaat war mit einem kleinen Heer ein wenig von einer Pfalz zur nächsten gezogen. Nur in Aquitanien hatte es kleinere Scharmützel gegeben. Und so kehrten die fränkischen Edlen mit ihren Kriegern und Knechten auf ihre Dörfer im ganzen Reich zurück und warteten darauf, dass es Winter und wieder Frühling wurde.

»Was sagt uns Rom?«, fragte Karl an seinem sechsundzwanzigsten Geburtstag die irischen Mönche, während überall gegessen, getrunken und gesungen wurde. Die Männer mit den geschminkten Augenlidern amüsierten sich wie Kinder über Karls Frage.

»Was gibt es da zu lachen?«, fragte Karl streng.

»Ja, nun, wir dachten, ihr wüsstet, was geschehen ist …«

Karl drehte sich wortlos um und ging quer durch den lärmenden Saal zu seinem Vater. Pippin hielt Bertrada in seinen Armen und ließ sich von seinem Mundschenk unentwegt roten Burgunderwein in seinen goldenen Becher füllen.

»Weißt du, wie es in Rom steht?«, rief Karl gegen den Lärm an. Pippin wischte sich über seine Lippen und verschüttete den halben Becher.

»Nein«, grölte er, »hat Papst Konstantin II. heimlich geheiratet?«

Die Edlen um sie herum lachten so laut, dass Karl nichts anderes übrig blieb, als die Lippen zusammenzupressen. Er schüttelte abweisend den Kopf, dann drehte er sich um und ging zu den Mönchen zurück. Er griff sich zwei von ihnen und zog sie an ihren Kutten in eine etwas stillere Ecke.

»Raus damit! Was ist in Rom geschehen?«

»Nichts, Karl, eigentlich nichts«, jammerte der kleinere der beiden Mönche, »lass mich doch los … bitte …«

»Konstantin war nur ein Gegenpapst«, sprudelte der andere eilfertig hervor. »Kein guter Papst … bestimmt nicht …«

»Und weiter?«

»Dann wurde Philippus gewählt …«
»Ist er jetzt Papst?«
»Nein, nun auch nicht mehr, er war ebenfalls Gegenpapst.«
»Herrgott im Himmel!«, fuhr Karl die beiden Mönche an.
»Ich will endlich wissen, wer Papst ist!«
»Stephan III.«, stießen die beiden Mönche zugleich hervor.
»Aber wir haben nichts damit zu tun …«
»Stephan III.«, sagte Karl. Er ließ die Mönche los. »Weiß das
mein Vater?«, fragte er. Sie schüttelten die Köpfe.
»Warum nicht?«
»Weil wir es nur so gehört haben … nur als Gerücht, verstehst
du?«
»Ja«, schnaubte Karl verärgert.

Zum Maifeld wurde die Situation in Rom offiziell. Mehrere
Abgesandte der Kurie waren über die Alpen gekommen. Sie
hatten einen Brief des neuen Papstes an den König der Franken
und einen großen symbolischen Schlüssel für die Stadt Rom
mitgebracht, in den Eisenspäne von der Kerkerkette des heiligen
Petrus eingearbeitet sein sollten.

Niemand am Hof des Frankenkönigs glaubte daran, denn
schon zu oft hatten Päpste Schlüssel mit Eisenspänen versandt.
Und doch – das Zeichen aus Rom hieß nicht Unterwerfung,
nicht Gruß, sondern Erinnerung an die Verträge, die Pippin vor
vierzehn Jahren mit dem Namensvorgänger des jetzigen Papstes
geschlossen hatte.

Nach den bekannten Zeremonien, zwei Tagen Anhörung
und Rechtsprechung und drei weiteren Tagen, die Kampfspielen, Aufnahmen von Jungen in die Mannbarkeit und lärmenden
Tafelrunden gewidmet waren, beendete der Frankenkönig die
Reichsversammlung.

Am gleichen Abend kam es zu einem erneuten Streit zwischen
Karl, seinem Bruder und ihrem Vater.

»Ich habe nicht gehört, gegen wen wir in diesem Jahr ziehen«,
sagte Karl zu Pippin. Sie hockten auf schmalen Bänken rund um
eines der vielen hoch auflodernden Feuer. Die ersten Tage des
Mais waren kalt und regenreich gewesen. Seit dem Beginn der

Reichsversammlung herrschte ein frühlingswarmes Wetter, das nicht nur bei Birken und Jasminsträuchern die Blätter sprießen ließ.

»Haben wir nicht überall genügend Feinde und Aufrührer?«, gab Pippin verärgert zurück. »Überall rumort es ... in Baiern und Thüringen, in Sachsen und in der bretonischen Grenzmark. Stämme, die schon meinem Vater Karl Martell Treue geschworen haben, verweigern sich immer wieder. Von Desiderius und seinen Langobarden ganz zu schweigen ...«

»Und was ist mit Aquitanien?«, fragte Karl. Sein Vater drehte ruckartig den Kopf zu ihm. Einige der höchsten Würdenträger an Pippins Seite senkten die Blicke. Sie taten so, als würden sie nicht zuhören. Nur Karlmann sah ihn mit einem aufreizenden Grinsen an. Karl hatte plötzlich das Gefühl, ganz allein gegen Eingeweihte und Verschwörer, Wissende und Überlegene zu stehen.

Erst jetzt bemerkte er, dass einige Grafen und Edle, die er noch am Vormittag gesehen hatte, nicht mehr da waren. Sein Onkel Bernhard fehlte, ebenso einige Anführer der Scara francisca. Karl blieb noch eine Weile am Feuer des Königs, dann stand er auf und schlenderte durch das lärmende Lager. Überall wurde viel getrunken. Becher und Kelche kreisten, während erschöpfte Musikanten vergeblich versuchten, gegen den dröhnenden Gesang der Männer und das Juchzen von Frauen und Mädchen in ihren Armen anzuspielen.

Karl musste lange suchen, bis er den Mann fand, von dem er sich eine Antwort auf das seltsame Verhalten seines Vaters und seiner engeren Berater erhoffte.

»Willkommen in unserer Runde!«, rief Gaugraf Cancor ihm entgegen. »Komm, setz dich zu uns, Karl. Warum hast du deine Himiltrud nicht mitgebracht?«

Karl schüttelte wortlos den Kopf. Er setzte sich auch nicht, sondern bedeutete Graf Cancor mit einer kurzen Handbewegung, dass er ihn allein sprechen wollte. Cancor nahm einen neuen Becher Wein aus der Hand einer Magd und kam auf Karl zu.

»Du siehst bedrückt aus«, sagte er. Er war einen Kopf kleiner als Karl. Trotzdem versuchte er, einen Arm um Karls Schulter zu legen. »Was ist los mit dir?«

»Ich weiß nicht«, antwortete Karl und starrte über die feiernden Männer und Frauen des Lagers hinweg. Die Flammen der Feuer spiegelten sich in seinen hellen Augen. »Irgendetwas geht vor, von dem ich nichts verstehe. Es muss mit Herzog Waifar von Aquitanien zu tun haben.«

»Ach, das meinst du«, sagte Cancor. Er ließ Karl los, senkte den Kopf und ging mit langsamen Schritten einmal um ihn herum. »Also gut«, sagte er schließlich. »Dein Vater wollte nicht, dass du in die Sache hineingezogen wirst …«

»In welche Sache?«

»Du weißt, wie und wo mein eigener Vater gestorben ist?«

»Ich war dabei.«

»Ja«, sagte Cancor grimmig. »Wir sind zu oft gegen diesen aufsässigen Hund Waifar gezogen. Der seinen Vater Hunoald verraten hat und ins Kloster sperren ließ, um selbst an die Macht zu kommen. Wir haben nie gegen Waifar verloren, aber auch nie gesiegt …«

»Warum erzählst du mir, was alle wissen?«

»Weil ich möchte, dass du deines Vaters Plan verstehst.«

»Welchen Plan?«

»Waifar wird sterben«, sagte der Gaugraf. »Er soll von seinen eigenen Leuten umgebracht werden …«

»Nein!«, stieß Karl hervor. »Das kann nicht wahr sein! Wir Franken kämpfen mit dem Schwert und nicht mit Beuteln voller Silberlinge für gedungene Mörder!«

»Ach, Karl!«, seufzte Cancor. »In welcher Traumwelt lebst du? Dein Vater hatte recht, als er befahl, dir nichts davon zu sagen!«

»Ich werde sofort —«

»Nein«, sagte der Gaugraf und hielt Karl am Ärmel fest. »Du wirst gar nichts tun! Außerdem kannst du sowieso nichts mehr ändern. Du sollst in einigen Tagen zu einem Zug gegen Aquitanien aufbrechen. Erst wenn bekannt wird, dass Herzog Waifar tot ist, will Pippin nachkommen. Auf diese Weise gewinnen wir die Provinz zurück, ohne dass Blut auf beiden Seiten fließen muss.«

Karl hörte die Argumente Cancors, aber er blieb ärgerlich und enttäuscht.

»Du solltest eine Nacht darüber nachdenken«, sagte der Graf des Rheingaus. »Manchmal können selbst Mord und Intrige ein ehrenhaftes Motiv großer Politik sein. Denn eines darfst du nie vergessen: Nicht das, was du dir wünschst, ist wichtig, sondern nur das, was dem Sieg des Glaubens und dem Überleben dient!«

Zwei Tage später beschloss die Reichsversammlung, dass zum ersten Mal Karl als der älteste Sohn des Frankenkönigs einen Feldzug anführen sollte. Karl, der inzwischen alle Hintergründe erfahren hatte, nahm die Ehrung mit gemischten Gefühlen an. Einerseits war er stolz darauf, dass er endlich die lang ersehnte Gelegenheit erhielt, sich vor den Großen des Reiches und seinem Vater zu beweisen, andererseits fühlte er sich gedemütigt, weil jedermann wusste, dass er keinen echten Gegner mehr finden würde.

Dennoch bereitete Karl seinen Zug äußerst sorgfältig vor. Einen ganzen Tag lang ließ er von Sonnenaufgang bis Sonnenuntergang jeden einzelnen Panzerreiter, jeden anderen Berittenen und jede Gruppe Fußvolk vor sich treten. Mann für Mann mussten sie ihre Harnische, Schilde und Waffen zeigen. Karl zog Pfeile durch seine Hand, um die Glätte der Schäfte zu prüfen, schlug mit seinem eigenen Schwert gegen die Höcker von Schilden und gab Anweisungen, wie viele Schlaufen die Schwertgehänge haben sollten.

Viele wies er zurück. Noch nie zuvor waren die Krieger der Franken so unnachgiebig gemustert worden. Karl sonderte Mähren aus, deren Gebisse ihm zu schlecht und gelb erschienen, verzichtete auf Grafen ohne die ausreichende Zahl von Waffenknechten und schickte Gutsbesitzer nach Hause, wenn sie ihm sagten, wie schlecht es auch in diesem Jahr um ihre Dörfer und Felder bestellt war.

Am Abend hatte er zweihundert Angehörige der Scara francisca, dreihundert leichter bewaffnete Reiter und fünfhundert Fußkrieger beisammen. Er verzichtete auf altgediente Waffenknechte und verfügte, dass bei seinem Zug keine Frauen und Händler im Tross mitreisen sollten. Dafür nahm er fünf Dutzend Schwertfeger, Feinschmiede und Schildmacher sowie Drechsler und Stellmacher, Baumeister, Maurer und Steinmetze und ein weiteres Dutzend in der Verwaltung erfahrene Edle aus dem Hofstaat seines Vaters mit.

Als gegen Abend der König mit seinen Beratern im Heerlager erschien, erklärte ihm Karl, was er vorhatte:

»Ich will schnell nach Aquitanien ziehen und beweglich bleiben.«

»Und wozu nimmst du die vielen anderen mit?«, fragte Pippin verwundert.

Karl lachte nur. »Ich denke an die Zeit nach unserem Sieg. Was nützt uns ein besiegtes Aquitanien, wenn alles doch beim Alten bleibt? Nein, ich will wissen, was Aquitanien wirklich wert ist, wie wir die Siedlungen ausbauen und die Erträge mehren können. Wir müssen geben, investieren, damit wir ernten können. Also nicht nur rauben und zerstören, wie das bisher so üblich war. Das Reich braucht dringend neue Wege, neue Quellen.«

»So«, sagte Pippin kurz. »Das meinst du also! Willst du trotzdem einen Rat von mir annehmen?«

»Darf ich selbst entscheiden, ob ich ihn annehme oder nicht?«

»Du bist allein verantwortlich für deinen ersten Heerzug. Aber ich bin nicht nur dein König, sondern auch ein Vater, der seinen Ältesten lebend wiedersehen will!«

Zum ersten Mal fiel ihm auf, wie alt sein Vater mit seinen vierundfünfzig Jahren bereits aussah. »Was befürchtest du?«, fragte er.

»Ich denke, dass du eine sehr gute Auswahl getroffen hast«, antwortete Pippin und zog fröstelnd die Schultern zusammen. »Aber ich denke auch, dass so wenige Krieger keinen großen Eindruck auf die Aquitanier machen. Man könnte dich für leichtsinnig und das Reich für schwach und ausgeblutet halten.«

»Ja«, sagte Karl versöhnlich. »Vielleicht hast du recht.« Im gleichen Augenblick sah er, wie Karlmann hinter dem Rücken ihres Vaters stolz und beinahe hämisch grinste. Und plötzlich hatte er eine Idee, wie er seinem Vater zustimmen konnte, ohne seine Pläne zu verändern.

»Ich hätte nichts dagegen, wenn Karlmann sich ein eigenes Kontingent von Kriegern aufstellt und meinen Zug verstärkt«, sagte er. »Zwei Königssöhne dürften mehr Eindruck auf die Aquitanier machen als einer ...«

Karl sah die Empörung in Karlmanns Augen und wusste sofort, dass er gewonnen hatte.

»Das ist sehr großmütig und weise von dir«, sagte Pippin mit einem wohlwollenden Lächeln.

Karlmann errötete vor Zorn. »Ich will nicht mit ihm ziehen!«, stieß er hervor.

»Du willst nicht?«, fragte Pippin erstaunt.

»Nein! Niemals wird der da über mich befehlen!«

»Und wenn ich dir den Befehl gebe?«, fragte Pippin.

Karlmann schüttelte heftig den Kopf. »Dann würde ich verlangen, dass die Versammlung aller Edlen danach befragt wird, ob ein als Königssohn Geborener sich einem, der als Bastard geboren wurde, unterstellen darf!«

»Karl ist dein Bruder!«

»Karl ist gegen mich. Und ich bin gegen ihn!«

Pippin, der sonst so Starke, der es geschafft hatte, vom Hausmeier der Merowinger zum Frankenkönig aufzusteigen, der selbst das komplizierte Großreich der Sarazenen mit sich versöhnt hatte, der gleiche Pippin blieb zögerlich, als jedermann von ihm erwartete, dass er ein Machtwort über seine Söhne sprach.

»Nun gut, dann zieh allein, Karl«, sagte er nach einem langen, qualvollen Schweigen. »Ich rate dir nur, deinen Weg über die Bischofsstadt Angoulesme zu nehmen. Du kannst dich dort mit zusätzlichen Kriegern und guten Waffen stärker machen.«

Die kleine, schlagkräftige Streitmacht unter Karls Befehl kam gut voran. Sie ritten schnell und mit wehenden vielfarbigen Mänteln über den Harnischen. Helme und Waffen blitzten im warmen Sonnenlicht des frühen Sommers, und selbst das Fußvolk samt den Karren mit Ausrüstung und Vorräten erreichte noch vor Sonnenuntergang die vorgesehenen Lagerplätze.

Sie alle waren stolz darauf, dass sie an diesem Zug teilnehmen durften. Nicht Angst und Sorge begleiteten die jungen Männer, sondern das Hochgefühl, ohne Ballast von Königsmacht, Reichspolitik und unbestimmten Schicksalsdrohungen durch immer schönere Wälder und Hügel, Landschaften und Gegenden zu ziehen.

Roter Mohn blühte in sanft geschwungenen Tälern, und selbst in Eichenwäldern sahen die Blätterdächer, die Büsche und die Farne hellgrün und licht aus.

»Ist es nicht eine Freude, so zu reiten?«, schwärmte Graf Cancor, der zusammen mit Karl die Hauptstreitmacht der Franken nach zwei Gruppen der Vorhut anführte.

Karl, der sich ebenfalls sehr wohlfühlte, blieb etwas vorsichtiger. »Vergiss nicht, dass die Sonne nicht nur wärmen, sondern auch blenden kann«, sagte er. »Weiß ich, wie viele Augen uns aus dem Schatten und von den Bäumen argwöhnisch verfolgen? Weiß ich, wann nicht die Bienen summen, sondern Pfeile? Ist das Brummen von Braunbären und der Ruf der Hirsche tatsächlich echt, oder verbergen sich dahinter geheime Nachrichten, die uns nur täuschen sollen?«

»Du bist sehr misstrauisch«, lachte Graf Cancor väterlich.

»Nein«, sagte Karl. »Nur vorsichtig.«

Genau diese Vorsicht Karls bewahrte schon drei Tage später die Frankenstreitmacht vor einer Katastrophe. Sie rasteten kurz vor Perigueux, dem alten römischen Vesuna Petrucorium. Am nächsten Morgen zogen sie die wenigen Meilen bis zum keltischen Quellheiligtum am westlichen Ufer des Flüsschens Isle weiter.

»Hier sind fast alle durchgezogen«, sagte Graf Cancor, als er sich mit Karl und einigen anderen der schweren Rüstung entledigt hatte und in das kühle Wasser des Quellteiches eingetaucht war. Sie schwammen einige Runden, dann kletterten sie prustend zum Uferrand und ließen sich von der heißen Sonne trocknen.

»Nur gut, dass wir keine Weiber mitgenommen haben«, seufzte Karl.

Graf Cancor lachte. »Hast du etwas gegen sie?«

»Im Gegenteil, aber manchmal ist es besser, wenn Männer unter sich sind. Erzähl mir etwas mehr über die Siedlung dort drüben.«

»Ursprünglich wohnte ein keltischer Stamm in dieser Gegend. Die Römer nannten sie Petrucoren. Daher haben auch die Stadt und die Landschaft Perigord ihren Namen. Und kaum eine andere Region in Gallien hat später mehr gelitten. Alemannen, Westgoten, wir Franken und Sarazenen fielen immer wieder über die einst blühende Stadt her.«

»Gibt es hier nicht auch Gräber der Merowinger?«

»Ja, aber noch interessanter ist das Kloster auf dem Kalkplateau, das auf einen Wandermönch aus der Bretagne zurückgeht.«

»Wahrscheinlich weil der Wein hier gut wächst«, sagte Karl und drehte sich auf der Uferwiese, damit die Sonne auch die andere Seite seines Körpers wärmen konnte. Er blinzelte über die vielen nackten Leiber seiner Krieger hinweg, und es gefiel ihm, was er sah. Und doch störte ihn etwas. Er wusste nicht, was es war – vielleicht die Ruhe des wundervollen Frühsommertages, vielleicht nur das vage Gefühl, nicht allein zu sein. Er richtete sich abrupt auf. »Ich will das Kloster besuchen!«

»Das Kloster oder den Weinkeller?«, fragte Graf Cancor schmunzelnd.

»Mich wundert, dass uns noch keine Mönche begrüßt haben. Sie sind doch sonst immer da, wenn Landschenkungen locken.«

Graf Cancor schüttelte den Kopf. Er konnte Karls Gedanken nicht folgen. Trotzdem fügte er sich, stand auf und kleidete sich an.

»Macht euch marschbereit«, befahl Karl. »Ich sehe mir das Kloster an. Nur zwanzig Reiter sollen mich begleiten. Und du, Cancor, bleibst hier.«

In weniger als einer halben Stunde waren die Männer so weit. Gut gelaunt und erfrischt saßen sie auf. Karl warf noch einen Blick auf die alten Karten, die teilweise noch von seinem Großvater Karl Martell stammten.

»Von jetzt an ganz besonders die Augen auf!«, befahl Karl, dann schnalzte er mit der Zunge und ritt los. Er wusste nicht, was er eigentlich erwartet hatte, doch alles, was sie sahen, waren ein paar Bauernjungen, die ihre kleinen schwarzen Schweine unter den Eichen des Waldes nach Trüffeln graben ließen.

Nur wenig später erreichten sie das kleine Kloster. Die Pforte in den abweisenden Mauern blieb auch noch verschlossen, als die Reiter direkt davor ihre Pferde zügelten. Einer der Panzerreiter zog sein Schwert und schlug damit gegen das hölzerne Tor.

»Macht auf!«, rief ein anderer. »Karl, der Sohn von König Pippin und Beschützer der Kirche, verlangt Einlass, Erfrischungen und eine Unterredung!«

Nichts regte sich, und selbst die Augenluke des Pförtners blieb geschlossen.

»Öffnet uns für den Sohn von König Pippin!«

Erst jetzt zeigte sich an einer kleinen Fensteröffnung sehr weit oben ein Kapuzenkopf. Es schien der Abt selbst zu sein.

Karl legte den Kopf in den Nacken. »Was soll dieses Gebaren?«, rief er verärgert.

»Wir beten gerade und halten Totenmesse ...«

»Für wen?«

»Weißt du das nicht, edler Herr? Der große Waifar, Herzog von Aquitanien, wurde im Schlaf erschlagen ... von seinen eigenen Leuten, wie es heißt.«

»Wann war das?«, rief Karl zurück.

»Schon vor drei Tagen.«

»Und warum haltet ihr eure Pforten verschlossen?«

»Weil wir befürchten, dass Hunoald, Waifars Vater, zurückkommt, um uns zu bestrafen.«

»Was heißt zurückkommt? War er denn hier?«

»Ja, viele Jahre lang mussten wir ihn auf den Befehl Waifars gefangen halten. Bis heute früh ... Als wir die Prim beteten, konnte er fliehen. Er will den Kampf fortsetzen, der seinen Sohn das Leben kostete.«

»Hunoald also!«, rief Karl. »Damit hat niemand rechnen können. Wohin ritt er?«

»Ich weiß es nicht«, antwortete der Abt fast weinerlich. »Wir sahen nur, dass er auf Männer traf, die in den Farben von Bordeaux gekleidet waren.«

»Und wo stand Herzog Waifars Heer, als er ermordet wurde?«

»Unweit der Felsenklause des bretonischen Wandermönchs Aemilianus, der im vergangenen Jahr vor Gott, den Herrn, getreten ist.«

»Wo liegt die Felsenklause?«, fragte Karl beherrscht. Er wusste, dass er nur dann etwas erfuhr, wenn er dem Abt nicht drohte.

»Ihr könnt der Isle bis zur Einmündung in die Dordogne

folgen«, rief der Abt, »von dort aus müsst ihr fünf Meilen nach Osten reiten.«

Karl war nicht daran interessiert, dem merkwürdigen Abt eine Lektion zu erteilen. Er hätte fordern, richten und bestrafen können, aber das alles hätte ihn nur aufgehalten.

»Fünf Mann reiten zurück und alarmieren Gaugraf Cancor! Er soll uns so schnell folgen, dass Schaum von Pferdenüstern fliegt! Wir nehmen Hunoalds Spur auf! Los, Männer, wir dürfen keine Zeit verlieren …«

Der Weg durch dichte Eichenwälder, durch Pinienhaine und am Fluss entlang, über die Hügel und vorbei an steilen Felsenschluchten war eine großartige Herausforderung für die jungen und gut geübten Frankenreiter. Jetzt zeigte sich, dass Karl die rechte Wahl getroffen hatte. Keiner fiel aus, und keiner blieb zurück.

Als die Sonne blutrot im Westen stand, erreichte Karl mit seinen Mannen die still durch sanfte Waldhügel fließende Dordogne. Nur ein paar Frösche quakten. Enten flogen hin und wieder über das Uferschilf des gut zweihundert Schritt breiten Gewässers.

Sie ritten ein Stück flussaufwärts, bis sie die Spuren von vielen Pferden im Uferkies entdeckten.

»Ich hab's geahnt«, knurrte Karl. »Wir können uns den Weg zur Klause dieses Einsiedlers ersparen. Hunoald muss gerade erst mit dem Heer seines Sohnes die Dordogne überquert haben.«

»Vielleicht sind noch nicht alle drüben«, sagte einer der Scaras. »Hier, diese Fußspuren sind noch sehr frisch.«

Karl legte die Hand über die Augen und musterte das gegenüberliegende Flussufer. »Da sind noch Karren«, sagte er.

»Wenn wir zwei Stunden eher hier gewesen wären, hätten wir sie packen können«, stieß einer seiner Panzerreiter ärgerlich hervor.

»Wie denn?«, höhnte Karl kopfschüttelnd. »Mit fünfundzwanzig Mann gegen zweitausend oder gar fünftausend? Nein, Hunoalds Flucht ist ein Werk des Himmels. Er weiß nicht, dass wir nur ein sehr kleiner Haufen sind. Soll er doch denken, dass ihm der Sohn des Frankenkönigs mit seiner ganzen Macht im Nacken sitzt! Für diesen Tag ist das genug. Wir lagern hier.«

Graf Cancor und die übrigen Teilnehmer des schnellen Zuges trafen am nächsten Tag schon vor der Mittagsstunde ein.

»Du hältst uns ganz schön in Bewegung«, rief der Graf lachend, als er Karl sah.

»Nicht ich bin es«, antwortete Karl, »es sind wie immer die Ereignisse! Obwohl uns Hunoald noch entwischt ist, haben wir Glück gehabt … Wir fanden einen seiner vor Angst wimmernden Diener. Er hat sich einen Fuß verstaucht und dort im Unterholz verkrochen.«

Er zeigte auf die Büsche, die eine dichte grüne Wand zwischen dem Waldrand und dem Uferkies bildeten. »Hunoald hatte auch im Kloster das Anrecht auf drei persönliche Bedienstete. Und einen davon haben wir jetzt. Er hat gejammert und darum gefleht, dass ihm die Zunge rausgeschnitten würde.«

»Habt ihr etwa …«

»Nein«, antwortete Karl mit einem breiten Lachen. »Im Gegenteil … Wir haben seiner Zunge köstlichen Met gegeben, Becher um Becher – so lange, bis er labernd darum bat, dass wir ihn ebenfalls zu Lupo gehen lassen … Lupo, verstehst du?«

»Moment mal«, sagte Graf Cancor. »Lupo ist Herzog der Vasgonen südlich der Garonne. Was sollte Hunoald dort?«

»Hilfe und Schutz erbitten, nehme ich an«, antwortete Karl froh. »Aber du weißt wie ich, dass Lupo sich niemals mit uns anlegen wird.«

»Du meinst, er liefert Hunoald aus?«

»Ich setze alles, was ich habe, auf diese Überzeugung.«

»Na schön«, lächelte der Gaugraf. »Ich setze nichts dagegen, denn du wirst recht behalten! Dann bleibt uns nur noch abzuwarten.«

Karl nickte zustimmend. »Genau so ist es«, sagte er. »Und in der Zwischenzeit sollten wir hier in dieser Gegend einen guten Platz für eine Festung suchen. Es wird Zeit, dass wir den Aquitaniern zeigen, wer ihre Herren sind!«

»Hast du schon einen Platz für deine Burg gefunden, der dir gefällt?«, fragte Graf Cancor.

»Ja, die Gemarkung nennt sich Fronsac«, antwortete Karl.

Es kam, wie Karl geplant und auch vorausgesehen hatte. In den folgenden Wochen zeichneten seine Baumeister alle erforderlichen Pläne für das neue Bollwerk der Franken mitten in Aquitanien. Maurer und Steinmetze, Zimmerleute und Drechsler wiesen Hunderte von Bauern und Tagelöhnern aus der Umgebung ein. Schon bald schallte der Schlag der Äxte durch den Wald, Steinsägen und Meißel fraßen sich in gelbe Felsen, die ersten Gruben für die Fundamente der Burg wurden ausgehoben, und an ihren Rändern wuchsen hölzerne Krangerüste dem Himmel entgegen.

Ende Juli – zwei Wochen später als erwartet – traf König Pippin mit einem zweiten Heer ein. Doch wie er kam, erschreckte Karl mehr als alles andere, was er bisher gesehen und erlebt hatte: Sein Vater, der erste Hausmeier, dem von der Reichsversammlung und von den Päpsten in Rom das Amt und die Würde des Frankenkönigtums zuerkannt worden waren, sein großer und starker Vater kam wie ein müder Merowingerkönig nicht hoch zu Pferd, sondern auf Stroh gebettet in einem Ochsenkarren nach Aquitanien!

Karl war so entsetzt über den Zustand seines Vaters, dass er zu ihm lief, seine Hände nahm und zu weinen begann. Pippin füllte kaum noch seine Rüstung aus. Seine Augen lagen sehr tief in den Höhlen, und seine Stimme hatte keine Kraft mehr.

»Mein Vater, mein Vater!«, rief Karl immer wieder. »Womit hast du das verdient?«

»Ja, Karl, ich bin krank«, antwortete Pippin erschöpft. »Es ist das Fieber, das ich mir schon vor Jahren in den Sümpfen dieses verdammten Landes geholt habe. Die kleinen Mücken, weißt du.«

»Du hast mich fortgeschickt …«

»Ich wollte nicht, dass du siehst, wie ich sterbe.«

»Nein, Vater, du sollst nicht sterben! Nicht so.«

»Wir alle sind vergänglich«, antwortete Pippin milde. »Ich werde mein Reich gerecht auf dich und Karlmann verteilen. Seht zu, dass ihr miteinander auskommt, denn das ist alles, worum ich euch noch bitte.«

Der heiße, sonnige Sommer in Aquitanien blieb durch das stete Dahinsiechen des Frankenkönigs eine freudlose Zeit. Ende Juli lieferte Herzog Lupo von Vasgonien den letzten Herrscher von

Aquitanien ohne irgendeine Bedingung an die Franken aus. Es war Hunoald nicht mehr gelungen, das Land zu retten, das sein Sohn Waifar viele Jahre lang tapfer verteidigt hatte. Der aquitanische Widerstand brach zusammen.

Zwei Tagesreisen nördlich von Bordeaux, in Saintes, schloss Karl den entscheidenden Vertrag mit den Großen des unterworfenen Landes ab. Mit dem Capitular von Saintes kapitulierte Aquitanien. Von nun an war der Südwesten Galliens eine fränkische Provinz wie alle anderen.

Karl war sehr stolz auf den Vertrag. Er brannte darauf, seinem Vater endlich zu beweisen, dass er mehr konnte als alle anderen. Als er erhitzt in Fronsac einritt, bekam seine Hochstimmung sofort wieder einen Dämpfer. Das Leben seines Vaters ging auf das Ende zu.

»Ich möchte zum Kloster des heiligen Martin gebracht werden«, bat Pippin, als Karl an sein Bett trat. »Vielleicht hilft mir eine Wallfahrt nach Tours.«

Karl setzte sich neben das Lager seines Vaters. In den folgenden Stunden phantasierte Pippin von Karl Martell und den Sarazenen, von Martin, der nach seinem Dienst in der römischen Garde vom Volk zum Bischof von Tours gewählt worden war.

Am nächsten Tag empfahl Karl, das Lager abzubrechen. Karlmann stimmte dagegen. Er war davon überzeugt, dass ihr Vater die lange Reise nach Tours nicht überstehen würde.

»Hier ist es warm, die Luft ist trocken«, sagte er vor den Großen des Reiches. »Außerdem will ich nicht, dass der König der Franken erneut wie ein hilfloser Merowinger im Ochsenkarren durch das Land gefahren wird.«

»Hat euer Vater nicht selbst den Wunsch geäußert, nach Tours gebracht zu werden?«, wandte Graf Cancor ein.

»Er weiß nicht mehr, was er redet.«

»Ich werde dennoch seinen Willen erfüllen!«, sagte Karl.

»Die Edlen entscheiden und nicht du!«, konterte Karlmann sofort. Graf Cancor hob beide Hände. Er stand auf und ging von einem zum anderen. Mit jedem der anwesenden Grafen und Großen des Reiches wechselte er ein paar Worte, dann drehte er sich um und kehrte in die Mitte der Runde zurück.

»Es ist, wie es ist«, sagte er mit einem bedauernden Blick zu Karlmann. »Wenn Pippin es wünscht, werden wir mit ihm nach Tours zum Kloster des heiligen Martin ziehen. Und du, Karlmann, solltest dich ebenfalls unserem Beschluss beugen.«

Der Siebzehnjährige murrte, aber er sah, dass alle gegen ihn waren. Und so machte sich das doppelte Heer der Franken auf den Weg nach Norden. Nur einige Scaras und Handwerker, junge Söhne von Grafen und Kundige der Verwaltung blieben in Fronsac zurück.

In Angoulesme teilte sich der Zug. Wer nach Osten musste, verabschiedete sich und nahm einen Teil der Beute aus Aquitanien mit. Die anderen zogen über die Römerstraße nach Paris über Poitiers bis nach Tours an der Loire weiter. Reitende Boten hatten bereits die Ankunft des kranken Königs gemeldet. Die Mönche von Sanct Martin taten alles, um Pippin zu helfen. Sie hatten die besten Ärzte des Reiches nach Tours bestellt, dazu Heilkundige und weise Frauen, die sich mit Kräutern und ihrem Sud auskannten.

Pippin bekam die beste Pflege, doch selbst Bertrada, die mit Karls jüngeren Geschwistern vom Hofgut Ponthion in der Champagne gekommen war, konnte ihm nicht mehr helfen.

»Ich fühle, dass es zu Ende geht«, sagte ihr Pippin in der ersten Septemberwoche. »Aber ich will nicht hier sterben, sondern in Sanct Denis …«

Karl, die versammelten Bischöfe und die Gaugrafen des Reiches diskutierten sehr lange, ob Pippin nochmals auf eine lange und beschwerliche Reise geschickt werden durfte. Schließlich entschieden sie, dass dem Willen des Königs höherer Wert beizumessen sei als den Warnungen der Ärzte. Und wieder setzte sich der Hofstaat in Bewegung. Es dauerte zehn Tage, bis Sanct Denis nördlich von Paris erreicht war. Und schon am Abend ihrer Ankunft erteilte Pippin neue Befehle: »Morgen früh, wenn ich den warmen Gerstenschleim gegessen habe, sollen die Großen meines Reiches und meine Söhne Karl und Karlmann vor mich treten.«

Bertrada weinte still, ging einsam durch den Klostergarten und sagte dann Graf Cancor, was Pippin angeordnet hatte.

Am nächsten Tag versammelten sich alle im Refektorium des Klosters. Bänke und Tische im Speisesaal waren bis an die kahlen Wände gerückt worden. Und dann brachten vier Mönche die Liege, auf der der bleiche, bereits vom Tod gezeichnete König der Franken ruhte. Sie stellten Pippins Bett an den Platz, an dem üblicherweise der Abt des Klosters saß.

Es war der greise Fulrad, der das erste Dank- und Bittgebet sprach. Danach verharrten alle in schweigender Erwartung. Pippin richtete sich halb auf.

»Kommt zu mir, meine Söhne«, sagte er mit klarer Stimme. »Ich will, dass ihr nach ehernem Gesetz der Franken zu gleichen Teilen erbt. Gelobt, dass ihr in Treue und Gehorsam mein Erbe gut verwalten werdet!«

»Ich schwöre und gelobe es«, sagte Karlmann ein wenig schneller als sein Bruder Karl.

»Ja, ich gelobe es«, sagte Karl ebenfalls.

»Du, Karl, als mein Ältester, sollst Austrien erhalten«, fuhr Pippin fort, »dazu die Rechte über Baiern, das Land nördlich des Mains, die Niederlande und was uns Friesland schuldet.«

Er wandte sich an Karlmann. »Und du, mein Sohn, sollst König über das halbe Neustrien, das Elsass und das Gebiet von Augsburg bis nach Reims und zur Champagne sein. Was südlich davon liegt, soll dir ebenfalls gehören. Und was das schöne Aquitanien betrifft, so sollt ihr euch das Land in brüderlicher Eintracht teilen ...«

Von der Anstrengung erschöpft, ließ sich Pippin in seine Kissen zurückfallen. Karl warf einen kurzen Blick zu Cancor. Der Graf des Rheingaus schüttelte kaum merklich den Kopf. Mit einer derartigen Reichsteilung hatte niemand gerechnet. Weder Karl noch Karlmann sollten in sich geschlossene Gebiete erhalten. Die Linie zwischen den beiden neuen Reichen verlief diagonal von Nordost nach Südwest. Sowohl Karl als auch Karlmann bekamen germanische und romanische Stämme zu gleichen Teilen.

»Entweder verrückt oder genial!«, flüsterte Graf Cancor Karl zu. Noch ehe irgendjemand eine Frage stellen konnte, war Pippin eingeschlafen. Die Mönche sangen ihm ein leises, trauriges Lied, als sie den König wieder in seine Kemenate trugen.

Drei Tage später, am 24. September des Jahres 768, schlief der Frankenkönig Pippin III. ganz eng umarmt von seiner Ehefrau Bertrada auf seinem Klosterlager diesmal für immer ein.

Alle seine Mannen, seine Edlen, die Grafen und Herren des Reiches, Bischöfe und Äbte, Paladine und Vasallen kamen mit Gefolge zu seiner Beerdigung. Niemand scherzte, und keiner sprach ein lautes Wort.

»Er hat recht daran getan, sein Reich so weise auf seine beiden ältesten Söhne zu verteilen«, meinten einige. »Und wie er es getan hat, verhindert, dass Völker und Stämme wieder in Sprachen und Rassen zerfallen, denn sowohl Karl als auch Karlmann haben beides in gleichen Teilen geerbt.«

Andere schüttelten besorgt den Kopf und befürchteten, dass es gerade deswegen zum Kampf zwischen Karl und Karlmann kommen könnte.

»Sie sind zu unterschiedlich«, sagten die Zweifler. »Karl hat das Kriegshandwerk, die Verwaltung und das Denken in großen Zusammenhängen gelernt. Karlmann hingegen ist fromm und so sehr von sich und seinem christlichen Auftrag eingenommen, dass keine Brücke mehr von ihm zu Karl führen kann.«

»Welcher von beiden wird nun der bessere König sein?«

»Derjenige, der es versteht, sein Erbe für uns alle zu mehren ...«

»Ein Testament wie dieses kann nie bestehen«, meinten jene, die sich seit dem Sieg Karl Martells über die Araber Jahr für Jahr neu dem Heeresbann unterworfen und ihren Königen treu gedient hatten. »Gewiss, es ist großmütig, aber wer will erwarten, dass ein gewachsener Körper in der Mitte geteilt und quer vereint überleben kann?«

12

König der Franken

Unmittelbar nach der Beisetzung von Pippin versuchte Bertrada noch einmal eine Versöhnung zwischen ihren ungleichen Söhnen.

»Ihr seid doch Brüder«, sagte sie, nachdem sie beide zu sich bestellt hatte. »Ich habe euch beide geboren, und Pippin war euer beider Vater. Warum könnt ihr nicht endlich Frieden schließen und fortsetzen, was er begonnen hat?«

»Ich werde den Auftrag, den mir der scheidende König der Franken erteilte, mit Gottes Hilfe und mit reinem Herzen erfüllen«, sagte Karl.

»Ich werde das Reich unseres Herrn Jesus Christus über alles Weltliche stellen«, sagte Karlmann.

Bertrada wusste jetzt endgültig, dass beide das Gleiche wollten und doch ganz unterschiedliche Wege beschritten. »Ich kann euch nicht mehr belehren«, sagte sie mit einer Spur von Trauer in ihrer Stimme. »Aber bedenkt bitte, dass ihr beide von gleichem Blut seid. Es wäre furchtbar für euch beide und für viele, die jetzt auf euch schauen, wenn Bruderzwist das Reich zerstören würde.«

»Ich werde keinem anderen Franken in die Quere kommen«, sagte Karlmann, ohne Karl anzusehen.

»Und ich will Frieden halten, solange es mir möglich ist«, versprach Karl aufrichtig.

Bertrada ging auf ihre Söhne zu und schloss sie links und rechts in ihre Arme. Sie weinte leise, und für einen Augenblick der Ewigkeit schien alles wunderbar zu sein. Bereits am nächsten Tag beschlossen die Edlen aus Austrien und Neustrien, dass beiden Königssöhnen jeweils in ihren zukünftigen Stammlanden die Krone aufgesetzt werden sollte. Für Karlmann wurde Soissons zwischen Reims und Compiègne ausgewählt und für Karl das einen Tagesritt nordwestlich gelegene Noyon.

Am 9. Oktober des Jahres 768 war es so weit: Der sechsundzwanzigjährige Karl erhielt am gleichen Tag die Königskrone der

Franken wie der inzwischen siebzehn Jahre alte Karlmann. Doch viele ahnten, dass diese Lösung nicht von Dauer sein konnte.

Karl zog mit seinem Hofstaat in weitem Bogen über Wallonien an der Maas entlang bis zum kleinen Gut von Herstelle, dem Stammsitz seiner Ahnen. Bereits am Abend ihrer Ankunft sah er, dass er als neuer König von Austrien bestenfalls zwei, drei Tage in der Idylle nordöstlich der alten Stadt Lüttich lagern konnte.

»Ich würde gern den Winter über hierbleiben«, sagte er zu seiner Mutter. »Aber die Pferde finden hier nicht genug Futter, und für die Männer hängen keine Schinken und keine Speckseiten neben den Räucherkammern.«

»Was willst du tun?«, fragte Bertrada besorgt. Karls kleine Schwestern Rothaid und Gisela zupften an seinem Wams aus Ziegenfell und streckten ihre Finger aus, um seinen schönen blonden Bart zu streicheln.

»Ich mag dich«, sagte die elfjährige Gisela. Rothaid, die jüngere, umfasste ihn mit beiden Armen, während die sechzehnjährige Adalhaid wortlos, doch äußerst aufmerksam an ihrem Schreibpult an der Schmalseite des Raumes saß und ganz genau beobachtete, wie Karl mit ihren Schwestern umging. Sie war gegen den ausdrücklichen Rat von Äbtissin Lioba aus dem Kloster Tauberbischofsheim zur Krönung ihres großen Bruders gekommen. Anschließend hatte sie erklärt, dass sie noch ein paar Wochen lang den Hofstaat begleiten wolle.

Ihre Gänsefeder kratzte leise über ein Stück Pergament. Sie war seit Wochen schon dabei, das alte Lied von Hildebrand und den Recken der Nibelungensage abzuschreiben. Helden wie diese waren ihr großer Traum, und manchmal kam ihr Karl wie Siegfried vor, wie jener Unverletzbare, der einen Drachen töten konnte und der nur durch Verrat und Hinterlist verging.

»Du bist der König«, sagte sie leise singend, »der König aller Franken, der König meines Herzens, der König, den uns Gott gesandt hat …«

»Adalhaid, lass das!«, mahnte Bertrada halblaut.

»Warum, stimmt es denn nicht?«

»Wir haben zwei Könige«, sagte Bertrada streng. »Jeder von

ihnen trägt seine Last, und niemand von euch Mädchen sollte dem einen oder anderen ein eigenes Lied vorsingen!«

Das Weihnachtsfest verbrachte Karl in Aquis Grana. Adalhaid war inzwischen ins Kloster Tauberbischofsheim zurückgekehrt. Als der Januar in seine zweite Woche ging, trafen erschreckende Nachrichten in der kleinen Pfalz ein. Und wieder waren es irische Mönche, die den Weg aus den entfernteren Provinzen bis zum jungen König der Franken nicht scheuten.

»Es sieht sehr schlimm aus«, berichteten sie. »In Burgund ist eine so schreckliche Hungersnot ausgebrochen, dass nicht mehr genügend Lebende vorhanden sind, all die Verhungerten zu begraben.«

»Burgund? Warum ausgerechnet im reichen, sonnigen Burgund?«

»Der Herr hat es gegeben, der Herr hat es genommen …«

Karl brauchte mehrere Tage, um die Schreckensmeldungen aus allen Provinzen seines Reiches anzunehmen und zu verarbeiten. Er wusste nicht, wie er den Katastrophen begegnen sollte. Alles, was er in und mit seiner neuen Macht tun konnte, waren Stunde um Stunde diktierte und von den Schreibern mit vielen Fehlern kopierte Briefe.

»Hiermit befehle ich, dass alle Klöster, alle Abteien und alle Königsgüter in meinem Reich so viel von ihren Vorräten abgeben, dass niemand mehr in seinem Hungerfieber das Fleisch der Toten anrührt oder zur Christenpflicht nicht mehr imstande ist!«

Und dann trat ein Ereignis ein, welches ihn selbst unmittelbar und völlig unvorbereitet betraf. Er kam von einem kurzen Jagdritt mit seinen Gefährten in die Pfalz zurück. Zwei Dutzend Edle saßen ab und bewerteten laut armeschlagend die vom Gefolge und den Treibern bereits ausgelegte Beute. Der schwarze Auerochse mit den zwei Finger breiten hellen Streifen entlang des Rückgrats, auf den sie aus gewesen waren, hatte sich im Wald versteckt gehalten. Dafür hatten sie fünf schmalflankige Wildschweine erlegt, acht Rehe, ein Dutzend Hasen, einige Fasane. Karl selbst war der Pfeilschuss auf einen großen Hirsch gelungen, der nur den kleinen Fehler hatte, dass an seiner obersten linken

Geweihspitze keine saubere Teilung, sondern die sogenannte Krone aus drei Enden gewachsen war.

»Wertlos!«, sagte Karl abfällig und stampfte in die Räume, die nach dem Tod von Pippin endlich ihm als König aller Franken zustanden. Gleich darauf stand Himiltrud vor ihm. Sie hatte sich ein neues langes Kleid aus honiggelb gefärbtem Linnen anlegen lassen, mit einem breiten, im Handbrettchen gewebten Gürtel mit siebenfachem Farbmuster. Darüber trug sie einen blauen Wollumhang, den Karl schon kannte und der ihn immer wieder an den Mantel von Sanct Martin erinnerte. Sie hatte sich ihr blondes Haar wie eine Weizengarbe als Kranz um ihren Kopf flechten lassen. Auch ihr Gesicht sah anders aus – rosig wie frisch gewaschen, fast wie im Frühling.

»Nun?«, fragte er und breitete die Arme für sie aus. Doch sie blieb stehen, kam ihm nicht wie sonst entgegen. Karl hob die Brauen, dann die Hände.

»Und?«, fragte er. »Was soll sein?«

»Ich bin schwanger«, sagte Himiltrud. Zuerst verstand er nicht, was sie gesagt hatte. Er schnaubte und schnäuzte sich, ließ sich von den herbeigeeilten Knappen beim Ablegen des Gürtels helfen und verharrte plötzlich mitten in der Bewegung.

»Was hast du gesagt?«

»Wir bekommen ein Kind.«

Karl lachte flach. Er sah nach links, nach rechts und dann wieder zu Himiltrud. »Ein Kind. Wir beide. Du und ich, ich meine … bist du ganz sicher?«

Sie sah ihn an und wusste nicht, ob sie lächeln oder sich vor ihm fürchten sollte. Auch Karl kam sich plötzlich so unsicher und verlegen vor wie schon lange nicht mehr. Himiltrud, die Friedelfrau, mit der er schon fast zehn Jahre zusammenlebte, der kein Sturm zu schwer, kein Weg zu weit und kein Kampf der Franken gegen ihre Feinde zu blutig gewesen war, dieses so stille Weib, das ohne die geringste Klage auf ihn gewartet hatte, die gleiche Himiltrud war nach all den Jahren in aufmerksamer Betreuung durch Bertrada und die wissenden Frauen doch noch schwanger geworden.

»Du weißt, dass es nicht nötig gewesen wäre«, sagte er eher

ernüchtert. »Bei mir und meinem Bruder war es anders als bei unserem Vater. Wir sind auch ohne Nachweis unserer Zeugungskraft Könige von Austrien und von Neustrien.«

»Willst du denn überhaupt kein Kind, Karl?«, fragte sie leise. »Du bist jetzt siebenundzwanzig und weißt doch auch, wie viele Jahre nötig sind, um das zu lernen, was ein König braucht.«

»So einfach, wie du denkst, ist das auch nicht«, stellte Karl fest. Er legte seine Hände auf den Rücken und ging mit großen Schritten unter den rauchdunklen Holzbalken der Zimmerdecke hin und her. »Wir müssen sofort Rom verständigen«, sagte er halblaut. »Papst Konstantin soll unsere Friedelehe offiziell bestätigen. Ich will nicht, dass mein erstes Kind, sei es Sohn oder Tochter, in Verhältnisse geboren wird, die so unklar sind, wie ich sie selbst erlebt habe!«

In den nächsten Wochen erwies sich, dass Karls Instinkt richtig gewesen war. Was er in seinem ersten aufwallenden Gefühl nur als Möglichkeit angenommen hatte, bestätigte sich zunehmend in massiven Warnungen.

»Was sagen unsere Edlen?«, fragte Karl immer häufiger all jene, die mit ihm ausritten, bei Tisch zusammensaßen, im Thronsaal Abordnungen und Bittsteller empfingen oder gemeinsam von den Messen kamen. Weder Cancor noch Erich, der Elsässer, oder Gerold von der Bertholdsbar konnten ihm antworten.

»Niemand hat etwas gegen Himiltrud«, sagte Angilbert schließlich. Er war noch immer etwas feiner und auffälliger gekleidet als sein König, aber inzwischen hatte er sich einen festen Platz erkämpft – nicht auf dem Rücken eines Pferdes und nicht durch Schwertschwung oder Lanzenstoß, sondern durch das rechte Wort zur rechten Zeit. Er war einer der zuverlässigsten Berater Karls geworden, auch was die privaten Dinge betraf.

»Aber ich spüre doch, dass nirgendwo Jubel oder auch nur der Anschein von Freude aufkommt«, sagte Karl. »Der Papst bleibt stumm, und nicht einmal ihr Vater empfiehlt mir, Himiltrud zu heiraten. Dabei zeigt doch ihr Bauch ganz deutlich, dass bald gehandelt werden muss!«

»Oder auch nicht«, sagte Angilbert und hob die Hände.

»Was heißt das?«, fauchte Karl. »Was weißt du? Und wer steckt hinter der Intrige, von der ich noch nichts weiß?«

»Würdest du Himiltrud ganz offiziell aus ihres Vaters Hand erbitten?«, fragte Angilbert.

Karl schüttelte den Kopf. »Wozu die Farce? Jedermann vom Norden bis zum Süden weiß doch, dass ich seit fast zehn Jahren mein Lager mit ihr teile.«

»Ein Lager mag sehr weich sein«, gab Angilbert zurück. »Aber es ist kein Thron! Und du als Frankenkönig könntest im Bett vereinigen, was auf dem Schlachtfeld nicht mehr möglich ist …«

»Wer sagt das?«, fragte Karl scharf. »Wer, Angilbert? Das alles stammt doch nicht aus deinem eitlen Kopf!«

Im gleichen Augenblick sah er seine Mutter. Bertrada trug den Trauerschleier mit schon fast hochmütigem Stolz. Pippin, ihr Ehemann und erster König seines Geschlechtes, war tot. Jetzt trug ihr Erstgeborener die Last des Erbes. Aber nicht er allein war König, sondern auch Karlmann. Karl sah die schweigende Gestalt unterhalb der frisch gewaschenen Familienfahnen an der Stirnwand des kleinen Versammlungssaales. Aquis Grana war nie eine bedeutende Pfalz gewesen. Und ohne die heißen Quellen und das Geviert der alten Römerbäder hätte sich Karl viel lieber in Ingelheim, Worms, Diedenhofen oder Ponthion aufgehalten.

»Was willst du?«, fragte Karl.

»Du hast gefragt, wer jetzt dagegen ist, dass du Himiltrud heiratest …«

»Ich habe meine Freunde und Gefährten gefragt, nicht aber dich, Mutter!«

»Dein ganzes Reich ist gegen eine Heirat mit diesem Friedelweib … Sie war fast ein Jahrzehnt deine Geliebte … Geduldet als Gespielin für einen heißblütigen Thronfolger, aber nicht genug für eine Königin!«

»Hör auf!«, stieß Karl hervor.

»Überall warten die edelsten Jungfrauen auf dich, Karl, Töchter von Fürsten und von Königen!«, rief Bertrada ebenso heftig.

»Sie darf das Kind nicht kriegen! Wir wollten es auf stille Art begleichen … aber der Kräutertrank … sie hat den Becher nur halb getrunken und damit dich und uns betrogen …«

Er spürte, wie das unbeherrschte Blut in seine Wangen, seine Schläfen schoss. In seinen Ohren rauschte es. Jedes Zischen der Gefährten machte ihn noch wütender.

»Ich schlage euch das Haupt ein, wenn ihr nicht ruhig seid!«

»Jetzt übt er auch noch die Tyrannis!«, flüsterte Angilbert mit einem tiefen Seufzer. »Dabei geschieht eigentlich nichts anderes, als dass ein Weib zur Mutter und ein Mann zum Vater wird ...«

Kein anderer hätte sich in diesem Augenblick etwas Ähnliches erlauben dürfen. Karls Fingerknöchel wurden weiß, so hart umfasste er den edelsteinverzierten Griff seines Schwertes. Aber sie hatten recht. Bertrada hatte recht, Angilbert ebenfalls und alle Großen seines Reiches.

In den folgenden Tagen und Nächten sagte sich Karl hundert Mal, dass sie recht hatten. Und doch kam ihm die nahende Geburt wichtiger und größer vor als seine kriegerischen Züge, in denen er mit seinem Schwert hundert Mal über Leben und Tod entschieden hatte.

Obwohl er sich nichts sehnlicher wünschte, als bei der Geburt dieses Kindes dabei zu sein, nahm seine Mutter alles in die Hand. Karl konnte nichts anderes tun, als unruhig und von dunklen Ahnungen umschattet durch die gesamte Pfalz zu irren. Er verbrachte Ostern in Rouen. Bereits im ersten Frühjahr seiner Regentschaft musste Karl beweisen, was er konnte. Die Prüfung begann in Aquitanien. Sein Vater hatte das Capitulare von Saintes zwar militärisch durchgesetzt – es war aber noch nicht wirksam. Im westlichen, Karl zugesprochenen Teil Aquitaniens regte sich erneut Widerstand. Zwar war Waifar tot, aber Hunoald, sein Vater, der lange Jahre im Kloster verbracht hatte, wollte die Macht wieder an sich reißen. Da nicht nur Karls, sondern auch Karlmanns Interessen bedroht waren, forderte Karl seinen Bruder auf, sich mit einem zweiten Kontingent am geplanten Kriegszug zu beteiligen. Die Berater der beiden Königsbrüder schafften es, ein Treffen zwischen Karl und Karlmann auf aquitanischem Boden in Duasdives vorzubereiten. Doch als es so weit war, zeigte Karlmann keinerlei Bereitschaft, mit Karl zu sprechen, und kehrte in sein Reich zurück. Dadurch verschärfte sich das schon lange belastete Verhältnis der beiden Königsbrüder weiter.

»Karlmann will einfach nicht verstehen!«, beschwerte Karl sich kurz darauf bei Angilbert. »Nicht dass er dumm wäre, aber er stellt sich gegen alles, was ich denke, sage oder tue!«

»Kain und Abel«, murmelte Angilbert.

»Unsinn!«, fauchte Karl. »Wer soll hier Kain und wer soll Abel sein?«

»Tut mir leid, Karl. Es war nur ein Gedanke und kein guter, wie ich zugebe.«

»Dann sprich zuerst in deine hohlen Hände, ehe du Dinge sagst, die sehr leicht böses Blut verursachen!«

»Ja, aber du verhältst dich manchmal auch nicht klüger«, sagte Angilbert. Bei jedem anderen hätte Karl sofort sein Schwert gezogen. Aus irgendeinem Grund war er bei den furchtlosen Unverschämtheiten des drei Jahre Jüngeren noch duldsamer als bei den eigenen Geschwistern. Karl sah den sorgfältig gekleideten jungen Mann nachdenklich an.

»Was hältst du von Bertradas Absichten?«, fragte er schließlich. »Sie lässt in letzter Zeit sehr viele Briefe schreiben, von deren Inhalt ich als König höchstens von Schreiberlingen etwas erfahre.«

Angilbert lächelte. »Ich weiß von nichts. Und ich werde mir auch nicht selbst das Messer an die Kehle setzen.«

»Ich müsste dich und deine Lügen wie einen tollwütigen Hund verjagen!«, knurrte Karl. »Aber ich will es nicht tun, wenn du sofort auspackst.«

»Ich hörte nur, dass sich Bertrada als Mutter beider Frankenkönige wohlwollend an euren Vetter Tassilo gewandt hat.«

»So! Und warum?«

»Nun, weil er wieder einmal ein Kloster gegründet hat?«

»Dass ich nicht lache! Was ist ein Kloster von diesem Agilolfinger, einem bairischen Feigling und Fahnenflüchtigen?«

»Klöster sind immer gut«, sagte Angilbert. »Viel besser noch als Königshöfe oder Pfalzen.«

»Wieso?«, fragte Karl verständnislos.

»Ein Kloster muss den Mönchen nicht so viel wie Sklaven oder Hörigen bezahlen. Die Abgaben an den Stifter bleiben meist erträglich. Und der eigentliche Gewinn sind die Schenkungen. Die Klöster leben davon, aber hast du jemals gehört, dass einem

Königshof Wälder, Ländereien, Fischrechte oder gar Gold und Silber geschenkt wurden?«

»Wie heißt Tassilos neues Kloster?«

»Innichen im Pustertal«, antwortete Angilbert unbehaglich.

»Gut«, stieß Karl hervor. »Dann wollen wir ebenfalls Klöster bauen ... Überall und jedes Jahr, verstehst du?« Er wandte sich ab, wies mit einer kurzen Handbewegung alle zurück, die im Hintergrund gewartet hatten, und ging allein quer über den Hof zur Spinnstube der Pfalz. Himiltrud, die Hochschwangere, sah ihm so sanft und duldsam wie in all den vergangenen Jahren entgegen. Sobald Bertrada nicht unter den Frauen und Mägden des Hofes saß, fiel Himiltrud die Rolle der weisen Frau zu. Eigentlich hatte der König nichts am geheimnisvollsten Ort jeder Pfalz, jedes Dorfs und jedes Bauernhofs zu suchen. Spinnstuben waren die Thronsäle der Frauen und Mädchen, oft laut und von Kichern und Lachen erfüllt, meist aber still und raunend, in Mythen und Sagen und uralte Legenden verstrickt.

Karl musste sich bücken, um unter dem Türbalken der Spinnstube hindurchzukommen. Schon bei seinem ersten Schatten waren alle Gespräche verstummt. Schweigend hockten die Frauen der Edlen und Krieger vor großen Hanfballen. Sie ließen die Spindel für die feinen Leinenfäden kreisen. Den Mägden kamen die gröberen Wollfäden zu.

Karl setzte sich auf einen Hanfballen neben die Frau, mit der er fast ein Jahrzehnt zusammen schlief, die er nach kirchlichem Recht niemals geheiratet hatte und die von Papst Stephan in Rom dennoch anerkannt worden war.

»Wie fühlst du dich?«, fragte er unbeholfen. Ihre Schwangerschaft kam ihm wie ein Riss vor, der etwas Selbstverständliches zwischen ihnen völlig veränderte.

»Hast du Schmerzen?«, fragte er und legte eine Hand auf ihren Leib. Sie schüttelte den Kopf, wagte aber nicht, sich vor allen anderen Frauen und Mägden gegen ihn zu lehnen.

»Unser Kind schmerzt mich nicht«, sagte sie, »nur diese neidischen und abfälligen Blicke überall. Ich dachte, dass ich mich daran gewöhnt hätte, aber es ist nicht so – gerade jetzt nicht, Karl.«

Es war kein Fehler von ihr, kein Bruch eines niemals gegebenen Versprechens. Und doch wussten sie beide, dass nach den neun Jahren ihrer Scheinehe ein Schlusspunkt nötig war …

»Wohin wirst du mich schicken?«, fragte sie ohne jeden Vorwurf.

»Wie kommst du darauf?«, entgegnete er voller Entrüstung.

Sie legte ihre schmalen Hände über seine Hand auf ihrem Leib.

»Versuch es gar nicht erst«, sagte sie. »Du kannst dir alles ersparen – jede Geste, jedes Wort. Ich möchte nur mit meinem Kind in Frieden und Bescheidenheit irgendwo leben, wo wir nicht geächtet werden.«

Er wollte protestieren, doch dann presste er die Lippen zusammen und nickte. Himiltrud sah, dass ihr Verzicht ihn fast noch mehr traf als die Schwangerschaft. »Aber zumindest deine Niederkunft geschieht hier bei uns!«, sagte er rau.

Einige Monate später war es so weit. Karl war bei der Jagd draußen im Wald, als er erfuhr, dass bei Himiltrud die Wehen eingesetzt hatten.

»Ich werde Vater, Männer!«, rief er seinen Paladinen und Gefährten zu. Er riss sein Pferd herum und stieß ihm mit den Hacken seiner ungespornten Stiefel in die Flanken. Dann jagte er so schnell wie möglich durch Hohlwege und unter tief hängenden Buchenästen, über Lichtungen und an Bachufern entlang zur Pfalz zurück. Die anderen hatten Mühe, ihrem König zu folgen.

Als Karl die Palisaden passiert und sein schaumig schnaubendes Pferd angehalten hatte, liefen bereits Knappen und Knechte auf ihn zu. Er zögerte nicht lang, sprang aus dem Sattel, zog seinen Schwertgurt gerade und eilte zum Wohngebäude der königlichen Familie. Unter der geschnitzten Balustrade erwartete ihn Angilbert.

»Nun, wie steht es?«, rief der König.

»Sie hat dir einen Sohn geboren …«

»Und dann machst du so ein Gesicht?« Karl strahlte hocherfreut. »Was ist los, ist er etwa blind oder hässlich?«

Angilbert verzog die Mundwinkel. Er sah zu Boden. Karl ging auf ihn zu. Mit beiden Händen packte er Angilberts Schultern.

»Dein Sohn hat ein sehr schönes Gesicht«, sagte der Freund leise. Karl zog die Brauen zusammen. Er wusste nicht, warum, aber er spürte plötzlich einen scharfen, schmerzhaften Stich im Herzen.

»Die Wahrheit!«, stieß er hervor.

»Ich kann nicht …«

Karl hätte ihn anheben und zur Seite schleudern können, aber er ließ ihn einfach los, stürmte an ihm vorbei ins Innere des Hauses. Himiltrud hatte bereits die für die Wöchnerinnen übliche Brühe getrunken und schlief. Mägde und Hebammen räumten mit gesenkten Köpfen Wannen mit warmem Wasser, Reste von Leinenbinden und den Glaskrug mit reinem Olivenöl fort, in dem der Faden zum Abbinden der Nabelschnur getränkt worden war. Keine der Hebammen und Mägde wagte, ihn anzusehen. Und selbst Bertrada tat so, als sei er überhaupt nicht da. Er hustete sehr hart und laut, dann tappte er mit schwankenden, unbeholfenen Schritten auf die Wiege zu, in der er seinen Sohn vermutete.

Angilbert hatte recht. Das winzige Gesichtlein sah noch etwas verknittert, aber doch schon stolz und schön aus.

»Kann ich … kann ich ihn hochnehmen?«

»Nein!«, sagte Bertrada hart. Karl zuckte unwillkürlich zusammen. Er verstand die ganze gereizte und gleichzeitig dumpfe Stimmung nicht.

»Du solltest alles hier am besten gleich vergessen und wieder zu jenen reiten, die deiner würdig sind«, sagte seine Mutter.

Karl schüttelte den Kopf. Auf seiner Stirn bildete sich eine steile Falte. »Warum? Was soll alles?«

»Was das soll?«, fragte sie scharf. Sie ging zur Wiege, nahm das Kind hoch und wickelte es aus den Tüchern. Sie trat ins Sonnenlicht und streckte Karl das Neugeborene mit seinem Rücken entgegen. »Das da ist die Antwort! Sie hat dir einen Buckligen geboren!«

Es war, als hätte Gott Thor mit seinem gewaltigen Kriegshammer zugeschlagen. Vollkommen fassungslos stand Karl vor seiner Mutter und seinem Sohn. Er starrte auf die winzige Wölbung an der Schulter des Neugeborenen. Ihn seinen Ohren rauschte es, und er war nicht mehr in der Lage, auch nur ein

Wort zu sagen. Dutzende von Gedanken rasten gleichzeitig durch seinen Kopf. Aus, dachte er, jetzt ist alles aus und vorbei. Sein Vater hatte mit ihm einen gesunden Nachfolger vorweisen können. Er selbst war bereits König, aber keiner der Großen und der Edlen im ganzen Frankenreich würde jemals einen Buckligen als Thronerben anerkennen. Damit waren König Karlmann und seine Anhänger mit einem Schlag aufgewertet und bestätigt. Nicht einmal die eigenen Gefolgsleute würden das böse Vorzeichen billigen.

»Warum?«, fragte Karl schließlich. »Nach so vielen Jahren ein Kind ... ein Sohn, der wieder Pippin heißen könnte ... und dann das! Wer weiß bereits davon?«

»Nur Himiltrud, wir und ...«

»Wer?«, stieß Karl ahnungsvoll hervor.

»Angilbert.«

»Ausgerechnet dieses Quatschmaul!« Er ballte die Fäuste, biss die Zähne zusammen und stampfte bis zu den Fenstern. Er atmete tief durch, dann drehte er sich abrupt um. »Es ist gut«, sagte er. »Sobald sie reisen kann, soll Himiltrud mit dem Kind nach Sanct Denis zu Abt Fulrad fahren. Er wird ihr weiterhelfen.«

Entgegen seiner ersten Absicht ging der König der Franken doch noch einige Male zu Himiltrud und seinem Sohn, der auf den Namen Pippin getauft und damit schon fast anerkannt wurde.

Doch dann mischte sich Bertrada wieder ein. Wie zufällig sprach sie hier ein Wort zu einem Priester, dort einen Satz zu einem seiner Gefährten, die sie alle seit vielen Jahren kannte.

»Er kann einfach nicht mit allen Spannungen hier am Hof und an den Grenzen seines Reiches zugleich fertigwerden«, sagte sie mit strenger Überlegenheit zu Erich, Gerold und Winniges, als die jungen Anführer der Scaras wieder einmal darüber sprachen, wie ernst und verschlossen Karl geworden war.

»Was soll mit Aquitanien geschehen, mit Baiern und mit dem brüchigen Frieden südlich der Alpen?«, meinte sie lächelnd, als Hitherius, der Vorsteher der Kanzlei, mit einigen Briefen kam, die sie den Schreibern diktiert hatte. Und zu Angilbert, dem sie im Kräutergarten der Pfalz vor den Hollerbüschen einmal allein begegnete, sagte sie: »Ich sehe doch, wie Karl sich quält! Er kann nicht denken, seit seine Himiltrud mit dem Gezeichneten von uns geflohen ist.«

»Geflohen?«, wiederholte Angilbert verwundert. Er war keineswegs wegen der Kräuter in den Garten gekommen. Viel eher interessierte ihn ein sehr junges Mädchen, das seit ein paar Tagen von Zeit zu Zeit auf der Holzbank zwischen den Hollerbüschen saß. Er reckte seinen Hals, sah sie aber nicht. Wohl oder übel ließ er sich deshalb auf ein Gespräch mit Bertrada ein. »»Geflohen«, sagst du … Nennt man das jetzt so?«

»Willst du mich etwa belehren?«, fragte Bertrada.

Angilbert verstand sofort die Warnung. »Nein«, sagte er aufrichtig, »ich würde niemals wagen, dich zu belehren. Ich dachte nur daran, wie es wohl gewesen sein mag, als du mit deinem kleinen Sohn Karl allein und vaterlos gelebt hast …«

»Verschwinde!«, zischte sie. Weder Angilbert noch Bertrada hatten bemerkt, dass sie die ganze Zeit von der kleinen Tochter des Alemannenherzogs Godefrid beobachtet wurden. Sie befand sich erst seit wenigen Wochen unter der Obhut der Königinmutter, um das Leben bei Hof zu lernen.

In den folgenden Wochen verschlechterte sich das Klima am Königshof der Franken immer mehr. Die angespannte Stimmung übertrug sich von Karl und Bertrada auf den Seneschall und den Marschall, den Erzkaplan, die Edlen und Priester, die Anführer der Scaras, die Waffenträger und Pferdeknechte bis hinab zu den Mägden und Hütejungen, den Unfreien und dem ganzen Gesindel aus Händlern, Gauklern und Pilgern, das sich in sicherer Entfernung herumtrieb und nur darauf wartete, irgendetwas vom Königshof zu finden oder zu stehlen. Obwohl niemand wusste, was Bertrada beabsichtigte, wurden die wildesten Mutmaßungen über ihre Pläne angestellt. Die meisten kreisten um eine Verbindung zwischen den Franken und den Langobarden.

»Wenn ihr das gelingt, kann Karl nicht länger Verteidiger der Kirche sein«, entrüsteten sich die Priester.

»Wozu haben wir unser Blut vor Turin und Pavia gelassen?«, murrten die älteren der Scaras.

»Gibt es denn keine heiratsfähigen Töchter von Grafen und Edlen in Franken?«

Natürlich erreichten derartige Klagen auch Karl und seine Mutter. Je lauter der Widerspruch wurde, desto direkter gab Bertrada zu, was sie plante. »Ich weiß genau, wie gefährlich all das sein kann, was ich will«, sagte sie, als sie an einem stillen Nachmittag im Garten saßen. Karl hatte alle anderen fortgeschickt. Es kam jetzt wieder häufiger vor, dass er die Nähe seiner Mutter suchte. »Ich weiß auch, dass ich von den Großen, denen das Frankenrecht viel gilt, niemals ganz anerkannt worden bin«, fuhr sie fort. »Ich war die Königin, solange Pippin König war. Jetzt bin ich nur noch deine Mutter. Und Großmutter eines Gezeichneten ...«

Karl schnaubte mehrmals und schüttelte den Kopf. »Es muss doch möglich sein, dass wir lernen und den Verstand benutzen!«

»Du hast das Feuer im Kopf. Aber es hilft dir nichts, denn wo die Flamme ist, muss etwas anderes verbrennen! Warum begreifst du nicht, dass wir nur leben und gewinnen können, wenn wir bereit sind, etwas anderes zu zerstören ...«

»Kampf, Krieg und Totschlag?«

»Ja.«

»Verrat?«

»Auch das.«

»Lug und Betrug? Neid, Missgunst und Intrigen?«

Zum ersten Mal seit langer Zeit lachte Bertrada wieder, und ihre Augen leuchteten. Karl fühlte, wie eine heiße Welle über seinen Rücken rann.

»Und was ist mit der Frohen Botschaft, dem Evangelium, der Nächstenliebe und allem, was uns Christen heilig ist?«

»Das musst du selbst herausfinden, König und Königssohn! Ich sage nur, dass die Verbindung zu den Päpsten ein guter Zug für den Gewinn von Macht war – aber kein Fundament für ein großes, unabhängiges Frankenreich.«

»Was dann?«, fragte Karl.

»Bleib Christ in aller Demut«, antwortete seine Mutter, »getauft, gesalbt und zum Beschützer Roms ernannt. Aber streck deine Fühler gleichzeitig nach allen Seiten aus. Nach Baiern, Sachsen, den Königreichen in Britannien, zum Emirat von

Cordoba und ganz besonders zu unserem Brudervolk, den Langobarden ...«

»Das kann doch alles nicht wahr sein!«, stöhnte Angilbert eines Tages nach dem Vespergebet. Sie standen leicht und nachlässig gewandet draußen bei den Pferchen, warteten auf Karl und beobachteten den Lauf der neu beschlagenen Jungpferde. »Und doch ist es so«, sagte Erich der Elsässer. »Sie will vier Hochzeiten über die Alpen hinweg: Herzog Tassilo von Baiern soll die älteste Langobardenprinzessin namens Liutperga heiraten. Nach Bertradas Plänen bekommt Karlmann Gerperga, die zweitälteste, und unser Karl die jüngste der kratzbürstigen Töchter des Langobardenkönigs. Ich weiß noch nicht mal ihren Namen, auch wenn sie hier bereits verächtlich Desiderata genannt wird.«

Kurz darauf erfuhr Karl von seiner dreizehnjährigen Schwester Gisela, dass ihre Mutter auch sie an den langobardischen Thronfolger Adalgis verkuppeln wollte. Das war zu viel.

»Sind wir denn hier auf einem Sklavenmarkt?«, schrie er mit hoher Stimme. Er schwang zu Gisela herum. »Willst du das überhaupt?«, fuhr er sie an. »Kannst du jemals einen aufgeblasenen Langobarden lieben und ehren?« Gisela senkte den Blick. Nur wenige wussten, warum sie zu weinen begann. »Willst du das?«, wiederholte Karl laut. Sie schüttelte den Kopf, und ihre dicken blonden Haare fielen wie Flachsbüschel über ihre Schultern.

»Warum quälst du mich?«, stieß sie aufschluchzend hervor. »Du weißt doch, dass ich lieber ins Kloster ginge ... ich will in die Abtei Chelles bei Paris zu deinem Sohn ...«

»Hast du ›zu meinem Sohn‹ gesagt?«, wiederholte Karl mit furchtbarer, drohend klingender Stimme.

»Dem Sohn von Himiltrud«, sagte seine Schwester schnell. Und alle, die zugehört hatten, glaubten plötzlich eine ungeheure Erleichterung in Karl zu spüren. Er ging zu Gisela und nahm sie in die Arme. Sie weinte an seiner Schulter. Karl streichelte sanft über ihren Rücken.

»Mach's gut«, flüsterte er leise. »Dir und dem Sohn von Himiltrud soll es an nichts fehlen.«

Ihre Mutter verließ am nächsten Morgen die Pfalz. Sie sagte nur, dass sie nach Regensburg und anschließend über die Alpen nach Pavia und Rom reisen wollte. Kaum einer der Paladine und Vasallen am Frankenhof verstand sie. Noch weniger verstanden sie, dass Karl sie ziehen ließ. Zum Baiernherzog, dessen Hochmut kein Franke ohne Murren billigte. Zum verräterischen Langobardenkönig und dann auch noch nach Rom, wo just zum Zeitpunkt von Bertradas Eintreffen ein Konzil die Ikonoklasten in Konstantinopel verdammen sollte.

»Warum lässt sie die Dinge nicht so, wie sie sind?«, fragte Karl seine Gefährten.

»Vielleicht ahnt sie, dass zwischen dir und deinem Bruder eine Entscheidung fallen muss«, meinte Angilbert.

Im Mai des Jahres 770 ging die Königsmutter auf eine eigenwillige Mission. Sie ließ verlauten, dass sie nach Prüm reisen wolle, um den Sommer in ihrer Burg Mürlenbach zu verbringen. Doch ihre wahren Pläne sahen anders aus. Ohne Karl zu informieren, bog sie nicht nach Norden ab, sondern reiste bis zur Burg Seltz im Elsass. Dort gelang es ihr, mit ihrem jüngeren Sohn Karlmann kurzfristig eine Art Versöhnung zu vereinbaren.

Aber auch die Augen und Ohren von Karls Königsboten waren nicht untätig. Als er schon kurz darauf erfuhr, was seine Mutter mit seinem Bruder ausgehandelt hatte, lief er eine Nacht lang mit der Hand am Schwertgriff durch die Pfalz.

»Ich muss ihr nach!«, stieß er am nächsten Morgen hervor. Kurz entschlossen stellte er ein kleines Fähnlein mit Vertrauten zusammen. Neben einem Dutzend junger Scaras gehörten Angilbert und Eginhard dazu, ebenso die Brüder Richart und Richolf, die auf dem Weg in den geistlichen Stand waren. Dazu wie üblich Seneschall, Marschall und Erzkaplan als Beichtvater mit ihrem notwendigsten Gesinde. Nur bei sehr kurzen Jagdausflügen war Karl mit weniger Gefolge aufgebrochen. Es war, als ahnte er bereits, dass er zu spät nach Seltz kommen würde …

Er irrte sich nicht. Noch ehe sie Karlmanns kleine Burg vor der oberrheinischen Tiefebene erreicht hatten, berichteten vorausgeschickte Späher, dass Bertrada längst durch die oberrheinische

Tiefebene und den Schwarzwald weitergezogen war. Karl hatte kein Interesse an einer Begegnung mit seinem Bruder. Sowohl sein Seneschall als auch sein Marschall rieten ihm von weiterer Verfolgung ab.

»Wenn sie schnell genug ist und etwas Glück hat, erreicht sie das Herzogtum Baiern einen Tag vor uns.«

»Und wie wir Tassilo kennen, weiß er inzwischen ebenfalls Bescheid und könnte sie an der Grenze zu Franken bereits erwarten.«

»Trotzdem!«, schnaubte der König. »Ich lasse mich nicht mehr von diesem Weib bevormunden! Wir reiten direkt weiter. Der Tross soll uns so schnell wie möglich folgen.«

Es kam, wie Seneschall und Marschall vorausgesagt hatten. Überall, wo sie noch vom Rücken der Pferde hinab fragten, wo und wann die Mutter des Königs gesehen wurde, erhielten sie ähnliche Antworten.

»Sie muss von Furien gehetzt sein«, keuchte Karl nach vielen Meilen in scharfem Ritt.

»Wir schaffen es nicht mehr«, stellte der Marschall in der beginnenden Dämmerung fest. »Dort vorn ist die Altmühl zur Donau hin. Und nur zwei Meilen weiter fließt die Rezat in einem großen Bogen nach Norden und schließlich zum Main. Und wir sind bereits im Grenzgebiet zwischen Franken und Baiern.«

»Was nun?«, fragte der Seneschall. Karl kaute wütend auf den Enden seines Schnurrbartes. Er war ebenso verschwitzt und schmutzig wie seine Begleiter.

»Ich weiß nicht, wer von den Mönchen aus Fulda davon gesprochen hat«, meinte der Marschall, »aber ein, zwei Stunden flussaufwärts soll ein besonders frommer Priester in einer Klause leben. Die hügelige Gegend heißt Hasenried, angeblich, weil dieser Gottfried oder auch Deocar die Tiere dort mit geweihten Kräutern zur ungewohnt schnellen Vermehrung füttert.«

»Dann auf zur Hasenjagd!«, stieß Karl unternehmungslustig hervor. »Aber ich schwöre euch, dass ich nicht in Bertradas Fangschlingen hängen bleibe ...«

Noch Wochen später hatte er keinen Gefallen mehr an gebratenem Wild, an den in diesen Tagen besonders wohlklingenden Gesängen der Priester oder am Geklirr der Waffen ausreitender Scaras. Nichts beschäftigte ihn mehr als der Gedanke, wie er die wahnwitzigen Pläne seiner Mutter doch noch verhindern könnte. Tag um Tag besprach er die möglichen Folgen von Bertradas Eigenmächtigkeiten mit seinen Beratern.

»Konstantinopel ist bisher nur Zuschauer geblieben«, meldete Angilbert, der sich mehr und mehr zu einem Mann von genusssüchtigem Gehabe, aber auch einem ungewöhnlich klaren Verstand entwickelte. »Eigentlich seltsam, weil doch von Rechts wegen Italien noch immer zum oströmischen Reichsverband gehört.«

»Dafür dürfte der Papst längst gemerkt haben, wo er ansetzen muss«, meinte der Bischof von Würzburg. »Er kann einer frankolangobardo-baierischen Dreieinigkeit niemals zustimmen.«

»Was wird er tun?«, wollte Karl wissen. »Mir einen Brief schreiben und protestieren? Ich glaube nicht, dass sich meine Mutter davon beeindrucken ließe.«

Die Männer um ihn herum lachten.

Erzbischof Lullus von Mainz war ein kleiner, eher zierlich wirkender Mann mit weißer Haut und kleinen roten, verfroren wirkenden Äderchen auf den Wangen. Er hatte nie verwunden, dass der große Bonifatius nach seinem Märtyrertod in Friesland nicht in Mainz, sondern im Kloster Fulda seine letzte Ruhestätte gefunden hatte.

Schon deshalb war es wichtig für ihn, dass er kurz vor Weihnachten den Frankenkönig von Austrien und den Rheingauen mit der Tochter des Langobardenkönigs Desiderius in seinem Mainz mit einem feierlichen Hochamt zusammenführen konnte. Karl hatte vor dem Ringtausch keine drei Worte mit ihr oder mit irgendeinem aus ihrem hochnäsigen Gefolge gewechselt.

Der prahlerische Hochzeitsschmaus bestand aus feinsten Zutaten, Fisch, Braten, Kuchen und süßen Leckereien. Der Langobardenkönig war nicht selbst erschienen. Dafür hatte er seine höchsten Würdenträger nach Mainz geschickt. Sie brachten große

Kästen mit goldenen Kelchen, silbernen Leuchtern und Geschmeide mit. Dazu Fässer mit schwerem Wein aus den Hügeln des Piemont, Gewürze von den Händlern in Venedig, seidene Tuchrollen, Beutel mit Matrix von der Insel Lesbos, Weihrauch aus dem Orient, Pistazien, Nüsse, Käse und Parmaschinken. Die Mitgift konnte sich sehen lassen. Trotzdem wurde das Ganze zu einer jämmerlichen Hochzeit, an der weder die Neuvermählten noch die hohen Gäste aus dem gesamten Frankenreich Freude hatten.

13

Ein Sachse kommt

Im ganzen Reich, auf den Höfen der Edlen und Freien, in den Klöstern und an den Bischofssitzen herrschte Besorgnis. Noch saßen die beiden jungen Frankenkönige nicht sicher auf ihrem Thron. Den meisten war gleichgültig, was an den Herrscherhöfen im ehemaligen Neustrien, Austrien und in Pavia, in Aquitanien oder in Rom, Konstantinopel oder Bagdad geschah. All das war fern und wurde nur zum bösen Echo, wenn es erneut hieß, Waffen und Verpflegung, Geschenke und Abgaben dorthin zu schaffen, wo sich einer der jungen Könige gerade aufhielt.

Dennoch erkannten einige der Großen, dass Karl und Karlmann durch die Vereinbarungen Bertradas gleich dreifach gefesselt waren. Beide mussten nach Baiern hin Ruhe geben, weil sie mit Herzog Tassilo verschwägert waren. Durch seine Heirat drohte nun auch den Langobarden keine Gefahr mehr aus dem Norden. Zum Dritten hatte der Papst selbst unter Androhung göttlicher Strafen nichts erreicht.

Am Hof von Karl wurden die Gespräche über die Vorgänge südlich der Alpen immer ernster.

»Desiderius wird keinen Augenblick zögern, um seinen unblutig errungenen Sieg zu steigern«, meinte der knurrig gewordene Bernhard.

»Es heißt, dass Desiderius' Vertraute in Rom eine Verschwörung gegen den Papst, seinen Berater Christoforus und dessen Sohn Sergius anzetteln wollen«, sagte Abt Fulrad mühsam. »Wer weiß, wie das noch endet …«

Sie erfuhren es schon wenige Tage später durch zwei jüdische Brüder, die als Händler mit Weihrauch und Gewürzen von Ostia über das Meer, Marsiglia und Burgund zum Königshof gekommen waren.

»Nachdem Christoforus und Sergius den Usurpator Konstantin verjagt und an seiner Stelle Papst Stephan III. gefördert hatten, waren sie beide die wichtigsten Männer in Rom«, erzählte der

ältere der Brüder an einem langen Abend. »Aber ihr Einfluss
schwand, weil sich der neue Papst dem Langobardenköng nähern
wollte.«

Er nahm einen Schluck roten Wein. Unterdessen fuhr sein
jüngerer Bruder fort: »Desiderius hatte sich durch hohe Zahlungen insgeheim längst mit dem päpstlichen Kämmerer Afiarta
verbündet.«

»Ja, und als Desiderius dann mit seinem Heer vor Rom auftauchte, griffen Christoforus und Sergius zu den Waffen. Sie
versuchten, den Papst zu entführen. Stephan floh in die Basilika Sanct Peter außerhalb von Rom, direkt in die Arme des
Langobardenkönigs. Dabei hatte ihm der schon zuvor mehrere
langobardische Städte versprochen.«

»Und so tappte das Oberhaupt der Christen in seine eigene
Falle«, seufzte der jüngere Jude. »Christoforus wurde geblendet
und starb am gleichen Tag. Und viele andere wurden ermordet,
beraubt, in die Verbannung geschickt ...«

»Unfassbar«, sagte Karl angewidert.

Kurz darauf sandte Papst Stephan III. einen kostbar gesiegelten
Brief an Bertrada und Karl – jedoch nicht an Karlmann –, um sein
Verhalten zu rechtfertigen. Er nannte Desiderius seinen »ausgezeichneten Sohn« und führte Klage über die Missetaten und die
teuflischen Einflüsterungen anderer. Karlmann war über diese
Unterstellungen so erbost, dass er mit seiner vollen Heeresmacht
nach Rom ziehen wollte.

Karl war ebenfalls wütend. Er reagierte sofort und löste sich
aus den Umschlingungen Bertradas.

»Ich achte dich als meine Mutter«, sagte er zu ihr, »aber du hast
mich zu einem bösen Schritt veranlasst. Dass ich mit Karlmann
Frieden halten muss, hat mir meine Handlungsfreiheit genommen. Ich will zuallererst gegen die Heiden kämpfen, aber ich
kann es nicht. Ich möchte ein Verteidiger des Papstes sein, doch
dieser zieht mir Desiderius vor. Ich möchte die Sachsen, Friesen
und Baiuwaren zähmen, aber mir fehlen jegliche Mittel dafür.«

»Und was willst du nun tun, mein Sohn?«

Karl lachte kalt. Nicht einmal seine Mutter, die ihn besser

kannte als alle anderen, konnte mit seiner unerhörten Antwort rechnen.

»Ich werde Desiderata zu ihrem Vater zurückschicken und zugleich Karlmann auffordern, sich in ein Kloster zurückzuziehen.«

Von Ärzten bestärkt, die Desiderata als schwach, kränklich und unfähig zur Fortpflanzung beschrieben, schickte Karl die Langobardenprinzessin »wie einen Ballen Seide« samt Mitgift und Dienerschaft an ihren Vater in Pavia zurück. Gleichzeitig übermittelte Karl Desiderius eine Botschaft in einer Schreibweise, die ihm die irischen Mönche am Hof formuliert hatten: »Sire, Sie haben die Klauseln des Vertrages für die Heirat von Karl und Desiderata nicht eingehalten. Ihr habt dem Pontifex die Städte des Exarchats und die Pentapolis an der Adria nicht zurückgegeben, und das kann unser König nicht dulden.«

All das war ein Grund mehr für den Unwillen einiger fränkischer Edler. Karls Vetter Adalhard, sein Trauzeuge, fühlte sich meineidig gemacht und wollte ins Kloster Corbie eintreten. Andere jedoch waren mit Karls Handlung einverstanden. Karl hatte Zepter und Zügel selbst in die Hand genommen. Nur Bertradas Einfluss war damit endgültig vorbei.

Im Sommer traf Karl mehrere Entscheidungen, die er nur mit seinen allerengsten Beratern besprach und erstmals ohne Bestätigung durch einen Reichstag umsetzte.

»Die Scara francisca ist mir zu groß, zu selbstständig geworden«, sagte er eines Abends zu Onkel Bernhard. »Was nützt ein Haufen von fünfhundert Panzerreitern, wenn wir für schnelle Einsätze nur fünfzig oder hundert samt ihren Waffen- und Pferdeknechten brauchen?«

»Was denkst du dir?«, fragte Bernhards misstrauischer Sohn Adalhard. Karl wusste, dass Adalhard sich sehnlichst wünschte, Klostermönch, Bernhardiner und eines Tages Abt zu werden. Aber er dachte nicht daran, seinen Vetter jetzt schon freizugeben. Adalhard war mehr für ihn als ein getreuer Vorkoster − er war die Garantie dafür, dass ihm niemand aus der Familie von Onkel Bernhard sein Königtum bestreiten würde. Sollte irgendein Gift in Fleisch oder auch Wein gemischt sein, dann würde Adalhard vor ihm oder auch sehr schnell nach ihm sterben. Mehr als einmal fragte sich Karl, was passieren würde, wenn seinem Bruder Karlmann und ihm selbst etwas zustieß. Traten dann nicht Adalhard oder vielleicht die Söhne von Bernhard und einer Sächsin in die Nachfolge des letzten Merowinger-Hausmeiers Pippin ein? Beide Vettern dienten in der Scara francisca. Ebenso wie ihr Vater waren sie ausgezeichnete Anführer. Doch genau das machte sie noch gefährlicher als Adalhard. Karl hatte oft darüber nachgedacht, welche Fehler die Merowinger als Könige der Franken gemacht hatten. Die Antwort war sehr einfach: Sie hatten bis zum Schluss geglaubt, dass jedermann ihre Regeln einhalten musste. Sie waren göttlichen Geblüts, deswegen konnten sie ohne Rücksicht auf dieser Herrscherebene untereinander kämpfen und intrigieren.

»Im Namen Gottes« hieß das Zauberwort, gegen das kein Mensch irgendetwas tun oder auch nur sagen konnte.

»Im Namen Gottes« war die Rechtfertigung für jedes Unrecht, jeden Krieg, jede Unmenschlichkeit.

»Im Namen Gottes« lebten und dachten Papst, Bischöfe und Äbte, die Könige und Fürsten, Krieger, Frauen und Mägde ... einfach alle. Doch wer bestimmte, was der allmächtige Gott bei Juden, Christen und Muselmanen sagte?

Karl jedoch hatte noch immer jenen Tag vor Augen, an dem sein Vater den letzten Merowingerkönig vollends entmachtet hatte. Er würde nie vergessen, wie Pippin den hilflosen Childerich III. mit geschorenem Haupthaar auf einem Thron aus Stroh in einem Ochsenkarren ins Kloster geschickt hatte.

Ja, dachte er, das kann mir auch passieren, nicht jetzt und heute, aber genau in dem Moment, in dem ich nicht aufpasse. Wie zufällig waren an diesem Abend auch Bernhards jüngere Söhne in der Nähe. Karl bestaunte die Selbstverständlichkeit, mit der sie sich ohne Waffen und Rüstung von den Mädchen des Hofstaates pflegen ließen. Er beobachtete das Spiel der Hände und der Finger zwischen den Scara-Anführern und den jungen Töchtern anderer Grafen.

Die Mädchen lachten und fassten so wie immer den Kriegern ans lüstern aufsteigende Gemächt, während diese ihre Flanken und Hintern beklatschten wie bei ihren Pferden. Ja, jeder und jede von denen hatte die Möglichkeit, ihn umzubringen und anschließend zu sagen, dass es ein Unfall, Schicksal oder Gottes Wille gewesen war. Ein kurzer, durch Erdbuckel erklärter Zusammenstoß zwischen geharnischten, in ihrem Blickfeld eingeschränkten Pferden ... ein etwas zu weit seitwärts oder nach hinten ausholender Schwertschlag ... ein Pferdeknecht, der in der Dunkelheit der Nacht die Gurte des Königspferds anschnitt ... eine von Baum zu Baum gespannte dünne Sehne oder auch ein ganz direkt und hart von einem kleinen Katapult im Gebüsch abgeschossener Eisenbolzen, den niemand sehen konnte, weil er – anders als ein Holzpfeil – viel zu schnell war. Es gab sehr viele Möglichkeiten ...

Karl beschloss, von nun an ganz genau auf Bernhard und seine Söhne achtzugeben. »Wir können nicht mehr wie bisher als wilde Horden auftreten«, sagte er. »Ein Heer, wie ich es wünsche, braucht Disziplin und Ordnung.«

»Willst du die Scara etwa wie römische Legionen gliedern?«, fragte Bernhard spöttisch.

»Nicht ganz so, aber ich denke, dass jeweils neun gut Gerüstete mit einem Edlen reiten, der auch ihr Anführer sein soll. Und jeweils drei der Scharen sollen ein Fähnlein bilden, drei Fähnlein eine verschworene Kumpanei.«

»Das klingt mir bekannt, Karl – Cumpane, die gemeinsam das Brot brechen wie in den Legionen Roms. Aber das heißt auch, dass jede Schar, jede Einheit einen eigenen Tross haben müsste.«

»Was spricht dagegen?«, fragte Karl. »Das wäre günstiger als die Regelung, die wir bisher kennen, denn jetzt muss jeder Panzerreiter für sich und seine Waffenknechte selbst aufkommen.«

»Da hast du recht«, sagte Bernhard nachdenklich. »Aber es wird nicht leicht sein, dem Stolz der Edlen zu genügen, die bisher als freie Mannen in deinem Heer mitritten – nur durch den Treueeid gebunden ...«

»Siehst du! Und das ist mir zu wenig! Ich will, dass jeder

Mann sich nicht nur mir, sondern auch seinem Nächsten und den eigenen Farben stetig verpflichtet fühlt.«

»Dann führe durch, was du gedacht hast!«, sagte Bernhard.

Zwei Monate später traf sich Karl mit einigen ausgewählten Großen beider Frankenreiche in Valenciennes bei Paris. Natürlich war bereits der Ort der Zusammenkunft eine klare Missachtung König Karlmanns, denn Valenciennes war ihm zugesprochen und untertan. Vielleicht aus diesem Grund und weil viele der Anwesenden die schon lang schwelende Rivalität zwischen den beiden Frankenkönigen zunehmend als gefährlich empfanden, waren sie dennoch gekommen.

Für die meisten waren bereits einige Jahre vergangen, seit sie sich zum letzten Mal gesehen hatten. Sie tauschten Erinnerungen an die gemeinsamen Kriegszüge unter König Pippin aus und bedauerten die Teilung seines Reiches.

Am Abend des ersten Tages kam es zum entscheidenden Gespräch mit Karl. Die Männer trugen noch immer die Kleidung, die sie zur Jagd am frühen Nachmittag angelegt hatten. Ohne dass es vereinbart worden war, hatten sie auf jedes sichtbare Zeichen ihres Ranges verzichtet, als sie auf einer kleine Lichtung im Wald nördlich der Pfalz erschienen. Im Gras zwischen den Büschen brannte ein kleines Lagerfeuer.

An einem Eisenspieß drehten Küchenjungen bereits seit Stunden das erste der am Nachmittag erlegten und sofort mit Salz, Rosmarin und einem Mus aus Estragon und gemahlener schwarzer Senfsaat eingeriebenen Wildschweine. Nachdem die ersten Krusten vom duftenden Braten abgeschnitten und mit saftigen Fleischbrocken verteilt worden waren, nutzte Abt Fulrad die nur von genüßlichen Schmatzern unterbrochene Stille.

»Ich habe Nachricht von Mönchen in Pavia, dass Desiderius sofort in Gallien einfallen wird, wenn es zum Kampf zwischen Karl und seinem Bruder kommen sollte«, meinte der alte Abt von Sanct Denis, das jetzt zu Karlmanns Reich gehörte.

»Wen sollte das denn wundern?«, warf der Graf des Rheingaus ein. »Karl hat ihn nie besonders freundlich behandelt ...«

»Mag sein«, antwortete Angilbert. »Dennoch ist der König der Langobarden der Schwiegervater beider Frankenkönige. Auf welche Seite er sich auch stellt – er würde dabei stets eine von seinen Töchtern verraten!«

»Nein«, sagte Karl unvermittelt. Er hatte bisher schweigend zugehört. Die Männer rund um das Lagerfeuer blickten ihn gespannt an. Das nur noch flach brennende Holz knackte. Würzige Rauchwölkchen stiegen in den klaren Nachthimmel hinauf. Die versammelten Großen beider Frankenreiche ahnten plötzlich, dass König Karl bereits eine Entscheidung getroffen haben musste, die alles verändern konnte.

Nur zwei der Männer lächelten. Es waren Abt Fulrad und Gaugraf Cancor. Sie allein hatte Karl bereits am Vormittag eingeweiht.

»Ich werde Desiderius seine Tochter zurückgeben«, sagte der Frankenkönig und schob die Unterlippe vor. »Denn erstens ist es nicht gut, dass beide Frankenkönige und auch noch Herzog Tassilo von Baiern eine Langobardenprinzessin zum Weibe haben – und zweitens ist Desiderata dumm, eingebildet und …« Er hustete, als hätte er sich an einem Schweineknöchelchen verschluckt. »Hässlich!«, sagte er dann.

»Karl, Karl, versündige dich nicht!«, mahnte Bischof Megingaud von Würzburg erschrocken. »Du hast bereits dein erstes Eheweib verstoßen …«

»Es war eine Friedelehe …«

»Aber vom Papst in Rom anerkannt und mit einem Sohn gesegnet.«

»Einem Buckligen!«

»Dennoch dein ältester bekannter Sohn! Ich will nicht streiten, aber bedenke wenigstens die Mühen, die deine Mutter auf sich genommen hat, als sie zwischen euch allen und König Desiderius vermittelte. Du würdest Bertrada zutiefst verletzen, wenn du deinen Entschluss wahr machst.«

»Er ist bereits wahr!«, sagte Karl hart. »Ich habe meine Ehe mit dieser Langobardenprinzessin gelöst und sie samt ihrem langobardischen Gefolge nach Pavia zurückgeschickt!«

Ein paar der Männer klopften verstohlen mit ihren Dolchen auf Holz. Andere schnalzten mit den Zungen oder zischten vorsichtig. Mit unbewegtem Gesicht wartete Karl, bis sich die

Männer rund um das Lagerfeuer etwas beruhigt hatten. »Sobald ich das Schreiben des Papstes mit der Annullierung dieser verfehlten und nur von Bertrada gewollten Ehe in meinen Händen halte, werde ich Hildegard heiraten …«

»Und wer ist diese … diese Hildegard?«, fragte Bischof Megingaud, ohne seine aus tiefstem Herzen kommende Missbilligung zu verbergen.

»Die Tochter eines alemannischen Adligen«, antwortete Angilbert anstelle des Königs.

»Kein Frankenmädchen also …«

»Halt ein!«, unterbrach Cancor. »So kannst du nicht reden! Alemannien ist ein Teil des Rheingaus, und ich werde mein Schwert gegen jeden ziehen, der diese großartige Provinz geringer achtet als die fränkischen Stammlande Austrien und Neustrien!«

»Nicht nötig«, sagte Karl und warf einen letzten Knochen ins klein gewordene Feuer. Er tat, als würde er die Unruhe unter den Begleitern des Bischofs von Würzburg nicht bemerken.

»Ich höre gerade, dass diese Hildegard erst dreizehn Jahre alt sein soll«, rief Bischof Megingaud mit deutlich vorgetragenem Erstaunen. »Ein Kind noch –«

»Das bald vierzehn wird«, unterbrach Karl ungerührt und ließ sich doch noch ein Bratenstück geben. »Es ist Gesetz, dass jeder Frankenjunge im Alter von zwölf Jahren mannbar und zum Waffendienst verpflichtet ist. Warum sollte ein fast zwei Jahre älteres Mädchen dann nicht zur Ehe taugen?«

Die anderen wussten keine Antwort darauf.

Karl heiratete Hildegard nur wenig später und ohne großen Aufwand. Doch trat eines jener Ereignisse ein, die kein König vorausplanen und kein Geschichtsschreiber auch nur erahnen konnte: Am 4. Dezember des Jahres 771 starb Karlmann, noch nicht zwanzigjährig, auf seinem Hofgut Samoussy.

»Er hat ganz plötzlich Nasenbluten bekommen«, berichteten die Boten. »Und nichts, keine kalten Essigumschläge, keine Kräuter und keine Medizin konnten es stillen.«

Karl erschrak, als er davon hörte. »Ein böses Omen!«, stieß er hervor. Er begriff sofort, dass ihm der Tod des ungeliebten Bruders nicht nur Vorteile brachte. Wie viele Gerüchte, wie viel Raunen und wie viele heimliche Verdächtigungen mussten aufkommen. Würde nicht jeder, der von ihrem Zwist wusste, an schwarze Magie, Verschwörung, Hinterlist und geheime Intrigen denken? Karl schloss sich eine ganze Nacht lang ein. Unruhig hin und her gehend, dachte er über sich und seinen toten Bruder, seinen Vater Pippin und seinen Großvater Karl Martell, seine Mutter und über all die Fragen nach, die sich wie ein riesiger Berg vor ihm auftürmten und für die er weder Antworten noch Wege wusste.

Bleich und übernächtigt ließ er am nächsten Morgen die Edlen seines Hofstaates zusammenrufen. Die meisten hatten ebenfalls die ganze Nacht gewacht und auf seinen Schatten hinter den Fenstern achtgegeben.

»Ich will, dass mein Bruder Karlmann nach seinem Willen in der Kirche des heiligen Remigius in Reims bestattet wird. Ich weiß, was ihr sagen wollt … Wir standen stets im Streit, aber er war auch mein Bruder und wie ich König der Franken.«

»Zu spät für diese Einsicht«, meinte Graf Cancor bedauernd. »Du hättest ihm eher die Hand reichen sollen …«

»Nein«, antwortete Karl vollkommen ruhig. »Er war es, der sich im Porphyr geboren fühlte und für den ich nie mehr als ein Bastard gewesen bin!«

»Waren Neid und Eifersucht nicht bei euch beiden?«

»Vielleicht«, sagte Karl beinahe einsichtig. »Jetzt aber werden wir Karlmann in Reims bestatten und dann zur Villa Carbonarum weiterreiten. Dort, bei Laon, soll zwanzig Tage nach Karlmanns Tod die Reichsversammlung stattfinden!«

»Das ist unmöglich!«, sagte der Graf des Rheingaus. »Du vergisst, welche Jahreszeit wir haben … Die Tage sind zu kurz, und die verschneiten Wege erlauben keine schnellen Ritte.«

»Am vierundzwanzigsten Dezember!«, sagte Karl so gefährlich sanft, dass nicht ein Einziger zu widersprechen wagte. »Dem Tag vor Weihnachten und damit dem Beginn des neuen Jahres. Ein neues Jahr und eine neue Zeit, verstehst du? Und wer nicht kommt, hat keine Stimme!«

Bereits am nächsten Tag brachen Karls Königsboten in alle Teile beider Frankenreiche auf. Trotz aller Widrigkeiten des Wetters und der Jahreszeit kamen mehr, als viele angenommen hatten. Noch am Vorabend des Weihnachtsfestes trafen Erzkaplan Fulrad, auf einem Maultier hängend, und Erzbischof Wicharius von Sens, der Nachfolger von Chrodegang von Metz, in Corbeney bei Paris ein. Am nächsten Morgen zogen alle weiter bis zur Abtei von Sanct Denis. Es war ein schöner, lieblicher Wintertag. Gemeinsam feierten die Großen beider Reiche das Weihnachtsfest. Unmittelbar danach trat Graf Adalhard vor die versammelte Gemeinde.

»Hört mich an, ihr großen, edlen Herren«, rief er mit klarer Stimme durch den Gottesdienstraum. »Wir alle wissen, dass König Pippin nur gerecht sein wollte, als er sein Reich zu gleichen Teil an seine Söhne Karl und Karlmann gab —«

»Worauf willst du hinaus?«, unterbrach ihn Graf Warin. Er war einer der Männer, die über all die Jahre treu zu Karlmann gehalten hatten.

»Ganz einfach«, antwortete Graf Adalhard. »Ich will euch fragen, ob wir jedes Erbe zerschlagen und verteilen müssen ...«

»So ist es Stammesrecht und das Gesetz der Franken!«, rief Graf Warin drohend. »Und niemand rührt daran!«

»Sind wir nicht stärker, wenn wir gemeinsam nur einen König haben?«

»Willst du die beiden Söhne von Karlmann und seine Ehefrau Gerperga mit einem Wort berauben?«, rief Graf Warin erbost. »Schlägst du das wirklich vor?«

»Ja, ja und nochmals ja! Wir können uns doch keine Kinder als zweiten oder gar dritten König leisten! Karl, unser Karl, er ist der Einzige, der ein vereintes Reich der Franken gegen Araber, Langobarden, gegen die Sachsen und die Baiuwaren und gegen alle Machtansprüche von Päpsten, Kaisern und Rebellen schützen kann!«

»Das ist Verrat!«, schrie Graf Warin.

»Nein, es ist klug!«, warf Angilbert ein.

»Ja, es ist klug«, stimmte auch Wicharius als oberster Vertreter der heiligen römischen Kirche nördlich der Alpen zu. »Wenn Karlmanns Reich König Karl zugesprochen wird, gewinnen alle.«

»Was meinst du selbst, Karl?«, fragte Abt Fulrad. Karl stand auf und ging einige Schritte auf den Altar zu. Er hatte alle Insignien seiner Macht angelegt. Er neigte die Knie vor den Bischöfen, dann bekreuzigte er sich und drehte sich wieder um. Für einen Moment fiel das Licht der Wintersonne durch die Fenster auf seine alle überragende Gestalt. Sein langes, lockiges Blondhaar sah wie eine fest mit ihm verwachsene Krone aus, und seine blauen Augen strahlten so hell, dass selbst der Christus über dem Altar sich zu verbeugen schien.

»Ich will das Kreuz tragen«, sagte Karl mit klarer Stimme.

»Dann soll es sein!«, rief Angilbert.

»Heil dir, König der beiden Frankenreiche!«, frohlockte Angilbert.

»Heil dir, heil dir!«, fielen fast alle anderen ein. »Sei unser König, Karl – König des großen Frankenreiches!«

»Verrat, alles Verrat!«, keuchte Graf Warin. Er warf sich seinen bunt bestickten Mantel über die Schulter und stampfte ohne ein Wort und ohne jedes Zeichen der Ehrerbietung an Karl dem König vorbei.

Der Weihnachtstag endete mit einem großen Gelage. Und selbst die Paladine und Vasallen, die Karlmann Treue bis zum Tod versprochen hatten, tranken nach einigen Stunden auf ihren neuen König.

Karl hatte gesiegt. Nicht nur nach außen, sondern auch nach innen. Einige Tage später verließ er mit seinem Gefolge die Abtei von Sanct Denis und zog auf der alten Römerstraße über Soissons und Reims bis zur großen Pfalz Attigny zwischen Reims und Trier, wo er den Rest des Winters verbringen wollte.

Das Wetter ließ es zu, dass der Hofstaat bereits in der ersten Märzwoche nach Norden weiterziehen konnte. Hildegard, die inzwischen schwanger war, sollte die Zeit bis zu ihrer ersten Niederkunft in der Pfalz Diedenhofen verbringen.

Es war ein langer Weg bis zum vorgesehenen Ort für das nächste Maifeld. Trotzdem erreichten sie die Gegend zwischen Aquis Grana und Colonia eher als geplant. Karl und die meisten seiner Begleiter bedauerten, dass sie so früh aufgebrochen waren.

»Wir könnten doch ein bisschen herumreiten«, meinte Angilbert. »Vielleicht zu den alten Viadukten und Ruinen von römischen Höfen, um ein paar Schmuckstücke oder Münzen zu finden …«

»Wie alt bist du eigentlich?«, sagte Karl kopfschüttelnd. »Achtundzwanzig oder erst acht? Jeder andere würde sich wünschen, mit seinem König auf Hirschjagd auszureiten oder den Falken für die Beizjagd auf der Faust zu tragen.«

»Jagd wäre nicht schlecht«, gab Angilbert zu. »Aber wenn wir schon einmal hier sind, könnten wir die Gegend etwas erkunden – nach Aquis Grana, Herstelle und Maastricht reiten beispielsweise.«

»Oder zum Rhein hin nach Colonia.«

»Xanten würde mich interessieren«, sagte Angilbert, der immer noch nicht merkte, wie Karl ihn aufzog.

»Ursprung der Nibelungen … vielleicht finden wir dort noch etwas Rheingold.«

»Buh«, seufzte Angilbert und wedelte mit seinen Fingern imaginären Staub von seinem feinen Wams. »Wenn ich Wert auf Antikes legen würde, müsste ich mich gleich auf die Suche nach der Kriegskasse von Quinctilius Varus und seinen Legionen begeben!«

»Ins Sachsenland? Zum Osning?«

Angilbert hob die Schultern. »So ganz genau weiß niemand, wo dieser zum Römerritter ernannte Germane von der Porta Westfalica die Vormacht Roms gebrochen hat. Es kann bei Theotmalli gewesen sein oder in einer Engstelle auf Osenbrugga zu.«

»Deshalb also bist du so scharf auf Xanten«, meinte Karl. »Aber du hast mich auf einen anderen Gedanken gebracht. Was hältst du davon, wenn wir das Osterfest am Ort der alten Götterbrücke der Germanen feiern?«

»Du meinst doch nicht etwa den Bohlendamm über die Hase im Gau Threcwithi in Westfalen?«

Karl nickte. »Genau dieses Osenbrugga meine ich. Ich will auch sagen, warum dies sogar eine sehr gute Idee sein kann: In Osenbrugga gibt es ein Missionskloster mit mehr als hundert Mönchen.

Nimm einmal an, wir gehen diesen Sommer noch nach Sachsen …
Was werden ihre Fürsten tun, um sich an uns zu rächen?«

»Du hast die Antwort schon gegeben«, sagte Angilbert. »Sie werden alles, was von uns kommt, mit Blut und Feuer von sich abwaschen!«

»Und wo zuerst?«

»Dort, wo der Glaube an unsere Ahnengötter, die gemeinsamen, besonders stark ist und noch lebt. Außerdem ist Osenbrugga der westlichste Platz jenes Keils zwischen Wiehengebirge und Osning, den die Sachsen Weserfestung nennen.«

»Sehr gut, mein Freund!«, sagte der Frankenkönig zufrieden. »Ich aber bin Patricius Romanorum, Schützer der Kirche und des Papstes. Ich will, dass alle Klöster mit Missionsauftrag östlich des Rheins gewarnt werden. Das gilt für Osenbrugga ebenso wie für Fulda unter dem großartigen Abt Sturmi und die vorgeschobenen Bastionen des Christentums in Thüringen.«

Nur wenige Tage später, als gerade der strenge und in seinem Anspruch unnachgiebige Erzbischof Lullus von Mainz zu Gesprächen mit Karl am Hof erschienen war, kam es zu einem Zwischenfall, an den sich Karl noch viele Jahre erinnern sollte.

Sie saßen beim Nachtmahl, und Karl hörte sich erneut die Klagen des Erzbischofs über die widerborstigen Völker im Norden an. Um abzulenken, fragte Karl nach der Bedeutung des bischöflichen Wappens mit seinem roten Rad auf silberweißem Grund und dem rautenförmigen, rotgold bequasteten Kissen auf den Helmen der Bischofswache.

»Das Rad mag heißen, alles dreht sich, alles fließt, wie schon der Grieche Heraklit gesagt hat«, antwortete Lullus. Er wollte weiterreden, doch da kam der Kanzleivorsteher Hitherius in die laute Runde. Er sprach mit dem Marschall, dem Seneschall und näherte sich wie zufällig dem König. Das Nachtmahl war nicht die Zeit der Schreiber und Notare, sondern die der Grafen und Großen. Dennoch nickte Karl Hitherius zu.

»Was ist?«, fragte er.

»Draußen sind Sachsen … Ich meine, ein Sachsen-Etheling mit seinen Begleitern, der dich noch heute Nacht sprechen will.«

Karl sah nach rechts, nach links und hob die Schultern. »Hat er gesagt, was er will?«

»Er will seine Dienste anbieten – als Herr über große Wälder, Teilnehmer an allen Sachsenthings und bereits dreimal getaufter Christ.«

»Ho, das klingt gut! Lass ihn kommen!«

Im gleichen Augenblick öffnete sich eine schmale Seitentür. Ein kleiner, etwa fünfzig Jahre alter, misstrauisch nach allen Seiten sichernder Sachsen-Etheling betrat den Speisesaal. Er wurde von einem Burschen mit großen Händen und zwei weiteren jungen Kerlen begleitet, die nicht besonders klug aussahen. Schlagartig verstummten alle Gespräche.

»Ich grüße euch, ihr erhabenen, wunderschönen und allerfrömmsten der Franken ...«

Erzbischof Lullus verschluckte sich fast an seinem Wein. Er prustete und begann zu husten. Karl verzog ebenfalls das Gesicht und winkte so heftig ab, als sei ihm eine glatte Schlange über die Hand gekrochen.

»Was bietest du? Und was willst du dafür?«, fragte er ohne Umschweife. Nie zuvor hatte er einen widerwärtigeren Mann gesehen.

»Ich heiße Wido und bin Herr großer Wälder und guten Landes an der Diemel«, sagte der Sachse. »Ich will nichts anderes, als mein Land, meine Dörfer und Bauern, die Knechte und Weiber zu behalten.«

»Bist du ein Graf?«, fragte Karl.

»Ein wenig mehr«, antwortete der Etheling. »Mir gehört alles selbst, und ich verwalte es nicht nur wie bei euch üblich als Domäne, Königsgut oder Lehnsland.«

»Und jetzt hast du Angst, dass ich dir mit einem Schwertstreich alles zerschlage!«

»Es ist nur eine Frage der Zeit, wann du dich nach Norden wendest. Ich aber bin getauft, einmal von Bonifatius selbst, zweimal von Abt Sturmi.«

Karl neigte sich zur Seite. »Gibt es eigentlich Aufzeichnungen über die Bekehrten?«, fragte er den Erzbischof von Mainz.

»Na ja, nicht direkt«, gab Lullus zu. »Bonifatius hat es vorgezogen, Gott dem Allmächtigen Sonntag für Sonntag die Zahl der getauften und vor der ewigen Verdammnis geretteten Seelen zu nennen. Das war ihm wichtiger als Namenslisten.«

Karl starrte für einen Augenblick in den nach hinten dunkler werdenden Raum. Er erinnerte sich plötzlich wieder an jenen Tag, an dem zum ersten Mal ein Papst im Frankenreich erschienen war. Damals hatte er genau das gleiche Gefühl gehabt wie jetzt. Und irgendetwas tief in seinem Leib warnte ihn.

Er dachte an seinen unglücklichen Onkel Karlmann, der in Tränen daran zerbrochen war, dass er, von seinem Zorn überwältigt, das grausame Gemetzel von Cannstatt gegenüber den bereits besiegten, wehrlosen Edlen und Freien der Alemannen befohlen hatte.

Karl schluckte hart und biss die Zähne zusammen. Hatte der ältere Karlmann damals ebenso wenig gewusst, was er tun sollte? Was war hart, was war milde? Karl schnaubte leise. Er lächelte, als er sich vorstellte, wie er mit den Fürsten der Westfalen, Engern, Ostfalen, der Thüringer und Nordalbinger, ja selbst mit den Slawen und Wilzen und den Nordmannen an paradiesischen Lichtungen sitzen und mit ihnen über die alten Götter und den neuen Erlöser aus dem Morgenland reden würde.

Aber es ging nicht! Er musste weiterführen, was die christlichen Merowingerkönige begonnen und seine eigenen Vorfahren weitergeführt hatten.

»Was willst du, und was kannst du uns verraten?«, fragte Karl den unangenehmen Sachsen.

Wido schob seine drei Begleiter vor. »Jeder von ihnen hat in einer anderen Volksburg gelebt und kennt die schwächsten Stellen.«

»Das wäre ihre Leistung und nicht deine.«

»Ich führe euch bis zur Eresburg.«

»Wir wissen, wo sie liegt …«

»Ja, aber ich weiß, wie ihr in sie hineinkommt!«

Karl stützte sein Kinn auf die Faust. »Ich denke noch darüber nach«, sagte er schließlich. »Du kannst gehen.«

Der Sachse blieb stehen. »Ich wüsste noch etwas …«

»Rede, Mann! Oder willst du die Peitsche fühlen?«

»Ich sage es … aber nur zu dir allein«, stieß der Verräter hervor. Karl wollte aufbrausen, doch da fühlte er die Hand von Erzbischof Lullus auf seinem Arm. Karl sah zur Seite. Lullus schürzte die Lippen und nickte ihm zu. Er erhob sich und winkte seinen Begleitern. Wortlos verließen sie den Speisesaal. Auch die so unverständig wirkenden jungen Knechte des Sachsen zogen sich zurück. Nur Karls Gefährten machten keine Anstalten, den Priestern und irischen Mönchen des Erzbischofs zu folgen.

»Nun geht schon!«, drängte Karl ungeduldig. »Ich kann auf mich allein aufpassen!«

»Er hat noch immer seinen Sax und –«

»Ihr sollt gehen, habe ich gesagt!«

Sie zogen sich so widerwillig zurück, als müssten sie ihren König dem verräterischen Sachsen als Geisel zurücklassen. Doch Karl war bereits Herrscher genug, um jede Auskunft anzunehmen – ganz gleich, vom wem sie kam.

»Was gibt es noch?«, fragte Karl, als sie endlich allein waren. »Was ist dir so geheimnisvoll, dass du dafür sogar den Zorn von meinen Edlen und den des Erzbischofs riskierst?«

»Du bist Germane, ebenso wie ich«, sagte der Sachse unerwartet mutig. »Und ich vermute, dass du sehr gut weißt, was der Römer Tacitus in seinem Werk »Germania« über uns geschrieben hat.«

»Willst du mir etwa verraten, dass du lesen kannst?«, fragte Karl ebenso ungeduldig wie verständnislos. »Ist es das?«

Wido schüttelte den Kopf. »Nein, König Karl. Ich will dich nur daran erinnern, dass sogar Tacitus geschrieben hat, dass wir Germanen göttlichen Gebflüts sind. Unser Stammvater war Tuisto oder Tiuz – der Erste aller Götter. Er wurde zum Gott des Krieges, zum Mars, wie die Römer sagten, und viele unserer Stämme verehrten ihn in heiligen Hainen. Von seinem Nachkommen, dem großen Mannus, stammen die »Ger-Mannen«, die Krieger mit dem Ger, dem heiligen Speer …«

»Was soll das?«, fragte Karl nur noch mühsam beherrscht. »Willst du mir Unterricht erteilen?«

»Nur einen Satz noch!«, bat der Sachse. »Du weißt doch, dass von Mannus die drei Könige Ingwo, Istwo und Irmin abstammen.«

»Natürlich weiß ich das!«

»Die Ingwäonen siedelten im Norden, die Istwäonen im Westen Germaniens und die Irminonen ebendort, wo jetzt wir Sachsen uns gegen dich und den Glauben der Juden, Christen und Muselmanen aus dem fernen Orient wehren. Verstehst du jetzt, warum auch ein getaufter Sachse stets ein Germane bleiben wird, der seine Vorfahren bis zu den Göttern weiterhin verehren muss?«

»Zum Teufel! Willst du mich etwa in Versuchung führen? Mich zum alten Heidentum zurückführen?«

»Nichts davon, Karl«, antwortete der Sachse mit bebender Stimme, »im Gegenteil! Ich will dir doch nur sagen, dass der allwaltende Gott bei uns Sachsen, vielen Germanenstämmen und selbst im Hildebrandslied noch immer »Irmingot« heißt … und jede Irminsäule ist Symbol der großen Weltesche Yggdrasil, des Lebensbaums, verstehst du? Das Herz der Dinge … Hort des Lebens …« Er sprach immer schneller. »Ort und Symbol der Reinheit göttlichen Wirkens … Karl! Irminsul heißt nicht nur Säule oder Baum … Irminsul, das ist die Brücke zwischen Himmel, Mittelerde und Unterwelt.«

»Hör auf!«

»Ich bin getauft wie du«, sagte Wido schnell. »Aber wir brauchen keinen auferstehenden Gottessohn! Denn, Karl, König der Franken und Verteidiger römischer Päpste, wir haben ihn stets gehabt … in jedem Grashalm, jedem knospenden Blatt im Frühling, jedem Finkenschlag und jedem Schillern von Libellenflügeln. In Abend und Morgen, Tod und Geburt … in jeder Irminsäule …«

Karl stemmte seine Hände gegen die Oberschenkel und blickte den hageren Sachsenadligen mit einer Schärfe an, die sonst nur kurz vor Todesurteilen in seinem Blick auftauchte.

»Ja, Karl, ich bin hier, um dir geheime Plätze und die Orte heiliger Haine mit Irminsäulen aufzuzählen …«

»Was soll ich damit?«, fragte Karl abfällig. Er spürte die Angst und den verzweifelten Mut des Mannes, der genau zu wissen schien, dass es für ihn und seine Stammesbrüder keinen Frieden in alter Freiheit mehr gab. »Ich kenne Dutzende von Orten, an denen reich geschnitzte Pfähle, seltsame Hünengräber, mächtige Felsensäulen und alte Steine stehen, um die man lieber einen Bogen macht.«

»Ja, du magst spotten und dich lustig machen«, sagte der Sachse, der jetzt selbst fast zornig wurde. »Ich komme vielleicht als ein Verräter meines Volkes, aber ich will sinnloses Blutvergießen vermeiden. Doch nun sehe ich, dass du nicht siegen und befrieden, sondern nur kämpfen und erobern willst!«

Unter anderen Bedingungen und im Kreise seiner Berater hätte der Frankenkönig mit Sicherheit kurz und hart reagiert. Doch jetzt, allein mit dem seltsam unsympathischen und doch wieder faszinierenden Sachsen, ließ Karl sich selbst etwas mehr freien Lauf als üblich. Es war schon spät, und plötzlich wurde ihm bewusst, wie selten er allein sein konnte – ohne die ständig wuselnden Berater und Diener, ohne Bischöfe, Äbte und Mönche, Heerführer und Notare, Gefährten und Geschwister, die Anverwandten und jede Art von Volk.

Nur ein Mann stand im großen, gespenstisch leeren halbdunklen Speisesaal der Pfalz vor ihm: ein Sachse und Verräter.

»Ich werde dir den Ort der wahren großen Irminsäule nennen, an dem du unsere wertvollsten Opfergaben findest«, sagte der seltsame Mann. »Doch nur, wenn du ihn selbst vor deinem Heer und vor deinem Hofstaat verborgen hältst.«

»Ich sagte doch, ich kann dir viele Orte nennen.«

»Ja, so soll es auch bleiben«, sagte der Sachse. Zum ersten Mal flog ein leichtes Lächeln über sein hageres Gesicht. »Niemand soll später einmal wissen, wo unser größtes Heiligtum wirklich gestanden hat. Der Ort soll ein Geheimnis sein und immer bleiben!«

»Du willst ihn schützen, indem du ihn verrätst?«

»Ja«, sagte der ungewöhnliche Sachse. »Ich will ihn doppelt schützen – vor Frankenfreunden, die ihn als ständigen Triumph benutzen würden, und auch vor jenen, die irgendwann einmal versuchen könnten, aus unserem Untergang den Mythos für ein neues Reich zu schmieden.«

»Was redest du von Untergang?«, fragte Karl irritiert.

»Du wirst es sein, der unsere alte Welt zerstört. Vielleicht entsteht ein neues Volk auf den Ruinen … vielleicht werden es auch zwei, drei oder noch mehr Stämme. Doch irgendwann einmal, wenn dein Gott und dein Rom in ihrem Glanz und Schrecken verblassen, werden die Menschen sich wieder an das erinnern, was du uns mit deinem unduldsamen Jesus-Glauben nehmen willst …«

»Versündige dich nicht!«, rief Karl scharf. »Durch Jesu Wunden sollst auch du geheilt werden.«

Der Sachse ließ sich nicht beirren. So mussten Märtyrer gestorben sein, schoss es Karl durch den Kopf.

»Sie werden sich daran erinnern, dass jeder Sonnenstrahl und jeder Regentropfen, jeder Baum, ein jeder Haingrund und jeder Bach wichtiger sind als alles, was die Religionen sagen, die nur so mächtig scheinen, weil sie in Büchern aufgeschrieben sind. Und dennoch habt ihr Christen keine Macht über unsere Götter und Geheimnisse!«

Karl sah, wie der seltsame Sachse plötzlich die Luft anhielt. Widos ohnehin schon rotes Gesicht wurde immer dunkler. Er brach zusammen, als hätte er sich selbst den Tod befohlen. Doch sterbend verriet er einen Namen nach dem anderen. Der letzte Name, den Karl verstand, klang wie »Widu-kind«, und das hieß »Sohn des Waldes«.

14

Mission an der Götterbrücke

Karl und ein Teil des Hofstaates statteten dem Bischof von Colonia nur einen kurzen Besuch ab. Gerade diese Stadt erinnerte den Frankenkönig viel mehr als Worms oder Trier an die Jahrhunderte der Römerherrschaft. Fast alle Straßen waren noch so erhalten, wie sie zu Beginn des Jahrtausends angelegt worden waren. Nur aus den ehemaligen Prachtvillen am Cardo maximus, der breiten Nord-Süd-Achse, hatten die Einheimischen inzwischen Steine für neue Häuser herausgebrochen. Karl mochte das alte Colonia Claudia Ara Agrippinensium. Dennoch blieb er nur eine Nacht innerhalb der Ruinen. Am nächsten Tag ließ er nahe beim Rheinübergang lagern. In der folgenden Woche bewegte sich der Zug in aller Ruhe rheinabwärts und dann nach Nordosten. Das Kloster der Benediktinermönche auf dem Klushügel lag oberhalb einer Engstelle der versumpften, kaum passierbaren Hase. Karl und die meisten anderen sahen die Gegend zum ersten Mal. Während weiße Wolken über den frühlingsblau geputzten Himmel fegten, saßen die Franken mit wehenden Haaren, flatternden Mänteln und im Wind knallenden Fahnen und Wimpeln auf ihren kleinen Pferden. Ringsum hatte sich gerade der erste Hauch von Grün über das dunkle Grau endloser Hügelwälder gelegt. Bis auf ein paar kaum wahrnehmbare Häuschen unterhalb der stark und wehrhaft wirkenden Klosterpalisaden war weder ein Gehöft noch irgendeine Siedlung zu erkennen.

»Das Kloster sieht nicht gerade aus wie unser Lorsch«, rief Gaugraf Cancor Karl zu. »Hier herrschen noch immer die harten Bedingungen der ersten Missionare!«

Karl interessierte sich für etwas völlig anderes. Er nahm das Bild des kleines Flusses samt allen Hügelvorsprüngen und Felsklippen in sich auf. Wer hier zur falschen Zeit zu kämpfen hatte, konnte sehr leicht den Fluss zum zweiten Gegner haben – oder auch zum Verbündeten …

»Los, weiter jetzt!«, rief Karl schließlich. »Über die Asenbrücke!« Er schnalzte mit der Zunge und setzte sich an die Spitze
des Zuges. Zusammen mit Angilbert, Graf Cancor und zehn
Scaraführern preschte er zum Fluss hinab. Kurz bevor er das
Ufer erreichte, wich er vom Weg ab und prüfte den Klang des
feuchten Bodens unter den Hufen seines Pferdes.

»Gefährlich!«, rief er den anderen zu. »Wenn es hier regnet,
kommt keine Mähre mehr durch!«

Sie trabten über die Bohlenbrücke und erklommen den Hü-
gelweg bis zum Kloster. Das große Haupttor war geöffnet, doch
niemand zeigte sich außerhalb der Schutzwälle und Palisaden.

»Besser gesichert als unsere Pfalzen – und fast so gut wie damals
römische Kastelle«, meinte Angilbert. Karl nickte nur. Umringt
von seinen Panzerreitern, ritt er vorsichtig in den Klosterhof
ein. Überall innerhalb der Schutzwälle standen Mönche, junge
und alte, große und kleine, schlanke und fettwanstige. Sie trugen
Schwerter, Lanzen, Schilde, seltsame Sachsenhelme, Streitäxte,
Langbogen und Köcher voller Pfeile. Einige der Männer sahen
wie Waffenknechte ohne Herren aus, andere schienen noch
niemals eine Schreibfeder in der Hand gehabt zu haben.

»Seltsame Mönche«, meinte Angilbert pikiert. »Außerdem
stinkt es hier nach altem Käse und nach Schweinen.«

»Ich weiß nicht, was du willst«, grinste Karl. »Ich bin hungrig,
und das sind nahrhafte Gerüche.«

Wiho, der dickschädlige und bärenstark wirkende Vorsteher
des Missionsklosters, erwartete die Franken an den Balkenstufen
zum Refektorium.

»Wir grüßen dich, König der Franken!«, rief er Karl mit einer
rostig klingenden Stimme entgegen. »Ich bin Wiho, der diesen
faulsten Mönchen östlich des Rheins Schwertschlag und Acker-
bau beibringen muss.«

»Sei mir gegrüßt, Wiho«, gab Karl zurück. »Ich dachte eigentlich, ihr würdet hier das Christentum verbreiten.«

»Nur wenn noch Zeit dafür bleibt! Normalerweise roden wir
Wald, legen Wege an und bauen Brücken und Gebetsräume. Wir
säen, ackern und fluchen dabei wie unsere eigenen Knechte.«

»Wenn das der große Bonifatius wüsste!«, scherzte Karl.

»Wir sind Missionare auf dem Weinberg des Herrn und keine Schönschreiberlinge!«

»Schon sympathisch«, sagte Karl. Er stieg von seinem schwitzenden Pferd, überließ es den Pferdeknechten aus seinem Gefolge und ging auf den bärbeißigen Abt zu. Nach ein paar gegenseitig nur angedeuteten Kniefällen erklärte Wiho, dass nicht für alle Platz innerhalb des Klosters war.

»Wir sind hier hundert Diener des Allmächtigen«, sagte er, während er in den Speisesaal vorausging und sich mit Karl an der Stirnseite der u-förmig aufgestellten Tafel niederließ, »aber wir können hier noch nicht einmal gemeinsam essen. Alles nur provisorisch und zu klein, wie du selbst sehen kannst.«

Karl blickte sich um. An der Farbe der Wandbretter erkannte er, dass der Bau mehrmals erweitert worden war. Ein paar aufgeregte Novizen brachten Schalen und Krüge mit warmem Wasser. Es kam nicht häufig vor, dass ein Frankenkönig mit Gefolge in die nördlichen Regionen vordrang. Sie gossen ein, knieten nieder, wollten Karl die Wadenbinden abnehmen und ihm die Bundschuhe ausziehen.

»Lasst das!«

»Wieso?«, fragte Wiho mit seiner Holzfällerstimme. »Gehört die Fußwaschung nicht zu den edelsten Diensten an einem König? Schon im Alten Testament steht doch —«

»Wiho!«, sagte Karl einigermaßen milde. »Wir sind in Sachsen und nicht in Jerusalem! Oder siehst du mich etwa mit Krone, Zepter und Reichsapfel vor dir?«

»König bleibt König.«

»Na schön«, sagte Karl und ließ sich von seinen eigenen Knechten Helm, Mantel und Brustharnisch abnehmen. Sie reichten ihm ein kleines Leinenhandtuch und brachten eine Wasserschale. Er tauchte das Tuch ins warme Wasser und fuhr sich kurz über Hals und Gesicht. Dann wusch er sich die Hände und trocknete sich mit einem zweiten Tuch ab. Nach und nach füllte sich das Refektorium des Missionsklosters mit ausgewählten Brüdern und einigen unbewaffneten Sachsen. Karl beobachtete alles aus den Augenwinkeln. Bei zwei, drei Männern, die sich wie Mönche gaben, hatte er das Gefühl, als würden sie nicht in die Kutte passen. Er warf die Tücher den Novizen zu und stützte seine Ellenbogen auf die Bohlenplatte.

»Genug für heute. Und jetzt habe ich Hunger auf etwas Heißes.«

»Gelobt sei Jesus Christus!«, rief Abt Wiho durch den überfüllten Saal. Sofort schleppten niedere Brüder und Diakone einen riesigen Eisenkessel auf Schulterstangen heran. Mit großen Eisenkellen schöpften sie duftende Suppe aus Rollgerste mit Hühnerfleisch, Zwiebeln, Lorbeer, Karotten, Sellerie und getrocknetem Sauerampfer in die Schalen der Hungrigen. Karl griff in einen der bereitstehenden Körbe aus geflochtenen Weidenzweigen und nahm sich ein Stück Roggenbrot.

»Ganz ohne Salz?«, fragte er nach dem ersten Bissen.

»Daran sind wir etwas knapp«, antwortete Abt Wiho entschuldigend. »Wir haben das Salz bisher aus den Solequellen der Engern erhalten. Sie waren sehr geschickt im Versieden, aber seit einiger Zeit haben sie etwas gegen Bleipfannen. Sie sagen, Salz aus diesen Pfannen würde krank machen und nur Unglück bringen.«

»Warum lasst ihr euch kein Salz vom Meer bringen oder aus Baiern?«

»Zu teuer«, antwortete der Abt. »Für ein Pfund Salz von dort muss ich fünf Gänse oder den Gegenwert von zwanzig Hühnern geben.«

»Das ist verdammt teuer«, gab Karl zu. »Ich wusste nicht, dass Salz noch immer ein Problem sein kann.«

»Du bist ja auch König und kein Abt oder ein Seneschall«, sagte Wiho unerschrocken. Karl gefiel seine direkte, unverblümte Art. Männer wie er waren in der Vergangenheit Heerführer der Franken oder gar Hausmeier geworden. Sie hatten Wälder gerodet, Schiffe bis ins entfernteste Dunkel der Nacht geführt, Feinde ohne Nachfrage erschlagen und den Auerochs mit bloßen Händen erwürgt.

Doch Wiho war weder Herkules noch Odysseus, Spartakus oder Attila: Er war ein gläubiger Christ, der in der kalten Wildnis des Sachsenlandes lebte und seine Männer Tag und Nacht zusammenhalten musste – gegen die Anfechtungen des Glaubens, die Schwäche des Fleisches, gegen die Faulheit, die Sünde und die Angst vor den unsichtbaren Feinden.

Wiho kannte die Menschen und besonders die Männer. Er ließ den dicksten Honigmet heranschaffen, den Karl jemals getrunken hatte. Er war so mächtig, dass ihm und allen anderen bereits beim ersten Schluck die Tränen in die Augen traten.

Der Abend wurde lang. Es gab gebratene Hasen, dann Schweinernes mit vergorenem Kraut und schließlich sehr stark duftenden gelben Käse mit großen Löchern.

»Was gibt es, das ich wissen sollte, wenn wir gemeinsam mehr Sachsen taufen wollen?«, rief Karl, als Mönche und Frankenkrieger gemeinsam fromme Lieder sangen und sie durch freche, anzügliche Texte verschandelten.

»Dass niemand ihnen trauen kann!«, antwortete der Abt mit dröhnender Stimme. »Sie passen sich jedem Herrscher an und machen trotzdem, was sie wollen!«

»Dann lass sie schwören!«

Abt Wiho lachte nur. »Was ist ein Sachsenschwur?«

Am nächsten Morgen saßen Karl und seine Edlen mit dem Abt und einigen seiner wichtigsten Mönche im Refektorium des Missionsklosters zusammen. Karl wollte mehr über die Sachsen wissen.

»Ich warne dich davor, sie mit dem Schwert statt mit der Bibel zu besuchen«, gab Abt Wiho nach einem leisen Stöhnen zu bedenken. »Die Sachsen sind kein wildes, aber auch kein furchtsames Volk. Sie haben schon Quinctilius Varus und seine römischen Legionen geschlagen und sind im fünften Jahrhundert zusammen mit den Angeln nach Britannien aufgebrochen. Aber sie sind kein straff geführter Stamm, sondern gehen heute mit dem und morgen mit einem anderen.«

»Was soll das heißen?«, fragte Karl.

»Ganz einfach«, antwortete Cancor. »Du besiegst einen Anführer und seine Leute. Sie versprechen Treue, doch morgen wählen sie einen anderen, der nichts versprochen hat und der dich aus jedem Hinterhalt im Weserbergland nach Sachsenrecht neu überfallen kann.«

»Was wissen wir denn wirklich über die Sachsen?«

»Sie umfassen vier Volksstämme«, antwortete Cancor, ohne

zu zögern. »Die Ostfalen leben zwischen dem Rennsteig des Thüringer Waldes entlang der Elbe bis zu den Dänen. Im Norden mischen sie sich mit den Nordalbingern. Die in der Mitte nennen sich in der Enge links und rechts der Weser wohnend – also Engern. Sie sind durch den Fluss Diemel von uns getrennt. Und die Westfalen sind jene, die östlich des Rheins bis zur Yssel leben.«

»Und welche sind nach deiner Meinung die gefährlichsten?«

»Ohne Zweifel die Engern. Sie haben Dutzende von alten germanischen Volksburgen zu starken Bergfestungen ausgebaut.«

Angilbert brachte eine Karte des Gebietes. Sie war noch so angefertigt, wie es die Römer getan hatten.

Karl schüttelte den Kopf. »Gibt es denn keine besseren? Ich hatte doch gesagt, dass alle Klöster ihre Landkarten für mich kopieren sollten, damit Fulda und Lorsch vergleichen können, was denn nun wirklich stimmt!«

»Versteh doch, Karl«, sagte Angilbert. »Die Mönche wissen einfach nicht, wie sie Landkarten anders als nach ihrem Glauben und von ganzem Herzen zeichnen sollen ...«

»Dann erklärt eben den Äbten, dass eine Meile eine Meile ist und kein Strichlein, das einmal kurz und einmal lang sein darf!«

»Karl, es hat keinen Sinn, dass du dich ärgerst«, meinte auch Cancor. »Du kannst mit deinem Kopf nun einmal keine Klostermauern einrammen! Was dir vorschwebt, würde Generationen von Geometern und Mönchen in den Abteien beschäftigen. Warum bestehst du so auf deinen neuen Landkarten?«

»Weil alles, was ich habe, unbrauchbar ist!«

»Die Römer kamen damit aus«, sagte Angilbert. »Mit ihrer Art von Karten haben sie immerhin ein Weltreich aufgebaut und auch perfekt verwaltet.«

»Ihr wollt wirklich nicht begreifen!«, polterte Karl ungehalten. »Wie viele Straßen haben denn die Römer allein nördlich und westlich der Alpen neu gebaut? Mehr als zehntausend römische Meilen! Na gut, die meisten sind zerfallen und überwuchert. Aber Rom wusste ganz genau und von jedem Planquadrat des Reiches, wie viele Steine pro Meile nötig waren, wie viele Tagewerke und wie viele Brücken. Das ist es, was ich meine! Was haben wir bisher gebaut? Nun? Gar nichts, bis auf ein paar neue Klöster. Nicht eine Straße und nicht einmal eine Holzbrücke über den Rhein!«

In den folgenden Tagen ließ sich Karl mehrmals von Wiho und ortskundigen Mönchen bei seinen Ausritten begleiten. Er entdeckte, dass in den Wäldern doch mehr Menschen wohnten, als er angenommen hatte. Wiho zeigte ihm und seinen Begleitern einige der verstreuten Waldsiedlungen. Es waren keine Dörfer, sondern eher die Gehöfte stolzer, aber einsamer Familien.

»Genauso wie bei uns«, sagte Karl, nachdem sie am Rand einer Waldlichtung von einem knapp vierzig Jahre alten, graubärtigen und getauften sächsischen Edlen namens Abbio und seinen vier halbwüchsigen Söhnen empfangen worden waren. Er richtete sich auf seinem Pferd auf und sah sich aufmerksam um.

Auf einigen Wiesen zwischen neu angelegten Hagedornhecken grasten magere Kühe und eine Herde kleiner Schafe. Der alte Abbio führte Karls Pferd am Zaumzeug zu seinem Gehöft unter hohen Buchen und Eichen. Das Haupthaus bestand aus einem rechteckigen, mit Reet gedeckten Gebäude und einem Dutzend kleiner, ebenerdiger Schuppen und Scheunen, Webkammern, Werkstätten und Ställe.

Die Besucher wurden von allen drei Dutzend Bewohnern der Lichtung samt Kindern und Unfreien mit großer Ehrerbietung begrüßt. Karl, der als Kind ganz anders als sein verstorbener Bruder sich nicht im Porphyr geboren fühlte, sondern eher im Wald und in der freien Natur aufgewachsen war, winkte ab.

»Nicht übertreiben«, rief er Abbio zu. »Es reicht, wenn mir nur einmal ein guter Tag und Gottes Segen gewünscht wird!«

»Wir sind nicht sehr geübt mit dem Königtum«, sagte Abbio vorsichtig.

»Ich auch nicht«, gab Karl lachend zurück. Abt Wiho nickte dem Sachsen zu. Sie stiegen von ihren Pferden und gingen über einen mit frischem Häcksel bestreuten Pfad. Die meisten der halb in die Erde eingelassenen Grubenhäuser mit ihren durch Weidengeflecht oder Schweinsblasen abgedichteten Fensterluken sahen wie für Zwerge gebaut aus. Doch beim Eintreten stellte Karl fest, dass selbst ein Mann von seiner Statur den Kopf nur an der Tür etwas einziehen musste.

Zusammen mit Abt Wiho, Angilbert und Graf Cancor betrat er den dunklen, nur durch ein Herdfeuer in der Mitte erhellten Wohnraum. Er war geräumiger, als er angenommen hatte. Abbio bot ihnen Schemel am einzigen Tisch zwischen der Herdstelle und dem breiten Bett an der Wand an.

»Ich habe leider nur Bier, Most und Molke«, entschuldigte er sich. Es wurde dennoch ein interessanter Besuch für Karl.

»Du hast gesagt, dass ihr das Königtum nicht geübt habt«, meinte Abbio schließlich. »Wie sollten wir einen König wählen, wenn jeder von uns Freiheit und Unabhängigkeit als höchstes Gut betrachtet?«

»Das verstehe ich«, sagte Karl, »aber ihr habt Ethelinge, Frilinge und Liten – also Adel und Fürsten, freie Bauern und Minderfreie ebenso wie wir.«

»Ja, aber Westfalen, Ostfalen, Engern und Nordalbinger sind einfach zu unterschiedlich.«

»Nein, das ist kein Grund«, widersprach Karl angeregt. »Ostrom hat einen Kaiser für Rassen und Völker, die nicht einmal die gleiche Sprache sprechen. Die Kalifen der Muselmanen gebieten über den gesamten südlichen Teil des Mittelmeeres von Mesopotamien über Palästina, Ägypten, Karthago bis nach Vasgonien und Hispanien. Und ich muss Austrien und Neustrien, die bretonische Grenzmark und auch noch den Vatikanstaat des Papstes zusammenhalten!«

Abbio starrte den König der Franken wie ein überirdisches Wesen an. »Jesus Christus, König im Himmel und auf Erden!«, flüsterte er und bekreuzigte sich mit so langsamen Bewegungen, als wolle er nicht eine Daumenbreite von dem abweichen, was ihm die Mönche des Missionsklosters gelehrt hatten.

»Er hat nichts verstanden«, sagte Abt Wiho mit einem tiefen Seufzer. Karl hob die Brauen und sah von einem zum anderen.

»Stimmt das?«, fragte er Abbio. Der Sachse nickte unsicher.

»Ich kenne all die Länder nicht, die Worte, die du sagtest.«

»Hm«, machte Karl. Er schüttelte den Kopf. »Trotzdem verstehe ich nicht, wie und wann die Sachsen ihren Widerstand gegen uns beschließen.«

»Da muss nicht viel beschlossen werden«, sagte Abt Wiho. »Natürlich gibt es auch bei ihnen Landtage ähnlich wie unser Maifeld. Jeder der vier Sachsenstämme wird von einer Art Herzog oder Stammesfürst angeführt. Bisher treffen sie mindestens einmal im Jahr zu einem großen Parlament an der unteren Weser zusammen, bei dem alles besprochen wird. Und jeder Abgesandte hat die gleiche Stimme.«

»Weißt du, ob sie irgendetwas gegen mich planen?«

»Du musst die Wahrheit kennen, Karl, wenn du verstehen willst, wie Hass und Widerstand entstehen: Ich schlage mit dem Kreuz die alten Götter der Germanen tot! Ich sage, dass ich die Erlösung bringe, aber zuerst zerstöre ich. Und du als Frankenkönig tust nichts anderes. Ich rede noch und predige, du aber kommst sofort mit Schwert und Blut.«

»Du weißt, warum …«

»Natürlich weiß ich das! Aber sieh es nur einmal mit den Augen der Besiegten: Da wird der Franke schnell zum Hunnen, das Evangelium zur Teufelslehre und Christentum der Name für die Pest!«

Der Friesenabt presste den Holzbecher mit dem Rest Molke in seiner Hand so hart zusammen, dass nur noch weißlich tropfende Holzsplitter übrig blieben. Noch nie zuvor hatte der junge König so viel Bitterkeit und Anklage gegen die höchsten aller Werte gehört.

»Und du bist Vorsteher eines Missionsklosters«, sagte Karl.

»Ja«, antwortete Wiho mit seiner knarrigen Stimme. »Denn hier, in Kälte, Armut und der Dunkelheit der Wildnis, entscheidet sich, was unser Glaube wert ist – nicht in Konzilen und Synoden, in Rom, Byzanz oder an Königshöfen!«

Einen Tag später führte der Abt Karl und seine engsten Begleiter zu einer kleinen, abgelegenen Kammer hinter den Räumen für die heil- und kräuterkundigen Mönche.

»Eigentlich wollte ich euch den Mann in dieser Kammer überhaupt nicht zeigen«, sagte Wiho, als er die Tür öffnete. Er trat zuerst ein und beugte sich über eine auf dem Rücken liegende und mit Fellen bedeckte Gestalt, von der nur ein Auge und die Mundöffnung zu sehen waren. Der Rest des Kopfes wurde ebenso wie die Hände von blutigen Leinenbinden und dicken, scharf riechenden Salbenkissen bedeckt.

»Welche Scheußlichkeit willst du uns jetzt vorführen?«, fragte Angilbert und würgte. Karl schob ihn zurück und trat neben den Abt.

»Wer ist das? Und was ist mit ihm geschehen?«

»Er kann sprechen«, sagte Wiho. »Er ist einer von den unglaublich mutigen britischen Mönchen, die als Missionare allein durch das Gebiet der Heiden ziehen. Und er wiederholt immer die gleiche Geschichte, wenn man ihn fragt ...« Er beugte sich vor und bewegte eine Hand dicht über dem starr nach oben blickenden linken Auge des Mannes hin und her.

»Lebuin«, sagte er eindringlich. »Ich bin es, dein Freund Abt Wiho. Neben mir steht König Karl ... König Karl, verstehst du? Wir wollen hören, was du gehört hast ... du weißt doch: ›Der Herr ist mein Hirte und mir wird nichts mangeln ...‹«

Er wiederholte den Anfang des dreiundzwanzigsten Psalms mehrere Male. Hinter Karl wurden die anderen bereits unruhig, als ein seltsames, durch Mark und Bein dringendes, seufzendes Pfeifen aus der Brust des Schwerverletzten kam.

»Und ob ich schon wanderte im finsteren Tal ... fürchte ich kein Unglück ...«, hauchte er mit zitternder Stimme, »und keine Sachsen ... ja, ich war am großen Weserbogen, in Rinteln, Vlotho und in Uffeln.«

Er krächzte, holte eine wenig Luft und brauchte Zeit, bis er fortfahren konnte. »Ich war am Schnakenborn bei der Porta Westfalica, wo sie Abtrünnige und Verräter auf spitze Pfähle pflanzen und Maiden, denen sie nicht trauen, in großen Feuern brennen.« Er hustete leise, und seine Lippen bebten vor Anstrengung. »Weiter nach Norden gen Verden kam ich bei Vollmond zu Marklo auf eine versteckte Lichtung im Wald ... Ich sah sie alle versammelt zum Thing! Sie bildeten einen großen Kreis, hoben die Arme und beschworen die furchtbaren, grausamen Götter Germaniens, die Weltesche Yggdrasil und die Irminsul, ihr Abbild auf Erden ...«

Er sprach nicht weiter. Abt Wiho beugte sich über ihn, legte den Kopf zur Seite und winkte den besten der heilkundigen Brüder herbei, der bisher im Hintergrund gestanden hatte. »War es zu viel für ihn?«, fragte er besorgt. Der schweigsame Mönch schüttelte den Kopf. Er nestelte eine kleine, sehr flache Glasflasche von seinem Gürtel, tupfte ein paar Tropfen auf seine Finger und benetzte die Lippen und den Verband des Missionars an der Stelle, an der seine Nase gewesen sein musste. Lebuin seufzte erleichtert auf.

»Ich ging mitten unter sie«, fuhr er krächzend fort. Es war, als wolle er noch einmal alles mit letzter Kraft sagen. »Und ich rief: »Sachsen, ich bin von eurem Blut, wenn ich auch über das Wasser der Nordsee zu euch zurückgekommen bin.« Und ich rief: ›Sachsen, ihr wollt keinen König über euch, aber er herrscht bereits im Land eurer fränkischen Nachbarn, und er wird schlagen und plündern und verwüsten und eure Weiber und Töchter verschleppen wie Gog und Magog und Attilas Hunnen zugleich!«

Karl zog die Brauen zusammen, und eine steile Falte bildete sich auf seiner Stirn. Auch seine Berater murrten verärgert. »Wer hat ihm das eingeflüstert?«, fragte er harsch.

Wiho hob Hände und Schultern. »Er redet schon seit zwei Wochen so ... noch ehe wir wussten, dass du uns besuchen willst.«

»Sie töten euch, Brüder, zerschlagen das Erbteil, setzen euch Fremde als Fürsten und Grafen ein ... sie nehmen euch alles, wenn ihr euch nicht taufen lasst! Kommt zuvor, Brüder! Kommt zuvor! Lasst euch von mir taufen und nehmt den Schutz des allmächtigen Gottes und seines Sohnes Jesus Christus an!«

»Den Rest kann ich mir denken«, sagte Karl und wandte sich unbehaglich ab. Er ging mit großen Schritten durch die Räume, in denen die Kranken des Missionsklosters behandelt wurden. Erst draußen, in der feuchtklaren Luft der Vorfrühlingstages, kam er wieder zur Ruhe.

»Wenn das die Missionare sind, durch die Menschen für den Glauben an den Erlöser gewonnen werden sollen, dann müssten sie nicht nur von Sachsen gesteinigt und gepfählt, sondern von uns noch zusätzlich gehängt, geviertelt und verbrannt werden!«

»Karl, es ist Passionszeit!«, mahnte Angilbert.

»Na und?«, schimpfte der junge König. »Was glaubt ihr, wie viele Kreuzigungen ein einziger von diesen fanatischen Missionaren verursacht? Natürlich werden Scharlatane wie dieser Lebuin irgendwann als Märtyrer heiliggesprochen. Und keiner fragt, wie dumm sie waren, wie viel Gift, Intoleranz und Hass sie gegen jede andere Art zu leben ausgesät haben. Das dürfen die anderen ausbaden!«

»Tut mir leid, Karl«, sagte Angilbert vorsichtig. »Was hat denn dieser beklagenswerte Lebuin getan, dass du so zornig bist?«

»Wisst ihr das wirklich nicht?«

»Doch«, sagte Graf Cancor nüchtern. »Er und seinesgleichen haben uns viele Jahre Krieg gegen die Sachsen, Unmengen Blut und Tränen und – wenn es böse kommt – das Ende unseres Reiches eingebrockt!«

Das Osterfest kam, und das kleine Gotteshaus der Mission glich einem Taubenschlag, so viele Besucher kamen Tag für Tag.

Karl spürte, wie stark Wiho in seinem Glauben war. Von Karmittwoch über die Messe zur Ölweihe bis zu den Fürbitten des Karfreitags und dem Einritzen der Osterkerze mit Alpha und Omega über und unter dem Kreuzbalken besuchte Karl jede Messe und die meisten Zusammenkünfte in der kleinen Holzkirche der Mission.

Und dann, als sich der Jubel der Osternacht mit dem aufkommenden Duft vom ersten Lammbraten in Milch mit Petersilie, Wacholder und Minze vermischte, trat Karl in großer Gewandung aus dem Holzhaus, in dem sonst Abt Wiho wohnte und das für Karl frei gemacht worden war.

Der König der Franken trug braune, lederne Bundschuhe, graue Wadenbinden um hohe Wollstrümpfe, mit Saft von Kastanienschalen hellbraun gefärbte Kniehosen aus Leinen, ein kurzes Unterhemd und darüber ein langes, vom Licht der Sonne fast weiß gebleichtes Hemd. Seinen Leib bedeckte eine Art Kutte aus aneinandergenähten Stoffstreifen, darüber ein Wams, das von einer seidenen Leibbinde gehalten wurde. Und doch blieb bei all der sorgfältig ausgewählten Bekleidung Angilbert wieder der

Sieger. Er trug keinen Gürtel mit Messern und Täschchen, kein Schwertgehänge und keinen Zierhelm.

Angilbert kam mit frisch gewaschenem, mit heißen Eisenzangen gelocktem, bis auf die Schultern fallendem Blondhaar. Sein Bart war feiner gelegt als der des Königs. Ganz so als wolle er sich zu diesem Osterfest bewusst erniedrigen und gleichzeitig erhöhen, hatte er ein neu geschmiedetes und vom Schwertfeger poliertes, sehr feingliedriges Kettenhemd über sein Wams gezogen.

»Und eines Tages bekommst du beim Maifeld den Preis für den prächtigsten Krieger des Jahres!«, sagte Karl abfällig.

»Einer muss es ja sein«, antwortete Angilbert respektlos. Karl hob die Schultern und lächelte. Er beobachtete eine Weile das bunte Treiben auf dem Klosterhof und wandte sich dann an Abt Wiho: »Ist es nicht etwas leichtsinnig von euch, dass ihr in diesen Tagen das Tor weit geöffnet habt?«, fragte er.

Wiho schüttelte den Kopf. »Ich hoffe, dass ich dir am Ostersonntag ein ganz besonderes Schauspiel bieten kann – aber dafür müssen unsere Herzen ebenso offen sein wie das Palisadentor des Klosters.«

Karl fragte gespannt nach, was Wiho mit seinen doppeldeutigen Reden meinte, aber der Abt hieß ihn warten. Und dann, kurz vor dem Ende der dritten Messe am Ostersonntag, ging ein Raunen durch die Sachsen unter den versammelten Mönchen. Karl folgte ihren Blicken. Aus einer dunkleren Ecke der Klosterkirche kam ein etwa dreißig Jahre alter Mann auf ihn zu, den er sofort als Sachsen-Etheling erkannte.

Der Fremde war anderthalb Köpfe kleiner als Karl. Er ging mit federnden Schritten, die ganz und gar nicht in die feuchte Schwere der Sachsenwälder passen wollten. Karl wusste nicht, wer der mit einem einfach geschnittenen dunkelgrünen Kittel und braunen Kniehosen bekleidete Sachse war. Bis auf ein kurzes Wurfbeil und ein Messer in hölzerner Scheide an seinem breiten, mit einer handtellergroßen Schließschnalle geschmückten Gürtel trug der ungewöhnliche Fremde keine Waffen ...

Der Sachse verlangsamte seinen Schritt ein wenig und blickte dem König der Franken furchtlos in die Augen. Karl sah sehr wohl, dass der Fremde den Kopf zu wenig neigte, als er an ihm vorbeiging, doch wie in einem plötzlich auftauchenden geheimen Einverständnis ließ er, der König aller Franken, den anderen gehen. Erst viele Jahre später wurde ihm klar, dass genau dieser winzige Moment österlicher Milde und Nachsichtigkeit einer der schwersten Fehler seines gesamten Königtums gewesen war.

»Wer war das?«, fragte er seine Begleiter. Sie wussten es nicht. Erst Abt Wiho konnte die flüsternd weitergegebene Frage beantworten: »Er heißt Widukind – einer der einflussreichsten Edlen der Sachsen und schärfster Gegner der Taufe.«

»Was will er hier? Und woher kommt er?«

Abt Wiho stand am Altar. Er bemerkte die Unruhe im Kirchenraum. Er war ein praktischer Mann und verzichtete kurzerhand auf das Absingen des Kyrie, wie es zur dritten Messe an Hochfesten üblich war. Stattdessen knurrte er eher, als er sang: »Gehet hin, ihr seid entlassen … Deo gratias, alleluia!«

So schnell war selten eine Messe beendet worden. Wiho arbeitete sich durch die ans Sonnenlicht drängenden Mönche und Franken des Hofstaates bis zu Karl vor.

»Was ist mit Widukind?«, fragte er noch bärbeißiger, als Karl es schon von ihm gewohnt war.

Bei aller Sympathie für den friesischen Abt fand es der junge Frankenkönig allmählich an der Zeit, die Zügel etwas straffer anzuziehen. »Ich glaube, ich bin es, der hier die Fragen stellen sollte«, sagte er spürbar kühler. Sie gingen langsam aus dem Kirchenraum auf den Innenhof des Klosters. »Kennst du den Mann?«

»Natürlich«, grollte Wiho. »Das war er doch, den ich dir zeigen wollte! Für ihn haben wir das Tor aufgelassen! Bei einer offiziellen Einladung wäre er nie gekommen, aber er weiß, dass ich ihn nicht auf gleiche Weise wie die anderen bekehren will. Wir haben eine Art Vertrag – ich lasse ihn in Ruhe mit allen Sachsen, die zu seinem Stamm am großen Weserbogen gehören. Dafür belästigt er keinen von meinen Mönchen, und wenn er Lust hat, kommt er an hohen Kirchenfesten zu uns.«

»Du meinst, er kommt … ungetauft?«

»Genauso ist es«, bestätigte Abt Wiho.

»Und was will er hier?«, fragte Karl verständnislos.

Wiho hob die Hände. »Vielleicht beobachten, wie sich das Kloster macht, vielleicht Neues von uns lernen oder vielleicht auch nur ein wenig singen ...«

»Mönchlein, Mönchlein«, sagte der König, und die Warnung in seiner Stimme war nicht zu überhören, »wenn du ein Franke und kein Friese wärst, müsste ich dich noch vor Sonnenuntergang absetzen und dir sämtliche Rechte und Einkünfte entziehen!«

»Gut«, antwortete Wiho. »Das ist dein Standpunkt, und ich verstehe ihn. Aber du solltest auch bedenken, was wir gemeinsam wollen. Hier draußen in den Wäldern des Nordens gibt es keine tausendjährige Erfahrung mit anderen Kulturen. Hier zählt nicht, wer die Griechen und Ägypter waren. Nicht einmal hundert Sachsen wissen etwas von Ikonen oder Konstantinopel, den Muselmanen oder der neuen Macht der Franken.« Er ging mit eingezogenem Kopf vor Karl auf und ab. Eben noch hatte er von der Auferstehung Jesu Christi gepredigt, und nun verteidigte er jene, die er bekehren sollte.

»Es interessiert sie nicht, verstehst du?«, schnaubte er schließlich. »Die schlichten Menschen hier fürchten sich nicht vor einem fremden König Karl, sondern mehr vor ihren Asen, Göttern und den weisen Weibern.«

»Kann man nicht Christ sein und dennoch die Geschichten aus den Kindertagen lieben? Von Yggdrasil und Irminsul, von Asen und Nornen, Freya und Thor ...«

»Schön, aber was würdest du denn tun, wenn du nichts von Jesus Christus wüsstest, und eines Tages käme ein Sachsenfürst wie Widukind zu einer deiner Pfalzen und würde dir weismachen, dass du fortan einen waffenlosen, nur Unsinn redenden Judäer anbeten sollst, den seine eigenen Jünger verrieten und auch zuließen, dass er ans Kreuz geschlagen wurde?«

»Du weißt sehr gut, welchen Inhalt das Evangelium hat!«

»Weiß ich, weiß ich«, sagte der friesische Abt und rieb sich seine riesigen Hände. »Nehmen wir ein anderes Beispiel: Warum sollten die Sachsen nicht mit der Lehre des Propheten Mohammed der angeblich so heidnischen Muslime einverstanden sein? Jesus hatte nur Jünger, aber im Namen Allahs und seiner Propheten siegen die Muselmanen seit hundertfünfzig Jahren! Und noch etwas, mein König: Was unterscheidet unsere alten Götter eigentlich von den harten, aber gerechten Suren des Korans? Dass es nur einen Gott geben soll? Nun gut, warum nicht, würde ein Sachse sagen. Wenn einer allein schafft, wofür bisher fast eine Hundertschaft nötig war, dann können wir darüber reden! Doch diesen Jesus, den können wir vergessen! Und nicht einmal die Frage nach seiner Herkunft und seinem Vater ist geklärt ...«

Er sah, wie Karl rot anlief. Und gleichzeitig begriff er, dass er bei aller gegenseitigen Wertschätzung durch einen weiteren unbedachten Satz alles verlieren konnte.

Drei Tage nach Ostern verließen Karl und sein Gefolge das Missionskloster. Keiner von seinen Getreuen konnte sich einen Reim darauf machen, warum ihr König tagelang ein Herz und eine Seele mit Abt Wiho gewesen war und dann, unmittelbar nach dem Auftauchen und Verschwinden des Sachsen-Ethelings Widukind, herrisch auf einem schnellen Aufbruch bestand.

Weder aus Karl noch aus Wiho war irgendeine Erklärung herauszuholen. Sie schwiegen beide. Auch später, auf dem Weg zurück ins Lager zwischen Colonia und Aquis Grana, vermied Karl jedes Gespräch über Sachsen und Mönche im Allgemeinen und Abt Wiho im Besonderen. Und alle, die ihn kannten, hatten das Gefühl, als sei er unduldsamer geworden.

»Mir dauert alles zu lang«, schimpfte er, als er, seine Berater und die Scaras bereits Ems, Lippe und Ruhr überquert hatten und wie jedes Mal auf den Tross mit Karren, Wagen, Frauen und Kindern, Pilgern, Dieben und Händlern warten mussten.

»Dann lass es doch einfach dabei!«, gab Graf Cancor zurück, der durch die ständige Nörgelei von Karl inzwischen ebenfalls gereizt war. »Wir wissen nicht, was du hast, doch wenn du reiten willst, dann reite!«

»Na los, Karl«, sagte auch Angilbert. »Gib deinem Pferd die Sporen! Wir kommen mit!«

Die Anführer der Panzerreiter in seiner Nähe grölten vor Begeisterung und schlugen heftiger denn je auf ihre Schilde.

15

Bauern, Äbte, Geometer

Bereits am nächsten Tag konnten die inzwischen in Düren eingetroffenen Edlen aus dem ganzen Reich ein ungewöhnliches und unerwartetes Schauspiel miterleben. Eigentlich hatten sie sich darauf eingerichtet, einige Tage auf den König zu warten. Doch dann kündeten Hornsignale und laute Rufe die ersten Scarareiter an. Weit auseinandergezogen und im Abstand zwischen wenigen Pferdelängen und einer Viertelmeile, näherten sich jeweils zwei Reiter. Als die Ersten den Platz des Maifeldes mit seinen bunten Zelten, den Fahnenstangen und den Feuerplätzen erreichten, wurde die Verwunderung noch größer.

Gehetzt und manchmal nur mit letzter Kraft stolperten die schaumnassen Pferde mit ihren ebenso erhitzten Reitern in das weite Rechteck, das bereits für die üblichen Spiele vorbereitet worden war. Nach und nach erfuhren die Männer der Reichsversammlung, was es mit dieser neuen Art des Kräftevergleichs auf sich hatte. Der König selbst traf erst am Abend ein.

Nur noch Graf Cancor sowie seine und des Königs Waffenträger und Pferdeknechte waren mit ihm zurückgeblieben. Nachdem Karl gebührend empfangen und mit den angeforderten Geschenken aus allen Gauen und Provinzen, von Klöstern, Grafschaften und seinen Salhöfen bedacht worden war, ließ er die ganze Nacht und auch den folgenden Tag feiern, essen und trinken. Auch das gehörte zu seinem Plan, den bisher nur Gaugraf Cancor kannte. Am folgenden Abend trafen der restliche Hofstaat, der Tross und all die Händler, Pilger, Bettler sowie das stets bedauernswerte, erbärmliche Gesindel ein, das in sicherer Distanz jedem Zug wie ein Schwarm von Aasvögeln nachfolgte.

Am Morgen danach wandten sich die ersten Heerführer, Gaugrafen, Äbte und Bischöfe voller Bedenken an den König. »Was geht hier vor, Karl?«, beklagten sie sich. »Wir haben Wettbewerbe, Kampfspiele und Einweisungen der jüngsten Krieger erwartet. Stattdessen lungern Hunderte von Männern mit

Saufkrügen und Trinkhörnern herum. Sie sagen, dass du damit einverstanden bist und es sogar gewollt hast ...«

Karl lachte laut. »Was wollt ihr?«, rief er. »Sollen denn unsere Männer und Weiber Kuttenfurzer oder Betschwestern sein?« Er musste nicht auf eine Antwort warten. Der Lärm der Scaras und vieler anderer war ebenso groß wie kurz zuvor an der Ruhr. Am nächsten Tag beschwerten sich auch einfache Grafen, Äbte und Domänenherren über das liederliche Maifeld. An diesem Abend steigerte Karl, der sonst sehr wenig trank, den allgemeinen Eindruck von Niedergang und Herrscherschwäche. Mit einem schweren Humpen in der einen Hand und seinem Schwert in der anderen schwang er auf einem Bein herum und zog das andere schleifend nach. Er taumelte auf seine Berater zu und grölte: »Sauft, Franken, sauft!«

Graf Cancor fing ihn auf. »Geh nicht zu weit«, flüsterte er. Karl zwinkerte kurz und randalierte weiter.

»Siehst du den Halbwüchsigen neben den beiden Mönchen dort mit ihren Rundgesichtern?«, fragte er.

»Meinst du den Dorftrottel mit dem blöden Grinsen, den viel zu großen Händen und dem steifen Schwanz?«

»Genau den.«

»Alle drei Westfalen oder Engern«, stellte Graf Cancor fest. »Burschen wie sie gibt es zuhauf von den Paderquellen bis zum Weserbogen vor der Porta Westfalica. Opfer der Sachseninzucht, vom Teufel und vom bösen Blick Gezeichnete, saufen sich Tag für Tag voll mit Bier und Met.«

»Das sind keine Mönche«, sagte Karl, der bereits weiterdachte.

»Was dann?«

»Beobachter der Sachsen«, antwortete Karl. »Sie sehen alles, und sie bekreuzigen sich ... viel zu oft!«

Plötzlich verstand der Gaugraf. Ohne einen seiner Gefährten einzuweihen, hatte der Frankenkönig allen fremden Beobachtern und selbst den eigenen Leuten eine Farce vorgespielt. Graf Cancor schüttelte halb ungläubig und halb bewundernd den Kopf.

»Sieh zu, dass unsere verschwiegensten Gefährten, Scaras

und Veteranen mitmachen«, sagte Karl. »Aber kein Wort zu den anderen, verstanden?«

Cancor neigte mit einem leichten Lächeln den Kopf. »Hättest du etwas dagegen, wenn ich anschließend mit meinen Leuten rheinaufwärts ziehe?«, fragte er. »Ich habe mich ziemlich lange nicht um meinen Gau gekümmert.«

»Willst du nicht mit nach Ingelheim? Ich dachte, wir könnten den Herbstreichstag dort in der Pfalz abhalten.«

»Ich würde das nächste Treffen viel lieber in Worms sehen«, meinte Cancor. »Ich weiß, dass du Lorsch magst, aber für mich und die Alemannen, die Burgunder und viele andere ist es wichtig, dass wir die Maraue zwischen dem Reichskloster und der Bischofsstadt wieder zum Leben erwecken. Wir brauchen einfach einen mächtigen und wichtigen Reichstag bei Worms!«

»Gut, wenn es dir so wichtig ist«, sagte Karl. Er ging ein paarmal auf und ab, dann blieb er mit einem breiten Lachen vor Cancor stehen. Der Graugraf kannte Karl besser als jeder andere der anwesenden Edlen und Kirchenfürsten. Und wenn der König der Franken so froh und milde strahlte, dann hatte er einen besonders schweren Pfeil eingelegt ...

»Ich könnte ... ich könnte natürlich auch bei dir bleiben«, sagte er schnell.

»Zu spät!«, sagte Karl mit gespieltem Bedauern. »Du kannst gehen. Morgen früh schon. Und im Herbst will ich dich reich beschenken, weil du mit allen deinen Grafen und Freien und Liten, sagen wir, mit allen Mannen vom Bodensee bis nach Mainz, etwas geschaffen hast, das mich sehr entzücken wird ...«

»Karl, es ist Sommer! Wir brauchen jede Hand für die Ernte!«

»Du willst jetzt schon ernten?«, fragte Karl. Er hob die Brauen und überlegte kurz. »Nein, Cancor«, sagte er dann, »bis es so weit ist, hast du genügend Zeit, um eine gute Straße für das Heer von der Maraue bei Worms rechts des Rheins bis nach Frankfurt zu bauen.«

»Eine Straße für das Heer?«, fragte Graf Cancor kopfschüttelnd. »Wie soll ich eine Straße bauen? Ich bin doch kein Römer und habe keine ausgebildeten Legionen!«

»Mir reicht ein Knüppeldamm an den sumpfigen Stellen der

Rheinniederungen. Dazu verlange ich Bachfurten mit Trittsteinen, kleine Brücken oder Schwimmflöße aus Baumstämmen, wo sie erforderlich sind.«

Der Graf des Rheingaus kaute an den Enden seines hellblonden Bartes. Er blickte Karl prüfend an, dann nickte er grimmig. »Ich weiß schon, wann du meinst, was du sagst«, knurrte er. Karl hob die Hände und senkte mit einem kleinen, fast schon spitzbübischen Lächeln den Kopf.

Die seltsame Vereinbarung hatte nach außen hin ziemlich böse Folgen. Cancor und seine Rheinfranken zogen ab. Von Tag zu Tag verluderten die anderen Krieger in Düren mehr. Es war, als wären die Franken von einem guten Geist verlassen worden, der Karl christlich beraten und allen anderen ein Beispiel für Disziplin und Ordnung vorgelebt hatte.

Schon früh am Morgen torkelten betrunkene Krieger singend und pöbelnd durch das weit auseinandergezogene Lager. Sie jagten junge Mädchen, fassten sie lüstern an die Brüste oder zwischen die Schenkel und schreckten nicht einmal vor Müttern mit kleinen Kindern auf dem Arm zurück. Sie stießen Stangen mit Suppenkesseln um, ließen laut grölend Zelte einstürzen und lieferten sich wild schreiend Prügeleien und ganze Schlachten mit Fahnenstangen und durch den Schmutz geschleiften Königswimpeln.

»Es ist eine Schande!«, schimpften die Äbte ohnmächtig. »Wie kann Karl ein derartiges Vandalenlager zulassen?«

Sie kamen nicht darauf, dass Karl nicht nur ihnen, sondern vielmehr den Sachsen etwas vormachte. Doch dann, an Christi Himmelfahrt zehn Tage vor Pfingsten, war der Spuk vorüber. Es gab kein Bier mehr, keinen Met oder Wein. Bereits kurz nach Sonnenaufgang preschte Karl in voller Rüstung von einem Ende des verwahrlosten Lagers zum anderen.

»Auf, auf, ihr Männer! Der König ruft! Wir ziehen weiter!«, verkündeten der Marschall und der Seneschall mit lauten, weithin tragenden Stimmen. Hörner und Pauken fielen lärmend ein. Die gepanzerten, in ihren Mänteln und Schilden mit allen Farben gezeichneten Reiter der Scara francisca teilten lärmend das Lager in Gruppen von Kriegern und Händlern, Weibern und Tross.

Sie zogen an den steinigen Ufern von Bächen und kleinen, gewundenen Flüssen entlang durch die wilden Täler der Eifel und orientierten sich an den geheimnisvollen, noch immer heiligen Orten der Kelten in dunklen Wäldern und an den furchterregenden, kreisrunden Wasserflächen der Vulkan-Maare, die wie bösartige, blauschwarz und glatt glänzende Augen der Unterwelt vor ihnen auftauchten. Und nicht eine Welle kräuselte sich unter ihren lauten, beschwörenden Rufen.

Hier, an den von grüner Stille umringten, gefährlich steilen und glatten Felsenufern tränkten nur noch die mutigsten der Knechte die Pferde. Mütter mussten ihre Kinder vor dem Abgleiten in unergründliche Tiefe zurückhalten, und manch einer flüsterte von Nornen und dem Fluch des Nibelungengoldes, das im Rhein, aber auch hier verborgen sein konnte ...

Tag um Tag zog der König der Franken mit seiner Familie, dem Königshof, seinen Panzerreitern und dem meilenweit auseinandergezogenen Gefolge aus Edlen des Reiches in Richtung Worms. Sie wurden begleitet von leichten Reitern aus den Grafschaften, Fußkriegern und Bogenschützen, Trosskarren, Pferden und Ochsen mit Stangengeschlepp, schwatzendem, keifendem Weibsvolk, greinenden Kindern, halb verhungerten Kleinkrämern, humpelnden, trocken geweinten Pilgern im religiösen Delirium und zwielichtigen, manchmal mönchischen, meist aber zerlumpten diebischen Schattengestalten.

Auch die Bogenschützen sahen wie ein zusammengewürfelter Haufen von Räubern aus. Jeder von ihnen besaß ein besonders scharfes Augenmaß, einen mannshohen Eibenbogen und mindestens zwölf Pfeile, jedoch kaum ein vernünftiges Wams, heile Stiefel oder einen Helm, der mehr war als eine lederne, bis zu den Ohren reichende, im Nacken und an den Seiten mit Leinenfransen oder Lappen aus dünnem Leder behängte Kappe. Karl hatte kein Verhältnis zu den Bogenschützen. Er schätzte sie wie präzise arbeitende Handwerker. Dennoch waren sie in seinen Augen feige Jäger, die sich erst zu erkennen gaben, wenn kein Visier mehr nötig war.

Jeder Rastplatz am Abend in Steinwurfweite von zerfallenen römischen Kastellen oder Überresten einst großartiger Aquädukte brachte großen und kleinen Streit um Zeltplätze und Lagerfeuer. Die Männer prügelten sich um einen Felsvorsprung oder eine trockene Erdplatte. Frauen zogen sich von den Uferrändern von Bächen und Wasserstellen zurück. Und nur wer zum inneren Kreis des Frankenkönigs gehörte, konnte glauben, dass Abend und Morgen Gott dem Allmächtigen und seinem eingeborenen Sohn Jesus Christus bestimmt waren.

Rundherum starben Männer, Frauen und Kinder wie jeden Tag. Dennoch ging es weiter und weiter. Und endlich erreichte der Lindwurm aus Menschen und Tieren, Trotz und Tränen, Fahnen und Farben die kleine, wie eine Paradiesburg hoch über dem Rheinfluss aus dem Berg geschlagene Pfalz Ingelheim. Und hier endlich erlebten alle, die ihn begleiteten, den ganz anderen König.

Karl nahm die Berichte und Meldungen, Daten und Aufstellungen über die jährlich gelegten Eier, die Zahl der Jungschweine in der Grafschaft und den Ertrag der Zinshufen aus Getreide und Wolle, Fleisch und Stroh, hölzernen Dachschindeln, Pelzen und Honig aufmerksam entgegen. Niemand verlangte, dass er sich alles merkte. Aber auch niemand durfte hoffen, dass er nur einen Schock Eier, die Zahl der Zwölfender in einer Waldhufe, ein Fuder Schindeln oder die Latten Bauholz vergaß, die von den Grafen gefordert und von den Liten nicht gebracht worden waren.

Die Tage des Frühsommers waren warm und schön. Karl und seine Scaras ritten sehr viel durch die Wälder der Umgebung. Alle Edlen übten sich im Schwertkampf und in der Beizjagd. Mit den Falken konnten andere besser und erfolgreicher sein als er – nicht aber, wenn es um Kraft und Ausdauer ging. An mehreren aufeinanderfolgenden Tagen durchschwamm er zweimal hintereinander den Rhein von einem Ufer zum anderen und wieder zurück. Am ersten Tag konnten ihm einige junge Krieger das noch nachmachen, am siebten Tag keiner mehr.

Da Karl in diesen Monaten ohne sein Eheweib und Familie war, verbrachte er die meisten Abende wie in ganz jungen Jahren zusammen mit den Anführern der Scaras und seinen treuesten Gefährten. Sie ließen die Feuer so hoch in den ungewöhnlich sternklaren Nachthimmel lodern, dass ihr Schein bis nach Mainz und über den Rhein hinüber in die Taunusberge sichtbar war. Und zumeist sprachen sie in diesen frühen, lauen Nächten so leicht und glücklich über alles, was Männer wie sie beschäftigte, als würde alles nur ein Spiel sein – weit entfernt vom düsteren Raunen schwarzer Baumwipfel mit Wölfen und Bären und unheimlichen Sagengestalten in verborgenen Höhlen und Erdspalten. Sie waren getaufte Christen und glaubten an Gottvater, Sohn und den Heiligen Geist. Dennoch sprachen sie ebenso wie Kinder und Weiber von Elfen, Feen und von den alten Göttern, von grausamen Nordmannen, störrischen Sachsen und jenem Kaiserreich, dem die Welt noch immer nach Gesetz und Recht untertan war.

»Eigentlich verstehe ich überhaupt nicht, warum wir uns mit den Sachsen nicht gütlich einigen können«, meinte Angilbert eines Abends. »Wir sind doch eigentlich alle miteinander verwandt. Viel schlimmer ist es doch, dass – wie uns Boten sagten – in Byzanz kein einziges Abbild des Gottessohnes mehr aufzufinden sein soll ... nicht aus Gold oder Bronze, weder am Kreuz noch in Windeln gewickelt oder in Marias Armen ...«

»Die Bilderstürmer?«, fragte Karl.

»Ja, Ikonoklasten.«

»Als wenn es keine anderen Probleme gäbe«, sagte der Frankenkönig.

Die folgenden Wochen bis zum Aufbruch nach Worms vergingen nicht anders, als es von ein paar hundert Elitekriegern samt ihren Pferdeknechten und Waffenträgern zu erwarten war. Schmiede und Schwertfeger, Sattler und Schildmacher, Beinschnitzer für die Messerschalen und Stellmacher für die Transportwagen wetteiferten lärmend darum, Rüstung und Waffen der Scara francisca noch weiter zu vervollkommnen.

Gleichzeitig übte jeweils eine Hälfte der Panzerreiter den schnellen Vorstoß in kleinen Gruppen durch die wildesten Hohlwege, über umgestürzte Baumriesen und durch tückisch verfilztes Dornengestrüpp an kleinen Waldbächen. Die andere Hälfte spielte versteckte Bogenschützen, die mit wergumwickelten Pfeilen aus dem Hinterhalt angriffen.

»Seitensicherung!«, mahnte Karl immer wieder. »Ihr müsst nicht nur nach vorn sehen, sondern gleichzeitig über euch in die Bäume und nach beiden Seiten.«

Sie übten und übten immer weiter. Als dann der Tag des Abmarschs nach Worms herangekommen war, verfügte der Frankenkönig über fünfhundert hervorragend ausgebildete, vor Kampfeslust strotzende Krieger, wie es sie sonst nirgendwo gab. Jeder der aufwendig gepanzerten und ausgerüsteten Reiter konnte zusammen mit seinen zwei, drei oder auch fünf ebenso gut ausgebildeten Hilfsmännern das harte Herz für ein Dutzend weitere Reiter, Bogenschützen und Fußkrieger sein.

Worms war genau das Gegenteil vom Maifeld in Düren. Der König und seine Krieger überraschten den Reichstag mit einer ungewohnt strengen Ordnung. Keines der Gerüchte über die Ausschreitungen in Düren bestätigte sich – im Gegenteil: Noch nie zuvor hatte ein König der Franken seinen Edlen und ihrer Begleitung so wenig Raum für Spiel und geselliges Beisammensein gelassen. Eine Versammlung jagte die nächste, während die Übungen für Reiter und Pferde nicht abrissen; Bogenschützen und Krieger zu Fuß durften nicht zu den Suppenkesseln und Bratenspießen, wenn sie vor jeder Mittags- und Abendmahlzeit nicht mindestens einmal Angreifen und Verteidigen, Stürmen und Abwehren, Belagern und Aushungern oder Überfall und Ausbruch geübt hatten.

Gleich nach dem Mittagsmahl ritt Karl mit seinem gesamten Gefolge über die Brücke zur Maraue am Ostufer des Rheins. Am Nachmittag sollten keine Versammlungen am Bischofssitz, sondern Kampfspiele stattfinden. Sie hatten noch nicht begonnen, aber Karl wollte auch die Vorbereitungen sehen. Sie ritten mehrmals durch das ganze Lager, ehe sie abstiegen und zusammen mit den Kirchenmännern, die diesmal auf einen kleinen Mittagsschlaf verzichteten, auf der Tribüne aus Balken, Brettern und bunten Tüchern Platz nahmen. Noch war nicht viel zu sehen, und der offizielle Teil der Turniere hatte noch nicht begonnen. Als die Pferde der Scaras und der leichten Reiter gesattelt wurden, näherte sich plötzlich eine Gruppe seltsamer Reiter dem

Turnierplatz. Sie hatten eine Tonsur und kurz geschnittenes Haar wie Mönche, trugen aber keine Kutten, sondern lange Hosen mit Gamaschen und Bundschuhen, dazu weite Wollhemden mit offenem Halsausschnitt und große Taschen an Lederriemen über den Schultern. Karl hatte vielerlei Bekleidungsstücke gesehen, aber bei den sechs Neuankömmlingen wusste er nicht, wo er sie einordnen sollte. Fünf von ihnen schienen die Begleiter eines mageren, sehr steif auf seinem Maultier sitzenden Rotschopfs zu sein.

»Seit wann gibt es in dieser Gegend Mulis?«, fragte Karl verwundert. Angilbert seufzte laut und vernehmlich. Er war noch immer etwas schlaff vom vielen Essen und Trinken.

»Es wird immer schlimmer … Was sich so alles rumtreibt bei uns im Frankenreich …«

»Erzähl mir nicht, dass schon die Römer Mauern quer durch Gemanien bauen mussten«, antwortete Karl gut gelaunt. Aus den Augenwinkeln beobachtete er, wie die anwesenden Äbte und Bischöfe zu tuscheln begannen. »Wer ist das?«, rief er ihnen zu. »Kennt jemand die Mulireiter?«

»Ich wundere mich, dass er sich überhaupt hierherwagt«, meinte Bischof Megingaud von Würzburg.

»Es ist tatsächlich Fergil der Geometer«, sagte Abt Fulrad kopfschüttelnd. »Der Mann, der immer noch behauptet, dass auf der anderen Seite der Erde ebenfalls Menschen wohnen.«

»Ach, der ist das«, lachte Karl, »der mit den ›Antipoden‹ …«

»Man muss sich wirklich wundern, dass so ein Scharlatan noch nicht exkommuniziert ist!«, schnaubte Megingaud abfällig. »Ein starrköpfiger Ire, der sich einfach nicht belehren lassen will! Selbst Bonifatius hat sich beim Papst beschwert, weil Fergil wider unser besseres Wissen darauf besteht, dass die Erde eine Kugel sei …«

Karl wartete, bis Fergil auf seinem Maultier bis zu den Fahnenstangen gekommen war. Knechte des Marschalls und des Seneschalls wollten die Mönche abdrängen.

»Lasst sie durch zu uns!«, rief der König laut. Er wartete, bis die sechs Männer vor der Tribüne angekommen waren.

»Du brauchst nichts zu sagen«, rief er ihm zu. »Ich weiß schon, wer du bist. Hast du Lust, für eine Weile an meinem Hof zu bleiben?«

Der Ire wiegte bedächtig seinen Kopf hin und her. Karl merkte sofort, warum er zögerte. »Jetzt fehlt nur noch, dass ihr mich auszischt!«, tadelte er die Bischöfe und Äbte. »Ich will nur hören, was er sagt und weiß.«

»Ja, aber das kann auch gefährlich sein ...«

»Meint ihr etwa, er könne meinen Verstand vergiften?«

Genau das war es. Karl winkte ab, lachte und wandte sich wieder dem Iren zu. »Lass dir vom Seneschall einen Platz im Lager zuweisen. Um alles, was du mit deinen Gefährten sonst noch brauchst, soll sich Kanzler Hitherius kümmern. Ich werde mit dir sprechen, sobald der Reichstag und das Maifeld beendet sind.«

Am frühen Abend vollführten die Großen des Frankenreiches ein altes Ritual, das nur noch vor ganz großen Feldzügen üblich war. Fünf junge, kräftige Grafen und zwei Anführer der Scara francisca schoben Stämme von jungen Birken unter einen besonders schweren Schild, ließen Karl aufsteigen und hoben den König bis zu ihren Schultern hoch. Unter dem lauten Beifall von vielen tausend Kriegern wurde Karl, der sich nur auf sein mit der Spitze in den Schild gestoßenes Schwert stützen konnte, an allen vorbeigetragen. Schließlich blieben die Träger erhitzt stehen.

»Ich will erfüllen, was weder meinem Großvater noch meinem Vater gelungen ist«, rief Karl mit lauter, weithin tragender Stimme. »Mancher von euch mag sagen, dass Sachsen und Franken und Langobarden germanische Brüder sind. Das ist richtig, ihr Herren und Männer. Aber die Sachsen verweigern sich der Abkehr von den alten Göttern.«

Er sah sich in der weiten Runde um, und der Feuerschein erhellte sein Gesicht. »Ihr wisst, Karl Martell war Hausmeier der Merowingerkönige, als er vom Rhein her bis zur Weser im Land der Sachsen vordrang. Ihr wisst auch, dass König Pippin, mein Vater, bis zur Juburg im Eggegebirge kam. Und ihr wisst, dass dabei Hildigar, der große Erzbischof von Colonia, brutal erschlagen wurde ... ungerächt bis zum heutigen Tag!«

Die Edlen des Reiches murrten laut und wütend, wie es

erwartet wurde. Karl hatte keinerlei Schwierigkeiten mehr. An diesem Abend wurde endgültig die Unversöhnlichkeit zwischen dem uralten germanischen Glauben und dem Christentum erklärt.

Mit einem Heer von zweitausend Reitern und viertausend Fußkriegern überquerte der Frankenkönig den Rhein in Richtung Osten. Cancor hatte gute Arbeit geleistet. Nahezu alle größeren Flussarme und Sumpfgebiete zwischen dem Rheinstrom und der Weinstraße an Odins Wald entlang waren über den Neckar und bis zum Main hin über Holzbrücken und Knüppeldämme passierbar geworden.

Im königlichen Haupthof Gernsheim an der südlichen der beiden großen Flussschleifen im Oberrheintal luden sie noch einmal frisches Obst und Getreide, getrocknetes Lammfleisch, Tonkrüge mit Rapsöl und Honigfässchen auf.

»Gernsheim ist eine Domäne, an der ich große Freude habe«, meinte Karl. Er übergab Gaugraf Cancor das Kommando und ließ das Heer und den gesamten Tross bis zur Frankenfurt im Main weiterziehen. Nachdem sich der Staub des langen, lauten Zuges wieder gelegt hatte, setzten sich Karl, Angilbert und die anderen seiner engsten Gefährten an einen im Garten des Hofgutes aufgestellten Bohlentisch. Nur zehn Fähnlein der Panzerreiter waren mit ihm zurückgeblieben, dazu Abt Gundeland samt einigen kundigen Mönchen, Schreibern und Notaren aus Lorsch.

»Die Dreifelderwirtschaft macht sich gut«, meinte Abt Gundeland. Die Mägde brachten Krüge mit Wein, Essigwasser, ein paar Körbe mit Früchten und hartes, mit Honig gesüßtes Gebäck.

»Wir sollten überall im Frankenreich zum Dreijahresrhythmus übergehen«, meinte Karl, nachdem er einen Schluck Essigwasser getrunken hatte. Die anderen tranken Wein, obwohl der Nachmittag sehr warm und schwül war. »Die Felder geben einfach mehr her, wenn wir dem Sommergetreide im zweiten Jahr Winterfrucht und dann ein Jahr der Brache folgen lassen … vielleicht mit Hülsenfrüchten, aber das müsst ihr ausprobieren, Gundeland.«

»Das ist ein großes Problem«, seufzte der Abt. »In der Antike,

ja selbst heute noch geben die Felder im Süden das Achtfache der Aussaat zurück. Nur wir schaffen oft nur das Dreifache ...«
»Wie steht es mit Gemüse, Obst, Vieh?«
»Wesentlich günstiger. Wir haben hier eine gute Gegend«, sagte der Verwalter der Krondomäne Gernsheim. »Das Wetter ist besser als in anderen Grafschaften, und die Menschen im oberen Rheintal sind daran gewöhnt, dass hier ständig Pilger und Händler, Banden von Räubern und ganze Heere und Völkerstämme umherziehen.«

»Was bringt der Haupthof mitsamt seinen Unterhöfen?«, fragte Karl direkt. Obwohl niemand damit gerechnet hatte, dass sich der König der Franken bei seinem ersten ganz großen Feldzug auch für den Ertrag einer Domäne interessierte, konnte der Verwalter mit Hilfe von Abt Gundeland sehr genau antworten: »Wir können dieses Königsgut nach Hufen, also nach Bauernstellen, aufteilen oder nach Tagewerken. Alles zusammengenommen haben wir dreiundfünfzig Bauernstellen —«

»Nimm lieber die Tagewerke«, unterbrach der Abt. »Das ist leichter zu rechnen als die Hufen, von denen manche groß und unfruchtbar, andere wiederum klein und ergiebig sein können.«

»Ja, aber Hufe ist Hufe«, meinte Angilbert. »Es kommt doch nicht auf ihre Größe an, sondern darauf, dass ein Bauer mit Familie und Gesinde darauf leben kann.«

»Nimm trotzdem Tagewerke ... iurnales de terra arabilis, wenn du verstehst, Bruder in Christo«, bat Abt Gundeland sanft, während seine Mönche bereits die Brauen hoben und heimlich flehende Blicke zum Himmel hinaufschickten.

»Nun gut«, sagte der Verwalter, der nicht verstand, warum Gundeland auf dieser Art von Bericht und Bilanz beharrte. »Gernsheim hat dreiundneunzig, Langenwaden neunzig, Rohrheim vierzig und Wasserbiblos einundvierzig Tagewerke. Zusätzlich bringen die Wiesen dort hundert Fuder Heu per anno ... in Rohrheim nur zehn Fuder, ferner sind da die Weinberge —«

»Nein, nein, nein!«, unterbrach Abt Gundeland wie ein Lehrmeister, der wieder einmal Geduld und Nachsicht über alles andere setzen musste. Der König lehnte sich zurück. Er hatte längst verstanden, dass ihm der junge Abt ein uraltes Verwirrspiel vorführte: Willst du nicht, dass man versteh – tu mit vielen Zahlen weh.

»Also los«, sagte Karl großmütig. »Nenn uns die rechten Zahlen … in Bauernstellen und in summa!«

»Dreiundfünfzig Hufen«, sagte der Verwalter, während Abt Gundeland resignierend den Kopf schüttelte. »Das macht dreiundfünfzig Schweine im Jahr für den königlichen Hofstaat, fünfhundertunddreißig Eier, dreiundfünfzig Wagenladungen mit Schindeln, zweihundertundfünfzig ungelöhnte Holzfuhren für den Königshof als Forstzins und siebenundzwanzig Scheffel Wein.«

»Falsch«, sagte der König. »Zweiunddreißig. Du hast fünf Scheffel Wein zu viel für euch selbst behalten.«

Damit hatte keiner gerechnet. »Natürlich könnt ihr mich von hinten und von vorn betrügen!«, sagte Karl nachsichtig. »Jeder Graf tut das, jeder Abt und mit der Billigung des Allmächtigen auch jeder Bischof! Ich kann nicht überall sein, nicht jede Buchecker der Herbstmast in den Wäldern zählen und auch nicht jeden hängen, pfählen oder blenden lassen, der mich in meinem Eigentum bestiehlt, weil ihm das Weib und auch die Kinder hungern, krank sind und verrecken!«

Die anderen blickten ihn mit großen Augen an. So sprach kein König, hatte sich noch nie ein Frankenherrscher aus dem Geblüt der Merowinger erklärt. Karl wusste ganz genau, warum er dennoch sagte, was er dachte und empfand.

»Ich will den Gottesstaat!«, sagte er mit einer Stimme, die allen anderen das Blut vereiste. »Den Gottesstaat hier auf Erden … und wenn ich dafür bis an mein Lebensende das Schwert nicht aus der Hand lege!«

Erst jetzt begriff der eine oder andere, dass es Karl nicht um ein paar Hühnereier oder um Rechenkunststücke von Grafen, Äbten oder anderen Betrügern ging. Sie waren alle gleich, und er war auch nicht anders.

»Na und?«, fragte er sie. »Was habt ihr denn? Erschrecke ich euch mit Moral? Mit Christentum und Nächstenliebe?«

»Karl«, sagte Gundeland und räusperte sich mehrmals. Urplötzlich quollen Tränen aus seinen Augen. »So kannst du das nicht machen … ich meine … du verwirrst uns, und wir verstehen nicht …«

»Nein«, sagte Karl und holte sehr tief Luft. »Ihr versteht wohl wirklich nichts von der Vison des Kirchenvaters Augustinus.« Er wandte sich an Angilbert. »Wir reiten zum Main. Ich will noch heute Abend über den Fluss setzen. Und morgen dann nach Mainz. Erzbischof Lullus erwartet uns.«

Die Fährmänner am Einfluss des Mains in den Rhein mussten blind oder taub oder beides zugleich sein. Nie zuvor hatte der König der Franken so lange auf eine Überfahrt warten müssen. »Was willst du machen?«, fragte Angilbert, während er mitten auf einer Fähre aus einfachen Baumstämmen ein paar Pferdehaare von seinem Wams zupfte. Karl brummelte grimmig und betrachtete das sanfte Panorama der Taunusberge im letzten Licht des Tages. Links und rechts, vor ihnen und hinter ihnen nutzten die Pferdeknechte die kurze Fährfahrt über den Main. Sie zogen Gurte an, wechselten Riemchen und Schnallen aus, wischten mit Lappen aus Wolle über Verzierungen am Zaumzeug und bürsteten die Pferdefelle.

»Sie werden besser versorgt als wir«, murmelte Karl.

»Kein Problem«, lachte Angilbert. »Wir können uns auch mal Schweif und Schwanzhaare bürsten lassen …«

»Meinst du, dass du damit deine Flöhe loswirst?«, konterte der König. Jetzt war Angilbert beleidigt.

Sie legten an und verzichteten darauf, auf ihre schnaubenden, tänzelnden Pferde zu steigen. Bis zum Sitz des Erzbischofs von Mainz waren es nur wenige Schritte. Sie gingen an ein paar schmutzigen Kindern mit weit geöffneten Augen und Mündern, staunenden und devot grinsenden Mönchen entlang. Obwohl sie sich gerade erst gesehen hatten, begrüßte der Kirchenfürst den König der Franken wie einen Propheten.

Da es bereits zu spät für die Vesper-Hore war, geleitete Lullus den König zu den vorbereiteten Gemächern. Sogar ein Bad war für ihn angerichtet. Karl nahm die Gelegenheit dankbar wahr, denn auch er wusste nicht, wann er wieder in einem erzbischöflichen Holzzuber mit heißem und nach Rosenöl duftendem Badewasser sitzen würde.

Anschließend fanden sie sich ohne besondere Förmlichkeit bei einem einfachen Abendessen zusammen. Sie besprachen, wie die Sachsen, die Karl bei diesem Feldzug besiegen wollte, so getauft werden konnten, dass es auch in Büchern und Urkunden verzeichnet wurde.

»Es wird nicht gehen«, meinte Erzbischof Lullus. »Ihre Namen sind zu ähnlich. Um Ordnung in die Eroberungen zu bringen, müssten zunächst alle Hufen aufgezeichnet, die Menschen gezählt, Stammtafeln und die Verwandtschaftsgrade gesichert werden. Blinde und wilde Taufen bringen überhaupt nichts.«

»Warum nicht?«, fragte Karl. »Wenn ein Sachse Christ geworden ist, kann er es doch sagen.«

»Dein Wort in Gottes Ohr!«, seufzte der Erzbischof. »Glaubst du denn ernsthaft, dass die Taufe aus wilden Germanen Brüder in Christo macht?«

»Getauft ist getauft!«, sagte der Frankenkönig ohne die Spur von Nachsicht. »Und wer nicht weiß, was das bedeutet, muss eben brennen und zur Hölle fahren!«

»Solltest du nicht etwas mehr Gnade und –«

»Hör auf, Lullus!«, unterbrach Karl ohne Milde. Auch die anderen, die ihn länger und besser kannten, wussten, dass er in diesem einen Punkt keinerlei Ausflüchte duldete. Eher hätte er bei einem Reichstag zugestimmt, dass die Sonne fortan von Norden nach Süden über den Himmel wandern sollte. »Du weißt, wer ich bin, und ich weiß, dass du der Nachfolger von Bonifatius bist. Also was reden wir? Wir müssen taufen und bekehren! Nur dadurch können wir die Heiden auf den langen Weg zum Gottesstaat mitnehmen!«

»Ich bin der Weg, die Wahrheit und das Leben‹, spricht der Herr«, sagte der Erzbischof von Mainz ohne Widerspruch.

»Na also«, grummelte Karl unfreundlich.

Sie brachen noch im ersten Morgengrauen auf, kaum dass die Küchenmönche des Erzbischofs ihnen noch eine Schale grob gemahlener und in Rindfleischbrühe gekochter Gerstengraupen mit Petersilienwurzel vorgesetzt hatten.

Kurz vor Mittag holte er das Heer ein, das den Platz an der

Frankenfurt bereits wieder verlassen hatten. Und ebenso wie vor Jahrhunderten der römische Feldherr Germanicus drangen die Franken an der mittleren Lahn und der Eder entlang zur Sachsengrenze an der Diemel vor. Karl achtete streng darauf, dass seine Krieger, Tross und Gefolge in jeder Festung im Grenzland, die schon von seinem Großvater angelegt worden war, sämtliche Waffen und Gerätschaften, die für ein weiteres Vordringen wichtig waren, pflegten und mehrfach überprüften.

Am liebsten hätte Karl jeden Stützpunkt besucht, der auf Karl Martell zurückgeführt werden konnte: den Büraberg, den Frankenberg an der Eder, die Kesterburg und viele andere. Aus irgendeinem Grund befahl er dann, dass auch der aus Baiern stammende und bereits greise Abt Sturmi aus dem Kloster Fulda das Heer begleiten sollte. Sturmi verstand nicht mehr, worum es ging. Mehrere Mönche trugen sein Kreuzwappen und führten einen Karren mit seinem Gepäck. Der Nachfolger des großen Bonifatius lag auf einem Fell zwischen zwei Schleifstangen schräg unter dem gemächlich wankenden Hintern eines Pferdes. Und bei jedem der kleinen regelmäßigen Furze über sich murmelte der fromme Mann ein Ave-Maria.

Weiter vorn ritten Karl und seine Berater dicht nebeneinander. Sie besprachen, wie sie diesmal den Sachsen beikommen wollten.

»Wenn sie die offene Schlacht scheuen, müssen wir sie überraschen«, sagte Karl.

»Aber wie?«, fragte Angilbert. »Sie wissen ganz bestimmt längst über jedes Ross und jeden Reiter bei uns Bescheid.«

»Die Eresburg ist uneinnehmbar«, sagte auch Cancor. »Wir könnten bestenfalls von Ast zu Ast und Busch zu Busch klettern, so steil fällt der Obermarsberg nach allen Seiten hin ab.«

»Nicht nach Südwesten«, sagte der eben herankommende energische Bischof von Würzburg. Megingaud war schon eine ganze Weile hinter ihnen geritten. Er war es auch, der den greisen Abt Sturmi aus Fulda geholt hatte, andererseits aber liebend gern ein Kloster viel weiter nördlich, nämlich in Fritzlar an der Eder, gründen wollte. »Vom Niedermarsberg ist der Zugang zur Sachsenveste nur sehr flach ansteigend.«

»Aber zu schmal für eine Feldschlacht«, entgegnete Graf Cancor. »Da könnte nicht einmal ein Fähnlein Scaras die Verteidiger angreifen. Hundert Mann zu Fuß würden im Pfeilhagel nicht einmal die Vorwerke erreichen.«

»Doch«, sagte Karl. »Genau so werden wir angreifen!«

»Du willst Dutzende von tapferen Männern im grellen Sonnenlicht zu Zielscheiben der Sachsenpfeile machen?«, fragte Angilbert empört.

Karl lachte und schüttelte den Kopf. »Seit wann scheint um Mitternacht die Sonne?«

Und plötzlich verstanden seine Gefährten. Unter den Kronen der Buchen und Eichen herrschte auch am Tag eine düstere, geheimnisvolle Finsternis. Einige der jüngsten Krieger kletterten bis in die Baumwipfel. Auch von dort waren auf dem dicht bewaldeten Obermarsberg weder Mauern noch Türme zu erkennen. Langsam begriffen auch die anderen, was ihr König gemeint hatte: Mochten die Schatten und die Nächte im Land der Sachsen noch so finster sein, boten sie doch ganz neue Möglichkeiten für Angriff und Eroberung.

16

Zerstörer der Irminsul

Karl machte sich nichts vor. Er wusste, wie wichtig sein erster Feldzug gegen das germanische Brudervolk der Sachsen war – für ihn, für Franken und das gesamte komplizierte Gleichgewicht der Mächte. Dennoch begann Karls erster großer Schlag so lautlos, dass nicht einmal alle eigenen Krieger, geschweige denn die drei, vier Dutzend Sachsenwachen oben in der Veste irgendetwas bemerkten.

Obwohl einige von ihnen nach der bereits zweiten halb durchwachten Nacht Mühe hatten, die Augen aufzuhalten, blickten sie angestrengt nach allen Seiten über die Wallmauern in den Wald und über den plötzlich wolkenweiß liegenden Nebel im Diemeltal. Der Schein der letzten Frankenfeuer ließ ihn noch unwirklicher erscheinen. Ein voller, bleicher Mond stieg nach Altenbeken hin unheimlich und scheinbar mit grinsendem Gesicht über den Wäldern auf. Trotzdem befürchtete keiner der Wachmänner einen Angriff um diese Stunde. Sie ahnten nicht, dass sie schon wenig später alles verlieren sollten …

Nachtfalter streiften den Staub von ihren Flügeln an den Gesichtern der fünfzig Auserwählten ab, die mit dem Frankenkönig selbst in dunkler, lockerer Gewandung bis an die steinernen, aus Ästen dicht geflochtenen und mit fest gestampftem Erdreich aufgefüllten Wälle der Eresburg vordrangen. Der Ruf des Käuzchens hallte weithin durch die Nacht. Und dann schoss auf der anderen Seite aus halber Hanghöhe lautlos ein Feuerpfeil steil in den Himmel. Der kleine Feuerball drehte sich und flog in weitem Bogen mitten hinein ins Areal der Sachsenburg. Ein zweiter Feuerpfeil folgte, dann ein Dutzend weitere.

Urplötzlich war der Nachtfrieden vorbei. Warnrufe gellten über die dunklen Baumwipfel. Genau darauf hatten Karl und seine Nachtkrieger gewartet. Zum ersten Mal griff ein Frankenheer nicht bei Tag, sondern bei Nacht in kleinen Gruppen an.

Es war die Taktik, die auch die Sachsen kannten. Bisher war sie das Recht verzweifelter Verteidiger gewesen. Karl aber kümmerte sich nicht um jenen starren Stolz, der von Eroberern erwartet wurde. Er schnalzte nur kurz mit der Zunge. Die jungen, schnellen Krieger in der Dunkelheit des Waldschattens huschten fast lautlos an ihm vorbei.

»Bleibt leise, wenn ihr zustecht!«, rief ihnen der Frankenkönig halblaut nach. Er hörte Angilbert neben sich schnaufen.

»Pass auf«, sagte er. »Gleich geht der Sturm los!«

Als die ersten Flammen aus den Dächern schlugen, öffneten sich wie von Geisterhand bewegt die Tore. Karl steckte zwei Finger in den Mund. Sein schriller Pfiff zerriss die Fesseln, die noch über dem Waldesdunkel gelegen hatten. Und wie befohlen brachen erst jetzt die anderen Frankenkrieger unter den Bäumen hervor. Klirrend gerüstete Scaras preschten wie apokalyptische Reiter durch die feuerrot aufflammende Nacht auf dem Obermarsberg.

Der König stand wie ein einfach gekleideter Köhler am Rand der Schmalstelle. Er wusste genau, warum er bei seinem ersten brutalen und blutigen Kampf um eine Sachsenveste nicht in vorderster Reihe ritt. Es war schon lange her, seit die Franken endlich wieder so grausam und ungehemmt zuschlagen durften wie seit den letzten Jahren von Pippin II. Diesmal gab es keine enttäuschenden Verträge, keine Rücksicht auf Fürsten und Päpste, keine ängstliche Übergabe einer belagerten Stadt und keine Möglichkeit der Flucht für die Angegriffenen.

Der nächtliche Schlachtenlärm wurde zu einem wilden, grausamen Gemisch aus Schwertergeklirr, Triumphgebrüll der Angreifer und Todesschreien von Männern, Frauen und Kindern. Karl ließ seinen Männern mehr Zeit als üblich. In dieser Stunde ging etwas in ihm vor, das er selbst nicht mehr verstand. Er hätte Einhalt gebieten und das Sachsenmorden mit einer kleinen Handbewegung beenden können. Aber es war, als würden sich in ihm König und Christ gegenseitig bekämpfen. Er sah sich selbst zu bei all dem, was er seinen Männern mit dem Schwert befohlen hatte. Gleichzeitig schämte und hasste er sich dafür. Tränen rannen über seine Wangen bis in seinen

Bart. Wozu, dachte er, wozu muss all das sein, müssen so viele sterben?

Warum weinst du, König der Franken?, hörte er die Stimme seiner Mutter Bertrada in sich, warum badest du nicht im Blut der Heiden, die sich nicht taufen ließen?

Hinter ihm schnaubte sein Pferd. Er hatte nicht bemerkt, wie es gebracht wurde. Fast hätte er auch noch den eigenen Marschall und die Knechte neben dem Ross erschlagen. Er ließ sich langsam umkleiden und dann sein Wehrgehänge anlegen. Alle Gebäude der Eresburg brannten. Flammen und Rauch trieben immer mehr Sachsen bis zu den äußeren Wallanlagen. Sie wurden von Pfeilen und Spießen, Lanzen und Schwertschlägen angenommen wie Wild, das aus dem Schutz des Waldes hervorbrach und nur noch erlegt werden musste.

Noch in der gleichen Nacht fanden die Franken endlich wieder einmal so viel Beute in Felsenkammern und gemauerten Verstecken, dass sich der Heereszug für jeden Krieger lohnte.

»Das war auch nötig!« Angilbert lachte im Widerschein brennender Ställe, Wohnhäuser und Vorratsscheunen. Von allen Seiten schleppten schmutzige, blutverschmierte Krieger Kästen mit Goldschmuck und Geschmeide, mit Ringen und Emaille-Fibeln, geschlagenen Bechern, goldverzierten Trinkhörnern und wertvollen Waffen heran. Allein die scheppernd und dröhnend zusammengeworfenen Langsaxe und Schilde der getöteten Verteidiger aus Engern, Westfalen und Ostfalen ergaben einen Haufen auf dem felsigen Boden, der bis zur Höhe der Pferderücken anwuchs. Von anderen Seiten schleppten Waffenträger und Pferdeknechte Unmengen von Vorräten heran. Selbst Karl hatte schon lang nicht mehr derartig viele Fässer und Säcke, überschwappende Krüge und schwer gefüllte Truhen gesehen.

Der Jubel der siegestrunkenen Männer übertönte die letzten Schmerzensschreie und das Flehen sterbender Sachsen. Die Augen der Eroberer strahlten im Rausch von Blut und Beute: Sie grölten ihr Vergnügen in die dem Tod geweihte Nacht.

Niemand hatte mit einer so reichen Beute gerechnet. Trunken von Wein, Met und dem Gefühl der Unbesiegbarkeit, hatten die Krieger des Frankenkönigs sogar die ungeschriebenen Gesetze von Gnade und der Großmut gegenüber den Besiegten überschritten. Zu tief saß ihre jahrelange Enttäuschung und zu schwer wog die Wut auf alle Sachsen, die schon zu oft mit blutigen Überfällen Grenzdörfer der Franken zerstört und alles niedergemacht hatten.

Bis auf zwölf bereits fortgeführte Geiseln blieb kein Sachse am Leben – kein Krieger, kein heidnischer Priester, keine Frau, kein Kind. Nur einmal, als die Sonne bereits blutrot über den dicht bewaldeten Bergen aufging, zögerte Karl und hob die Hand. Die Krieger hatten bereits tiefe Kerben in einen hoch aufragenden, mit Zeichen und alten germanischen Runen verzierten Holzpfahl geschlagen. Karl dachte daran, was Wiho ihm gesagt hatte. Nach dieser Nacht und einem zerstörten Irminsul-Pfahl konnte die Eresburg auf dem Obermarsberg die gleiche mystische Bedeutung erhalten wie der Ölberg in Jerusalem.

»Lasst dieses Heiligtum stehen!«, rief er den Männern zu. »Es ist nicht sächsisch, sondern germanisch wie alle unsere Ahnen!«

»Nur eine Nachbildung, Karl!«, rief Graf Adalhard. »Die Irminsul ist doch nur eine sächsische Nachbildung unserer heiligen Weltesche Yggdrasil!«

»Außerdem gibt es mehrere davon!«, krächzte Abt Sturmi, der ebenfalls herbeigeschafft worden war. »Ich weiß von vielen Orten, an dem sie Götzendienst abhalten! Zwanzig Meilen flussabwärts zur Weser hin ist noch ein kegelförmiger Berg.«

»Ich kenne ihn«, bestätigte Bischof Megingaud die Aussage des alten Abtes. »Er meint den Diesenberg, den Tanzplatz der Walküren.«

Der einst so starke Sturmi begann zu jammern wie ein Schüler, der sein auswendig Gelerntes aufsagen sollte: »Ach, vielleicht meine ich auch die Iburg, die Herlingsburg im Emmertal, die Skidroburg, den Düwelsnacken im Eggegebirge. Vielleicht auch Vlotho gegenüber von Uffeln im großen Weserbogen oder die Elsternsteine am alten Hellweg bei Theotmalli …«

»So ist er immer!«, seufzte Bischof Megingaud. »Er weiß es, aber er verbirgt sein Wissen, indem er mehr antwortet, als eigentlich gefragt wurde.«

Karl erinnerte sich sofort an die Zahlenspiele, durch die ihm oben am Rhein die Erträge seiner Fronhöfe und Güter verschlüsselt werden sollten.

»Wirksame Heiligtümer brauchen die höchsten Berge oder tiefste Verschwiegenheit«, sagte der greise Abt auf einmal klar und deutlich. Für Karl sah er plötzlich wie ein keltischer Druide aus. »Seht euch das Weserbergland und die umrandenden Mittelgebirge ganz genau an. Ihr werdet Dutzende von Bäumen oder Säulen finden, die keinen Wipfel, keine Äste und keine Borke haben und die doch in der Lage sind, das grüne Reis zu nähren, sobald die Runen raunen ...«

Die anderen wollten Abt Sturmis Rede abbrechen. Nur Karl erkannte, wie wertvoll gerade das Kryptische sein konnte. Er hatte ein Gespür für das Uralte und das nach geheimen Regeln vor Unwissenden Verborgene.

»Welche der Runen weisen zur echten Irminsäule?«, fragte er vorsichtig. Abt Sturmi hob den Kopf. Er sah Karl schräg von unten her an, dann formte er die rechte Hand zu einer Kralle und winkte den König aller Franken näher.

»Du darfst nicht auf die Fa-Rune aus sein««, flüsterte er. »Sie verspricht Vieh, Reichtum und Besitz, aber auch Feuer und Vernichtung ...«

»Irminsul«, bat Karl den Abt ganz leise. Er beugte sich noch tiefer. »Wie erkenne ich die einzige echte Säule?«

»Such nach der Hagal-Rune«, antwortete Sturmi, und seine Handkralle grub sich in Karls linke Schulter. »Sie sieht wie ein Stern aus, verstehst du? Wie das X, das griechische Chi mit einem Querstrich ... die Zahl des Tieres aus der Offenbarung Johannes ...«

Karl hätte nie gedacht, dass ein körperlich nicht sehr gewandter, kriegerisch ungeübter Abt der Benediktiner eine so harte Kraft in seinen Fingerkrallen haben könnte. Er spürte den Schmerz in seiner Schulter so heftig, dass er die Zähne zusammenbeißen musste.

»Worauf muss ich sonst noch achten?«, presste er hervor.

»Auf die Is-Rune!«

Abt Sturmi ließ sich zurückfallen. »Sie ist ein einfacher senkrechter Strich, nicht mehr. Und sie heißt Eiseskälte … einsame Eins …«

Karl schüttelte den Kopf. »Wie soll ich das verstehen?«

»Du wirst es … eines Tages!«, stieß der alte Abt mit einem tiefen Seufzer hervor. »Wenn es dir wehtut in allem Fleisch und allen Knochen – bei jedem Wetterwechsel, wenn du nicht atmen kannst und wenn die Fäulnis dein Gedärm zermartert, dann wirst du aufschreien und lange darum beten, dass deine Einsamkeit von Gott beendet wird!«

Karl richtete sich wieder auf. Es war, als hätte er eine Ewigkeit lautlos und unberührt von allen anderen Einflüssen im Bann des alten Abtes zugebracht. Er schüttelte die quälenden Gedanken wie Stroh vom Morgenlager von sich. »Was soll das?«, schnaufte er und stampfte auf jene zu, die ihn begleiteten und doch nichts von ihm wussten.

Der neue Tag gehörte zu den ekelhaftesten, die Karl bisher erlebt hatte. Was nachts noch wie eine griechische Tragödie, wie Troja und Athen, Neros brennendes Rom oder die Strafe Gottes in Sodom und Gomorrha ausgesehen hatte, war doch nichts mehr als eine grauenhafte Walstatt. Es wurde Mittag, ehe er und alle anderen seiner Begleitung nach einem Bad im kalten Brunnenwasser und frisch gewandet den Bericht des Marschalls, des Seneschalls und der Scara-Anführer abnehmen konnten. »Wir müssen fünfundzwanzig Männer begraben oder ihre Leichname zu ihren Familien bringen«, berichtete Graf Cancor als oberster der Heerführer. »Vierzig sind so verletzt, dass sie nicht weiterziehen können. Von dreiunddreißig wissen wir noch nicht, wo sie geblieben sind.«

»Fahnenflüchtige?«, fragte Karl sofort.

»Fünf oder zehn vielleicht, aber nicht alle«, sagte Graf Cancor. »Kann sein, dass hier und dort der eine oder andere noch in den Bäumen hängt.«

»Dann sucht sie!«, befahl Karl. »Was ist mit den Sachsen?«

»Ausgelöscht«, sagte Cancor. »Kein Feuer, keine Glut mehr. Wer überlebt hat, wird als Geisel fortgebracht. Wenn wir wollten, könnten wir ihre gesamte Weserfestung abfackeln. All ihre Volksburgen und Wallanlagen, dazu Veste um Veste – bis zur

Porta Westfalica, weiter nach Norden zum Thingplatz Marklo hin, nach Verden an der Aller und durch das Land der Friesen zur Ems und bis zum Meer im Norden …«

»Wir ziehen weiter, aber vorsichtig«, verfügte Karl nach kurzer Überlegung. »Das Heer soll nach Osten bis zur Weser vorrücken. Ich selbst will mit ein paar guten Männern, Geometern und getauften Sachsen die Irminsäulen in den Wäldern auffinden und zerstören.«

Die anderen nickten und stellten keine Fragen. Für ein paar Stunden hatten die Schmiede und die Knechte das Wort in den Trümmern der Eresburg. Und dann verabschiedete der König einen Teil der Krieger mit den zusammengeketteten, tränenleer vor sich hin starrenden Geiseln und knarrend schwer beladenen Ochsenwagen. Alles zusammen sollte über die Frankenfurt im Main zunächst nach Worms gebracht werden.

Noch lange hing der Gestank von verbranntem Korn, Blut und Erbrochenem, Urin und aufgerissenen Eingeweiden über den Ruinen. Was fehlte, war ein heftiger Regenguss – ein reinigendes, die dumpfe Süße aus der Luft waschendes Sommergewitter. Aber nur sehr weit oben zogen ein paar Schäfchenwolken durch das Blau. Am nächsten Tag brach das Heer bereits in den frühen Morgenstunden auf. Dennoch kamen Reiter und Wagen, Fußvolk und Tross nur langsam voran. Der Tag wurde immer heißer, und selbst die wenigen Wasserläufe in den dichten und dunklen Wäldern waren nicht mehr als Rinnsale. Am Abend lagerte das Heer in der Nähe von Altenbeken an einem ausgetrockneten Bachlauf, von dessen Quelle es hieß, sie sei ein wundertätiger Bullerborn.

»Was haben wir hier falsch gemacht?«, fragte der König seine Getreuen. Auch für den König war nur noch abgestandenes, faulig nach Moor riechendes Wasser da. Karl saß am größten Feuer des Lagers, streckte die Beine aus und lehnte sich halb auf sein Schwert. »Zum Teufel, ich will wissen, warum uns dieses Land der Ahnen von Franken und von Sachsen derartig feindselig empfängt«, schnaubte er. Er sah nach oben und versuchte zu erkennen, ob sich der einzige der vielen Lichtpunkte am Nachthimmel, der sich nie veränderte und seit Urzeiten »Das

Auge Wotans« genannt wurde, auch wie er selbst in Gefahr befand.

»Seht ihr etwas?«, fragte er nach einer Weile. Seit er mit seiner Mutter zum ersten Mal die Sterne beobachtet hatte, war er von ihrem geheimnisvollen Auftauchen, ihrem Funkeln, ihrem Weg in einer einzigen Nacht und ihrem stets neuen und doch alle Jahre wieder gleichen Platz im Himmel fasziniert. Und irgendwann einmal, so beschloss er in diesem Moment, irgendwann würde er lernen, welchen Weg die Sterne nahmen und welchen Gesetzen sie folgten ...

Sehr früh am Morgen des nächsten Tages, als weder Frauen noch Bedienstete im Heer des Königs wussten, woher sie Wasser für die Suppe und für die Tiere nehmen sollten, geschah ein Wunder.

Urplötzlich und mit gurgelndem Röhren schoss aus dem Bachbett herausquellend ein Wasserschwall bergaufwärts. Gischt schleuderte über die weiß getrockneten Kiesel, und ausgedörrte Uferpflanzen verneigten sich unter der Wucht der frischen Wassermassen.

»Oh Gott, was ist das? Wie kann Wasser gegen die vorgegebene Natur wie verhext aus der Erde quellen?«, rief eine der Frauen mit gellender Stimme. Viele der sonst so harten Krieger hielten mitten in ihrer Bewegung inne, bekreuzigten sich und wussten nicht, was sie tun sollten.

»Das kann nicht sein«, sagte ein Anführer der Scara francisca kopfschüttelnd. »Nie ist das Wasser eines Baches bergauf geflossen!«

»Aber hier geht es«, lachte Megingaud von Würzburg. »Denkt nicht an Wunder, Männer! Das Ganze ist nicht mehr als eine zeitweilig strömende und manchmal aussetzende Quelle. »Intermittierend« nennt man das.«

Dem Heer des Königs war es völlig gleichgültig, was Megingaud erklärte. Wichtig war einzig und allein, dass alle, die vor Durst fast umgekommen waren, auf einmal trinken konnten, so lange und so viel sie wollten.

Schon kurz darauf bewegten sie sich vorsichtig weiter durch die dichten Wälder des Mittelgebirges. Reiter und Fußvolk blieben dicht zusammen, denn zu jeder Zeit konnten die Sachsen aus dem Hinterhalt zuschlagen und sofort wieder verschwinden.

»Wir werden sie trotzdem kriegen«, sagte des Königs Mundschenk am vierten Tag des Zuges. Er ritt zusammen mit Cancor, Megingaud und weiteren Großen des Reiches im Nahgefolge des Königs. Karl fühlte sich seit der Eroberung der Eresburg und der Zerstörung der ersten Irminsäule nicht besonders glücklich. Es war, als ahnte er bereits, dass er sich auf ein Abenteuer eingelassen hatte, das ihn jahrzehntelang gefangen halten sollte. Hinzu kam, dass in der dritten Nacht zwei junge irische Benediktinermönche das Heer der Franken eingeholt und von dramatischen Ereignissen berichtet hatten.

»In Rom ist ein gewisser Hadrian bereits am neunten Februar zum neuen Papst gewählt worden«, sagte der erste, nachdem er sich mit einem scharf gebratenen Fleischlappen vom Rind gestärkt und einen Becher Met auf einen Zug ausgetrunken hatte.

»Hadrian? Warum weiß ich das nicht?«, fragte Karl verärgert. »Und wer ist das überhaupt?«

»Er kommt aus einem der vornehmsten Geschlechter Roms«, sagte der irische Mönch. »Er ist auch nicht gewählt worden, weil er besonders fromm oder missionarisch ist, sondern weil er versprochen hat, dass er die Stadt vor weiterem Verfall bewahren wird.«

»Wie steht er zu uns?«

»Er ist ein Freund der Franken und ein erklärter Gegner von König Desiderius. Aber man sagt in Rom, dass Hadrian viel zu wenig vom Kirchenrecht, vom Dogma und von der Liturgie versteht. Außerdem ist sein Latein eher vulgär als so, wie es bei einem Papst sein sollte.«

»Nicht schlecht, nicht schlecht!«, sagte Karl erfreut. »Der Mann gefällt mir, wenn zutrifft, was du uns berichtest.«

»Ich habe keinen Grund, zu lügen«, antwortete der Ire fast beleidigt.

»Und was kannst du uns sagen?«, fragte Karl den zweiten Benediktiner, der sich mit einem Büschel Ringelblumen die Schründe abtupfte, die ihm Sattel und Zaumzeug während des langen Rittes in seine Schenkel und die Hände gerissen hatten.

»Wenn Ihr erlaubt«, sagte er und verzog sein Gesicht, »wenn Ihr erlaubt, möchte ich sagen, dass Herzog Tassilo von Baiern neuerdings großen Ruhm genießt ...«

»Wie das?«, fragte Karl erneut unwirsch.

»Nun, unser neuer Pontifex Maximus hat bereits zum Pfingstfest Theodo, den Sohn von Tassilo und seiner Ehefrau Liutperga, getauft und außerdem gesalbt.«

»Gesalbt?«, fragte Graf Cancor entsetzt. »Hast du ›gesalbt‹ gesagt? Einen Nichtköniglichen, der auch noch Enkel des Langobardenkönigs ist? Wie kann sich dies und das zusammenfügen?«

»Ich weiß es nicht«, antwortete der Mönch bedrückt. »Aber vielleicht hat Tassilos Feldzug gegen die Slowenen in Kärnten etwas damit zu tun. Baiern ist größer geworden und grenzt jetzt direkt an das Königreich der Langobarden.« Der Irenmönch hob seine Hände. »Man sagt, dass dieser Sieg ebenso hoch zu werten ist wie die Eroberung der Eresburg durch euch und die Zerschlagung des Sachsenheiligtums.«

»Südlich der Alpen wird Tassilo bereits als neuer Konstantin gerühmt«, bestätigte der andere Mönch. »Du, Karl, hast Desiderius zutiefst beleidigt. Er hat seine Tochter wieder aufgenommen, aber in ihrem Gefolge sind, wie du weißt, auch fränkische Edle nach Pavia gegangen.«

»Meinst du Ankar, der sich jetzt Oger nennt?«

»Ja, er ist inzwischen der wichtigste Berater von Desiderius. Und er setzt alles daran, dir zu schaden.«

»Ein Sachse«, sagte Karl abfällig. »Dabei ist er bei meinem Vater ein recht brauchbarer Heerführer gewesen!«

»Oger und seine Gefährten stellen sich offen gegen dich«, fuhr der Mönch fort. »Sie nennen sich »Antikarlisten« und glauben, dass sie auch in deiner Umgebung Verbündete haben!«

»Du meinst hier? In meinem Hofstaat?«

»Ja.«

»Mönchlein, Mönchlein, du solltest vorsichtig mit deinen Worten sein!«

»Ich weiß, was ich weiß!«

»Dann sag mir mehr!«

»Desiderius hat ein Pfand gegen dich: deinen Neffen. Du kannst den Langobardenkönig nicht bekämpfen, solange Karlmanns und Gerpergas Sohn in Pavia weilt. Und falls du dich darüber hinwegsetzen solltest, hast du auch hier viele deiner Getreuen gegen dich.«

»Mehr noch«, bestätigte der andere irische Mönch. »Inzwischen ist Desiderius noch einen Schritt weiter gegangen: Er hat den Papst aufgefordert, seinen Enkel zum König der Franken zu salben ...«

»Das kann nicht wahr sein!«, stieß Karl hervor.

»Ist es auch nicht!«, stieß der zweite Mönch fast schon jubelnd hervor. »Wir wissen nämlich, dass Papst Hadrian den Wunsch des Langobarden abgelehnt hat.«

»Also kein Bürgerkrieg«, sagte Graf Cancor sichtbar erleichtert, »und keine Chance für Desiderius, Rom ungestraft einzunehmen ...«

»Er hat bereits das Herzogtum Ravenna angegriffen. Seine Heere ziehen schnell nach Süden weiter. Comacchio ist gefallen und Faenza. Selbst Rimini und die vier weiteren Städte der Pentapolis an der apulischen Adria öffnen ihm die Tore. Der Papst kann nichts entgegensetzen – er hat nicht eine einzige Legion, um König Desiderius aufzuhalten.«

»Ja, selbst ein Hilferuf von Hadrian zum Bosporus blieb ungehört. Konstantinopel hat mit sich selbst, mit seinem Bilderstreit und mit der ständigen Bedrohung durch die Muselmanen genug zu tun. Ostrom kann Rom nicht helfen.«

»Das alles ist sehr weit entfernt für uns«, meinte Graf Cancor. »Viel wichtiger ist doch, dass wir herausfinden, wer immer noch zu Karlmanns Weib und diesem Oger hält.«

»Ganz recht«, sagte Karl finster. Nur mühsam konnte er verbergen, wie tief er sich verletzt fühlte. Er sah sich um und musterte misstrauisch die Gesichter der Männer, die sich in seiner Nähe aufhielten. Welcher von ihnen trug heimlichen Verrat in seinem Herzen? Wer konnte Boten bis zu Desiderius senden? Und wer erhoffte sich einen Vorteil daraus, dass er zum Langobarden und seinen Töchtern hielt?

»Bei Tassilo wundert mich nichts«, sagte er schließlich. »Aber

278

die Langobarden ... die doch von unserem Blute sind ... diese Elendigen sind ebenso verräterisch wie die Sachsen!«

Das Heer der Franken stieß bis zur Weser vor. Doch nur gelegentlich und meist in Stunden tiefster Nacht kam es am Rand des Lagers zu kleinen Zwischenfällen. Einmal schleuderten die Sachsen Fackeln auf Zelte von Pferdeknechten, zwei Tage später gelang es einem kaum sechzehn Jahre alten Mann, unter der Plane eines Weinkarrens bis dicht an den Frankenkönig heranzukommen.

»Was wolltest du?«, fragte Karl, als ihm der schmale, sommersprossige Sachse vorgeführt wurde.

»Dich töten, Herr!«

»Wie heißt du?«

»Düdo«, antwortete der Junge furchtlos. »Düdo von Hartzhorn.«

»Wie heißt dein Vater? Und woher kommst du?«

»Mein Vater ist Lando. Er wohnt auf dem Berg an der Straße, die westlich des Hartzgebirges von Northeim auf Seesen geht.«

»Habt ihr ein Wappen?«, fragte der König interessiert.

»Mein Vater führt ein zehnendiges schwarzes Hirschgeweih in güldenem Feld auf Schild und Helm.«

»Und du? Was hast du?«

»Einen kreuzweise gespaltenen Schild, das erste und vierte Feld gülden, mit dem Hirschgeweih meines Vaters im zweiten und dritten roten Feld und oben ein ebenfalls güldener Halbmond.«

»Ein güldener Halbmond«, wiederholte Karl lächelnd. Der Junge gefiel ihm. »Warum kein silberner?«

»Weil das bereits zu viele tragen.«

»Nun ja«, sagte Karl. »Du scheinst sehr stark zu sein in deinem Willen.«

»Ich sterbe auch, wenn du befiehlst!«

»Willst du denn sterben?«

»Nein, König Karl.«

»Aber du weißt, dass ich dich töten könnte.«

»Auch ich hätte dich töten können«, sagte der junge Sachse unerschrocken. »Ein wenig Glück samt unserer Götter Gunst, und du wärst nicht mehr da! Mein Sax hätte dein Leben noch vor Mitternacht beendet.«

»Hört, hört!«, rief Karl scheinbar erzürnt. Einige seiner Gefolgsleute griffen nach ihren Schwertern, doch Karl hob nur die Hand und wandte sich erneut dem Sachsen zu. »Und nun?«, fragte er ihn. »Was denkst du, was ich mit dir mache?«

»Das wissen nur die Götter«, antwortete Düdo.

Megingaud beugte sich zu Karl. »Frag ihn, ob er ein Christ ist«, flüsterte er leise. Karl nickte und stand auf. Er ging zu Düdo und legte beide Hände auf die Schultern des Sachsenjungen.

»Bist du getauft?«, fragte er.

Düdo von Hartzhorn schüttelte den Kopf. »Mein Vater wollte das nicht. Ich gebe zu, ich verstehe die Lehre von eurem Gott, seinem Sohn, einem Heiligen Geist und der Dreieinigkeit noch nicht. Aber sie bringt bei mir etwas zum Klingen, was ich bei unseren alten Göttern nie gehört habe.«

Karl sah ihn lange an. Damals, als er einige Jahre jünger als Düdo auf einen Papst gewartet hatte, waren ihm selbst die Geheimnisse der Germanengötter fast genauso aufregend erschienen wie jetzt die andere Heilslehre dem Sachsen.

»Hättest du Lust, in meinem Heer mitzuziehen?«

»Wie kann ich das, wenn du durch Wälder reitest und zerstörst, was nicht euch Franken, sondern uns gehört?«

»Auch diese Frage zeigt, dass du von stolzem, edlem Geist bist«, sagte Karl und lächelte erneut. »Ich mache dir ein Angebot: Du kannst bei uns bleiben … als Hüter aller Lagerfeuer … Feuergraf sozusagen, und du musst nie das Schwert gegen die Sachsen ziehen. Willst du das, Düdo?«

»Darf ich noch eine Nacht darüber schlafen?«

»Ja«, sagte Karl großmütig. »Aber vergiss nicht – nur wer getauft ist, darf mit uns reiten!«

»Das ist es nicht«, antwortete Düdo. »Ich will nur einmal noch das Raunen in den Bäumen und die Wolken fragen.«

Abt Sturmi taufte den jungen Sachsen am nächsten Tag mit Wasser aus der Diemel. Zur gleichen Zeit ordnete Karl an, dass auf den Trümmern der Eresburg die erste Frankenveste in sächsischem Gebiet errichtet werden sollte. Denn anders als sein

Vater, der in Sachsen nur Strafexpeditionen durchgeführt hatte, wollte Karl ein für alle Mal zeigen, dass er das ganze Land für sich beanspruchte. »Die Sachsen hatten all die Jahre einen Vorteil, der sie fast unbezwingbar machte«, sagte Karl, als er, nur von ein paar Grafen und zehn Fähnleins der Scaras begleitet, Richtung Norden ritt. Das Hauptheer wurde erneut von Gaugraf Cancor befehligt und bewegte sich an der Diemel entlang auf die Weser zu. »Sie hatten keinen festen Besitz und kaum bestellte Felder. Das hat sie stark und schnell und unberechenbar gemacht.«

»Ja, aber jetzt leben sie wie wir in Dörfern und in Häusern«, meinte Angilbert.

»Ihr Fehler!«, lachte Karl und trieb sein Pferd an. Er sah die Einmündung der Diemel in die Weser in einem malerisch engen Bergkessel und entschied, dass hier für den Rest des Jahres sein Hauptlager errichtet werden sollte.

Doch noch gab es keine Ruhe für Karl. Das Frankenheer bewegte sich mehrere Wochen lang kreuz und quer durch das Sachsenland zwischen Solling, Osning und Reinhardswald. Mehrmals verschwand der König für drei, vier Tage mit immer neuen Gruppen von Kriegern, Handwerkern und Kirchenmännern. Er ganz allein war bei jeder dieser Unternehmungen dabei. Und bei jeder Rückkehr nickte er seinen Grafen zu, ohne genau zu sagen, wo er erneut eine Irminsäule zerstört, einen Thingplatz der Sachsen verwüstet oder einen heiligen Eichenhain entweiht hatte.

In diesen Wochen ließ sich Karl viel von Düdo erzählen. Und oft brannten die Feuer bis spät in der Nacht, während die Fähnlein noch unterwegs waren, um weserauf und weserab nach Sachsen zu suchen, die immer wieder aus dem Verborgenen und im Schutz der dunklen Wälder das Frankenheer angriffen.

Erst Ende November machte sich der König auf den Rückweg zur Pfalz Diedenhofen. Das Wetter war sehr schlecht, und von der Frankenfurt im Main an schneite es. In Worms verabschiedete sich Graf Cancor mit seinen Männern. Karl besuchte zwei Tage lang das neu errichtete Kloster Lorsch, das sich inzwischen erstaunlich gut entwickelt hatte.

Abt Gundeland gab sich alle Mühe, Karl zu zeigen, wozu er fähig war. Er ließ geräucherte Forellen, zerlegte Wildschweine nach der Eichelmast und ebenso gut gemästete Gänse für Karl, sein Gefolge und die Scara francisca auftischen.

»Wie macht sich euer Heiliger?«, fragte der König der Franken beim Nachtmahl.

»Gut«, antwortete Gundeland eifrig und griff nach einem kross gebratenen Gänseschlegel. »Er ist ein großer Gnadenbringer. Wir haben bereits dreißig Schenkungen – einige davon sogar aus Baiern, Burgund und vom Niederrhein.«

»Bleibt etwas von diesen Segnungen für den Königshof übrig?«

»Sehr viel sogar!«, antwortete Gundeland stolz. »Wir könnten inzwischen bereits einen Feldzug den ganzen Sommer lang bezahlen!«

Karl schürzte die Lippen und lehnte sich in seinem Klosterstuhl zurück. Zufrieden blickte er über die laut und fröhlich zechenden Männer hinweg, die ihn von Anfang an begleitet hatten. Manche von ihnen waren schon mit seinem Vater gegen Muselmanen, Baiuwaren und Aquitanier gezogen, andere hatten erst durch ihn Rang und Namen erhalten. Und doch wusste Karl, dass er sich niemals täuschen durfte. Das Königtum der Franken gründete sich nicht mehr auf die Verehrung göttlicher Herkunft wie bei den Merowingern. Im Gegenteil: Respekt und Achtung mussten höchst irdisch immer neu erkämpft werden. Und das mit einem höchst anfälligen Geflecht aus Härte und Milde, Unversöhnlichkeit und Großmut.

Selbst im engeren Bereich seiner Familienbande war längst nicht alles so, dass er unbesorgt schlafen konnte. Da gab es Tassilo, den starken bairischen Rivalen, und seine Frau Liutperga mit ihrem Sohn Theodo. In Pavia warteten Gerperga, ihr Sohn und die Vasallen Karlmanns nur auf ein Schwächezeichen. Niemand wusste, ob auch die zutiefst gekränkte Bertrada in der Mürlenburg bei Prüm für immer still bleiben würde.

Karl spürte erneut, wie einsam und allein er war. So einsam, als würde sich die Prophezeiung von Abt Sturmi bereits jetzt erfüllen. Wen hatte er denn außer Angilbert, Graf Cancor und ein paar anderen? Wer außer seinen Scaras, die er seit vielen Jahren kannte, würde zu ihm halten, wenn er nicht mehr geben konnte, als er nahm? Welcher Alemanne, welcher Friese und welcher Graf aus den westlichen und südlichen Reichsgebieten, die einmal Karlmann gehört hatten? Welcher Abt, welcher Bischof stellte den Frankenkönig über die heilige Kirche in Rom und über seine eigenen Machtgelüste?

»Du siehst sehr nachdenklich aus«, meinte der Abt des Klosters Lorsch. »Schmecken dir meine Braten nicht mehr?«

»Nein, das ist alles ganz vorzüglich«, sagte Karl beschwichtigend. »Ich dachte nur gerade daran, wie schwer es ist, ein Reich Christi auf Erden zu schaffen!«

»Irgendwo solltest du anfangen«, meinte Abt Gundeland mit einem feinen Lächeln. »Und wo könntest du besser einen Grundstein legen als in einem Kloster, das die Verbindung hält zur Stadt deines Stammvaters – des Bischofs Arnulf von Metz – und das durch deine Hilfe blüht und gedeiht?«

»Ich weiß, Fulda ist dir ein Dorn im Auge«, sagte Karl und schlug dem Abt auf die Schulter. »Und alle Bischofssitze ebenso!«

»Lorsch ist ganz besonders mit deinem Namen verbunden.«

»Muss ich es deshalb gleich zum Reichskloster erheben?«

»Das würde manchem anderen Abt ein Zeichen sein«, sagte Gundeland ernsthaft.

Karl nickte wortlos und schob zustimmend die Lippen vor.

»Ein Zeichen also!«, sagte er dann, und seine Augen fingen an zu leuchten. »Nun gut, setzen wir Zeichen! Aber du weißt, ich bin nicht sehr geübt im Zeichenschreiben ...«

»Oh, das ist kein Problem!«

Karl beugte sich zu Gundeland und flüsterte: »Ich kann noch nicht einmal meine eigene Unterschrift!«

»Ich weiß!«, flüsterte der junge Abt ebenso verschwörerisch. »Deshalb habe ich – rein zufällig natürlich – schon einmal alles vorbereitet ... ich weiß doch, wie dein Kanzler Hitherius jedes Mal dein Monogramm als Quadrat vorbereitet. Dein Vater hat zuvor nur ein Kreuz anstelle des Handmals gezeichnet. Du aber –«

»Wieso weißt du das alles?«, unterbrach Karl halblaut.

»Bin ich Abt eines guten Klosters oder nicht?«

»Ja, das bist du!«, antwortete Karl. »Und wie wird mein Name geschrieben, seit ich König bin? Ich habe das bis heute nicht verstanden.«

»Irgendwie hat es mit römischen Überlieferungen zu tun«, erklärte Gundeland leise. »In lateinischer Sprache heißt du ja CAROLUS mit C. In deinem Monogramm wird daraus ein ganz und gar unübliches K.«

»Wer sagt das?«, fragte Karl und legte die Stirn in Falten.

»Ich weiß es nicht« antwortete Gundeland. »Auf jeden Fall hast du ein schönes Monogramm: Die beiden Oberbalken stellen die Vokale A, O und U deines Namens dar, die Konsonanten K, R, L und S sind an geraden, von den Ecken ausgehenden Linien angebracht.«

»Ja, aber wieso kann das alles mein eigenhändiges Signum sein? Ich male doch nur die Raute oder einen Strich in der Mitte. Und jedermann kann sofort sehen, dass sich die Tinte der Urkunde und meine Krakelei ziemlich unterscheiden.«

»Das macht nichts«, sagte der Abt. »Du liest ja auch nicht, was du unterschreibst. Welcher Herrscher hätte schon die Zeit für all das? Es genügt doch, wenn du abnickst oder einen Schlussstrich für das machst, was in deinem Namen gesagt oder geschrieben wird.«

Karl grummelte unwillig vor sich hin und schürzte erneut seine Lippen. »Und wer stellt sicher, dass mein wahrer Wille genau so aufgeschrieben und verbreitet wird, wie ich ihn gemeint habe?«

»Das ist zu viel verlangt«, sagte der Abt aufrichtig.

»Warum?«, fragte Karl fordernd.

»Weil du jetzt König bist und deine Macht über die Grenzen des Frankenreichs hinausgeht. Alle Beziehungen der Völker untereinander sind ein ständiges Geben und Nehmen, bei dem schon eine kleine Formulierung viel entscheiden kann. Deshalb muss die geschriebene Form jedes Befehls, jedes Vertrages und jeder Botschaft so gut und zuverlässig geschliffen sein wie die Klinge deines Schwertes.«

»Das alles reicht mir nicht! Damit die Schriftstücke wirklich zu Waffen meines Willens werden, brauchen wir Wächter, wie sie schon Platon forderte. Ich werde deshalb Königsboten mit besonderen Vollmachten einsetzen! Am besten jeweils zwei: einen Edlen und einen Priester, Abt oder Bischof. Sie müssten sich gegenseitig überwachen und wie die Stellvertreter ihres Königs handeln ...«

Gundeland nickte voller Begeisterung. »Das würde viele Probleme gleichzeitig lösen.«

Sie blieben zwei Tage in Lorsch, ehe sie durch den verschneiten Pfälzer Wald bis zur Saar und bis nach Diedenhofen zogen. Die Freude war groß, als sie die Pfalz wiedersahen. Weiber und Kinder stapften den Reitern und Fußkriegern entgegen. Die einstmals bunten, inzwischen aber schmutzig und klamm gewordenen Fahnen und Wimpel wurden den Kriegern mit Freude und Geschrei abgenommen. Halbwüchsige Jungen schleppten stolz und wie richtige Waffenknechte die Feldzeichen ihrer Väter, Speere, Sauspieße und Lanzen ihrer älteren Brüder, und einige durften sogar zerschundene Rundhelme aufsetzen.

Karl ritt fröhlich winkend an bretthart gefrorenen Bettlaken auf den Leinen, quiekenden Ferkelscharen, dumpf mampfenden Kühen hinter den Stallgattern und all jenen vorbei, die sich in seiner Abwesenheit um die Pfalz und seine Familie gekümmert hatten.

Er sah sehr wohl, dass bereits zwei Gesandtschaften auf ihn warteten, die sich gegenseitig nicht einmal den Tagesgruß bieten wollten. Er sah die Farben der Langobarden und die des Papstes.

»Na dann!«, sagte er, noch immer fröhlich, als er im Innenhof ankam. Er ließ sein Pferd von schnell herbeigeeilten Pferdeknechten bis unter die Balustrade des Wohnhauses führen. Für einen langen Moment blieb er im Sattel sitzen. Er wartete, bis sich sein Hofstaat in alter Ordnung um ihn versammelt hatte.

»Auflassung!«, rief er dann laut und deutlich.

Im gleichen Augenblick stieg neuer Jubel aus Hunderten von Kehlen auf. Der Frankenkönig beobachtete, wie viel Gewusel, wie viel Freude und wie viel Tränen des Glücks ihre Heimkehr bedeutete. Selbst Männer und Weiber, die im Frühjahr noch wie Feuer und Wasser gegeneinander gewesen waren, lagen sich plötzlich in den Armen, küssten und umarmten sich.

»Wir haben dich bereits sehnlichst erwartet!«, rief ein Mönch, der unschwer als Römer zu erkennen war. »Papst Hadrian benötigt dringend deine Hilfe ... ich musste über das Meer bis nach Marseille segeln. Rom ist eingeschlossen, alle Landwege sind gesperrt ...«

»Wir reden später darüber«, sagte Karl. Ihm war jetzt etwas ganz anderes wesentlich wichtiger: »Zuerst will ich den kleinen Kerl begrüßen, der meinen Namen trägt.«

Er hatte erst zwei Tage vor der Rückkehr nach Diedenhofen erfahren, dass er erneut Vater geworden war. Zum ersten Mal durfte er öffentlich stolz darauf sein.

17

Über die Alpenmauer

Peter, der Bote des Papstes, musste lange warten, bis er endlich
unter vier Augen mit dem König der Franken reden konnte.
Zuerst war das Weihnachtsfest dazwischengekommen, dann
Neujahr, Epiphanias und schließlich eine Reihe von hässlichen
und kalten Tagen, an denen jede Kraft dafür gebraucht wurde,
die Häuser warm zu halten und die Tiere in der Pfalz zu nähren.

»Ich weiß, dass du schon lange wartest«, sagte Karl eines
Abends und legte seinen Arm um die Schultern des kleinen,
tapferen Römers. »Komm, gehen wir ein Stück!«

Die beiden ungleichen Männer hüllten sich in warme Mäntel
aus Schaffellen. Beim letzten Licht der Abendsonne traten sie
auf den Hof der Pfalz und gingen an den großen Feuern der
Scaras und an den kleineren der Waffenknechte und Bediensteten
vorbei. Überall roch es nach frischer Suppe, nach gedünsteten
Zwiebeln mit Bärlauch und Gebratenem. Noch immer fielen
große Schneeflocken sanft vom Himmel.

Obwohl sie erst zum Abendgebet zurückkehrten, hielt Karl
seine Getreuen anschließend noch eine Weile in der Kapelle
fest. Er wollte, dass sie ebenfalls erfuhren, was der Abgesandte
des Papstes ihm berichtet hatte.

»Desiderius gibt keine Ruhe«, erläuterte Peter. »Inzwischen
hat er sogar die Pippinische Schenkung für eine Fälschung erklärt.«

»Wie kann er das?«, fragte Karls Onkel Bernhard empört.
Auch die anderen murrten, doch Karl lachte nur.

»Nichts Besseres konnte passieren!«, rief er vergnügt und rieb
sich die Hände. Die anderen schüttelten fragend die Köpfe.

»Seid ihr denn alle Dummköpfe?«, fragte Karl noch immer
lachend. »Durch diesen unüberlegten und nur vom Zorn auf
mich bestimmten Schritt hat Desiderius sich eine Falle gestellt,
in die er selbst tappen muss! Jetzt kann niemand sagen, dass
wir eine persönliche Fehde austragen. Nein, wenn ich gegen

ihn ziehe, wird jedermann anerkennen, dass dies ausschließlich zum Schutz und zur Verteidigung unserer heiligen und geliebten Kirche geschieht!«

Die Berater des Frankenkönigs blickten ihn voller Bewunderung an.

»Aber wir wollen nicht den gleichen Fehler wie der Langobarde begehen«, fuhr Karl nachdenklich werdend fort. »Sobald das Wetter besser wird, soll eine Abordnung aus guten freien Männern nach Rom reisen, dort alles überprüfen und uns berichten, ehe das nächste Maifeld kommt.«

»Willst du etwa beim Reichstag zu einem neuen Zug gegen Pavia aufrufen?«, fragte Graf Adalhard ahnungsvoll.

Karl dachte einen Augenblick nach. »Nein«, sagte er dann und seine Augen blitzten. »Ich werde etwas tun, das weder Desiderius noch der Papst von mir erwarten! Keinen Krieg diesmal, sondern einen Handel ...«

»Willst du dem Langobarden die besetzten Gebiete etwa abkaufen?«, fragte Graf Adalhard verständnislos.

»Ein König muss bereit sein, Terror und Milde, Schrecken und Friedensliebe gleichermaßen einzusetzen«, antwortete Karl. »Desiderius hat mich herausgefordert. Aber ich denke nicht daran, auf sein Spiel einzugehen. Wir würden nur wie schon bei Aistulf mit einer Urkunde, die nicht einmal die Tinte und die Federkiele wert ist, den aufwendigen Kriegszug mit Verlust für uns abbrechen.« Zu deutlich war ihm noch in Erinnerung, wie unzufrieden die fränkischen Krieger zweimal aus Lombardien zurückgekehrt waren.

»Wir haben in der Eresburg genügend Beute gemacht, deshalb will ich eine persönliche Gesandtschaft zu Desiderius schicken. Und du, Adalhard, sollst für mich reiten! Ich werde ihm zehntausend ... nein, vierzehntausend Goldsolidos anbieten, wenn er dafür alle besetzten Landschaften und Städte an die Kurie zurückgibt.«

»Karl!«, stieß Graf Adalhard ungläubig hervor. »Das ist fast alles Gold, was du an Münzen hast. Die Kaufleute Ostroms dürfen bereits keine Goldsolidos mehr ausführen, weil sie so rar werden. Es gibt kein neues Gold in unseren Flüssen, und was im Reich

288

noch auftaucht, tauschen die Seefahrer des Mittelmeeres lieber bei Muselmanen in Silberdirham ein.«

»Was könnten wir für vierzehntausend Goldsolidos kaufen?«, fragte Karl lächelnd.

»Tausend, ach – mehr als tausend allerbeste Pferde!«

Karl nickte zufrieden. »Sehr gut! Und ich will dafür nur einen einzigen Mann: Papst Hadrian in Rom!«

Dennoch ging Karls kluger Plan nicht auf. Als Adalhard aus Pavia und kurz darauf auch die Männer der königlichen Kommission aus Rom zurückkehrten, wurden Karls Überlegungen allesamt bestätigt.

Alles, was Peter, der Vertraute Hadrians, berichtet hatte, war bis in letzte Einzelheiten richtig. Die Langobardenheere hielten ganz Oberitalien bis über Rom hinaus besetzt. Sie bedrohten sogar den wehrlosen Lateranpalast. Zusätzlich bestätigte Graf Adalhard, dass Desiderius weder Karls Land noch Frieden mit ihm wollte.

»Er glaubt, dass du kein Geld und noch viele Gegner in deiner Nähe hast«, sagte er. »Er hat mich lange im Hof seines Palastes warten lassen. Nur einmal – nachdem ich nicht einmal ihm selbst, sondern einem seiner herablassenden Berater namens Paulus Diaconus dein Angebot vorgetragen hatte – rief er aus einem Fenster weiter oben, dass Frankenkönige nicht mehr als Mund und Hand des Willens ihrer Edlen sind. »Dein Karl ist doch kein König, sondern nicht besser als ein Hurenbock!«, rief er betrunken. »Er muss für alles zahlen, was er von seinen Fürsten, Bischöfen und Edlen haben will!««

»Der Mann hat recht«, sagte Karl nachdenklich. »Aber ebenso wie Aistulf verkennt er, dass wir kein Königtum gekauft, sondern erdient haben. Nicht mehr die Merowinger von göttlichem Geblüt, sondern wir Arnulfinger, Pippine oder auch Karolinger haben das neue Königsgeschlecht über drei Generationen erstritten! Und den Namen Paulus Diaconus wollen wir uns merken für den Tag, an dem wir hoch zu Ross in Pavia einziehen und fortan bestimmen, wer die Knie beugen und vor uns Franken in den Staub zu fallen hat!«

»Er heißt in Wahrheit Paul Warnefried und bestreitet, dass Historie – also die Geschichte – nichts anderes als eine Reihe von irgendwelchen Jahreszahlen und ansonsten zumeist bunt erlogenen Geschichten ist.«

In den folgenden Wochen lag Karl manche Nacht schlaflos auf seinem Lager und dachte über das nach, was ihm Graf Adalhard von König Desiderius berichtet hatte. Wieder und wieder überdachte er alle Strömungen, die sich vereinen und gegen ihn arbeiten konnten: Zum einen gab es unter den fränkischen Edlen immer noch Anhänger seines Bruders Karlmann und dessen langobardischer Ehefrau Gerperga. Zum Zweiten musste er berücksichtigen, dass bei den Älteren die Erinnerung an die Jahre seines Großvaters und Vaters nach wie vor einen hohen Wert darstellte. Karl Martell hatte die Sarazenen geschlagen. Pippin hatte den letzten Merowingerkönig abgesetzt und ins Kloster geschickt.

Auch in den dunkelsten Stunden der Nacht verstand Karl nicht, warum sein Vater ein Adoptivsohn von Liutprant, dem sechsundzwanzigsten König der Langobarden, gewesen war. Gab es auch deshalb eine unsichtbare Grenze, die er nicht überschreiten durfte? Konnten ihn Tassilo III., sein langobardisches Weib Liutperga und ihre zutiefst gedemütigte Schwester Desiderata zusammen mit der dritten Schwester Gerperga in eine Falle locken, die nicht mehr mit den Regeln gerader Kriegsführung zu tun hatte?

Je näher der nach Genf einberufene Reichstag kam, umso strenger und ernster wurde Karl. In diesen Wochen musste er oft daran denken, was ihm sein Onkel Bernhard einmal gesagt hatte: König zu werden, ist nicht schwierig, sondern nur König zu sein!

Zu allen Unwägbarkeiten kam noch hinzu, dass er Hadrian nicht kannte. Irgendwie missfiel ihm, dass er sich für oder gegen einen Papst entscheiden musste, den er bisher noch nie gesprochen hatte und von dem er kaum etwas wusste.

An manchen Abenden nahm er auch seinen kleinen Sohn Karl auf den Schoß, wiegte ihn und ließ sich von seinem wunderschönen, zierlichen, dennoch starken Weib Hildegard die alten Verse aus dem Hildebrandslied erzählen. Er liebte sie und fühlte sich bei ihr auf eine Art zu Hause, die er als kleiner Junge nur bei seiner Mutter Bertrada gekannt hatte. In ihrer Nähe, ob am Kamin in einer seiner Pfalzen oder am Lagerfeuer inmitten vieler Zelte, war sie wie eine Zuflucht für ihn gewesen. Wie eine Blume, die man beschützen und nicht brechen durfte, aber zugleich wie eine unsichtbare Burg aus schneeweißen, quaderförmig beschlagenen Steinen mit hoch in einen hellblauen Himmel ragenden Türmen. Er lächelte, sobald er Hildegard nur sah oder ihre klare, schöne Stimme hörte. Sie war so schlank und rank, wie er sie kennengelernt hatte, aber durch die Geburt des kleinen Karls hatte sie sich vom Mädchen zum jungen Weib verwandelt.

Sie ließ noch immer ihr dichtes weizenblondes Haar lang auf die Schultern fallen. Doch wenn sie es zu einem losen Kranz wand, war das bereits Kopfschmuck und Krone zugleich.

Wenn ihm dies auffiel, konnte sie nicht wissen, was er dachte und empfand. Dennoch musste sie etwas spüren, denn immer dann legte sie ihre Hand auf seine, streichelte ihn und kuschelte sich eng an ihn. Er war viel größer, gröber und mehr als doppelt so alt wie sie. Schon deshalb spürte er manchmal eine gewisse Scheu, sie zu verletzen. Das hatte nichts mit Himiltrud, der Mutter seines buckligen Sohnes Pippin, oder mit der kalten Desiderata zu tun, sondern mit Lorsch.

»Ich möchte, dass du die Überlieferung von Hildebrand wieder und wieder den Schreibern berichtest«, sagte er und legte seinen Arm um sie. »Du kannst sie so wunderbar sagen, dass sie uns auch für die kommenden Generationen bewahrt werden soll.«

»Aber ich kann nicht lesen, was die Mönche schreiben«, wandte Hildegard ein.

»Auch mir ist es sehr mühsam«, sagte Karl und strich ihr ungewohnt sanft mit den Fingerspitzen über die Lippen. »Ich wünschte, wir hätten alle so gute Lateinlehrer und Grammatiker wie die Langobarden. Doch bis auf die Iren und die Briten will kaum jemand in unserer Kälte leben.«

»Vielleicht sind wir den großen Schriftgelehrten zu unstet,

grob und wild«, meinte Hildegard. »Auch mir fällt es nicht immer leicht, bei jeder Witterung herumzuziehen – und das, obwohl ich jung bin und ständig in deiner Nähe sein will.«

»Ich will doch auch nichts anderes«, sagte Karl liebevoll. Er nahm sie in die Arme.

»Ich möchte noch ein Kind von dir«, sagte sie, und ihre Augen strahlten.

Der Reichstag in Genf begann mit den üblichen Proklamationen, Berichten aus allen Teilen des Reiches, Geschenk-Zeremonien und anschließenden Gelagen. Viel mehr Edle und Krieger als erwartet waren gekommen. Fulrad von Sanct Denis war da, Onkel Bernhard und wie erwartet auch Gaugraf Cancor.

»Was bahnt sich an?«, fragte Karl deshalb am Abend des ersten Tages. Er saß mit seinen Getreuen, Gaugrafen, einigen Kirchenfürsten und den wichtigsten Edlen des Reiches um ein gewaltiges, hoch aufloderndes Feuer. Becher und Krüge mit Wein, herbem Bier und Met kreisten unablässig vom einen zum anderen. Knappen und Knechte des Mundschenks trugen Fleischspieße und geflochtene Weidenkörbe mit Compagnium-Brot herum. Als besondere Leckereien wurden leicht gesalzene, in Lehm vergrabene und dann gebackene Igel sowie ebenso vorbereitete Auerhähne an gekochten sauren Schlehen und Quittenmus gereicht, das alles unter teurem Pfefferstaub und Zucker aus dem Orient.

Viele der Scaras und Fußkrieger von den anderen Feuern hatten sich bereits trunken in die Büsche geschlagen, in ihre Zelte zurückgezogen oder waren rau singend bis zum Seeufer gewankt.

Der Lärm der Nacht, hell gurrende Schreie von Mädchen und Weibern, ein paar Streitrufe, der Widerschein der Lagerfeuer im See, schnaubende Tiere und eine Unruhe, wie sie Karl bisher bei keinem Maifeld bemerkt hatte, machten ihn immer wacher.

»Du willst zum Papst in Rom halten«, sagte Gaugraf Cancor. Er war mit fast hundert edlen Begleitern vom Oberrhein gekommen. »Aber, wenn du erlaubst, sind wir ganz anderer Meinung …«

»Du bist also auch gegen mich?«

»Nein, Karl! Wir planen überhaupt nichts gegen dich! Aber
wir ziehen lieber gegen Sachsen, Bretonen und Aquitanier, ja,
selbst gegen Tassilos Baiuwaren, als gegen unsere Kampfgefährten
gegen die Araber unter Karl Martell! Selbst dein Onkel Bernhard
hat angedeutet, dass er sich unter diesen Umständen zu alt für
einen Alpenübergang fühlt.«

»Und die Kirche? Was soll aus Rom werden?«

»Sieh, Karl, wir sind doch Franken«, sagte sein mittlerweile
siebenundvierzig Jahre alt gewordener Onkel Bernhard. Er kam
mit schwankenden Schritten, seinem schief sitzenden Rundhelm
aus Leder und halb verrostetem Eisen, einem quietschenden
Harnisch über dem Brustkorb und einem Riesenbecher Met in
der Hand dazu. »Ich werde wirklich nicht mit über die Alpen
ziehen«, sagte er zu Karl und rülpste. »Das wissen alle, die mich
danach gefragt haben.«

»Dein Reich ist groß genug, Karl!«, sagte auch Abt Fulrad
zustimmend. »Du hast doch fast das ganze Abendland ... Europa,
wie es schon Homer in der Odyssee beschrieb ... vom Norden
bis zum Mittelmeer, vom Ozean im Westen bis an die Grenze der
Awaren in ihren Ringwällen, die so wie Platos Beschreibungen
von Atlantis —«

Karl schüttelte den Kopf. »Ihr sagt, dass mein Reich groß
genug ist. Ich aber sage, die Baiuwaren brechen Verträge ebenso
wie im Norden die Sachsen und im Süden die Langobarden!«

»Darum geht es doch gar nicht!«, sagte Bernhard besänftigend.
»Du musst dich vielmehr entscheiden, ob du wirklich auf Gedeih
und Verderb zu den Päpsten halten willst.«

Karl überlegte nicht lange. »Ja, Bernhard, das will ich!«, antwortete er. »So wie es mein Vater begonnen hat ...«

Bernhard lachte. Er konnte es sich leisten, seinen Arm um
Karls Schultern zu legen. »Karl, Karl, du bist ein so großer, schöner Mann, aber manchmal hast du nur Stroh im Kopf!«

»So, meinst du?«, lächelte Karl, ohne beleidigt zu sein. Er
erinnerte sich wieder daran, dass er bereits vor vielen Jahren
mit Bernhard in der gleichen Gegend gewesen war – damals,
als schon einmal ein Papst über die Alpen gekommen war. Im
gleichen Moment hatte er eine Idee: »Du hast also gesagt, dass

du nicht mit mir ziehen willst. Nun gut, dann übertrage ich dir eine Hälfte des Heeres. Nimm ohne mich und direkt von hier aus den Weg, über den Papst Stephan II. damals gekommen ist! Also die Rhone hinauf, über den Pass vom Mons Jupiter. Vielleicht benennen wir den Pass eines Tages sogar nach dir.«

»Und du? Was hast du vor?«, fragte Bernhard verblüfft.

»Ich werde mit der anderen Hälfte des Heeres über den Pass am Mons Cenis in Italien einfallen. Wir treffen uns kurz vor Turin.«

»Karl, Karl«, sagte Bernhard bewundernd. »Ich glaube, du hast doch nicht nur Stroh im Kopf! Und wie ich annehme, soll ich all diejenigen mitnehmen, die nicht voll auf deiner Seite stehen ...«

»Genauso ist es!«, sagte Karl und lachte sehr zufrieden.

Die Stimmung der Krieger, die im Hochsommer in Karls erstem eigenem Italienfeldzug mit ihm zogen, war gut, obwohl einige noch immer befürchteten, dass es zum dritten Mal zu einem Kompromiss oder Verträgen, die keine Beute einbrachten, kommen könnte.

Doch dann geschah etwas, womit niemand gerechnet hatte: Vollkommen unerwartet wurde des Heer der Franken von einer mächtigen, neu errichteten Steinmauer quer durch das Tal aufgehalten.

»Hier kommen wir unmöglich durch!«, sagte Graf Adalhard, nachdem er unterhalb der Barriere von einer Bergflanke zur anderen geritten war.

»Wir müssen!«, sagte Karl grimmig. Er verbarg nicht, wie sehr ihn die List des Langobardenkönigs ärgerte.

»Und wenn wir umkehren und einen anderen Pass suchen – weiter im Süden am Mons Viso, in den Seealpen wie Hannibal oder gar am Mittelmeer?«

»Dann verlieren wir wertvolle Zeit, und dein Vater steht mit dem anderen Heer allein in der Po-Ebene! Nein, nein – wir müssen andere Möglichkeiten überdenken!«

Knapp eine Stunde später saßen alle Anführer der Scaras und Karls Berater am Ufer des Gebirgsbaches zusammen und berieten, wie sie aus der Langobardenfalle herauskommen könnten.

»Ich sehe eigentlich nur einen Weg«, sagte Graf Cancor schließlich. »Wir müssen Zeit gewinnen, ohne dass Bernhard in Gefahr gerät. Am besten wäre, wenn ein Bote zu Desiderius eilt und ihm ein Angebot macht, das ihm günstig erscheint.«

»Nein«, sagte Karl sofort. »Wenn ich das tue, verrate ich unsere Krieger. Mein Vater hat sie zweimal durch Verträge mit den Langobarden um ihrer Treue Lohn gebracht. Ich trage die Verantwortung für meine Männer, und ich will nicht, dass sie in Zukunft nur noch murrend mit mir ziehen.«

»Du hast mich falsch verstanden«, sagte Graf Cancor und hob beschwichtigend die Hände. »Ich habe nicht gesagt, dass du aufgeben und verhandelt sollst.«

»Was dann?«, fragte Karl unwirsch.

»Der Langobardenkönig hat uns mit einem Wall aus Stein und Felsen aufgehalten. Wir könnten ihn viel feiner lähmen, indem wir sagen, dass wir auf einen Krieg mit ihm verzichten, wenn er bereit ist, seine Truppen aus den Gebieten zurückzuziehen, die er widerrechtlich besetzt hält.«

»Er war nicht mal für vierzehntausend Goldsolidos dazu bereit!«

»Dafür hast du ja auch verlangt, dass er auf die eroberten Gebiete verzichtet und sie dem Pontifex zurückgibt.«

»Was unterscheidet deinen Plan von meinem Angebot?«

»Ganz einfach, Karl! Ein Truppenabzug ist noch kein Verzicht auf den Eroberungsanspruch. Desiderius könnte auf diese Weise sein Gesicht wahren, und in den Augen Hadrians hättest du ohne Blutvergießen die Schlacht für Rom gewonnen.«

»Das passt mir alles nicht«, sagte Karl. »Selbst wenn dein Plan Erfolg hätte – wer garantiert uns, dass Desiderius sich daran hält?«

»Wir könnten vielleicht zwei Fliegen mit einer Klappe schlagen«, sagte Graf Adalhard verschmitzt.

»Was denkst du?«

»Ich denke an die Anführer der Fronde gegen uns – an die fränkischen Edlen, die in Pavia Gift und Galle gegen dich verspritzen. Verlange sie als Geiseln! Desiderius wird nicht lange zögern, sich von den Männern zu trennen, die ihn schlecht beraten haben ...«

»Du könntest auch eine Entschädigung verlangen«, meinte Cancor.

»Wofür?«

»Für unsere Krieger – und für den Fall, dass Desiderius sein Wort bricht …«

Karl strich sich mehrmals durch seinen langen blonden Bart. Er blickte einem Adler nach, der hoch über den Bergen kreiste. Niemand der Edlen sagte ein weiteres Wort.

»Gut!«, sagte der König der Franken endlich. »Der Bote soll gehen! Gebt ihm Bewachung mit und genügend Gold, damit er überall schnell weiterkommt. Und in der Zwischenzeit soll jeder Fußkrieger nach Wegen in diesen Bergen suchen, die nicht in den Karten verzeichnet sind!«

Am zweiten Tag des erzwungenen Lagers am Mons Cenis brachten fünf der ausgesandten Fußkrieger einen Berghirten ins Tal. Der Mann roch so streng wie zu lange gelagerter Ziegenkäse.

»Wo habt ihr den denn her?«, fragte Karl und zog die Nase hoch.

»Er sagt, dass er einen Weg weiß, über den selbst die Karren mit Vorräten zwischen den Gipfeln hindurchkommen.«

Mit ein paar Schritt Abstand ging der Frankenkönig einmal um den Berghirten herum. »Was verlangt er dafür?«, fragte er dann.

»Er will nach gelungenem Übergang unseres Heeres nur einmal in sein kleines Ziegenbockshorn blasen …«

»Dann soll er doch!«, knurrte Karl.

»Ja, aber er verlangt alles Land samt den Bewohnern, die seinen Hornton hören.«

»Ist davon irgendetwas unser Eigen?«

»Nein.«

»Dann erfüllen wir die Bedingung!«, sagte Karl kurzab. Er überließ die Vorbereitungen für den Weitermarsch Graf Cancor. Da das Frankenheer keine Mulis mitführte, wurden alle Waffen und Vorräte aus Karren und Wagen abgeladen und zu kleineren Gewichten verschnürt. Im Morgengrauen des nächsten Tages begannen Krieger, Händler und Gaukler, die Frauen und Priester mit den Vorbereitungen zum Aufbruch. Als dann die Sonne über den Bergriesen im Osten sichtbar wurde, folgte das Heer der Franken dem Mann, der sich standhaft geweigert hatte, ein Bad im Fluss zu nehmen.

Der Weg aus der Falle war so steil, dass weder der König noch die sonst mit ihren Pferden verwachsenen Panzerreiter im Sattel bleiben konnten. Sie erreichten erst am späten Nachmittag den Pass, der bisher in keiner Karte verzeichnet war. Die weite Po-Ebene lag wie ein schönes und einladendes Paradies vor den an dunkle Wälder gewöhnten Franken. Nach Süden breiteten sich die sonnenverwöhnten Hügel von Asti und Alba bis zu den Bergen aus, hinter denen das Mittelmeer begann. Im Nordosten erstreckten sich die Alpen mit dem deutlich erkennbaren Mons Blanc und dem Matterhorn. Genau gen Osten erkannte Karl die Hügel von Turin. Sie lagen so greifbar nah unter ihm, dass er fast wieder das Schwerterklingen zu hören glaubte, dass ihn an seines Vaters Seite vor vielen Jahren so beeindruckt hatte. Und irgendwo am Horizont lag im Nachmittagsdunst die Stadt des Langobardenkönigs.

Karl setzte sich etwas abseits des Pfades auf einen Felsbrocken und ließ seine Leute an sich vorbeiziehen. Sie wollten noch vor Einbruch der Dunkelheit den Ort Susa an der Dora Riparia erreichen. Er legte eine Hand über die Augen und beobachtete lange ein eigentümliches Blitzen und Blinken in der Ebene zwischen der Bischofsstadt Ivrea und Turin. Das konnten nur die Rüstungen und Waffen von Bernhards Kriegern sein!

Und dann fiel ihm im Osten, jenseits von Chivasso, ein anderes, noch undeutliches Blinken auf. »Hoffentlich ist er nicht zu schnell«, murmelte er. Denn dass dort Desiderius mit seinem Heer anrückte, war ihm sofort klar.

Karl und seine engsten Gefährten trafen erst in Susa ein, als es bereits dunkel war und überall Flammen und Rauch von großen Lagerfeuern in den blauschwarzen Sternhimmel aufstiegen. Die verängstigten Bewohner des kleinen Ortes drückten sich stumm in Nischen ihrer Häuser aus nackten Felsbrocken herum.

Ohnmächtig mussten sie mit ansehen, wie sich die Franken alles nahmen, was ihnen brauchbar erschien. Die Krieger und ihre Waffenknechte polterten durch enge Küchenräume, rissen Schinken und Würste von den Haken der Vorratskammern, ließen hier alten Familienschmuck, dort bestickte Decken, Jacken mit silbernen Knöpfen und in manchen Häusern auch noch die schönsten Töchter mitgehen.

Als König Karl in Susa ankam, waren die Scheunen und Ställe der alten, noch aus der Römerzeit stammenden Siedlung an der Dora Riparia bereits so leer wie die Taschen eines in Räuberhand gefallenen Pilgers. Sämtliche Hühner und Gänse, Schafe, Ziegen und Schweine und selbst die mageren Kühe waren bereits zum Heerlager weiter unten am Bergbach gebracht worden.

Nach all den langen Tagesmühen wurde jedes Quieken eines abgestochenen, langsam ausblutenden Schweines, jedes Todesgackern der Hühner und jeder Aufschrei eines Langobardenmädchens mit Applaus und Gelächter aus rauen Kriegerkehlen bedacht. So liebten Karls Waffengefährten den Heeresbann. Der Zug gegen den König der Langobarden begann ihnen zu gefallen …

Karl billigte die Beraubung des kleinen Susa nicht, aber er musste in Kauf nehmen, dass seine Männer nur ihr Recht durchsetzten. Noch in der gleichen Nacht entschied sich Karl, auf den Zusammenschluss mit Bernhards Truppen vorläufig zu verzichten.

»Natürlich werden Desiderus und der Thronfolger Adalgis annehmen, dass wir auf die Vereinigung der beiden Heeressäulen aus sind«, erklärte Karl seinen Edlen. »Deshalb soll jetzt sofort ein Fähnlein Scaras ausreiten, sich dicht an den Bergen halten und Bernhard mitteilen, dass ich die Langobarden viel dichter bei uns – zwischen Susa und Turin – treffen will. Und Bernhard soll so schnell wie möglich von Norden her dazustoßen!«

»Du willst sie in die Zange nehmen?«, fragte Graf Cancor.

»Genau das will ich!«

»Und wie willst du erreichen, dass Desiderius uns entgegenzieht?«, fragte Bernhards Sohn Adalhard.

Karl lächelte und ließ sich von ihm noch ein Stück gebratene Schweinekeule reichen. »Mit einem stinkenden, aber gewitzten

Berghirten«, sagte er fröhlich kauend. »Wir schicken einfach den Mann mit seinem Ziegenbockshorn bis in die Hügel von Turin. Und du, Cancor, sollst ihn mit hundert Mann begleiten.«

»Ich verstehe nicht«, sagte der Graf des Rheingaus.

Karl wischte sich das Fett des Spießbratens von seinen Lippen. »Blasen«, sagte er dann, »der Mann soll blasen, was seine Lunge hält! Er wird es tun, weil ich ihm dafür sehr viel Land verspreche. Und Desiderus wird glauben, dass wir es sind, die in den Hügeln zum Angriff auf ihn lärmen. Er wird sich deshalb ausrechnen, dass er mit seinem Heer noch immer einen Keil zwischen Bernhard und uns treiben kann.«

»Das könnte er tatsächlich ...«

»Ja, aber wir sind nicht in den Hügeln von Turin, sondern verstecken uns etwa zwanzig Meilen bachabwärts von hier.«

»Du willst ein ganzes Heer verstecken?«, fragte Cancor ungläubig.

»So lange, bis König Desiderius glaubt, dass er den Sperrriegel zwischen unseren beiden Heeren gefestigt hat ...«

»Und dann?«

Karl schnalzte mit der Zunge. »Zeigen wir ihm, wo wir sind.«

Am nächsten Morgen türmten sich unerwartet dunkle Gewitterwolken am Himmel auf. Sie grummelten, noch ehe irgendjemand in Karls Heer den ersten Brei gegessen hatte. Die Abordnungen zu Bernhard und in die Hügel von Turin waren unterwegs. Zwei weitere Fähnlein der Scaras erkundeten zusammen mit Männern, die schon bei Pippins Feldzügen dabei gewesen waren, die Gegend zwischen Susa und Turin.

»Das sieht nicht gut aus«, sagte Adalhard, während der Himmel sich von den Alpen her immer mehr bewölkte. »Ich fürchte, dass die Langobarden kein Pferd besteigen, wenn es zu regnen anfängt ...«

Karl hatte nur einen Schluck heißen Kräutersud mit einem Löffelchen Bienenhonig getrunken. »Sie müssen!«, sagte er. »Und wenn nicht heute, dann eben morgen oder übermorgen!«

Wie oft vor einem großen, schweren Sommergewitter wurde plötzlich alles ganz still. Nur noch die Blätter von Platanen und

Ginsterbüschen rauschten. Und dann drang aus sehr weiter Ferne ein feiner, hoher Ton bis an Karls und Adalhards Ohren.

»Der Berghirte!« Adalhard sah, wie Karl zufrieden lächelte.

»Los jetzt!«

Im gleichen Augenblick wetterleuchtete es über die ganze Po-Ebene hinweg. Es war, als würde der Himmel selbst die Zeichen für die Franken setzen.

Zwei Tage lang hielten sich mehr als tausend fränkische Reiter und einige tausend Mann zu Fuß in den Pinienwäldern zwischen dem Tal von Susa und den Weinbergen südlich von Turin versteckt. Sie hatten Frauen, Händler, Priester, einen Teil der Waffenknechte, dazu Karren und alle Tiere, die Lärm machten oder nicht leicht zu hüten waren, im Lager an der Dora Riparia zurückgelassen.

Karls Heer bestand nur noch aus dreihundert Scaras, gut tausend leichter bewaffneten Reitern, fast fünfhundert Kriegern, die ihre übermannshohen Eibenbögen und die Holzpfeile mit blattförmigen Eisenspitzen sehr gut zu führen wussten, sowie dreitausend Männern, die gänzlich unterschiedliche Waffen für diesen Heereszug mitgebracht hatten. Einige trugen kostbare Schwerter an sechsteiligen Schwertriemen mit Ziernieten, silberner Perldrahtfassung und Granateinlagen, dazu messingtauschierte Gürtelgarnituren über den Kettenhemden, spitzrunde Helme und Lederschilde. Andere hingegen mussten sich mit viel weniger begnügen. Oft hatten diese Männer nur einen Stangen-Ango mit Widerhaken an der kurzen Spitze und ein Messer am Gürtel. Und wieder andere, die aus entfernteren Gebieten zum Heereszug gekommen waren, waren mit dem schmalen einschneidigen Hiebschwert der Sachsen oder dem Langsax, wie er in Baiern üblich war, samt runden Lederhelmen ausgestattet, auf denen wie zum Stoß bereite Eberzähne angebracht waren.

In diesen beiden Tagen und Nächten konnte der junge Sachse Düdo von Hartzhorn zum ersten Mal beweisen, wozu er fähig war. Karl hatte ihn beauftragt, dafür zu sorgen, dass kein einziges Feuer im Frankenversteck angezündet wurde. Und obwohl jeder,

der Karl kannte, seinem Befehl Folge leistete, waren es gerade
einige der jüngeren Krieger aus den Nordregionen des Reiches,
die glaubten, dass sie sich etwas abseits unbemerkt doch einen
kleinen Spießbraten oder ein Süppchen zubereiten konnten.
Düdo stritt so lange mit ihnen, bis tatsächlich kein Feuer mehr
brannte. Karl hörte davon und ihm gefiel, wie sich der Jüngling
machte.

Und dann, als das unerwartet kleine Langobardenheer an den
versteckten Franken vorbeizog und in der Mittagshitze an der
Dora lagerte, bedeutete Karl seinen Edlen mit einer knappen
Handbewegung, dass jetzt der rechte Augenblick gekommen
war. Geduckt auf ihren leise schnaubenden Pferden, gaben die
Anführer den Befehl des Königs nur mit Handzeichen an ihre
Reiter und die Fußkrieger weiter. Und wie vereinbart fiel dabei
kein Wort.

Karl setzte sich an die Spitze seiner Elitereiter. Bis zum Lager
der Langobarden war es kaum eine Meile. Mit leichtem Schen-
keldruck ließ er sein kleines Pferd losgehen. Dann brach die
Schar der Frankenreiter in drei Linien in das Langobardenlager
ein. So schnell und so entschieden, dass viele Krieger von König
Desiderius nicht einmal ihre Rüstungen in Ordnung bringen
konnten. Nur den Besten von ihnen gelang es, aufschreiend ihre
Schwerter hochzureißen und sich dem Überfall der Franken
mannhaft zu stellen. Eisen schlug klirrend gegen Eisen. Dann
flogen Pfeile und Speere durch die Hitze. Schweiß, Blut und
Tränen vermischten sich mit Wein aus geborstenen Fässern. Der
Lärm von Waffen und Geschrei war noch weit zu hören.

Karl ließ keine Gelegenheit ungenutzt. Ohne Bernhard konnte
er nur mit einem halben Heer zuschlagen. Dennoch preschte er
mit dem harten Kern seiner besten Streiter von einem Ende des
Langobardenlagers zum anderen. Schwerter krachten gegeneinander, und Schilde flogen zerfetzt zu Boden. Die Langobarden
wehrten sich verbissen. Wo nichts mehr half, prügelten sich
Knechte und Fußkrieger der Franken und Langobarden mit
Faustschlägen.

Während der ganzen Stunden war nichts von Desiderius oder
Bernhard zu sehen. Als dann die Sonne hinter den Westalpen

versank, zogen sich die Franken erneut unter die Pinienwälder zurück.

»Noch keine Nachricht von Bernhard?«, rief Karl ungehalten. »Wie sollen wir die Langobarden einkesseln, wenn unser zweites Heer nicht da ist?« Er sah schlimm aus. Wie bei allen Frankenkriegern klebten Schmutz und Blut überall an seiner Rüstung.

Gemeinsam mit anderen suchte er einen kleinen Bach auf, um sich zu waschen und seine vielen kleinen, aber sehr schmerzhaften Wunden mit Salben und Kräuterkissen abzudecken. Er wusste nicht, wie viele Schläge er abbekommen, wie oft ihn Pfeile gestreift und wie häufig er an Langobardenreiter geraten war. Er ließ sich nackt und viel zu mühsam in das verdorrte Ufergras sinken, legte die Arme nach beiden Seiten, streckte die Beine aus und blickte tief durchatmend zum Himmel hinauf. Den anderen Edlen in seiner Nähe ging es nicht besser. Auch sie hatten viele Stunden lang gekämpft und doch nicht gewonnen.

»Haben wir viele Tote und Verwundete?«, fragte er Adalhard.

»Weniger als die Langobarden«, antwortete der Mundschenk des Königs. Er reichte ihm einen Becher mit rotem Wein. Karl richtete sich etwas auf und trank ihn mit einem durstigen Zug aus.

»Wie viele?«, wollte er wissen.

»Bisher weiß ich von fast fünfzig. Mindestens zweihundert unserer Männer sind so schwer verletzt, dass sie nicht weiterziehen können. Einige von ihnen werden noch in dieser Nacht sterben. Und von den Leichtverletzten kenne ich noch keine Zahl.«

»Jede Familie der Gefallenen und der Schwerverletzten soll ein Beneficium erhalten«, sagte Karl ächzend. »Die Edlen mehr, die anderen weniger. Aber es soll in jedem Fall so viel sein, dass ihre Frauen und die Kinder drei Jahre lang keine Not leiden und genug zu essen haben …« Er sah Düdo und winkte ihn zu sich. »Du hast deine erste Probe gut bestanden.«

»Dürfen wir heute Abend wieder Feuer machen?«

Karl nickte wohlwollend. »So viele, wie ihr wollt. Ich habe einen Bärenhunger. Also lass Feuer entzünden und Fleisch an Spießen drehen! Wir brauchen Kraft für den nächsten Gang gegen die Langobarden!«

Die Nacht begann ruhig. Die aufgestellten Wachen meldeten regelmäßig, dass auch bei den Langobarden Lagerfeuer brannten. Nachdem sie gegessen und getrunken hatten, schliefen die meisten Krieger sofort ein. Nur dort, wo die Verwundeten lagen, hörte das leise Jammern nicht auf.

Zur tiefsten Stunde der Nacht, als selbst die Zikaden verstummt waren, kam unerwartet Graf Adalhard mit einem der beiden Scara-Fähnlein zurück, das zu Karls Onkel ausgeschickt worden war.

»Was ist los?«, fragte Karl, nachdem er erwacht und sofort aus seinem Zelt getreten war. »Warum kommt ihr zurück?«

»Einige der Männer sind zu Bernhard weitergeritten, aber wir werden bei Tagesanbruch keine Gegner mehr finden ...«

»Was soll das heißen?«, fragte Karl.

»Dass nur die Hälfte des Heeres von König Desiderius an Turin vorbeigekommen ist und sich im Schutz der Dunkelheit sofort zurückgezogen hat.«

»Hunde!«, stieß Karl hervor. »Weckt das gesamte Lager!« Wenige Stunden später trafen die beiden Frankenheere zusammen.

»Warum bist du nicht früher zu uns gestoßen?«, fragte Karl seinen Onkel.

»Warum? Ich wusste doch, wo Desiderius steht.«

»Du wusstest es?«, fragte Karl. »Woher?«

»Denkst du, nur Desiderius hätte Verbündete am Frankenhof?«, lachte Bernhard gutmütig. »Was glaubst du, wie viele Langobarden bereits mit mir, mit deinem Vater und Karl Martell gekämpft haben?«

»Ich hätte meine Heereshälfte verlieren können!«, sagte Karl verärgert.

»Lass uns nicht streiten, sondern zusehen, dass wir die Langobarden noch erreichen«, meinte Bernhard. Karl murrte grimmig und ließ sein Pferd halb auf der Hinterhand aufsteigen.

Um schneller fliehen zu können, hatte sich das Langobardenheer ebenfalls geteilt und eilte an beiden Flussufern in Richtung Osten. Desiderius und ein Teil seiner Edlen erreichten Pavia am Fluss Ticino einige Stunden vor jenen, die südlich des Pos flohen. Doch dann gelang es Karl, zusammen mit drei schnellen

303

Scara-Fähnleins, die Furt im Ticino kurz vor seiner Einmündung in den Po zu besetzen. Damit war den anderen Langobarden der Weg in ihre Königsstadt Pavia abgeschnitten.

»Sie haben nur eine Chance«, rief Karl den anderen erhitzt zu.

»Ja!«, schrie Graf Cancor zurück. »Es bleibt ihnen noch Verona – Theoderichs Alpenfestung!«

»Auf nach Verona!«, brüllte Angilbert siegestrunken.

»Nein!«, bestimmte Karl. Die anderen sahen ihn verwundert an. »Verona ist mehr als hundert römische Meilen von Pavia entfernt. Was haben wir davon, wenn wir am Alpenrand einige tausend Langobarden besiegen und erschlagen? Wir können Heerführer töten – meinetwegen –, ein paar Grafen, mutige Äbte und zum Schluss doch nur noch arme Schweine, die mit dem Wendebrett als Pflug besser umgehen können als mit der Lanze oder Pfeil und Bogen.«

»Wir brauchen Siege, Karl«, drängte Angilbert. »Siege, die unsere Beutel füllen und sich herumsprechen! Wer weiß, was die verdammten Langobarden schon gehortet haben …«

Er ließ die Zügel fahren, lehnte sich auf dem Rücken seines Pferdes zurück, warf die Hände hoch und rief dem herrlichen Himmel Italiens entgegen: »Oh Ars Vivendi! Ingwer, Pfeffer und Nelken, Seide des Orients, friesisches Manteltuch, wie es die Päpste schätzen, Glas, so klar wie Wasser mit kleinen Schlangenfasern oder bunt wie Millefiori, oh süße Datteln, köstlicher Bernstein und Gepelz von Nerz und Hermelinen …«

»Hör auf damit!«, unterbrach Karl die sehnsüchtige Aufzählung. »Ihr Kleingeister denkt nur an Beute und euch selbst! Was seid ihr? Räuber und Totschläger? Schleimer, die aus jeder Hand fressen?«

»Verzeih mir«, bat Angilbert ernüchtert.

»Ja, ich verzeihe dir«, sagte Karl. Seine Mundwinkel zuckten, und seine Augen blitzten vor verstecktem Vergnügen. »Du darfst den Aufbau des Lagers organisieren …«

»Wieso … wieso ich?«, stotterte der feinste Mann des fränkischen Königshofes.

»Damit du auch einmal etwas anderes lernst«, antwortete Karl.

Er drehte sich um und wandte sich seinen Kriegern zu. Als er mitten unter ihnen war, blieb er stehen und hob beide Arme. »In diesem Jahr wird es noch nicht zur verdienten Beute kommen. Deshalb, und weil ich kein Murren bei euch will, soll jedem von euch erlaubt sein, sein Eheweib, die Friedelliebe und was auch immer hierherzuholen. Schickt eure Knechte aus, damit der Rest des Jahres euch angenehmer wird als in den kalten Gauen!«

18

Die Langobardenkrone

Bereits im Oktober kamen die ersten Eheweiber in den schönen italienischen Spätherbst. In den Morgenstunden zogen weiße Nebelschleier durch die Auen und Niederungen, und die Blätter an den Weinstöcken hatten bunt leuchtende Farben angenommen. Nie zuvor war ein Herbst für viele tausend Franken so angenehm, faul und so behäbig satt gewesen.

Die Bauern aus der Umgebung brachten Getreide, Fleisch und Früchte, die seit Generationen stets Pavia gefordert hatte. Und als auch noch die schöne, liebreizende Königin der Franken mit ihrem Sohn und Gefolge in Karls Feldlager eintraf, wurden die Männerherzen weich, und manch einer wünschte insgeheim, dass er für immer in Italien bleiben könnte.

Nur kurze Zeit später kamen Priester und Mönche als Abgesandte aus Verona zu Karl. Auf einem großen, vierrädrigen Wagen brachten sie die Stadtflagge und sämtliche kleineren Fahnen und Wimpel der Borgos mit.

»Adalgis ist nach Konstantinopel geflohen«, berichteten sie.

»Wir selbst wollen alles tun, um dem Streiter für die heilige katholische Kirche und dem Beschützer des Papstes zu helfen.«

»Und eure Edlen? Wie stehen sie zu eurem Ansinnen?«

»Auch sie wollen weder eine Belagerung, die unseren Leuten die Schrecken der Entbehrung und die Qual des Hungers auferlegt, noch sehen wir Sinn in einem Kampf gegen euch, der ohne Siegesaussicht bleiben muss.«

»Meint ihr, Verona möchte sich ergeben?«, fragte Karl direkt.

»Die Festung unterstellt sich deiner Milde.«

»Was bietet ihr dafür?«

»Den edlen Sachsen Oger, dazu Gerperga, die Witwe deines Bruders Karlmann, samt ihren Kindern. Sofern du zustimmst, werden sie dir als Gefangene ausgeliefert.«

Karl sah sich triumphierend um. Er stimmte zu, ließ aber die Belagerung von Pavia für den Rest des Jahres fortsetzen. Erneut versuchte er, was er vor vielen Jahren schon einmal mit Herzog Waifar von Aquitanien ausprobiert hatte. Er bot allen langobardischen Grafen und Herzögen den Fortbestand ihrer Herrschaft an, sofern sie sich von ihrem König abwendeten.

Zum Erstaunen vieler Franken gelang südlich der Alpen die Taktik des Verrats. Die Nacken beugten sich um des eigenen Vorteils willen. Woche um Woche und völlig kampflos folgten weitere langobardische Städte. Der Wald aus Flaggen, Fahnen und Wimpeln vor dem Königszelt wurde immer dichter.

Novara unterwarf sich den Franken, dann auch Vercelli und Ivrea, Mailand, Piacenza und schließlich sogar Parma. Karl wollte nicht, dass seine Männer ihren Kampfgeist durch Tatenlosigkeit verloren. Er schickte Scara-Fähnlein und immer andere Gruppen von Kriegern entlang der Küste über die Stadt Monde Lunigiana bis nach La Spezia. Am Unterlauf des Pos nahmen sie ohne großen Widerstand Brescia, Bergamo und Treviso.

Damit stand nur noch Pavia.

Die Belagerung der letzten Langobardenstadt hielt auch den milden Winter über an. Karl nahm sich viel Zeit für die Dinge, die ihn interessierten und zu denen er sonst nicht kam. Er lernte sogar die neuen Zahlen auswendig, die er in den Bittbriefen einiger langobardischer Städte gesehen hatte. Sie waren ganz anders als die einfach verständlichen römischen Strichzeichen, geheimnisvoller und so faszinierend wie vieles, was aus Arabien nach Europa kam.

Zwei Wochen vor Ostern des Jahres 774 und eine Woche nach der Geburt seiner Tochter, die auf den Namen Adelheid getauft wurde, brach Karl in einfacher Gewandung, mit einer Handvoll Edler und dreihundert Panzerreitern zu einer Pilgerreise nach Süden auf. Er wollte die günstige Gelegenheit nutzen und das Osterfest in Rom verbringen.

Die Franken stießen auf keinerlei Widerstand mehr. Sie benutzten die immer noch deutlich erkennbaren Römerstraßen, überquerten den Apennin, in dessen Steiltälern bereits dichtes Frühlingsgrün wucherte, und kamen durch die Toskana so gut voran, dass sie über Siena schon bald den Oberlauf des Flusses Tevere erreichten.

Am Gründonnerstag, der eigentlich Grein- oder Donnerstag zum Weinen hieß, schickte Karl Boten voraus, um dem Papst seine Ankunft zu melden. Er selbst beging den Tag der Bitternis und Buße in sich gekehrt im engsten Kreis seiner Getreuen. Sie sprachen wie schon oft über jene geheimnisvollen Begebenheiten, die der Passion des Gekreuzigten unmittelbar vorausgegangen waren – über das letzte Abendmahl, die Fußwaschung an den Aposteln und ihre Betreuung mit dem Priestertum und immer wieder über den Verrat des Judas und die Gefangennahme am Ölberg.

Am Karfreitag, dem 1. April, lagerte er am kreisrunden Braccianosee, fünfundzwanzig Meilen von Rom entfernt.

»Jetzt bin ich gespannt, wie der Papst reagiert«, sagte er angespannt am gleichen Abend, als er im Kreis seiner Männer an einem Lagerfeuer saß. Einige hatten am Nachmittag Fische und Enten im See gefangen, andere waren ausgezogen, hatten Wein besorgt, mehrere Hasen, Fasane, ein Reh und zwei Wildschweine erlegt. Das Wildbret brutzelte über den Feuern, und Karl fand großen Gefallen an diesem Lagerplatz. Er lehnte sich im Ufergras zurück, streckte die Beine aus und stützte sich mit den Armen ab. Die Sterne am südlichen Himmel funkelten so klar, wie er es nun schon seit Monaten immer wieder genoss.

»Ich möchte, dass jedermann morgen früh im See badet«, sagte er. »Wir kommen in eine heilige Stadt, und als Patricius Romanorum will ich nicht wie ein Waldkönig dort einziehen!«

Sie saßen noch lange an den Feuern. Die Nacht war mild und so friedfertig, dass jedes Fischspringen im See und jeder Fledermausschlag in der Dunkelheit zu hören waren.

Am nächsten Morgen kochten die Knechte heißen Brei, dann striegelten sie die Pferde und reinigten Waffen und Rüstungen, während Karl sich mit Edlen und Scaras im kühlen, erfrischenden See auf den letzten Teil der Pilgerreise vorbereitete.

Die Vorboten des päpstlichen Aufgebots trafen bereits in den Morgenstunden ein. Kurz vor Mittag kam auch der Papst mit einer farbenprächtigen Begleitung. Als Karl die päpstliche

Standarte sah, schwang er sich auf sein Pferd und ritt ihm einige hundert Schritt entgegen. Er wusste genau, wie er sich verhalten wollte, denn eine ähnliche Begegnung zwischen einem Papst und einem Frankenkönig war ganz anders verlaufen. Diesmal war er der König.

Die beiden Souveräne begrüßten sich mit gebührendem Respekt.

»Ich danke dir für alles, was du getan hast«, sagte Papst Hadrian. Er saß hoch aufgerichtet auf seinem Zelter und neigte nur ein klein wenig den Kopf. Karl fand sofort Gefallen an ihm. Das war kein Bittsteller, sondern ein Mann, der genau wusste, was er geben und nehmen konnte.

»Ich bin als Pilger gekommen und nicht als Frankenkönig«, sagte Karl. »Und ich wäre dir dankbar, wenn ich mit euch das Osterfest und die Auferstehung unseres Herrn Jesus Christus feiern dürfte ...«

»Du bist der würdigste und liebste Gast, den Rom seit langer Zeit in seinen Mauern haben wird!«

»Möchtest du dich erfrischen?«

»Ich will nicht absteigen, aber ein Becher Wein mit Wasser wäre mir angenehm.«

Karl ließ sich das Gewünschte geben. Er ritt selbst zum Papst und reichte ihm den Becher. Die beiden Herrscher sahen sich genau an. Karl fand auch aus der Nähe bestätigt, was er bereits durch die Sprache und die Körperhaltung Hadrians erkannt hatte. Dieser Papst war kein Mann, der sechs Hände zum Beten hatte, sondern eher ein Stellvertreter Christi, der zuzugreifen wusste. Auch Hadrian, der bisher nur von Karl gehört hatte, musste bewundernd feststellen, das dieser blonde Hüne im besten Mannesalter ebenso sicher im Sattel seines Pferdes wie auf dem Frankenthron saß.

»Dann lasst uns gemeinsam in Rom einziehen!« Karl lächelte. Er ahnte, dass Hadrian noch einiges für ihn bereithielt.

Nach ersten tastenden Versuchen kamen sie nebeneinanderreitend sehr schnell auf die Probleme zu sprechen, die beide etwas angingen. Dabei ging es nicht nur um die Langobarden, sondern auch um die rücksichtslose Missionsarbeit irischer Mönche nördlich der Alpen, um die Bekehrung der Sachsen und um das schwierige Verhältnis, das Karl zum Baiernherzog Tassilo hatte. »Er gründet immer neue Familienklöster«, sagte Hadrian, »ebenso wie du. Ich kann ihn nicht verdammen, auch wenn er eine Tochter von Desiderius zum Weib hat.«

»Ich kenne diese Töchter«, antwortete Karl grimmig. »Ob sie nun Desiderata, Gerperga oder Liutperga heißen – sie sind eingebildet, intrigant und nicht einmal von angenehmem Äußeren!«

»Genau das haben wir hier nie verstanden«, sagte Hadrian. »Warum hast du dann – ebenso wie dein Bruder Karlmann und Tassilo – diese Ziege geheiratet?«

»Du kennst meine Mutter Bertrada und ihren Einfluss bei den Großen meines Reiches nicht.«

»Du hättest besser daran getan, ein paar der ausgezeichneten Grammatiker und Lehrer vom Königshof der Langobarden an deinen Hof zu holen. Paulinus von Aquileia zum Beispiel oder auch diesen kleinen, ärgerlich intelligenten und scharfzüngigen Päderasten namens Paulus Diaconus …«

»Ich weiß es selbst nicht«, sagte Karl mit einem Seufzer.

»Aber du weißt, dass es auch für mich als Pontifex nicht einfach ist, eine vor Gott geschlossene und durch die heiligen Sakramente besiegelte Ehe aufzulösen!«

»Du hast es dennoch getan«, sagte Karl, während die sieben Hügel Roms vor ihnen sichtbar wurden. »Ich danke dir dafür, denn ich bin sehr glücklich mit meinem Weib Hildegard.«

»Sie ist sehr jung …«

»Ja, aber auch fröhlich, duldsam und wunderschön!«

Kurz darauf näherte sich der Zug des Papstes und des Frankenkönigs von den Hügeln herab der einst als ewig gepriesenen Stadt. Karl wunderte sich, wie viel Verfall er sah und wie viel Ländlichkeit zwischen Ruinen, wo er doch eine großartige, immer noch blühende Metropole erwartet hatte. Die ganze Stadt sah aus, als sei nach dem Zusammenbruch des Ostgotenreiches nichts mehr an den Mauern, Häusern und den Straßen getan worden. Karl kam nicht mehr dazu, weiter über den Niedergang Roms und die auf dem Forum Romanum weidenden Kühe nachzudenken.

Von allen Seiten strömten wie auf einen geheimen Befehl hin Tausende von Römern auf die Straße. Sie bildeten ein jubelndes Spalier, das hinter ihnen zu einer Prozession wurde, wie Karl sie nie zuvor erlebt hatte. Männer, Frauen und Kinder riefen in Sprechchören immer wieder:»Sei gegrüßt, Carolus Magnus, salve, salve dir, du Beschützer Roms!«

Der Papst eilte auf dem letzten Stück ein wenig voraus. Er ließ sich an der Treppe des Platzes vor der Basilika des heiligen Petrus von seinem Zelter helfen und schritt schnell sämtliche Stufen hinauf. Oben angekommen, drehte er sich um und wartete im Kreise seiner Bischöfe und Kardinäle. Karl verstand, was das bedeutete. Jetzt musste er vom Frankenkönig zum einfachen Pilger werden ...

Er zügelte sein Pferd, sah über die Köpfe der Menge hinweg und stieg ab. Die Römer machten ihm schweigend und in angespannter Erwartung Platz. Karl ging sehr langsam. Er wollte, dass jeder seiner Schritte genau gesehen und später noch bestätigt werden konnte.

An der ersten Stufe der Treppe beugte er die Knie. Er legte seine Hände auf die dritte Stufe, neigte den Kopf und berührte mit seinen Lippen die zweite. Genauso verfuhr er mit den nächsten Stufen. Es dauerte sehr lang, bis er die roten Schuhe des Papstes vor sich sah. Hadrian legte seine Hände auf Karls Kopf, ergriff seine Oberarme und richtete ihn auf. Im gleichen Augenblick schallte ein ungeheurer Jubel über den ganzen Platz.

»Gegrüßt sei, der da kommt im Namen unseres Herrn!« Karl war sich plötzlich nicht sicher, ob die Römer ihn oder Jesus Christus meinten. Zu ähnlich erschien ihm alles, was Hadrian vorbereitet hatte, mit dem Zeremoniell, das nur einem Patricius nach alter Tradition in der Caesarenzeit zustand. Den Römern konnte gleich sein, was der König der Franken dachte und empfand. Für sie war er Symbol der Hoffnung, von dem sie sich Schutz vor der ständigen Bedrohung und einen Ausweg aus ihrer Not versprachen.

Papst Hadrian führte Karl ins Innere der Basilika. Gemeinsam knieten sie vor dem Grab des Apostels Petrus nieder und beteten. Anschließend nahm Hadrian den Frankenkönig beiseite und fragte leise: »Willst du in dieser Osternacht in den Mauern von Rom schlafen? Als Patricius der Römer hast du ein Recht dazu. Wir könnten bereits gegen Mitternacht beten und die Auferstehung Jesu Christi feiern.«

Karl überlegte kurz, dann schüttelte er den Kopf. »Ich weiß dein Angebot zu schätzen«, sagte er, »aber wir Franken sind keine Städter. Wir brauchen den Geruch der Pferde, der Wiesen und Wälder. Inzwischen habe ich seit einem halben Jahr nicht mehr unter einem Dach geschlafen.«

»Du willst zu deinen Kriegern zurück?«, fragte der Papst.

»Ja, das auch«, sagte Karl aufrichtig.

»Ich verstehe dich«, sagte Hadrian lächelnd. »Werden wir uns morgen, zum Osterfest, sehen?«

»Ich werde kommen mit meinen Edlen und den besten Männern.«

Der Papst umfasste die Arme des Frankenkönigs. »Dann geh in Frieden, Karl! Ich erwarte dich morgen zur dritten Messe, und ich glaube, wir werden danach wie Brüder in Christo miteinander sprechen.«

Karl erschien am Ostersonntag später als erwartet wieder in Rom. Diesmal küsste er keine der Stufen, die zur Basilika führten. Kaum ein Römer bemerkte den Wandel im Verhalten des Mannes, der sich bei seinem ersten Einzug in die Ewige Stadt als demütiger Pilger gezeigt hatte. Nur einige der Kleriker spürten die Veränderung. Denn diesmal kam er als mächtiger und selbstbewusster Herrscher.

Dennoch nahm er andächtig und voller Würde an der Ostermesse teil. Er betete mit Inbrunst und lauschte mit gesenktem Kopf der Liturgie und den Worten, die Hadrian mit seiner großen, voll tönenden Stimme vortrug. Und jedes Mal, wenn sich ihre Blicke begegneten, wurde dem Papst deutlicher, dass Karl mit einem Spiel begann, das sich noch sehr lang hinziehen konnte.

Die folgenden Stunden und auch die weiteren Tage waren mit üppigen Gelagen, zu denen hier die Kurie und dort die Franken einluden, sowie mit weiteren Gesprächen mit unterschiedlichster

Besetzung ausgefüllt. Von Tag zu Tag wurde Karl klarer, wie geschickt dieser Papst wirklich war. Hadrian kämpfte mit gebildeten und wohlgesetzten Worten um jede einzelne Gemarkung, jedes Dorf und jede Stadt.

»Sieh«, sagte er am dritten Abend nach Ostern, als auf seiner Seite nur fünf Bischöfe und bei den Franken außer Karl nur die Edlen des Königshofes an einer kleinen Tafel in den päpstlichen Wohnräumen saßen, »sieh doch, was alle Welt von dir und mir erwartet!«

»Ich sehe nur, dass du die Gunst der Stunde nutzen willst«, antwortete Karl unfreundlich.

»Ist etwas anrüchig daran oder verboten?«

»Nein«, antwortete Karl zunehmend grantiger. Die Kammerherren des Papstes häuften immer neue Platten mit gekochten Muscheln, rohen Schnecken, geschmorten Tintenfischen, Seespinnen und anderen römischen Köstlichkeiten vor dem König der Franken auf. Karl kostete tapfer von jeder der Mollusken mit mehr Zitronensaft und Salz als in Rom üblich. Wo er den Kopf kaum merklich schüttelte, mussten die anderen aus seinem engsten Gefolge nicht mithalten. Sie alle gelüstete viel mehr nach saftigem Schinkenbraten, krosser Schweineschwarte und Geflügel, bei dem die Knochen knackten.

Der Papst bemerkte nicht, was in Karl vorging. Und ebendieser Fehler brachte ihn um den Erfolg seiner Pläne.

»Es wäre ein Leichtes für dich, in all deine Großherzigkeit auch noch das winzige Herzogtum von Spoleto einzubeziehen«, sagte Hadrian. »Dir nützt es nichts, aber für uns würde es eine Brücke zwischen den Besitzungen bilden, die dank deiner gnädigen Hilfe dem Heiligen Stuhl wiedergewonnen wurden.«

»Sag's einfacher!«, grollte Karl. »Du willst Spoleto, forderst es ganz direkt. Aber ich bleibe dabei, dass euch nur zusteht, was in der Schenkung meines Vaters Pippin im Vertrag von Quierzy festgeschrieben wurde!«

»Ist das dein letztes Wort?«, fragte der Papst und hob enttäuscht die Hände.

»Nein«, antwortete Karl. Er sog die Luft durch seine Nase, bis seine Brust sich wölbte. »Ich will, dass wir in einer Restau-

313

rationsurkunde all das noch einmal festlegen. Doch anders als mein Vater will ich nicht Auditor und Unterstützer der Kirche, sondern Defensor genannt werden. Das heißt Verteidiger mit allen Pflichten, aber auch Rechten, wie ich dir wohl nicht erklären muss!«

Papst Hadrian hob erstaunt die Brauen. Er verstand sofort die Möglichkeiten von Karls Forderung. »Dafür vergesse ich augenblicklich jedes weitere Argument um Dörfer oder Herzogtümer!«

Er nahm ein faustgroßes Stück weißes Brot, brach es, tauchte die eine Hälfte nur mit der Bruchkante in eine Schale mit duftendem Olivenöl und reichte sie über das Tischlinnen dem Frankenkönig.

Karl nahm die Einigung an. »Du bist ein kluger Mann«, sagte er.

»Eine Entscheidung für Jahrhunderte«, antwortete Papst Hadrian mit einem feinen Lächeln. Und endlich kam das Wildbret, nach dem Karl die ganze Zeit gehungert hatte – in Knoblauchsud gebeizt und über Kohle von Buchenholz geröstet.

Karl kehrte erst im Mai in das Heerlager am Fluss Ticino zurück. Die Nachrichten, die dort auf ihn warteten, waren alles andere als rosig.

»Im Norden nutzen die Sachsen deine Abwesenheit«, berichtete Graf Adalhard. »Klöster und Kirchen brennen nieder, Sicherungsposten werden zerstört, Missionare und Nonnen umgebracht; die Stadt Fritzlar ist nur noch Schutt und Asche.«

Karl packte unwillkürlich nach dem Griff seines Schwertes. »Ja, wir müssen endlich zurück!«, stieß er hervor. »Schon viel zu lang badet unser Heer tatenlos in der Sonne. Ich verstehe einfach nicht, wie Pavia so lang standhalten kann … Desiderius muss unglaubliche Vorräte gehortet haben.«

»Sie gehen ihm zur Neige«, sagte Adalhard. »Vor einer Woche hat sich Hruotgart, der Herzog von Friaul und zuletzt Mundschenk des Langobardenkönigs, mit zwanzig weiteren Bediensteten heimlich aus Pavia herausgeschlichen. Was er berichtete, darf niemals aufgeschrieben werden: Hunger und Krankheiten haben die einst so stolze Stadt zu einem Kerker werden lassen, in dem nur Hoffnungslosigkeit, aber kein Lachen mehr ist.«

»Wenn es so schlimm steht, warum gibt Desiderius dann nicht auf?«, fragte Karl verständnislos.

»Er ist wie viele Mächtige am Ende ihres Weges«, meinte Angilbert philosophisch. »Er sieht und hört nicht mehr, dass es mehr Tränen als Wasser aus den Brunnen in seiner letzten Zuflucht gibt.«

»Bedeutet ihm die Not seiner Bevölkerung denn gar nichts?«

»Nicht mehr als dir«, antwortete Angilbert respektlos. »Für Desiderius geht es nicht mehr um Sieg oder Niederlage, sondern um Bestand oder Ende seines Königreichs. Gut hundert Jahre lang sind die Langobarden von der Elbe aus herumgezogen, bis sie hier für zwei weitere Jahrhunderte eine Heimat fanden, groß und stark wurden und nun nicht wahrhaben wollen, dass ihre Zeit zu Ende ist.«

»Willst du mich mitleidig für Desiderius machen?«, fragte der Frankenkönig harsch.

»Nein, ich sage nur, wie es ist.«

Im Juni musste der Letzte der Langobardenkönige aufgeben. Volle zehn Monate und damit länger als jeder andere Gegner hatte er der Belagerung durch ein Frankenheer widerstanden. Er hatte nichts mehr, als er Pavia durch das westliche Stadttor verließ und sich langsam dem Heerlager von König Karl näherte. Zusammen mit seiner Familie hockte er auf einem Karren, den nicht mehr Ochsen, Pferde oder Mulis, sondern ausgemergelte Gestalten zogen.

Viele der Franken empfanden den jämmerlichen Anblick als entwürdigend. Und mancher Krieger hätte dem Langobardenkönig zugestanden, mannhaft im Kampf zu sterben. So aber kam ein gedemütigter, von seinen Herzögen und tributpflichtigen Städten verlassener und von den Folgen von Karls Befehlen gezeichneter Verlierer als geschlagener Hund angekrochen.

»Was willst du mit ihm tun?«, fragten Karls Edle, als der Karren Karls Zelt fast erreicht hatte.

»Seht ihr denn nicht, dass er noch immer die Eisenkrone der

Langobardenkönige auf seinem Kopf trägt?«, fragte Karl kalt. »Nein, Desiderius verdient mein Mitleid nicht! Er soll geschoren und in das Reichskloster von Corbie verbannt werden – zusammen mit seinem Eheweib und seiner Tochter Desiderata!«

Und so geschah es. Anschließend ritt Karl mit kleiner Begleitung in die gequälte Stadt. Sie wirkte völlig anders als bei seinem ersten Besuch, bei dem er noch als Geisel bestaunt und auch beklatscht worden war. Diesmal rief ihm niemand mehr irgendetwas zu. Verstohlene Bewegungen hinter Schatten von Mauervorsprüngen erinnerten an ausgehungerte Ratten, und nicht einmal mehr Mücken tanzten im harten Licht der Sonne auf den alten Steinmauern. Es gab kein Stückchen Leder mehr in den Werkstätten, kein Grün mehr an den Bäumen, nicht einmal einen Grashalm oder essbares Kraut in einer Mauerritze.

Mit lautem Hufgeschall ritten die Franken bis in den Innenhof des leeren Königspalastes. Karl hob die Hand und sah sich suchend um. Bis auf das leise Schnaufen der Pferde und das Klicken ihrer eigenen Waffengehänge war kein Laut zu hören.

»Kein Kindergeschrei mehr«, stellte Karl fest, »kein Händler, keine Marktweiber.«

Sie stiegen langsam ab, legten die Hände an die Waffen und gingen Schritt für Schritt und nach allen Seiten sichernd über eine Treppe bis zur Empfangshalle hinauf. Es roch nach Exkrementen, Aas und Essig. In den anschließenden Räumen waren die langen Vorhänge an den Fenstern zum Schutz vor dem grausamen Licht der Sonne fast völlig zugezogen. Überall lagen Tote, und einige von ihnen hielten in den verkrampften Fingern noch die Becher, in denen sich der letzte Schluck mit Wein und Gift befunden hatte. Erst jetzt begriff Karl, welche Tragödien sich vor der Erniedrigung des Langobardenkönigs in dieser Stadt, diesem Palast abgespielt haben mussten.

»Wir wussten, dass wir nur noch ausharren oder endgültig untergehen konnten«, sagte eine sanfte, aber noch immer starke Stimme aus dem Halbdunkel. Sie gehörte zu einem einfach gekleideten, klein und ausgemergelt in die kostbaren Kissen auf einem Diwan geschmiegten Mann.

»Wer bist du?«, fragte Karl verwundert.

»Mein Name gegen einen letzten Schluck Wein …«

Karl schnippte mit den Fingern. Sofort eilte einer der Knappen vor, riss den Korken aus einem mitgeführten Weinkrug und flößte dem fast schon Sterbenden Schluck um Schluck etwas Wein ein. Es dauerte nur wenige Augenblicke, bis sich der kleine, schwache Körper wehrte.

»Nein, Karl«, keuchte der kleine Mann, »dein Wein ist nicht das Gift, das ich erbeten habe!« Er hustete, würgte mit grausam jämmerlichen Geräuschen und brach alles wieder heraus.

»Wasser!«, befahl Karl. Er trat näher und entdeckte, dass der Mann mit dem Oberkörper über mindestens zehn Büchern lag. Karl zog eines hervor und erkannte sofort, dass es sich bei den Bänden um die aufgeschriebene Geschichte Roms handeln musste, von der er bereits gehört hatte.

»Warum liegst du auf diesen Büchern?«, fragte Karl verwundert.

»Weil ich mit ihnen sterben wollte«, antwortete der Ausgemergelte schwach. »Ich schrieb sie für eine Schwester deiner späteren Ehefrau, die du verraten und verstoßen hast, König der Franken … und eigentlich für alle Töchter meines Königs Desiderius …«

»Bist du etwa jener Paulus Diaconus, der hier von Anfang an Intrigen gegen mich und meine Familie schmiedete?«

»Ich bin ein Langobarde durch Geburt!«, antwortete der Kranke stolz. »Meine Vorfahren kamen bereits mit König Alboin, dem Gründer unseres Reiches, nach Italien!« Er hustete und fiel ermattet in seine Kissen zurück. »Und eines schwöre ich … wir werden niemals Franken …«

Er hatte die Besinnung verloren. Karl drehte sich zu seinen Begleitern um. »Reibt ihn mit Brennnesseln ein, bis seine Haut glüht! Ich will, dass er tropfenweise gerührtes Eigelb in guter Hühnerbrühe bekommt. Nach jeder Stunde dann einen halben Becher vom besten Kräutersud, der seine Lebensgeister lockt. Dazu reibt ihm die Vorderzähne über eine halbe rote Eichel. Doch nur die rote, keine zu bittere! Er muss es schlucken und nicht wieder ausspeien. Ab morgen früh dann Brei mit etwas Honig, gesiebter Asche und einer Prise Salz vom Meer. So lange, bis er kräftig genug ist, dass er vor uns treten kann, damit wir ihn verurteilen. Er soll am Leben bleiben, obwohl er zu den Einflüsterern gehört, durch deren Wort die Langobardenkönige sich immer wieder taub stellten.«

»Was hast du mit ihm vor?«, fragte Angilbert mit herabgezogenen Mundwinkeln. »Er riecht nicht gut, und ob einer wie er bei uns am Hof ...«

»Du riechst im Augenblick auch nicht besonders«, sagte Karl trocken. »Aber ich denke nicht daran, einem so herausragenden Mann wie Paulus Diaconus den Kopf abschlagen zu lassen! Köpfe, mein lieber Angilbert, Köpfe sind manchmal wertvoller als Schwerter oder Gold.«

In sein Lager zurückgekehrt, befahl er wortkarg, dass sich in den folgenden Tagen jedermann um Pflege und Ernährung der gezeichneten Bevölkerung von Pavia kümmern solle. Er verbot jede Art von Plünderung bei den Einfachen und befahl, dass zunächst alles Gold und Geschmeide der Edlen eingesammelt werden sollte, um es danach gerecht zu verteilen.

Paulus Diaconus überstand die erste Nacht. Bereits am nächsten Abend konnte sich Karl kurz mit dem widerspenstigen Mann unterhalten.

»Du magst Rom verachten«, sagte Paulus zwei Tage später im Kreis der Königsberater. »Aber du hast vergessen, dass Pavia, Ravenna und Verona nichts mehr mit der angeblich Ewigen Stadt zu tun haben! Rom ist Vergangenheit und nur noch Zuflucht eines machtlosen Bischofs, der sich besser dünkt als alle anderen.«

Die Franken saßen im kostbar ausgestatteten und längst gereinigten Thronsaal des letzten Langobardenkönigs, als hätte es nie einen anderen Platz für sie gegeben. Nur Paulus Diaconus weigerte sich noch immer, unter ihnen Platz zu nehmen.

»Ihr habt einen schweren Fehler gemacht«, behauptete er furchtlos. »Du, Karl, ebenso wie vor dir dein Vater. All deine Vorfahren, Karl, haben sich als fränkische Hausmeier einen Merowingerkönig wie ein wertvolles Haustier gehalten. Sie wussten, warum. Denn diese Könige waren einst von Gott gekommen und unverzichtbar für gute Ernten, Kindersegen und das Glück des Krieges. Jetzt aber habt ihr keine Merowinger mehr und verbündet euch mit Rom, weil ihr Verbindungen zu Gottes Allmacht gesucht habt.«

»Was spricht dagegen?«, fragte Karl nachsichtig.

Paulus verzog wie unter Schmerzen sein Gesicht. »Ihr habt wie Kain den Abel die eigenen Brüder umgebracht!«

»Schluss jetzt!«, befahl Karl. »Ich habe mir lange genug deinen Zorn und den Hass deines Herzens angehört.«

»Waren die Märtyrer, deren Reliquien ihr so hoch einschätzt, weniger mutig, als sie sich gegen gottlose Herrscher stellten?«

Für einen Augenblick schien es, als wollte sich der König mit seinem Schwert auf den immer noch schwach und schwankend stehenden Langobarden stürzen. Doch dann schnappte der König nach Luft, atmete tief durch und wartete, bis er sich selbst einigermaßen beruhigt hatte.

»Ich kann dich hängen lassen!«, sagte er tonlos. »Köpfen! Vierteilen! Dich nach Gesetzen, die du gar nicht kennst, bis in das siebte Glied verfolgen. Ich kann dir deinen Hals mit einer Hand zerquetschen. Aber ich tue es nicht!«

Er ließ sich im zu kleinen Thronsessel der Langobardenkönige zurücksinken, lehnte sich etwas zur Seite und streckte sein linkes Bein aus.

»Du wirst nie wieder unsere Heiligen und die Reliquien der Franken schmähen!«, sagte er warnend. »Sie kämpften, waren mutig und starben für den Glauben an Jesus Christus, den Erlöser! Du aber, Mönchlein, Schriftgelehrter oder was du sein magst … du bist kein Märtyrer, sondern ein Judas, der seinen Glauben auf dem Markt verkauft.«

»Ganz wie Theoderich der Große«, sagte Paulus Diaconus unbeeindruckt. Und plötzlich fiel Karl auf, wo sie schon einmal einen ähnlich starrsinnigen, fast selbstzerstörerischen Mann gesehen hatten. Der kleine, kränkliche Lateinlehrer erinnerte ihn in seiner hart gemeißelten Einstellung an den friesischen Bären Wiho im Missionskloster von Osenbrugga.

»Sollte ich jemals die Geschichte der germanischen Ostgoten oder der Langobarden in Italien aufschreiben«, fuhr Paulus Diaconus fort, »dann könnte ich dir leicht beweisen, dass Lug und

319

Trug ebenso wie Intrigen, Mord und Totschlag das Kennzeichen der Macht sind! Dem Stärkeren gebührt die Herrschaft. Man muss sich hüten, wenn zu viel von Gotteslohn und Ehre, altem Gesetz und von Moral geredet wird.«

Karl sah sich nach allen Seiten um, blickte zur Decke des sonnendurchfluteten Thronsaals hinauf und presste die Lippen zusammen. Überall blitzte das Sonnenlicht an goldenen Verzierungen, farbigen Mosaiksteinchen an den Wänden und auf seit zweihundert Jahren von Kriechern, Bittstellern, ledernen Stiefeln, Kleiderschleppen polierten Marmorplatten auf dem Fußboden.

Noch nie zuvor hatte Karl einen Mann gesehen, dem sein eigenes Leben weniger bedeutete. Er sah, wie die Knie des letzten mutigen Langobarden zitterten, und ließ ihn gehen. Erst als er fort war, sagte er: »Ich könnte ihn sehr einfach strafen und verurteilen! Aber ich achte Männer, die mit Kopf und Wort ebenso zu kämpfen wissen wie meine besten Scaras mit ihrem Schwert und Schild.«

Drei Wochen später, am Abend des 16. Juli anno 774, stieg der Frankenkönig auf ein mannshohes Podest aus Balken mitten im Heerlager am Fluss Ticino. Pauken und Hörner bereiteten ein besonderes Ereignis vor. Karl wartete, bis ihn seine Krieger mit Schlägen auf die Schwerter, Schilde und Harnische lang genug gegrüßt hatten. Dann hob er beide Hände und wartete, bis Ruhe eintrat.

»Wer gehen will, kann gehen!«, rief er mit lauter Stimme seinen Kriegern zu. »Wir treffen uns erneut im März des nächsten Jahres beim Kloster Lorsch im Rheingau zu einem Zug gegen die Sachsen. Für heute denke ich, dass jeder wohl seine verdiente Beute eingesackt hat und dass ich nichts davon … nicht einen einzigen güldenen Ring für mich genommen habe. Das gesamte Gold und alle Schätze des Langobardenkönigs gehören hiermit euch!«

Ein brausendes Gewitter aus Schwertschlägen auf die Schilde, surrenden Bogenseiten und chorhaften Jubelrufen brandete über das Heerlager hinweg. Es dauerte lange, bis unter Karls hoch erhobenen Händen wieder Ruhe eintrat.

»Ich verlange für mich nur ein einziges Beutestück!«, rief Karl
weithin vernehmbar. Er machte eine kleine Pause. Die Krieger
des Frankenheeres wagten kaum noch zu atmen.

»Du sollst es haben!«, rief Düdo, der keineswegs dazu be-
rechtigt war. Doch wieder dröhnte der zustimmende Lärm der
Frankenkrieger. Der Wechsel vom heißen Tag in die Nacht ging
schneller, als es die Männer aus dem Norden gewohnt waren.
Auch Karl hatte nicht bedacht, wie schnell es südlich der
Alpen dunkel wurde. Er beugte sich vor, suchte nach einem ganz
bestimmten Gesicht. Dann sah er es. »Mehr Licht!«, rief er Düdo
zu. Wenige Augenblicke später flog Stroh in die hoch aufstiebenden Feuer vor dem Balkenpodest mit dem König. Neben ihm
hielt Angilbert den schon vor langer Zeit gefertigten Kopfreif
hoch. Die Langobardenkrone bestand aus sechs goldenen, außen
farbig emaillierten Platten mit je drei Edelsteinen so groß wie
Taubeneier an der rechten Seite und einem weiteren in der Mitte.

Karl nahm den Stirnreif. »Dies ist sie«, rief er, »die legendäre
Langobardenkrone! Gülden wie jede andere … doch diese hier
noch an der Innenseite verstärkt durch einen rund geschmiedeten
eisernen Nagel vom Kreuze Jesu Christi …«

Er hielt die Langobardenkrone hoch und zeigte sie nach allen
Seiten.

»Was wollt ihr? Was soll ich mit dieser Krone tun?«

»Aufsetzen!«, brüllte das gesamte Frankenheer. »Aufsetzen!
Aufsetzen!« Zum dritten Mal stiegen Jubel und Schwerterlärm
in den Nachthimmel vor Pavia auf. Langsam, sehr langsam senkte
Karl die Langobardenkrone, bis sie sein Haar, sein Haupt berührte.

»Carolus, dei gratia rex Francorum et Langobardorum et
Patricius Romanorum«, rief Düdo mit klarer, junger Stimme.
Niemand wunderte sich darüber, dass ausgerechnet ein junger
Sachse zuerst begriff, was geschah. Und auch den Satz gelernt
hatte, den viele Franken nicht sofort verstanden. Der König der
Franken hatte sich nach dem erklärten Willen seiner Heeresver-
sammlung selbst gekrönt. Von diesem Augenblick an war er auch
gewählter König der Langobarden.

»Den Franken habe zum Freund«, murmelte einer der übergelaufenen langobardischen Herzöge verhalten, »aber wenn irgend möglich niemals zum Nachbarn.«

Spät in der Nacht, während die Männer an den weiter entfernten Feuern noch feierten und zechten, hatte sich Karl bereits in sein Zelt zu Hildegard und den Kindern zurückgezogen. Trotzdem baten einige der Edlen des Hofstaates doch noch um eine kurze, aber dringende Unterredung. Karl war müde, aber er ließ sie eintreten und Platz nehmen. Mitten im Zelt hing über einer Öllampe die eiserne Langobardenkrone an einer Schnur. Der zweifach gekrönte König hatte bereits Rüstung, Hosen und Schuhe abgelegt und trug stattdessen ein langes Leinennachthemd.

»So spät noch und mit so ernsten Gesichtern?«, fragte er gähnend. »Was ist es, das euch wie eine Büßerprozession auftreten lässt?«

»Überall wird über die Langobardenkrone beraten«, sagte Graf Cancor besorgt. Karl hatte ihn seit geraumer Zeit nicht mehr gesehen. Er hob die Brauen und tippte den Kopfschmuck über der Öllampe an.

»Was ist mit ihr? Habt ihr nicht selbst gewollt, dass ich sie aufsetze?«

»Ja, aber wir haben erst jetzt erkannt, dass dir die Krone einerseits zusteht, andererseits nicht! Und wir sind hier, um dich und uns vor Schaden durch unseren eigenen Fehler zu bewahren.«

»Das ist mir zu dunkel!«, sagte Karl. »Los, Cancor, wo drückt der Schuh?«

»Du hast einem Mann die Krone genommen, dem sie eigentlich nicht gehörte …«

»Wie? War Desiderius nicht König der Langobarden?«

»Doch, doch«, sagte Graf Adalhard schnell. »Aber streng nach Gesetz und Ordnung gehört Italien noch immer dem Kaiser von Ostrom. Er allein hätte dich krönen dürfen und nicht du selbst!«

Karl rieb sich seine Nase. »Meint ihr wirklich, was ihr da sagt?«

»Wir sind in Sorge, weil wir nicht bedacht haben, wie weitreichend die Folgen der Krönung sein können, zu der wir dich ermuntert haben.«

»Was ist mit euch los, ihr Männer?«, lachte Karl. »Zittern

wir Franken noch immer vor großen Namen und den Relikten einer vergangenen Welt? Habt ihr nicht Rom gesehen und den Verfall? Und wer ist dieser Kaiser von Ostrom, der nicht in der Lage ist, den Streit der Kirche um Heiligenbilder und Ikonen zu beenden! Nein, dieser Konstantin hat genug mit sich selbst zu tun! So und jetzt geht! Wir wollen bis zum Frühjahr hierbleiben und dann über die Alpen gegen die Sachsen ziehen!«

Am Tag darauf brachte ihm Hildegard stumm und ohne alle Tränen ein kleines, stoffumwickeltes Bündel.

»Was ist das?«, fragte Karl.

»Unsere Tochter Adelheid«, antwortete Hildegard tonlos. »Sie ist gestorben, als ich schlief ...«

19

Sachsentaufe

Der Rückmarsch zu den Alpen glich einem Triumphzug. Dennoch konnte Karl nicht froh werden über seinen nach vielen Monaten errungenen Sieg und die wertvolle Langobardenkrone. Er ritt, meist schweigend, an der Spitze der Scaras ins Aostatal hinein, zog sich bei Sonnenuntergang zurück und kam am Morgen erst aus dem Zelt von Hildegard, wenn alle Wagen und Lastpferde bereits beladen und bepackt waren. Zum ersten Mal wurden auch Esel, Mulis und Ziegen im Heer der Franken nach Norden mitgeführt.

Sie lagerten zwei Wochen in Aosta, dem alten Augusta Praetoria, das noch immer den Ehrentitel »Rom der Alpen« führte.

»Hier können wir viel für uns lernen«, sagte Karl zu seinen Getreuen, als sie sich die mehr als eine Meile langen Reste der römischen Mauern, das Amphitheater mit seiner hoch aufragenden, von Rundfenstern durchbrochenen Rückwand und den Augustusbogen ansahen.

»Dreiundzwanzig Jahre vor der Geburt des Herrn haben sie dieses Tor für ihren Kaiser errichtet«, sagte Karl mit Bewunderung und zugleich Abwehr. »Gegen uns Germanen, in ihren Augen nur Barbaren.«

Angilbert legte eine Hand auf Karls Unterarm. »Du musst nicht länger traurig sein«, sagte er mitfühlend. »Wir wissen doch, wie hart dich der Tod deiner kleinen Adelheid getroffen hat.«

Karl hob den Kopf und blickte zu den gewaltigen schneebedeckten Bergriesen hinauf. Der Ort, an dem sie standen, war schon immer ein Schlüsselloch zur Macht in Europa gewesen – ein Knochen, um den sich Nord und Süd, Grafen und Könige, Caesaren und Germanenfürsten gerissen hatten.

»Hier würde ich gern bauen«, sagte Karl mit einem tiefen Seufzer. »Fast jeder Felsen in diesem Tal ist eine Pfalz und deine Burg wert!«

Bis auf ein paar weitere, meist ähnlich sehnsüchtige Anflüge von Gefühlen blieb Karl die ganze Zeit ungewohnt verschlossen. Auch als das Heer Mitte August in Speyer eintraf und sich die Großen der Umgebung einfanden, um ihm zu huldigen, fanden sie ihn erneut verändert. Erst Gundeland, dem jungen Abt des Klosters Lorsch, gelang es, ein wenig Licht in Karls finsteres Gesicht zu bringen.

»Du darfst nicht klagen, weil dir Gott in der Stunde deines größten Triumphes gezeigt hat, wie klein und armselig wir Menschen sind«, sagte er.

Karl seufzte tief auf, dann nickte er und lachte leidend. »Wie geht es deinem Kloster?«

»Seit es dank deiner Hilfe ein Reichskloster geworden ist, blüht und gedeiht alles. Am ersten Tag im September wollen wir die neue Kirche einweihen, die wir zu Gottes Ruhm gebaut haben. Es wäre eine große Ehre für uns, wenn du zur Weihe kommen könntest.«

Karl überlegte eine Weile, blickte zum Himmel hinauf, lächelte und nickte. »Sieh zu, dass deine Kirche königlich geschmückt ist, denn ich will alle mitbringen, die dir von Nutzen sein können.«

Für einen Augenblick wusste Gundeland nicht, was er vor Glück und Freude tun sollte. Er wollte Karl zu Füßen fallen, doch der hielt ihn ganz einfach fest und schüttelte den Kopf.

»Kein Dank von dir, Gundeland! Ich bin es, der dir dankt für die Gespräche in sehr guten Nächten, deine Verschwiegenheit in einer ganz bestimmten Angelegenheit und für den Trost, den du mir gegeben hast.«

Wie vereinbart fand die Weihe in einem ungewöhnlich glänzenden Rahmen statt. Karl, die noch immer traurige Hildegard, ihre Söhne sowie zahlreiche Edle des Reiches waren gekommen. Nachdem der König der Franken mit seinem Weib bis in den Kirchenraum geleitet worden war, nahm Erzbischof Lullus zwei volle Stunden lang mit sehr viel Weihrauchschwaden durch den gesamten Kirchenraum die Weihehandlung vor. Die Bischöfe von Würzburg, Passau, Metz und Trier halfen ihm dabei. Erst dann wurden die Gebeine des heiligen Nazarius in die Kirche des Reichsklosters überführt.

»Und wie ein zweiter Salomo«, wie es später in der Chronik

des Klosters hieß, übergab Karl neben vielen Geschenken Abt Gundeland auch das Dorf Oppenheim mit allem, was dazugehörte.

Der Reichstag wurde erst anschließend auf der nahen Maraue von Worms abgehalten. Diesmal waren viel weniger Große des Reiches gekommen als üblich. Viele der Grafen hatten nur Abordnungen mit Geschenken und Berichten über ihre Zuchttiere, die Nutzwälder und die Erträge ihrer Ackerhufen geschickt. Karl wusste, dass sie sich nach dem langen Italienzug in diesem Jahr verstärkt um ihre Provinzen kümmern mussten.

Auch deshalb begann Karls erneuter Feldzug gegen die Sachsen mit einem kleinen Heer. Er zog bei schönem Wetter rheinabwärts und lagerte vierzehn Tage erneut zwischen Aquis Grana und Colonia. Anfang Juni überquerte er den Rhein an der Ruhrmündung und drang über den Hellweg, der die Wasserscheide zwischen den Flüssen Ruhr und Lippe bildete, in das Gebiet der Sachsen ein. Sie trafen kaum auf Widerstand. Selbst die Eroberung des Sachsenbollwerks Sigiburg kostete auf beiden Seiten nur wenige Schwerthiebe und nicht einen Toten.

Bis auf ein paar kleinere Scharmützel und die gelegentliche Abwehr nächtlicher Sachsenüberfälle empfanden die Frankenkrieger den Zug als viel zu leicht. Sie kannten längst die Eigenheiten ihres gewählten Königs, doch es gefiel weder Reitern noch Waffenknechten, dass sie wie Hörige zum Aufbau einer Reihe von Schanzen und kleinen Befestigungen entlang des Hellwegs verpflichtet wurden.

Karl ließ wie zu Zeiten der Römer an auffälligen Landmarken Türme aus Balken, Stein und Mörtel errichten, an denen jeweils gut fünfzig Mann mit reichlich Waffen, Gerätschaften und guten Vorräten zurückblieben.

Mit seinem ständig kleiner werdenden Heer drang er durch die bereits von Rom gefürchteten Felsenbrüche der Wälder von Hercynia silva, wie sie die Römer genannt hatten, bis zur Weser vor. Erst dort traf er auf Widerstand. Der Sachsenherzog Bruno kam aus einem dunklen Tannenwald, mitten in einer mondlosen Nacht, als fast alle Franken schliefen.

Wieder war es Düdo von Hartzhorn, der nur mit seiner kleinen Schar von zehn, zwölf Männern am letzten Feuer Wache hielt. Obwohl er längst getauft war, fühlte er sich kaum dreißig Meilen von den Gefilden seiner Kindheit schlaflos und von Unruhe getrieben. Er lauschte dem leisen Glucksen des Weserflusses, legte hin und wieder einen Zweig in die Flammen nach und dachte daran, was seine Ahnen wohl von ihm denken würden.

Er, der als Sohn des Sachsen-Ethelings Lando und seiner Ehefrau Hilda von Harringhausen auf der Burg Hartzhorn zwischen Northeim und Seesen geboren worden war, kam jetzt mit Eroberern zurück. Vorsichtig lauschend legte er einen neuen Zweig mit Blättern über das letzte Feuer. Die Flammen wurden klein, und schmaler Rauch stieg kräuselnd schnell zum Himmel. Noch ehe irgendetwas geschah, wusste Düdo, dass Sachsen sich im Wald befanden. Langsam und wie beiläufig stand er auf. Er stocherte zwischen Glut und Flammen, dann ließ er seinen Stecken fallen und schlenderte zum großen Zelt, in dem der Frankenkönig schlief.

»Was willst du hier?«, raunzte halblaut einer der vier Scaras, die davor Wache hielten. »Dein Platz ist dort am Feuer!«

»Im Wald sind Sachsen«, flüsterte Düdo. »In weniger als hundert Atemzügen werden sie das Lager überfallen!«

»Du träumst doch, selber Sachse!«

»Glaubt ihr mir erst, wenn Pfeile euch in die Gesichter fliegen?« Die Männer von Karls Leibwache konnten im Lichtschatten kaum etwas erkennen. Aber sie wussten, wer Düdo war. Sie wussten auch, dass Karl ihn mochte.

»Meinst du … Alarm?«, fragte einer von ihnen unsicher.

»Ja! Aber schnell!«

Kurz entschlossen griff einer der Scaras das Horn an seinem Gürtel. Er blies dreimal so laut er konnte hinein. Mehrere tausend Frankenkrieger, die in Zelten oder draußen unter Decken schliefen, sprangen auf, taumelten in die Dunkelheit. Schlaftrunken griffen sie nach Schwertern, Bogen, Spießen und ihren bunt bemalten Schilden.

Bereits beim dritten Hornsignal fielen die Sachsenkrieger aus dem Wald über das Frankenlager her.

»Macht Feuer ... Feuer ... Feuer!«, schrie Düdo und rannte zu den Flammen, die er zuvor fast erstickt hatte. Er griff fünf, sechs glühende Äste, rannte zwischen den Sachsenkriegern hindurch von einem Holzhaufen zum nächsten. Jetzt sahen alle, Franken und Sachsen, aus welcher Richtung glutrot aufleuchtende Schwerter kamen, wer Freund und Feind war und wo der Tod im Nahkampf drohte.

Die Franken waren stärker, viel besser ausgerüstet und kampferprobter als die Sachsen. Dennoch hätte Karls Heer in dieser Nacht trotz Düdos Warnung die erste Niederlage erlitten. Und alles nur, weil sie eine der besten Kriegslisten der Sachsen noch nicht kannten.

Vollkommen unerwartet brach das Geklirr der Schwerterschläge ab. Viele der Franken stolperten über den eigenen Schwertschwung, als plötzlich alle Sachsen wie auf geheime Anordnung zurückwichen. Sie machten Platz für Hunderte von jungen Mädchen und ihre vollbusigen Mütter. Mit Beinen, nackt bis an den Schoß, und mit entblößten stolzen Brüsten wie zum Kampf geboren, rannten sie zwischen die verwirrten Christenkrieger.

»Das kann nicht wahr sein!«, klagte Graf Adalhard entsetzt.

»Jetzt schicken sie uns Heidenmetzen!«, rief Graf Cancor.

»Was soll das?«, brüllte Karl die Grafen an. »Lasst euch nicht irre machen! Die Sachsenweiber wollen doch nur ihre eigenen Männer geil machen! Weil sie längst wissen, was ihnen durch unsere Lendenkraft bevorsteht, wenn sie verlieren ...«

»Oder auch hoffen!«, grölte der schmächtige Angilbert.

Der Überfall erstarb bereits nach einer halben Stunde. Karl und ein paar andere verfolgten Herzog Bruno bis in seine Burg. Sie polterten durch die Säle, enge Gänge und an kleinen Kemenaten vorbei. Bruno erreichte den Saal mit seinem riesigen Ehebett. Als er entdeckte, dass es leer war, verlor er seine Kraft. Genau davor brach er zusammen.

»Sein letzter Fluchtweg«, schnaubte Karl. »Aber umsonst!«

Er wartete, bis ihm die Knechte einen Verband um eine Hiebwunde an seinem linken Oberarm gelegt hatten.

»Trinkst du den Becher mit mir?«, fragte er.

»Sag mir zuerst, was ich behalten kann.«

»Titel und alles Land, das dir gehört – jedoch nicht deine Burg. Sie ist zu fest gebaut, wenn ich sie irgendwann belagern müsste. Ihre Umwallung muss zerstört werden. Du selbst unterwirfst dich den Gesetzen des Christentums und bist fortan verpflichtet, zu jedem Reichstag mit Geschenken vor mir aufzutreten.«

»Sonst noch etwas?«

»Ja, du wirst unterschreiben, dass du jeden meiner Befehle ohne Murren befolgst.«

Bruno hob ungläubig die Brauen, dann lachte er abfällig. »In meinem ganzen Leben habe ich noch niemals etwas unterschrieben. Bei uns gilt immer noch das Wort und kein Gekrickel von irgendwelchen Mönchen.«

»Vergisst du etwa, dass ich dich heute Nacht noch köpfen, hängen oder in deinem eigenen Hochmoor ersäufen könnte?«, fragte Karl lächelnd.

»Ich unterschreibe nichts … weil ich nicht schreiben kann! Außerdem frage ich: Ist das dein Christentum?«

»Nein, nur das Recht des Stärkeren.«

Am Nachmittag des nächsten Tages wurde Bruno zusammen mit vierhundert weiteren Sachsen in einer großen feierlichen Zeremonie getauft. Jeder von ihnen trug ein langes weißes Leinenhemd, von denen jedes Einzelne in den Stunden zuvor von denjenigen Weibern zugeschnitten und genäht worden war, die in der Nacht mit ihren nackten Körpern fast einen Sieg über die Männer Karls errungen hätten.

Unmittelbar nach der Sachsentaufe rief Karl nach Düdo. »Du hast dich so treu verhalten, dass ich dich als Ersten von allen Sachsen befördern will«, rief er so laut, dass alle ihn hörten. Er wartete, bis die Krieger mit ihren Schwertknäufen auf die Schilde schlugen.

»Kein Zischen, kein Murren«, stellte Graf Adalhard fest. Er zeigte dem jungen Sachsen, wie er niederknien musste. Karl zog sein Schwert und legte das blanke Blatt auf Düdos rechte Schulter.

»Ich schlage dich, Sachsensohn Düdo von Hartzhorn, hiermit zum Frankenritter. Du sollst von heute an Graf der Feuer und

Lichter in meinen Pfalzen und in den Lagern meines Heeres sein!«

Zwei Tage später packte das Frankenheer erneut alles zusammen. Am Abend des nächsten Tages erreichten die Franken die Burg Hartzhorn. Graf Düdo ritt mit einem Fähnlein der Scaras etwas voraus, um Lando, seinen Vater, zu begrüßen. Und als der Frankenkönig mit seinem Hauptheer eintraf, drehten sich bereits schnell geschlachtete Ochsen und Schweine auf großen Spießen. Am nächsten Tag teilte König Karl sein Heer in vier Kampfeinheiten auf. Eine davon sollte in Hartzhorn bleiben, die zweite durch den Westhartz bis zur Oker vordringen, die dritte den Sachsen-Etheling Hessi möglichst kampflos gewinnen und die vierte den sächsischen Bukkigau vom Großen Weserbogen stromaufwärts bis zum großen See weiter im Osten erkunden.

»Eigentlich ist es doch eine Schande, dass wir gegen Sippen und Stämme kämpfen müssen, die alle eine einzige große Völkerfamilie bilden könnten«, sagte Angilbert. Er trug als Einziger die festliche Gewandung, die alle anderen nur an den hohen Feiertagen anlegten. Nicht einmal der König wäre auf den Gedanken gekommen, irgendwo in den Hartzbergen kostbare Beinkleider, ein buntes Wams und einen reich bestickten Mantel zu tragen. Er lachte jedes Mal, wenn er sah, wie sich Angilbert und ein paar andere mit bunten Kleidungsstücken wie auf der Balz benahmen.

Der Frankenkönig blieb bei leinener Leibwäsche, wie sie seine Mutter und inzwischen auch Hildegard selbst spannen, webten und nähten. Und nicht nur wenn er unterwegs war, bevorzugte er Schnür- oder Bundschuhe mit hohen wollenen Strümpfen. Er bedeckte seinen Leib vorzugsweise mit einer Art Kutte aus aneinandergenähten Stoffstreifen. Der einzige Luxus, den er sich leistete, war eine seidene Leibbinde, die sein Wams zusammenhielt. Im Winter trug er zusätzlich Schulterpelze aus Fellen von Mardern oder Fischottern. In den vergangenen Wochen hatte er nur noch Kleidungsstücke an, die von Hildegard gefertigt worden waren. Es war ein kleines Zeichen seiner Liebe zu ihr.

»Ich will, dass überall in den von uns beherrschten Sachsengauen eine neue Gerichtsbarkeit eingeführt wird«, sagte er, nachdem sie die verschiedensten Möglichkeiten durchgesprochen

hatten. »Ich halte es für sinnlos, wenn wir den Sachsen fränkisches, baiuwarisches oder gar römisches Recht überstülpen. Sie sollen jede Tat ganz allein beurteilen.«
»Damit misst du dem Recht der gerade erst Besiegten mehr Kraft zu als unseren eigenen Gesetzen«, sagte Angilbert warnend. Karl nickte zustimmend. »Ich weiß, mein Freund. Deshalb will ich Gerichte einführen, die einerseits dem alten Volksrecht und andererseits dem Recht und auch den Pflichten der größeren Gemeinschaft dienen.«
»Das ist unmöglich!«, behauptete Pfalzgraf Anselm.
»Welches Recht soll dabei den Vorrang haben?«, fragte Erich, der lieber in Italien geblieben wäre. Er warnte schon seit Wochen vor gefährlichen Entwicklungen im ehemaligen Reich der Langobardenkönige. Auch die Kirchenfürsten aus seiner Begleitung schüttelten verständnislos den Kopf. Nur Fergil griente leise vor sich hin.
»Geschickt, geschickt«, murmelte er. »Wenn du ein römischer Senator wärst, könntest du diese Idee mit dem schönen Wort Subsidiarität benennen – was die kleine Gemeinschaft schafft, soll ihr die größere nicht vorschreiben.«
»Wir wollen sie Schöffengerichte nennen«, sagte Karl lächelnd. Er mochte den eigenwilligen irischen Geometer. »Schöffe deshalb, weil jeder dieser Volksrichter aus den verschiedenen Rechtsvorstellungen die nach seiner eigenen Meinung beste schöpfen soll.«
Für die nächsten Tage verbot Karl jedes weitere Vorrücken seines engeren Hofstaates. Er wollte, dass die Niederkunft seines Weibes weder durch Lärm noch durch das Schwanken knarrender Wagen beeinträchtigt wurde. Er freute sich sehr über die Geburt einer neuen Tochter, ließ sie auf den Namen Rotrud taufen und nahm ihre Geburt als Zeichen der Versöhnung zwischen sich und dem allmächtigen Gott, an den er glaubte.

Bereits zu Weihnachten wurde deutlich, dass südlich der Alpen noch keine Ruhe eingekehrt war. Anfang 776 berichteten Boten, dass die Besetzung des Grafenamtes von Friaul mit dem Mundschenk des letzten Langobardenkönigs ein schwerer Fehlgriff gewesen war. Der Mann, der im letzten Moment zu Karl übergelaufen war, hatte heimlich Kontakt zu Adalgis aufgenommen und den alten Römerhafen Aquileia als ein Zentrum des Widerstandes gegen die Franken ausgewählt.

Karl wusste, wie gefährlich es werden konnte, wenn er nicht augenblicklich handelte.

»Wie schnell können wir tausend Reiter und zweitausend Mann Fußvolk zusammenbekommen?«, fragte er Adalhard und Angilbert.

»Ohne Beschluss des Reichstags?«, meinte Angilbert besorgt.

»Das wäre viel zu spät!«

»Wir haben fünfhundert Scaras, dazu gut hundert Söhne von Adeligen am Hof«, rechnete Graf Adalhard. »Mit ihren Männern etwa dreihundert Streitbare. Und tausend Mann als Fußvolk können wir unterwegs zusammentreiben.«

»Wir ziehen in drei Tagen los!«, befahl der Frankenkönig. »Der Rest der Krieger, die ich brauche, kann auf dem Weg zu uns stoßen. Außerdem sollen Boten in den Rheingau vorausreiten. Graf Cancor soll mir gute Männer aus schwäbisch-alemannischem Geschlecht benennen, die ich südlich der Alpen als Verwalter einsetzen kann.«

Er hatte das Bedürfnis, etwas für die Alemannen zu tun. Sicherlich auch, weil er die Alemannin Hildegard von Jahr zu Jahr mehr liebte. Andererseits war es ein Versuch, spät wiedergutzumachen, was sein Onkel Karlmann beim grauenhaften Blutbad von Cannstatt angerichtet hatte. Doch darüber sprach er mit keinem seiner Männer.

Der Übergang über den Bernhard, wie der Pass am Mons Jupiter inzwischen von den Franken genannt wurde, war trotz der frühen Jahreszeit nicht schwieriger als sonst. Kaum hatte Karls kleines, schnelles Heer Verona erreicht, als abgehetzte Boten eintrafen. Noch aus dem Sattel berichteten sie, was in der Mark Friaul geschehen war.

»Ermordet!«, keuchte der erste Bote. »Alle Franken in der gesamten Grenzmark in einer Nacht erschlagen und verbrannt!«

»Der Aufstand rast wie ein Feuersturm am ganzen Nordufer des adriatischen Gewässers entlang«, bestätigte der zweite.

»Dahinter steckt Adalgis!«, behauptete Graf Adalhard zornig.
»Nein!«, rief der Frankenkönig. »Das ist das Werk des Kaisers in Konstantinopel! Ihr wart es doch, die mich vor ihm gewarnt haben, als ich die Langobardenkrone nahm!«

»Was willst du tun? Etwa mit Konstantin verhandeln?«

Karl lachte abfällig. Er blickte zu den grünen Alpenhängen hinauf. Nichts zeigte mehr, dass diese Gegend zur Römerzeit völlig abgeholzt worden war.

»Wir brechen morgen in aller Frühe auf«, befahl er. »Bei scharfem Ritt können wir gegen Abend Padua erreichen. Dort rasten wir nur einen Tag, prüfen die Waffen und stoßen am dritten Tag gegen Treviso vor.«

»Direkt in die Mark Friaul?«

»Was sonst?«, fragte er, und sein Gesicht sah grausam aus.

Der Zug war hart und kurz. Das kleine Frankenheer traf kurz vor Treviso auf die Truppen der Aufständischen. Karl billigte weder die üblichen Gespräche von Abgesandten beider Parteien noch irgendwelche anderen Verhandlungen.

»Greift an und kreuzigt sie!«, befahl er zur gleichen Stunde jenes Tages, an dem 776 Jahre zuvor der Herr Jesus Christus ans Kreuz geschlagen worden war. »Wir wollen ihnen einen Karfreitag bereiten, den sie niemals vergessen!«

Das schrille Kreischen von Speerspitzen und Schwertern auf Eisenrüstungen, Helmen und Schildbuckeln war schon fast Trunkenheit für Karl. Es klang ihm ebenso erhebend wie das Dröhnen jener Kirchenglocken, die von Irenmönchen wie Willibrord und Bonifatius nach Francien mitgebracht worden waren. Es ging nicht mehr um die Bestrafung von Wortbrüchigen. Und selbst die schmerzerfüllten Aufschreie der Sterbenden drangen nicht mehr bis an sein hart gewordenes Herz vor. Wer waren sie denn, die er nicht kannte und nicht kennen musste? Was galt der tausendfache Tod von Unscheinbaren gegen die Krönung eines Gottgeweihten?

Karl spürte plötzlich die gleiche unglaubliche Voluptas wie bei der ersten Wollust in jener Nacht vor vielen Jahren. Er setzte sich die Eisenkrone der Langobardenkönige auf sein Blondhaar, doch beteiligte sich mit keinem einzigen Schwerthieb. Schon in weniger als einer Stunde war alles getan.

Bereits am gleichen Abend, unmittelbar nach dem Einzug der Franken in Treviso, wurde der Marktplatz der kleinen Stadt zum Tribunal. Karl ließ Markgraf Hruotgart und seine Anhänger vor Gericht stellen. Auf einem Balkon sitzend, verfolgte der Frankenkönig, wie unter ihm auf dem gepflasterten Platz im Licht der Feuer und der Fackeln an den Hauswänden Anwälte beider Seiten diesmal wie bei einem großen Schauspiel um Sieg und Niederlage rangen.

»Tod durch den Strang und Einzug seiner Güter!«, lautete wenig später das Urteil für den Abtrünnigen. »Dazu Klosterhaft für seine Familie.«

»Zu milde!«, sagte Karl.

»Dazu Tod durch das Schwert für alle lombardischen Adeligen, die mit ihm waren, Leibeigenschaft für Ritter und Krieger in ihrem Gefolge!«

Diesmal nickte Karl. »Sehr hart«, befand er. »Aber gerecht und geeignet als lehrreiches, abschreckendes Beispiel!«

Die Urteile wurden noch in der gleichen Nacht auf dem Marktplatz von Treviso vollstreckt. Eine Enthauptung folgte der anderen. Obwohl er jeder Art von Jagd zugetan war, mochte er den Geruch von allzu warmem, angstverseuchtem Blut nicht. Hier aber sah er keine Möglichkeit für Gnade. Er wurde noch bestätigt, als Waffenknechte den Anführer der Verräter vorführten.

Der ehemalige Herzog und von Karl erneut eingesetzte Graf über die Mark Friaul riss seine blutigen, in kantig geschmiedete Ketten gebundenen Hände hoch.

»Seid mir doch gnädig, ihr großen Franken und Verteidiger der heiligen katholischen Kirche!«, schrie er, als ihm der Strick um den Hals gelegt wurde. »Ich habe nichts getan … bin nur ein Opfer des teuflischen Adalgis … Konstantinopel hat mich verführt … ich hasse Kaiser Konstantin, hasse auch Desiderius … liebe den Papst in Rom ebenso wie Karl, den edlen und groß- mütigen König …«

»Ein Jammerlappen«, knurrte Karl angewidert.

»Und ein Mann!«

»Lohnt sich sein Tod?«

»Nein«, sagte Karl. »Lasst ihn leben! Er ist doch längst gestorben! Vor sich selbst und in den Augen aller, die ihm gutgläubig gefolgt sind.« Er wandte sich zur Seite. »Setzt ihn in irgendeinem Kloster fest und lasst ihn niemals mehr als das Amt eines Sammlers von Flöhen, Wanzen, Kakerlaken und anderem Ungeziefer bekleiden!«

Der Ostersamstag verlief sehr still. Niemand konnte sagen, welche Träne größer und welche Trauer tiefer war. Erst in der Osternacht kamen wieder Dank und Freude in Treviso auf. In den folgenden Tagen wurden in den wichtigsten langobardischen Städten und Grafschaften schwäbisch-alemannische Grafen und junge Männer eingesetzt, die durch die Schule von Gaugraf Cancor gegangen waren.

Zwei Wochen nach Ostern ordnete Karl den Rückmarsch des Heeres an. Er wäre gern länger im lieblichen Friaul geblieben, aber im Norden rumorte es erneut. Er hätte die Alpen über die alte Via Raetia oder einen der anderen Pässe in Richtung Baiern überqueren können. Dennoch entschied er sich für den langen Umweg am Südrand der Alpen entlang bis ins Aostatal und erneut zum Alpenpass, der nach seinem Onkel benannt war. Der Umweg entsprang keiner Abneigung gegenüber Tassilo in Baiern. Karl wusste selbst, dass es vielmehr eine kleine sentimentale Schwäche und eine Erinnerung an seine Kindheit war. Da aber keine weiteren Aufstände auf dem Weg über die Alpen zu erwarten waren, teilte er sein kleines Heer ohne weitere Erklärungen noch einmal.

»Ich selbst reite mit den Scaras und ihren Waffenknechten voraus. Die anderen, Fußkrieger und Tross, sollen uns zügig folgen, jedoch ohne sich zu schinden.«

Innerhalb weniger Tage überschritt Karl erneut den Bernhard-Pass am Mons Jupiter. Kurz darauf traf er mit seinen Reitern in Worms ein. Graf Cancor hatte bereits alles vorbereitet.

»Ich hörte bereits, dass du sehr hart warst in Friaul«, sagte er, als sie in kleiner Runde im Refektorium des neu erbauten Klosters

Lorsch zusammensaßen. Karl und seine engsten Berater hatten in großen Holzzubern gebadet und sich von den Mönchen von Abt Gundeland mit Schweinsborsten die Rücken schrubben lassen. Jetzt saßen sie an langen Tischen, rochen nach Kräutern und griffen zu, als hätten sie seit Monaten nichts mehr gegessen.

»Es war kein angenehmer Strafzug gegen Wortbrüchige und Verräter, die selbst im Sterben keine Würde zeigten«, stellte der Frankenkönig fest. »Wenn wieder Derartiges geschieht, können die Scaras auch ohne mich für Ordnung sorgen!« Die Männer an der Tafel schlugen zustimmend mit ihren Messern auf die Holzplatten.

»Leider kann das nicht für die Sachsen gelten«, sagte Graf Cancor seufzend. »Sie sind mit Sicherheit gefährlicher als dieser Hruotgart. Ich fürchte, dass du mit einem großen Heer gegen sie ziehen musst ...«

»Wissen die Edlen, die zum Reichstag kommen, darüber Bescheid?«

Graf Cancor nickte. »Sie wissen, dass sie reichlich Waffen und Ausrüstung für viele Monate mitbringen müssen. Du wirst ein Heer erhalten, dass größer ist als bei jedem Zug zuvor.«

»Dann werden wir uns auch hier teilen«, sagte Karl sofort. »Die Sachsen sind nur in kleinen Gruppen stark. Wir erreichen nichts, wenn wir uns wie ein Lindwurm mit Sack und Pack nach Norden wälzen. Diesmal wollen wir selbst zehnfach, dutzendfach von allen Seiten kommen – nie mehr als hundert Berittene und dreimal mehr Fußkrieger.«

»Das kann gefährlich werden«, sagte Graf Cancor.

»Ja, für die Sachsen, die nicht ahnen, dass wir auf einmal überall gleichzeitig sein können!«

Der Reichstag in Worms verlief, wie jedermann es erwartet hatte. Viele der Edlen aus den Grenzgebieten konnten nachweisen, dass Sachsen nach wie vor in fränkisches Gebiet einfielen, Dörfer verwüsteten und freie Bauern auch selbst dann noch umbrachten, wenn sie bereit gewesen waren, Vorräte, Vieh und auch das letzte Hemd hinzugeben.

Karls dritter Zug gegen die Sachsen wurde durch Zorn

bestimmt. Und ebenso wie bei der Strafexpedition gegen den verräterischen Markgrafen von Friaul behinderte diesmal kein Gedanke an das gemeinsame Ahnenerbe den Grad der Härte.

Die Reiter mit den Eisenharnischen und Rundhelmen, den langen Schwertern und geschmückten Pferden drangen auf uralten Waldpfaden, Moordämmen und Hohlwegen von Süden her ins Land der Sachsen ein. Ihnen folgten die nur ein paar Monate zum Heeresbann verpflichteten Grundherren mit ihren Mannen, dann Bogenschützen, Knechte für Pferde, Waffen und die Wagen, Handwerker, Weiber, Kinder und Bettler ... Schon vom ersten Tag an brannten überall Häuser und freie Gehöfte, Trutzdörfer und Sachsenvesten.

»Nur tote Sachsen sind gute Sachsen!«, klang es schon bald an den Lagerfeuern der Eroberer. »Es sei denn, sie lassen sich schnell taufen ...«

In den folgenden Tagen hatten Hunderte von verängstigten Sachsenmädchen nur eine einzige Chance, wenn sie nicht getötet oder vergewaltigt werden wollten: Sie mussten all die weißen Taufmäntel weben und zusammennähen, die den Männern umgehängt wurden, sobald sie ihre Schwerter fortgeworfen hatten.

Die aufgeteilten Heeresgruppen der Franken trafen nach und nach an den Quellen der Lippe ein. Karl selbst war bis zu den mehr als hundert Hangquellen der Flüsschens Pader vorgestoßen.

»Ein guter Platz für eine Pfalz oder eine Frankenfestung«, sagte er, nachdem er einen halben Tag durch das waldige Gebiet geritten war. »Ich will hier eine Kapelle und eine Burg errichten.«

Er stieg vom Pferd und schritt mehrmals hin und her. »Hier«, sagte er schließlich, »hier soll mein Thronsaal entstehen – zehn meiner Schritte breit und dreißig Schritt lang. Dazu Wohnräume, Kemenaten, Küchen und andere Säle, in denen mit Abgesandten verhandelt werden kann.« Er deutete nach Süden. »Die Ställe und Räume für die Bediensteten kommen dort drüben hin.« Dann wandte er sich nach Osten, ging ein paar Schritte weiter und stampfte mit dem Fuß auf den Boden. »Und hier die Kirche ... in Ost-West-Richtung wie immer, aber größer und mächtiger als alles, was die Sachsen bisher gesehen haben!«

Erneut kurz nach Weihnachten musste Karl erkennen, dass seine Strafexpedition gegen den Markgrafen von Friaul doch nicht so abschreckend gewesen war, wie er geglaubt hatte. Sicher, die Lombardei blieb ruhig, aber in einer ganz anderen Region erwachte eine Kraft, die sich bisher noch nicht bemerkbar gemacht hatte.

Es war Arichis, der Schwiegersohn von Desiderius und Herzog von Benevent, der das langobardische Zentrum im Süden Italiens bisher so verhalten regiert hatte, dass Karl nicht einmal auf den Gedanken gekommen war, sein Gebiet ebenfalls zu beanspruchen. Wo war Benevent? Die untere Hälfte des italienischen Stiefels, jenseits von Rom, arm und viel zu dicht am Herrschaftsbereich Konstantinopels.

»Müssen uns diese so weit entfernten Lande überhaupt interessieren?«, fragte Karl seine Berater. Sie spürten, dass er nicht das geringste Interesse am Herzogtum Benevent hatte.

»Eigentlich nicht«, antwortete Graf Adalhard, »aber Benevent reicht von Süden her bis auf fünfzig Meilen vor Rom. Das ist die einzige Gefahr, die ich sehe.«

»Du meinst, dass Arichis den Papst bedrohen könnte?«

»Von Norden geht nichts mehr, da passen unsere Kräfte auf. Doch Kaiser Konstantin in Ostrom wird keinen Tag vergehen lassen, um irgendeine schwache Stelle, das Lindenblatt oder die Achillesverse, in deinem Reich zu finden.«

»Was schlägst du vor?«

»Krieg gegen Arichis.«

»Hat er ein großes Heer?«

»Nein.«

»Dann müssen wir wie gegen Hruotgart in Friaul losreiten und schnell ein Ende machen. In der Zwischenzeit soll der nächste Reichstag hier an die Quellen der Pader einberufen werden. Und bis zum Mai sollen die Kirche und der Thronsaal fertig sein! Hol dir so viele Handwerker und Tagelöhner, wie du brauchst ...«

Trotz aller Sorgen jubelte der Frankenkönig schon zwei Tage später. Er lachte, stieß frohe Schreie aus und pfiff seine Lieblingsmelodien. Hildegard hatte ihm seinen zweiten Sohn geboren. Obwohl er eigentlich längst auf dem Rücken eines wie immer viel zu kleinen Pferdes sitzen wollte, blieb er bis zur Taufe in Paderborn. »Er soll Karlmann heißen«, sagte Karl ungewohnt sanft, als ihn der Bischof nach dem Namen fragte. »Im Andenken an meinen verstorbenen Bruder.« Am späten Nachmittag und noch am Abend tafelte er mit seinem Hofstaat und Auserwählten des Gefolges. Danach legte er sich zu Hildegard, schmiegte sich an sie, streichelte sehr sanft ihre vollen Brüste, küsste sie, knabberte an ihren Ohren, bis sie lachte, und schlief glücklich in ihren Armen ein.

Am nächsten Vormittag kam er später als geplant zu seinen Männern. Sie wollten ihn erneut beglückwünschen. Er lachte nur, hob die Hände und stieg auf das größte seiner Pferde. Er stieß mit seinen Reitern direkt nach Süden vor, überquerte zwei Tage später den Main an der Frankenfurt, besuchte kurz das Kloster Lorsch und war bereits nach einer Woche am Bernhard-Pass. Der Abstieg durch das Tal der Dora Baltea war beschwerlich wie schon so oft, aber auf freiem Feld ab Ivrea durften die Panzerreiter zeigen, was sie konnten. Das schnelle Heer setzte im Osten von Turin über die ersten Hügel und preschte über Asti in zwei Tagen bis zu den Bergen kurz vor dem Ozean, den die Römer »Mare nostrum« genannt hatten.

Nirgendwo gab es einen Aufenthalt, der länger als ein paar Stunden dauerte. Der Frankenkönig wollte weder Bittschriften entgegennehmen noch von den Grafen und Amtmännern wissen, was sie bisher geleistet hatten. Er trieb die Männer weiter, bis sie die Cinque Terre sahen. Nach einem kurzen Umweg um die steilen Uferberge lag erneut flaches Küstenland vor ihnen. Die Frankenkrieger ritten weiter und weiter, nächtigten unter freiem Himmel, kümmerten sich nicht um Pisa, Elba oder Rom und erreichten bereits Anfang Februar das Herzogtum von Benevent. Hier bogen sie ins Landesinnere ein.

»Zwei Tage Schonfrist!«, befahl König Karl unmittelbar vor dem Kloster auf dem Mons Cassino. Die Männer wussten sehr wohl, wer alles in den abweisenden Mauern gefangen war und dass Arichis jenseits des Klosterberges mit seiner Streitmacht stand. Sie redeten nicht mehr darüber, pflegten die Pferde und salbten sich die Oberschenkel mit Ringelblumensud, Kamille, Arnika und Saft der Hamamelis-Nuss.

Sie hatten nichts gegen gelegentliche scharfe Ritte, aber ein Zug wie dieser hatte doch manchem viel mehr Verdruss als Freude gebracht. Die Gespräche an den Feuern verstummten ziemlich schnell. Todmüde fiel einer nach dem anderen zurück. Als Letzter ging Graf Düdo von einem Feuer zum anderen. Er zog hier Kriegerbeine von den Flammen fort und deckte dort Männer zu, die sich mit nacktem Oberkörper zu sehr den Mücken und der Kühle in den Stunden nach Mitternacht aussetzten.

»Nun?«, fragte Karl, als Düdo seine Runde beendet hatte. Er saß an seinem Feuer und hatte eine Landkarte über die Knie gebreitet. »Was meinst du? Werden sie übermorgen so reiten können, wie ich es wünsche?«

»Jeder von ihnen!«, antwortete Düdo überzeugt.

»Gut, dann geh schlafen«, sagte Karl lächelnd. »Ich muss noch etwas nachdenken.«

»Brauchst du den Schlaf nicht ebenso wie alle anderen?«

»Nein«, sagte Karl, »mir reichen drei, vier Stunden in der Nacht und eine Stunde nach dem Mittagsmahl.«

Am nächsten Morgen bereitete sich das Heer ohne Hast auf den Gang gegen Arichis vor. Nicht Schnelligkeit war jetzt entscheidend, sondern die Sicherheit, dass jeder Brustgurt und jeder Sattelriemen an den Pferden nicht zu fest und nicht zu locker saß. Die Männer spuckten noch ein letztes Mal auf die Wetzsteine, die sie dann nass und zugleich sorgfältig über die Klingen ihrer Waffen zogen, prüften danach die Schärfe mit den Daumen und schlugen wie zum Üben mehrmals durch die Luft. Die wenigen Bogenschützen zu Pferd legten jeden Holzpfeil einzeln auf den ausgestreckten linken Zeigefinger und ließen ihn hin- und herrollen, um sein Gleichgewicht zu testen. Wo sich der Pfeil nicht ganz genau so drehen ließ, wie sie wünschten, strichen sie Bienenwachs in die Biegungen der Pfeile. Manche der besten Bogenschützen benutzten insgeheim auch noch ein wenig Bleistaub.

Schläge auf fellbezogene Trommeln beendeten die Zeit der Vorbereitungen. Scaras, leichter gerüstete Reiter und Bogenschützen formierten sich etwas anders als bei ähnlichen Zügen. Diesmal mussten sie ohne Fußvolk kämpfen. Das brachte Vorteile für die Schnelligkeit, aber auch Nachteile, weil niemand mitzog, der als Waffenknecht neue Schwerter und Lanzen, Bogen und Pfeile zureichen konnte.

»Ihr wisst, dass ihr diesmal mit dem auskommen müsst, was ihr auf euren Pferden mit euch führt«, rief Karl in einer allerletzten Ansprache. »Verschwendet keinen Hieb, kein Schwert, nicht einen Pfeil und keine Lanze! Jeder muss wissen, wo sein Platz ist, wenn wir Arechis in die Zange nehmen.«

Schwertknäufe schlugen gegen Schilde, Sehnen der Bogen surrten, und niemand zischte oder murrte.

Es war fast Mittag, als das Frankenheer sich endlich in Bewegung setzte. Der Ritt um den Mons Cassino glich eher einem gemächlichen Jagdausflug als einem Angriff. Und dann begann er mit der Kriegslist, die außer ihm nur seine besten Streiter kannten.

»Wir greifen an!«, rief er mit klarer Stimme über die Köpfe seiner Männer hinweg und so laut, dass ihn die Langobarden hören mussten. Die Panzerreiter preschten los. Sie schwangen ihre Waffen über den Köpfen und taten so, als würden sie der Königsorder folgen. Und augenblicklich reagierten die Krieger des Herzogs von Benevent. Sie zogen sich zusammen, um die vorderen Reihen ihres Mittelfeldes zu verstärken.

Genau das hatte Karl vorausgeplant. Im letzten Moment – nur neun, zehn Pferdelängen von den Langobarden entfernt – scherten die Scaras nach beiden Seiten aus und galoppierten parallel zur Front des Langobardenheeres bis zu den weichen Flanken. Dort angekommen, rissen sie ihre Pferde erneut herum und machten alles nieder, was völlig überrascht vor ihnen fliehen wollte.

Fußvolk und Bogenschützen, strauchelnde leichte Reiter und schließlich auch Herzog Arichis' beste Truppen gerieten derart in Panik, dass niemand mehr zu sagen wusste, wo vorn und hinten war.

In weniger als einer Viertelstunde besaß Herzog Arichis nicht einen Mann mehr, der eine Waffe in den Händen hielt.

»Das war der kürzeste und schnellste Sieg, den du jemals errungen hast«, rief Graf Adalhard lachend dem Frankenkönig zu. »Wieso ich?«, rief Karl gut gelaunt zurück. »Ich kam nicht mal dazu, mein eigenes Schwert zu ziehen, so schnell habt ihr gewonnen!«

Noch viele Stunden lang lachten die Frankenkrieger über die wunderbare Täuschung. Die Becher kreisten zwischen Siegern und Besiegten noch die ganze Nacht. Herzog Arichis sah sehr schnell ein, dass sein Versuch, sich gegen Karl und seine Franken zu erheben, von Anfang an ohne Aussicht gewesen war.

»Du hättest wissen müssen, dass weder Kaiser Konstantin in Ostrom noch die Muselmanen dir zur Seite stehen, wenn es gegen uns Franken geht«, sagte Karl großmütig.

»Ich wollte nur die Schmach wettmachen, die Desiderius widerfahren ist.«

»Er war auch mein Schwiegervater«, sagte Karl versöhnlich.

»Was wirst du mit mir tun?«, fragte Arechis.

»Nichts«, sagte Karl. »Du bist ein Mann, der zu verlieren weiß. Du sollst dein Herzogtum behalten, wenn du mir öffentlich die Treue schwörst und mir fünfzig ... ach, sagen wir fünfzehn Geiseln stellst ...«

»Mehr nicht?«, fragte Herzog Arechis erstaunt.

»Doch, denn ich will, dass du zum nächsten Reichstag kommst, den ich im Sachsengebiet an den Quellen der Pader abhalten werde. Es ist ein langer Weg, aber ich will dich allen zeigen wie das Leuchtfeuer auf einem Berggipfel.«

20

Das Rolandslied

Zum ersten Mal hatte ein König der Franken zu einer Reichsversammlung in fremdem, noch dazu sächsischem Gebiet aufgerufen. Trotz aller Vorbereitungen gab es viele, die sich nur mit gemischten Gefühlen aufmachten. Wie Boten gemeldet hatten, war Widukind, einer der unnachgiebigsten Sachsenherzöge, nach dem letzten Eroberungszug der Franken mit Tausenden der besten Sachsenkrieger zu seinem Schwiegervater, dem Dänenkönig Sigifrid, ausgewichen. Nicht nur Karl ahnte, was das bedeutete ...

Er wollte, dass die Reichsversammlung groß, prunkvoll und gleichzeitig mit einer Synode der Kirchenfürsten im gerade fertig gewordenen, zehn Schritt breiten und dreißig Schritt langen Königssaal der neuen Pfalz stattfinden sollte. Auch Kirche, Wohnräume und Stallungen standen bereits, waren umwallt und gut befestigt. Dennoch hatte der König die letzten Nächte in seinem Zelt verbracht.

Viele waren auch deshalb gekommen, weil schon seit Monaten überall getuschelt wurde, dass bei diesem Reichstag zum ersten Mal der angeblich erst fünfzehnjährige und trotzdem zum Markgrafen der fernen Bretagne erhobene Roland erscheinen sollte.

»Und du? Bist du ebenfalls gespannt auf ihn?«, fragte Angilbert, während der König in einem Holzzuber in seinem Familienzelt mit viel heißem Wasser badete und sich von Mägden mit Seifenkraut den Rücken walken ließ. Einige der Lederplanen über den Zeltstangen waren bis in halbe Höhe aufgerollt. An anderen Stellen schützten lichtdurchlässige Bahnen aus ungefärbtem Leinen, gewebten Nesselfasern und trockenen, gespannten Schweinsblasen vor unerbetenen Blicken. Hildegard und die Kinder saßen in einer Zeltecke und beobachteten die große Plantscherei. Gleichzeitig fragten Seneschall Eggihard, der neue Erzkanzler Rado und der noch ziemlich unerfahrene Pfalzgraf Anselm nach Speisewünschen, Anweisungen für die nächsten

Urkunden und Münzen für die Bezahlung von ungeduldigen Teppichhändlern.

Karl antwortete gut gelaunt so lange, bis Eggihard zwei große eisenbeschlagene, noch von Merowingern stammende Truhen mit den Insignien der Königsmacht herantragen ließ. »Was soll das?«, protestierte Karl. »Soll ich das Konzil etwa mit Krone, Reichsapfel und Zepter eröffnen?«

»Bist du dir das nicht wert?«, fragte Angilbert verwundert.

»Ihr übertreibt, wie üblich!«, antwortete Karl prustend. Er wand sich unter den emsigen Bürsten in den Händen der Bademägde hervor, stützte sich mit beiden Händen am glatten Zuberrand ab und kam mit einem Wasserschwall hoch.

Dicht neben Hildegard lachten und juchzten ihre Kinder. Die Königin stand auf und reichte ihrem Gemahl eigenhändig die ersten Kleidungsstücke, die er bei der Zusammenkunft der Kirchenfürsten tragen wollte. Der kleine fünfjährige Karl deutete auf das im Wasser rosa und unbedeutend gewordene Gemächt seines Vaters: »Guckt mal den Penis!«

Rotrud rief: »Ja, wo ist er denn?« Mit ihren fast drei Jahren fand sie es viel spannender, mit ihren Blicken und den ausgestreckten Armen den bunten Spiegelungen des Sonnenlichtes von der Königskrone und ihren Edelsteinen über die Innenflächen der Zeltbahnen zu folgen.

»Nun komm schon«, sagte Hildegard. »Lass dich anziehen, damit wir alle stolz auf unseren großen König sein können!«

»Gegen den Reichstag habe ich nichts, aber Konzile von unseren Kirchenherrschern mit ihren Litaneien bleiben mir nun mal suspekt. Davon verstehe ich zu wenig.«

Er nahm den Mägden zwei Tücher aus den Händen, trocknete sich ab und ging nackt über die schon oft ausgelegten und wieder eingerollten Teppiche.

»Du hast doch selbst gesagt, dass gerade dieser Reichstag besonders wichtig ist«, meinte Hildegard. Karl brummte nur. Ungeduldig ließ er sich von seinem Kämmerer Meginfried und den Knappen Unterkleidung aus Leinen und fein gestrickte Wollstrümpfe anziehen. Eggihard kämmte ihn und legte sein volles, wuscheliges Haupthaar zu einer Schulterrolle zusammen.

Er schnippelte ein wenig von seinen Bartspitzen an den Mundwinkeln ab. Danach öffnete er die beiden mit schweren Eisenbändern beschlagenen Holztruhen, die stets und bei allen Zügen mitgeführt, aber nur zu besonderen Anlässen geöffnet wurden. In der ersten befand sich der halbe römische Offiziersmantel des heiligen Martin, in der anderen Zepter, Reichsapfel und Krone der Frankenkönige.

Karl bückte sich und berührte kurz die wertvollste Reliquie des Reiches. »Das da brauche ich erst später«, sagte er und deutete auf die goldenen Insignien seines Königtums. »Für den Empfang der Gäste reicht die Krone. Die meisten werden ohnehin große Augen machen, wenn sie sehen, welchen Prunk ich inzwischen entfalten muss ...«

Er ließ sich die Krone aufsetzen und rückte sie mehrmals hin und her. Er ließ sie oben, um sich an das Gewicht zu gewöhnen, das ganz anders war als bei den Kampfhelmen. Danach kam das mit Goldfäden durchwirkte Kleid, der Schmuckgürtel und das Schwertgehänge, das er nur zu Anlässen wie diesem trug. Karl konnte sich kaum noch bücken, deshalb steckte ihm Eggihard die Füße mit den Strümpfen in edelsteinbesetzte Schuhe. Karl atmete ein paarmal tief durch, dann ließ er sich den roten Königsmantel mit Hermelinbesatz umlegen und mit einer goldenen Spange an der Schulter feststecken. Nicht ihn sollte all der Prunk erhöht darstellen, sondern das Reich. Er betrachtete sich kurz in einem großen blank polierten Metallspiegel und sah Hildegard hinter sich. Sie spitzte ihre Lippen, hob die Brauen und nickte dann zustimmend. Jetzt fehlten noch die kostbaren Königshandschuhe. Karl gab dem Seneschall das Zeichen, dass er bereit war und nun die Hörner, Trompeten und Luren geblasen werden sollten.

Hildegard ließ die Kinder bei den Ammen. Sie stellte sich vor ihn, rückte noch einmal die Krone gerade, stellte sich auf die Zehenspitzen und putzte mit etwas Spucke auf ihren Fingerkuppen eine Spur Staub und Fliegendreck vom Bild des Königs David am Kronenring. Vor dem Zelt stellten sich die Paladine mit ihren Waffen scheppernd auf. Sie bildeten eine Gasse bis zum steinernen Außenthron an der Langseite der Königshalle. Von

345

hier aus wollte der König den Reichstag und das Konzil an den östlichen Paderquellen eröffnen.

Drei einzelne, mehrmals wiederholte Paukenschläge ließen die vielstimmige, viele Tausend zählende Menge langsam verstummen. Und dann schmetterten die Bläser aus dem Tross nicht ganz gleichzeitig, aber mächtig und jubilierend die Ankündigung des Königsauftritts über die weite Waldlichtung mit ihren vielen kleinen Quellen, aus denen die wilde Pader entstand, die nur wenige Meilen weiter im stillen Lippefluss aufging.

Karl reckte sich, dann verließ er sein Zelt und schritt hoch aufgerichtet nach draußen. Er wartete, bis alle in seiner Nähe Gelegenheit gehabt hatten, in zu sehen und zu bewundern. Selbst Angilbert hob beide Hände, was bei ihm ein Zeichen neidloser Anerkennung sein sollte.

Karl wusste, wie wichtig sein Gang zur Eröffnungszeremonie war. Jede Bewegung, jede Veränderung seiner Kopfhaltung und jedes Mienenspiel wurden genau bewertet. Er achtete darauf, dass sein Blick nicht sprang, sondern vollkommen gleichmäßig über jeden der Männer, jedes Gesicht streifte: über die Großen rechts und links seines Weges, die Edlen, die Freien und auch Lehnsmannen und ganz selbstverständlich auch über die Geringeren, die Knechte, Unfreien und Sklaven weitab im Hintergrund. Keinem ward zu wenig Aufmerksamkeit und Gruß zuteil, keinem zu viel. Selbst als er den jungen, im allerletzten Augenblick noch eingetroffenen Grafen der bretonischen Grenzmark entdeckte, neigte er nur ganz leicht den Kopf zum Gruß.

Als er dann an dem blonden, hochgeschossenen und vor Aufregung rot gewordenen Jüngling vorbeiging, holte Karl tief Luft durch die Nase. Sie wussten beide, warum der Frankenkönig nicht stehen bleiben durfte, warum sie sich nicht wie Vater und Sohn umarmen konnten und warum sie ihre Tränen mit aller Selbstbeherrschung zurückhalten mussten.

Urplötzlich wurde es still ringsumher. Roland führte einige der Geschenke mit, die ihm durch Boten und ohne Angabe des Schenkenden zugekommen waren: das edle Pferd Falarich, das Blashorn Olifant aus Elfenbein, den Helm Venerant und das Schwert Durendal, von dem es hieß, dass seine Klinge so hart sei, dass es eine Kugel aus edelstem Carrara-Marmor durchschlagen konnte, ohne schartig zu werden.

Karl spürte die Erwartungen all jener, die wussten, dass die vom Volk und in den Spinnstuben erzählten Geschichten über ihn nicht immer Märchen und Legenden waren. Und nie zuvor war es ihm schwerer geworden, sein von Gott verliehenes Amt über das Drängen seines Herzens zu stellen. Für einen endlos langen Augenblick fühlte er eine Schwäche in sich, die weitaus gefährlicher war als ein erlahmender Arm mitten im Schwertkampf. Er holte tief Luft und ging an Roland vorbei. Überall wurden Seufzer der Erleichterung hörbar ...

Karl senkte den gekrönten Kopf kaum sichtbar vor getauften Sachsen und Edlen, Scara-Anführern wie Erich, Olivier und Gerold von der Bertholdsbar mit ihren besten Männern. Er las in ihren Gesichtern besser als in jedem Buch. Jeder verriet ihm ungewollt, ob er stolz oder ängstlich, abweisend oder von ihm angetan war. Er ging an Bischöfen und Äbten aus dem ganzen Reich vorbei, an Grafen aus Alemannien und Burgund, Neustrien und Austrien, an seinen Statthaltern in Aquitanien und der Lombardei. Er stieg die steinernen Stufen des Außenthrons hoch und setzte sich so, dass seine engsten Begleiter neben und hinter ihm noch Platz hatten.

Stunde um Stunde empfing er die von weit her Angereisten mit ungewohnter Feierlichkeit. Sogar aus dem Emirat von Cordoba auf der Iberischen Halbinsel waren Gesandte mit Turbanen, Pluderhosen, Stiefelchen aus Ziegenleder und Krummdolchen in ihren Schmuckgürteln angereist. Sie alle wollten selbst sehen, wie stark und mächtig Karl inzwischen war.

»Mag sein, dass du nicht weißt, wer wir sind und woher wir kommen«, sagte der Anführer der Araber, nachdem er eine Truhe mit Geschmeide und anderen Geschenken vor Karls Thronsitz geöffnet hatte.

»Es würde mich sehr ehren, wenn du mir mehr von euch berichtest«, sagte Karl.

»Ich bin Sulaiman Ibn Iachthan al-Arabi al-Kelbi«, sagte der stolze Anführer der Araber. »Und ich war bis vor wenigen Monaten der Statthalter von Barcelona.«

»Du meinst, ein Fürst und Statthalter im Emirat von Cordoba in Hispanien?«

»So ist es, Herr«, sagte Sulaiman mit einer tiefen Verneigung. Etwas zu tief, dachte Karl, sagte aber nichts. Der Muselmane richtete sich wieder auf und zeigte auf einen seiner Begleiter: »Und dieser dort ist al-Arviz, der Schwiegersohn jenes Yusuf al-Fihri, der zur Zeit deines Großvaters Karl Martell in Septimanien herrschte. Al-Arviz war noch vor kurzer Zeit Statthalter von Saragossa. Er ist ein Freund der Christen, die in seiner Provinz lebten. Wir wurden eben deshalb mit Gewalt vertrieben und bitten nun den Verteidiger der Christenkirche um Schutz und Hilfe.«

»Was ist geschehen?«, fragte Karl, dem die Zusammenhänge noch nicht klar waren.

»Sicherlich wisst ihr, dass Abd al-Rahman als Einziger der Omaijaden der Verfolgung seiner Familie durch die Abbasiden entrinnen und nach langer Flucht entlang den südlichen Küsten des Mittelmeeres im Jahr 755 auf der Halbinsel Hispania ein eigenes Reich errichten konnte.«

»Das Emirat von Cordoba«, sagte Karl und nickte. »Verlangt ihr etwa, dass wir Franken gegen das Muselmanenreich in Hispanien ziehen? Ihr seid doch selbst Araber ...«

»Ja, das ist richtig. Aber wir bieten dir die Schlüssel von Barcelona und Saragossa. Damit könntest du südlich der Pyrenäen in den Provinzen von Navarra, Aragon und Katalonien eine Grenzmark zwischen dem Frankenreich und jenen einrichten, die schon einmal bis nach Tours und Poitiers vorgedrungen sind!«

»Meint ihr, der Omaijade will mein Reich angreifen?«, fragte Karl ungläubig. Die Araber nickten heftig.

»Er sieht sich zunehmend als Kämpfer Mohammeds. Und seit du Verteidiger der christlichen Kirche und der Päpste in Rom geworden bist, gilt sein Hass allen, die Christen sind oder sie tolerieren.«

»Ihr meint euch beide ...«

»Ja, uns auch«, sagte Sulaiman. »Sieh, al-Arviz wollte nur das Recht aller Gläubigen auf ihren eigenen Gott verteidigen und versuchte deshalb, gegen den bösen Emir von Cordoba zu ziehen … leider ohne Erfolg.«

»Er hat also geputscht und verloren!«, stellte Karl nüchtern fest. Sämtliche Araber verneigten sich erneut. Nur Sulaiman schürzte die Lippen und hielt dem Blick des Frankenkönigs stand. Für einen Augenblick sah es aus, als ob er spucken wollte.

»Wenn du es so hart sagen willst … aber es sind die Christen, denen geholfen werden muss.«

»Ich werde überschlafen, was du gesagt hast«, sagte Karl.

Am fünften Tag beschloss die Reichsversammlung, dass Karl mit einem kleinen Heer über den Rhein quer durch Gallien und Aquitanien über die Pyrenäenberge bis nach Hispanien vordringen sollte.

In vorsommerlicher Wärme und ohne alle Schwierigkeiten zog das Frankenheer fast drei Wochen lang durch die Wälder und Auen des groß gewordenen Reiches. Doch dann, mitten in Aquitanien, holten reitende Boten die Königlichen ein.

»Widukind ist zurückgekehrt«, meldeten sie, kaum dass sie ihre erhitzten, nass geschwitzten Pferde gezügelt hatten. »Ihm ist Waffenbrüderschaft mit den Nordmannen und den Friesen gelungen … und ihre wilden, brandschatzenden Horden stehen bereits vor den Toren von Colonia Agrippina!«

Karl zögerte keinen Augenblick. »Alles abbrechen!«, befahl er. »Wir kehren um!«

In Eilmärschen ging es zurück, und schon beim ersten Gerücht über die Rückkehr des Frankenkönigs wichen die Sachsen in ihre Wälder aus. Karl und das Frankenheer fanden keinen einzigen Gegner mehr.

»Damit wird aus dem Kampf um Sachsenburgen ein langer Hinterhalt aus Fallen in Mooren, Hohlwegen und Wäldern«, sagte Karl ahnungsvoll.

Dennoch gab es in diesem Jahr noch ein paar schöne Stunden: Hildegard schenkte ihrem Gemahl einen zweiten Sohn. Karl befahl, dass sein gesamter Hofstaat nach der Taufe von Karlmann drei Tage lang essen, trinken und sich mit ihm freuen sollte.

»Habt ihr gehört, was Tassilo von Baiern plant?«, fragte er

irgendwann zwischen Gelage, Tanz und Gesang. »Er will mich immer noch als Klostergründer übertreffen. Deshalb ist er weit in die Ostgebiete Baierns vorgerückt.«

»Ja«, bestätigte Angilbert. »Die neue Klosterstiftung heißt Kremsmünster und liegt an einem Südzufluss der Donau. Tassilo will, dass sie schnell größer und berühmter wird als Fulda, Prüm und Lorsch.«

Die Männer um den König schlugen sich auf die Schenkel und lachten lange über den Baiernherzog.

Beim nächsten Maifeld im aquitanischen Chasseneuil am Garonnezufluss Lot beschlossen die Franken, den abgebrochenen Zug gegen Hispanien erneut aufzunehmen. Zum ersten Mal war Karl nicht glücklich über eine Entscheidung seiner Edlen. Er wäre lieber – viel lieber sogar – bei seinem hochschwangeren Weib Hildegard geblieben.

Er wusste, dass sie auch deshalb immer wieder mitzog, weil sie darunter litt, eine nicht wirklich von der Kirche und von den Adeligen anerkannte Ehefrau zu sein. Offiziell und nach der Meinung aller Bischöfe und Äbte war der König der Franken noch immer mit Desiderata verheiratet. Der Papst in Rom hatte die Ehe mit der verstoßenen Langobardenprinzessin bisher nicht annulliert. Für viele der Franken kam noch hinzu, dass er zuvor mit Himiltrud viele Jahre in Friedelehe gelebt und dann nur einen körperlich missratenen Sohn gezeugt hatte.

Der inzwischen neunjährige Pippin war schön und klug geworden, und manche sagten, dass er trotz seines Makels der eigentliche Thronfolger sein müsste. Auch Hildegard wusste sehr wohl, dass sie nichts für ihre eigenen Kinder fordern konnte, wenn ihr Gemahl an irgendeinem Tag als Leichnam zu ihr zurückgetragen würde.

Sie hatte nie verstanden, warum Karl seinen Erstgeborenen Pippin nicht anerkannte. An seinem Buckel allein konnte es nicht liegen. Und als sie einmal Abt Fulrad danach befragte, warum Karl, der sie doch liebte, nichts unternahm, um Pippin oder seine Kinder, die sie ihm geboren hatte, mit Rechten und verbrieften Ansprüchen auszustatten, da hatte der inzwischen alt gewordene

350

Kirchenfürst nur tief geseufzt, seine zitternden Hände auf ihre gelegt und gesagt: »Lass uns gemeinsam beten, denn alle Weisheit ist bei Gott und nicht bei uns, die wir oft sündig sind.« Wenige Tage später musste Karl Hildegard in Chasseneuil zurücklassen. Die Ärzte meinten, diesmal könnten es sogar zwei Kinder werden, die im Leib der jungen Königin heranwuchsen ...

Der Feldzug begann mit dem größten Heer, das jemals von den Franken aufgestellt worden war. Und nicht auf Beute ritten sie aus, sondern – wie es von allen Kirchenfürsten, Äbten und Priestern seit einem Jahr verkündet wurde – als Glaubenskrieger und Kämpfer für den Sieg des Evangeliums über die paganen ungläubigen Mohammedaner.

Karl gebot über Mainfranken und Austrasier, Alemannen und Aquitanier, Provenzalen, Burgunder und Baiuwaren, Kriegern aus der bretonischen Grenzmark, Langobarden, Friesen und sogar getaufte Sachsen. In zwei Marschsäulen überwanden Krieger und Tross die Pyrenäen. Eines der beiden fränkischen Heere ging über Narbonne, Perpignan und Gerona nach Süden und nahm Barcelona an der katalanischen Küste.

Karl selbst führte seine Truppen durch Aquitanien und das Gebiet, das ihm von den Kämpfen gegen Herzog Waifar gut in Erinnerung war. Obwohl die Vasgonen getauft in christlichem Glauben lebten, spürte Karl, der Verteidiger der Kirche, überall Hass und Ablehnung. Er hielt sich nicht lange auf. Sein Heer zog schnell über den Pass von Roncesvalles und drang in die zum omaijadischen Emirat von Cordoba gehörende Provinz Navarra ein.

Dann aber kam es zum ersten schweren Konflikt. Als Theoderich, der vorausgeschickte rothaarige Gaugraf der Rheinfranken, die Bewohner der Stadt Pamplona aufforderte, insgesamt mehr als hundert Ziegen, Stiere und Schweine, dazu Eier und Federvieh, einige Dutzend Fass Wein und dreizehn Wagenladungen Getreide und Mehl ans Heer des Frankenkönigs zu liefern, weigerten sie sich.

»Wir sind getaufte Christen, Germanen von Elbe, Weser und

ebenso wie ihr am großen Rhein«, protestierte Marsilie, der König
von Navarra. »Und wie die Langobarden sind wir vor Jahrhunderten aus dem Norden gekommen, zur Donau gezogen und erst
vor den Hunnen zurückgewichen. Wir haben unter Alarich Rom
erobert, unter deinem Namensgeber Theoderich unser Reich in
Toulouse gegründet und auf den katalaunischen Feldern Attilas
Hunnen zwar nicht besiegt, aber zurückgeschlagen.«

»Was geht mich das an?«, fragte Theoderich unwirsch. »Ich bin
nicht hier, um mir die Klagelieder über Vergangenheiten anzuhören. Das Heer von Karl braucht Nachschub und Verpflegung,
das ist alles!«

»Pippin, der Vater deines Königs Karl, hat das Geschlecht
der Merowingerkönige ausgelöscht. Sie waren unsere Feinde.
Müssten wir da nicht Freunde der neuen Frankenkönige sein?«

Erst jetzt verstand der Graf der Länder um Colonia, worauf der
Herr dieses in vielen Jahrhunderten wieder und wieder eroberten
Gebietes hinauswollte. Marsilie wollte Herrscher sein. Jetzt und
solange er lebte.

Theoderich zwirbelte die Enden seines roten Schnauzbartes,
dann lachte und nickte er. Sie verstanden sich. Theoderich wollte
bereits zurückkehren, als Hörner schallten und Karl mit seinem
Heer vor den Mauern der Stadt erschien. Angesichts der gewaltigen Streitmacht gab der Herrscher über Navarra und Pamplona
sofort nach.

»Mir missfällt dieses Hispanien mehr und mehr«, sagte Karl,
während die Scaras an einem kleinen Zufluss des Ebro schwit-
zend zur Mittagsrast abgesessen waren. Sofort legten die meisten
Krieger die heiß gewordenen Helme, Kettenhemden, Harnische
und eisernen Beinschienen ab und rannten in den Bach. Andere
durften sich nur nach derart paradiesischer Erquickung sehnen.
Sie mussten weiter leiden und in voller Rüstung Wache halten.

Karl sah ebenfalls leidend aus. Er lag halb entkleidet zwischen dem ersten Lagerfeuer des Abends und dem Bachufer.
Sein Mundschenk brachte einen Krug mit bitterem Bier. Karl
nippte nur, dann goss er sich den Rest des warmen Bräus über
die Muskelhügel mit ihrem blonden Haarwald von seiner Brust
bis zu den Niederungen des Leibes.

»Schiere Verschwendung!«, meinte Angilbert. Er litt noch mehr als alle anderen unter der südlichen Hitze. »Voriges Jahr hast du noch Wein und Bier gesoffen wie ein König. Inzwischen zweifelst du, und nichts begeistert dich noch außer Hildegard.« Karl hob die Brauen, überlegte und lachte plötzlich. »Ja, du hast recht«, sagte er seufzend. »Doch niemand ist so stark, wie er sich gibt. Hildegard ist für mich wie ein Fels, an dem ich ankern kann. Aber ich weiß nicht, ob es richtig war, diesen Arabern Gehör zu schenken.«

Sie sahen beide, wie ein kleiner Reitertrupp am Bachufer heraufkam. Es waren Krieger aus der zweiten Heeressäule, die vom bewährten Olivier angeführt wurden.

»Unter den Mauern von Saragossa kam es zu einem Kampf Araber gegen Araber«, berichteten sie, nachdem sie abgestiegen waren. Karl ließ sie auf den Steinen Platz nehmen. Mehrere Knappen brachten Kelche mit einem Gemisch aus Rotwein, Eis aus den Höhlen und Orangensaft.

»Der Emir von Cordoba wurde durch Sulaiman geschlagen«, fuhr Olivier fort, nachdem er seinen Becher mit großen durstigen Schlucken geleert hatte. »Du, Karl, könntest jetzt leicht nach Saragossa ziehen und dort deine Fahnen und die Königswimpel aufstellen.«

Doch dazu kam es nicht. Die beiden Frankenheere vereinten sich noch in der Ebroebene. Gleichzeitig berichteten einige Händler, dass al-Husain, der ehemalige Statthalter von Barcelona, zum neuen Wali von Saragossa ernannt worden war. Als Karl davon hörte, schüttelte er immer wieder den Kopf. Völlig unerwartet verschlossen die Araber ihre Tore und besetzten die Mauerkrone von Saragossa mit Bewaffneten.

Verärgert schickte Karl am frühen Morgen des nächsten Tages den jungen Markgrafen der Bretagne mit einer kleinen, perfekt geübten Begleitung von Scaras nach Saragossa. Dort aber wurde Roland nicht einmal angehört, sondern bereits am Flussufer mit einem Pfeilhagel empfangen.

»Wir wollen euch hier nicht!«, rief Sulaiman von der Stadtmauer herab, der gleiche Mann, der noch ein Jahr zuvor an den

Paderquellen um Karls Hilfe gebeten hatte. »Zieht weiter und lasst uns unsere Angelegenheiten mit Allahs Hilfe allein erledigen!«

»Wisst ihr, worauf ihr euch da einlasst!«, rief Roland frech zurück und wendete sein Pferd Falarich. Mit seiner kleinen Streitmacht preschte er bis zum Zypressenwald, an dessen Rand Karl bereits wartete.

»Sie haben uns betrogen!«, rief Roland seinem König zu. »Die Stadt ist stark befestigt. Selbst mit beiden Heeren könnten wir sie nicht erobern.«

Karl ging ein paar Schritte zur Seite, bis er die still und stark in der flirrenden Mittagshitze wartende Stadt sehen konnte. Roland und die anderen Grafen stellten sich neben ihn. Karl sah, wie Düdo von Hartzhorn den Kopf zur Seite legte und an den Zypressen entlangblickte.

»Was denkst du?«, fragte er sofort. Düdo machte eine abwehrende Handbewegung.

»Nur eine Idee«, sagte er. »Zypressen sind wie Eiben – schlank und aus elastischem Holz. Man könnte keine Onager oder Rammböcke aus ihnen bauen, aber vielleicht Katapulte …«

»Katapulte?«, wiederholte Karl. Er schürzte die Lippen, dann wandte er sich zu den anderen. »Wie lange brauchen wir, bis wir Belagerungsgerät einsetzen können?«

Die Grafen baten um zwei Stunden Bedenkzeit, in der sie mit den Baumeistern und Zimmerleuten, Seilern und Schmieden im Tross des Heeres sprechen wollten. Am Nachmittag kamen sie erneut zusammen.

»Wenn wir die Stadtpläne von Saragossa richtig lesen«, sagte einer der langobardischen Edlen, »dann sind die Befestigungen aus Stein so stark, dass wir vier Wochen brauchen würden, um das Belagerungsgerät zu bauen, das für den Sturm nötig ist.«

»Und Feuer in Gruben unter den Mauerfundamenten?«

»Zu harter Fels.«

»Dann Katapulte!«, befahl Karl. »Zwei Wochen und keinen Tag mehr!«

Schon wenig später verwandelte sich das gesamte Heerlager in eine laute, hämmernde, sägende Bauhütte. Helme, Rüstungen und Waffen der besten Frankenkrieger lagen unnütz am Rand des Lagers. Stattdessen schallten Axthiebe durch das Ebrobecken. Ein Baum nach dem anderen fiel krachend zu Boden. In den nächsten Tagen wurden auch von den entfernteren Hangwäldern Pinien- und Korkeichenstämme bis zum Heerlager geschleift. Nach und nach nahmen immer mehr mächtige Belagerungsmaschinen Gestalt an. Viele erhielten Räder, einige hölzerne Kufen und wieder andere wurden so errichtet, dass sie an Seilen von zehn, zwölf Pferden geschleppt werden konnten. Am fünfzehnten Tag nach Karls Befehl verwandelten sich seine Männer wieder in behelmte und in Eisen gerüstete Krieger.

»Diese Art von Krieg gefällt mir überhaupt nicht«, sagte Karl, während er zwischen den Grafen auf Saragossa zuritt, »sie ist nicht mehr Mann gegen Mann, und nicht Armeskraft und Geschicklichkeit entscheiden, sondern nur noch das straffer gespannte Seil des Katapultes, die festere Mauer oder die Länge der Leitern. Das ist kein Kampf mehr, sondern teuflische Algebra!«

Fünfhundert Schritt vor den Mauern von Saragossa fand der König der Franken einen kleinen Erdhügel, von dem er unwillig beobachtete, wie die hölzernen Ungetüme aufgestellt wurden. Krieger ganz ohne Schwert wuchteten mächtige Steinbrocken in die ledernen Wurfsäcke. Jeweils fünf Mann stemmten sich von beiden Seiten in die Räder der Spannseile. Die mächtigen Gerüste aus abgeschälten Baumstämmen zitterten und ächzten …

Karl zog ein Schwert aus der Scheide, hob es hoch über seinen Kopf, wartete und ließ es durch die Luft nach unten zischen. Augenblicklich schlugen die Männer an den Katapulten die Halteseile durch. Die Spannbalken schnellten hoch, und wie ein Schwarm steinerner Riesenvögel flogen mächtige Felsbrocken gegen die Mauern von Saragossa.

Zehn-, fünfzehnmal schlugen die Katapult-Salven große Teile der Krone aus der Stadtmauer. Getroffene Verteidiger fielen schreiend herab, und dann rannten die Franken doch noch mit Rammböcken gegen die Tore der Stadt.

Karl sah alles und schüttelte immer häufiger den Kopf. »So geht das nicht«, sagte er hart. »Das ist nicht unsere Art!«

»Willst du abbrechen?«, fragte Graf Roland.

»Noch einmal vierzehn Tage«, antwortete Karl düster und scheute sich nicht, seinen Fehler einzugestehen. Dennoch blieb er in den folgenden zwei Wochen wortkarg und lachte selbst dann nicht, wenn Gaukler und Zauberer, Artisten und Bänkelsänger ihre Künste und Fähigkeiten an den Feuern vorführten.

Der zweite Angriff auf Saragossa zerstörte die Mauern an zwei Stellen bis dicht über die Gründungssteine und an gut zwanzig anderen so sehr, dass sie keinen Schutz mehr vor den heranstürmenden Frankenkriegern boten. Drei Tore brachen unter Rammböcken zusammen, und selbst der kurze, erbitterte Kampf in den Gassen und Häusern der altehrwürdigen Stadt konnte nichts mehr retten.

Nachdem Sulaiman Ibn Iachthan al-Arabi al-Kelbi ausgeliefert war, hielt Karl nichts mehr in der Stadt, die er nur mühsam und eigentlich widerwillig eingenommen hatte. Er wollte so schnell wie möglich zurück zu Hildegard und den Zwillingen, die sie inzwischen geboren hatte. Noch während der Vorbereitungen für die Heimkehr des Heeres hörte Karl zum ersten Mal einen neuen Namen für eine Kampftaktik, die er bereits zur Genüge aus Sachsen kannte. Die Spanier, die sich bisher in offener Feldschlacht nicht mit den Heeren Karls messen konnten, nannten die schlecht bewaffneten, aber aus dem Hinterhalt zu schnellen Überfällen fähigen Kampfgruppen »Guerillas«.

»Ein Wort, das wir uns merken müssen«, sagte Karl besorgt. »Denn wer mit weniger als hundert Mann ein ganzes Heer in Atem halten kann, verdient Respekt und Aufmerksamkeit!«

Beim Rückweg über Pamplona spürte Karl noch deutlicher als vor wenigen Wochen, wie falsch Sulaimans Zusagen und Erklärungen in Paderborn gewesen waren. Pamplona verweigerte Karl jegliche Abgaben für sein Heer und schloss sogar die Tore vor seinen Abgesandten.

Karl hatte kein Interesse an einer langen Belagerung. Er ließ Leitern bauen und befahl den Sturm auf Pamplona. Die Stadt fiel bereits beim ersten Angriff; ihre Mauern wurden zerstört, ihre Schätze verteilt und mehrere ihrer Edlen als Geiseln genommen.

»Ich will zurück«, sagte Karl einen Tag später ungeduldig. »Mich interessieren Spanier und Araber, Vasgonen und Navarer nicht mehr! Wir können nur sehr weit auseinandergezogen über die Pyrenäen zurückkehren. Das ist nicht günstig für uns. Überall in den Bergen können sich diese Guerillas versteckt halten. Deshalb reite ich mit den Scaras voraus, die Fußkrieger bilden mit Tross und Wagen das Mittelfeld, und du, Roland, wirst den Zug durch eine schnelle und bewegliche Nachhut schützen!«

»Wie werden wir uns gegenseitig verständigen, wenn an irgendeiner Stelle ein Überfall geschieht?«

»Durch Hornsignale«, sagte Karl. Bereits am nächsten Morgen, dem fünfzehnten August, brach der König der Franken mit seinen Panzerreitern auf. Die Felsschluchten zum Pass von Roncesvalles waren so steil und eng, dass nur an wenigen Stellen zwei Pferde nebeneinander über Geröll und Felsbrocken aufsteigen konnten. Das Heer der Franken zog sich immer weiter auseinander. Mehrere Male sahen Karl und seine Begleiter einzelne Vasgonen auf Felsnasen und hinter kärglicher werdenden Buschgruppen. Einige von ihnen trugen die gleiche Kleidung wie jene, denen die Franken in Pamplona übel mitgespielt hatten.

Karl und die Panzerreiter erreichten den Pyrenäenpass bereits kurz vor der Mittagsstunde. Tief unten und sehr weit entfernt waren wie Wundmale im stumpf und endlos wirkenden Grün der Wälder ein paar Siedlungen zu sehen, die schon zu Septimanien und Aquitanien zählten.

»Wollen wir rasten?«, fragte der Seneschall erschöpft. Auch in der Passhöhe brannte die Sonne unbarmherzig auf die gepanzerten Krieger und die voll gerüsteten Edlen des Frankenkönigs herab. Jeder von ihnen badete in Schweiß und Gestank unter den Helmen und Harnischen, den Kettenhemden und Beinschienen.

»Wozu?«, fragte Karl. Er fühlte sich nicht wohl dabei, dass er den freien christlichen Söhnen der Pyrenäen so übel mitgespielt hatte. Nicht sie waren die Feinde in diesem Feldzug gewesen, sondern die Araber, die ihn um Hilfe gebeten und dann vor den Kopf gestoßen hatten.

»Befürchtest du noch immer, dass die Vasgonen uns belauern?«, fragte der Seneschall. Karl nickte ernst.

»An ihrer Stelle würde ich Rache nehmen, noch ehe der Letzte von uns den Pass überquert hat!«

Einige Stunden später und mehrere Meilen zurück quälte sich die Nachhut des weit auseinandergezogenen Frankenheeres durch die engen Schluchten und den Staub, der von den Voranziehenden aufgewirbelt worden war. Die Männer um Markgraf Roland konnten kaum den Pfad erkennen, der um immer neue Felswände herum zum Pass von Roncesvalles hinaufführte.

Aus irgendeinem Grund waren auch die Bewacher von Sulaiman Ibn al-Arabi so weit zurückgefallen, dass sie inzwischen zur Nachhut gehörten. Seneschall Eggihard war inzwischen weit hinter dem engeren Tross des Königs zum Markgrafen der Bretagne und seinen Mannen gestoßen. Roland, der viel jüngere, schimpfte lauthals gegen alle und jeden. Schneller als die erfahrenen Paladine hatte er erkannt, wie gefährlich es war, den gefangenen Araber weit entfernt von der Hauptstreitmacht beschützen zu müssen.

»Wir haben andere Aufgaben«, rief er verärgert, »und können uns nicht auch noch um die Gefangenen kümmern …«

»Das Pferd das Arabers lahmt«, antwortete der edle Olivier, dem Karl Sulaiman anvertraut hatte. Er und seine langjährigen Kampfgefährten genossen den Ruf absoluter Treue.

»Dann hättet ihr ihm ein anderes geben müssen!«, schimpfte der junge, schnell erregbare Roland.

»Das haben wir getan«, antwortete Olivier. »Drei Mal sogar!«

»Was meinst du damit?«, fragte Roland verwundert.

»Nun, was ich sage – der Araber hat dreimal ein neues Pferd erhalten …«

»Und jedes lahmte nach kurzer Zeit?«

»Genauso war es!«

»Mein Gott, beschütze uns!«, stieß der Markgraf der Bretagne hervor. Er zügelte sein Pferd so hart, dass es auf der Hinterhand hochstieg. Mit zusammengekniffenen Augen blickte Roland nach links, nach rechts und dann nach hinten. Nichts deutete darauf hin, dass sich sein plötzlich aufkeimender Verdacht bestätigen würde. Er führte sein Pferd direkt neben das von Olivier.

»Und du hast nichts bemerkt?«, fragte er vorwurfsvoll. »Nichts vermutet?«

»Das schon«, gab Olivier zu. »Ich dachte, dass sich der Araber absichtlich zurückfallen ließ.«

»Und? Hast du nach vorn gemeldet? Verstärkung gefordert?«

»Nein.«

»Dann hat der Doppelzüngige gewonnen!«, stieß Roland entsetzt hervor. Er kam nicht mehr dazu, seinen Verdacht zu erklären. Von allen Seiten stürzten riesige Felsbrocken auf Reiter und auf Pferde.

»Los, fort hier!«, schrie Roland. »Zum Wiesental dort oben!« Er, der erst ein Jahr Graf der bretonischen Grenzmark war, wusste längst, wie tückisch und gefährlich Überfälle aus dem Hinterhalt sein konnten. Er hatte sie erlebt an den uralten, geheimnisvollen Steinreihen von Carnac und an den Steilküsten des kalten Ozeans an der Westspitze des Frankenreiches.

»Blas in dein Horn!«, schrie Olivier. »Karl muss zu Hilfe kommen!«

»Nein, das geht ohne ihn!«, schrie Roland hitzig zurück. Er duckte sich und wich einem mächtigen Felsbrocken aus. Überall prasselten kleinere Steine gegen Helme und Rüstungen der Frankennachhut. Und dann fielen wie reife Früchte im Herbst bewaffnete Vasgonen von den Felshängen.

»Guerillas!«, schrie Roland. »Zu den Waffen!« Mit seiner Rechten griff er sein Schwert Durendal und mit der Linken das Elfenbeinhorn Olifant. Er hatte beides zu seinem zwölften Geburtstag, am Tag der Mannbarkeit, von seinem König als Geschenk erhalten.

So laut er konnte, blies er in das Horn.

Gleichzeitig zog er blank und schlug den ersten Vasgonen die Köpfe ab. Die kleinen schnellen Kämpfer trugen weder Helme noch Harnische und Schilde. Sie hatten nur Schwerter, lange Messer und kurze Eisenspieße.

»Sulaiman!«, schrie einer von ihnen.

»Hierher, meine geliebten Söhne!«, antwortete Ibn al–Arabi mit einer Stimme, die nicht mehr unterwürfig, sondern stark und triumphierend klang. Keiner der Franken verstand, wie ein

359

Muselmane die christlich getauften Vasgonen »meine Söhne« nennen konnte.

»Alles geplant!«, stöhnte Roland. »Samt allen Lügen!« Mit Olivier und seinen Kampfgefährten hatte er nur zweiundsechzig Männer in der Nachhut des Heeres. Zweiundsechzig bis an die Zähne in Eisen, Kettenhemden und Leder eingepferchte Reiter auf einem schmalen, abschüssigen Bergpfad gegen Hunderte von schnellen und behänden Vasgonen, die nicht den Schwertkampf, sondern die schwächsten Stellen in den Rüstungen der Franken und ihrer Pferde suchten.

Roland und seine Mannen hatten nicht die geringste Chance. Sie holten aus und schlugen gegen Felswände oder ins Leere. Sie drehten ihre Pferde und stürzten, weil lange, an beiden Enden mit Steinen beschwerte Seile und Schnüre die Pferde straucheln ließen. Das Schlimmste aber – das Schlimmste waren die schrillen, schmerzhaften Trillerschreie der Vasgonen. Ihr Echo kam von allen Seiten. Keiner der Franken wusste noch, wo vorn und hinten, oben oder unten war.

Roland sah, wie zwei junge Araber Sulaiman mit kunstvollem Geschick von seinem Pferd hoben. Sie flohen mit ihm schnell ins Tal zurück. Roland blies zum zweiten Mal in sein Horn Olifant. Im gleichen Moment sah er den Schatten eines Schwertes. Er duckte sich und schlug mit seinem Schwert Durendal in die Wand aus Staub.

Ein Aufschrei zeigte ihm, dass er getroffen hatte. Drei oder vier der Schatten sprangen ihn an. Er konnte sich nicht mehr auf seinem treuen Pferd Falarich halten, glitt ab und stürzte rücklings gegen Felsgestein. Unmittelbar vor ihm lag der blutende Arm, den er soeben abgeschlagen hatte. Er sah den Goldschmuck am Gelenk über der gekrümmten Hand und erkannte, dass er Marsilie, dem Herrn von Pamplona und König der Vasgonen, den Schwertarm von der Schulter getrennt hatte …

Zum dritten Mal blies Roland um Hilfe. Die Todesschreie seiner eigenen Leute übertönten das Waffenklirren und selbst die Trillerschreie der Vasgonen. Mann um Mann gab sein Leben ab. Zum Schluss standen Roland und der edle Olivier Rücken an Rücken gegen die Guerilla-Übermacht.

Zum letzten Mal gelang es Roland, sein wunderbares Elfenbeinhorn hochzuheben. Er atmete die staubgefüllte, von Schweiß und Blut und aufgeschnittenem Gedärm stinkende Luft tief in die Lungen, setzte das Horn an seine längst aufgeplatzten Lippen und blies so hart hinein, dass ihm die Adern zwischen Kopf und Schultern platzten. Über und über blutverschmiert, wankte er durch den Klang der letzten Waffenschläge. Er hob die Arme und breitete sie wie zum Zeichen des Kreuzes aus.

»Oh du getreuer Gott!«, keuchte er todgeweiht. »Gnade du meiner Seele … erhalte meinem Herrn Recht und Wahrheit und lege seine Feinde in Staub … die trauten Karlinge aber lass deiner Gnade …«

Er stürzte und fiel kopfüber in die Schlucht neben dem blutgetränkten Weg. Er lebte noch, aber er wusste, dass sein König, sein Vater, nicht rechtzeitig zurückkehren konnte, um ihm im Diesseits eine Hand zu reichen.

21

Die Weserfestung

Karl sprach kein einziges Wort, nachdem er zum Ort der Tragödie zurückgekehrt, die Todesschlucht dicht unterhalb des lieblichen Wiesentals betrachtet hatte, erneut über den Pass von Roncesvalles geritten und vier Tage später in Chasseneuil angekommen war. Keiner seiner Getreuen hatte ihn je zuvor so verschlossen und krank am Herzen gesehen. Markgraf Roland, Olivier und seine Kampfgefährten, Pfalzgraf Anselm, Seneschall Eggihard und sechzig weitere Getreue waren nicht mehr. Selbst das lang ersehnte Wiedersehen mit der hochschwangeren Hildegard entlastete ihn nicht von der Schuld, die er sich am Tod seines geliebten Rolands zumaß. Die Auflassung des Heeres wurde von Gaugraf Cancor und nicht von ihm verkündet. Und erst nachdem die Edlen und Krieger abgezogen waren, setzte sich Karl mit seinen Vertrauten zusammen und sprach mit ihnen.

»Ihr alle habt gewusst, warum ich Roland zum Grafen der Grenzmark der Bretagne gemacht habe«, sagte er leise. Die Männer am großen Lagerfeuer im Hof des Gutes Chasseneuil senkten die Köpfe. Keiner von ihnen antwortete.

»Er war wie ein Sohn für dich«, sagte Angilbert schließlich.

»Ja, sagen wir es endlich – er war mein Sohn!«, bestätigte Karl zum ersten Mal, was schon seit Jahren fast jedermann bekannt war. »Ich habe ihn im Kloster Lorsch gezeugt – nicht sündig und in Wollust, sondern ermüdet und ohne böse Absicht. Es waren nur Wärme und Geschwisterliebe, die mich und Adalhaid schwach gemacht haben.«

»Sie war erst zwölf«, meinte Angilbert bedenklich.

»Ja«, sagte Karl bestätigend. »Sie war erst zwölf, fast dreizehn. Verdammt mich meinetwegen, aber ich schwöre euch, dass nicht die frevelhafte Tat, sondern nur der Tod meines geliebten Rolands mir viel bitterer ist als alles andere!«

Er hob die Hände und wischte sich mit den Handrücken die Tränen von den Augen. »Er war mein Sohn, mein Erstgeborener, an dem ich Wohlgefallen hatte und den ich stets verleugnen musste!«

»Komm, Karl«, sagte Angilbert und stand auf. Er ging zum Frankenkönig, setzte sich neben ihn und legte einen Arm um seine Schultern. »Du bist ein großer, starker Mann, und es ehrt dich, dass du auch weinen kannst!«

»Glaubt ihr denn, dass es bei Tag und Nacht leicht ist, König der Franken zu sein?«, stieß Karl hervor. Er schnäuzte sich mit Daumen und Zeigefinger. »Krone und Ehre, Gesetze und Reichstage, Jahr um Jahr bei Wind und Wetter, Hitze und Kälte nur auf dem Rücken der Pferde ... jederzeit kampfbereit im Schmutz der blutigen Begegnungen – und wofür ... ich frage euch: wofür das alles?«

»Gibt es denn etwas anderes?«, fragte Angilbert.

»Ja«, antwortete in diesem Moment Bernhards ältester Sohn Adalhard. Er war wie sein Bruder Wala einer der zuverlässigen und stillen Heerführer. Es hieß, dass er schon lange von einer Ausbildung zum Priester und einem eigenen Kloster träumte, obwohl er in den letzten Feldzügen nicht einen einzigen Schwertschlag abbekommen hatte. »Es muss noch etwas anderes geben! Denkt doch an Kirchenvater Augustinus! Hat er nicht schon vor mehr als zweihundert Jahren ganz genau beschrieben, wie die »Civitas Dei« – der Gottesstaat – aussehen sollte? Ein Reich, in dem das Gute jedermanns Gesetz ist und Gottesfürchtigkeit über allen Gebrechen, Niedrigkeiten und Intrigen steht ...«

»Dieses Reich wird es wohl niemals geben!«, sagte Angilbert. »Der Frieden der lieblichen Wälder und Auen ist nur ein Trugbild für unsere Augen und Ohren. Jedes Tier tötet, frisst oder wird gefressen. In Wahrheit ist doch alles von den lichten und den dunklen Mächten vorbestimmt. Das heißt auch für uns Kampf um Besitz und Macht, Sieg oder Niederlage, Herrschaft und Knechtsein unser Leben lang!«

»Und Jesus Christus?«, fragte Karl. »Unser Erlöser?«

»Ein Traum von Edelmut in einer hoffnungslosen Welt«, antwortete Adalhard anstelle von Angilbert. Karl hob die Brauen. Er sah seinen Vetter ... verwundert an.

»Du bist getauft wie wir alle.«

363

»Ja, weil ich glauben möchte«, sagte Adalhard. »Aber du weißt doch selbst, wie schwer das fällt, wenn du siehst, was um dich herum geschieht!«

»Ich glaube«, sagte Karl, und seine Stimme wurde nach vielen Tagen wieder fester, »ich glaube an den allmächtigen Gott, an Jesus Christus, an den Heiligen Geist und an die Aufgabe, die uns das Evangelium gestellt hat. Ich will, dass in Zukunft Männer um mich sind, die mich in diesem Glauben bestärken. Und ich will, dass für Roland Lieder gesungen werden und dass sein Abbild auf die Rückseiten von Münzen geprägt wird, die mir zu eigen sind.«

Sie redeten so lange, bis sich das erste Morgenrot am Himmel zeigte. Noch nie zuvor hatten Karl und seine engsten Berater so innerlich und frei über all das gesprochen, was über ihnen und zwischen ihnen stand. Das große Lagerfeuer glühte nur noch, als sie endlich abbrachen und in die Kammern des Gutes und die Zelte zurückkehrten.

In dieser Nacht war Karl, der Frankenkönig, ein anderer geworden. Sie beteten die Prim, und gleich darauf schallte ein vielstimmiger Jubelruf durch das Lager am Fuß der Pyrenäen.

»Ein Sohn ist dir genommen«, meldete Angilbert seinem König. »Zwei andere wurden dir soeben von deinem Weib Hildegard geboren!«

»Der erste soll »Berühmt im Kampf«, der andere »Berühmt im Heer« genannt werden!«, antwortete Karl. »Aber nicht Chlodwig und Chlothar, wie die alten Merowingerkönige, sondern mainfränkisch Ludwig und Lothar.«

Ein paar Tage darauf machte sich der Hof auf den Weg nach Norden. Karl wollte das Weihnachtsfest und den Winter auf dem kleinen Stammsitz seiner Familie verbringen. Es war schon lange her, seit er zum letzten Mal in Herstelle gewesen war. Nirgendwo in Gallien drohte Gefahr. Der eher kleine Zug nahm den Weg über die flachen Lande bis Poitiers, von dort nach Orleans und Paris und weiter über Compiègne bis zum Stammsitz der Arnulfinger in Herstelle an der Maas. Der Oktober war mild und lieblich. Im November zogen Stürme von der Nordsee über das grau und herb gewordene Land. Anfang Dezember fiel der erste Schnee. Der Frankenkönig und seine Familie verbrachten ein stilles, friedvolles Weihnachtsfest in der ersten und kleinsten ihrer Pfalzen.

Im Jahr darauf beschloss die Reichsversammlung den vierten Feldzug gegen die Sachsen. Er sollte noch härter, grausamer und gnadenloser als die vorangegangenen werden. Jedermann wusste, dass Karl das Desaster in den Pyrenäen noch nicht überwunden hatte. Er wollte einfach nicht zugeben, dass es in seinem eigenen Leben ebenfalls Fehler, Niederlagen und Verluste gab. Das Feuer in seinem Kopf wollte nach wie vor heller und strahlender sein als die drei Generationen von Pippinen, als Karl Martell, als Rom und Konstantinopel. Nur deshalb verdrängte er die Schatten: Sein erster, inzestuös gezeugter und nur heimlich geliebter Sohn war tot. Pippin, sein zweiter aus der Friedelehe mit Himiltrud als Gezeichneter ins Kloster verbannt. Sein dritter, der seinen Namen trug, ein zu folgsamer Knabe. Und seine Zwillinge Lothar und Ludwig kränkelten ebenso bei jedem Luftzug wie neuerdings auch Hildegard. Auch die Geburt seiner dritten Tochter munterte ihn nur für wenige Tage auf. Während er sich bereits mit neuen Kriegsvorbereitungen beschäftigte, stimmte er zu, dass Hildegard das Neugeborene nach seiner Mutter Bertrada auf die Abwandlung Berta taufen ließ.

Irgendwie spürte er, wie ihm die Zeit und die Träume der frühen Jahre entglitten. Er war gut geworden – ein König, wie ihn die Franken nie zuvor gehabt hatten, streng in der Verteidigung von Recht und Gesetz, offen für Vorschläge und Veränderungen, freigiebig mit Geschenken und milde bei allem, was ihm verzeihbar und menschlich erschien. Er lobte Priester und Mönche, wenn sie besonders schöne Bücher gemalt hatten, zeichnete Schreiber und Notare für Urkunden mit wenig Fehlern aus, verschenkte großzügig Vieh, Land und Lehensrechte und achtete auf jedes Glöckchen, das zum Gebet oder zur Messe rief.

Er befehligte den vierten Kriegszug gegen die Sachsen ohne irgendwelche Skrupel oder Gedanken an Gemeinsamkeiten, die zwischen Vorfahren der Sachsen und der Franken bestanden hatten. Er konnte und er wollte nicht länger duldsam gegenüber den immer neuen Vertragsbrüchen sein.

»Was diese nun schon seit Jahren tun, ist Meuterei und Aufruhr gegen Gott und Reich!«, sagte er eines Abends am Lagerfeuer. »Ich will, dass ab sofort nur noch Todesstrafen verhängt werden. Keine Gefangenen mehr, keine Gnade. Siedlungen sollen verwüstet, Brunnen vergiftet, Dorfgemeinschaften zusammengetrieben und an den Oberrhein geschafft werden!«

»Verbrannte Erde also! Meinst du das?«, fragte Angilbert.

»Verbrennt doch, was ihr wollt!«, antwortete Karl finster. »Ich will sie nicht mehr sehen und endlich Ruhe haben!«

Das Frankenheer bewies schon wenige Tage danach, dass es die harte Königsorder verstanden hatte und im von Karl gewollten Sinn umsetzen konnte.

Der erste Gang gegen die Aufständischen vernichtete die aufgezogene Sachsenstreitmacht bei Bocholt an der Aa. Das Heer zog weiter über Rheine zum kleinen Königshof, den Abt Wiho inzwischen neben dem Kloster an der Asenbrücke eingerichtet hatte. Karl lehnte das Angebot ab, innerhalb der Klosterpalisaden zu speisen und zu schlafen. Um allen Diskussionen mit dem Abt aus dem Weg zu gehen, befahl er eigenmächtig, dass die ganze Region zum Bistum erhoben werden sollte.

»War das denn nötig?«, fragte Angilbert, als sie am Abend vor dem Zelt des Königs saßen.

»Die Kirchenmänner bedrängen mich zu sehr«, antwortete Karl unwirsch. »Nach ihrer Meinung soll ich christlicher gegen die Sachsen vorgehen.«

»Ja, aber ein paar Ländereien und Geschenke für den Abt und die Erzbischöfe von Colonia und Lüttich hätten auch genügt! Musst du denn gleich ein Bistum gründen, dass später nicht mehr abzuschaffen ist?«

»Ich brauche freie Hand!«, antwortete Karl harsch. »Und da dürfen mir keine Priester, Äbte oder Bischöfe dazwischenreden! Außerdem passt mir nicht, dass die ungetauften Krieger und Bauern der Sachsen oft klüger sind und mehr wissen als unsere Männer!«

»Versündige dich nicht, Karl! Du glaubst doch nicht im Ernst, dass wir durch Christentum und Taufe absichtlich dumm gehalten werden …«

»Du vielleicht nicht und ein paar hundert Edle und Kirchenherrscher auch nicht. Aber der große Rest weiß immer weniger. Und das bereits seit dem Ende der großen Züge der Germanenvölker. Das zu beenden, ist einen anderen Feldzug wert, Angilbert. Deshalb muss ich über den Tag hinausdenken und mir das Wohlwollen der Bischöfe und Äbte bereits jetzt erkaufen …«

Das Frankenheer drang ohne ernsthaften Widerstand über die südlichen Ausläufer des Osnings, an Theotmalli vorbei bis zum großen Weserbogen an der Porta Westfalica vor.

»Wenn diese Berge und Wälder die Weserfestung der Sachsen waren, dann weiß ich nicht, was sie fortan gegen uns setzen wollen«, sagte Karl eher missmutig als stolz, nachdem die Scaras und der Hofstaat ihre Zelte auf dem steilsten Berg Vlothos gegenüber der alten Sachsensiedlung Uffeln auf der anderen Seite der Weser aufgeschlagen hatten.

Er ging bis an den Rand des Abhangs zur Weser hin und blickte lange auf das von Süden kommende, unter ihm erst nach Westen und dann nach Norden hin abbiegende Flussband, das bei der alten Porta Westfalica den letzten Sperrriegel des Wesergebirges durchbrach, um fortan durch niederes Sachsenland an Minthun, Marklo und dem Zufluss der Aller bei Verden vorbei bis zum nördlichen Meer zu strömen.

»Ein schöner Tag und ein herrlicher Ausblick«, sagte Angilbert, der unbemerkt von ihm neben den Frankenkönig getreten war. »Hast du bereits nach Westen geschaut?«

»Ja«, antwortete Karl. »Was ist dort zu sehen außer dem hohen und kugeligen Hügel?«

»Die Sachsen in dieser Gegend nennen den Berg Bonstapel«, antwortete Angilbert. »Sie sind davon überzeugt, dass die Weltesche Yggdrasil ebendort gestanden hat.«

»Yggdrasil hier? Welch ein Unsinn!«, schnaubte Karl.

»Das würde ich nicht so leicht sagen«, meinte Angilbert. »Wenn du bedenkst, dass die Irminsul als Nachbildung der heiligen Weltesche mehrfach nach Süden und nach Westen hin verehrt wurde, könnte es gut sein, dass die Geschichten der Uralten sich ebenhier zugetragen haben. Es gibt ringsum tiefe, kreisrunde Erdfälle inmitten lindmilder Täler, heiße und salzige Quellen, brodelnde Moore und all die Nebelwunder, die überliefert wurden.«

»Ist das die Kraft, aus der die Sachsen Todesmut und ihren falschen Siegeswahn schöpfen?«

»Ja«, sagte Angilbert. »Du bist das Böse für sie, der Feind, das Übel und der Franke schlechthin, der ihren Frieden und die Ehre ihrer Ahnen gewaltsam zu vernichten trachtet.«

»Genau das will ich!«, sagte Karl.

»Dann musst du auch bereit sein, nicht allein gegen Sachsenschwerter, sondern auch gegen ihre Geister und Dämonen, heidnische Osterfeuer, Riten, Magie und Kräfte vorzugehen, von denen wir längst nichts mehr wissen.«

»Mich interessiert nur, wie ich Widukind in seiner eigenen Veste schlagen kann.«

»Er hat mehr als eine«, sagte Angilbert. »Die stärkste, beste und unbezwingbarste kannst du sogar von hier aus sehen.«

Er legte einen Arm um Karl und drehte ihn so, dass er nach Norden schauen konnte. »Dort links«, sagte er, »sieh nur nach Norden … zum Weserdurchbruch an der Porta, dann eine Meile auf der Höhe entlang nach links … dort steht die Widukindsburg.«

»Nicht zu erobern, sagst du?«

»Nein, Karl«, sagte Angilbert. »Das ist nicht Pavia oder Pamplona, sondern ein steiler dunkler Wald, in dem die Nacht und Erdwälle viel stärker sind als alle Mauern der Langobarden oder Sarazenen …«

»Wir werden sehen«, sagte Karl nur. »Morgen jedenfalls überqueren wir genau dort den Sachsenfluss!«

Er zeigte auf eine Stelle unmittelbar unterhalb des Berges, auf dessen Höhe sie ihr Lager aufgeschlagen hatten.

»Wir werden keine Schwierigkeiten haben«, sagte Angilbert. »Ich weiß inzwischen, dass die Engern und die ebenfalls in Uffeln versammelten Ostfalen nicht mehr gegen uns kämpfen wollen.«

»Frieden und Treueschwüre reichen nicht mehr«, sagte Karl, während die Abendstille sich über das große Becken des Weserbogens senkte. »Ich will, dass sie sich ein für alle Mal mir unterwerfen … ohne Wenn und Aber!«

»Du wirst bekommen, was du forderst …«

Knapp vierundzwanzig Stunden später hatte sich bestätigt, was Angilbert vorausgesagt hatte. Nicht ein Pfeil war gegen die Franken geflogen, als sie auf Flößen und in Booten über die Weser setzten, kein Langsax blitzte im Licht des Nachmittags, und jeder Sachse, der bereits getauft war, murmelte Gebete, als Karl mit seinen Edlen in die kleine Siedlung am Weserufer einzog. Die Förmlichkeiten waren schnell erledigt. Engern und Ostfalen unterschrieben die bereits einige Tage zuvor von den Schreibern des Frankenkönigs aufgesetzten Urkunden. Nachdem Karl mit den einsichtig und demütig gewordenen Ethelingen der Sachsen gegessen und getrunken hatte, beschloss er, noch am gleichen Abend ein neues Capitulare abzufassen. Er erhob sich und ließ sich an einem kleineren, von Graf Düdo kunstvoll aufgeschichteten Feuer nieder.

»Ich will einen Handel mit euch machen«, sagte Karl zu den wenigen Kirchenfürsten, die ihn bei diesem Feldzug begleiteten, nachdem jeder von ihnen einen Becher mit Met oder Bier in den Händen hielt.

»Kränkt es dich, wenn wir dir sagen, dass wir schon seit geraumer Zeit von deinen Überlegungen wissen?«, fragte Abt Fulrad leise lächelnd. Er war alt geworden, aber immer noch spöttischer als mancher andere.

»Nein«, antwortete der Frankenkönig und lächelte ebenfalls, nach vielen Tagen zum ersten Mal. »Auf diese Weise kommen wir vielleicht noch vor Mitternacht in die Bettfelle …«

»Also? Was bewegt dich? Was willst du und was bietest du?«

»Ich biete euch – das heißt der Kirche – ab sofort ein Zehntel von jeder Ernte und von jeder Einnahme aus Gewerbe, Handel und Handwerk!« Die Bischöfe und Äbte wussten nicht, ob der König der Franken sie aufziehen oder in eine Falle locken wollte.

»Ein Zehntel, sagst du?«, fragte Bischof Megingaud von Würzburg ungläubig. »Wie kommst du darauf, wie soll dies geschehen, wie verbucht und wie garantiert werden?«

»Der zehnte Teil aller irdischen Güter erscheint ihm gerecht als Zins für das Himmelreich«, antwortete Fergil der Geometer anstelle des Königs. »Vergesst nicht – Karl ist der Defensor der Kirche, und das Betteln in seinem Reich soll nur Pilgern und Mönchen überlassen sein!«

»Nichts ist umsonst«, meinte der Bischof von Utrecht vorsichtig.

»Ganz recht, nichts ist umsonst!«, erwiderte Karl. »Und deshalb sollen jetzt meine Bedingungen für diese neue, gesetzlich und königlich garantierte Einnahmequelle der Kirche aufgeschrieben werden.«

»Was verlangst du?«, fragte der Abt von Sanct Denis.

»Ich will, dass die Kirche fortan kein unbegrenztes Asylrecht mehr hat. Gesetzesbrecher, die sich in heilige Räume flüchten, müssen ausgeliefert und vor Gericht gestellt werden, sobald ein Prozess förmlich begonnen hat.«

»Das kann keiner von uns akzeptieren«, sagte Abt Fulrad entsetzt. »Bedenke doch, Karl … Zuflucht und Schutz und tröstender Beistand sind die Säulen des ganzen Gebäudes!«

»Und was steht im Alten Testament?«, hielt Karl dagegen. »Auge um Auge, Zahn um Zahn. Ich will jeden in die Gemeinschaft aufnehmen, aber ich will nicht länger christlich sein bei jenen, die uns dafür verhöhnen! Der Dieb soll die Hand verlieren, mit der er gestohlen hat, der Missgünstige das Auge und der Verräter das Leben, das ihm nichts wert war!«

Noch in der gleichen Nacht, in der viel geschrieben wurde, vereinbarten der Frankenkönig und die Kirchenfürsten in seiner Begleitung ein Abkommen, das nicht viel anders ausgelegt war als die üblichen Abgabenordnungen für königliche Domänen, Salhöfe und Fiscalstellen. Keiner der Vertragspartner ahnte in dieser dunklen Stunde, dass ihnen damit ein Jahrtausendwerk gelang. Sie protestierten auch nicht, als der Frankenkönig ganz zum Schluss von einer allgemeinen Schulpflicht sprach.

Im Jahr darauf wurde der fränkische Reichstag erneut auf sächsischem Gebiet einberufen – diesmal an den Quellen der Lippe. Die Edlen und Kirchenfürsten beschlossen dabei die Gründung mehrerer Missionsstationen. Unmittelbar danach begann Karls fünfter Feldzug gegen die noch immer nicht restlos befriedeten Sachsen. Karls Heer zog zunächst zur Eresburg, dann zur Pfalz an den Paderquellen und von dort aus über die Weser nach Osten, an den Hartzbergen vorbei bis zur Elbe. Sie stießen nirgendwo auf ernsthaften Widerstand.

Doch dann, im Hochsommer, erreichten Karl drei Botschaften am gleichen Tag. Die erste besagte, dass sich Alkuin, der gelehrte Leiter der berühmten angelsächsischen Schule von York, erneut nach Rom begeben hatte.

»Was will er dort?«, fragte Karl den Boten misstrauisch. Er hatte bereits viel von Alkuin gehört, aber schätzte es nicht, dass der Papst großräumige Fäden spann, von denen er als Herrscher des Abendlandes nichts wusste.

»Alkuin ist ein kluger, sehr eigenwilliger Mann«, sagte der irische Priester, der Karl die Nachricht überbracht hatte.

»Ich weiß, ich weiß«, sagte Karl und verzog beinahe abfällig den Mund. »Er soll gewissermaßen der Nachfolger jenes verehrungswürdigen Beda sein, von dem es heißt, dass er mehr wusste, als in allen Büchern unserer Klöster aufgeschrieben ist ...«

»Dazu kann ich nichts sagen«, meinte der irische Mönch unbehaglich.

»Aber ich«, warf Fergil der Geometer ein. Er kam näher zu Karl und sagte: »Ich kenne alle Werke von Beda. Er hat sehr viel über die Zeit und ihre Einteilung geschrieben. Von ihm stammt auch die wunderbare Idee, dass wir die Abfolge der Jahre nicht mehr nach den römischen Kalendern, sondern nach der Geburt unseres Herrn Jesus Christus rechnen.«

»Ach, der war das!«, sagte Karl. »Ich weiß noch, wie mir meine Mutter zum ersten Mal davon erzählt hat. Ich muss sieben oder acht Jahre alt gewesen sein. Die Menschen in den Wäldern, in denen wir damals lebten, feierten mitten in der Winterkälte ein ›Sol invictus‹ – das Fest des unbesiegbaren Sonnengottes. Bertrada sagte ihnen, dass bereits vor Jahrhunderten festgelegt worden war, dass fortan der Tag der Wintersonnenwende als Geburtstag unseres Herrn Jesus Christus gelten solle. Sie lachten nur ... ich habe mich sehr geschämt für meine Mutter.«

»Siehst du, und heute zählst du selbst, wie Beda es gesagt hat, jedes Jahr vom ›Sol invictus‹ und der Geburt des Herrn. Der fünfundzwanzigste Dezember ist der erste Tag des neuen Jahres.«

»Na schön«, sagte Karl. »Wenn dieser Alkuin ebenso klug und spitzfindig ist wie Beda oder du, Fergil, dann will ich ihn auch kennenlernen.«

»Ich mag ihn nicht«, sagte der Geometer. »Er ist ein Mann mit weit ausschweifenden Gedanken, der faszinieren, aber auch trunken machen kann.«

»Ihr macht mich neugierig!«, sagte Karl.

Fergil hob die Schultern und schüttelte sich angewidert. »Wenn Alkuin an deinen Hof kommt, fliehe ich, so weit ich laufen kann. Dann nehme ich die entfernteste Abtei oder den Bishofshut irgendwo weitab in Baiern an ...«

Karl lachte vergnügt. Es war schon eigenartig, wie eifersüchtig die Kirchenmänner aus Britannien und Irland aufeinander waren.

»Wie alt ist dieser seltsame Priester eigentlich?«

»Mindestens zehn Jahre älter als du«, schnaubte Fergil.

»Lasst einmal wenigstens eine Verteidigung zu«, sagte der Erzkaplan, der sich die ganze Zeit zurückgehalten hatte. »Ich kenne Alkuin seit vielen Jahren. Für mich ist er ein großartiger Kopf, wenn es darum geht, im Zufälligen die Regel und das Gesetz im Chaos zu entdecken. Ich weiß, er hält es offensichtlich mit den jüngsten der Mönche, aber das sagt nur etwas über sein schwaches Fleisch – nicht aber über das Funkeln seines Geistes!«

Wenige Stunden später trafen zwei weitere irische Mönche im Heerlager der Franken ein. Der erste berichtete, dass die Athenerin Irene als Mutter von Kaiser Konstantin zur Mitregentin Ostroms ernannt worden war.

»Eine Kaiserin in Konstantinopel?«, fragte Karl kopfschüttelnd. »Was ist nur aus diesem Reich, aus Rom, geworden?«

»Du solltest sie nicht unterschätzen«, meinte der irische Mönch. Karl dachte unwillkürlich an seine eigene Mutter. Hatte nicht auch Bertrada Fäden gesponnen, die nur mühsam wieder zu zerreißen gewesen waren? Er dachte an Tassilo, Liutperga und ihre Schwestern. Um ein Haar wäre nicht nur Baiern, sondern ganz

Franken mit seinen beiden Königen an die Leine von Desiderius gelegt worden.

»Nein, Karl, du solltest Irene wirklich nicht unterschätzen«, bestätigte der zweite der irischen Mönche. »Es gibt Anzeichen dafür, dass Benevent, deine Grenzmark Friaul und einige Herzöge im langobardischen Kernland Botschaften mit dem Kaiserreich austauschen!«

»Hört das denn nie mehr auf?«, schimpfte Karl. Er überlegte eine Weile, dann befahl er eine Versammlung der Grafen und Edlen zur Mittagsstunde des nächsten Tages. Die Heerführer waren sofort bereit, erneut mit ihm nach Süden aufzubrechen.

Die Franken brachen ihre Zelte im öden, ärmlichen Grenzgebiet der Sachsen ab und nahmen den langen und beschwerlichen Weg auf sich. Nur einmal erlaubte Karl eine mehrtägige Rast für alle. Er ließ sein Heer an den sanften Hängen rechts und links oberhalb der Altmühl lagern. Der Fluss zwischen prächtigen Weiden an den Ufern war hier nicht einmal zwanzig Schritte breit. Und doch war kaum einen Steinwurf entfernt ein kleines Kloster im Hasenried entstanden.

Gottfried-Deocar begrüßte Karl wie einen lang vermissten Klosterbruder. Natürlich bot er erneut Unmengen von Hasen für Karls Heer an. Noch ehe Karl ablehnen konnte, loderten bereits die ersten Feuer an den Hängen auf. Jetzt merkte auch der fromme Einsiedler, dass Karls Gefolge nichts von mönchischer Enthaltsamkeit nach den Regeln des großen Benedikt von Nursia zu halten schien.

Der Alpenübergang war schwer und dauerte viele Tage. Dennoch waren Karl und seine Krieger froh, dass sie den Winter nicht in Stürmen, Eis und Schnee, sondern im milderen, wenn auch nach längst vergangener Pracht, Knoblauch und altem Käse riechenden Pavia zubringen durften.

Während der Fastenzeit des Jahres 781 wurde Karl eine weitere Tochter geboren und auf den Namen Gisela getauft. Das Osterfest fiel auf den 14. April. Zum zweiten Mal zog der König der Franken mit einem Teil des Heeres nach Rom. Diesmal nahm er auch seine Familie mit.

Papst Hadrian salbte die Söhne des Königspaares. Und weil Karl den Namen Karlmann, den sein schmählicher Onkel und sein ungeliebter Bruder geführt hatten, nicht mehr in seiner Familie hören wollte, taufte der Papst Karls vierjährigen Sohn Karlmann auf den Namen Pippin um. Er ernannte ihn zum König von Italien und seinen dreijährigen Bruder Ludwig zum König Aquitaniens.

Karl wusste sehr wohl, dass beide Titel für seine minderjährigen Söhne nicht mehr als »Unterkönig« bedeuteten. Er hätte sie auch selbst ernennen können, doch die Vereinbarung mit Hadrian sollte beiden Seiten zugutekommen. Der Papst verlieh die Titel samt offizieller Anerkennung des Karl'schen Anspruchs. Im Gegenzug erhielt er das Land Sabrina bei Rom für seinen Kirchenstaat.

Nachdem all dies geregelt und bei einem großen Ostermahl mit Lamm- und Ziegenbraten gefeiert worden war, unterhielten sich Hadrian und Karl über den Islam und Kalif al-Mansur mit seiner neuen Hauptstadt Bagdad, über die Kaiserin Irene von Konstantinopel, über Alkuin, Fergil, Bonifatius und die Visionen des Kirchenvaters Augustinus und letztlich auch über Tassilo III. von Baiern und seine Anstrengungen, besser als Karl zu sein.

»Ich habe erneut einen Brief aus Baiern bekommen«, sagte der Papst. »Er stammt von Arbeo von Freising, der ja Franke ist und dich hoch einschätzt, sich aber stets loyal gegenüber Tassilo verhalten hat.«

»Warum schreibt er dir Briefe?«, fragte Karl.

»Die bairischen Bischöfe – und ganz besonders Arbeo von Freising und neuerdings Fergil von Salzburg – berichten mir sehr oft von den Erfolgen christlicher Mission bei den Alpenslawen sowie im Puster- und im Donautal. Arbeos letzter Brief hat mir so gut gefallen, dass ich ihn auswendig sagen kann.«

»Dann lass mich hören«, sagte Karl.

Der Papst schloss die Augen und legte den Kopf etwas zurück. »»Das Land der Baiuwaren hat viele dunkle Wälder«, trug er vor, »»aber es ist an vielen Orten auch lieblich anzusehen, reich an Hainen, mit Wein gar wohl versehen. Eisen besitzt es in Fülle, Gold, Silber, Purpur im Überfluss. Und seine Männer sind stark und hochgewachsen. Überall herrschen Menschlichkeit und Nächstenliebe. Die Erde ist sehr fruchtbar und bringt üppige Ernten. Der Boden Baierns ist fast ganz bedeckt von Vieh und Herden aller Art. Honig und Bienen gibt es wirklich in riesiger Menge; in Seen und Flüssen auch zahlreiche Fische. Klare Quellen und Bäche bewässern das Land; es besitzt mehr Salz, als es braucht. Und die Metropolis Radisbona ist uneinnehmbar, aus Quadern gebaut, bewehrt mit hochragenden Türmen und mit zahlreichen Brunnen ausgestattet –‹«

»Hör auf! Hör auf!«, unterbrach der Frankenkönig. »Diese Beschreibung des Paradieses ist ja nicht auszuhalten! Ein Bischof, der sich derartige Briefe an dich erlaubt, sollte lieber die Legenden von Heiligen mit den Girlanden seiner Worte schmücken ...«

»Das hat Arbeo auch schon getan«, lächelte Hadrian. »Baiern ist ein guter Acker für die Sache, an die wir alle glauben.«

»Vergiss nicht, dass kein einziges der Klöster, die Tassilo gegründet hat, der Kirche untersteht. Sie sind Kapellen und Altäre für ihn ... ganz persönliche Schutzräume wie kleine Bollwerke im wilden Waldland ...«

»Mag sein, mag sein«, antwortete Papst Hadrian klug lächelnd, »aber vergiss auch du nicht, dass sich Tassilo mit seinen Klöstern um den Sieg des Glaubens ganz besonders verdient gemacht hat.«

»Er stört mich«, sagte Karl. »Während der Langobardenkriege hat er nicht ein einziges Mal gezeigt, auf welche Seite er sich stellen will.«

»Konnte er das denn?«, entgegnete der Papst. »Sein Weib Liutperga ist die klügste und energischste der drei Töchter von Desiderius. Sie hasst dich, Karl, und niemand kann ihr das verdenken!«

»Nun gut«, brummte Karl, dann aber wurde er wieder hart: »Aber wie kann ich als der König aller Franken Vasgonier, Sachsen und Langobarden in ihre Grenzen weisen und mit diesem ständig aufsässigen Verwandten ständig milde sein?«

»Du musst mir deine Gewissensfragen nicht erklären«, sagte der Papst. »Denn ich verstehe, was dich quält.« Er hob die Mittelfinger beider Hände und rieb sie mehrmals an der Nase. »Zwei Bischöfe«, sagte er dann, »zwei Bischöfe und zwei Grafen aus deinem Heer samt Gefolge müssten als Abordnung nach Ratisbona genügen. Sie könnten Tassilo auffordern, seinen Lehens- und Vasalleneid zu wiederholen.«

Karl lachte abfällig. »Was soll das nützen? Eide wie diese hat er bereits meinem Vater und auch mir geleistet.«

»Tassilo ist allein«, sagte der Papst. »Die Langobarden sind inzwischen von euch beherrscht, die Sachsen raunen nur noch heimlich von Widerstand. Und ich als Papst bin auf deiner Seite. Tassilo muss sich fügen, wenn er nicht untergehen will!«

Karl schob die Lippen vor und dachte nach. Er musterte die Gesichter seiner Berater. Die meisten nickten zustimmend.

»Also verfahren wir wie besprochen?«, fragte der Papst.

Karl nickte. »Meinetwegen«, sagte er und nahm einen Schluck Rotwein.

Sie tafelten und tranken noch eine Weile, hörten Gesängen und Flötenspielen zu, sahen sich Tänzerinnen aus dem Orient an, die der Papst extra für den Besuch des Königs angeworben hatte, und gingen spät in die Kemenaten und Zelte zurück.

Der Aufbruch aus Rom verzögerte sich um einige Tage, weil Hildegard nicht nur das Forum Romanum, sondern auch das halb verfallene Kolosseum, die alten Römerhäuser in Trastevere und das Grab des Apostels Petrus sehen wollte.

Anschließend zog das Heer der Franken gemächlich wieder nach Norden. Karl hatte angeordnet, dass keine Beute gemacht und nur für das Notwendigste geplündert werden sollte. Und während viele Frauen lauthals schrien und sich beklagten, brachten die Landherren und Bauern auf dem Weg von sich aus, was die Gärten und Felder hergaben. Manchmal auch ein paar Schafe, mild geräucherte Schinken, kleine, struppige Mulis, Esel mit Weinschläuchen über dem Rücken, Brot und steinharte, köstliche Käselaibe.

Die Unterwürfigkeit und Ehrerbietung setzte sich bis in die Hauptstadt des Langobardenreiches fort. Mehrere Männer mit großen Namen warteten bereits auf die Rückkehr des Frankenkönigs. In den folgenden Tagen ließ Karl langobardische Adlige, irische Mönche, Kaufleute aus Venedig und Boten aus

Konstantinopel vor. Die meisten baten um die Bestätigung, dass der strahlende, siegreiche und mächtige König der Franken sie kannte und ihnen wohlgesinnt war. Einige jedoch – und nicht die schlechtesten – warfen sich vor ihm in den Staub und flehten lauthals um seine Gnade und einen Platz an seinem Hof. Karl verachtete die Schleimer, die Unterwürfigen und bei ihren Lügen Blinzelnden. Einer von allen gefiel Karl sofort, weil er weder zu hochnäsig noch verflogen auftrat. Er hieß Petrus von Pisa und bat ganz einfach um einen Platz am Hof.

»Und welchen Platz bei Hof willst du?«

»Keinen besonderen«, antwortete Petrus. »Grammatiklehrer vielleicht, Übersetzer von Homer, Plato oder Ovid.«

»Sei uns willkommen«, sagte Karl ohne weitere Nachfragen, denn aus dem großen Speiseraum des Palatium drang der verlockende Duft von Schweinebraten und kross gebackenen Hühnervögeln bis in den Thronsaal der Langobardenkönige.

Zwei Tage später traf auch jener Mann in Pavia ein, der zu den strahlendsten Kämpfern des Wortes in der gesamten Christenheit gehörte. Karl stand an einem Fenster des Langobardenpalastes, als das Lärmen in den Straßen und Gassen wie durch Zauber ausgelöscht wurde. Es war der Klang einiger Silberglöckchen, der die Menschen verstummen ließ. Alkuin kam wie weiland Jesus Christus auf einem Esel in die Stadt. Irische Priester mit lila gefärbten Augenlidern wischten mit Palmwedeln so vorsichtig über den Straßenstaub, dass nichts aufwallte und niemand husten musste.

»Was soll dieses Theater?«, fragte Karl unwillig.

»Alkuin ist dafür bekannt, dass er gern in irgendwelche Rollen schlüpft«, meinte Angilbert. »Und dann gibt er auch anderen einen alten und berühmten Namen.«

»Dann kann er mich ja Karl nennen«, sagte der Frankenkönig und lachte. »Nach meinem Großvater Karl Martell ...«

»Das dürfte ihm wohl kaum gefallen«, sagte Angilbert zögernd. »Alkuin zelebriert seine Rollenspiele nur nach antiken oder biblischen Vorbildern.«

»Müssen wir uns auf diese Kindereien einlassen?«

»Nur wenn du Wert darauf legst, dass Alkuin zu uns kommt.«

»Ist er es wert?«

»Auf jeden Fall«, antwortete Angilbert. »Selbst wenn du dafür den Namen Salomo oder David ertragen müsstest!«

Karl griff nach seinem Schwert. Er holte sehr tief Luft, dann musste er ebenfalls lachen.

Wider Erwarten mochten und schätzten sich die beiden ungleichen Männer vom ersten Augenblick an. Es war, als hätten sich wie selbstverständlich zwei Sichtweisen ein und derselben Seele gefunden. Karl, der körperlich alle Überragende, sah in Alkuin einen Mann, der ihm kaum bis zur Brust reichte, der jeden Satz viel feiner und bedächtiger aussprach als seine an Schmutz und Blut, Rohheiten und raue Sitten gewöhnten Kampfgefährten.

»Was müsste ich dir bieten, damit du mich in allen Dingen unterrichtest und berätst, für die ich bisher keine Zeit hatte?«, fragte der Frankenkönig.

»Ich habe niemals einen König ebenso verehrt wie meine Bücher und die Weisheit«, sagte Alkuin furchtlos. »Ich glaube nicht, dass ich so in Unrast leben könnte, wie es dir Jahr um Jahr gefällt.«

»Und wenn ich dir einen besonderen Rang an meinem Hof und außerdem ein reiches Kloster gäbe?«, fragte Karl. »Einkünfte, von denen du wie ein Fürst leben könntest?«

»Du meinst, ich dürfte frei entscheiden, wann ich bei dir sein will und wann nicht?«, fragte Alkuin interessiert.

»Du sollst antworten, wenn ich dich frage, und deinen Geist, dein Wissen, für mich, den König, zur Verfügung stellen«, sagte Karl. »Als Gegenleistung biete ich dir die Freiheit, ebendies zu tun, wann und wo du die Lust dafür verspürst.«

»Würdest du eine Urkunde mit deinem Namen zeichnen und besiegeln, in der das alles aufgeschrieben ist?«

»Du bist noch klüger, als ich dachte«, sagte Karl lächelnd.

Alkuin neigte leicht den Kopf. »An welche Abtei dachtest du?«

»Kennst du Ferrieres?«

»Nicht ganz so reich wie mittlerweile Lorsch«, sagte Alkuin, »aber ich denke, dass die Abtei mir zunächst reichen würde.«

»Du willigst ein?«, fragte Karl überrascht.

»Man muss zum rechten Zeitpunkt wissen, was man will«, antwortete Alkuin. »Nur eine Bitte und Bedingung habe ich noch.«

»Was ist es?«

»Ich möchte, dass wir in den kommenden Jahren gemeinsam daran arbeiten, dass nicht nur Heeressiege zum Frankenlob gehören, sondern auch Schlachten, die mit Wort und Feder gewonnen werden.«

»Was hast du vor?«

»Es ist zu früh, um alle Einzelheiten zu benennen«, antwortete Alkuin. »Aber ich meine, dass du auch eine Scara francisca der besten Köpfe um dich versammeln solltest.«

»Mein Königshof ist keine Schule mit gelehrten Männern.«

»Noch nicht«, sagte Alkuin nachsichtig, »aber du solltest wissen, dass ich nicht zu dir komme, um ständig Ja zu sagen! Wenn ich dir dienen soll, kann ich es nur auf meine Weise. Du willst und forderst mich – ich will und fordere das Gleiche von dir. Das ist die einzige Brücke, auf der du und ich zusammenkommen können!«

22

Das Dachtelfeld-Massaker

Und wieder fand ein Reichstag rund um »Odins Auge« statt, dem Quellteich, an dem der Fluss Lippe seinen Weg bis zum Rhein weit im Westen nahm. Es war ein großes, ganz besonderes Jahr, und alle wussten es: Karl, der größte König, den die Franken nach Karl Martell und Pippin dem Kurzen gehabt hatten, war vierzig Jahre alt geworden. Bertrada war aus Ponthion angereist. Dazu der gebrechlich gewordene Onkel Bernhard mit Adalhard, dem einzigen Sohn, den er von einer Fränkin hatte und den er deshalb in seinem Altersstarrsinn den vier anderen, mit einem Sachsenweib gezeugten Söhnen vorzog.

Die Edlen aus allen Teilen des Reiches und aus Sachsen kamen mit besonders reichhaltigen Abgaben und Geschenken. Karl nahm sie so selbstverständlich entgegen, wie er sie anschließend als Lohn für besondere Dienste und bewiesene Treue an Grafen und Bischöfe und Äbte weiterverteilte.

Nie zuvor war ein Reichstag ein derartig üppiger Tauschmarkt gewesen. Und jeden Tag trafen neue Botschaften und Gesandte aus fernen Landen ein. Zum ersten Mal erschienen Nordmannen des Dänenkönigs bei einer fränkischen Reichsversammlung. Ihr Anführer Halfdan überbrachte Bernsteinschmuck, getrockneten Fisch, alte Runensteine und Töpfe voll süß eingekochter Waldfrüchte. Und selbst aus höchstem Langobardenadel trafen Geschmeide und Kleinodien ein.

»Ihr ehrt mich alle, die ihr mit Geschenken kommt«, sagte Karl, »doch lieber wäre mir gewesen, ihr hättet Widukind gebracht – und wenn es sein muss, auch am Spieß geröstet und noch mit einer Saufeder in einer Arschbacke!«

Der ganze Hofstaat lachte lauthals über das Bild, das Karl mit seinen Worten gemalt hatte. Sie schlugen sich auf die Schenkel und fanden es vergnüglich, sich einen Sachsenführer vorzustellen, der ihrem König wie erlegtes und am Spieß gebratenes Wildbret aufgetafelt wurde.

»Widukind … am Spieß gebraten …«, grölte Angilbert.

»Mit einer Saufeder …«, wiederholte Graf Cancor lachend.

Sogar der Mundschenk rieb sich beide Hände. »In einer Arschbacke«, überlegte er.

»Und noch dazu der linken …«, kicherte Alkuin.

Erst jetzt bemerkte Karl, was er mit seiner derben Äußerung angerichtet hatte. Er schnaufte einige Male, dann rief er laut: »Ich würde ihm auch mit dem Schwert, dem Wurfbeil, Pfeil und Bogen, mit Messern oder nackt gegenübertreten!«

Er schlug mit seiner Rechten so hart auf den Tisch, dass ein handbreites, drei Fuß langes Bohlenstück abbrach. »Und eines Tages … eines Tages packe ich ihn! Denn nichts kann mich und die frohe Botschaft des Erlösers aufhalten!«

Kurz darauf erschien eine martialisch aussehende Reitergruppe auf kastrierten, besonders großen Pferden, die sofort Karls Interesse weckte. Die Männer gaben sich in gebrochenem Latein als Abordnung des Großkhans der Awaren am großen Donaubogen aus. Karl hatte nie mit ihnen zu tun gehabt, doch ihre Kästen voll rotgoldener Armreife und Halsketten, silberner Zaumzeuge und fein ziselierter Messer verschlugen nicht nur ihm den Atem. Danach führten die Awaren sechs große braune Wallache heran, die fast so schlank wie Stuten aussahen.

»Was wollt ihr dafür?«, fragte Karl, nachdem er sein Erstaunen überwunden hatte.

»Nichts als den Frieden und die Freundschaft des großen Frankenreichs«, sagte der Anführer der stämmigen Awaren. »Mag sein, dass ihr uns immer noch für die Abkömmlinge der kleinäugigen und ihre Kinder fressenden Hunnen und König Attila versteht. Es mag auch sein, dass ihr noch immer den schrecklichen Beschreibungen eures Kirchenvaters Augustinus glaubt, der in Wahrheit niemals einen Hunnen gesehen hat. Aber wir schwören, dass wir nichts anderes als Frieden mit dem großen, stolzen Reich in der Mitte von Europa wollen.«

»Was ist mit Tassilo?«, flüsterte Graf Adalhard Karl zu. Der Frankenkönig nickte.

»Könnt ihr mir sagen, wie ihr zum Baiernherzog steht?«

381

»Nicht gut, eigentlich überhaupt nicht gut«, antwortete der Awarenfürst. »Die Agilolfinger breiten sich immer weiter nach Süden und nach Osten aus. Sie nehmen Friedlichen das Land und schonen keine Rechte. Nicht einmal unsere schönen Pferde als Geschenk konnten sie milde stimmen ...«

»Tassilo!«, warf Karl ein. Und jeder wusste, welches Urteil der König damit ausgesprochen hatte. Es dauerte eine volle Woche, bis das Geben und Nehmen, das Nehmen und Geben langsam ein Ende fand. Alle Abordnungen gelobten Frieden, ehe sie wieder in ihre heimatlichen Gebiete zurückkehrten. Als sich nur noch Franken und einige Sachsen an der geheimnisvollen Quelle des Flusses Lippe aufhielten, erhob sich eines Abends der Sachsenfürst Bruno von seinem Platz am Feuer und kam zu Karl herüber.

»Ist es erlaubt, mit dir zu reden?«, fragte er zögernd. Karl hob den Kopf und schob die Krone, die er die ganzen Tage auf seinem wallenden blonden Haar getragen hatte, etwas zurück.

»Nein, nimm sie nicht ab«, sagte Bruno schnell. »Ich möchte dich als König um eine große Gunst für unsere Stämme bitten.«

»Setz dich!«, sagte Karl lächelnd. »Der Reichstag ist vorbei, und du kannst ohne feierliche Formen reden.«

»Dann bitte ich dich ganz direkt um einen Zug nach Osten«, sagte der Sachsenfürst. »Seit Jahren werden die östlichen Grenzgebiete unserer Gaue von den slawischen Sorben überfallen.«

»Habt ihr nicht Gleiches ebenfalls getan?«, fragte Karl.

»Gewiss«, antwortete Bruno. »Doch nun ist Sachsen kein Verband von freien Stämmen mehr, sondern gehört zu deinem Reich, für dessen Sicherheit an allen Grenzen du als der Frankenkönig die Verantwortung trägst.«

»Hm«, machte Karl verdutzt. »Da hast du recht.« Er schob die goldene Krone wieder nach vorn. »Wenn ich dich richtig verstanden habe, bittest du um einen Sommerzug meines Heeres gegen die Sorben.«

»Genauso ist es.«

»Ich gebe zu, daran habe ich noch nicht gedacht«, sagte Karl nachdenklich. »Ich werde mir die Sache überlegen ...«

Am nächsten Morgen ließ Karl noch einmal die Versammlung der Edlen und der Krieger einberufen. Die meisten wunderten sich über den unerwarteten Befehl. Sie hatten bereits Waffen und Vorräte wieder zusammengepackt. Als alle da waren, erklärte Karl, worum der Sachsenfürst gebeten hatte. Das augenblicklich zustimmende Trommeln auf die Schilde wunderte Karl mehr als alles andere in den vergangenen Tagen.

»Ich glaube, ich bin alt geworden«, murmelte er kopfschüttelnd. »Wie konnte ich vergessen, was mein Heer will!«

Die anderen rechts und links neben ihm lachten.

»Wie kann es anders sein?«, meinte Angilbert und rieb sich beide Hände. »Das Wetter ist sehr gut, und Franken brauchen nun mal jeden Sommer einen Gegner.«

Am nächsten Tag beschloss die Reichsversammlung, das Heer zu teilen. Die Hälfte aller Frankenkrieger sollte zur Sicherung der Sachsengaue westlich der Weser zurückbleiben. Karl selbst aber, der Hofstaat und der gesamte Tross sollten nach Osten bis in die Grenzgebiete der Sachsen an der Elbe vordringen.

Nachdem die Versammlung sich aufgelöst hatte und Karl in sein Zelt zurückgekehrt war, ließ er vier seiner besten Heerführer zu sich rufen. Graf Audulf, der seit dem Tod von Eggihard das Amt des Seneschalls bekleidete, brachte zusammengerollte Pergamente, auf denen all das verzeichnet war, was die Franken über die Sachsen und ihre Schanzwerke wussten.

Zuerst wies Karl Theoderich, den längst bewährten Grafen des Gaus Ripuarien, ein. »Du wirst in sechs Tagen mit der Hälfte der Scaras auf der linken Seite des großen Weserbogens bis zur Porta Westfalica reiten«, sagte er. »Und überall, an jeder Furt, jedem Bachzufluss und jeder Wegeskreuzung, sollen ein paar Berittene zurückbleiben und laut ins Horn blasen, sobald sich Sachsen unter Waffen zeigen.«

»Wachdienst gefällt keinem Krieger«, sagte Graf Theoderich.

»Er ist genauso wichtig wie ein Schwertkampf!«

Theoderich nickte schweigend und verglich seine eigene Pergamentkarte mit den Dokumenten des Königs. »Widukind könnte Verstärkung aus dem westlichen Gau Tilithi vom Weser-gebirge bis Theotmalli erhalten«, meinte er nachdenklich, »aber auch aus dem Gau Threcwithi im Flusstal der Hase oder aus dem Gau Sudberga südlich des Osnings ...«

»Du vergisst die große Sachsenveste ganz in der Nähe«, sagte Karl.

»Meinst du die Widukindsburg?«

»Nein«, sagte Karl kopfschüttelnd, »ich meine die Babelünje im Gau Lidbecki. Dieser umwallte Platz ohne eine einzige feste Mauer ist so groß, dass sich mehr als zehntausend Sachsen unter Waffen oben auf dem Berg verstecken könnten!«

»Ich werde darauf achten«, versprach Theoderich. Karl entließ ihn und befahl die nächsten seiner Heerführer zu sich. Adalgis, der eher zufällig den gleichen Namen wie der letzte langobardische Thronfolger trug, sowie die Grafen Geilo und Worad waren kampferprobte Recken, denen Karl vertrauen konnte.

»Ihr drei sollt gemeinsam mit leicht bewaffneten Reitern und tausendfünfhundert Fußkriegern einige Meilen weseraufwärts bis über Rinteln ziehen, dort über den Fluss setzen und dann in Richtung der Süntelberge vorstoßen, um Widukinds Nachschub von Osten und Norden her abzuschneiden. Ich will nicht, dass ihr euch aufhaltet, sondern nördlich vom Süntel am Wesergebirge entlang zur Porta Westfalica zurückkehrt.«

»Wir werden tun, was wir vereinbart haben«, sagte Adalgis.

»Und was dem Ruhm des Reiches nutzt«, ergänzte Geilo.

»Außerdem werden wir stets Verbindung zu Theoderich halten«, versprach Worad.

»Ich weiß, dass ich mich auf eure Treue verlassen kann«, meinte Karl lächelnd. Dennoch klang auch Ermahnung in seiner Stimme mit, als er sagte: »Setzt nur sehr gute Männer als Boten ein. Und vergesst nicht, dass der Weserbogen mehr Lauscher in den Büschen hat, als uns lieb sein kann. Niemand außer euch vier Grafen sollte erfahren, was wir vereinbart haben ...«

Nachdem er ihnen erklärt hatte, dass er selbst mit dem Rest der Panzerreiter, seinem Hofstaat, seiner Familie und dem Tross bei Uffeln über die Weser setzen und den direkten Weg über den hohen Buhn zur Porta nehmen wollte, ließ er die Pergamente der Sachsengaue wieder einrollen. Der Rest des Tages galt den Vorbereitungen für den Aufbruch in der Frühe des nächsten Morgens.

Kurz vor Sonnenuntergang begann eine Unruhe am westlichen Rand des Lagers. Sie setzte sich schnell bis zum inneren

Kreis fort. Ein halbes Dutzend Scaras geleitete einen schmutzigen, blutverschmierten und total erschöpften irischen Mönch bis zum Feuer des Königs.

»Was ist geschehen?«, rief Karl den Männern entgegen. »Woher kommt der Mönch? Gebt ihm einen Becher Wein, ehe er umfällt!«

»Oh Herr, es ist grauenhaft!«, stöhnte der Ire in einem altmodischen, nur schwer verständlichen Latein. »Dein Königshof an der Hase bei Osnabrück wurde von aufständischen Sachsen niedergebrannt. Männer und Frauen, Priester und Kinder ... allesamt tot ... grausam verstümmelt und verkohlt ...«

Mit beiden Händen umfasste er den ihm gereichten Weinbecher. Er schaffte nicht mehr, ihn zu heben. In diesem Moment ärgerte sich Karl über seine Männer, die nicht begriffen, wie wertvoll dieser verängstigte und dennoch heldenhafte Mönch für sie alle war. Er trat zu ihm und hob den schweren Weinkelch eigenhändig an.

»Komm«, sagte er dabei, »trink und dann setz dich! Ruh dich aus!«

Der Mönch begann zu wanken. Karl umfasste ihn, hob ihn mit Leichtigkeit hoch und setzte ihn auf seinen eigenen Stuhl am Lagerfeuer.

»Bringt Tücher mit frischem Minzesud!« Es dauerte nur einen Moment, bis Karl das Gewünschte erhielt. Ohne sich um die Verwunderung der anderen zu kümmern, legte er die feuchten, scharf und frisch riechenden Tücher über Gesicht und Nacken des Mönches.

»Wie heißt du?«, fragte er.

»Sigulf«, antwortete der Mönch dankbar. »Ich kam mit Alkuin aus York zu dir und sollte am Königshof bei Osenbrugga zu Gottes Wohlgefallen die Messen lesen ...«

»Bist du der Einzige, der überlebt hat?«, fragte Karl ernst. Der junge Mönch begann zu weinen.

»Was weißt du noch?«, fragte Karl einfühlsam.

»Widukind war es ...«, schluchzte Sigulf, »ich habe ihn gesehen ... und er wird in seine Burg bei den Portabergen zurückkehren ...«

Karl richtete sich wieder auf. »Ich will eine neue Heeresversammlung – jetzt sofort!«, befahl er.

Nur wenig später versammelten sich die Großen des Frankenreiches erneut am Lagerfeuer ihres Königs. Die meisten hatten schon sehr viel getrunken. Dennoch besprach sich Karl viele Stunden mit ihnen. Und dann beschlossen sie, nicht auf die Suche nach dem einen Sachsen Widukind zu gehen, sondern für ihre anderen Fürsten die Sorben zu vertreiben.

»Ich weiß, dass es falsch ist«, sagte Karl spät in der Nacht mit einem tiefen Seufzer zu Hildegard und ließ sich hart auf den hölzernen Klappstuhl aus Pamplona in ihrem Zelt fallen.

»Und warum lässt du dann zu, was du nicht billigen kannst?«, fragte sie und trat neben ihn. Er legte einen Arm um ihre Taille. Seine Finger streichelten ihren Leib.

»Nein, Karl, heute Nacht nicht«, sagte sie. »Ich weiß nicht, was mit mir ist, aber ich fühle mich schon seit Wochen nicht mehr gut.«

»Bist du krank? Soll ich die Ärzte rufen?«

»Nein, bitte nicht«, sagte sie und kraulte die Haare in seinem Nacken. »Ich bin nur müde von all dem Herumziehen, von der Sorge um unsere Kinder und von der Angst um dich bei jedem neuen Feldzug und von dem Gedanken, wie du dein immer größeres Reich noch regieren willst.«

»Du meinst also auch, dass ich langsam werde.« Sie beugte sich über ihn, strich ihm die Haare aus der Stirn und küsste ihn auf beide Augenlider.

»Du bist groß, stark und schön«, sagte sie leise. »Und du wirst genauso weitermachen, wie ich dich kennengelernt habe. Nur ich kann nicht mehr … ich fühle mich schwach und verbraucht, und ich weine heimlich darüber, dass ich nicht mehr das Mägdelein bin, das du zu deiner Frau gemacht hast.«

»Ach«, sagte Karl rau und unbehaglich. »Wir sind doch zusammen, und du machst dir einfach zu viele Gedanken … komm, wir gehen schlafen, und ich nehme dich in die Arme.«

»Ich habe Angst, Karl«, sagte sie und bemühte sich vergeblich, ihre Tränen zu unterdrücken.

»Aber wovor denn?«, fragte Karl verständnislos. Er hob die Hände und streichelte ihr Gesicht. »Alles ist gut, und es gibt nichts, was dich quälen sollte!« Sie nickte, wischte sich mit dem Handrücken die Tränen ab und schmiegte sich ganz eng an ihn. Und doch wussten beide, dass etwas anders war als in all den Jahren, in denen sie glücklich und wie unbesiegbare Kinder in Gottes Hand gewesen waren.

»Siege von gestern schärfen kein Schwert«, rief Karl früh am Morgen seinen herangekommenen Edlen vom Pferd aus zu, nachdem sein kleines Heer zum Abmarsch bereit war. »Was nützen euch Stolz und Erfahrung, wenn euch darüber der Siegesmut als Wetzstein für die Klingen viel zu blutleer ist?«

Er brauchte keine Antwort, als er das Zeichen für den Aufbruch gab. In den folgenden Tagen kam Karl gut voran. Jeden Tag ritten bewaffnete Boten hin und her, um die Verbindung zwischen den drei Heeresgruppen zu halten. Und doch ahnte niemand, was nur wenig später geschehen sollte ...

Nicht irgendwelche jungen, kaum zwanzigjährigen Grafen leiteten die Katastrophe im Hinterland ein, sondern erfahrene Heerführer, weitsichtige Edle und Männer, die mit Karl manchen Sieg erfochten hatten.

Anders als Karl, der einen etwas nördlicheren Weg bis zur Weser genommen hatte, kamen die Heere von Theoderich und den anderen Grafen nur langsam durch das üppig grüne Kalletal voran. An der Einmündung des kleinen Baches in die Weser teilten sie sich wie vorgesehen.

Theoderich schwenkte in Richtung Vlotho ab, Adalgis, Geilo und Worad zogen flussaufwärts. Ohne auch nur einen kriegerischen Sachsen zu sehen, setzten sie über die Weser. Am fünften Tag nach der Trennung von Karl erreichten sie bei Einbruch der Dunkelheit eine Hochebene. Unweit davon stürzte ein Wasserfall den Felsen herab. Und genau dort liefen die Franken unter den Grafen Adalgis, Geilo und Worad in eine furchtbare Falle der Sachsen.

Es war, als würden sich die Ereignisse von Roncesvalles in den Pyrenäen noch einmal wiederholen. Doch nicht ein einzelner junger Graf mit einer viel zu schwachen Nachhut versagte vor der Übermacht aus dem Hinterhalt, sondern gleich drei der Edlen, die viele Jahre lang dazu beigetragen hatten, dass das Reich ihres Königs hell über alle anderen Fürsten und Herzöge im ganzen Abendland erstrahlte.

Der Grund war einfach: Sie hatten sich nicht rechtzeitig darauf verständigt, wer die Befehle geben sollte. Sie waren stets Rivalen im Wettstreit um die Gunst des Königs, in ihrer Treue zu ihm und um die höchsten Ehren gewesen. Doch irgendwann hatte sich auch die Todsünde des Neids und der Missgunst in ihre Herzen eingeschlichen. Die Grafen, die schon so oft Schulter an Schulter gekämpft hatten, achteten mehr aufeinander als auf ihre eigentliche Aufgabe. Adalgis, Geilo und Worad sahen nicht einmal die tödlich einfallenden Schatten der Sachsen.

Kopflos und ohne Plan preschten sie auf ihren kleinen Pferden kreuz und quer über den Lagerplatz. Sie brüllten Befehle, und keiner hörte sie. Sie schlugen mit ihren Schwertern zu und trafen nur schwarze Dunkelheit. Jetzt, mitten in der Nacht im dichten Wald der Weserschleife, im Geklirr der Schwerter, unter schwirrenden Bogensehnen und schmerzhaft in Haut und Fleisch klatschenden Pfeilen, wusste kein Frankenreiter und kein Fußkrieger mehr, wem er im Chaos dieser Nacht gehorchen sollte.

»Brecht jetzt nach Norden aus!«, brüllte Graf Adalgis. »Alle zu mir!«, befahl Graf Worad. »Zurück zur Weser!«, gleich darauf Geilo.

Adalgis stürzte vom Pferd. Eine sehr kleine, kaum eine Hand große Sachsen-Wurfaxt mit krummem Stiel hatte seinen Eisenhelm und seine Stirn genau zwischen den Brauen gespalten.

Graf Geilo erkannte, in welcher Not sie waren. Er riss sein Horn vom Gürtel und blies mit aller Kraft hinein. Nur wenige Augenblicke später kam das entfernte Echo zurück. Theoderich, der Getreue, hatte sie gehört. Aber was nützte das alles? Wie sollte er helfen, jenseits des Weserflusses und mehr als drei Meilen entfernt?

Geilo empfand den Pfeil, der die Ringe seines Kettenhemdes dicht unter seinem Harnisch durchbohrte, wie einen lästigen

Bienenstich. Er musste Sachsen abwehren und erschlagen, immer mehr Sachsen … immer mehr Sachsen …

Sein Schwert, das er selbst im Augenblick des Todes nicht losließ, stach durch einen seiner eigenen Männer am Boden und rammte sich so tief in die Erde, dass es ihn wie einen gefällten Baum vom Pferd riss. Geilo weinte, als er starb. Er hörte die Schreie um sich herum und verstand einfach nicht, was geschehen war.

»Verloren«, murmelte er fassungslos »Nieder… niedergehauen auf einem Dachtelfeld … bis auf … den letzten Mann …«

Das dritte Heer des Frankenkönigs mit Reitern, Fußvolk, Tross und allen, die im Schatten der Krieger von der Macht profitierten, hatte inzwischen die fruchtbare Region zwischen den Hartzbergen und der Elbe erreicht. Die angeblich kriegerischen Sorben wagten nur kleine, sinnlose Überfälle auf arme Pilger und Priester, die sich beim Beerensammeln in den Wäldern zu weit vom großen Zug entfernt hatten.

Widerwillig erlaubte der König, dass die sorbischen Bauernkaten und die wenigen kleinen Dörfer in den Waldlichtungen ausgeraubt und danach niedergebrannt wurden. Er wusste längst, dass ihm die Bitte des Sachsenherzogs Bruno weder einen richtigen Gang unter Waffen noch Beute für sein Heer einbringen würde.

Als ihm erneut eine Tochter geboren und vom Erzkaplan auf den Namen Hildegard getauft wurde, erhellte sich sein Gemüt für kurze Zeit. Doch schon wenige Tage nach der Taufe zeigte er sich wieder missmutig.

Er saß am Ufer des Elbestroms und versuchte, seine Getreuen davon zu überzeugen, dass es in diesem Landstrich nichts für sie zu holen gab.

»Wir hätten niemals bis hierher ziehen sollen«, sagte er, während um ihn herum das übliche Lagerleben lärmte. Stromabwärts badeten ein paar Dutzend Männer. Einige Frauen wuschen Kleider und Hemden, Hosen und Stoffwindeln. Weiter flussaufwärts versuchten sich halb nackte Fußkrieger im Fischestechen, andere spielten mit Bällen, jagten hinter eingefangenen und wieder losgebundenen Wildschweinen her, werkelten gelangweilt an

Waffen und Ausrüstungen herum oder lagen einfach nur im Gras und sonnten sich.

Manch einer brach sich einen kleinen Ast von einem Busch, höhlte ihn vom unteren Ende her aus, schnitt Fingerlöcher hinein und löste mit scharfer Messerklinge eine schmale Holzzunge von einem Ende. Überall blies, flötete und pfiff es.

Am Rand des Heerlagers zeigten Gaukler immer wieder ihre längst bekannten Kunststücke. Selbst das Aufstieben bunter Flammenwolken aus Tiegeln und Näpfen interessierte kaum einen der Franken mehr. Und Tänzerinnen zusehen durften sie nach einem neuen Befehl Karls ohnehin erst am Abend.

»Warum genießt du nicht einfach ein paar Tage der Ruhe und des Friedens?«, fragte ihn Bernhard, der all die Jahre stets in seiner Nähe gewesen war, ohne sich jemals nach vorn zu drängen.

Karl antwortete nicht, sondern blickte nach Westen. Ein Fähnlein Scaras in voller Rüstung, mit bunt bemalten Schilden und Lanzen, an denen sowohl der Königswimpel als auch die Farben von Graf Theoderich flatterten, kam zügig auf das Lager zu.

Karl stand auf, gürtete sein eigenes Schwert und schritt dem Fähnlein entgegen. Auch ein paar andere eilten neugierig heran.

»Wir grüßen dich, König der Franken!«, rief der Anführer.

»Ich nehme euren Gruß an und erwidere ihn. Wo kommt ihr her?«

»Der Gaugraf Ripuariens schickt uns, und ich soll dir allein berichten …« Karl sah zur Seite. Bernhard nickte.

»Steig ab, wir gehen ein paar Schritte«, sagte Karl. Der Fähnleinführer der Scaras glitt von seinem Pferd. Er legte Schwert, Schild und Lanze vor die Füße des Königs. Dann setzte er auch noch den Helm ab und legte ihn in seine linke Armbeuge.

»Komm«, sagte Karl und legte einen Arm um die Schultern des jungen, kaum sechzehnjährigen Adligen. Er hatte ihn bereits mehrmals gesehen, aber er wusste nicht mehr, wo er ihn unterbringen sollte.

»Ich heiße Wido«, sagte der Jüngling. »Dieser Sommer ist erst mein dritter im Heer.«

»Wido? Wido? Den Namen kenne ich doch!«, sagte der Frankenkönig. »Bist du mit einem Sachsen namens Wido verwandt?«

»Er war mein Vater.«

»Kommst du mit guten Nachrichten von Graf Theoderich?«, fragte Karl freundlich und zugleich drängend. »Wie geht es ihm, wo steht sein Heer?«

»Der Graf von Ripuarien schickt mich mit der Botschaft, dass der gesamte Weserbogen allein in seiner Hand ist ...«

Karl verstand die harmlos klingende Botschaft sofort. »Was ist geschehen?«, fragte er in düsterer Vorahnung. Der junge Wido sah sich unsicher nach allen Seiten um.

»Wir zogen mit Graf Theoderich westlich des Weserbogens entlang«, berichtete er, und seine Lippen zitterten. »Wir ließen überall einige Bewaffnete zurück und sandten ein ganzes Fähnlein bis zum Stammsitz der Engern. Bei Einbruch der Dunkelheit erreichten wir die Hänge des Wiehengebirges unweit der Porta Westfalica ...«

»Weich mir nicht aus!«, unterbrach Karl zunehmend ungeduldiger. »Sag, was geschehen ist!«

»Graf Theoderich hatte nur noch ein kleines Heer«, fuhr Wido mutig fort. »Unsere Feuer waren bereits gelöscht, als weither Hornsignale durch die Finsternis drangen.«

»Sachsen?«

»Nein, Notrufe des anderen Heeres ...« Wido schluckte und rang nach Worten. »Graf Theoderich ließ sofort Alarm geben, sammeln und über die Weser setzen.«

»Und?«, drängte Karl.

»Selbst wenn wir nur ein paar Atemzüge benötigt hätten ...«

»Was?«

»... wären wir zu spät gekommen.« Wido sah, wie die Adern an den Schläfen des Königs aufquollen, wie seine Lippen hart und sein Blick kalt wurde.

»Zu spät? Du sagst, dass Theoderich zu spät kam?«

»Ja«, antwortete der junge Scara-Krieger. Die Angst vor dem Zorn des Frankenkönigs ließ seine Stimme fast versagen, aber er blieb sich selbst und seinem Auftrag treu.

»Als wir bei Sonnenaufgang die anderen fanden, sahen wir nur noch Blut und Leichen im Gras ... Graf Adalgis vom Sachsenpfeil ins Herz getroffen, Geilo erschlagen, Worad vermisst und alle anderen so grausam niedergemetzelt, wie ich es nie zuvor gesehen habe …«

»Alles verloren?«, fragte Karl tonlos.

»Ja, alles.«

Karl drehte sich abrupt um. Den Kopf bis in die Schultern eingezogen, Fäuste geballt und aschfahl im Gesicht, ging er mit großen, langen Schritten bis zum Ufer der Elbe. Jeder, der ihn so sah, musste glauben, dass sich sämtliche germanischen Götter der Rache, Wotan und Thor, Odin und Freya, in Karl versammelt hatten.

Der Frankenkönig blieb sehr lang am Uferstrand des ungeliebten Stromes stehen. Er hörte nichts und sah nichts mehr. Selbst dass sich seine Krieger in der Nähe plötzlich ganz still und abwartend verhielten, wurde ihm nicht bewusst. Es war der schwärzeste Tag seines Lebens – schlimmer noch als die Niederlage in den Pyrenäen, die seinen heißgeliebten Sohn Roland das Leben gekostet hatte.

Erst gegen Abend gelang es Bernhard, den Wall aus Wut, Selbstzweifeln und Enttäuschung, den der einsam gewordene Frankenkönig am Elbeufer um sich errichtet hatte, mit einem guten Wort zu durchbrechen.

»Lass den Tross zurück, Karl. Du selbst musst jetzt in Eilmärschen zurückkehren, um zu retten, was noch zu retten ist!«

»Was soll ich retten?«, fragte der Frankenkönig mehr sich selbst als den Stiefbruder seines Vaters. »Roncesvalles konnte ich nicht voraussehen … Doch das jetzt, das Massaker vom Dachtelfeld, das ist seit Jahrzehnten die erste echte Niederlage eines fränkischen Heeres! Und ich habe geahnt, in Kauf genommen, dass die Zersplitterung nichts Gutes bringt!«

»Nein, Karl«, sagte Bernhard. »Du bist nicht schuld daran, dass gleich drei derartig versagt haben!«

»Begreifst du nicht, was geschehen ist?«, fragte Karl kalt. »Ein Frankenheer ist von den Sachsen vernichtet worden! Von Wortbrüchigen, getauft und doch noch Heiden, die schon meinem Vater und meinem Großvater Karl Martell wieder und wieder Treue geschworen haben! Und jedermann im Reich und jenseits seiner Grenzen wird davon erfahren!«

»Dann musst du etwas tun«, sagte Bernhard. »Du musst zeigen, wer du bist!«

Karl drehte sich zu seinem Onkel um, legte einen Arm um seine Schultern und nickte abwesend.

»Ich danke dir«, sagte er nur. Und schon in diesem Augenblick bereute Bernhard, was er gesagt hatte.

Wohl nie zuvor hatte ein Heer von Reitern und Fußtruppen einen derartigen Gewaltmarsch zurückgelegt. Weder Alexander der Große noch Quinctilius Varus oder die arabischen Eroberer unter der Fahne Mohammeds hätten ihren Kriegern jemals zugemutet, was Karl von ihnen verlangte. Tagsüber legten sie nicht eine einzige Rast ein; sie aßen, tranken, schliefen auf dem Rücken der Pferde und selbst im Laufen. Noch lange nach Sonnenuntergang ritten die Feuerknechte von Graf Düdo mit Fackeln voraus und markierten den Weg durch die mondlose Nacht.

»Wie macht dieser Mann das?«, stöhnten seine Grafen. »Er muss so tief getroffen sein, dass er nicht mehr bei Sinnen ist ...«

»Aber was will er? Was kann er vorhaben?«

»Feuer im Kopf!«, stöhnte Bernhard. Er hatte sich in seinen Sattel binden lassen. Karl selbst hatte nur noch einen einzigen, alles beherrschenden Gedanken: Er wollte ein für alle Mal Schluss machen mit den Sachsen. In seinen Augen waren sie schlimmer als aufmüpfige Langobarden, Baiuwaren und Aquitanier, doppelzüngiger als lügnerische Araber-Walis und mörderischer als die Vasgonen, die seinen ersten Sohn aus dem Hinterhalt heraus umgebracht hatten.

Nein, mit diesen Sachsen gab es kein Gespräch, keine Verhandlungen und keinen Frieden mehr! Karl war so wild entschlossen, sein Königsrecht durchzusetzen, dass er nicht einmal mit seinen engsten Getreuen ein Wort sprach. Keiner von ihnen hatte Karl jemals in derartig kalter Wut gesehen.

Am vierten Tag nach dem Aufbruch vom Elbeufer erreichte König Karl mit seinen Kriegern, die die furchtbare Strapaze durchgehalten hatten, die Weser bei Minthun. Das kleine Dorf, in dem nur noch Flussfischer und ein paar Bauern lebten, kam

Karl leer und unbewohnt vor. Zum ersten Mal seit vier Tagen wandte er sich an seine Grafen.

»Fragt, wo die Sachsen sind, die ihre Schwerter hier versteckt hielten«, befahl er rau.

»In diesem Fischerdorf?«, entgegnete Graf Adalhard. Sofort schwollen Karls Schläfenadern wieder an.

»Fragt sie!«, wiederholte der König mit gefährlich leiser Stimme. Jedermann spürte, dass es keine dritte Aufforderung geben würde.

»Fünfzig Scaras zu mir!«, sagte er dann, und seine schmal gewordenen Wangenkochen traten scharf und weiß über seinem struppigen, seit Tagen nicht mehr gekämmten Bart hervor.

»Willst du nicht sagen, was du planst?«, fragte Bernhard vorsichtig.

»Was soll ich planen?«, fragte Karl ohne die geringste Regung zurück. »Ich will zum Dachtelfeld reiten und sehen, was geschehen ist.«

»Warum, Karl?«, fragte sein Onkel entsetzt. »Ein König darf doch nicht über das kalt gewordene Blut seiner Getreuen gehen. Dort hängt nur der Geruch von Leichen und Verwesung in der Luft ...«

»Es ist das Blut von Männern, für deren Tod sehr viele Sachsen sterben werden«, sagte Karl dunkel. »Ich will es riechen und mit der Seele trinken, denn diesmal, Bernhard, diesmal werde ich es sein, der das letzte Wort spricht!«

»»Mein ist die Rache«, spricht der Herr«, warnte Bernhard.

»Und woher willst du wissen, ob ich nicht Schwert und Werkzeug des Allmächtigen bin?«

»Du sprichst von einem grausamen, alttestamentarischen Gott«, warnte Bernhard, »ich aber meine den Erlöser ...«

Wenig später billigte der König seinen Männer die längst verdiente Rast zu. Er selbst ritt mit den Panzerreitern auf müden Pferden, mit verschmutzten Schilden und Helmen am rechten Weserufer um den Bergeinschnitt der Porta Westfalica herum. Sie erklommen die steilen Pfade, bis sie bis hinüber zur Buhnhöhe im Westen, zu den dicht bewaldeten Bergen von Vlotho, dem

Bonstapel dahinter und weiter südlich bis fast nach Rinteln sehen konnten.

Karl drehte sich nicht ein einziges Mal um. Denn wenn er es getan hätte, wäre ihm eventuell Rauch aus den Kaminen von Widukinds Stammburg auf der anderen Hügelseite der Porta Westfalica aufgefallen. Und genau das wollte er nicht. Er wollte nicht mehr wissen, in welcher Sachsenveste Getaufte oder nicht Getaufte, »Guerillas« oder Wortbrüchige Zuflucht gefunden hatten. Für ihn zählte nur noch das Wort des Alten Testaments: »Auge um Auge – Zahn um Zahn!«

Es war nicht christlich.

Das Dachtelfeld sah auf den ersten Blick wie eine liebliche, von Haselnusssträuchern und dichten Hollerbüschen durchsetzte Wiese vor den Einschnitten aus, die den Weg durch das Wiehengebirge in das nördliche Flachland freigaben.

Karl ritt an abgebrochenen Zweigen und frisch aufgeschütteten Erdhügeln entlang. Theoderichs Männer hatten barmherzige und christliche Arbeit geleistet. Dennoch hing – wie Bernhard ihm gesagt hatte – ein übler, süßlicher Geruch in allen Blättern, allen Gräsern.

»Wo sind sie?«, fragte Karl immer wieder. »Wo sind die Sachsenfeiglinge, die fast zweitausend Franken aus dem Hinterhalt erschlagen konnten und sich jetzt, im Licht der Sonne, nicht einmal mehr an mich und fünfzig Scaras wagen ...«

»Alle nach Norden ausgewichen«, sagte Graf Adalhard. »Weserabwärts in Richtung Friesengrenze.« Er hatte – unbemerkt von Karl – in den vergangenen Stunden immer neue Botschaften erhalten.

»Was weißt du?«, fragte Karl wie ein Bischof, dem nur die Beichte selbst und nicht ihr Inhalt wichtig war.

»Alle Gaufürsten und Edlen der Sachsen, ihre Anführer und Gefolgsleute sind nach Norden geflohen.«

»Um dann zurückzukehren?«, fragte Karl eisig. »Friesen, Nordmannen und Sachsen gegen mich?«

»Vergiss nicht, dass Widukind der Schwiegersohn eines Nordmannenkönigs ist.«

Karl nickte grimmig. »Wohl wahr«, sagte er. »Aber die Friesen sind keine heißblütigen Langobarden und keine störrischen Baiuwaren!«

»Das stimmt«, sagte Graf Adalhard. »Sie sind der einzige Germanenstamm, der nie herumgezogen ist.«

»Und sie werden auch jetzt nicht ihre kargen Katen verlassen«, sagte Karl mit voller Überzeugung. »Mein Vater hielt sie für ein stures, maulfaules, aber gewitztes Volk, das sich nicht einmal von Bonifatius taufen ließ. Und sie sind keineswegs so dumm, dass sie sich von Widukind zu einem Krieg gegen mich überreden lassen!«

»Was willst du tun?«, fragte Graf Adalhard. Er und die anderen waren erleichtert darüber, dass ihr König wieder sprach. Aber sie irrten sich allesamt: Karl hatte nichts überwunden, nichts verziehen!

Langsam und feierlich ritt er an den frischen Gräbern entlang. Die meisten waren nur durch einfache, aus frisch abgeschlagenen Ästen und Zweigen zusammengebundene Holzkreuze geschmückt. Kein Grab trug einen Namen, und nur auf wenigen der frischen Erdhaufen steckte ein Wappenschild oder ein Speer mit Wimpel.

Karl erinnerte sich bei jedem dieser Zeichen an ein Gesicht, ein Lachen, eine Stimme eines Kampfgefährten. Niemand sah das Zucken seiner Mundwinkel und die Tränen, die ihm bis in den Bart rannen. Er schluchzte immer heftiger, je weiter er sich von den anderen entfernte. Und schließlich weinte er so herzergreifend wie ein Kind.

Er musste weinen, und er wollte weinen!

23

Verdener Blutgericht

Spät am Abend kehrte der Frankenkönig mit seinen eisenklirrenden Panzerreitern zum Heerlager bei Minthun an der Porta Westfalica zurück. Für viele unverständlich, erweckte er den Eindruck, als habe ihn der Ritt zum Dachtelfeld nicht zorniger gemacht, sondern ihm sogar gutgetan. Er sprang wie mit siebzehn, achtzehn Jahren von seinem Pferd, ließ sich von den Bediensteten Helm und Schwertgehänge abnehmen, begrüßte seine Kinderschar und ging mit langen Schritten bis zu Hildegard, die vor dem Königszelt auf ihn wartete.

»Ich freue mich, dass du da bist«, sage sie leise und lächelte. Er merkte sofort, dass es ihr nicht gut ging. »Was hast du?«

»Ach, nichts.«

Karl überlegte einen Augenblick, ob er sie nochmals fragen sollte, doch dann ließ er sich weitere Teile seiner Rüstung abschnallen, lachte laut und rief: »Macht Wasser heiß und werft reichlich Kräuter hinein! Ich will in einem großen Zuber baden!«

»Gelobt sei Jesus Christus!«, murmelte Bernhard, der wieder einmal alles gesehen und gehört hatte. Aber auch er, der Karl schon viele Jahre kannte, ahnte nicht, was wirklich in ihm vorging. Das Heer der Franken brach zwei Tage später in die weglosen, finsteren Wälder des Nordens auf. Die letzten Sommertage waren fast wolkenlos und warm, doch nur in der Nähe der Weser und auf gelegentlichen Lichtungen sahen die Franken die Sonne. Die meiste Zeit zogen sie im gewohnten Halbdunkel unter dichten Baumkronen an Brombeergestrüpp und mannshohen Farnwedeln entlang. Während des ganzen Zuges sahen sie kein einziges Dorf, kein beackertes Feld, keine Köhlerhütte und nicht einmal ein Dach aus Zweigen von Jägern oder Beerensammlern – nur wilden Wald, Wald und nochmals Wald.

Nach den Karten des Seneschalls mussten sie kurz vor der Einmündung der Aller in die sehr langsam nach Norden strömende Weser sein. Karl ließ lagern und die Zelte aufbauen, als plötzlich ein Dutzend Kinder aus dem Wald tobte. Mit fröhlich krähenden Stimmen riefen sie sich gegenseitig »Juhu« und »Ich bin Widukind – du bist Karl« zu.

Sachsenkinder!

Karl ließ sofort anhalten. »Fangt sie!«

Sofort preschten leichte Reiter los. Sie machten sich nicht einmal die Mühe, von ihren Pferden zu steigen, sondern packten die Kinder aus vollem Ritt, wendeten und kehrten sofort zurück. Keiner der vor Schreck sprachlosen Sachsenjungen konnte älter als zehn sein.

Sie sahen nicht anders aus als die Kinder auf den Bauernhöfen der Franken, ein bisschen schmaler und blonder vielleicht, aber ansonsten genauso schmutzig, barfuß und mit offenen Hemden und ausgefransten knielangen Hosen bekleidet. Allesamt trugen Schnurketten um den Hals, an denen Hirschhornscheiben und Eberzähne, kleine Runensteine und Fischknochen hingen. Nur zwei der Jungen trugen gewebte Stoffgürtel mit hölzernen Messerscheiden an der linken Seite.

Karl mochte Kinder. Dennoch trat er ohne ein Lächeln vor sie und musterte sie einen nach dem anderen. »Ihr seid Sachsen?«

Keiner der Jungen wagte zu antworten.

»Ob ihr Sachsen seid, will König Karl wissen!«, sagte Bernhard im Dialekt der Friesen. Zwei, drei der Jungen nickten. Die anderen pressten so trotzig die Lippen zusammen, als wollten sie nie wieder ein Wort sagen. Obwohl er eigentlich nicht wollte, bewunderte Karl den freien Stolz der Jungen.

»Wohnt ihr hier in der Nähe?«, fragte Bernhard. »Ich meine, seid ihr schon immer hier gewesen?«

»Nein, ich nicht«, antwortete der kleinste der Jungen. Die anderen in seiner Nähe stießen ihn verstohlen in die Seite.

»Sei still!«, fauchte der, den Karl und Bernhard als den Anführer ausmachten. Er war einer der beiden mit einem Messer und hatte eher rötliches Haar. Es war, als würde er als Einziger ahnen, welche Verantwortung ihnen ein dunkles Schicksal übertragen hatte.

»Ich bin aus Enger«, krähte in diesem Augenblick der etwa Achtjährige. »Und die hier kommen alle von der Porta –«

398

»Sei doch ruhig, du Narr!«

Karl griff schnell nach vorn. Mit einer Hand hob er den Rotblonden hoch und hielt ihn schweigend am ausgestreckten Arm schräg über sich. Jeder, der schon einmal Ähnliches versucht hatte, wusste, wie schwer und schier unmöglich diese Kraftprobe war. Es war ein großer und ganz persönlicher Machtkampf zwischen dem Frankenkönig und dem schmalen, noch namenlosen Sachsenjungen. Die ganze Zeit starrten sie sich in die Augen. Und dann, ganz plötzlich, brach der junge Sachse zusammen. Seine angespannten Muskeln erschlafften, und heiße Tränen schossen aus seinen Augen.

Karl ließ ihn fallen. Der Sachsenjunge krümmte sich und kroch auf allen vieren bis zu Karls Füßen. »Warum«, heulte er, »warum hast du das mit mir gemacht?«

»Bist du getauft, ein Christ?«, fragte Karl unbewegt.

»Jeder von uns ist getauft.«

»Und warum trägst du dann heidnische Amulette um deinen Hals?«

»Weil Odin, Wotan und die Asen immer noch unsere wahren Gottheiten sind … mächtiger als irgendein Gekreuzigter, der weit entfernt gelebt hat!«

»Glaubst du das?«, fragte Karl drohend.

»Jeder, der Sachse ist, glaubt das!«

»Steh auf!«, befahl Karl. Er streckte seine Hand aus und half dem Sachsenjungen. »Ihr könnt gehen«, sagte er dann. »Berichtet euren Eltern alles, was ihr gesehen habt! Sagt ihnen, dass ich kommen werde und dass ich jeden, der getauft ist und sich dennoch gegen mich erhoben hat, hinrichten werde! Fragt meinetwegen eure Götter. Sie werden euch bestätigen, dass sie machtlos gegen das Evangelium und seine Frankenschwerter sind!«

Die Jungen zogen mit entsetzt aufgerissenen Augen ab. Karl sah ihnen nach, bis sie im Dämmerlicht des Waldes untergetaucht waren, dann drehte er sich um und ging wortlos in sein Zelt.

»Ich habe alles gehört«, sagte Hildegard. »Was ist mit dir geschehen, Karl? Warum kannst du nicht mehr vergeben? Und warum willst du nur noch rächen?«

Sie lag auf einem fellbedeckten Holzgestell und hatte allerlei

Krüge mit heißem Kräutertee und Tiegel mit Tinkturen ihrer Ärzte auf einem kleinen Tischchen neben sich.

»Ich muss«, antwortete Karl. »Sie sind genauso wie die bösartige Krankheit, die dir seit Monaten den Lebenswillen und jede Fröhlichkeit geraubt hat. Wie lange kämpfen Franken schon mit diesen ewig Wortbrüchigen? Einmal muss Schluss sein! Schluss mit den Amuletten, mitternachts brennenden Osterfeuern, mit ausgekochten Pferdeköpfen, die sie schon gegen meinen Großvater Karl Martell nachts auf Stangen aufgestellt haben ... Schluss mit all diesen heidnischen Things und Götzendiensten!«

Am nächsten Morgen erschien Karl äußerlich vollkommen ruhig vor seinen Edlen. Er lachte, scherzte mit seinen Mannen und ließ sich völlig ungewohnt bereits zu früher Stunde einen Becher mit Met geben. Einige spürten, dass dieser Karl ein anderer war als der, mit dem sie jahrelang alle Feinde des Reiches abgewehrt hatten. Doch nur sehr wenige begannen zu ahnen, dass etwas Furchtbares in Kopf und Herz des Frankenkönigs herangereift sein musste ...

»Willst du nicht doch noch einmal bedenken, dass die Verteidigung des Christentums auch Gnade und großmütiges Verzeihen heißt?«, fragte der junge Feuergraf Düdo von Hartzhorn. Karl sah ihn lange nachdenklich an.

»Ja, du hast recht«, sagte er schließlich, »und ich billige auch, dass du als geborener Sachse versuchst, die Männer deines eigenen Blutes vor mir in Schutz zu nehmen ...«

»Ich hätte dich auch nach den Geboten der Bergpredigt gefragt, wenn sich vor uns keine Sachsen, sondern Friesen oder Nordmannen im Wald verbergen würden.«

»Sind die besiegt, steht ihnen Milde zu«, stellte Karl klar. »Nicht aber jenen Schlangen, die wir selbst an unserer Brust genährt haben, die jede ausgestreckte Hand mit gespaltener Zunge liebkosen und ihren Giftzahn einschlagen, sobald du einen Augenblick nicht aufpasst!«

Er blickte zu den leise rauschenden Baumwipfeln empor, durch die das Sonnenlicht wie himmlisches Gefunkel auf ihn herabstrahlte.

»Was ich tun muss, hat nichts mit Messen, Mönchen oder

den Worten der Apostel zu tun«, sagte er, »sondern allein mit göttlicher Gerechtigkeit!«

Der junge Feuergraf legte die Hände gegeneinander.

»Lass sein«, sagte Karl kopfschüttelnd. »Was du versucht hast, ehrt dich, und ich entbinde dich während der nächsten Tage von deinem Dienst. Nimm alle, die als Sachsen geboren sind und mit uns ziehen, und führe sie zur Eresburg zurück.«

Düdo konnte nichts dafür, dass ihm die Tränen aus den Augen rannen. Er wandte sich um und wankte wie ein Betrunkener in das Lager zurück.

Zwei Stunden später brachen die Franken auf. Karls Krieger rückten wie bei einer Treibjagd vor, Schritt um Schritt, Pferdelänge um Pferdelänge. Und ehe die Sonne unterging, waren alle flüchtigen Sachsen an der Einmündung der Aller in die Weser eingeschlossen. Sie ergaben sich kampflos und ohne Widerstand. Sämtlichen Männern, ob Sklave, Bauer oder Knecht, ob Frieling oder Etheling, wurde wortlos bedeutet, Schilde, Waffen und Rüstungen abzulegen. Anschließend wurden jedem ohne Unterschied in Rang und Namen mit kurz gehackten Seilen die Hände auf dem Rücken zusammengebunden.

Es war bereits Nacht, als der Frankenkönig am Ufer der Aller entlangritt. Im Schein der Fackeln blickte er in jedes einzelne Gesicht. Er wollte, dass jeder der gefangenen Sachsen sich von ihm selbst als Herrscher über sie angesehen fühlte.

»Wie viele sind es?«, fragte er nach einer Stunde.

»Ich weiß es noch nicht ... fünf- oder sechstausend vielleicht ...«

»Ich habe Bewaffnete gesehen, die gerade erst mannbar geworden sein können«, sagte Karl. »Fragt diese, wie alt sie wirklich sind, aber lasst euch nicht von falschem Heldentum blenden. Jeder bewaffnete Sachse unter vierzehn soll für einen Zug zusammengestellt werden, der Graf Düdo zur Eresburg folgt. Von dort aus sollen die jungen Sachsen zum Oberrhein bis nach Alemannien geleitet werden. Ich will, dass sie dort unter der Aufsicht von Gaugraf Cancor siedeln.«

»Und was ... geschieht mit den anderen?«, fragte Bernhard ahnungsvoll.

Karl antwortete nicht. Er ging zu seinem neu aufgestellten Zelt und zeigte sich nicht mehr für den Rest der Nacht.

Das Lagerleben an der Aller lärmte am nächsten Morgen bereits seit mehreren Stunden, ehe der Frankenkönig erneut in voller Rüstung mit Helm und Harnisch, Schild und Gehänge für sein Schwert Joyeuse erschien.

»Hildegard geht es nicht gut«, sagte er zu Onkel Bernhard.

»Den gefesselten Sachsen auch nicht.«

»Dann wollen wir sie erlösen«, sagte Karl. Allen fiel auf, wie bleich sein Gesicht war und wie tief seine Augen in ihren Höhlen lagen. Er konnte kaum geschlafen haben. »Ruft alle Edlen und Grafen zusammen!«

Es dauerte keine Viertelstunde, bis Karl von Reitern umringt war, die allesamt Rat und Stimme für sich beanspruchen konnten. Dann wurde es auch im Rest des Lagers ruhig. Nur aus dem Wald zwitscherten und krähten noch die Vögel. Karl stieg ebenfalls auf sein Pferd, nahm seinen Helm in die linke Armbeuge, setzte sich die goldene Frankenkrone auf sein an diesem Morgen eher traurig im Nacken hängendes Blondhaar und sah sich langsam mit versteinertem Gesicht um. Selbst seine Edlen und Vasallen erschraken vor einem König, den sie so noch nie gesehen hatten.

»Ist irgendjemand unter euch, der mir das Recht zu Strafe und Gerechtigkeit insgeheim oder gar offen abspricht?«, rief er mit seiner hellen, lauten Stimme über den Anger am Waldesrand. Alles blieb still. Sogar die Vögel zwitscherten nicht mehr. Auch bei den Männern kein Zischen und kein Murren. Es dauerte eine Ewigkeit, bis zögernd ein paar Schwertknäufe auf Lederschilde schlugen. Nur mühsam wurden es mehr. Nie zuvor hatte der Frankenkönig weniger Zustimmung für etwas erhalten, was bisher weder begonnen noch offen abgesprochen war. Karl neigte den Kopf, ohne wirklich zu danken wie bei vergangenen Heeresversammlungen.

»Alsdann soll jeder der Grafen zwei Schwertschläger bestimmen und jeder Gaugraf fünf von ihnen!«

»Karl, was hast du vor?«, schrie Bernhard wie aus langer Unwissenheit erwachend.

»Mein ist die Rache«, spricht der Herr bereits bei Moses!«, rief Karl noch lauter zurück. »Aus, Ende, Schluss mit den Sachsen! Gott kann sie nicht mehr ertragen! Und ich auch nicht ...«
»Willst du sie alle umbringen?«, zeterte Bernhard.
»Im Namen des Allmächtigen, ja, ja und nochmals ja!«
Viele, sehr viele waren dagegen.
»Das kann er nicht ...«
»... kann er nicht tun!«
»Er kann!«
»Er muss!«
»Schwertschläger zu mir!«, rief der König der Franken. Er ritt an ihnen vorbei, sonderte hier einen Zitternden, dort einen zu Schönen, alle zu schmutzig und blutrünstig Wirkenden aus. Insgesamt blieben fünfundvierzig Männer übrig.
»Hundert für jeden von euch ...«, sagte Karl. »Könnt ihr das schaffen?«
»Nicht an einem Tag oder zweien«, antwortete einer, der schon mit König Pippin gen Pavia geritten war.
»Drei Tage«, sagte Karl. »Ihr habt drei Tage Zeit, dann soll ein jeder von euch mindestens hundert Sachsenköpfe vor mich legen!«

Der Fluss war bereits nach den ersten Stunden rot. Am Abend des dritten Tages waren mehr als viertausend Sachsen enthauptet. Niemand konnte mehr ohne Blut an Schuhen und Kleidungsstücken durch Wald und Wiesen am Ufer der Aller gehen.

Karl und sein Hofstaat wuschen sich flussaufwärts den Tod der Sachsen von ihren Körpern und aus den Kleidungsstücken. Nachdem sie zwei weitere Tage gerastet hatten, verfügte Karl die Todesstrafe für alle Sachsen, die sich nicht taufen lassen oder nicht fasten wollten: »Capitulatio de partibus Saxoniae.«

Auf dem Rückweg bestand der König der Franken darauf, dass sich das Heer erst auflösen sollte, nachdem es einige Tage lang vor den Mauern des Klosters gebetet und gefastet hatte. Zum Abschied übereignete Karl große Teile seines Hofgutes in Dienheim den Mönchen, die ihm mit keinem Wort einen Vorwurf wegen der Vorgänge an der Aller gemacht hatten.

Der Hofstaat zog gemächlich über verschiedene Pfalzen, Domänengüter, Klöster und Abteien bis zum Hofgut Diedenhofen bei Metz. Die letzten Monate des Jahres verliefen ohne Vorfälle von Bedeutung. Trotzdem schienen die schrecklichen Ereignisse wie dunkle Wolken über allen zu schweben. Auch über Karl.

Den ganzen Winter über blieb Hildegard trotz bester Pflege schwach und kränklich. Auch die inzwischen ebenfalls gebrechliche Königsmutter Bertrada litt darunter, dass keine der Arzneien und Kräutertees bei ihrer jungen, immer zarter gewordenen Schwiegertochter anschlugen.

Am 30. April 783, einen Tag vor dem Himmelfahrtsfest, wachte Hildegard nicht mehr auf. Sie war so still und ohne Karl zu belasten gestorben, wie sie gelebt hatte. Erstmals seit vielen Monaten zeigte Karl wieder, dass er auch noch zu anderen Gefühlen als Zorn und Grausamkeit fähig war. Er saß einen Tag und eine Nacht neben der noch im Tod wunderschönen Hildegard, wollte keinen anderen sehen und weinte nur stumm und bitter.

Am Abend nachdem Hildegard begraben worden war, wurden seine Selbstvorwürfe immer lauter. »Ich habe ihr in all den Jahren einfach zu viel zugemutet«, klagte er, während er im Schlafraum seiner Mutter auf und ab lief. »Die frühe Heirat und die vielen Züge, an denen sie oft hochschwanger teilnehmen musste … das alles war zu viel, und ich habe es nicht gesehen!«

»Setz dich, bitte. Deine Schritte sind mir zu groß und viel zu dröhnend.«

Karl blieb erschrocken stehen. »Entschuldige, ich vergaß …«

»Schon gut«, sagte sie, »komm zu mir.«

Karl musste plötzlich daran denken, wie viele Jahre vergangen waren, seit er zum letzten Mal allein neben seiner Mutter gesessen hatte. Er setzte sich und betrachtete ihr alt gewordenes, aber immer noch stark wirkendes Gesicht.

»Es ist nicht alles so verlaufen, wie ich es einst gewünscht, doch leider auch sehr unvollkommen eingefädelt hatte«, sagte sie mit einem tiefen Seufzer. Karl nahm ihre alten, warmen Hände in die seinen. Wie lange hatte er das nicht mehr getan? Er erinnerte sich plötzlich wieder an die ersten Jahre seines Lebens, als seine

Mutter das schönste Mädchen der Welt gewesen war, das ihm ganz allein gehört hatte und das nur für ihn da gewesen war.

In den Jahren danach, als er im alles beherrschenden Hausmeier und späteren Frankenkönig Pippin nicht nur einen unerwarteten Vater, sondern auch einen Rivalen in seiner Liebe zu Bertrada gefunden hatte, war ein erster Bruch zwischen ihnen eingetreten. Der zweite hing mit Karlmanns Geburt zusammen.

»Es tut mir leid, dass ich aus mütterlichem Stolz blind gewesen bin, als es um die Langobardenprinzessinnen ging«, sagte Bertrada leise. Karl schüttelte den Kopf.

»Du hast Himiltrud nicht anerkannt«, stellte Karl fest. »Das war für mich damals noch schlimmer.«

»Ich habe nie etwas gegen diese Friedelehe gehabt«, widersprach Bertrada.

»So lange nicht, bis uns ein Buckliger geboren wurde!«

»Das hatte nichts mit dir, Himiltrud oder dem hübschen, klugen Pippin zu tun! Damals mag dir sehr hart vorgekommen sein, dass du Pippin und Himiltrud verstoßen musstest, doch heute wirst du wissen, dass du mit ihnen kein König der Franken geworden wärst ...«

»Nach altem Recht hat mein buckliger Sohn immer noch einen Thronanspruch«, meinte Karl nachdenklich.

»Ja, und weder er noch seine Mutter haben diesen Anspruch jemals aufgegeben«, meinte Bertrada warnend. »Du musst immer daran denken, dass es nicht nur Freunde und Besiegte gibt, sondern auch Menschen, die ein Leben lang warten können, bis auch auf sie ein Sonnenstrahl fällt. Dein erster Sohn Roland dagegen hätte nicht gewartet − auch wenn er in Sünde gezeugt wurde!«

»Warum musst du mich daran erinnern?«, fragte Karl wehmütig, aber nicht beschämt. »Vielleicht hätte ich irgendwann einen der Päpste überreden können, Roland als meinen wahren Erstgeborenen anzuerkennen!«

»Dazu hätten Jahrhunderte, Jahrtausende vergehen müssen«, sagte Bertrada. »Nicht, was natürlich und wahr ist, zählt, sondern nur, was Macht und Glaube anerkennen.«

»Vielleicht ist Wahrheit nicht nur eine Frage des Zeitpunktes, sondern auch des Preises, den wir dafür zu zahlen bereit sind«, überlegte Karl. Es war viele, sehr viele Jahre her, seit er sich mit seiner Mutter über ebendiese Dinge, wenn auch viel wundergläubiger und kindlicher, unterhalten hatte. Aus irgendeinem Grund kam jetzt die innige Vertrautheit zurück, für die er alle die Jahre weder Sinn noch Zeit gehabt hatte.

»Was ist mit mir?«, fragte er seine Mutter.

»Nichts«, antwortete sie leise und griff nach seinen Händen. »Du hast nur Narben und Verletzungen davongetragen. Nicht durch die Feinde unseres Reiches. Die haben dich hart und so stark gemacht, dass keiner sich mit dir vergleichen kann – kein Fürst, kein Papst, kein Muselmanenherrscher und erst recht nicht jenes Mutter-Sohn-Gespann, das sich Kaiser von Ostrom nennt!« Sie hustete leise, und Karl deckte sie sofort zu. »Ich weiß, dass wir nie wieder so wie früher miteinander sprechen konnten, nachdem dein Vater zuerst mein Ehemann und dann König der Franken wurde. Ich musste damals mehr für ihn als für dich da sein, verstehst du?«

»Und Karlmann?«, fragte Karl rau. »War er nicht auch für dich und alle anderen der eigentliche ... der erste legitime Königssohn von dir und Pippin?«

»Ja«, sagte Bertrada matt. »Eine Zeit lang war es so, aber du musst mir glauben, dass ich stets für deine Gleichberechtigung gekämpft habe ...«

»Wie das?«, fragte Karl verwundert. »Du hast mir nie etwas davon gesagt!«

»Die Langobardenprinzessinnen«, flüsterte Bertrada. »Nicht nur für Herzog Tassilo, den Baiernherrscher ... nicht nur für deinen Bruder Karlmann, der für alle ein kommender Frankenkönig war ...«

»Nein, auch für mich!«, schnaubte Karl und verstand zum ersten Mal, was damals eigentlich vorgefallen war. »Sie sollte der Obolus für meine Legitimität sein ... der Preis dafür, dass Tassilo, mein Bruder Karlmann und auch noch König Desiderius mich nicht als Bastard eines Hausmeiers, sondern als Sohn des Frankenkönigs anerkennen mussten! War dies der Grund dafür, dass ich Himiltrud und meinen Sohn Pippin niemals mehr sehen durfte?«

»Ja, Karl«, antwortete seine Mutter. »Aber du kannst mich
nicht verdammen, denn nach der Heirat Hildegards hast du selbst
niemals den Versuch gemacht, herauszufinden, wo sich deine
erste Frau und dein zweiter Sohn aufhalten …«
»Dafür wäre es jetzt auch zu spät!«, stellte Karl mit einem tiefen
Seufzer fest.
»Er würde deine ausgestreckte Hand nicht nehmen«, sagte
Bertrada. »Und das heißt nicht, dass der schöne Bucklige dumm
wäre! Im Gegenteil. Du solltest ihn als Klügstes deiner Kinder
ansehen, doch nicht als deinen Freund!«
Karl wartete, bis seine Mutter eingeschlafen war. Er blieb
bis zum Morgengrauen an ihrem Bett sitzen. Und ebenso wie
Hildegard wenige Tage zuvor wachte sie einfach nicht mehr auf.
Karl verzieh Bertrada ihre frühe Lust mit einem Hausmeier, der
ihr noch nicht einmal die Friedelehe versprechen musste, um
mit ihr zu schlafen; er verzieh ihr alle Märchen seiner Kinder-
jahre, die Geburt von Karlmann und sogar ihren wahnwitzigen
Versuch, die Königreiche der Franken und der Langobarden
zusammen mit den Herzogtümern von Benevent und Baiern
so durch Familienbande miteinander zu verstricken, dass nichts
mehr möglich ohne sie gewesen wäre.
Als dann auch noch seine jüngste und nach ihrer Mutter be-
nannte Tochter Hildegard starb, brauchte Karl lang, bis er sich
von all den Schlägen einigermaßen erholte. Der neue Zug gegen
die Sachsen war deshalb so selbstverständlich, dass er ihn nicht
einmal befehlen oder vom Reichstag beschließen lassen musste.
Jedermann sah, dass der König Ablenkung und ein paar Siege
brauchte, in denen Blut der Feinde seine Tränen wieder so färbte,
dass alle Franken damit leben konnten.

Der Reichstag im Frühjahr beklagte das dreifache Unglück,
das den König der Franken im Jahr zuvor getroffen hatte. Viele
gaben ihm die Schuld am Massaker im großen Weserbogen,
andere munkelten von einer Strafe Gottes für seine Rache an
den Sachsen, und wieder andere fragten sich, was Karl ohne die
sanfte, von jedermann geliebte Hildegard und die kluge, stets im
Hintergrund dominierende Königsmutter jetzt unternehmen

würde. Selbst seine engsten Berater konnten nicht sagen, wie sich Karl entwickeln würde.

»Ich will nochmals gegen die Sachsen ziehen«, sagte Karl ohne die geringste Regung zu den Versammelten. »Solange Widukind nicht gebrochen ist, dürfen die Sachsen keine Ruhe haben!«

Der neue Feldzug begann unmittelbar nach dem Reichstag. Das Frankenheer kam schnell und ohne Widerstand voran – zu schnell nach Karls Geschmack!

Er zog an den Paderquellen vorbei zum Osning, dem altgermanischen Asenberg. Der Höhenrücken zog sich nach Nordwesten hin bis zum Kloster an der Hase.

Bei Theotmalli ließ Karl anhalten und die beiden längst zerstörten, aber strategisch immer noch wichtigsten Punkte des gesamten Gebietes besetzen. Einer davon war die alte Grotenburg, der andere die Teutoburg. Sie waren an jenen Stellen als Ringwälle errichtet, die seit der Niederlage der Römer unter Quinctilius Varus für jeden Sachsen als Gedenkstätte galten. Und wieder einmal war Karls Gespür richtig. Nur in einem Punkt irrte er sich …

»Sachsen … sie kommen!«, rief ein Wachtposten am äußeren Rand des Frankenlagers kurz vor der Mittagsstunde. »Alarm, Alarm … ein ganzes Sachsenheer rückt an!«

Die anderen lachten nur. Dennoch drang die seltsame Alarmmeldung bis zu Karl durch. Der Frankenkönig schob die Unterlippe vor und nickte.

»Ein Sachsenheer?«, fragte Bernhard kopfschüttelnd. »Seit wann gibt es ein Sachsenheer?«

Erstaunt beobachteten die Frankenkrieger, wie immer mehr Sachsen mit nackten Oberkörpern, blitzenden Armreifen, kurzen und langen Schwertern, Buckelschilden und völlig unterschiedlichen Helmen aus den Wäldern kamen.

»Wie ist das möglich?«, fragten die Edlen in Karls Nähe. »Wie können sie, die nie einen gemeinsamen Anführer hatten, niemals den vereinten Kampf geübt haben, plötzlich mit einem großen Heer gegen uns vorrücken?«

»Durch mich«, sagte Karl kalt. »Durch mich können sie es!«

Die anderen sahen ihn verständnislos an.

»Ich habe den Sachsen ihre Sippen- und Dorfältesten samt
vielen Ethelingen und Frielingen der Stämme genommen. Das –
und nur das – lässt sie auf einmal ihren uralten Drang zur Freiheit
jedes Einzelnen vergessen. Sie haben keine Männer mehr, die
ihnen sagen können, was zu tun ist … nur einen noch!«
»Widukind!«
· »Ja, Widukind … und der macht jetzt in seiner Blindheit den
Fehler seines Lebens!«
Jeder der Umstehenden begriff plötzlich, was der Frankenkönig meinte. Solange die Sachsen Jahr für Jahr ihre eigentliche
Stärke ausgespielt hatten, waren sie nahezu unbesiegbar gewesen.
Auch nach dem Dachtelfeld-Massaker und dem Blutgericht von
Verden hätten sie noch lange den Franken widerstehen können.
Ein Volk ohne starke Führung, bei dem jeder Einzelne ein Geg-
ner der Besatzer und Eroberer war, geschmeidig und den Kopf
zur Taufe neigend, sobald die Franken stark auftauchten, doch
sofort erneut im Widerstand, wenn sich der Feind entfernt hatte,
ein solches Volk konnte niemals besiegt werden. Nicht durch das
Abtrennen der Köpfe von den Gliedern und auch nicht durch das
Abschlachten jedes zehnten Mannes innerhalb von drei Tagen
an der Aller …
Doch nun, zum ersten Mal, verließen die Sachsen den einzigen Pfad, der sie seit den Merowingerkönigen davor bewahrt
hatte, nur noch Vasallenvolk der Franken zu sein. Sie bliesen wie
wahnsinnig in Hörner und in Luren, schlugen auf Pauken und
auf Trommeln und brüllten so laut, dass das ganze Tal unterhalb
der Grotenburg nur noch ein einziger röhrender Lärmkessel war.
Und dann erzwangen sie einen offenen Kampf gegen das beste
und erfolgreichste Heer zwischen den eisigen Nordseewellen
und den kochenden Sümpfen rund um den Vesuv.
Karl wollte diesen Kampf nicht. Er schickte Boten aus, die
noch im allerletzten Moment verhandeln sollten. Er hatte längst
gehört, wovor die Mönche warnten. Sollten Franken und
Sachsen an der gleichen Engstelle zwischen Bergen und Moor
zusammenstoßen, an der vor gut siebenhundertsiebzig Jahren
Arminius der Cherusker die erfahrenen und bestens ausgerüsteten
Legionen Roms in kleine Teile zerschlagen und dann vernich-

tet hatte? Wollte der letzte Sachsenfürst das legendäre Wunder wiederholen? Hatte er deshalb trotz jahrelanger Verluste und der grausamen Schmach am Blutufer der Aller noch einmal Tausende von Sachsenkriegern aus allen Gauen genau in diesem engen Tal bei Theotmalli zusammenholen können?

Und hatte es bei Roncesvalles nicht eine ähnliche, ebenso tödliche Falle gegeben?

Karls Boten kamen nicht weit. Hohn, Spottgeschrei, Steinhagel und Pfeilwolken versperrten ihnen den Weg. Sie mussten umkehren und schließlich sogar fliehen, verfolgt von ersten Horden, die einen ordentlichen Kampfbeginn nicht mehr abwarten wollten. Schwerter und Langsaxe schlugen hundertfach gegeneinander. Die Luft schwirrte vom Eisenklang, den ständig über die Helme fliegenden Pfeilen und vom Dröhnen der gebogenen Schilde. Niemand zählte, wie viele Sachsen bereits im ersten Ansturm der kurzen, heftigen Schlacht ihr Leben verloren. Nach drei Stunden preschten Scaras und leichte Reiter immer wieder von einer Talseite zur anderen. Fußkrieger stürmten die Waldhänge hinauf, aber weder die einen noch die anderen fanden mehr als ein paar kleine Sachsenhaufen, die immer noch todesmutig ihre Waffen hoben, gegen die es aber nicht mehr zu kämpfen lohnte. »Was soll das?«, riefen die Franken ihnen teils ärgerlich, teils gönnerhaft zu. »Gebt auf und verschwindet in eure Wälder, ehe euch König Karl mit der Peitsche taufen lässt!«

Den ganzen Nachmittag wogten die Reiterhorden unterhalb der Grotenburg hin und her. Sie verfolgten sich über Wiesenhänge, traversierten ihre eigenen, brüllenden Scharen von Fußkriegern, stießen an Waldrändern wie Schwert-auf-Schilder-Hagel gegeneinander, bliesen in Hörner und Luren, schlugen auf Paukenfelle und ließen Kinder und Frauen schrill schnatternde, unheimlich ähnlich klingende Anfeuerungschöre singen, keuchen und schreien.

Die frühe Sichel eines bleichen Mondes sah in der Abenddämmerung nur noch die Sieger. Frauen und Kinder sammelten Waffen, Schmuck und Gerätschaften vom zerpflügten Boden auf. Und weit entfernt verfolgten immer noch Reiter die letzten Sachsenkrieger bis in die Passhöhe der Dörenschlucht hinauf.

Karl fühlte sich wie gelähmt. All das, was hier geschah, passte nicht zur guten Botschaft von Friede und Vergebung, zu seinem tiefen Glauben an Vater, Sohn und Heiligen Geist. Anders als sonst ließ er zu, dass Frauen, Kinder und das Gesinde aus dem Tross alles einsammelten, was von den Sachsen übrig geblieben war. Viel kam zusammen an Schwertern, Lanzen und Wurfäxten, an Helmen, Schilden und schmuckverzierten Gürteln, an Armreifen und Halsketten, Trinkbechern, goldenen Spangen und Amuletten aus Bernstein, Eberzähnen und schmalen Scheiben aus Hirschgeweih. Die Franken zogen sich ohne jede Hast in nordwestlicher Richtung zurück. Einige von ihnen fanden Spaß daran, dem Zug mit einem halben Tag Abstand zu folgen und im von Wagenrädern und von den vielen tausend Pferdehufen aufgewühlten Boden weiter nach Beute und Relikten jener großen Schlacht zu suchen, die in der gleichen Gegend bereits vor einem Dreivierteljahrtausend stattgefunden hatte. Und tatsächlich wurden dem Frankenkönig bereits kurz darauf römische Münzen aus Gold und Silber gezeigt, die zur Zeit von Kaiser Augustus geschlagen worden waren.

»Wenn euch so viel daran liegt, dürft ihr noch eine Weile im Sachsenschlamm nach Abfällen stochern«, sagte er, als ihn Krieger zu Fuß um einige Tage Urlaub vom Heeresdienst baten. »Ich bleibe im wiederaufgebauten Königshof an der Asenbrücke, bis die Zeit gekommen ist, wieder nach Süden zu ziehen.«

Nur ein paar gute Beobachter ahnten, dass Karl einen ganz anderen Grund für seine Großzügigkeit haben könnte. Nach der Ankunft an der Asenbrücke bemerkten sie seltsame Veränderung an ihm. Seit vielen Jahren ritt er fast immer in einfachen, oft ausgebleichten und in den Augen seiner Begleiter peinlich zerschlissenen, aber von ihm selbst heiß geliebten praktischen Kleidungsstücken zur Jagd aus. Darüber hinaus hatte er in den kampffreien Tagen während eines Feldzuges nie großen Wert auf feierliche Gewandung gelegt.

Urplötzlich war alles anders. Karl, der auch sonst immer gern geschwommen war, badete auf einmal jeden Tag in der Hase, rieb sich mit Kräuteröl ab, wollte nach jedem Bad frisch gewaschene Unterkleider, Hosen und Wadenwickel haben, dazu Schuhe oder Stiefel ohne Schweißflecken seiner Pferde. Und natürlich war wieder einmal ein Weib im Spiel. Sie war die großäugige, etwas zu vollbusige, aber offenbar sehr anschmiegsame Tochter eines bei Bischof Wiho zum Mönch gewordenen Sachsen-Frielings aus der Gegend von Lidbecki am Nordhang des Wiehengebirges …

Doch dann hieß es eines Abends, dass erneut Sachsen von Osten auf das Kloster und den kleinen Königshof an der Asenbrücke vorrückten. »Wie kann das sein?«, fragte Karl verwundert. Sie saßen als Gäste des Friesenabtes im einfachen, schmucklosen Refektorium. Niemand hatte ihm irgendetwas von einem weiteren Sachsenheer gesagt. »Nur wenige haben die letzte Feldschlacht überlebt. Wo kommen dann auf einmal neue Krieger her?«

»In den kalten Regionen der Nordmannen soll es eine ganz besondere Art von kleinen Nagetieren geben«, sagt Abt Wiho. Seit Alkuin ihn darum gebeten hatte, war der Frankenkönig nicht mehr verstimmt über den Abt des Missionsklosters. »Unsere Seefahrer in Friesland erzählen sich beim Klönschnack gern von den Lemmingen, die wider jede Natur plötzlich in großen Horden aufbrechen und sich dann gemeinschaftlich im Meer ersäufen.«

»Meinst du damit, die Sachsen wissen, dass sie untergehen?«

»Ich glaube schon«, antwortete der Abt. »Und möglichst viele wollen lieber im Kampf um ihre Freiheit sterben als in der Sklaverei.«

»Wer sagt denn, dass sie zu Sklaven werden sollen?«, fragte der Frankenkönig empört. »Wenn sie sich taufen lassen, können sie bleiben, Weiber und Kinder, ihr Land und ihre Anführer behalten. Natürlich nehmen wir uns Geiseln und siedeln auch Bewohner in gefährdeten Regionen um. Doch das hat nichts mit Sklaverei zu tun!«

»Hast du bereits vergessen, welche unsichtbaren Heere jeden deiner Feldzüge begleiten?«, fragte Alkuin und kicherte sehr leise. »Die Sachsen sind Germanen – ebenso wie du! Du träumst vom Paradies, sie aber leben und sterben mit einer anderen Vorstellung des Todes und des Himmels!«

Karl zog die Brauen zusammen. Er schätzte Alkuin in vielen

Dingen, doch wenn er ihm zu weibisch wurde, hätte er ihn am liebsten aus dem Hofstaat verbannt. Außerdem ärgerte es ihn, dass ihn ein Kirchenmann über seine eigenen Ahnen belehren wollte. Alkuin musste bemerkt haben, dass jetzt nicht seine Stunde war. Er legte eine Hand auf seinen Leib und entschuldigte sich mit Verdauungsbeschwerden.

Erst als er weg war, sprachen die anderen weiter. Sie beschlossen, einige sächsische Mönche aus dem Kloster von Abt Wiho als Kundschafter auszuschicken. Die Männer brachen noch in der gleichen Nacht auf – ohne Kutten, bewaffnet wie Frielinge auf der Jagd und teilweise mit Perücken, um die Tonsur und die bis zu den Ohrläppchen hoch geschorenen Haare zu verdecken.

24

Der letzte Sachsenfürst

In den folgenden zwei Tagen bereiteten sich Karls Franken und die mitziehenden Krieger der Hilfsvölker auf eine erneute Schlacht gegen die Sachsen vor. Am dritten Tag versammelte der Frankenkönig alle Krieger oberhalb der Sumpfauen an der Hase. Er ritt in voller Rüstung und begleitet von seinen besten Heerführern langsam an jedem einzelnen Kontingent entlang. »Wir haben vierhundert Scaras zur Verfügung«, berichtete der Marschall. Karl kannte jeden Einzelnen der Panzerreiter mit Namen. Er nahm sich so viel Zeit, dass er jeden ansprechen konnte. Danach kamen die anderen Reiter.

»Wir sind nicht besonders stark mit unseren berittenen Kräften«, meinte der Marschall. »Gut hundert Panzerreiter der Scara francisca sind mit Botschaften und Sonderaufträgen unterwegs, fünfhundert Edle, die mit uns aufgebrochen sind, haben deine Erlaubnis erhalten, auf ihre Güter und in die Dörfer zurückzukehren.«

Karl nickte nur. Seit den Morgennebeln hatte er Halsschmerzen. Je weiter sie sich vom Missionskloster und dem kleinen Königshof an der Asenbrücke entfernten, umso blasser wurden die Farben in der Ausrüstung der Krieger. Sie ritten an Männern vorbei, deren braune, zerlöcherte und verrostete Kettenhemden nichts mehr mit jenen Meisterwerken der Schmiedekunst zu tun hatten, die Karl bisher kannte.

»Ich komme mir vor wie ein Adler, der nicht mehr weiß, wo sein Horst ist«, sagte Karl krächzend, als sie im Königshof zurück waren. »Vierhundert Panzerreiter … tausend, zweitausend Krieger in jeder Waffengattung … und alle zusammen nicht mehr als ein Haufen armer, verlorener Bauern und Knechte.«

Er hustete in ein graues handgroßes Leinentuch. »Und dabei müssen wir alle Läuse und Flöhe, Krätze und Eiterschwären unter den rostigen Eisenringen unserer Rüstungen mehr fürchten als tödlichen Schwertschlag oder den Niederritt.«

»Was willst du?«, fragte Angilbert erstaunt. »So war es immer, und so wird es bleiben, solange Menschen und Völker Kriege führen.«

»In einem wahren Gottesstaat wären keine Kriege mehr nötig«, sagte Karl sinnend. An den nächsten beiden Tagen badete er nicht mehr in der Hase. Es war, als wolle er sich nach einem kurzen Ausflug in die eitle Welt von Angilbert wieder an den harten Dienst im Heer gewöhnen.

Pauken, Pfeifen und Hörner leiteten den neuerlichen Zusammenstoß von Franken und Sachsen ein. Die offene Feldschlacht an der Hase war durchaus kein Kinderspiel, wie manche Franken bereits geglaubt hatten. Niemand von ihnen wusste, woher die Sachsen so viele neue Krieger und Waffen hatten. Und keiner verstand, woher der unglaubliche Kampfesmut der wieder und wieder Besiegten und Geschlagenen kam.

»Lemminge!«, zischte Angilbert, als sich der erste Haufen wilder und halb nackter Sachsenreiter todesverachtend auf schwer gerüstete Panzerreiter der Scara francisca stürzte. Völlig verständnislos mussten Karl und seine Heerführer mit ansehen, wie die Sachsen eine ganz neue, selbstmörderische Taktik anwandten: Jeweils einer von ihnen preschte wie bei einem Turnier mit einem Bündel brennender Fackeln auf die Phalanx der Scaras los, begleitet von schrillen Anfeuerungsschreien von Weibern am Waldesrand, wildem Lurenlärm und einem dichten Schwarm ebenfalls brennender Pfeile, der über seinen Kopf hinwegflog und auf die Frankenreiter niederging.

Die Fackelreiter ritten direkt auf die eingelegten Lanzen der Panzerreiter zu. Und kurz bevor die erste Spitze sie erreichen konnte, rissen sie ihre Pferde herum, warfen eine Art aufgerolltes Netz aus weitem, rapsölgetränktem Stoffgespinst über so viele der waffenstarrenden Verteidiger wie irgend möglich, galoppierten tief geduckt weiter und schleuderten gleichzeitig und so lange ihre Brandfackeln gegen sie, bis sie von Lanzen aufgespießt, von Schwerthieben und weit geschleuderten Wurfäxten getroffen oder den Pfeilen ihrer eigenen Männer so zerhackt waren, dass sie sich nicht mehr auf den Pferderücken halten konnten und zu Boden stürzten.

Entsetzt sah Karl, wie seine besten Männer ihre Schwerter und Schilde nicht gegen Feinde, sondern gegen lodernde Flammentücher erheben mussten, wie ihre Pferde in wilder Panik und mit markerschütterndem Wiehern ausbrachen, bis in die Sumpfauen des Haseufers jagten und so tief einsanken, dass ihre Reiter unter der Last von Helm und Harnisch, Waffengehänge und Beinschilden nahezu klaglos im Sumpf untergingen.

Und dann hörten alle das laute, grausam klingende Lachen jenes Mannes, den auch der König der Franken inzwischen fürchtete und respektierte. Er sah ihn nicht, aber er wusste, dass nur Widukind in der Lage war, ihm derart zuzusetzen.

»Macht Schluss damit!«, befahl der Frankenkönig mit einer Stimme, die so hoch und eiskalt klang, dass niemand von seinen Begleitern wagte, noch irgendeine Frage zu stellen. Die Heerführer preschten über die Uferhänge zu ihren Truppen hinab. Sofort entwickelten sich mehrere Aktionen gleichzeitig. Die Schlacht zwischen Franken und Sachsen wogte hin und her. Sie wurde immer härter. Auch als die Sonne unterging, schlugen Scara-Fähnlein und junge Sachsen-Ethelinge noch immer aufeinander ein.

Karl und seine Berater trafen erst spät am Abend im Refektorium des Missionsklosters ein. Obwohl sie nicht selbst gekämpft hatten, waren sie über und über verschmutzt, stanken nach Rauch, verkohlten Pferdehaaren und fauligem Modder.

»Willst du baden?«, fragte Bischof Wiho.

»Noch so eine Frage, und ich erwürge dich!«, schnaubte der Frankenkönig. Er warf sich in seinen hölzernen Klappsessel, ließ sich Helm, Harnisch und Waffengurt abnehmen und streckte seine langen Beine aus. Der Mundschenk reichte ihm einen Krug mit saurem, schaumlosem Dünnbier. Karl setzte ihn an, trank ihn mit einem Zug aus und rülpste ausgiebig.

»So, ihr Herren«, sagte er hart und vorwurfsvoll zu den Edelsten des Hofes. »Wie konnte das alles geschehen? Warum haben wir nichts von diesem neuen Sachsenheer gewusst? Und warum verlieren wir unsere Besten elendiglich durch Flammenwellen – noch dazu an einem Flussufer?«

Sie sprachen lange darüber, ohne eine Antwort zu finden.

»In welchen Wäldern wachsen sie eigentlich, diese verdammten Heidenheere?«, fluchte Karl, nachdem ihm bereits bei Sonnenaufgang eine starke Ansammlung von Sachsen auf der rechten Seite des Flusses gemeldet wurde. »Woher bekommt Widukind immer wieder Krieger, die doch längst wissen müssten, dass sie nur sterben, aber niemals gegen uns gewinnen können …«

Viele der Sachsen sahen fast noch wie Kinder aus, aber sie warfen sich ebenso mutig wie ihre Väter und Brüder den Franken entgegen. Wieder und wieder wogten Geschrei und Waffenlärm bis zur Furt über die Hase. Die Sachsen waren so wild, dass Karl mit seinen Franken vor den Mauern des Missionsklosters in derartige Bedrängnis geriet, dass ihn nur schnelle, unschöne Schwerthiebe, die eigentlich auf keinem Schlachtfeld als edel angesehen wurden, aus der Einkesselung befreien konnten.

Am dritten Tag wurden die Waffengänge noch grausamer. Niemand hielt sich noch an irgendwelche Regeln. Die Schlacht verlagerte sich am Hasefluss weiter nach Norden. Es schien, als würden die Sachsen Karls Heer in voller Absicht über einen endlosen Ginsteracker bis zu einem der heiligen Bäume am Fluss locken.

»Zur Bramesche!«, schrien helle Frauenstimmen. »Die Götter und Widukind warten auf unseren Sieg an der Bramesche!«

Auf beiden Seiten wurden Verwundete absichtlich überritten, Fußkrieger mitgeschleift und Bogenschützen mit ihren eigenen Bogensehnen erdrosselt. Vergeblich ließ der Frankenkönig seine Männer mahnen. Scaras und Freie, Hörige und Waffenknechte waren inzwischen so verbittert, dass sie in jedem Sachsen nur noch einen tollwütig gewordenen Hund sahen, der gejagt und umgebracht werden musste. Auf der anderen Seite war es nicht anders.

»Erschlagt die Verräter der alten Götter!«, brüllten die jungen Sachsenanführer immer wieder.

»Donar, Wotan und Freya preisen der Toten Tatenruhm …«, riefen die Frauen, die furchtlos und mit entblößten Brüsten zwischen den Sachsen hin und her liefen. Ihr wildes und lüsternes Kreischen peitschte nicht nur ihr eigenes Blut, sondern auch das der Männer auf. Selbst die Uralten, die kaum noch laufen konnten, hinkten und schlurften verzückt mitten durch die Metzelnden.

»Heilig der Wald und die Bäche …«, krächzten sie mit hohen, bebenden Stimmen, »heilig die Länder, die kein Frankenfuß mehr beleidigt.«

Immer neue Sachsen quollen durch die Engstelle zwischen dem Moor im Norden und den riesigen Kalkfelsen nach Süden hin. Als kein Ende der Kämpfe abzusehen war, drehte eine junge Fränkin den Spieß um. Es war Fastrada, die Tochter von Radulf, dem über die Sachsen in Thüringen eingesetzten Grafen. Sie hatte mit ihren Gefährtinnen genau beobachtet, wie die Weiber der Sachsen die Krieger immer dann anfeuerten, wenn sie in so großer Bedrängnis waren, dass sie aufgeben wollten.

»Das können wir auch!«, rief die fast schon dämonisch schöne Tochter von Radulf. »Los, kommt!«

Ohne zu zögern, löste sie die Bänder ihres Mieders und dann auch ihres Hemdes. Mit bloßen Brüsten und lang wehenden schwarzlockigen Haaren rannte sie zum Ufer der Hase, blieb stehen und schwang ihre nackten Arme so, als solle ihr Busen zu einer doppelt nach vorn schwingenden Schleuder werden. Hinter ihr, dann links und rechts neben ihr tauchten andere junge Mädchen aus allen Teilen des Frankenreiches auf: blonde und rothaarige, brünette und schwarzhaarige. Noch nie zuvor hatten die Krieger eine derartig verwirrende Vielfalt von nackten Brüsten gesehen.

»Los, schlagt sie!«, riefen die Mädchen. »Kämpft für uns! Siegt für uns!«

Die Franken staunten mit großen Augen. Aber sie brauchten nur einen kurzen Augenblick, um zu verstehen, was die mutigen Weiber meinten. Und dann warfen sie sich mit gewaltigem Geschrei erneut in den Kampf. Nur wenige Stunden später war alles vorüber. Die Sachsen waren so schwer geschlagen, dass sie kaum noch die Kraft hatten, in die Wälder zu fliehen. Nur Widukind hatte der Frankenkönig kein einziges Mal gesehen.

»Schluss jetzt!«, befahl er, als die Sonne im Westen versank. »Die Sachsen werden nie wieder wagen, in offener Feldschlacht gegen mich anzutreten!«

Er wandte sich um und lenkte sein erhitztes Pferd zum Kloster an der Hasefurt zurück. Seine engsten Gefährten begleiteten ihn. Karl deutete zum Ort, der den Namen Asenbrücke trug. »Dort drüben soll ein Bischof seinen Sitz nehmen. Ich will, dass Gebeine von Heiligen hierhergebracht werden.«

»An welche Märtyrer denkst du?«, fragte Seneschall Audulf. »An Crispin und Crispinian.«

»Aber das geht nicht! Diese beiden Märtyrer liegen im Kloster von Soissons ... dem Kloster, in dem dein Bruder Karlmann zum König geweiht wurde ...«

»Karlmann ist tot«, sagte Karl unbeeindruckt. »Und hier werden jetzt Reliquien nötiger gebraucht als in unseren Stammlanden!«

Er ritt schweigend weiter. Kurz bevor sie die Palisaden und Schutzwälle des Missionsklosters erreichten, sagte Karl doch noch etwas. »Fastrada und die anderen Mädchen sollen heute Abend mit uns tafeln«, meinte er beiläufig. »Sie haben sich eine Auszeichnung verdient ...«

Die nächsten Monate vergingen ohne besondere Zwischenfälle. Karl gründete das Bistum Osnabrugga und ernannte den eigensinnigen Friesenabt Wiho zum ersten Bischof. Dass dies ohne Rücksprache mit Rom geschah, störte keinen der extra angereisten Kirchenfürsten von Lüttich und Utrecht, Würzburg, Eichstädt und Mainz. Nur aus Colonia kam niemand, da Ricolf verstorben und noch kein neuer Bischof geweiht worden war.

Die Franken kehrten zu den Paderquellen zurück. Karl besuchte die dort errichtete Kapelle, danach die teilweise wiederaufgebaute Eresburg. Mit kleinem Heer zog er zur alten Bruniburg und von dort aus erneut weserabwärts bis zum Dachtelfeld. Der Himmel weinte, als sie das Gräberfeld erreichten. Fast alle Erdhügel waren verwüstet, teilweise sogar zu schlammigen Kuhlen ausgespült.

Im Herbst machte der König der Franken die schöne, energische Fastrada zu seinem vierten Weib. Er wusste, dass einige seiner Edlen große Bedenken gegen diese Verbindung hatten. Fastrada hatte mehrfach gezeigt, dass sie Hildegards Kinder nicht leiden konnte. Vielen der Männer galt sie außerdem als eitel, berechnend und herzlos. Doch keinem – nicht einmal Düdo, der sie seit Jahren kannte – gelang es, Karl die schwarzlockige Tochter des Grafen Radulf auszureden.

Beim Maifeld des Jahres 784 wurde beschlossen, doch noch einmal gegen die Reste der Sachsen zu ziehen, denn ein Einziger – der Wichtigste von allen – war immer noch auf freiem Fuß. Karl hatte geschworen, dass dies endgültig sein letzter Feldzug gegen die Sachsen sein sollte. Er selbst zog nach Ostfalen, sein zwölfjähriger Sohn Karl nach Westfalen. Die Siege des Sommers wurden gnadenlos bis in den Winter fortgesetzt. Doch gleichzeitig bildete eine andere Denkweise die ersten Knospen am Hof des Königs. Sein Reich war groß geworden und mit ihm auch der Berg von Akten und Urkunden, Berichten und Eingaben, Beschwerden und offenen Fragen.

Nach außen hin schlug die Frankenmacht immer unduldsamer zu. Jeder Adlige, jeder Heerführer und jeder der vielen namenlosen Krieger brachte nach jedem Feldzug etwas vom Glanz und Ruhm des großen Königs in seine Dörfer und Hütten mit. Wo schon die wahren Ereignisse und Abläufe unglaublich klangen, fügten die Rückkehrer bei jedem Ernteschwatz, beim abendlichen Feuer und in den Armen ihrer Weiber noch diese oder jene Ausschmückung und ganz persönliche Heldentaten hinzu. Auf diese Weise entstand ein strahlendes Bild von Karl und seinem Königtum, das kaum noch etwas mit der Wirklichkeit zu tun hatte.

Obwohl Karl fast trunken von Fastradas nächtlichem Feuer war, spürte er immer stärker, dass ihm die Messen und Gebete nicht mehr den gleichen Halt und Ausgleich gaben wie früher. Lange, vielleicht viel zu lange schon hatte Karl nicht wahrhaben wollen, dass er andere Unterstützung brauchte als die bisherige der Bischöfe, Äbte, Herzöge und Grafen.

Tagsüber und bei Begegnungen mit Männern, Frauen oder Kindern, die keine Franken, sondern Händler, Pilger oder von einem anderen Volksstamm waren, wurde aus der natürlichen und derben Ablehnung, wie sie seit eh und je zwischen Menschen bestand, die sich nicht kannten, eine ganz neue und herablassende Überheblichkeit. Und schon begannen einige zu singen: »Nur wer ein Franke ist, darf aufrecht gehen!«

»So, jetzt kommt deine Stunde«, sagte er deshalb zu Alkuin.

»Was würden mir deine Schüler in York oder die ehrwürdigen Mönche auf der heiligen Klosterinsel Lindisfarne oben im Nordmeer raten? Was kann ich befehlen außer Feldzügen und Strafen?« Der Kirchenlehrer aus York saß an seinem Schreibpult. Er war sehr schlicht gekleidet. Er trug ein Leinenhemd mit langen Ärmeln, ein Wams aus Flachs und einen Wollrock, der bis über die Knie reichte. Die weit geschnittenen Beinkleider und halbhohen Stiefeletten verbargen nur unvollkommen seine dünnen, deutlich nach außen gebogenen Beine. Als einziger Mann am Hof trug Alkuin kein Fleischmesser mit Hirschhorn- oder Eisengriff an seinem gewebten Gürtel, sondern eine Reihe von Schlaufen für eine ganze Sammlung von Schreibbleistücken, Federkielen und Spitzmessern, dazu Parfümphiolen, Salzfässchen und einen Tiegel für die lila Augensalbe irischer Mönche.

Es dauerte lang, bis Alkuin sich einer Antwort bequemte. Zuerst wirkte er abwesend, dann lächelte er kaum wahrnehmbar. »Meinst du, dein Königtum müsste ganz anders sein?«

»Ich bin kein Usurpator und kein Pflug, der alles Alte nur noch ausrottet. Und meine Scaras werden inzwischen nicht mehr als mein Schwertarm der Gerechtigkeit gefürchtet, sondern als apokalyptische Reiter.«

Alkuin holte tief Luft. »Du musstest selbst zu dieser Einsicht kommen«, sagte er. »Wir sollen pflanzen und befruchten, aber auch viel mehr lernen und verstehen, was wir von anderen –«

»Ja, ja, ja, Alkuin!«, unterbrach Karl. »Ich weiß ja alles! Und du hast recht! Aber wir predigen und kämpfen mit dem Schwert des Glaubens. Wohl nicht sehr anders als die Sarazenen … wir taufen und bekehren … wir bringen Liebe unter die Menschen – und wir erschlagen sie, wenn sie nicht wollen!«

»Ich fürchte, fürchte, fürchte«, murmelte Alkuin.

»Was?«

»Ich fürchte, dass du beichten solltest!«, sagte Alkuin besorgt. »Du bist unsicher in deinem Glauben, denkst, dass du über Tradition oder gar den Verstand der Dreieinigkeit von Vater, Sohn und Heiligem Geist näher kommen könntest. Aber das geht nicht, solange du vergisst, dass unser Glaube nichts mit Wissenschaft oder gar philosophischen Erkenntnissen der alten Griechen zu tun hat …«

»Sondern?«

»Ganz allein mit Erlösung.«

»Und wir?«

Alkuin strich sich über die Lippen. Er stand auf, seufzte mehrmals vor sich hin und ging mit sorgfältig abgezirkelten Schritten vor dem König der Franken auf und ab. Karl kannte das bereits und ließ ihn gewähren. Ganz plötzlich und mitten in der Bewegung blieb Alkuin stehen. Den linken Fuß halb angehoben, balancierte er auf dem anderen und hielt mit den nach beiden Seiten ausgestreckten Armen das Gleichgewicht.

»Wo … wo werden wir in diesem Winter sein?«, fragte er so ernsthaft, als würde von der Antwort wiederum seine Antwort abhängen.

Karl schüttelte den Kopf und brummte unwillig. »Was soll das, Alkuin? Wir werden irgendwo im Lipperland sein, wenn Fastrada ihr erstes Kind bekommt, und dort auch überwintern.«

»Hoffentlich nicht in Lügde!«, sagte Alkuin, obwohl er eigentlich keine Antwort erwartet und auch nicht bekommen hatte. »In dieser Gegend lassen die Heiden zur Osterzeit gewaltige, mit Stroh umwickelte und dann angesteckte Feuerräder über den Berghang zur Weser hinabrollen. Kein guter Platz für einen christlichen König …«

»Oder gerade doch«, sagte Karl aufgebracht. »Dann nämlich könnte ich beweisen, dass auch der größte Feuerzauber die alten Götter nicht mehr zurückrufen kann!«

»Na schön«, sagte Alkuin nachgebend. »Dann werde ich die kalten Monate nutzen und ein großes Rundschreiben verfassen.«

»In Latein, wie ich annehme«, meinte Karl sarkastisch.

»Ja, selbstverständlich«, sagte er. »Ich werde eine Anleitung für das rechte Leben, das rechte Sprechen und das rechte Schreiben verfassen …«

»Na ja!«, sagte Karl mühsam beherrscht, und seine Augen blitzten.

»Ja, lach nur!«, stieß Alkuin mit plötzlich aufflammendem Eifer hervor. »Aber auch du wirst meine ›Epistola de litteris colendis‹ lesen und dafür sorgen, dass sie befolgt wird! Überall in deinem Königreich! Und von allen!«

Draußen sammelten sich bereits einige Mönche und Angehörige des Hofstaates. Karl hob die Hände. Sollten sie hören, wie er mit Alkuin stritt! Es war nicht leicht, Frieden zu schaffen.

»Und viele weitere Episteln!«, wütete Alkuin, »Vorschriften, Gesetze, nach Kapiteln geordnet ... Capitularien ... Anweisungen ... gesiegelte Urkunden ...«

»Ja, ja, für alles, für jedes«, rief der König der Franken laut, »den Stand der Sonne ebenso wie für die Zahl der Körner an einem Dinkelhalm ...«

»Lach nur!«, presste Alkuin eiskalt zwischen seinen geschminkten Lippen hervor.

»Nein, gar nicht«, sagte Karl schmunzelnd. »Niemand lacht hier!«

Karl, der sich in Lügde viel lieber mit Fastrada, seinen Kindern und seiner jüngsten Tochter Theodrada beschäftigt hätte, sah sich Anfang des Jahres 785 gezwungen, schon vor dem nächsten Reichstag eine Strafexpedition bis in die äußersten westlichen Gebiete des Reiches zu schicken.

»Wieder einmal die Bretonen!«, stellte Karl fest, als Boten Urkunden, Berichte und Bittschriften der betroffenen Grafen vorlegten.

»Sie haben doch wieder Klöster überfallen und Mönche erschlagen«, sagte Karl, als er mit seinem Hofstaat am gleichen Abend tafelte. »Derartige Zwischenfälle sind keine besonderen Ereignisse.«

»Willst du denn nichts dagegen tun?«, fragte Angilbert, der sich monatelang in Friesland nach ein paar hübschen und ertragreichen Latifundien umgesehen hatte.

»Mich ärgern weder die störrischen Nachkommen der Kelten am stürmischen Nordwestzipfel Europas noch Nordmannen,

Vasgonen oder Awaren«, stellte Karl fest. »Der einzige Punkt, der mich wirklich ärgert, ist die Feigheit der Lüge. Sollen sie tumb sein wie Herzog Tassilo von Baiern, verkalkt wie die Langobarden, größenwahnsinnig wie die Statthalter jenseits der Pyrenäen … Mich ärgert nur der Verrat von denen, die mir Wahrheit und Treue geschworen haben!«

»Und wenn sie mussten?«, fragte Angilbert provozierend.

»Wenn ihnen sonst der Kopf abgeschlagen worden wäre?«

Karl stand auf. Für einen endlosen Augenblick bewegte sich nichts im Speisesaal des Winterquartiers von Lügde.

»Wenn ich nicht Treue schwören kann, dann will ich lieber sterben!«, sagte er schließlich.

»Ja, du vielleicht«, sagte Angilbert. »Andere könnten den Wunsch haben, noch ein klein wenig weiterzuleben … Was ist ein Schwur? Und was ein Leben?«

Er sah sofort, dass Karl ihn nicht verstand. Glücklicherweise musste Angilbert seine Position nicht weiter verteidigen. Am Eingang zum Speisesaal wallten Schnee- und Regenwolken herein. Drei Wappenträger mit einem Dutzend Knechten taumelten herein.

»Wir haben gehört, dass Aquitanien brodelt«, stieß der erste hervor.

»Boten von der Burg Fronsac melden, dass sich in Bordeaux und Perigaux Männer zusammenrotten«, keuchte der zweite.

»Und in Blutritualen schwören sie auf die Farben von Herzog Waifar und seinem Vater.«

»Die also auch«, sagte Karl und lachte abfällig. »Mein ganzes Reich ist wie ein Körper, der bald von dieser und bald von jener Krankheit befallen werden kann, wenn es nicht durch guten Rat und eine starke Kraft behütet wird.«

»Du kannst nicht alles gleichzeitig beobachten!«

»Ganz recht, und deshalb brauchen wir überall die besten Bischöfe und Äbte und viele andere Vasallen, deren Klugheit groß genug ist, um mich bei meiner Sorge um das Reich, den Schutz der Grenzen und die Verwaltung meiner Güter zu entlasten.«

Karl überlegte einen Moment, dann befahl er, dass eine Expedition offiziell bis nach Hispanien ziehen sollte, inoffiziell aber den Auftrag erhielt, möglichst langsam und unter den verschiedensten Vorwänden kreuz und quer durch Aquitanien zu streifen und die Farben des Königs zu zeigen.

Bereits am nächsten Tag, als die Expedition ausrückte, trafen andere Boten ein. Sie wurden unverzüglich vorgelassen, als Karl erfuhr, dass sie Nachrichten über Tassilo brachten.

»Offensichtlich beginnt er nach einer Reihe von ruhigen Jahren, wieder seine eigene Politik zu machen«, meinte Karl, nachdem er alles gehört hatte.

»Wahrscheinlich sieht er Möglichkeiten bei den Awaren im Osten und bei seinem Schwager, dem Herzog des langobardischen Reststaates Benevent«, stimmte Angilbert zu.

»Vergesst Konstantinopel nicht«, gab Alkuin zu bedenken. »Benevent ist die Nahtstelle der fränkisch-byzantinischen Beziehungen. Ostrom hat den Unruheherd an der nördlichen Grenze seiner italienischen Besitzungen stets gefördert. Aber gegenwärtig droht wohl kaum Gefahr, denn die Spannungen im Inneren des Ostreiches und die unruhige Grenze zu Persien würden jede militärische Aktion in Italien zum Risiko machen ...«

Karl durchdachte die komplizierte Situation. Er konnte sich Alkuins Argumenten nicht verschließen, blieb aber trotzdem misstrauisch.

Schon eine Woche später erhielt er die Bestätigung: In Kärnten waren baierische Truppen mit fränkischen Kontingenten von Erich, dem Markgrafen von Friaul, aneinandergeraten. Als Karl davon erfuhr, lächelte er nur. Es schien, als wären ihm Störungen in den Provinzen seines Reiches auf einmal sogar recht ...

Beim Reichstag an den Paderquellen erschien der siebenjährige Ludwig in vasgonischer Gewandung. Er trug einen rundgeschnittenen Mantel mit weiten Ärmeln über ebenfalls weiten Beinkleidern und gespornten Stiefeln. In seiner Rechten hielt er einen kleinen Wurfspieß.

Nach vielen Zeichen der Milde und Großzügigkeit erlebten die Versammelten ihren Karl noch unversöhnlicher, als es Pippin der Kurze und Karl Martell jemals gewesen waren. Denn plötzlich brach der ganze jahrelang angestaute Zorn und Grimm gegen jene, die sich ihm in den Weg gestellt hatten, so hart hervor, dass fast alle erschraken und verstummten. Und bis zur Auflösung des Reichstags wagte keiner der Edlen und Kirchenfürsten, den neuen Gesetzen laut zu widersprechen.

»Ab sofort gilt die Todesstrafe für jeden, der sich Karls Anordnungen widersetzt«, verkündeten die Königsboten schon wenig später in allen Teilen des Reiches. »Und für alle Heiden gibt er nur zwei Möglichkeiten – entweder Taufe und Christentum oder den Tod!«

Doch das war noch nicht alles …

»Wer dabei ertappt wird«, riefen die Königsboten drohend, »dass er zu den alten Göttern betet … dass er Pferdefleisch isst … dass er das Osterfasten nicht einhält … sich an kirchlichen Gebäuden vergreift – Tod! Tod! Tod! Und alle Sachsenfestungen jenseits der Weser werden zerstört.«

Und dann trat ein, was Karl, Alkuin und Angilbert in langen nächtlichen Gesprächen geplant und Schritt für Schritt vorbereitet hatten.

»In seinem Wunsch nach Frieden zwischen den Völkern bietet König Karl dem edlen Sachsen Widukind letztmals die Taufe und zugleich Vergebung an. Zum Zeichen seiner Milde will König Karl eine Tochter Widukinds mit allen Privilegien in seiner Pfalz in Aachen aufnehmen. Widukind selbst soll die Gelegenheit zu Einkehr und Besinnung im Kloster Reichenau auf der Insel Mainau im Bodensee erhalten.«

Kein Frankensieg hatte den letzten Sachsenfürsten unterwerfen, kein verlorenes Heer seinen Widerstand brechen können. Er hatte Jahr um Jahr immer mehr Heiligtümer seines Volkes, Burgen und Gaue, Waffen und Schätze verloren. Tausende von Edlen und eine ungenannte Zahl von Kriegern und Bauern und Knechten, Frauen und Kindern, Alten und Jungen waren im aussichtslosen Kampf um die Freiheit und die Verteidigung der Weserfestung umgekommen. Keine der alten Volksburgen, keine germanischen Götter, kein finsterer Wald und kein Mut der Verzweiflung hatten die Franken aufhalten können. Und doch war Widukind bis zuletzt nicht einen Fußbreit von jenem

Eid abgewichen, dessen Erfüllung er vor vielen Jahren unter dem Vollmond von Marklo an der Weser geschworen hatte. Gegen das Schwert der Franken hätte er sich bis zum Schluss gewehrt. Aus den Fesseln ihrer harten christlichen Gesetze gab es keinen Fluchtweg mehr ...

Nachdem Botschaften und Garantien ausgetauscht waren, ritt der Sachsenfürst mit seinen letzten Getreuen und einem fast endlosen Zug von ärmlichen Weibern und Kindern zum Hofgut Attigny. Als auch Karl mit seinem Gefolge dort eingetroffen war, kam es zur ersten Begegnung zwischen ihnen. Selbst Karl musste die Zähne zusammenbeißen, als er nach langer Zeit erneut mit Widukind zusammentraf. Als alle anderen gegangen waren, setzten sie sich an einem breiten Bohlentisch gegenüber. Vor ihnen standen zwei goldene Kelche mit rotem Wein.

»Es ist vorbei«, sagte Karl schließlich. Sein jahrelanger Hass zerschmolz im Mitleiden mit dem mutigsten und ehrenvollsten Gegner, den die Franken jemals gehabt hatten. Widukind sagte kein Wort, doch als Karl seinen Weinkelch hob, zog Widukind gleich. Sie tranken sich zu und blickten sich fest in die Augen.

»Ich würde, wenn du es zulässt, gern dein Taufpate sein ...«

»Um mich noch einmal vor aller Augen zu demütigen?«, fragte Widukind beherrscht, aber tonlos.

»Nein«, antwortete Karl, »um dir als größtem aller Sachsenfürsten die Hand zu reichen!«

»Ich war nur einer unter vielen«, sagte Widukind. »Wir Sachsen hatten nie einen gemeinsamen Herzog oder König wie andere Völker. Und wie du siehst, ist uns der Versuch so schlecht bekommen, dass es uns als ein freies, stolzes und wehrhaftes Volk nicht mehr gibt!«

Karl sprach auch in den folgenden Tagen lang mit Widukind. Er sorgte dafür, dass die Taufe des ersten und zugleich letzten gemeinsamen Anführers der Sachsenstämme den feierlichen Rahmen fand, der weder Scham der einen noch Überheblichkeit der anderen zuließ. Er schenkte Widukind ein handgroßes, bursaförmiges Reliquiar aus Holz, das mit Silber und Goldblech beschlagen und auf der Schauseite mit kleinen emaillierten Zelleinlagen geschmückt war. Zwölf Kasteneinfassungen mit

Halbedelsteinen und antiken Gemmen umgaben sternförmig den Lagenstein mit einem feinen Perlenkranz in der Mitte. Als Gegengeschenk überreichte Widukind dem Frankenkönig seine ovale, flach ausgehöhlte und mit einem vergoldeten Rand versehene Trinkschale aus grünem Serpentin. Es hieß, dass sie schon vor Jahrhunderten aus der römischen Provinz Africa bis zu den Sachsen gekommen war.

»Hast du mein Klosterangebot bedacht?«, fragte Karl. »Oder willst du zur Porta Westfalica zurückkehren?«

Widukind verstand das neue Angebot und schüttelte den Kopf. »Ich könnte dort nicht eine Nacht Schlaf und Ruhe finden. Bei jedem Raunen in den Bäumen, bei jedem Windstoß und erst recht bei Frühlings- und Novemberstürmen würde das Heer der Ahnen mich nur quälen.«

»Was also willst du tun?«

»Wenn du erlaubst, will ich im Kloster Reichenau am Bodensee berichten und von den Mönchen dort aufschreiben lassen, was für uns Sachsenstämme wichtig war.«

Karl stimmte zu. Und als der Papst in Rom von der Taufe Widukinds erfuhr, schickte er Boten in alle Diözesen aus, damit drei Tage lang Glocken geläutet und Dankesgottesdienste gefeiert wurden. Da die Gelegenheit günstig war, regte er an, zur jährlichen Feier des großen Sieges der Christenheit ein kleines Dankopfer einzuführen. »Einmal im Jahr soll ein Pfennig von jedem Christen für den Nachfolger des Apostels Petrus gestiftet werden«, ließ er den Bischöfen und Äbten mitteilen. Fast alle Kirchenoberen lehnten das Ansinnen des Papstes zunächst ab. Nur die Briten, die sich bei ihrem großen, inzwischen auch schon fünfundfünfzig Jahre alten Lehrer Alkuin in seiner Abtei von Ferrieres Rat holten, ließen sich davon überzeugen, dass ein derartiger Peterspfennig auch gewisse Vorteile haben konnte.

»Bedenkt, dass jede Zahlung, sobald sie zur festen Einrichtung geworden ist, auch den Empfänger abhängig und damit duldsamer macht.«

Einige zögerten noch, doch dann stimmte auch einer der berühmtesten langobardischen Grammatiker und Geschichtsschreiber Alkuins weisem Rat zu. Es war der zweiundsechzigjährige Paul Warnefried, genannt Paulus Diaconus, der ohne ein Wort seinen Daumen hob. Danach ging er in seine Zelle zurück, schrieb weiter an der Geschichte der Bischöfe von Metz, als deren Nachkommen die Pippine und jetzt Karl über die Geschicke der Franken und vieler anderer Stämme bestimmten.

Wenige Abende später, als Karls Runde beim Nachtmahl zusammensaß, berichtete der Moselfranke Wigbod, Kaplan und Königsbote Karls, von unerhörten Beschlüssen einer Synode in England. »Sie lesen dort alle Entschließungen sowohl in Lateinisch als auch in ihrer Volkssprache ...«

»Gut«, sagte Karl, als er über verschlungene Wege davon hörte. »Auch wir könnten eigentlich aus ›theudo‹ oder altsächsisch ›thiudisk‹ und althochdeutsch ›diutisc‹ ein Wort wie ›deutsch‹ bei uns Franken einführen. Die Sprache eines Volkes ... stellt euch nur einmal vor, was wir erreichen könnten, wenn jeder Mann, jede Frau und jedes Kind in den Provinzen und den Dörfern uns verstünde ... wenn wir so sprächen, dass es kein Hoch und Niedrig, kein Oben und kein Unten gäbe ...«

»Entsetzlich«, stöhnte Alkuin, »dann würde ja das Volk bemerken, dass wir auch irren können und sogar Fehler machen.«

Erst jetzt mischte sich auch Abt Gottfried vom Klister an der Altmühl ein. »Habt ihr vergessen, was Jesus in Matthäus zwanzig sagt: ›Fürchtet euch nicht vor ihnen! Denn nichts ist verhüllt, was nicht enthüllt wird, und nichts ist verborgen, was nicht bekannt wird.‹«

25

Mit Rom gegen Baiern

Noch im gleichen Jahr ereigneten sich mehrere Vorfälle, die auf den ersten Blick nichts miteinander zu tun hatten, die aber dennoch deutlich machten, wie fließend und unbeständig alles bisher Erreichte war. Noch interessierten die Nachfolger der Hunnen Karl nicht sonderlich, aber er spürte, dass er in Zukunft ein Auge auf die Bewegungen östlich des Herzogtums Baiern haben musste.

»Ich will mehr über die Awaren wissen«, sagte er eines Abends, als er mit Alkuin, dem Erzkaplan und den anderen Männern seines Hofstaates bei Bier und Wein zusammensaß. »Wer sind sie, woher kommen sie, und mit wem müssen wir verhandeln?«

»Die Awaren stammen aus einem fernen Land, in dem das Gold von Greifvögeln bewacht wird«, sagte Seneschall Audulf. »Und ihre Priester, die Schamanen genannt werden, können sich in Pfeile verwandeln und in die Herzen ihrer Feinde fliegen ...«

Alkuin warf ihm einen strafenden Blick zu. »Erzählt wird viel«, sagte er trocken. »Einige sagen, dass die Awaren die Nachkommen von Attila und seinen Hunnen sind. Ich glaube vielmehr, dass sie vom Kaukasus oder aus den fernen Steppen noch weiter östlich stammen. Einige Händler meinen auch, dass sie aus dem goldreichen Altaigebirge kommen.«

»Mein Vater, König Pippin, und auch Onkel Bernhard haben immer gesagt, dass wir Franken von diesen Stämmen im Osten die Erfindung der Steigbügel und des Brustgurtes der Pferde übernommen haben.«

Alkuin gab nur sehr ungern zu, dass er irgendetwas nicht wusste. Diesmal musste er die Schultern und Hände heben. »Das kann durchaus sein«, sagte er.

»Diese Awaren sind sehr schnell zu Pferd und gelten als harte Krieger«, meinte der Marschall.

Alkuin hob erneut die Hände. »Das kann ich nicht beurteilen. Fest steht nur, dass sie als Reitervolk wie Goten, Hunnen und

Vandalen Anfang des fünften Jahrhunderts nach der Geburt des Herrn von Osten gekommen sind.«

»Da war die große Wanderung der Völker und der Stämme doch längst zu Ende«, sagte Karl.

Alkuin nickte. »Sie waren Nachzügler, gewissermaßen«, meinte er lächelnd. »Aber mit einem unvorstellbaren Erfolg. Mitte des sechsten Jahrhunderts erstreckte sich das Reich ihres Großkhans Bajan vom Karpatenbecken bis zum Schwarzen Meer. In jedem Winter drangen sie bis nach Ostrom vor. Und schließlich hat der Khan der Khane sogar die Stadt Konstantinopel belagert und beinahe eingenommen.«

»Und wenn ihm das gelungen wäre, sähe die Welt heute ganz anders aus!«, stellte Karl fest.

»Das kann man sagen«, sagte Alkuin mit einem tiefen Seufzer. »Ich glaube nicht, dass einer von uns hier sitzen würde, wenn die Mauern von Konstantinopel ein wenig schwächer gewesen wären. Ostrom hasst die Awaren immer noch. Aber wir sollten etwas anderes bedenken: In dieser Zeit waren die Langobarden im Donaubecken Nachbarn und Verbündete der Awaren. Der Khan der Khane war sogar mit Alboin, dem großen Langobardenkönig, eng befreundet. Ohne Rückendeckung durch die Awaren hätten die Langobarden Italien niemals erobern können.«

»Auch dieses Kapitel haben wir abgeschlossen«, sagte Karl. »Wie steht es um die Awaren heute?«

»Zuvor noch ein Wort der Erklärung«, sagte Alkuin. »Die Wenden wurden so lange unterdrückt und ausgebeutet, bis sich ein Kaufmann namens Sabo zu ihrem König machte und das Land westlich der großen Donaubiegung befreite. Die Awaren mussten zurückweichen und statt der Zügel ihrer Pferde Hakenpflüge in die Hände nehmen. Und irgendwie hat dann die Fruchtbarkeit des Bodens und das friedliche Bauernleben ihren Horizont klein und engstirnig gemacht. Ihre Khane verloren die Lust am Kampf und an Eroberungen. Und wie den Merowingerkönigen wurde auch ihnen ein sogenannter Jugur als Hausmeier zur Seite gestellt.«

»Wie ist es möglich, dass die Entwicklungen so verdammt ähnlich waren?«, fragte Karl erstaunt.

»Weil alles Leben, jedes Aufblühen und jeder Niedergang wie der Zyklus des Jahres verläuft«, sagte Alkuin. »Im Großen wie im Kleinen ist alles in Bewegung, und alles fließt und wiederholt sich auf irgendeine Art ...«

»Du hast noch nicht gesagt, womit wir heute rechnen müssen.«

»Im Grunde mit den gleichen Bedingungen wie im Frankenreich zur Zeit der Merowingerkönige«, sagte Alkuin nach kurzer Überlegung. »Es gibt einen regierenden Cha-Khan als Khan der Khane mit seinem Hausmeier und die verschiedensten Tar-Khane, die sich wie Fürsten, Herzöge und Grafen fühlen. Mit diesen ziemlich ungeduldigen Unterfürsten steht Tassilo in Verbindung.«

»Kann man mit ihnen reden?«, fragte Karl. Alkuin stand auf, verschränkte seine dünnen Arme auf dem Rücken und ging mit gesenktem Kopf ein paarmal hin und her.

»Ja«, sagte er dann und blieb stehen. »Wenn du den wichtigsten Tar-Khanen einen Vertrag über Frieden und Zusammenarbeit mit dem Frankenreich schickst, wird sich jeder Einzelne von ihnen bevorzugt fühlen. Du musst nur jedem schreiben, dass die Vereinbarung geheim bleiben soll ...«

»Das klingt gut«, sagte Karl zufrieden. »Damit können wir dieses Thema beenden.« Alkuin stand noch immer bewegungslos hinter seinem Platz.

»Ist noch etwas?«, fragte Karl.

Alkuin nickte. »Mir ist gerade eingefallen, dass es doch einen Unterschied zwischen den awarischen Herrschern und den Franken gibt ...«

»Und der wäre?«

»Die Awaren sind keine Christen.«

Ein paar Tage später traf eine Delegation aus Hispanien ein. Das christliche Gerona unterstellte sich mit einem Küstenstreifen vollkommen freiwillig und ohne irgendeinen besonderen Anlass der fränkischen Herrschaft. Karl war gerade dabei, den Abgesandten seinen Dank und seinen Schutz zu versprechen, als aus Regensburg eine eher wirre Nachricht eintraf.

»Es gibt eine Verschwörung gegen dich«, meldeten zwei junge

Männer, die sich als Verwandte von Karls Friedelfrau Himiltrud ausgaben. Sie waren nie zuvor am Königshof gesehen worden.

»Dein Sohn Pippin der Bucklige ...«

»Wie könnt ihr wagen, Pippin so zu nennen!«

»Verzeih, wir wussten nicht ... und jedermann bei uns ...«

»Sprecht weiter!«, befahl Karl kurz angebunden.

»Dein Sohn Pippin lebt seit vielen Jahren in Thüringen. Von dort aus hat er stets Kontakt zu Tassilo in Regensburg gehalten.«

»Ja, und?«, fragte Karl.

»Eine Person hat ihn in den vergangenen Jahren häufiger gesehen«, sagte der ältere der beiden Boten.

»Wer?«, stieß Karl scharf hervor. Die beiden jungen Männer wichen erschreckt zurück.

»Dein Weib, König Karl ...« stotterte der jüngere, »dein Weib Fastrada kennt deinen Sohn Pippin ... sie sind sogar eine Weile zusammen aufgewachsen!«

Karl war so schockiert, dass er keine weiteren Fragen stellte.

»Kein Wort über die ganze Angelegenheit!«, befahl er. Die beiden jungen Männer nickten heftig. Karl wandte sich an seine Berater.

»Das gilt auch für euch!«

»Aber eine Verschwörung ...«

»Du kannst nicht einfach darüber hinweggehen ...«

»Und wieder Tassilo ...«

Karl streckte einen Arm aus und deutete auf den jungen Feuergrafen. »Du!«, sagte er zu Düdo von Hartzhorn. »Du wirst losreiten und dich ganz genau umhören. Nicht als mein Inquisitor, verstehst du, sondern als Händler, der auf Slawen aus ist, die er in Marsiglia an Sarazenen verkaufen will.«

»In wessen Auftrag handele ich?«, fragte Düdo sofort.

»Wie wär's mit König Offa von Mercia?«, schlug der irische Mönch Sigulf vor.

»Den kennt doch kaum jemand in Thüringen und Baiern«, wehrte Karl ab.

»Eben deswegen, wenn du erlaubst«, sagte Sigulf mutig. »Es trifft sicherlich zu, dass sich kaum ein Thüringer oder Baiuware für einen König von East Anglia interessiert. Andererseits wissen aber alle Äbte dort, dass Offa als sehr frommer Christ gerühmt wird, der Jahr für Jahr die Kerzen in Sanct Peter bezahlt. Wenn Graf Düdo seinen Namen nennt, werden zumindest Mönche auf seiner Seite sein und ihm beistehen, so gut sie es vermögen.« »Der Plan gefällt mir«, sagte Karl. »Also los, Düdo! Nimm ein Dutzend Scaras mit. Sie sollen möglichst südländisch aussehen. Verkleidet euch als Sklavenhändler und zeigt nicht, dass ihr auch mit Waffen umgehen könnt. Ihr habt Zeit bis zum nächsten Reichstag, dann will ich alles über Pippin, Herzog Tassilo und alle anderen wissen, die an Verschwörung und Rebellion gegen Krone und Reich auch nur denken!«

Die Bretonen verweigerten erneut Abgaben und Geschenke. Karl schickte Seneschall Audulf mit einem kleinen Heer gegen sie. Audulf eroberte einige Befestigungsanlagen in der bretonischen Grenzmark und brachte Gefangene und Geiseln aus den drei Grafschaften Vannes, Rennes und Nantes zum Reichstag in Worms mit.

»Wie war der Zug?«, fragte Karl seinen Seneschall. Graf Audulf schnippte nur mit den Fingern. Vier Knechte stießen einen knorrigen, weißhaarigen Alten vor Karl.

»Das ist einer der Aufwiegler«, sagte Graf Audulf. »Er stammt nicht aus unseren Grafschaften, sondern vom westlichen Zipfel der bretonischen Halbinsel, in der sich noch immer die keltischen Flüchtlinge aus Britannien behaupten.«

»Wie heißt du?«, fragte Karl. Der Alte antwortete nicht.

»Sie sprechen und verstehen keine von unseren Sprachen«, sagte Graf Audulf. »Und irgendwie erinnern sie mich in ihrer Halsstarrigkeit an die Vasgonen in den Pyrenäen. Der Graf von Vannes hat mehrmals ihre geheimen Versammlungen an einem Ort namens Carnac am Ozean beobachtet. Dort stehen uralte Steinreihen, und ihre Ahnen ruhen in riesigen aufgeschütteten Hügelgräbern.«

»Warum erzählst du das?«, fragte Karl. »Auch Sachsen und andere Heiden halten nächtliche Things ab, treiben Hexenkult und beten Geister an.«

»Nicht so dieser Mann!«, sagte der Seneschall. Er zog eine Pergamentrolle aus seinem Wams. »Ich habe mir übersetzen lassen, was die Bretonen nachts an den Feuern singen – und ich sage dir, es ist Verrat und Aufruhr und –«

»Lies vor!«, befahl Karl knapp. Audulf rollte das Pergament aus. Mit lautem, fremdartig klingendem Sprechgesang las er:

»Wie Drosseln und andere Vögel / in dichten Schwärmen im Herbst / durch die Weinberge fliegen / und Trauben stehlen / gerade so greifen die Franken / zu Beginn der Erntezeit an / und stehlen den Ertrag des Landes. / Sie suchen nach Vorräten, / die in den Wäldern und Sümpfen / oder in Äckern versteckt sind. / Freie Männer werden gefangen / oder sogleich erschlagen, / Frauen und Schafe und Kälber geraubt. / Nichts bleibt unentdeckt, auch nicht, / was mit List versteckt worden ist. / Weder Sümpfe bieten unseren Kriegern Schutz / noch abgelegene Dickichte. / Die Franken wollen nur Beute. / Nur ihre eigenen Kirchen verschonen sie, / die ihre Vorfahren bauten / nach früheren Raubzügen überall, / und alle anderen Dächer / werden zum Opfer von Flammen.«

Karl hatte schweigend zugehört. »Und das singen sie?«, fragte er dann. »An ihren Lagerfeuern?«

»Ja. Dazu tanzen sie um die Flammen und schwören Widerstand bis zum Tod!«

»Da sind die Thüringer wesentlich friedfertiger«, sagte Graf Düdo, der die letzten Worte mitgehört hatte.

»Könnt ihr nicht nacheinander berichten?«, fragte Karl unwillig. »Über was soll ich zuerst zürnen? Über Bretonengejammer oder über Verräter in Thüringen?«

»Ich schlage vor, dass ich zuerst berichte«, sagte Düdo keck. »Meine Nachricht ist so kurz, dass ich mit einem einzigen Namen auskomme ...«

»Los, dann!«, befahl Karl.

»Pippin. Dein Sohn Pippin der –« Buchstäblich im letzten Moment unterbrach ein hohes, bellendes Husten von Alkuin den Feuergrafen. Jedermann in der Runde verstand sofort, was Alkuin getan hatte. Und selbst Düdo errötete plötzlich. Karl stieß die Luft aus seinen Lippen und nickte Alkuin zu.

»Noch einmal gelingt dir das nicht!«, sagte er warnend. Er drehte sich wieder zu Düdo um: »Was wolltest du sagen?«

»Ich meinte deinen Sohn Pippin, der inzwischen ein schöner junger Mann von siebzehn Jahren ist. Er hat Freunde, die denken, dass Pippin Unrecht widerfahren ist. Sie bilden keine Gefahr, solange du selbst stark und erfolgreich bist –«

»Aber sie könnten eine werden«, unterbrach Alkuin, der ganz genau zugehört hatte.

»Streitet euch nicht!«, befahl Karl. Er wandte sich wieder an den jungen Feuergrafen: »Wer zeigt Sympathien für Pippin? Tassilo? Kirchenmänner? Hast du in Thüringen, im Eichsfeld oder im unteren Hartz einen Namen gehört, auf den ich achten sollte?«

»Ja«, platzte Düdo unbedacht hervor. »Fastrada …« Es war die schlimmste und dümmste Antwort, die Düdo von Hartzhorn in seinem ganzen Leben gegeben hatte.

Um die südlichen Angelegenheiten zu ordnen, brach Karl kurze Zeit später zu seinem vierten Italienzug auf. Weder der Alpenübergang noch der Ritt durch die Po-Ebene und die Toskana erbrachte irgendein Ereignis, das in den Annalen vermerkt werden musste. Er erreichte Rom, wurde wie üblich sehr ausführlich begrüßt und besprach mit dem Papst mehrere Tage lang die Lage in den verschiedenen Ländern und Provinzen.

»Ich freue mich, dass du bei den Sachsen ein neues Bistum errichtet hast«, meinte Hadrian anerkennend. »Leider sind wir nicht reich genug, um solche Werke zur Ehre Gottes zu vollbringen, wie sie den Sarazenen möglich sind.«

»Was meinst du damit?«, fragte Karl ahnungslos.

»Du weißt es nicht? Das erstaunt mich, da doch jedermann inzwischen von einem riesigen Gotteshaus, einer Moschee spricht, die Abd al-Rahman, der Emir von Cordoba, in seiner Residenz bauen will.«

»Wir haben nichts davon gehört«, sagte Karl. »Außerdem hatten wir andere Dinge im Kopf.«

»Dann weißt du wahrscheinlich auch nichts von Kaiserin Irene«, meinte Papst Hadrian mit sorgenvollem Gesicht.

»Ich weiß, dass sie nach dem Tod von Kaiser Leo IV. vor sechs Jahren für ihren unmündigen Sohn Konstantin die Vormundschaft übernommen hat«, sagte Karl betont gleichgültig, »aber Ostrom interessiert mich nicht besonders. Ich habe keinerlei Ansprüche an Byzanz.«

Der Papst wusste sehr genau, dass Karls Desinteresse in diesen Fragen nur vorgetäuscht war. Sie hatten nie darüber gesprochen, aber nicht nur im engeren Kreis von Karls Beratern war bekannt, dass Karl nicht einsehen wollte, warum er sich König eines gewaltigen Reiches nennen musste, während die Herrscher im viel kleineren und erstarrten Ostrom den Caesarentitel führen durften.

»Was ist mit Irene und ihrem Sohn?«, fragte Karl vorsichtig.

Der Papst rieb sich mehrmals windend die Hände, ehe er sagte: »Sie hat die Verfolgung der Bilderverehrer eingeschränkt und versucht ständig, mit mir und der Kurie Kontakt aufzunehmen. Und genau dieser Punkt könnte dich betreffen, Karl.«

»Wie meinst du das?«

Papst Hadrian lächelte milde. »Sie soll eine schöne Frau sein, Karl ... mit einem unmündigen Thronfolger für ein Kaiserreich. Ostrom ist durch den gnadenlosen inneren Kampf, in dem Christen von Christen verfolgt, gemartert und ermordet werden, so sehr geschwächt, dass Irene an eine Wiedervereinigung von Rom und Konstantinopel denkt ... sie und du als die weltlichen Kaiser und Vertreter Gottes, ich in Rom als der Vertreter Jesu Christi.«

»Dieser Gedanke kann nur einem kranken Hirn entsprungen sein!«, stieß der König der Franken völlig fassungslos hervor. »Ich bin verheiratet und —«

»Das waren Julius Caesar und Marc Aurel ebenfalls, als sie von Kleopatra für ihre Machtspiele benutzt wurden. Vergiss nicht — Irene ist ebenfalls Griechin. Nach dem, was ich weiß, soll sie zu allem fähig sein, was ihr mehr Macht verleiht! Hätte sie sonst das siebente ökumenische Konzil in Nicäa einberufen und dabei die Bilderverehrung durchgesetzt.«

»Was? Ohne unsere Bischöfe überhaupt einzuladen?«

»So ist es.«

»Dann mag sie durchsetzen, was sie will. Für mich existiert dieses Konzil nicht!«

»Ich hoffte und wusste, dass du so antworten würdest«, sagte der Papst mit einem zufriedenen Lächeln und senkte ganz leicht den Kopf. »Dann wäre da nur noch das Problem Arichis …«

Papst Hadrian beklagte sich lang und ausführlich darüber, dass Arichis, der Herzog von Benevent, immer noch nicht alle Gebiete zurückgegeben hatte, die von der Kurie beansprucht wurden.

Karl versprach, darüber nachzudenken, was dagegen getan werden konnte. Er war nicht sehr an einem Waffengang gegen den Herzog von Benevent interessiert, denn für alle Beteiligten hielt sich der gegenwärtige Zustand so in der Waage, dass keine großen Veränderungen erforderlich waren.

Noch ehe Karl dazu kam, den Fall Arichis mit seinen Beratern zu besprechen, traf von Süden her eine Delegation mit reichen Geschenken für den König der Franken in Rom ein. Damit verbunden ließ Arichis Karl bitten, sein eigenes Gebiet nicht zu betreten.

»Was denkt der Kerl sich?«, fragte Karl verärgert. »Glaubt er etwa, dass sich ein Frankenkönig sein Wort und das besiegelte Recht des Papstes durch ein paar Kleinigkeiten abkaufen lässt?«

»Arichis möchte nur Frieden nach innen und nach außen«, beteuerten die Abgesandten des letzten Langobardenfürsten. Sie sahen allesamt seltsam bleich und hohlwangig aus.

»Wenn ihm das alles so wichtig ist, hätte er selbst kommen sollen, um seinen Wort- und Vertragsbruch zu rechtfertigen!«

»Soll ich ihn holen?«, fragte Karls Seneschall tatendurstig.

Die Umstehenden lachten. »Nicht nötig, Audulf«, meinte auch Karl, »wir werden gemeinsam in Benevent nach dem Rechten sehen. Ich meine aber, dass dieses Herzogtum eine Pufferzone gegen Konstantinopel bleiben sollte.«

Obwohl damit genau das geschah, was Papst Hadrian von Karl erbeten hatte, marschierten die Franken bereits in der folgenden Woche über Gaeta nach Capua. Ziemlich unerwartet kamen eines Abends die Ärzte nach, die Karl bei den Langobarden in Rom zurückgelassen hatte.

»Es steht uns nicht an, deine Planungen zu kritisieren oder dir Ratschläge zu erteilen«, sagten sie vorsichtig, »aber es könnte gefährlich werden, wenn das Heer weiter nach Neapel und Salerno zieht …«

»Jeder Feldzug ist gefährlich«, antwortete Karl wohlwollend. »Aber wir fürchten uns nicht vor den Waffen der letzten Langobarden.«

»Es sind nicht die Waffen der Langobarden, die uns Sorgen machen«, meinten die Ärzte, »sondern sie selbst ... auch die Boten von Arichis waren krank und trugen die schlimme Mückenseuche in sich ...«

»Wo sind sie?«, fragte Karl sofort.

»Tot«, berichtete der Sprecher der Ärzte, »alle tot.«

Karl wusste, was das bedeutete. »Mein Vater, König Pippin, wurde bei seinem letzten Zug durch Aquitanien so von Krankheit geschlagen, dass er wenige Wochen später am bösen Fieber starb.« Er lief mehrmals vor den Ärzten auf und ab.

»Und wenn es Absicht war?«, fragte sein Seneschall.

Karl blieb abrupt stehen. »Du meinst, Herzog Arichis hätte ganz bewusst Fieberkranke zu uns geschickt ...«

»Es muss nicht einmal seine eigene Idee gewesen sein«, meinte Audulf. »Aber Arichis steht in gutem Kontakt zu Konstantinopel ... und mit welchen Mitteln dort gekämpft wird, das wissen wir, seit die Araber immer wieder die Stadt belagern, während gleichzeitig Bilderverehrern und Bilderstürmern kein Mittel zu gemein ist, um sich gegenseitig zu vernichten.«

»Also, wie soll ich entscheiden?«

»Es würde reichen, wenn ein Teil des Heeres weiterzieht ... Freiwillige allesamt ... um Herzog Arichis zur Herausgabe der von Hadrian beanspruchten Güter und Städte zu zwingen sowie zur erneuten Anerkennung der fränkischen Oberhoheit mit jährlichen Tributzahlungen.«

»Und dann heißt es überall, der Frankenkönig fürchtet den Mückenstich mehr als den Kampf der Schwerter!«

»Es geht hier nicht um Mückenstiche, sondern um eine biblische Plage, der das ganze Heer zum Opfer fallen kann ...«

»Dennoch!«, sagte Karl entschlossen.

»Dann lass uns wenigstens bittere Baumrinde verteilen«, baten die Ärzte. »Die Ärzte, die zu Allah beten, behaupten, dass die Mücken ihrer Sümpfe das Bittere im Menschenblut verschmähen.«

Karl nickte nur und kümmerte sich nicht weiter darum, was die Ärzte taten. Allerdings legte er keinen großen Wert mehr darauf, noch vor Weihnachten Salerno zu erreichen. Das Frankenheer blieb in der Nähe der Meeresküste. Erst von Neapel an ließ Karl zu, dass seine Krieger häufiger landeinwärts vordrangen, mehrere kleine Bergstädte eroberten und sich auf den Gutshöfen der Edlen im Herzogtum von Benevent die Beute holten, die ihnen zustand.

Kurz nach dem Weihnachtsfest erreichten höchst ungewöhnliche Nachrichten das Heer der Franken. Während Karl den Winter in Italien verbrachte, war das Herzogtum Baiern von einem schweren Erdbeben heimgesucht worden. Außerdem berichteten Reisende von düsteren und bedrohlichen Erscheinungen. Angeblich wurde das ganze Land durch rote Wolken erschreckt, die in weiten Kreisen über die schneebedeckten Wälder zogen und aus denen immer wieder Schlamm, Fische und Frösche regneten.

Karl hatte noch immer nicht verwunden, dass sein älterer Sohn Pippin zusammen mit dem Baiernherzog eine Verschwörung geplant und dass auch noch Fastrada davon gewusst haben sollte. Alle Befragungen und Untersuchungen waren ohne greifbare Ergebnisse geblieben. Karl hatte lange darüber nachgedacht.

»Was bedeuten diese Vorzeichen?«, fragte er schließlich seine Berater. Er merkte nicht, dass Fastrada leise in das große Zelt eintrat. »Schlecht für mich oder schlecht für Tassilo?«

»Schlecht für Tassilo«, sagte Fastrada. Karl blickte erstaunt auf. »Ich wollte es die ganze Zeit nicht sagen, weil er doch dein Vetter ist. Jetzt aber kann ich nicht mehr schweigen, denn er war es, der Pippin aufgestachelt hat …«

Karl sah seine feurige junge Frau lang an. Sie hielt seinem Blick stand, und nur ihre Lippen öffneten sich ein wenig.

»Ein eidbrüchiger Vasall«, hauchte sie. Karl verlor diese Schlacht. Ihr Bann und ihr Liebreiz waren stärker als sein Misstrauen.

Doch schon kurz nach Epiphanias hielt es ihn nicht mehr in Fastradas Armen. Er befahl den Aufbruch des Hofstaates und machte sich in Richtung Rom auf. Durch einige schnell und ohne schwere Rüstung vorausreitende Scaras befahl er alle auf eigene Faust durch das Herzogtum Benevent streifenden Kriegertrupps direkt nach Salerno. Es kam nicht einmal mehr zu einer Belagerung. Arichis ergab sich und stellte einen seiner Söhne als Geisel. Karl brach den Zug ab. Er wollte so schnell wie möglich nach Norden zurück, um herauszufinden, was in Baiern geschah. Sie lagerten außerhalb von Rom. Karl mochte die halb zerstörten Monumente eines längst vergangenen Kaiserreichs nicht, denn selbst als Ruinen schienen sie ihn, der keine Hauptstadt und nicht einmal einen würdigen Thronsitz hatte, nur zu verhöhnen. Auf ebendiesen mit sich selbst unzufriedenen Frankenkönig trafen am nächsten Tag Gesandte der Kaiserin Irene aus Konstantinopel. Sie befanden sich schon einige Wochen in Rom und hatten gewartet, bis der Zug gegen den Herzog von Benevent beendet war.

»Wir kommen, um deine Tochter Rotrud in allen Ehren an den Hof unserer Kaiserin und ihres Sohnes, des sechsten Konstantin, zu bitten.«

Karl war an diesem Morgen nicht in Stimmung für vornehme Wortgeplänkel. Er streckte seine langen Beine aus, lehnte sich mürrisch zurück und verschränkte die Arme vor der Brust.

»Ihr wollt also meine Lieblingstochter abholen«, sagte er mit gefährlich hell klingender Stimme. Jeder, der ihn kannte, wusste sofort, was das bedeutete. Nur die Abgesandten des Kaiserhauses von Ostrom ahnten nicht, dass sich die mächtige Gestalt des Frankenkönigs innerlich bereits wie ein Katapult spannte.

»Oh ja, wir würden sie mit großer Freude unserem schönen und klugen, reichen und mächtigen Kaiser Konstantin als Gemahlin zuführen.«

»Wer ist die Kupplerin?«, schrie Karl die völlig überrumpelten Männer an. »Irene? Oder die Kurie in Rom?«

Sie wichen stolpernd zurück und hoben die Arme. Karl setzte ihnen nach und streckte ebenfalls die Arme aus. »Kommt, kommt«, lockte er mit seinen Fingern. »Das oströmische Kaiserreich und das Königreich Franken einander zugetan und durch die Bande des Blutes vereint gegen die Krieger Mohammeds – ist es das?«

»Gegen ... alle Feinde ... des Christentums«, stotterte der

Anführer der Delegation. Karl nickte und stützte sich mit beiden Händen auf die Armlehnen seines Klappsessels.

»Seht, ich muss vieles bedenken«, sagte er etwas sanfter, »weil ich heute hier und morgen dort bin. Mich ehrt, dass meine knapp zwölfjährige Tochter Rotrud von einer Kaiserinmutter und einem Kaiser auserwählt wurde. Meine Familie ist meine Heimat, und meine Töchter sind meine Kaiserinnen. Lasst sie mir deshalb noch ein, zwei Jahre …«

»Das wird nicht gehen«, sagte der Anführer der kaiserlichen Delegation. »Wir wissen nicht, wie wir ohne Rotrud nach Konstantinopel zurückkehren sollen!«

»Ihr wisst es nicht?«, fragte Karl ironisch. Die Oströmer, die ihre griechische Abstammung nicht verleugnen konnten, schüttelten allesamt den Kopf.

Karl reckte sich und deutete nach Westen. »Nehmt den Weg den Tiber entlang nach Ostia«, sagte er. »Dort steigt ihr in euer Schiff und segelt durch die Meerenge von Messina und am Peloponnes und den Kykladen entlang bis zum Hellespont. Von dort aus habt ihr es nicht mehr weit bis nach Konstantinopel.«

Die Byzantiner standen mit hochroten Köpfen vor dem Frankenkönig. Sie konnten einfach nicht glauben, dass dieser Mann sie derartig abfällig behandelte.

»Du verweigerst dem Kaiser also deine Tochter.«

»Ich habe zwar keine Paläste, keine Ikonen und keine jahrhundertelang unbesiegte Festung«, sagte Karl, »aber ich handele auch nicht mit meinen Kindern – nicht einmal für die Aussicht auf ein unbezwingbares Weltreich!«

Die Abgesandten des kaiserlichen Hofs von Konstantinopel zogen mit finsteren Mienen ab. Karl blickte ihnen noch lange nach. Er fühlte sich sehr wohl nach dem, was er getan und auch gesagt hatte …

Nur wenig andere erhielten eine ähnliche Abfuhr. Während Karl und das Heer der Franken durch Süditalien zogen, waren zwei der angesehensten Kirchenmänner aus Baiern in Rom eingetroffen. Noch bis zur Rückkehr von Karl versuchten der Bischof von Salzburg – genannt »schwarzer Arn« – und Abt Hunrich vom Kloster Mondsee, den Papst für sich zu gewinnen.

»Ich kann nichts mehr für Herzog Tassilo tun«, sagte Hadrian, als bereits die ersten Hornsignale das Nahen des Frankenheeres ankündigten.

»Aber du warst Tassilo doch stets wohlgesinnt«, sagte der schwarze Arn beschwörend. »Der Herzog von Baiern hat zeit seines Lebens wie kaum ein anderer unsere Missionstätigkeit unterstützt und viele Klöster gestiftet –«

»... die er aber niemals der Kirche unterstellt hat«, unterbrach der Papst den Redefluss des Bischofs. »Tassilos Klöster sind allesamt gesegnete Latifundien – aber nicht für uns, sondern für ihn!«

»Du vergisst die vielen Schenkungen, die Kelche und Reliquiare, Altäre und Leuchter ...«

»Ein Bruchteil dessen, was die Mönche dem Herzog erwirtschaftet haben! Nein, Arn, ich kann Tassilo nicht mehr helfen. Er ist kein freier Herzog mehr, der tun und lassen kann, was ihm beliebt. Vergesst nicht, dass er schon mehrmals den Lehenseid geleistet und wieder gebrochen hat.«

»Sollen wir uns etwa auch den salischen Gesetzen des Frankenkönigs unterwerfen!«, stieß Abt Hunrich empört hervor.

»So ist es«, sagte der Papst Hadrian und legte seine Handflächen wie zum Gebet zusammen.

»Und wo bleiben unsere uralten baiuwarischen Rechte? Und wo der Aufschrei der Kirchenmänner überall in Baiern?«

»Fast alle anderen Gottesmänner haben erkannt, dass nur Karl der wahre Verteidiger des Glaubens ist! Ihr seid die Letzten, die noch zum Baiernherzog halten.«

Der schwarze Arn presste die Lippen zusammen. Sie alle wussten, dass die Wahrheit etwas anders aussah. Aber hatte er Beweise? Konnte er auch nur einen Abt, einen einzigen Priester nach Rom bringen, der öffentlich erklären würde, für Tassilo und gegen Karl zu sein?

»Also nichts mehr für den Agilolfinger«, stellte der Bischof von Salzburg fest.

Hadrian hob die Schultern. »Geht nach Regensburg, um Herzog Tassilo ernsthaft zu warnen. So wie die Dinge sind, könnte der Frankenkönig von mir sogar den Bannfluch gegen Tassilo verlangen!«

»Damit wäre Karl im Fall des Krieges von jeder Sünde frei!«, erkannte der schwarze Arn sofort. Abt Hunrich stöhnte leise. »Wir werden alles tun, um Tassilo in diesem Sinne richtig zu beraten.«

Die beiden Abgesandten knieten nieder. Dann küssten sie die roten Schuhe des Pontifex.

Noch ehe die Franken das Heerlager vor den Toren Roms räumten, ritten bereits Boten aus, um den nächsten Reichstag nach Worms einzuberufen. Gleichzeitig nahmen der Bischof von Salzburg und der Abt des Klosters Mondsee Karls Aufforderung an Herzog Tassilo mit, selbst ebenfalls nach Worms zu kommen.

Zehn Wochen später warteten alle zum Maifeld auf der Maraue vor Worms versammelten Krieger einen Tag um den anderen auf die Ankunft des Baiernherzogs. Karl ließ sich von ständig eintreffenden Boten aus allen Teilen des Reiches berichten. Er nahm die Demission von Paulus Diaconus entgegen, der ins Kloster auf dem Berg Cassino ziehen wollte. Da auch Graf Erich von Friaul nichts dagegen hatte, ernannte Karl anschließend den Langobarden und Grammatiklehrer Paulus Diaconus zum Erzbischof von Aquileia.

Es blieb viel Zeit für die angenehmen Dinge des Lebens. Karl kümmerte sich aufmerksam um sein erneut schwangeres Weib Fastrada und sah gern bei den Reiterwettkämpfen zu, in denen neu ernannte Panzerreiter der Scara francisca Schwertschlag und Schildhaltung übten. Er beobachtete, mit welcher Geschicklichkeit seine Grafen und Heerführer Haufen und Gruppen zusammenstellten, um den jungen, noch ungeübten Kriegern zu zeigen, worauf es bei einer Schlacht in offenem Gelände oder bei schwierigen Waffengängen in Waldstücken oder Hohlwegen, auf Moorboden oder an Uferrändern ankam.

Normalerweise ritt er mit seiner Begleitung zu allen Stellen, die ihn interessierten. Es kam aber auch vor, dass er zu Fuß durch die Straßen und Gassen von Worms ging.

»Ich würde diese Stadt immer so nennen, wie sie früher einmal hieß«, meinte er.

»Doch nicht Civitas Vangionum«, sagte Angilbert entsetzt.

Er sah mit seinem Umhang aus Nerzpelzen nicht größer, aber viel prächtiger aus als der König selbst. »Damit würdest du ständig in Erinnerung bringen, dass Caesar hier die keltischen und germanischen Völker schmählich über den Rhein getrieben hat ...«

»Ich habe ›früher‹ gesagt«, meinte Karl lächelnd, während er mit seinen Beratern an den verschiedenfarbigen Steinen der alten Stadtmauer entlangging und dann zum Forum abbog, an dem einmal ein römischer Tempel und eine Marktbasilika mit drei Schiffen gestanden hatten. Jetzt stand Sanct Peter hier. Karl überfiel jedes Mal, wenn er an dieser Stelle ankam, ein eigenartiges Gefühl.

Schon als Kind hatte er immer wieder wie gebannt seiner Mutter zugehört, wenn sie ihm von der ersten fränkischen Bischofskirche in Worms erzählt hatte, die um 600 von der schrecklichen Merowingerkönigin Brunichild erbaut worden war. Wie viel Geheimnis klang in diesem Namen mit. Und wie viel Raunen über den Untergang des Burgunderreiches durch Hunnenreiter im Dienste römischer Feldherren.

Überall wichen Händler und Handwerker mit Gesten der Ehrerbietung zurück. Der Hammerschlag auf Ambosse verstummte, Sägen fraßen sich nicht mehr durch reifes Holz, Meister und Lehrjungen lugten ebenso neugierig um Kanten von Steinmauern und Holzverschlägen wie ihre Weiber.

»Karl kommt«, hieß es überall, »seht nur – der Frankenkönig geht zu Fuß durch unsere Straße ...«

»Ja, das hier ist Borbetomagus – das Heim der keltischen Muttergöttin«, sagte Karl lächelnd. Er grüßte die einfachen Männer und Frauen am Straßenrand. Ein kleiner, barfüßiger und kaum fünf Jahre alter blonder Junge drängte sich vor und hielt ihm stolz seine Puppe aus einem Werglumpen und einigen bunten Bändern entgegen.

»Hier, König ... das ist meine Peppi ... ich schenke sie dir!«

»Danke, und wie heißt du?«

»Victor«, sagte der Junge, »der Sieger.« Für einen Moment stutzte der Frankenkönig, dann hob er den Jungen mit beiden Händen auf, hielt ihn nach allen Seiten hoch und ließ ihn auf seiner rechten Schulter sitzen. Das hatte nie zuvor ein Merowinger, nicht einmal ein Graf getan.

»Jetzt bin ich größer als du, König Karl!« Die Umstehenden hielten vor Schreck den Atem an, doch Karl winkte mit einer Hand seinen Seneschall heran: »Er hat recht und ist damit Sieger. Gebt ihm ein Goldstück!«

»Goldstück? Du meinst einen Denar ... einen Pfennig ...«

»Bist du taub? Ich habe ›Goldstück‹ gesagt!«

»Karl, das ist so viel wie zwölf Denare, und damit kann seine Mutter zwölf Weizenbrote oder gar zwanzig Gerstenbrote kaufen!«

»So soll es sein!«, sagte Karl ungewohnt streng. »Und dann will ich, dass ihr den Namen dieses Jungen aufschreibt! Ich will ihn wiedersehen, wenn er lesen und schreiben gelernt hat und mir als Mann und nicht als Kind sagen kann, was eines Königs ist! Und in der Zwischenzeit sollen die Eltern dieses Jungen mit vier Hufen Land von meinen Höfen in Bürstadt oder Biblis versorgt werden.«

»Was tust du, Karl?«, mahnte Angilbert leise. »Wir wissen nicht einmal, woher der Junge kommt. Er kann Unfreie als Eltern haben, einen Priester, Slawen aus dem Osten, Abdecker, Totengräber oder gar Juden ...«

»Na und?«, fragte Karl und presste die Lippen zusammen. Diesmal verstanden sie ihn nicht.

26

Tassilos Untergang

Zwei Tage später fand eine abendliche Prasserei statt, die vom Erzbischof von Mainz zu Ehren des Frankenkönigs ausgerichtet wurde. Zum zarten Klang von Flöten, Leiern und Schalmeien sangen Gruppen von jungen Mönchen die alten Hirtenlieder aus den Macchiabergen Italiens, aus denen längst fromme Mönchsgesänge geworden waren. Dazu reichten die Diener kleine, dreieckige Zwiebelkuchen, Unmengen von gebackenen Weinbergschnecken, geröstete, von ihrer Haut befreite Frösche auf kleinen Scheiterhaufen aus Käsestreifen und Krebsgetier aus den klaren Uferwassern des Rheins in würzigem Kräutersud. Dann traten andere Mönche in das Geviert der Speisetafeln. Während sie einstimmige gregorianische Gesänge intonierten und der widerhallende Ton ihrer schönen Männerstimmen die Melodien umspielte, wurden Berge von gerösteten Krammetsvögeln, Wachteln, Rebhühnern und Fasanen aufgetragen. Es folgten die gestockten Rheinfische, für die Worms seit Jahrhunderten berühmt war, dann am Spieß gebratene Wildschweine und schließlich gepfefferte Süßfrüchte und Backwerk.

»Was meinst du?«, rief Karl Fastrada zu. »Würde es dir gefallen, wenn ich Worms zur Hauptstadt des Reiches mache, eine neue Kapelle und eine Monumentalpfalz bauen lasse?«

»Ich fühle mich in der alten Bischofspfalz der Merowinger sehr gut, mein Geliebter!«, sagte Fastrada und beugte sich mit einem verführerischen Lächeln zu ihm. Sie biss ganz langsam und genüsslich in einen reifen, vor Saft tropfenden Pfirsich. »Aber noch lieber wäre mir, wenn auch du öfter hier wärst.«

»Ach, weißt du, eigentlich lebe ich nicht sehr gern in Städten, besonders dann nicht, wenn sie noch von Römern stammen.«

»Diese Mauern sind fränkisch bis auf den letzten Stein.«

»Metz wäre auch noch denkbar«, überlegte Karl. »Oder Ingelheim, Nimwegen ...«

»Was hast du gegen Worms?«, fragte sie, deren Leib sich beinahe herausfordernd wölbte, mit einem sanften Schnurren. »Ich fühle mich hier wie zu Hause. Hier haben die Truhen mit meinen Kleidern, die Kästen mit meinem Schmuck und die Borde der Gläser einen trockenen Platz.« Sie sah, wie er die Brauen runzelte, und lachte. »Ja, ja, dieser Bischofspalast bietet auch für deine Waffenkammern, Bibliotheken und Reliquiare genügend Räume.«

»Also gut, ich werde darüber nachdenken«, sagte er.

Am fünften Tag der Reichsversammlung erschien der Bischof von Salzburg mit seinem treuen Begleiter, dem Abt des Klosters Mondsee, und einer kleinen Gruppe von Waffenknechten und jungen bairischen Mönchen.

»Er kommt nicht«, berichtete der schwarze Arn bedauernd. »Wir haben alles versucht und stundenlang mit Herzog Tassilo geredet … alles vergeblich!«

»Ich verstehe diesen Mann nicht«, sagte Karl kopfschüttelnd. »Er muss doch wissen, dass er keine Unterstützung mehr findet – weder bei seinen Edlen noch bei den Kirchenfürsten oder beim Papst. Was macht er denn? Rüstet er gegen uns?«

»Nein, er verteilt Gold und Silber an seine Klöster, verschenkt Ländereien an die Kirche und lässt im ganzen Herzogtum Messen für sich lesen.«

»Der Mann hat Angst«, sagte Karl. »Aber sein Stolz ist stärker als sein Verstand. Aber nun gut – dann soll er sehen, wohin ihn seine Unvernunft führt!«

Sechs Tage später stießen die Franken mit drei Heeresgruppen gegen Baiern vor. Karl selbst ritt bis vor die Tore von Augsburg – jener Stadt, die als Siedlung der keltischen Vindeliker fünfzehn Jahre vor der Geburt des Herrn von Stiefsöhnen des Kaisers Augustus erobert worden war. Karl ritt mit seinen engsten Begleitern sowie den Kirchenfürsten aus dem Salzburgischen durch die eher karg und ärmlich wirkenden Gassen der alten Stadt.

»Es heißt, dass die Pläne für die bürgerliche Siedlung, die nach dem Abzug der römischen Legionen entstand, von Kaiser Augustus selbst entworfen wurden«, meinte Abt Hunrich.

»Davon sieht man nicht mehr viel«, sagte Karl.

»Ja, aber auch Tacitus hat die Stadt gelobt, nachdem die Voralpenländer unter Claudius zu einer Provinz zusammengefasst worden waren«, fuhr der Abt eifrig fort. »Augusta Vindelicorum sei die glanzvolle Hauptstadt Raetiens, hat er geschrieben.« Karl war offensichtlich nicht zu begeistern.

»Und unter Marc Aurel war bis zum Jahr hundertneunundsiebzig die dritte italische Legion hier stationiert«, versuchte es der Abt zum letzten Mal. Doch genau dieses Argument konnte Karl viel leichter als die vorangegangenen entkräften.

»Der dritten römischen Legion muss es hier ziemlich langweilig gewesen sein«, sagte Karl und schmunzelte.

»Wie kommst du darauf?«, fragte Abt Hunrich erstaunt.

»Wäre sie sonst siebzig Meilen nach Nordosten geflohen, um am Zusammenfluss von Regen und Donau aus der Keltensiedlung Ratisbona ihre Legionsfestung Castra Regina zu machen?«

»Nein, nein«, wehrte der Abt vom Kloster Mondsee ab. Er schwitzte plötzlich unter seiner dunkelgrauen Kutte. »Ich will überhaupt nicht mit dir streiten, aber die Römer waren schon hundert Jahre vor der dritten italischen Legion dort. Die ersten trafen schon unter Kaiser Vespasian kurz nach der Gründung Augsburgs in Ratisbona ein. Und zur Zeit Hadrians sollte bereits eine fünfhundert Mann starke Kohorte den Donauübergang sichern und die Täler der Flüsse Laaber, Naab und Regen von Germanen aus dem Norden frei halten.«

Karl und seine Begleiter verließen Augsburg und näherten sich wieder dem Heer, das inzwischen ein Lager auf dem Lechfeld einrichtete.

»Trotzdem blieb der Oberbefehlshaber der dritten italischen Legion in Augsburg«, sagte Abt Hunrich, der noch immer nicht aufgegeben hatte.

»Verständlich«, sagte Karl und ging erneut auf das Spiel mit Worten ein. »Der militärische Oberbefehlshaber war gleichzeitig Statthalter einer römischen Provinz – und der gehörte nun mal in die entsprechende Provinzhauptstadt!«

Die zweite Heeressäule aus Ostfranken, Thüringern und Sachsen sammelte sich an der Donau bei Pföring. Das dritte Heer unter

Karls in Pippin umgetauften Sohn rückte von der Lombardei aus bis zum bairischen Bozen vor.

Auf dem Lechfeld, in dem Karl einen idealen Sammelpunkt für Reichsheere erkannte, vergingen die folgenden Tage mit Reiterspielen und Waffenübungen wie bei der gerade erst beendeten Reichsversammlung. Karl hätte jederzeit weiter nach Ratisbona ziehen können, aber er wollte, dass Tassilo III. zu ihm kam.

»Er soll hier vor mir niederknien, öffentlich seine Schuld bekennen und um Vergebung bitten!«

Und dann geschah, was niemand mehr für möglich gehalten hatte. Am späten Nachmittag eines milden Frühsommertages ritt Herzog Tassilo von Baiern mit weniger als dreihundert seiner bunt gekleideten, voll gerüsteten und gut bewaffneten Krieger und Edlen von Südosten her auf das Lechfeld.

Karl tat, als würde er ihn überhaupt nicht bemerken. Er ließ die Reiterspiele so lange weiterführen, bis ihn die Schatten der Baiuwarenreiter trafen.

»Ach, Tassilo«, sagte Karl und lächelte, als hätten sie sich kürzlich erst gesehen. Er stand nicht einmal von seinem holzgeschnitzten Sessel auf. Die beiden Gleichaltrigen musterten sich dennoch sehr genau. Und dann, nach einem langen, wortlos und nur mit Blicken ausgetragenen Kampf senkte der Agilolfinger den Kopf. Er hob die Linke und ließ sich von den Waffenknechten von seinem Pferd helfen. Sein Seneschall reichte ihm ebenfalls wortlos Zepter und Schwertgehänge. Tassilo legte beides vor Karls Füßen ins Gras. Dann kniete er nieder und murmelte kaum hörbar: »Ich bereue!«

Karl reagierte nicht.

Tassilo wiederholte, nur wenig lauter, seine Unterwerfung.

»Es gibt Blutsverwandte«, rief Karl unerwartet laut, »die glauben, dass Drachenblut in ihren Adern fließt ... sie glauben, dass sie unverwundbar wie weiland Siegfried sind ... und sie vergessen, dass Hochmut viel gefährlicher als ein Lindenblatt sein kann ...«

Die meisten der Umstehenden sahen den König verständnislos ab. Aber es gab auch andere, die sehr genau wussten, was Karl meinte.

»Derartige Blutsverwandte treffen sich ständig an ihrer schwächsten Stelle!«, fuhr der König der Franken fort. »Denn sie belügen sich selbst, wenn sie Treue schwören und sogleich dabei denken, welchen Nutzen sie aus ihrer Unterwerfung ziehen können!« Er stand ruckartig auf und überragte sofort alle anderen. »Niemand«, rief er so laut, dass ihn Hunderte hören konnten, »niemand soll seine Fahne und seinen Wimpel vor mir nach dem Winde drehen! Denn wen der Sturm brechen will, das weiß kein Halm, sondern der Sturm allein!«

Er beugte sich vor. »Gib mir dein Zepter!«, befahl er Tassilo. »Du brauchst den Herrscherstab nicht mehr!«

Der kniende Baiernherzog tat, wie ihm befohlen wurde. Karl hob das Baiernzepter hoch über seinen Kopf, doch noch ehe die Krieger in Jubel ausbrechen konnten, gab er es schnell und vollkommen unerwartet an Tassilo zurück.

»Ich verzeihe dir«, sagte er. »Aber es ist das allerletzte Mal und nur weil du zu drei Vierteln Franke bist! Allerdings verlange ich, dass du zwölf Geiseln stellst ... nein, dreizehn, denn deinen Sohn und Mitregenten und Thronfolger Theodo will ich aus reiner Vorsicht lieber in meiner als in deiner Nähe wissen!«

Tassilo wollte protestieren, doch Karl legte ihm beide Hände auf die Schultern. »Nicht doch, mein Baiernherzog ...«, flüsterte er, »oder soll ich fortan lieber Mönchlein zu dir sagen?«

Jetzt endlich erkannte Tassilo, dass ihm kein Ausweg mehr blieb. Er nahm sein Zepter und stand auf. Sein Gesicht war bleich wie Wachs, als er sich zu seinen Männern umdrehte und eine Geisel nach der anderen bestimmte.

Nach der Auslieferung von Beute, die noch den ganzen Sommer hindurch anhielt, löste Karl sein Heer nach und nach auf. Er zog mit den Scaras und dem Hofstaat nach Worms zurück. Bischof Arn von Salzburg hatte darum gebeten, den Winter über in der Nähe des Frankenkönigs bleiben zu dürfen. Karl konnte sich denken, woher das plötzliche Interesse des Baiuwaren kam, aber er stimmte zu, nachdem auch Bischof Beonrad, genannt Samuel von Worms, keine Einwände hatte. Im Gegenteil: Es schien, als hätten sich mehrere der fränkischen Bischöfe bereits untereinander darauf verständigt, dass die Stadt der Nibelungenkönige und der ersten Bischofskirche im Frankenreich zu neuem Glanz erblühen sollte.

Während die Krieger auf der Maraue blieben, unternahm Karl mit kleinem Gefolge einige Inspektionsritte zu den Hofgütern des Rheingaus und Jagdausflüge bis nach Weinheim und in den Odenwald hinauf. Er sah sich mehrere Siedlungen an, deren Namen bereits sagten, dass sie von Sachsen gegründet und bewohnt waren. Außerdem kehrte er mehrmals im Kloster Lorsch ein und ließ sich über neue Schenkungen berichten. Noch ehe sich die Blätter an Bäumen und Büschen färbten, die Tage kühler und die Rheinauen im Morgenlicht nebliger wurden, gebar Karls vierte Ehefrau Fastrada ein wunderschönes, zartes Kind, das auf den Namen Hiltrud getauft wurde. Er wollte sich wieder mehr seiner Familie widmen und beschloss, den nahenden Winter nicht in Worms, sondern in der Pfalz Ingelheim bei Mainz zu verbringen.

Anfang Dezember hörte er, dass die Nordmannen erstmals mit ihren Schiffen Britannien angegriffen hatten. »Wir müssen sie im Auge behalten«, sagte er mit einem Blick auf die Landkarten vor sich auf dem Tisch. »Sie können ebenso gut die Küsten Galliens bedrohen.«

Die schneereichen, aber milden Wintertage ließen viele Ausritte zu. Karl genoss es, tagsüber in den Wäldern zu sein und vom späten Nachmittag an in bequemer Kleidung vor heimelig wirkenden Kaminfeuern zu sitzen und mit seinen Söhnen und Töchtern über Gott und alles, was das Reich betraf, zu diskutieren.

Häufig erzählten sie sich die alten Geschichten oder sangen die Lieder, die Karl gern mochte.

»Man müsste all das, was uns so viel Freude macht, sammeln und aufschreiben«, sagte Karl eines Abends.

»Noch schöner wäre, wenn wir auch aus den anderen Regionen des Reiches alle Geschichten und Lieder sammeln könnten«, sagte Rotrud. Karl legte seinen Arm um sie und nickte. »Das ist eine sehr gute Idee«, meinte er. »Ich will sie mit Alkuin besprechen.«

»Kommt er denn?«, fragte Rotrud.

»Ich habe ihn eingeladen, das Weihnachtsfest mit uns zu verbringen. Ich will die Zeit nutzen und zusammen mit euch noch ein wenig von dem lernen, was zu den sieben Säulen der Weisheit Salomons gehört.«

»Bist du dafür nicht ein wenig zu alt?«, fragte Rotrud und lachte.

»Ja, neckt mich nur!«, antwortete Karl. »Ich werde eines Tages auch noch meinen Namen und ganze Sätze schreiben können!«

Alkuin traf am dritten Advent in Ingelheim ein. Er hatte viele Bücher und Schriftstücke in schweren Kisten mitgebracht. In den folgenden Tagen ritt Karl nicht mehr aus. Die beiden ungleichen Männer hockten Stunde um Stunde in Karls Arbeitsraum. Karl hatte befohlen, dass niemand sie stören sollte – nicht einmal die Knechte des Feuergrafen. Die beiden Männer achteten weder auf die Zeit für die Mahlzeiten noch darauf, ob das Feuer im Kamin noch warm genug brannte. Und doch gebaren sie zwei Tage nach dem Weihnachtsfest eine ganz neue Idee. Karl rief die Edlen des Hofstaates zusammen und erklärte ihnen, was er zusammen mit Alkuin beschlossen hatte.

»Dank unserer Schwerter und mit Gottes Hilfe ist das Reich der Franken inzwischen groß und mächtig geworden«, sagte er. »Aber wir sind bisher nur ein loses Gebilde aus vielen Völkern und Stämmen, aus Gauen und Grafschaften, Vasallen, Marken und Lehen ...«

»Ihr sprecht nicht mal eine eigene gemeinsame Sprache«, fuhr Alkuin fort. »Fränkisch und Gälisch, Langobardisch und Sächsisch – und alles in vielerlei Dialekten. Die Aquitanier würden eher Vasgonen als Rheinfranken verstehen und die Sachsen eher Friesen als Neustrier, wenn es nicht Latein und manchmal Griechisch als gemeinsame Fremdsprachen gäbe.«

»Dagegen kann niemand etwas machen«, seufzte der Seneschall.

»Doch«, sagte Karl lächelnd. »Ein königliches Dekret! Ich will, dass ab sofort an allen Klöstern und Kathedralkirchen des Reiches Schulen eingerichtet werden ... Schulen, zu denen jeder Heranwachsende ... jeder ... Zugang hat.«

»Unmöglich!«, sagte der Bischof von Salzburg sofort. »Wer soll das bezahlen?«

»Die Kirche natürlich!«, antwortete Karl.

»Ich meine nicht den Unterricht«, sagte der schwarze Arn sofort einlenkend. »Das ließe sich mit einigen Geschenken und gewissen dafür notwendigen Capitularien einrichten …«

»Und was ist dann so unmöglich an diesem Vorhaben?«

»Es gibt nicht genügend Lehrer«, sagte der Bischof von Salzburg unverblümt. »Nicht einmal den hundertsten Teil, der erforderlich wäre.«

»Dann müssen eben zuerst Lehrer ausgebildet werden«, sagte Alkuin. »Wer die Schule besucht und erfolgreich beendet, der soll ein Zeugnis erhalten. Und nur mit dem wiederum soll er ebenfalls Lehrer werden, von Grafen als Verwalter oder bei Hof als Schreiber und Notar eingestellt werden.«

»Und wer soll die Lehrbücher schreiben, damit alles einheitlich und gerecht ist?«, fragte der schwarze Arn skeptisch. Er ahnte bereits, dass Karl und Alkuin recht genaue Vorstellungen von ihrem Plan hatten.

»Ich«, sagte Alkuin und reichte dem Bischof von Salzburg ein Pergament. »Hier ist eine Probe. Jeder Lehrstoff ist in Dialogform abgehandelt. Das liest und lernt sich leichter.«

»Und was alles sollen die Lehrer … ich meine, die Schüler lernen?«

»Zunächst das Trivium der Grundschule. Es soll aus Grammatik, Dialektik und Rhetorik bestehen.«

»Du willst die mönchische Kunst allen zueignen?«, stieß der schwarze Arn entsetzt hervor.

»Diese Künste stammen nicht von den Mönchen, sondern von den Griechen«, sagte Alkuin unbeeindruckt. »In der oberen Stufe soll Arithmetik, Geometrie, Astrologie und Musik gelehrt werden.«

»Und ihr meint wirklich, dass jedermann Zugang zu diesen Schulen haben solle?«, fragte der schwarze Arn erneut.

»Ja«, antwortete Alkuin, »denn zum einen entdecken wir auf diese Weise Talente aus allen Schichten des Volkes, die dem Reich nützlich werden können. Zum anderen setzt sich allmählich eine einheitliche Rechts- und Verwaltungssprache durch. Und zum Dritten können wir schriftlich erhalten, was bisher nur mündlich weitergegeben wird.«

»Das ist eine Aufgabe für Generationen!«, stöhnte der Bischof
von Salzburg.
»Ganz recht«, sagte Alkuin mit einem feinen Lächeln. »Und
deshalb wollen wir jetzt damit beginnen!«

Den Januar und Februar über arbeiteten Alkuin, Erzkanzler Rado
und alle Schreiber und Notare des Hofes an den Einzelheiten für
die neue Schulpflicht. Karl wollte, dass nicht nur die Söhne von
Edlen, von Gutsbesitzern oder reich gewordenen Händlern die
Klosterschulen besuchen konnten. Anders als bei allen früheren
Schulen und anderen Bildungsstätten sollten im Frankenreich
nicht nur einige Auserwählte oder besonders Begünstigte in die
Geheimnisse des Wissens eingeweiht werden, sondern jeder, der
dafür befähigt schien.
Karl genoss seine neue Aufgabe. Es machte ihm viel Freude,
einen ganz anderen Feldzug zu planen – den Heeresbann gegen
Dummheit und Unwissenheit überall in seinem Reich. Nur in
einem Punkt seines revolutionären Plans ging Karl nicht über die
Vorstellungen seiner Zeit hinaus: Obwohl es in seiner eigenen
Familie keinerlei Bevorzugung bei der Ausbildung seiner Söhne
und Töchter gab, sollte die Schulpflicht draußen im Reich nur
für Knaben und Jünglinge gelten.
»Ihr Mönche müsst es schon immer gewusst haben«, sagte er
eines Abends zu Alkuin. »Lernen kann ebenso anstrengend sein
wie ein Schwertkampf!« Sie saßen nach dem Abendbrot noch
bei einem Krug Rotwein zusammen und überlegten, wo sie die
erste Schule zur Ausbildung der Lehrer einrichten sollten.
»Ich bin für die Klosterschule des heiligen Martin in Tours«,
sagte Alkuin. »Der Platz hat viel Symbolkraft, die unserer Idee
helfen könnte: Karl Martell hat bei Tours die Araber geschlagen,
dein Vater Pippin wollte dort sterben, und die Reliquien des
höchsten Reichsheiligen werden ebendort aufbewahrt.«
»Vielleicht etwas zu viel Vergangenheit«, sagte Karl. »Ich meine,
dass wir für unsere erste Schule eher einen neutralen Ort finden
sollten, der von allem anderen gänzlich unbelastet ist.«
»An welchen Ort denkst du?«
»An Aquis Grana zum Beispiel«, antwortete Karl. »Der Ort

ist nicht zu groß, nicht zu klein, nicht zu laut und nicht zu abgelegen. Außerdem fördern die heißen Quellen den gesunden Fluss der Körpersäfte.«

Alkuin überlegte eine Weile, dann stimmte er zu und begann damit, eine Liste von Büchern und Pergamenten aufzustellen, die aus dem ganzen Reich nach Aquis Grana geschafft werden sollten. Er wusste, dass besonders die Klöster Lorsch, Prüm und Fulda ihn dafür verfluchen würden, aber er war bereit, mit ihrem Zorn zu leben. In den folgenden Wochen trafen die verschiedensten Nachrichten aus allen Teilen des Frankenreiches in der Pfalz Ingelheim ein. Die meisten behandelten kleinliche Grenzstreitereien, Beschwerden von Grafen über säumige Zahlungen von Grundherren und stets neue Unbotmäßigkeiten von Klöstern und Mönchen, Bitten der Markgrafen um mehr Krieger und Waffen, Berichte von großen Waldbränden, Seuchen und Hungersnöten, durch räuberische Banden unsicher gewordene Wege und Pässe sowie über den zunehmenden Verfall der noch zur Römerzeit gebauten Heerstraßen, Brücken und Viadukte.

Vieles von dem, was Tag für Tag wie ein nie enden wollender Strom von großen und kleinen Neuigkeiten, Veränderungen, Versäumnissen und manchmal auch guten Botschaften am Königshof eintraf, wurde von den Gehilfen des Erzkaplans, des Seneschalls und des Pfalzgrafen abgefangen. Sie wussten, dass Karl am liebsten jede Kleinigkeit hören und selbst entscheiden wollte. Er mochte Männergespräche, aber er war noch immer ein Krieger, dem das Schwert mehr Sicherheit gab als jeder Eid oder geschriebene Vertrag. Was er brauchte, waren praktische und handfeste Vorgänge, bei denen kein Vielleicht, sondern ein klares Ja oder Nein von ihm erwartet wurde.

Karl verbrachte die meisten Abende vor Landkartenrollen, Pergamenten über die Grafschaften des Reiches und die angrenzenden Länder sowie Dokumenten mit genauen Angaben über Dörfer, Gehöfte, Wälder und Felder, Weinberge, Fischteiche und brachliegende Hufen. Jedermann wusste, dass die Aufstellungen umso unzuverlässiger waren, je genauer sie angefertigt wurden, da sie stets nur einen Zustand anzeigen konnten, der mindestens ein Jahr, häufig aber auch drei, fünf oder gar zehn Jahre zurücklag. Gerade die säuberliche Angabe von Details verleitete jeden Betrachter, solchen Dokumenten – mochten sie noch so überholt und falsch sein – mehr zu glauben als jenen, die nur grobe Angaben lieferten, dafür aber von Männern skizziert waren, die einen Blick für das Wesentliche hatten.

»Man müsste kein König, sondern ein Gott sein, um gerechte und richtige Entscheidungen zu treffen«, sagte Karl eines Abends mit einem tiefen Seufzer. Er betrachtete seine beiden Lieblingstische. Auf einer der silbernen Platten waren die sieben Künste wie Äste am Stamm der göttlichen Weisheit dargestellt. Dieser Tisch trug bei Hof den Namen »Sophia«. Die andere Tischplatte aus Silber namens »Tellus« zeigte die gesamte bekannte Welt, von einer Mauerkrone und vom Okeanus umschlossen.

»Ein einziges Mal in meinem Leben möchte ich wie die Sonne zum Himmel aufsteigen und auf die Länder der Erde hinunterblicken. Ich möchte sehen, was wirklich ist, und nicht nur das, was irgendwann einmal war oder so gelogen wird, dass ich zufrieden bin und keinerlei Verdacht schöpfe ... Einmal im gleichen Augenblick sehen, wie das Korn in Austrien und Neustrien wächst, was die Weinberge in Burgund und Aquitanien machen, wo Schwierigkeiten in den Grenzmarken entstehen und wie Obst und Kräuter in meinen Pfalzen gedeihen.«

»Statistik ist nun mal das Gegenteil von Überblick und Weitblick«, sagte Alkuin lächelnd. »Was nur zusammengezählt wird, trägt oft mehr Fehler in sich als gar kein Wissen.«

»Mag sein«, sagte Karl nachdenklich. »Dabei fällt mir ein, dass mein Sohn Karl auch bald sechzehn Jahre alt wird. Ich möchte nicht, dass er die gleichen Fehler macht wie ich.«

»Welche Fehler meinst du?«

»Friedelfrau, einen Sohn, der nicht anerkannt wird, eine hässliche Langobardenprinzessin ... na, du weißt schon!«

»Du suchst also ein standesgemäßes, gebärfreudiges, christliches, nicht unbedingt fränkisches und wenn es geht auch noch bildschönes und intelligentes Weib für deinen Thronfolger.«

Karl grinste, und Alkuin dachte sehr lange nach.

»Was ist?«, fragte Karl schließlich. »Gibt es denn nirgendwo junge Mädchen?«

»Das schon«, seufzte Alkuin. »Aber das Problem bist eigentlich du, Karl. Dir muss gefallen, was dein Sohn heiraten soll! Für deine Tochter Rotrud war ein Kaiser nicht gut genug, aber Irene hat keine Töchter … bleiben also nur noch die Töchter von König Offa von Mercia in Britannien.«

»Kann ich sie sehen?«, fragte Karl sofort.

»Ich denke schon«, meinte Alkuin. »Offa will im Herbst nächsten Jahres eine Pilgerfahrt nach Rom unternehmen. Man könnte es so einrichten, dass er mit seinen Töchtern auf deinen Pfalzen in Gallien übernachtet.«

»Gut, kannst du das übernehmen?«

Alkuin lächelte und nickte.

Ein paar Tage später erfuhr Karl aus Ratisbona, dass Tassilo offensichtlich unbelehrbar war.

»Was hat er nun schon wieder gemacht?«, fragte Karl seinen Comes Palatinus, den Erzkaplan.

»Ich kann es kaum glauben«, sagte dieser. »Tassilo tauscht ständig Botschaften mit Arichis aus.«

»Ach, soll er doch!«, schnaubte Karl verächtlich. »Die Letzten der Langobardenedlen sind nun mal seine Verwandten, und diese Xanthippe Liutperga wird niemals Ruhe geben. Ich habe selbst erfahren müssen, wie blind, arrogant und weltfremd Langobardenprinzessinen sein können.«

»Das ist noch nicht alles«, sagte der Erzkaplan. »Tassilo hat sich tatsächlich mit einigen Tar-Khanen der Awaren verbündet … gegen dich, Karl! Es gibt bereits das Gerücht, dass sie in mehreren Marschsäulen nach Baiern und Friaul einfallen wollen, falls du irgendetwas gegen Herzog Tassilo unternimmst.«

»Ist das wahr?«

»Es gibt keinen Zweifel.«

Karl presste die Lippen zusammen. Er stand auf, ging bis zu den Nordfenstern und sah lange auf das dunkle Band des Rheins vor dem schneebedeckten Rheingaugebirge und dem Taunus hinab.

Der Herzog der Baiern erhielt ebenso wie alle anderen Grafen und Edlen, Bischöfe und Äbte im gesamten Frankenreich bereits im Februar die Mitteilung, wann und wo der Reichstag im Jahre des Herrn 788 stattfinden sollte. Gleichzeitig erging die schriftliche königliche Aufforderung an ihn, ohne Versuch einer Ausrede vor der Versammlung der Großen zu erscheinen.

Die Herolde des Königs hatten den Auftrag, in Ratisbona zu bleiben und regelmäßig über Tassilos Aktivitäten zu berichten.

Als der Herzog von Baiern auch fünf Tage vor Ostern noch keine Anstalten machte, dem königlichen Befehl zu gehorchen, brachen die fränkischen Beobachter mit schnellen Pferden von Ratisbona nach Ingelheim auf. Sie kamen an, als bereits die ersten Edlen mit ihrem Gefolge aus allen Teilen des Reiches in Ingelheim eintrafen. Sofort wurde Tassilo das alles beherrschende Thema.

»Ich verstehe den Mann nicht«, meinte Rorico, der Graf von Maine, kopfschüttelnd, nachdem sein Pferd versorgt und sein Zelt aufgebaut worden war. Er hatte die Neuigkeit vom Markgrafen von Friaul gehört. Sie nahmen die dargereichten Metkrüge und tranken beide einen tiefen Schluck, ehe sie sich an einen der vielen grob gezimmerten Holztische im großen Saal der Königspfalz setzten.

»Tassilo ist Herzog über die Agilolfinger und die fünf großen baierischen Adelsfamilien«, meinte der Graf von Maine. »Er hat ein Gebiet, das fast so groß ist wie das der Franken – mit beinahe unbegrenzten Ausdehnungsmöglichkeiten nach Osten und Südosten. Sogar ein Ostreich in Richtung Awaren wäre möglich ... und was macht er?«

»Er setzt alles aufs Spiel!«

»Liutpergas Hass auf Karl muss inzwischen so grenzenlos sein, dass sie auf nichts mehr Rücksicht nimmt – weder auf sich noch auf Tassilo, ihren Sohn Theodo oder das Schicksal der Baiuwaren ...«

»Letztere dürften ihr nie etwas bedeutet haben«, meinte der Elsässer. »Vergiss nicht, dass sie als Tochter eines Königs aufgewachsen ist und sich jetzt bestenfalls Eheweib eines geduldeten Vasallen ohne wirkliche Macht und ohne Einfluss nennen kann.«

»Meinst du, Tassilo bleibt Herzog der Baiern?«

»Nach meiner Meinung ist er es viel zu lange. Niemand von uns hätte sich Ähnliches leisten dürfen!«

»Ja, Karl muss aufpassen, dass der Wert der Treue nicht zur hohlen Nuss wird …«

Am Gründonnerstag befahl Karl einigen Scara-Fähnlein, nach Ratisbona zu reiten und Tassilo zu holen.

»Aber lebend!«, befahl er mit versteinert wirkendem Gesicht. »Und zusammen mit dieser langobardischen Pestbeule aus Hass und Missgunst! Gleichzeitig sollen Baiuwaren und Thüringer, Alemannen und Langobarden einige Heere aufstellen und die Awaren zurückschlagen.«

Der Schauprozess ließ Tassilo III. kaum eine Chance. Karl verlangte, dass dem Agilolfinger endlich die Quittung für sein jahrzehntelanges widerspenstiges Verhalten präsentiert wurde. Die Beweise für seine vielfache Abtrünnigkeit waren erdrückend, und jedermann wusste es. Um Tassilo Gerechtigkeit widerfahren zu lassen, wurde auch seine Ehefrau Liutperga als Drahtzieherin und Feindin des Frankenreiches mitangeklagt. Der Prozess wiegte hin her. Karl hatte zugelassen, dass der Bischof von Salzburg und der Abt des Klosters Mondsee zu den Verteidigern des Baiernherzogs wechselten, obwohl sie eigentlich gegen Tassilo eingestellt waren. »Alle hier vorgebrachten Anschuldigungen treffen zu«, sagte der schwarze Arn, kaum dass er sich auf der anderen Seite des Presbyteriums in der Pfalzkapelle niedergelassen hatte. »Aber ich weise auch darauf hin, dass Tassilo sich immer entschuldigt hat und stets seine Treue neu geschworen hat.«

»Das ist es ja gerade!«, stieß Karl wütend hervor. »Was nützen Treueschwüre, wenn der Wind sie verweht? Und wie kann ich Sachsen und Aquitanier, Langobarden und Bretonen für einen Treuebruch bestrafen, wenn der Sohn von meines Vaters Schwester, der die Gesetze ebenso kennt wie ich, mich seit Jahren verhöhnt und missachtet?«

»Du verdienst auch nur Hohn und Missachtung, du Bastard!«, schrie Liutperga. »Wer war denn dein Vater, als du geboren wurdest? Verwalter von stinkenden Ställen und armseligen Waldhufen …«

»Sei still, Liutperga!«, keuchte Tassilo entsetzt.

»Ach was! Soll dieser sogenannte König aus der Familie von

Brudermördern und Verrätern der Blutsbrüderschaft ruhig hören, was ich von ihm denke!« Sie wurde immer lauter und ihre Stimme immer schriller. »Wir Langobarden hatten bis zuletzt mehr Kultur als jeder der blutigen Merowinger und ihrer hochgekommenen Hausmeier! Ich hasse dich, Karl! Und Tassilo hasst dich ebenso!« Der Baiernherzog starrte regungslos auf die Bodenmuster in der Apsis der Pfalzkapelle. Für endlos lange Minuten sprachen weder Ankläger noch Verteidiger. Schließlich zog der schwarze Arn laut hörbar die Luft zwischen den Zähnen ein. »Das reicht alles nicht für ein echtes Exempel!«, meinte er nachdenklich. Karl wusste, dass der Bischof von Salzburg recht hatte, und alle anderen Edlen des Staates und der Kirche wussten es ebenfalls. Tassilo brauchte sich nur vor dem König der Franken auf den Boden zu werfen und behaupten, dass ihn die Liebe zu seiner rachsüchtigen Frau wieder und wieder untreu gegen König und Reich gemacht hatte – und jeder würde verstehen und einer erneuten Vergebung zustimmen.

Der plötzliche Ausfall von Liutperga kam einigen der Anwesenden auf einmal gar nicht mehr so selbstmörderisch vor. Im Gegenteil – selbst Karl schob die Unterlippe vor und begriff, dass ihm die Hände gebunden waren. Er konnte einfach nichts ausrichten gegen Tassilo und Liutperga. Die Tochter des letzten Langobardenkönigs besaß jeden nur denkbaren Freiraum. Sie dafür zu strafen, dass sie den Tod ihres Vaters, die Verbannung ihrer Schwestern und den Untergang ihres Königreiches in wildem Zorn beklagte, war schier unmöglich. Karl merkte, wie die ursprünglich gegen Tassilo und Liutperga vorhanden gewesene Stimmung umkippte.

»Wir wollen auch noch einmal daran erinnern, dass Herzog Tassilo und seine hochherzige Gemahlin stets allen Klöstern in Baiern Geschenke gemacht haben«, sagte der Bischof von Salzburg.

»Ja, Klöstern, die er selbst gegründet hat«, rief völlig unerwartet der Abt des Klosters Mondsee. »Klöster wie Innichen, Kremsmünster und Mattsee haben stets seine Gunst besessen … wir in Mondsee hingegen nie, aber wir wurden ja auch schon vor vierzig Jahren von seinem Vater Odilo gegründet.«

»Ihr habt mir Schutz verweigert, als ich mit meinen Kriegern einen Umweg machen musste«, verteidigte sich Tassilo. Er merkte nicht, dass diese Rechtfertigung der schlimmste Fehler seines Lebens war.

»Ich habe dir niemals Schutz verweigert«, rief Abt Hunrich. »Aber ich gebe gern zu, dass mein Vorgänger niemanden beköstigt hat, dem Heeresverlassen und Fahnenflucht vorzuwerfen war –«

»Moment mal!«, unterbrach Karl den Disput zwischen dem Herzog und dem Abt. »Von welchem Heeresverlassen sprecht ihr eigentlich?«

»Von Tassilos natürlich«, antwortete Hunrich aufgebracht. »Oder hast du vergessen, wie er sich aus dem aquitanischen Feldzug ohne Erlaubnis zurückgezogen hat?«

»Was ist das hier?«, protestierte Tassilo sofort. »Eine Befragung während des Reichstags oder ein Kriegsgericht über eine Lappalie, die längst verjährt ist?«

»Die Frage ist so interessant, dass ich sie selbst beantworte«, sagte der König. »Heeresverlassen und Fahnenflucht verjähren nicht! Weder nach fränkischem noch nach baierischem, langobardischem oder sächsischem Recht! Wie hast du selbst bisher Harzalisk bestraft, Herzog?«

»Natürlich steht auf Harzalisk die Todesstrafe.«

Karl holte ganz langsam und sehr tief Luft. Tassilo sah nach rechts, nach links. Überall wie versteinert wirkende Gesichter. »Du ... du musst von Sinnen sein«, keuchte er. Karl blickte seine versammelten Bischöfe, Äbte und Grafen in der Kapelle der Pfalz Ingelheim wortlos an und lehnte sich zurück.

Der Spruch über Herzog Tassilo III. von Baiern fiel noch vor Sonnenuntergang. Er lautete einstimmig auf Todesstrafe.

Am letzten Tag der Reichsversammlung milderte Karl das Urteil in lebenslange Klosterhaft. Tassilo bat um eine weitere Gnade. Er wollte nicht öffentlich, sondern nur in kleinem Kreis bis zu den Ohrläppchen geschoren werden. Karl gab auch diesem Wunsch statt.

»Schade«, sagte er zu Fastrada, nachdem er Tassilo ohne das

lange Haupthaar der Herrscher gesehen hatte. Er konnte nichts dagegen tun, dass ihm plötzlich Tränen in die Augen traten. »Eigentlich habe ich Vetter Tassilo stets geachtet und gemocht. Mit einem anderen Weib als dieser gehässigen und rachsüchtigen Langobardin hätte er der beste Herzog zwischen Awaren, Sachsen und Aquitaniern werden können!«

»Immerhin hat er nie nach der Spur des Lindenblattes in deiner eigenen Unverwundbarkeit gesucht«, sagte Fastrada mit einem vieldeutigen Lächeln. Karl brummte nur. Manchmal verstand er dieses Weib wirklich nicht ...

Am 6. Juli wurde Tassilo III. ins Kloster von Sanct Goar gebracht. Seine Frau Liutperga und sein Sohn folgten ihm. Damit war die bairische Herrscherfamilie der Agilolfinger ausgelöscht. Nur der Brautkelch und das Zepter, das Karl schon einmal in der Hand gehalten hatte, fanden sich nicht mehr vor. Wie zur Buße hatte Abt Hunrich sie heimlich und vor dem Auftauchen der Franken in Ratisbona abgeholt und in das von Tassilo gestiftete Kloster Kremsmünster gebracht. Die dortigen Mönche formten das Zepter zu zwei Leuchtern um, die noch Jahrhunderte überstehen sollten, ebenso wie der Brautkelch, in dem später die Stimmzettel bei jeder Abtwahl eingesammelt wurden ...

Karl bestimmte, dass Graf Gerold von der Bertholdsbar, der Bruder seiner verstorbenen Ehefrau Hildegard, Praefectus in der bairischen Residenz wurde, die fortan als die stärkste Pfalz des Frankenkönigs galt.

Im gleichen Jahr wurde im Emirat von Cordoba der letzte Omaijade Abd al-Rahman durch Hisham abgelöst.

27

Drei Königspfalzen

Der Reichstag und die Synode des nächsten Jahres fanden in Aquis Grana statt. Die meisten der Angereisten wären viel lieber nach Worms, Mainz oder Regensburg, ja selbst in die kleinen Königspfalzen von Ponthion, Diedenhofen oder Ingelheim gekommen. Das flache Tal mit den übel riechenden heißen Quellen und den alten Römerthermen bot bis auf die Möglichkeit, gemeinsam zu baden, keinerlei Bequemlichkeiten. Es hatte keine Maraue für Reiterspiele wie Worms oder Kostheim und nicht einmal genügend Häuser, in denen die Gäste untergebracht werden konnten. Die meisten der Grafen und Kirchenfürsten mussten wie bei einem Feldzug durch fremde Lande in bunten Zelten wohnen und schlafen. Und nicht einmal für die Versammlungen gab es einen Saal, der groß genug für alle gewesen wäre.

»Ich glaube, es war keine gute Idee, den Reichstag hierher einzuladen«, meinte Hildebold, der Erzbischof von Köln.

»Warum denn nicht?«, fragte Alkuin. »Dies ist doch dein Gebiet. Oder hättest du die Äbte und Bischöfe lieber gleich in deinem Colonia Claudia Ara Agrippinensium gesehen? Das war ja schließlich einmal Kaiserstadt und Hauptstadt von Nieder- und Obergermanien, Gallien, Hispanien und Britannien.«

»Ach, wisst ihr, unsere Edlen mögen nun mal keine Römerstädte«, sagte Hildebold, der gerade erst den alten Fulrad von Sanct Denis als Erzkaplan des Frankenhofes abgelöst hatte. »Die einzigen Ausnahmen mögen die Civitas Vangionum, Mogontiacum und Castra Regina sein. Aquis Grana ist zu unbedeutend, um an die Herrscher des versunkenen Römerreichs zu erinnern. Dies hier war eher ein Ort, an dem sich müde Truppen erholen und vergnügen konnten.«

»Von Vergnügen sehe ich überhaupt nichts«, meinte Angilbert. »Und bis auf Karls Töchter läuft in den paar Dutzend Gassen des alten Römerviertels kaum ein Kleid herum, nach dem ich mich umdrehen würde.«

»Die Bauern und Unfreien, Händler und Handwerker wissen hier genauso gut wie in jeder anderen Pfalz, wann sie Weiber und Töchter einschließen und verstecken müssen«, meinte Alkuin, der weiseste aller Mönche im Frankenreich, nachsichtig. »Außerdem bist du mit Mitte vierzig kein junger Hüpfer mehr. Und von den Nächten, in denen du gesündigt hast, müssen wir wohl nicht reden ...«

»Ach was«, murrte Angilbert. »Du willst in deinem Erzbistum doch auch nur noch päpstlicher als der Papst sein! Erzbischof, Erzkaplan, Erzpharisäer ... und andere müssen zusehen, wie sie sich Glaube, Liebe, Hoffnung durch die Rippen schwitzen!«

»Versündige dich nicht«, mahnte Hildebold scherzhaft, »ein Wort noch, und ich erzähle Karl, dass die Quellen von Aquis Grana nicht nur heiß sind und nach Schwefel stinken, sondern auch gegen Zipperlein und Gicht und Rheuma helfen!«

»Dann mach doch gleich das Abendmahl zum Misteltrank der Druiden«, gab Angilbert zunehmend ärgerlich zurück.

»Warum nicht?«, antwortete der Erzkaplan des Frankenkönigs ungerührt. »Nirgendwo steht, dass es verboten ist, heidnische Sitten und Gebräuche mit großen, lichtvollen Ereignissen des Christentums zu verbinden. Es gab das Osterfest in Israel als Feier für den Jahr um Jahr auferstehenden Vegetationsgott Tammuz schon lange vor der Kreuzigung Jesu Christi. Und Weihnachten als Wendemarke von der dunklen zur hellen Jahreszeit kennen sämtliche Völker. Doch was den einen die Wiederkehr der Sonne verheißt, ist bei uns die Geburtsstunde einer viel größeren, strahlenden Kraft.«

»Ja, und was hat all das damit zu tun, dass dieser Scherz von einer Pfalz eine Schande für jeden Franken sein muss?«, fragte Angilbert zornig. Er stand auf und umriss mit einer weiten Handbewegung das Panorama armseliger Hütten, von denen höchstens noch einige Mauerwände aus Römerzeiten stammen konnten. Und selbst diese wenigen Straßen und Gassen waren nicht einmal nach den Haupthimmelsrichtungen geordnet, sondern bildeten ein eher zufällig quadratisches Raster.

»Ich würde wahrhaftig bezweifeln, dass sich ein Mann wie Karl in diesem langweiligen Gebiet eine Pfalz bauen könnte, die seinem Ruhm und Rang entspricht …«

»Sehr gut gesprochen, Angilbert!«, ertönte Karls helle Stimme. Er kam mit ein paar anderen um die Wimpelstangen des erzbischöflichen Zeltes herum. »Was habt ihr denn schon wieder?«

»Wir streiten nur darüber, ob diese Pfalz ein guter Ort für eine nächste und übernächste Zusammenkunft ist oder nicht«, antwortete der Erzbischof von Köln.

»Und warum ist das wichtig?«, fragte Karl.

»Weil dein Freund Angilbert wahrscheinlich Angst hat, dass du dich mit dem Hofstaat eventuell an die warmen, heilsamen und sehr gesunden Quellen des alten Römerbades gewöhnen könntest – an einen Ort also, den schon die Kelten einem sehr großen Quellgott widmeten …«

»Ich hab's gewusst!«, wütete Angilbert und schlug sich mit der geballten Rechten wieder und wieder in die linke Handfläche. »Da musste doch ein Plan dahinterstecken! Alles ist Absicht – alles Intrige!«

»Pass auf, sonst kommst du noch mit deinem teuren Mantel an die bemoosten Baumstämme«, warnte Erzbischof Hildebold. »Hier oben in Germanien – ich will nicht Neustrien sagen – ist nun einmal alles etwas gefährlicher als bei euch in Centula an der Somme.«

»Was soll das heißen?«, fragte Angilbert scharf.

»Nun ja, wir sind nicht einmal so weit auseinander wie Mainz von Tours oder Metz von Salzburg. Dennoch trennt uns alle eine Grenze, die auch noch in Jahrhunderten nicht überwunden werden kann …«

»Ich weiß nicht, was du willst. Welche Grenze sollte innerhalb des Reiches von Karl dem Großen überhaupt denkbar sein?«

»Eine sehr einfach zu erklärende«, antwortete der Erzbischof von Köln und neue Erzkaplan des Hofes. »Neustrien – aus dem auch du kommst – spricht Galloromanisch, wir aber hier in Austrien sprechen Tiudisk … Deutsch! Und genau das wird uns tiefer und länger spalten als jeder andere Unterschied!«

In den folgenden Tagen dachte Karl mehrmals über das nach, was Hildebold gesagt hatte. Er wurde das Gefühl nicht los, dass er sich auf irgendeine Weise entscheiden musste, wenn er nach den Jahrhunderten des Königtums auf Wanderschaft zu einer festen Hauptstadt kommen wollte. Andererseits fragte er sich und andere, ob sie überhaupt eine Hauptstadt benötigten, denn dort, wo sich der König aufhielt, befand sich auch der Hof, wurden Reichstage und Synoden abgehalten und Rechtsfälle entschieden.

»Das Reich ist längst zu groß, um es vom Pferd aus zu regieren«, sagte Alkuin. »Du kannst nicht überall zugleich sein, und es ist besser, wenn jedermann im Land weiß, welches die erste Stadt seines Oberhauptes ist.«

»Ach, Alkuin«, sagte Karl lachend, »du meinst doch nur, dass du zu alt und zu bequem geworden bist.«

»Auch du bist nicht mehr zwanzig«, antwortete Alkuin giftig. »Was willst du denn? So lange in Zelten schlafen, bis du Nacht für Nacht mit Sand in knirschenden Gelenken und dicken Knien aufwachst? Auch Kriegerkönige wie du, Karl, brauchen irgendwann ein Zuhause und einen Platz, an dem ihr Thron sicher und fest verankert wird!«

»Und wo sollte das deiner Meinung nach sein?«, fragte Karl abwehrend. »Doch nicht bei dir in Tours, in Sanct Denis oder Ponthion ...«

»Burgund wäre nicht schlecht«, überlegte Alkuin laut, »Besancon, Vienne und selbst Arles ...«

»Du nennst nicht zufällig die Orte, an denen Erzbischöfe das Sagen haben?«

»Wo denkst du hin, Karl!«, antwortete Alkuin entrüstet. »Ich dachte wirklich nur an schöne Gegenden, an Platz für Reichstage und an ein Umland, das deinen Hofstaat auch übers Jahr ernähren kann.«

»Wenn das die Gründe sind, könnte auch Worms Hauptstadt des Frankenreiches werden – kein Erzbischof, nur der sehr angenehme Samuel-Beonrad von Echternach, eine hervorragend bewährte Maraue zwischen den Rheinarmen, das Kloster Lorsch ganz in der Nähe und römische Stadtreste, an die ich mich gewöhnen könnte.«

»Ja, warum nicht?«, sagte Alkuin und ließ sich den Vorschlag Karls auf seiner Zunge zergehen. Genüsslich, wie er war, wiederholte er einige Argumente und fügte weitere hinzu: »Samuel-Beonrad ja, die Maraue ebenfalls ja, Lorsch als Reichskloster gegen Fulda und Tours ... warum nicht, dazu die schnelle Straße nach Frankfurt und alles sehr zentral zwischen Alemannen, Baiuwaren, Franken, Sachsen und Burgundern. Karl, du hast recht: Worms wäre wirklich eine sehr gute Wahl!«

»Dann wollen wir noch in diesem Jahr die Pfalz in Worms bis in die letzte Kammer besichtigen und große Pläne machen.«

Es gab niemanden, der dagegen war. Deshalb konnte sich Karl in den darauffolgenden Tagen ganz auf ein anderes Problem konzentrieren. Erstmals nach dem Erlass des Ediktes über die Einrichtung von Schulen forderte er eine bessere Ausbildung der heranwachsenden Geistlichen.

»Es geht nicht an«, sagte er vor den versammelten Kirchenfürsten, »dass Priester die Schriftzeichen nur mühsam buchstabieren und die lateinische Grammatik nicht gut genug kennen, dass sie nicht einmal die Psalmen auswendig wissen und so schlecht singen, dass selbst Schaben und Kakerlaken aus den Kirchen fliehen!«

»Was willst du?«, antwortete der Bischof von Lüttich. »Die geistigen und moralischen Anforderungen an unsere Mönche sind nicht besonders hoch. Viele der armen Teufel müssen wie Bauern Feld- und Handarbeit verrichten. Für eine harte Schreibfeder sind weder ihre Finger noch ihr Gemüt geeignet. Wir sind schon froh, wenn sie mit einem weichen Pinsel recht und schlecht Buchstaben und Rosetten, Blättchen und Blütenzweige nachmalen können.«

»Wenn es wirklich so ist, dann müssen wir das ganze System gründlich verändern und reformieren!«

»Karl«, sagte der Bischof von Lüttich beschwörend, »du kannst doch nicht in ein paar Jahren verändern wollen, was in Jahrhunderten gewachsen ist!«

»Warum nicht?«, gab Karl zurück. »Wenn ich befehle, erfährt jeder, den es angeht, was von den Notaren aufgeschrieben ist!«

»Einen Befehl hören und danach handeln – dazwischen liegen

Welten!«, kicherte Alkuin. »Nicht einmal Gott hat es geschafft, seine Gebote durchzusetzen.«

»Weil Gott nie auf dem Schlachtfeld war«, sagte Karl uneinsichtig. »Wo ich vorangeritten bin, ist mir noch immer jeder Vasall und jeder Krieger ohne Murren gefolgt!«

»Niemand bestreitet das«, sagte Alkuin. »Aber du weißt genau wie wir, dass nichts mehr so ist, wie es sein sollte, sobald du weitergezogen bist ...«

»Und meine Anweisungen? Die Capitularien?«

»Tinte auf Pergament – schön anzusehen, wesentlich, mit Bändern, roten Siegeln, Unterschriften und so weiter, aber ich fürchte, dass von den vierhundert Grafen im Reich nicht einmal jeder Zehnte alles lesen, geschweige denn verstehen kann, was er an Schriftlichem von uns bekommt!«

»Und wozu dann alles? Wozu planen, kämpfen und entscheiden? Wozu Mühen, Blut und Opfer, wenn wir doch nichts verändern können?«

»Doch, Karl«, sagte Alkuin plötzlich wieder ganz ernsthaft. »Wir können etwas verändern. Du weißt auch, wie. Wir müssen Tag um Tag wie die Gärtner am Weinberg des Herrn den guten Trieben Sonne und Luft verschaffen, die schlechten aber ausmerzen. Das ganz allein ist unsere Aufgabe als Streiter für die Kraft und die Herrlichkeit in Ewigkeit. Amen.«

»Ja, aber ich will, dass das Wort Gottes nicht nur gepredigt, sondern auch verstanden wird. Seht euch die Bibeltexte und die Gebete einmal an! Sie sind nicht nur in vielen Dutzend unterschiedlichen Übersetzungen und Versionen geschrieben. Dazu noch ohne jede Interpunktion, und jeder betont, was er will. Damit verkündet ihr kein Evangelium, sondern unverständliche Zauberformeln!«

»Was würde es denn nutzen, wenn wir langsam und ordentlich vorlesen?«, fragte der Bischof von Lüttich.

»Gut, dass du es bist, der mich auf diesen Punkt bringt«, sagte Karl lächelnd. »Ich will, dass ab sofort alle Predigten volkstümlich sein sollen. Das Wort der Priester soll eine Unterrichtung für Kinder ebenso wie für Erwachsene sein.«

»Das Volk kann dennoch kein Latein!«

»Sehr gut!«, rief Karl sofort. »Deshalb soll ab sofort jede Predigt im Ostteil meines Reiches in Tiudisk gehalten werden, denn Deutsch ist hier die Sprache, die jedermann versteht!«

»Aber dann müssten alle wichtigen Bibelstellen mühsam übersetzt werden ...«

»Versteht ein Priester, was er lateinisch liest?«

»Ein guter Priester versteht es sicherlich.«

»Und warum sollte er dann nicht darüber sprechen können?«

Die Kirchenfürsten steckten die Köpfe zusammen, tuschelten aufgeregt und wussten nicht, wie sie die Forderungen des Frankenkönigs bewerten sollten.

Karl hob die Hand, doch nur langsam verstummte die kontrovers geführte Diskussion. Er nickte Alkuin zu. Der Abt von Ferrieres stand auf und hielt eine lange Pergamentrolle vor sich.

»Ich habe alles lange studiert und überprüft«, sagte er. »Demnach haben wir keine Genehmigung, Worte der Heiligen Schrift und der Apostel anders zu schreiben und zu sprechen, als sie sind.«

Er machte eine kleine Pause. Mehrere Bischöfe und Äbte nickten zustimmend und erleichtert. »Aber es wird nirgendwo verboten, den Gläubigen in ihrer eigenen Sprache zu erklären, welche Wege zur Erlösung und welche zur ewigen Verdammnis führen.«

»Nehmt meinen Vorschlag an«, sagte Karl wohlwollend. »Ich biete euch dafür ein ganz neues Gesetz, für das sogar Papst Hadrian euch und mich loben wird ...« Und wieder nickte er Alkuin zu.

»Wir haben es Gesetz über die Regelung der Sonntagsruhe genannt«, sagte Alkuin bescheiden und fast verlegen. Er wartete, bis sich das Getuschel der Synode etwas gelegt hatte. »Also«, sagte er dann und rollte das Pergament in seiner Hand etwas auf. »Am Sonntag soll ab sofort jede knechtische Arbeit untersagt sein. Männer und Frauen dürfen keine Feldarbeit verrichten, keine Weinberge pflegen, keine Äcker pflügen oder ernten, nicht roden, keine Bäume fällen, keine Zäune setzen, keine Steine behauen, keine Häuser bauen, nicht im Garten arbeiten und nicht jagen. Frauen dürfen nicht nähen und nicht weben, keine

Kleider zuschneiden, zusammennähen oder sticken. Es ist unzulässig, Wolle zu zupfen, Flachs zu brechen, Wäsche öffentlich zu waschen oder Schafe zu scheren.«

Die Kirchenfürsten lauschten mit angehaltenem Atem. Manch einer erinnerte sich in diesem Augenblick an die strengen jüdischen Sabbatregeln, denn nie zuvor war das Gebot der Sonntagsruhe in fränkischen Dörfern und Siedlungen wirklich ernst genommen worden.

»Wenn das Christentum Gesetz und die Kirche seine Vollstreckerin werden soll, müssen wir Schluss damit machen, dass alles nur harmlose Zeremonien sind!«, fuhr Alkuin fort. »Jedermann soll lernen, den Sonntag durch Ruhe zu heiligen, wie es bereits Gott der Allmächtige und Schöpfer unserer Erde getan hat! Deshalb sind am Sonntag im gesamten Reich Gerichtsverhandlungen verboten und Transporte nur für das Heer, zum Lebensmitteltransport und für Bestattungen zulässig. Alle sollen zur feierlichen Messe in der Kirche zusammenkommen und Gott für alles Gute danken, das er uns erwiesen hat.«

»Wie sollen die Regeln für die Bauern, die Leibeigenen und die Vieh- und Schweinehirten sein?«, fragte der Bischof von Lüttich.

Zur großen Verwunderung der Versammelten antwortete der König der Franken: »Das Gesetz gilt für jedermann von Ost bis West, von Nord bis Süd und von Hoch bis Niedrig.«

Er sah sich mit einem leisen Lächeln um, dann sagte er: »Ich weiß, dass die Kirche etwas gegen das Baden hat. Aber ich habe nie verstanden, warum ihr das säubernde und erfrischende Bad nur für Kinder erlaubt. Der Grund ist —«

»Der Grund ist, dass nur die Taufe —«

»Der Grund ist unsinnig!«, fuhr Karl unbeirrt fort. »Ich lade euch alle ein, morgen mit mir in den heißen Quellen zu baden. Und wenn wir dann geruht haben, werdet ihr feststellen, dass eurem Körper und Geist nur Gutes widerfahren ist. Außerdem käme uns allen etwas weniger Schmutz und Geruch des Körpers sicherlich zugute.«

Er sah an ihren Gesichtern, dass sie ihm nicht zustimmten. Doch genau darauf hatte Alkuin ihn vorbereitet. Deshalb griff er zu einem Argument, gegen das keiner der Kirchenmänner ankam: »Wir wollen kein wildes Baden einführen, sondern die körperliche Säuberung als eine Vorbereitung auf den Gottesdienst am Sonntag. Nach der Reinigung für den Kirchgang am nächsten Morgen soll niemand mehr tanzen oder sich in Lust und Wollust umarmen und vereinigen. Nüchtern und im Winter mit einer Laterne in der Hand, sollen die Leute zur Frühmesse erscheinen und anschließend, wenn alles besprochen ist, wieder nach Hause gehen. Und wer besonders gottgefällig sein will, soll zum Vespergebet nochmals zur Kirche gehen.«

Alkuin rollte das Pergament wieder zusammen und wartete ebenso gespannt wie Karl auf die Reaktion der versammelten Kirchenfürsten.

»Könntet ihr einer derartigen Regelung zustimmen?«, fragte Karl. Er bemühte sich, seine Belustigung zu unterdrücken. So verstört und mit sich selbst uneins hatte er seine Kirchenfürsten schon lange nicht mehr gesehen.

»Ich hätte nie gedacht, dass ein Mann des Schwertes uns Männern des Buches ebenfalls Land hinzugewinnt«, sagte der Bischof von Salzburg. »Du bist nicht nur ein Verteidiger der Kirche, Karl, sondern ihr erster Vorkämpfer!«

Karl mochte und schätzte ihn, aber er wusste bei ihm nie, ob er seine Äußerungen ernst oder ironisch meinte.

»Ihr seid also einverstanden?«

»Wie könnten wir je dagegen sein, wenn aus Bauern und Waldfranken zumindest sonntags gute Gläubige werden? Von mir aus können wir als Gegenleistung auch mit der Einrichtung von Klosterschulen beginnen.«

Nicht alle Kirchenfürsten waren der gleichen Meinung wie der schwarze Arn. Einige fürchteten die Schmälerung ihres Einkommens, andere gaben zu bedenken, dass es nicht gut sei, wenn gottgewollte Unterschiede der Menschen und der Stände dadurch verwischt würden, dass Söhne von Ethelingen neben Kindern von Hörigen oder gar Sklaven sitzen durften. Karl lächelte nur.

»Wenn es nur nach ererbten Rechten gegangen wäre, hättet ihr heute nicht mich vor euch, sondern einen verblödeten

Reichskronenträger aus dem Geschlecht der Merowinger – oder vielleicht auch einen Sachsenherzog, bei dem es keine einzige Kapelle und kein Kloster Christi mehr gäbe …«

Die Bischöfe und Äbte berieten sich noch eine Weile, dann lehnte sich einer nach dem anderen zurück. »Ich glaube, die Mehrheit stimmt dir zu«, sagte der Bischof von Salzburg augenzwinkernd.

Karl nickte, denn er hatte nichts anderes erwartet. »Nur eine Bitte habe ich noch«, sagte er. »Ich möchte einen alten Wunsch meines Vaters Pippin erfüllt sehen. Singt fortan in Kirchen und Kapellen die gregorianischen Gesänge. Sie eignen sich sehr gut und machen jedem Gläubigen das Herz groß und feierlich.«

»Das erinnert mich an einen Gedanken, den ich schon lange habe«, sagte Alkuin und rieb sich die Hände. »Ich sollte demnächst auch ein Werk über die Wissenschaft der Musik verfassen! Die vielen alten Lieder aus der Überlieferung, die weit zurück bis zu den germanischen Vorfahren der Franken, Sachsen und der Angeln reichen, könnten wir so besonders gut bewahren.«

»Eine Arbeit wie diese will ich gern fördern«, sagte Karl. Beim anschließenden Reichstag erläuterte der Frankenkönig den Grafen und Edlen, was während der Synode der Kirchenfürsten beschlossen worden war. Er sprach über die Neuregelung des Sonntags, Predigten in deutscher Sprache, das von nun an für jedermann vorgeschriebene Bad am Samstag, über die Schulpflicht und darüber, dass er Alkuin zum ersten Leiter der obersten fränkischen Hofschule im Rang einer Akademie ernannt hatte.

»Und weil dies alles so ist, will ich auch nicht mehr, dass Siedlungen und Städte lateinische Namen führen. Damit wir gleich damit anfangen, soll Aquis Grana ab heute auch Aachen nach dem alten keltischen Wort ›Ahha‹ für Wasser heißen. Ich will, dass der Ort zu einer großen Pfalz ausgebaut wird und ein Gebäude für Alkuins Akademie erhält. Bis alles fertig ist, wird der Bürstädter Hof unser Aufenthaltsort sein.«

Die Hofschreiber hatten bereits Listen angefertigt und für alle siebenundzwanzig Grafen und die wichtigsten Klöster kopiert. Niemand bemerkte, dass die römische Bezeichnung »Porta

Westfalica« für den Durchbruch der Weser in flaches Sachsenland weder an diesem Tag noch jemals später ins Fränkische übersetzt wurde.

Da die baierische Affäre endgültig beendet war, beschlossen die Franken beim anschließenden Reichstag, in eine Gegend vorzudringen, in der sie schon einmal gewesen waren, die sich damals aber als nicht sehr ergiebig gezeigt hatte.

Der Feldzug gegen die Slawen führte Karls Heer bis weit nach Osten und Norden. An einem kleinen Fluss namens Havel kam es zum einzigen nennenswerten Kampf gegen die Slawen. Da sie nichts anderes vorhatten, zogen die Franken durch nahezu menschenleere Gebiete immer weiter durch dichte Wälder an unzähligen flachen Seen vorbei. Sie jagten und fischten, als wäre der ganze Zug ein einziger Jagdausflug. Und dann, an einem wunderschönen Sommertag, sahen der Frankenkönig und die meisten seiner Männer zum ersten Mal die Ostsee.

Voller Erstaunen traten sie unter den Kiefern hervor ins hohe Gras der Dünen. Sie stampfen über den weiten und weichen Sandstrand bis zu den sanften, einladenden Uferwellen.

Und dann bückte sich der Erste, hob etwas auf, das wie harter Honig aussah, und rief begeistert: »Elektron ... Bernstein, Bernstein!«

Später, als der Sommer zu Ende ging, das Heer sich wieder aufgelöst hatte und Karl mit dem Hofstaat und seinen Scaras gemächlich von Pfalz zu Pfalz in Richtung Worms zog, traf eines Tages eine Delegation aus Britannien ein.

»König Offa von Mercia ist auf dem Weg nach Rom«, berichteten die britannischen Reiter. »Er dankt für deine edelmütige Gastfreundschaft und wäre hocherfreut, wenn er dir in Soissons, Ponthion, Diedenhofen oder auf einer anderen deiner Pfalzen auf seinem Pilgerweg seine Familie vorstellen dürfte.«

»Nichts ist mir lieber«, sagte Karl und rieb sich die Hände. »Weiß man schon irgendetwas von seinen Bedingungen?«

»Nein, König Offa ist hochgeehrt, dass du als König der Franken eine von seinen Töchtern für den Thronfolger vorgesehen hast.«

Karl brummte zufrieden. Es gab Situationen, in denen er sich immer noch wie ein Eindringling in das Gefüge aus Ruhm und Ehre, Macht und Königtum fühlte. Darüber konnten ihm weder ein Papst in Rom noch ein Kaiser in Konstantinopel oder ein Kalif in Bagdad hinweghelfen.

»Offa hat ebenfalls einen Thronfolger. Sein Name ist Ecgfrith. Und damit beide großen Königshäuser noch enger verbunden werden, schlägt er vor, dass Ecgfrith gleichzeitig deine Tochter bekommt.«

»Was, Rotrud?«

»Nein, Berta.«

»Was soll das?«, fragte Karl unwillig. »Berta ist gerade erst zehn Jahre alt. Ich will doch keinen Kindertausch! Was denkt der Kerl sich eigentlich? Ich müsste Berta das Zehnfache von dem mitgeben, was er als Mitgift für seine Tochter aufzuwenden hat! Außerdem heiraten meine Töchter noch nicht ... jetzt noch nicht!«

In den nächsten Tagen sagte Karl die Begegnung mit König Offa und seinen Töchtern endgültig ab. Die Edlen seines Hofes hatten ihn lang nicht mehr so missmutig gesehen. Er beschloss, in diesem Jahr nicht nach Gallien zu ziehen, sondern in Worms zu bleiben, das mehr und mehr zur Hauptstadt des Frankenreiches wurde.

»Die Anmaßung dieses britischen Schafskönigs ärgert mich immer noch«, sagte Karl am Geburtstag des heiligen Martin. Viele der wichtigsten Bischöfe aus allen Teilen Galliens, Germaniens und Baierns waren nach Worms gekommen, um den Tag zusammen mit dem Verteidiger der Kirche zu feiern. Sie sprachen über alles, was sich in diesem ungewohnt kriegsfreien Jahr zugetragen hatte – auch über König Offas Zumutung.

»Am liebsten würde ich sämtliche fränkischen Seehäfen für Waren und Schiffe aus Britannien schließen!«, murrte Karl noch immer verärgert.

»Und wer hindert dich daran?«, fragte der schwarze Arn.

»Niemand.«

»Na also«, sagte der Bischof von Salzburg. Selbst Alkuin und die irischen Mönche konnten den König der Franken anschließend nicht mehr umstimmen. Er blieb beleidigt, beharrte auf seiner Kontinentalsperre und erteilte bereits am nächsten Tag die entsprechenden Anordnungen.

Im Jahr 790 führte der inzwischen achtundvierzig Jahre alte Karl, zum ersten Mal seit er König der Franken war, keinen Krieg.

»Aber niemand soll denken, ich sei zum Nichtstuer erschlafft und würde meine Zeit vertrödeln«, sagte er zu seinen Paladinen. »Wir werden uns auf ein paar guten Schiffen den Rhein hinab bis nach Mainz begeben und von dort den Main stromaufwärts fahren.«

Während die Scaras dafür abgestellt wurden, die Schiffe mit dem Königshof von Mainz auf alten Treidelpfaden an den Ufern zu begleiten, freuten sich alle anderen, dass sie in diesem Sommer nicht reiten oder laufen mussten.

Die Schiffsreise des Frankenkönigs begann vier Wochen später. Bereits in aller Frühe legten die flachen, breiten Boote mit viel Geschrei und Musik, aufgezogenen Fahnen und Wimpeln, bunten Segeln und extra für diesen Zweck ausgerüsteten Ruderern an der Maraue von Worms ab. Der Schiffskonvoi des Frankenkönigs folgte immer neuen Flusswindungen, vermied tote Wasserarme, die nur im Sumpf und Wasserdickicht endeten, und erreichte schon am Nachmittag die Maraue bei Mainz.

Hier schickte Karl einige Boote mit Leuten aus der Wormser Residenz wieder zurück an ihre eigentliche Verwaltungsarbeit.

»Ich möchte auch mitgehen«, sagte der getreue Angilbert zu Karl. »Mir scheint, dass es mir in diesem Jahr nicht besonders gut geht.«

»Ja, du bist auch älter geworden«, sagte Karl lächelnd, nachdem er ihn lange prüfend angesehen hatte. »Und du warst mir immer ein guter Freund und Berater. Was hältst du davon, wenn ich dir als kleine Anerkennung die Abtei Centula an der Somme schenke – das alte Saint-Riquier bei Abbeville?«

»Das wäre wirklich ein großartiges Geschenk«, stieß Angilbert trotz seines Alters noch errötend hervor. »Aber ... ich bin kein Abt ...«

»Dann wirst du eben Laienabt!«, bestimmte Karl.

»Dagegen hätte ich nichts«, sagte Angilbert fröhlich. Die beiden Männer lächelten sich an.

»Wie kommst du darauf, dass mich ausgerechnet Centula interessiert?«, fragte Angilbert nach einer Weile. Und diesmal lachte Karl so laut, dass sich sogar die Ruderer, die mit dem Rücken in Fahrtrichtung saßen, zu ihnen umdrehten.

»Meinst du, ich wäre blind?«, fragte Karl vergnügt. »Jedes Mal, wenn wir in Klöstern waren, habe ich nach bestimmten Büchern und Folianten suchen lassen, die ich gern lesen wollte, wenn ich nicht schlafen konnte. Das weißt du doch, oder?«

»Ich weiß, was du gelesen hast«, sagte Angilbert. »Jedermann kennt die drei Bereiche, die dich zunehmend interessieren.«

»So?«, meinte Karl. »Das will ich wissen!«

»Du willst sämtliche Sagen und Legenden der Germanen und ihrer Götter sammeln und in den Klöstern aufschreiben lassen.«

»Nicht falsch«, gab Karl zu. »Zweitens?«

»Außerdem liest du alles, was du über die heilsame und nützliche Wirkung von Pflanzen, ihren Blüten, Blättern, Wurzeln oder Samen finden kannst. Du bist wahrscheinlich der erste König der Geschichte, der sich für Beifuß, Liebstöckel und Gartenminze interessiert.«

»Du weißt, warum«, sagte Karl. »Aber es stimmt – ich will schon lange, dass in jeder meiner Pfalzen ein Garten angelegt wird, in dem die wichtigsten fünf Dutzend Kräuter und dazu Blumen, Beerensträucher und gute Obstsorten gedeihen. Weißt du nicht mehr?«

»Doch«, sagte Angilbert. »Du interessierst dich zunehmend für den Lauf der Gestirne und ihren Einfluss auf Menschen und Getier.«

Karl liebte diese kleinen, geschwätzigen Dispute nicht erst seit Alkuin am Hofe war. Er wusste auch, dass manche sagten, er würde sehr oft sprechen, nur um sich zu hören. Es amüsierte ihn, wenn solcherlei von Wortlosen behauptet wurde. Und außerdem: Was gingen ihn die Kläffer und die Neider an?

»Machen wir's kurz«, sagte er zu Angilbert. »Du hast Mythen unserer Ahnen, die Pflanzenkräfte und die Macht der Gestirne am Himmelszelt als die drei Dinge vorgebracht, die mich neben den Pflichten eines Frankenkönigs interessieren.«

»Stimmst du nicht zu?«

»Doch, du hast recht«, lächelte Karl, »aber es gibt nicht drei Bereiche, von denen ich bei Tag und Nacht mehr wissen will, sondern drei Dutzend weitere! Geografie, Geschichte und Grammatik, Algebra und Schmiedekunst, die Pferdezucht und die Idee von der Dreifelderwirtschaft, die Kunst der Goldschmiede und Schwertfeger, Weinbau und Rechtspflege, Schrift und Gesang – willst du noch mehr hören?«

»Ich verstehe immer noch nicht, worauf du eigentlich hinauswillst«, sagte Angilbert. Karl lachte wie ein Jäger, der sein Opfer bereits in der Falle sieht.

»Hast du niemals Bücher über die ›gute Zahl‹ für einen Kirchenbau gesucht? Und keinen Spielplatz der Träume und Gedanken für ein Gotteshaus nach den ewigen Regeln der Baukunst, wie sie Vitruv bereits im Jahrhundert vor der Geburt unseres Herrn Jesus Christus in Rom aufgestellt hat?«

»Doch«, sagte Angilbert verstört, »das habe ich.«

»Saint-Riquier an der Somme.«

»Ja, aber wie hast du davon erfahren?«

»Erstens, weil überall die Bücher über Baukunst fehlten, wenn ich sie haben wollte, und zweitens, weil ich Zeichnungen gesehen habe, die unverhüllt von einem Odo von Metz an dich überbracht werden sollten. Irgendjemand brachte sie aus Versehen mir. Wer ist der Odo?«

»Der beste Baumeister zwischen Rom und Britannien!«, sagte Angilbert sofort. »Er kennt Ravenna, Sanct Denis, war auch in Lorsch dabei und hat vielleicht sogar eine Skizze für Fulda angefertigt.«

»Und diesen Mann hast du beauftragt, Pläne für die Abtei Centula zu berechnen.«

»Ja«, sagte Angilbert.

»Ist alles fertig?«

»Ebenfalls ja.«

»Dann weißt du jetzt, warum du ebendiese Abtei bekommst«, sagte Karl. Er sah, wie Angilbert, dem Freund in vielen, vielen

Jahren, auf einmal Tränen in den Bart rannen. »Du kannst sie haben, aber ich will Odo! Odo von Metz soll mir ein Gotteshaus nach meinen eigenen Gedanken und Ideen entwerfen, das nicht in der Größe, aber in Maß und Zahl und Harmonie sowohl Sanct Peter in Rom als auch der Hagia Sophia am Goldenen Horn Konstantinopels überlegen ist!«

Am nächsten Morgen besuchte Richolf, der Nachfolger des Mainzer Erzbischofs Lullus, mit seinem Gefolge den an der Maraue bei Kostheim lagernden Frankenkönig. Nachdem Lullus vor vier Jahren und Megingaud von Würzburg vor drei Jahren gestorben war, hatten die beiden Freunde Richolf und Berowelf ihre Plätze in Mainz und Würzburg eingenommen, ohne bei den Konzilen sonderlich aufzufallen.

Karl besprach mit Erzbischof Richolf mehrere offene Fragen, die sich dadurch ergeben hatten, dass das ehemalige Herzogtum Baiern kein Lehen mehr, sondern eine fränkische Provinz war. Karl beurkundete einige Dokumente, die der Bischof von Mainz nach Sanct Denis und Sanct Martin weiterleiten sollte.

Tags darauf legte die kleiner gewordene Flotte die Strecke bis zur Frankenfurt zurück. Karl ließ sehr häufig und überall dort anlegen, wo er Fischerhütten an den Ufern oder ein Dorf mit mehr als zehn Katen an den Hängen entdeckte. Später, als der Main den südlichen Spessart umfloss, waren es auch die Scaras, die vorausritten und dann am Ufer warteten, um ihn auf Siedlungen hinzuweisen, die er vom Fluss aus nicht sehen konnte. Einige Tage lang war er sich nicht klar darüber, ob er nur bis Würzburg oder noch weiter mainaufwärts reisen sollte.

Karl genoss es, wie die lieblichen, dicht bewaldeten Ufer langsam an ihm vorbeizogen. Die Männer an den Rudern sangen leise, und über ihnen flatterten die langen bunten Wimpel im Wind. Das Wetter war schön, und niemand an Bord hatte es eilig.

»Wie gut sind eigentlich unsere Karten des ganzen Gebietes hier?«, fragte Karl eines Tages. Er saß auf einem Stapel zusammengerollter Seile am Bug seines Bootes und hatte die Beine lang ausgestreckt.

»Sie könnten nicht besser sein«, antwortete der Seneschall.

»Baiern war schließlich römisches Gebiet.«

»Und jeder Fluss ist in seinem Lauf aufgezeichnet?«

»Das möchte ich meinen.«

»Du meinst, du weißt es nicht«, sagte Karl gutmütig, doch ohne zu lächeln. »Sorge dafür, dass wir vom Würzburger Bischof, aus Ratisbona und aus allen Klöstern in dieser Gegend sehr gute Kartenkopien bekommen.«

»Was ist dir wichtig dabei?«, fragte der Seneschall.

»Berge und Hügel, Bäche und Flüsse«, sagte Karl. »Und zwar alle zwischen Main und Donau. Denn vielleicht ... vielleicht genügt ein Spatenstich, um eine Wasserverbindung zwischen den Meeren des Nordens und denen des Südens zu schaffen!«

»Du meinst, dass Boote wie diese ...«

»Oder auch kleinere«, sagte Karl. »Aber die Flüsse sind Wege, verstehst du? Straßen, auf denen die Händler nicht ständig Angst vor Gesindel und Räubern haben müssen. Und ein Teil der Strecke führt immer flussabwärts ...«

Ein paar Tage später verließen die Boote des Frankenkönigs den Main und bogen in die fränkische Saale ein. Und wiederum einige Tage später erreichten sie eine neu errichtete Pfalz, die Karl bisher noch nicht gesehen hatte – die Salzburg hoch über der fränkischen Saale. Die restlichen Wochen des Sommers beschäftigte sich Karl damit, mehr über das nördliche Baiern und Thüringen zu lernen.

Als der Herbst die ersten Blätter färbte, ging der gesamte Hofstaat wieder auf die Flussboote und kehrte zur Residenz Worms zurück.

»Das wird ein kalter Winter, David«, sagte Alkuin geheimnisvoll, als die Boote in den Oberlauf des Rheins einbogen. Er saß fröstelnd und mit lächerlichen Fingerhandschuhen, an denen überall die Spitzen fehlten, neben Karl. »Ich werde jetzt viel häufiger die Zeichen der Natur notieren«, sagte er geheimnisvoll. »Und auch du solltest wie König Salomo rechtzeitig wissen, wie die Sterne stehen.«

»Verehrter Alkuin oder auch Flaccus«, meinte Karl lächelnd. »Glaubst du etwa, dein David oder Salomo weiß nichts vom

Moos an der Nordwestseite der Bäume, vom Weg der Ameisen im Herbst, vom frühen Vogelflug, von schwarzen Flecken in der Sonne oder von Nebelringen um den Mond? Das alles weiß doch jeder Knabe, der nicht in Städten oder wie du in Bücherstuben aufgewachsen ist!«

»Du neigst dazu, mich immer häufiger falsch oder nicht richtig zu verstehen!«, beschwerte sich der Mönchsfürst pikiert.

»Stell dich nicht an!«, knurrte Karl. »Was ist los?«

»Ach, es geht mir alles zu langsam«, sagte Alkuin mit einem tiefen Seufzer. Er starrte in die bereits kalt und eisig wirkenden Wasserwellen neben dem schnell stromaufwärts gleitenden Königsboot. »Du wolltest doch den Gottesstaat aufbauen, ein Reich Christi auf Erden, das würdig ist, neben dem Gottes des Allmächtigen im Himmel zu bestehen!«

»Wer sagt, dass ich das nicht mehr will?«

»Ja, nein … ich weiß es nicht! Aber mir scheint, du kümmerst dich um alles Mögliche, nur nicht darum, das aufzurichten, was weder Päpste noch die Kaiser von Byzanz geschafft haben …«

»Zunächst einmal bin ich König der Franken«, sagte Karl, der Alkuins ständige Besserwisserei in diesen Tagen als ziemlich nörgelnd und ungerecht empfand.

»Ein König ohne Hauptstadt, ohne Residenz und ohne respektable Pfalz – das bist du, Karl!«

»Was soll ich? Mich in Römermauern einnisten wie die Agilolfinger in Ratisbona und fast alle Bischöfe?«

»Was wirfst du jetzt auf einmal den Bischöfen vor?«, fragte Alkuin verständnislos. »Du weißt genau, dass Bischöfe nach alter kanonischer Weisung ihren Sitz nicht auf dem Land, sondern nur in Städten haben dürfen. Und weil ihr Franken nun einmal keine richtigen Städte habt, müssen die Bischöfe sich notgedrungen mit römischen Ruinen abfinden.«

»Ja, ja, ich weiß«, antwortete Karl abwehrend. »Eine Bischofsstadt muss eine natürliche Schutzanlage, eine günstige Verkehrslage und eine Eignung für eine Domburg haben. Sie soll eine befestigte Siedlung als sicherer Platz des Heiligtums im Domus Dei sein! Na und? Gab es nicht auch die Wander- und Missionsbischöfe? Was war mit Bonifatius? Und was mit Emmeram in

Ratisbona? Nein, Alkuin – du bist mir zu geschickt in manchen Dingen! Du suchst dir Regeln, die dir passen, und stellst Gesetze auf, die sehr gut klingen … bis man dahinterkommt, dass es sie gar nicht gibt!«

»Willst du mich etwa einen Lügner nennen?«

»Nein, mein Freund«, sagte der Frankenkönig nachdenklich. Er hüllte sich in seinen schweren Mantel und sah dem Fall der Tropfen von den Rudern der Schiffsknechte nach. Stromaufwärts tauchten die Mauern der alten Civitas publica Worms im grauen Nebel auf. »Du bist für mich der ehrlichste und wahrhaftigste Mann, den ich kenne. Du weißt, ich schätze und verehre dich, doch deine Wahrheit hat leider viel zu oft nichts mit der Wirklichkeit zu tun!«

28

Neue Pläne

Die letzten Herbstwochen vergingen mit den vielfältigsten Beschäftigungen. Inzwischen war auch Odo von Metz nach Worms gekommen.

Karl prüfte den kleinen, stämmigen und äußerst wortkargen Baumeister, dessen riesiger, von grauen Haaren umwallter Kopf wie ein Felsbrocken auf seinen Schultern saß, ausführlich und nach allen Richtungen. Er sprach viele Stunden lang mit dem gut fünfzig Jahre alten, eher behäbig wirkenden Baumeister. Odo sprach reichlich dem Burgunderwein zu. Dabei erfuhr Karl, dass er insgeheim auch an der Eingangshalle des Klosters Lorsch mitgewirkt hatte.

»Wo würdest du an meiner Stelle eine ständige Pfalz mit einem Gotteshaus, wie es mir vorschwebt, bauen?«, fragte er Odo von Metz, nachdem sie lang und oft nicht sehr leise über Formen und Linien von Karls Idealkapelle geredet und gestritten hatten.

»Ich weiß noch immer nicht, ob das, was du dir denkst, überhaupt möglich ist«, sagte Odo von Metz skeptisch. »Du willst eine Pfalzkapelle, aber auch einen Tempel Salomonis, ein von Gott befohlenes Zeltheiligtum, das bei dir wahrscheinlich der Kasten mit dem Mantelrest des heiligen Martin ist, dazu eine ›Hagia Sophia‹ als Ort der heiligen Weisheit – etwas Alttestamentarisches, Griechisches, Römisches ... und all das groß genug, nicht zu gewaltig und noch bezahlbar für einen Frankenkönig!«

»Ich sehe, du verstehst mich«, sagte Karl und rieb sich die Hände.

»Oh, ich verstehe auch, dass jeder Stein und jede Mauerflucht, die Fenster und die Simse, ja, selbst die Proportionen und die Ausrichtung nach Länge und nach Breite all dem entsprechen sollen, was dir als Traum von einer Kirche vorschwebt.«

»Kannst du das alles planen und entwerfen?«, fragte Karl ungeduldig. »Und wo wäre der Ort dafür? Hier in Worms? In Ingelheim ... Aachen ... Nimwegen?«

»Das müsste ohnehin vorab geklärt werden«, sagte Odo von

Metz. »Es gibt keinen idealen Bau, der aus dem Kopf heraus geplant wird. Ich weiß nicht, ob du von den geheimen Plänen hörtest, die für das Kloster von Sanct Gallen bei Eingeweihten im Gespräch sind ...«

»Nein«, sagte Karl, »davon habe ich nichts gehört.«

»Es soll auch nur ein Beispiel sein«, meinte Odo von Metz. »Die Pläne für Sanct Gallen gehen auf die Regeln des heiligen Benedikt zurück. Und schon seit vielen Jahren versuchen immer wieder Baumeister und die Illuminaten in den Schreibstuben der Klöster, jenen Idealplan zu entwerfen, bei dem alles stimmt und im richtigen Verhältnis zueinander steht.«

»Was soll so schwer daran sein?«, fragte Karl.

»Nun, das ideale Benediktinerkloster ist ebenso wie eine Königspfalz eine in sich geschlossene und doch nach allen Seiten offene Welt. Schöpfung aus Menschenhand, wenn du so willst, die nicht zur Falle oder zum ausweglosen Labyrinth werden darf ...«

Odo nahm einen Bogen Pergament und ein Stück Blei. Mit feinem Strich zeichnete er ein Rechteck. »Dies soll ein Klosterareal sein«, sagte er. »Was brauchen wir zuerst?«

»Die Klosterkirche«, sagte Karl, »die Basilika.«

»Gut«, sagte Odo und zeichnete ein längliches Rechteck in das Geviert. »Nehmen wir an, hier. Es ist jetzt noch nicht wichtig, wo Kanzel, Taufbecken und Chor angeordnet werden. Was ich dir zeigen möchte, ist etwas anderes: Zur Kirche eines Klosters gehören ja auch Mönche. Sie müssen wohnen ... schlafen ... essen ...« Bei jedem Wort malte Odo ein kleines Geviert neben das Kirchenrechteck. »Dazu Speisesaal, Schlafsaal, Backhaus und Küche, Brauhaus und Darre, Mühle und Scheune, Schule und Ställe für Schafe, Schweine, Ziegen, Pferde, Kühe ... ein Hühnerhaus, ein Gänsehaus ...«

»Hör auf, hör auf!«, lachte Karl. »Was immer du beweisen willst, hast du geschafft.«

»Nein, Karl«, widersprach der Baumeister. »Wenn das bereits genügen sollte, wäre Benedikt nicht zufrieden, denn unsere Mönche von Sanct Gallen würden sehr schnell verhungern! Vielleicht könnten sie ohne die Bücherei, die Waffenkammer und die Handwerksräume auskommen. Aber auf jeden Fall brauchen sie Vorratskeller.«

»Ja, gut«, sagte Karl zustimmend.

»Gärten für Heilkräuter und Obstbäume?«

»Das müsste dann aber genügen.«

»Arzthaus, Spital? Badehaus? Friedhof? Aborte? Reicht das?«

Karl brummte nur.

»Nein, es reicht nicht!«, sagte Odo von Metz. »Auf dieser Zeichnung vielleicht, weil alles da ist – säuberlich aufgeführt und geplant in kleinen Kästchen! Denn selbst wenn dies bereits alles wäre, würde sich unser kleines, ideales Kloster nicht einmal länger als eine Generation halten können!«

»Und warum nicht?«, fragte Karl, der die Falle nicht bemerkte.

»Ganz einfach«, antwortete Odo von Metz, nahm das Pergamentstück auf und zerriss es mit starken Händen in kleine Fetzen, »weil wir soeben eine typisch männliche Kopfgeburt vollzogen haben! Ein ideales Kloster ist ein totes Kloster. Und eine ideale Königspfalz mit einem makellosen Dom stirbt im gleichen Augenblick, in dem sie vollendet erscheint! Mönche brauchen die Außenwelt, um sich die Innenwelt zu erhalten – sie brauchen die Sünde, die Angst und die Armut, ohne die es keinen von ihnen geben würde. Und ein Königtum braucht die sichtbaren Zeichen dafür, dass seine Macht Altes zerstört und Neues schafft!«

»Und was heißt das jetzt?«

»Ich muss wissen, wo die Fundamente sind, die wir zerstören und auf denen wir aufbauen können.«

»Du willst den Ort wissen.«

»Ja.«

Karl nickte. »Ich werde darüber nachdenken.«

Ende November, als der erste Schnee dieses Winters fiel, kamen griechische Händler in Worms an. Sie brachten Ingwer, Pfeffer und Nelken, Seide und einen Stoff mit, auf dem man schreiben konnte und den sie chinesisches Pergament oder Papier nannten.

Es wurde Tag für Tag für Tag kälter, und selbst der Rhein begann zuzufrieren. Überall in der alten Stadt Worms stiegen Rauchfäden aus den Kaminen der kleinen, eng in den Gassen geduckten Katen und Steinhäuser in den Winterhimmel hinauf. Hier musste niemand frieren, denn ein Erlass des Bischofs hatte bestimmt, dass jedermann in der kalten Jahreszeit genügend Holz und Steinkohle für den Winter haben sollte. Jedermann zeigte sich dankbar dafür, nur Düdo von Hartzhorn und seine Gesellen liefen immer wieder seufzend und kopfschüttelnd von einer Feuerstelle zur anderen und warnten vor allzu viel Leichtsinn. Sie konnten nicht viel ausrichten, denn die Innenstadt von Worms unterstand dem Bischof und nicht dem Frankenkönig.

Irgendwann bei einer der großen abendlichen Mahlzeiten im Speisesaal des Bischofssitzes, in dem stets ein alle erwärmendes Kaminfeuer loderte, erwähnten die Griechen, dass Konstantin VI. volljährig geworden war.

»Und Irene?«, fragte der Frankenkönig sofort. »Was wird Irene jetzt unternehmen?«

»Gar nichts«, antwortete der Anführer der Kaufleute. »Konstantin hat seine Mutter vom Kaiserhof verbannt. Sie lebt wieder in Athen.«

»Ihr meint also, dass die Frau, die so lang an ihres Sohnes Stelle die mächtigste Frau Ostroms gewesen ist, sich einfach verabschieden lässt, um sich fortan nur noch mit ihrem Schmuck und ihren Kleider zu beschäftigen?«

»Irene hat sich nie für Schmuck interessiert«, antwortete der Anführer der Mercatores. »Und von ihren Kleidern reicht keines an das Gewand der Muttergottes Maria heran, das ihre wertvollste Reliquie ist.«

»Ich will nur wissen, womit ich rechnen muss«, sagte Karl.

»Darin sind wir uns ähnlich«, meinte der griechische Kaufmann mit einer lächelnden Verneigung. »Nur darin natürlich, denn ich bin weder Franke noch von Adel oder eurem Glauben …«

»Du glaubst nicht an Gott?«

»Doch, selbstverständlich.«

»An Jesus Christus?«

»Mit ganzem Herzen.«

»Und woran glaubst du nicht?«, fragte Karl und beugte sich interessiert vor. Er warf einen kurzen Blick zu den Bischöfen von

486

Salzburg und Worms, die einträchtig nebeneinandersaßen. Er hätte ein Pfund Gold dafür gegeben, wenn er gewusst hätte, was beide im diesem Augenblick zu tuscheln und zu planen hatten …

»Ich glaube nicht, dass der Bischof von Rom mehr ist als einer der Kirchenfürsten hier im Raum«, sagte der Grieche furchtlos.

»Meinetwegen soll er als Erzbischof gewürdigt werden, aber der Anspruch der sogenannten Nachfolger des Apostels Petrus ist für uns Griechen und für Ostrom von jeher eine Zumutung gewesen!«

»Du weißt, dass Karl der Frankenkönig Patricius Romanorum und Verteidiger des Papststuhls ist?«, fragte der schwarze Arn mahnend.

»Ja«, antwortete der Grieche. »Karl ist weit über die Grenzen seines Reiches hinaus dafür bekannt, dass er ein starker, großer, aber auch milder und gerechter Herrscher ist. Ich habe mir nichts vorzuwerfen, wenn ich als Grieche gegen das bin, was Rom gern sein will, aber nicht mehr ist.«

»Ich achte deine Meinung«, sagte Karl, »aber du weißt sehr gut, dass sie mir nicht gefällt!«

»Ja«, antwortete der Grieche. »Und deshalb biete ich dir einen Handel an: Du lässt mich Christ auf meine Art sein, und ich verrate dir, was in Byzanz geschehen wird.«

»Die Kaiser Ostroms haben niemals gezögert, wenn es um den Erhalt ihrer Macht ging«, meinte Richbod, der Abt des Klosters Lorsch.

Der König der Franken schob die Lippen vor. Richbod war ein glattgesichtiger Mann und Kenner der Antike. Karl mochte ihn nicht, obwohl er zum erweiterten Hofstaat gehörte und auf Wunsch von Alkuin Bischof von Trier werden sollte. Vielleicht kam seine Abneigung daher, dass Richbod demnächst in einer Stadt herrschte, die einmal römische Kaiserresidenz gewesen war. Zudem missfiel ihm, dass dieser Erzbischof neben dem Kreuz auch einen Helm und Pfauenfedern in seinem Wappen tragen wollte.

»Die Frage ist nur, ob sich die ebenso machtgewohnte Irene der Verbannung beugt oder nicht«, überlegte Karl. »Und wie wir selbst dazu stehen.«

In der Nacht nach dem zweiten Advent gellte urplötzlich der von allen gefürchtete Feuerschrei Düdo von Hartzhorns durch die schlafende Wormser Pfalz. Karl war sofort hellwach. Nirgendwo in seinem Schlafgemach im ersten Stock brannte eine Kerze oder ein Öllicht. Karl griff im Dunkeln nach Hosen und Wams, zog beides schnell an, legte den Gürtel um und warf sich den Mantel, den er wegen des Feiertags getragen hatte, über die Schultern. Er verzichtete auf Strümpfe, Bänder und Schuhe.

Von draußen flackerte bereits ein hellroter Schein über die Wände seines Schlafraums. Er schien aus der Ecke zu kommen, in der sich der Speisesaal des Bischofssitzes befand. Karl eilte zu den Fenstern. Die Scheiben waren gefärbt und ließen nicht viel erkennen. Kurzerhand stieß der Frankenkönig die Faust gegen eine der Scheiben, zerschlug sie und beugte sich vor.

»Es brennt«, rief der mit einem Licht und einigen noch nicht ganz aufgewachten Knappen herangeeilte Kämmerer hinter ihm.

»Das sehe ich«, antwortete Karl. Er ließ zu, dass ihm die Wadenbänder und Schuhe geschnürt wurden.

»Beeilt euch!«, befahl er den knienden Dienern. Gleich darauf ging er los, um in Fastradas Gemächern nach ihr zu sehen. Sie war bereits aufgewacht, lag aber noch in ihrem Bett.

»Karl, was soll dieser Lärm mitten in der Nacht?«, beschwerte sie sich und zog schmollend die Decken höher.

»Schnell, steh auf!«, rief Karl ihr zu. »Der Speisesaal steht in Flammen. Das Feuer greift schon auf das Treppenhaus über. Du musst hier raus!«

»Aber das geht nicht!«, protestierte sie. »Ich muss erst ordnen und meine Sachen zusammenpacken lassen …«

»Tut mir leid, Fastrada, aber ich fürchte, hier kann nicht mehr viel gepackt werden!«

»All meine Kleider … all mein Schmuck …«

»Ja, hier«, antwortete Karl. Und dann begann er selbst damit, die Kästen, Schatullen und Kleidungsstücke seines Weibes zu ordnen. Er liebte sie, und er wollte nicht, dass sie weinte oder Kummer ertragen musste. Und wie ein Feldherr gab er den eintreffenden Dienern und Mägden Befehle. Dann tauchte der Seneschall auf.

»Die Griechen haben noch mit Awaren und einigen Lango-
barden nach der letzten Adventsmesse im Speisesaal gezecht.«
»Das ist doch kein Grund!«, rief Karl in den Lärm hinein.
»Ihnen war kalt«, antwortete der Seneschall. »Deshalb haben
sie das Kaminfeuer nochmals anfachen lassen ...«
»Davon brennt noch kein Speisesaal!«, brüllte der Frankenkönig. »Fußboden römisches Mosaik ... Mauern aus beschlagenem
Felsgestein!«
Er lief zum Fenster von Fastradas Schlafgemach und riss es auf.
Draußen loderten die Flammen bereits hoch über den Dachstuhl
des Speisesaals in den Nachthimmel hinauf. Die Funken sprühten
wie Sternschnuppen über die Dächer der anderen, flacheren, mit
hölzernen Schindeln gedeckten Gebäude und bildeten Feuer-
nester im längst geschmolzenen Schnee. Die ersten brennenden
Schindeln schlugen wie feurige Katapultkugeln auf der hölzernen
Balustrade vor den Schlafgemächern des Königs und der Königin
ein.

Ein Dutzend Menschenketten reichte bis zu den Brunnen
der Innenhöfe und durch die Tore der Stadtmauer bis zum
Rheinufer.

Sämtliche Holzeimer der Bischofsstadt wurden in dieser
Nacht eingesetzt, dazu leere Weinfässer und Pferdeschlitten
mit Eisen oder auch geschnitzten Rinderknochen unter den
Kufen. Ochsengespanne schleppten mit Seilen umwickelte Eis-
blöcke vom Rheinufer in die Stadt, Schmiede und Maurer und
Zimmermänner schlugen mit schnell aus der Umgebung herbeigeeilten Bauern, Waldknechten und Ackersklaven Schneisen
quer durch Dächer und Mauern der Wohnhäuser, Ställe und
Speicher.

Es half nicht mehr. Sie konnten das Feuer nicht aufhalten.
Überall fehlten Wasser und Leitern, und alle Eimerfüllungen
waren nicht mehr als ein paar Tropfen auf ein alles vernichtendes
Inferno. Der Bischof von Worms und der König der Franken
samt seinem Hofstaat und seiner Familie konnten nur noch in die
Maraue ausweichen, wo die fünfhundert Panzerreiter der Scara
francisca samt ihren Pferden und Waffenknechten ohnehin die
Winterzelte aufgeschlagen hatten.

Und als die Wintersonne rot jenseits des Rheines über dem Odenwald aufging, bestanden Bischofssitz und Königspfalz nur noch aus schwelenden Trümmern. Ganz Worms sah wie eine schwarze Wunde in der friedlichen Schneelandschaft aus. »Damit ist diese Civitas publica aus dem Rennen«, sagte einer, der bereits Pläne gezeichnet hatte. Er zerriss sie und überlegte, welche Königspfalz nun die besten Aussichten haben könnte, die Residenz des gesamten Frankenreiches zu werden.

Nach der Schneeschmelze machten sich Karl und der Hofstaat nach Regensburg auf. Auch durch das frische Frühlingsgrün an manchen Zweigspitzen wurde der lange Weg durch die finstere Barriere des Herkynischen Waldes, der sich vom Rhein bis nach Böhmen zog, nicht angenehmer.

Nachdem die Franken in Regensburg angekommen waren, ließen sich Karl und Odo von Metz jedes Bauwerk, jede Mauer und jeden Römerturm durch Bischof Arbeo von Freising erklären. Worms und Aachen waren ebenfalls römischen Ursprungs, aber die Festung Castra Regina beeindruckte Karl mehr als alle anderen Relikte des untergegangenen Weltreiches, die er bisher nördlich der Alpen gesehen hatte. Er schritt an den mörtellos aufgeschichteten Quadersteinen der alten Mauer entlang, ging durch die nördlich gelegene Porta Praetoria. Ein ähnlich mächtiges Torwerk hatte er bisher nur bei der Porta Nigra in Trier gesehen. Das Ufer der Donau war nur einen Steinwurf entfernt. Er ging bis zum Fluss und betrachtete die lang gestreckten Inseln in seiner Mitte. Als er sich wieder umdrehte, sagte er zu seinen Begleitern: »Dieses Fleckchen Erde könnte zu einem meiner Lieblingsplätze werden.«

»Ich denke, du magst keine alten römischen Bauten?«

»Das ist richtig«, sagte Karl und nickte. »Kein Franke wohnt gern in Mauern, in denen jedes Mosaik, jeder Nagel und jede Inschrift die Erinnerung daran wachhält, das alles ein halbes Jahrtausend lang von Fremden besetzt und ausgebeutet war.«

»Aachen, Worms und Mainz stammen ebenfalls aus der Römerzeit.«

»Das sind Ausnahmen, die ich noch gelten lasse.« Er ging mit seinen Grafen an der Westmauer entlang bis zur Porta Decumana im Süden. »Die Agilolfinger haben die Anlage gut in Schuss gehalten«, sagte Karl anerkennend. »Mit dieser Römerfestung, genügend Vorräten und ein paar guten Brunnen hätte Tassilo noch länger aushalten können als Desiderius.«

»Willst du Regensburg etwa zu deiner Residenz machen?«

Karl ging über die alte Via decumana vom Südtor bis zur Mitte der Festung. Überall in den Nischen und Eingängen zu den Gebäuden standen stämmige Baiuwaren mit dunklen Haaren und runden Köpfen, die noch vor Kurzem dem Agilolfinger gedient hatten. Sie betrachteten mit verbissenen, aber auch neugierigen Gesichtern den alle überragenden König der Franken und sein Gefolge.

»Ich bin Franke«, sagte Karl dann. »Nichts gegen eine gute Pfalz bei den Baiuwaren hier an der Donau, aber als Residenz wären mir Ingelheim, Aachen und selbst das ausgebrannte Worms doch lieber.«

Er entdeckte einige dralle Jungfrauen und verstand plötzlich, warum sein Großvater Karl Martell damals die Agilolfingerin Swanahild zu seiner zweiten Frau gemacht hatte.

»Versuch es mit Aachen«, sagte Karl noch während der Fastenzeit zu Odo von Metz. Der Baumeister neigte den Kopf und lächelte. »Aber ich möchte keine Betonung der Horizontalen wie in der Antike, sondern eher eine Idee wie Vitale in Ravenna, ein Oktogon, verstehst du?«

»Ich kenne doch Alkuin«, meinte der Baumeister mit leisem Spott. »Ich weiß nicht, ob du selbst Vitale gesehen hast. Aber ich weiß, dass Alkuin schon bei seinem ersten Aufenthalt in Italien mit einem Oktogon in York geprahlt hat, einer Kirche, die offenbar nur aus Pfeilern bestehen soll ...«

»Was hast du gegen Alkuin?«, fragte Karl verwundert.

»Nicht mehr als andere«, antwortete Odo von Metz. »Ich muss nur wissen, ob ich deine Ideen verwirklichen soll oder die eines ganz anderen!«

»Ist das so wichtig?«, fragte Karl.

»Es ist das Wichtigste überhaupt für jeden Baumeister!«

»Nun gut, dann sage ich dir, dass dich ein König beauftragt und kein Abt! Siehst du den Unterschied?«

»Sehr gut sogar«, antwortete Odo von Metz.

»Dennoch sollst du bedenken, dass wir das Himmlische Jerusalem aus der Offenbarung Johannis mit unserer Kirche ehren wollen«, mahnte Karl, »achte auf die Zahlen des Engels, der mit dem goldenen Rohr die Tore und Mauern der neuen Stadt vermisst. Achte darauf, dass Länge und Breite und Höhe des Gotteshauses sich annähern ... also kein lang gestrecktes Kirchenschiff, sondern eine nach allen Seiten gleiche, hoch aufragende Kuppel, in der jedermann die heiligen Zahlen acht und das Maß der zwölf mal zwölf Fuß oder Ellen wiedererkennt.«

Und niemand, der die beiden Männer hörte, konnte auch nur im Entferntesten ahnen, welche über Jahrhunderte wirkende Entscheidung der König der Franken soeben getroffen hatte.

Kurz vor Ostern trafen ihn die bairischen Bischöfe in einer besonders guten Stimmung an. Sie nutzten die Gelegenheit und brachten einige Bitten vor, die Tassilos private Klöster und Kirchen betrafen. Obwohl Karl lange Zeit mit dem Gedanken gespielt hatte, Tassilos Lieblingskloster Kremsmünster aufzulösen, folgte er dem Rat der Bischöfe von Salzburg und Freising und bestätigte Anfang Januar den Klosterbesitz von Kremsmünster.

Weder der schwarze Arn noch Abt Hunrich oder einige andere baierische Kirchenfürsten erwähnten Karl gegenüber, warum sie Kremsmünster erhalten wollten.

»Auf jeden Fall blieben uns dann auch die Aufzeichnungen über die slawische Siedlergemeinschaft unter einem Fürsten namens Physso erhalten«, sagte der Abt des Klosters Mondsee.

Karl hob nur die Schultern. All das war ihm nicht wichtig genug, deshalb stimmte er zu und beendete damit das Thema.

Sie feierten gemeinsam das Osterfest und verbrachten auch die Tage danach in großer Harmonie und Übereinstimmung. In der Woche nach Ostern versammelte Karl einige der Adligen, die ihn zum Auferstehungsfest in Regensburg besucht hatten, im großen Saal der Pfalz. Die bunten Fahnen, Wimpel und

Feldzeichen der Baiuwaren hingen noch immer an den weiß gekalkten Wänden des hohen Raumes. Karl hatte weder die Farben der Agilolfingerherzöge noch die der fünf anderen bairischen Adelsgeschlechter der Hosi, Drazza, Fagana, Anniona und Hahilinga entfernen lassen. Zu eng und noch zu unübersichtlich waren für ihn die gegenseitigen Verbindungen, die letztlich auch die Bischöfe von Passau, Freising und Salzburg, viele der Äbte und selbst einige Alemannenfamilien umfassten. Karl brauchte sich nur die Gesichter einiger Baiuwarenadeliger anzusehen, um zu wissen, wer noch immer die Faust gegen ihn geballt hielt. Sie mussten erst noch verarbeiten, dass sie nicht von den Franken erobert worden waren, sondern dass Tassilos Lehen an die zurückfiel, von denen die Agilolfinger es bekommen hatten.

»Es gibt Kriege, die will man nicht und muss sie dennoch führen«, sagte Karl, nachdem alle an den ringsum aufgestellten Tischen Platz genommen und Erzkanzler Rado mitgeteilt hatte, was der Grund für die Versammlung war. »Vielleicht erinnern sich einige von euch an die Züge gegen Hispanien. Auch diese Unternehmungen sind mir stets zuwider gewesen. Ich wollte Hispanien ebenso wenig in das Frankenreich eingliedern wie Benevent, die Kelten in der äußeren Bretagne, die Slawen im Osten und die Nordmannen.«

Er wartete, bis sich alle die verschiedenen Gegenden vorgestellt hatten. Denn mittlerweile wusste er, wie unterschiedlich das Bild der Welt in den Köpfen der Menschen war.

»Ich kann nicht sagen, was ein jeder von euch über die Awaren weiß«, begann er ernsthaft. »Aber ihr könnt mir glauben, dass jeder, der ein Volk, einen Stamm und einen Landstrich nur aus ein paar Kartenlinien und den Erzählungen von anderen kennt, ebenso gut Ikonen für die Guten und Dämonsfratzen für die Bösen ansehen kann. Und ihr wisst auch, dass kein Urteil verzerrter ist als ein Vorurteil, das zudem noch von anderen kommt, die auch nur wenig wissen.«

Alkuin hüstelte etwas zu laut, doch Karl ließ sich nicht ablenken. »Ich habe die Awaren nie als Gefahr für mein Reich angesehen«, fuhr er fort, »jedenfalls so lange nicht, wie zwischen

493

ihnen und uns das Herzogtum Baiern einen starken, wehrhaften Keil gebildet hat, auf den das Königreich sich stets verlassen konnte.«

Sein Lob ließ die Mehrzahl der Anwesenden auf die Tischplatten klopfen. Aber auch Baiern, die bis zuletzt zu Herzog Tassilo gehalten hatten, blickten Karl nicht mehr so grimmig und verbissen an wie vorher.

»Wir kennen nicht alle Verbindungen zwischen Tassilos und Liutpergas Anhängern zu Rom und Thüringen, Sachsen und Slawen, Wenden, Awaren und letztlich zu Langobarden und nach Konstantinopel. Aber ich weiß, dass es diese geheimen Absprachen und Verträge gibt. Aus diesem Grund ...« Er hob die Stimme, und seine Augen blitzten entschlossen. »Aus diesem Grund muss die Hydra bekämpft werden, ehe sie neue Köpfe wachsen lässt!«

»Das heißt, Krieg gegen die Awaren«, sagte der schwarze Arn.

»Ja.«

»Noch in diesem Jahr?«

»Ja, und es wird kein kleiner Feldzug, sondern ein Krieg, auf den wir uns besser und gründlicher vorbereiten müssen als auf jeden anderen zuvor!«

»Wir kennen weder das Land noch die Stärke der Awaren«, sagte der Hofmarschall. »Wir wissen nur, dass sie unermessliche Reichtümer geraubt und angehäuft haben. Sie haben weder Städte noch Dörfer, sondern leben in Lagern, die von gewaltigen Ringwällen umgeben sind, bei denen die größten von ihnen von Freising nach Regensburg, von Köln bis nach Aachen reichen würden.«

Am Himmelfahrtstag kam Odo von Metz mit einem ganzen Arm voller Pergamentrollen und Pläne zu Karl. Die beiden Männer zogen sich in Karls Privatgemächer zurück. Odo begann mit dem Entwurf für eine Pfalzkapelle, wie es sie so groß und wunderbar nirgendwo nördlich der Alpen gab.

»Ich habe versucht, mich in deine Gedanken zu versetzen und ganz anders zu denken, als ich es bisher getan habe«, sagte der Baumeister mit den wilden Haaren. »Ich habe auch versucht, deinem innigsten Wunsch nach einem Ebenbild des Himmels und des Neuen Jerusalem hier im Frankenreich zu entsprechen. Und ich bin bei allem von der Harmonie in Maß und Zahl ausgegangen.«

»Nun lass mich schon sehen«, sagte Karl erwartungsfroh und griff nach der Pergamentrolle in Odos Hand. Der Baumeister drehte sich geschickt zur Seite.

»Zuerst die Vorrede«, bat er sich aus. »Du musst verstehen, was du gleich sehen wirst, weil dir kein Plan verraten kann, was dich umfließt, wenn du zum ersten Mal in deiner Kirche stehst …«

»Fang an, aber mach's kurz!«, sagte Karl ungeduldig.

»Ich beginne mit dem Maß von einem Fuß, von dem drei auf einen Schritt gehen. Zwölf Fuß ergeben eine Latte, wie du weißt.

Zwölf, wie es die Jünger Jesu waren − zwölf wie die Sternkreiszeichen und die Monate des Jahres. Und das Maß Fuß als Symbol der Erde multipliziert mit der Zahl der Himmelszeichen soll für den ganzen Bau der Wert sein, den jedermann erkennen kann.«

»Das klingt sehr gut«, sagte Karl. Er streckte seine langen Beine aus, lehnte sich in seinem Sessel zurück und stützte sein bärtiges Kinn in die linke Hand. »Du machst mich neugierig.«

»Ich will dir eine Kapelle bauen, die so geordnet ist wie die Bedeutung der wertvollsten Reliquie des gesamten Frankenreiches«, sagte Odo von Metz. »Das allerdings soll ein Geheimnis zwischen dir und mir bleiben …«

»Du sprichst schon die ganze Zeit ziemlich geheimnisvoll«, sagte Karl lächelnd, »aber gut, ich warte auf das, was du geplant hast.«

»Es ist die Zwölf, haben wir gesagt, die Latte. Gut, dann soll die innere Pfalzkirche im Erdgeschoss zwölf mal zwölf Latten groß und achteckig sein − von acht Bogentoren umgeben, deren Arkaden von guten, starken Pfeilern getragen werden. Ein weit ausladendes Kranzgesims soll den unteren vom oberen Raum trennen, der nochmals durch übereinandergestellte Säulenbögen höher und festlicher erscheint. Und ganz oben, im wieder achtteiligen Klostergewölbe, soll ein großes Mosaik die Blicke anziehen. Wer innen steht, muss denken und auch fühlen, dass dieses hohe Achteck wie aus einem einzigen Felsen herausgeschnitten ist. Und wer von außen die Kapelle bewundert, wird sehen, dass sie bis über die halbe Höhe ein Sechzehneck und ganz oben wieder ein Oktagon ist.«

»Das alles sieht sehr gut geplant und fest aus«, meinte Karl zustimmend. »Aber du sprachst von einem Geheimnis zwischen uns.«

»Ja«, sagte Odo von Metz. »Zuerst war nur die Cappa – der Mantel von Martin – etwas Besonderes. Dann wurde es auch die Truhe, in der er transportiert wurde. Irgendwann übertrug sich der Name des Mantels auf den Raum, in dem die Reliquie aufbewahrt wurde, und er hieß »Kapelle«. Ein Mantelbeschützer war ein Capellani – also Kaplan. Genauso soll es hier auch sein: der Innenraum für alle Gläubigen, die Empore für dich und den Hofstaat und für die Reichsreliquien ein besonderer Schatzturm ...«

Karl schob die Lippen vor. Alles, was Odo von Metz sagte, wirkte wie köstlicher Rauschtrank auf ihn.

»Als Ausgangsfläche für die gesamte Königspfalz habe ich ein Quadrat gewählt wie in der Offenbarung Johannis Kapitel einundzwanzig im Vers fünfzehn vorgeschrieben«, sagte Odo. »Wir haben nicht den Platz von zwölf mal tausend Feld Land, aber ich habe an die Tage eines Jahres gedacht und meine, dass dreihundertundsechzig mal dreihundertundsechzig Fuß eine gute Zahl ist.«

»Nur hundertzwanzig Schritt auf jeder Seite?«, fragte Karl enttäuscht. »Das ist ja fast so eng wie Worms oder Regensburg!«

»Nicht, wenn wir sowohl den Bau der Königshalle als auch die Kapelle an gegenüberliegende Außenseiten des Quadrats verlegen!« Erst jetzt rollte Odo von Metz das erste Pergament auf. »Das innere Quadrat wird in sechzehn kleinere Quadrate von jeweils vierundachtzig Fuß oder sieben Latten aufgeteilt. Auf diese Weise bleibt noch Platz für eine Querstraße und eine Längsstraße, die zwei Latten oder vierundzwanzig Fuß breit sind. Und dieser überdachte Gang hier kann die Palastaula mit der Kirche verbinden.«

»Lass mich darüber nachdenken«, seufzte Karl.

»Das gilt auch für mich«, sagte Odo von Metz.

Sie trafen sich zwei Tage später erneut über den Plänen. Odo von Metz war kein Mann, der den Kopf vor einem Herrscher und Bauherrn senkte – selbst vor dem König der Franken nicht. Und doch widerfuhr ihm, was jeden anderen Baumeister zum Aufgeben gezwungen hätte.

»Sicherlich erinnerst du dich an die Gespräche, die wir über die Pläne eines idealen Klosters geführt haben«, begann Odo von Metz das Gespräch. »Wir können kein Kloster, keine Pfalzanlage und keine Kirche bauen, ohne die Umgebung zu berücksichtigen. Und genau dies ergibt bei Aachen das größte Problem.«

»Warum?«, fragte Karl.

»Ich habe mir aus Mailand, Ravenna und Köln alte Unterlagen über Aquis Grana beschafft«, antwortete Odo. Er breitete mehrere Pergamente auf dem Tisch aus, an dem sie beide saßen. »Dies ist die alte Römersiedlung – ein Geviert von genau eintausendfünfhundert zu eintausendfünfhundert Fuß. Eine Art Straßenkreuz zerteilt die Siedlung in vier rechteckige Felder, bei denen aber nicht die Seitenkanten, sondern die Eckpunkte ungefähr in die vier Himmelsrichtungen weisen. Hier, im ansteigenden Südosten, befinden sich heute noch die Badeanlagen, die kleine Pfalz, die dein Vater bauen ließ, und die jetzige Pfalzkapelle mit dem Altar.«

Odo legte einige aus farbigem Leder geschnittene Flecken in das südöstliche Feld. »Hier könnte eine vieleckige Kapelle wie in Ravenna oder Konstantinopel stehen«, sagte er. »Hier könnte ich mir die Pfalzaula vorstellen … mit der Kapelle durch einen überdachten Gang verbunden …«

Er spürte am Grummeln des Königs, dass er nicht sehr weit mit seinem Vortrag kommen würde. Und dann geschah es schon.

»Das steht alles falsch!«, behauptete Karl. Odo lachte.

»Wenn wir nach der strengen liturgischen Kirchenordnung gehen, hast du recht. Aber die Straßen und Gassen samt den Badeanlagen sind nun einmal da. Wir können die Pfalzanlage nicht einfach schräg in die vorhandene Stadt setzen …«

Er stockte und ahnte plötzlich, was wirklich auf ihn zukam.
»Du meinst doch nicht …?«, fragte er stockend.

»Warum denn nicht?«

»Weil … weil …«

»Ich will eine Kirche, deren Altar im Osten steht!«, sagte Karl unnachgiebig. »Was interessiert mich dabei ein Stadtplan der Römer?«

Er griff nach den Lederflecken auf Odos Plan. »So, so und so will ich es haben!«

»Karl, das bedeutet, dass sämtliche anderen Bauten ebenfalls auf die Ost-West-Achse ausgerichtet werden müssten … eine Stadt in der Stadt, um achtunddreißig Grad gedreht!«

»Genau das will ich!«, sagte Karl und seufzte höchst zufrieden. »Und jetzt kannst du weiterplanen!«

»Es ist unmöglich«, sagte Odo von Metz tonlos. »Vollkommen absurd und gegen alle Voraussetzungen des Geländes! Ein Kunstgebilde, das sich in seinen Fluchtlinien niemals außerhalb der Pfalz fortsetzen wird!«

»Muss es das denn?«, fragte Karl und lachte.

»Ich dachte, du willst eine Residenz bauen, eine Hauptstadt, die es mit Rom und Byzanz aufnehmen kann.«

»Ich will einen Ort nach den Maßen, die Gott selbst bestimmt hat, eine Kirche und einen Tempel, in dem Weisheit, Geschick und Kenntnis dem Gottesgeist entsprechen, und ich habe niemals gesagt, dass sich all dies auch auf stinkenden Straßen und Gassen fortsetzen muss, durch die Kühe und Schweine getrieben werden!«

Während der Sommermonate trafen unablässig neue Scharen von Reitern und Pferdeknechten, Bauern und Adeligen aus allen Teilen des Reiches ein. Wie wichtig dieser Ruf zu den Waffen war, zeigte sich auch daran, dass sehr viel mehr Wehrmönche mit ihren Bischöfen und Äbten eintrafen als sonst. Die Hügel und Hänge rund um die alte Römerfestung und zu beiden Seiten der Donau glichen bald einem Heerlager, wie es nicht einmal Julius Caesar gesehen hatte.

Anders als sonst ließen die Heerführer des Königs jeden Mann, der dies noch niemals getan hatte, über die schwimmenden, mit Seilen und Eisenankern zusammengehaltenen Brücken laufen.

Das hörte sich einfacher an, als es war, denn keiner durfte im gleichen Schritt wie sein Nebenmann über die schwankenden Bohlen stampfen. Trotzdem kam es immer wieder zu Gleichschritten von zehn, zwanzig Mann, die nicht genügend aufpassten. Dann schwankten die einzelnen Brückenteile im Strom, und die Anführer schrien die verwirrten Bauern so lange an, bis sie begriffen hatten, was sie durften und was nicht.

»Ich fürchte die Dummheit dieser Waldbauern mehr als jeden Hinterhalt der Awaren«, stöhnte der Marschall immer wieder. Ihm war die undankbare Aufgabe zugefallen, aus den wild zusammengewürfelten Haufen, die oft noch nicht einmal ihre Sprachen und Dialekte verstanden, ein Heer zu formen, das so sensibel und präzise funktionierte wie ein einziger Körper mit einem klugen Kopf, einem starken und kräftigen Leib und schnellen, gelenkigen Gliedern.

»Wir werden bei diesem Zug alles einsetzen, was wir haben«, sagte Karl bei einer der ungewöhnlich vielen Vorbesprechungen. »Und wenn ich alles sage, dann meine ich auch das Kriegsgerät, das in Tassilos Arsenalen gehortet ist!«

»Meinst du etwa, dass wir mit diesem nachgebauten Römerspielzeug, mit Katapulten, Onagern und Rammböcken gegen Reiternomaden ziehen sollen?«, fragte der Seneschall.

»Genau das meine ich«, antwortete Karl. »Diese angeblichen Nomaden wissen zumindest, wie sie durch Wälle Angreifer aufhalten. Und ich weiß, wie es in Pavia war, als wir mit einem starken Heer und unseren schärfsten Schwertern untätig vor hohen Mauern warten mussten. Ich weiß auch, wie uns die Sarazenen in Saragossa ausgelacht haben, als wir mit krummen, schiefen Katapulten die Stadt erobern wollten ...«

Als das gewaltige Heer mit fast dreitausend Reitern und der dreifachen Anzahl an Fußkriegern, Waffenknechten und einem ungewöhnlich großen Tross und den besten Handwerkern der Bistümer Regensburg und Freising endlich aufbrach, gehörten sogar sächsische und friesische Kontingente zur Armee des Frankenreiches.

Karl hatte den Befehl über das bairische Kontingent zwei Grafen übertragen, die sich schon unter Herzog Tassilo als ausgezeichnete Heerführer erwiesen hatten. Einer von ihnen war Graman, der Graf des Traungaus, der sich bereits drei Jahre zuvor auf dem Ybbsfeld mit den Awaren gemessen hatte. In Passau schlossen sich bewaffnete Mönche und Handwerker des Bischofs Arn von Salzburg an. Nachdem der Bischof Waltrich von Passau Karl die Martinskirche und die dazugehörende Burg in Linz aus dem Vermögen von Tassilo III. zugesagt hatte, sorgte auch dieser Kirchenfürst für Verstärkung. Dabei blieb unbeachtet, dass eigentlich ein königlicher Kapellan mit der Linzer Kirche belehnt war.

Nach der bewährten Strategie des Angriffs über mindestens zwei Flügel sollte Karls dreizehnjähriger Sohn Pippin, der König von Italien, von Süden her über Friaul angreifen. Doch dann, nachdem Böhmen fast kampflos die Oberhoheit des Frankenreiches anerkannt hatte, entschloss sich Karl, doch noch eine formelle Kriegserklärung an die Awaren abzuschicken.

Wenige Tage später erreichte der Frankenkönig an der Spitze seines riesigen, weit auseinandergezogen an der Donau nachrückenden Heeres das ehemalige römische Legionslager Lauriacum. Hier an der Mündung der Enns in die Donau endete Baiern, und das Gebiet der Awaren begann.

Einige Boten, die vorausgeschickt worden waren, hatten einen geeigneten Lagerplatz ausgewählt. Karls Begleiter wunderten sich über die sorgfältigen Vorbereitungen, deren Sinn sie nicht verstanden.

»Willst du hier etwa lagern?«, fragte der Erzkaplan. Karl nickte wortlos und zog sich in das für ihn aufgestellte Zelt zurück. Bis zum Abend waren fast ein Viertel des Heeres, ein guter Teil der Schwimmbrücken und einige baierische Lastkähne mit Proviant und Ausrüstungen eingetroffen. Am nächsten Tag wurden die Donauufer schwarz vor Kriegern und Knechten. Und wiederum wartete Karl wortkarg bis zum Abend. Erst gegen Mittag des dritten Tages sagte er, was er vorhatte.

»Kommt«, sagte er zu den Grafen des Hofstaates und den Bischöfen in seiner Begleitung. Er stieg auf sein Pferd und wartete, bis die anderen ebenfalls auf ihre schnell herangebrachten Pferde gestiegen waren. Sie ritten eine Viertelstunde an der Enns flussaufwärts. Urplötzlich erreichten sie eine flache Wiese inmitten eines felsigen Halbrunds.

»Vorsicht, Awaren!«, rief Eginhard plötzlich. »Eine Falle!«

Sollte er, der niemals ein brauchbarer Krieger geworden wäre, vor allen anderen etwas erkannt haben?

29

Verdammte Donau

Schon wenig später ritt die Spitze des vereinigten fränkischen Heeres über die sanft abfallenden Hänge und Matten zur Donau hin, die unmittelbar vor dem Tullnerfeld unterhalb von Krems und der nach Südosten hin immer flacheren Donauebene lag. »Das alles ist schon Awarengebiet«, sagte Graman, der als ortskundiger Führer seit drei Stunden zur Linken des Frankenkönigs ritt. »Jetzt müssen bald die ersten Ringdörfer zu sehen sein.«

Der etwa dreißigjährige, rundköpfige und schwarzhaarige Graf des Traungaus gehörte zu jenen bairischen Edlen, die Karl nach dem Ende der Agilolfingerherrschaft erneut auf sich vereidigt hatte. Und plötzlich waren sie da. Von einem kleinen Hügel aus erblickte Karl die ersten der Erdringe. Nach all dem, was sie bisher darüber gehört hatten, sahen die Ringwälle eher harmlos aus – wie lang gezogene, mit Dornenhecken bewachsene Hügelstreifen.

»Lasst euch nicht täuschen«, sagte Graf Graman. »Wer als Reiter oder Krieger zu Fuß vor ihnen steht, wird ganz schön fluchen, wenn er sich am schrägen Hang durch die Dornen arbeiten muss. Selbst tapfere Krieger sehen dabei nicht sehr siegreich aus. Und schnelle Angriffe verfangen sich in Dornenfilz.«

»Gibt es denn keine einfachen Wege hinein?«, fragte Karl. Er wirkte seltsam belustigt.

»Doch«, antwortete Graf Graman. »Jeder Ringwall hat ein paar schmale und schwer bewachte Durchlässe – so wie die Wälle und Palisaden der alten Römerlager.«

»Ich glaube nicht, dass sie überhaupt bewacht werden«, sagte Karl und deutete mit ausgestrecktem Arm über den ersten und den mehrere Meilen entfernten zweiten Wall hinweg.

»Seht ihr das Blinken dort in der Mittagssonne? Ich glaube, das sind unsere Awaren. Und ich schwöre auch, dass wir nicht einmal mehr einen Hund in diesen Ringwällen antreffen!«

»Du meinst, sie kämpfen nicht und sind geflohen, weil Schrecken über sie gekommen ist, als sie von unserer Stärke hörten?«, fragte Eginhard.

»Ja«, antwortete Graf Graman an Karls Stelle. Er sah auf einmal sehr besorgt aus. »Sie sind zurückgewichen. Aber nicht in wilder, zügelloser Flucht, sondern sehr klug geplant ...«

»Was meinst du damit?«, fragte Karl, nun ebenfalls besorgt.

»In freier Feldschlacht hätten wir die Awaren sofort aufgerieben«, meinte der Baier. »In ihren Dörfern waren sie ebenfalls nicht sicher vor unserem Gerät und unserer Übermacht. Jetzt aber haben sie sich mit unserem schlimmsten Feind verbündet ... mit ihrem weiten, unwegsamen Land ... Wäldern, durch die kein Weg mehr führt ... Sümpfen und Mooren, dazu die Herbstnebel und Regen, der nicht enden will.«

Karl und seine Berater diskutierten sehr lange darüber, ob es sich überhaupt lohnte, immer tiefer in das Land der Awaren einzudringen.

»Wenn sich die Awaren geordnet abgesetzt haben, werden in ihren Dörfer nicht einmal genügend Vorräte zurückgeblieben sein, um das Heer einen Tag zu ernähren«, sagte der Seneschall.

»Ja, und der Nachschubweg wird von Tag zu Tag länger!«, gab der Marschall zu bedenken.

»Ihr habt vollkommen recht«, sagte Karl zustimmend. »Die Fortsetzung des Zuges macht keinen Sinn. Ich bin auch nicht gen Osten aufgebrochen, um meine Krieger bis zum Winter in Hunger, Schlamm und Krankheiten zu treiben! Nein, ihr Herren ... ich war von Anfang an gegen diesen Zug eingestellt –«

»Jetzt aber sind wir hier«, unterbrach Alkuin eifrig. »Und aus drei Gründen können und dürfen wir nicht umkehren!«

»Drei Gründe?«, lachte Karl trocken. »Ich kenne gut ein Dutzend Gründe, die mich zwingen, jetzt, wo wir nicht einmal auf einen Gegner treffen, sofort abzubrechen.«

»Grund eins ist die Verantwortung für deine Krieger«, sagte Alkuin belehrend. »Sie haben sich auf diesen Feldzug besser vorbereitet als auf jeden anderen. Und sie haben ein Recht darauf, nur mit guter Beute in ihre Heimatorte überall im Reich zurückzukehren. Du bist einfach nicht reich genug, um keinen Krieg zu führen!«

»Der zweite Grund?«, fragte der Frankenkönig mit unbewegtem Gesicht. Er war nicht bereit, irgendein Argument anzuerkennen, es sei denn, er würde sich geschriebenen Gesetzen, Volksrecht oder einer höheren Vernunft beugen müssen. Und Alkuin, dieser mit allen Wassern der Weisheit und der Wortverdrehung gewaschene »Reichsmönch«, wusste das ganz genau. Karl sah, wie er eine Pergamentrolle aus der Seitentasche eines Packpferdes nahm und einige Schritte vortrat. Er ließ die Karte aufrollen und hielt sie mit der Linken hoch.

»Das alles ist dein Reich, Karl.« Er ballte seine kleine Hand zur Faust und hielt sie über die Stelle, an der die Donau ihren Lauf nach Osten zum ersten Mal nach Süden änderte. »Und dies hier ist das Awarenreich ... klein, dünn besiedelt, ohne Sachsenfestung und ohne Mauern, wie sie die Städte in Lombardien und in Hispanien schützen. Aber es gibt irgendwo in diesem kleinen Land den ›Hrinc‹ vom Khan der Khane mit einem Schatz, der größer und noch glänzender sein soll als das Gold der Sachsen unter der Irminsul und das von Pavia, Pamplona und Regensburg zusammen!«

»Der dritte Grund?«, fragte Karl.

»Du bist Patricius Romanorum«, sagte Alkuin mit einer angedeuteten Verneigung. Karl hätte ihn, wie mehrmals in den vergangenen Monaten, am liebsten hochgehoben und am ausgestreckten Arm verhungern lassen. Alkuin musste das ebenfalls wissen. Genüsslich spielte er das letzte seiner Argumente aus: »Wo du auch hinkommst, ist es deine oberste Pflicht, das Christentum zu verbreiten und zu schützen.«

»Ich weiß nicht«, sagte Karl nach langer Überlegung. »Alles, was du gesagt hast, ist richtig, doch nichts davon ändert meine Absichten! Aber gut ... ich will nicht eigenmächtig und uneinsichtig gegen den Rat meiner Edlen entscheiden. Deshalb soll heute Nachmittag noch vor der Vesperstunde die Heeresversammlung zusammenkommen.«

Die Entscheidung fiel schon wenige Stunden später. Nahezu ohne Gegenstimme beschlossen die Großen, den Kriegszug weiterzuführen. Und schon am nächsten Morgen brach die gewaltige Streitmacht erneut auf. Weder die Heerführer noch die Krieger ahnten, dass sie sieben Wochen bis zur Einmündung der Raab in die Donau benötigen würden – für eine Strecke, die nicht einmal halb so lang war wie die von Aquis Grana oder Worms bis zur Widukindsburg an der Porta Westfalica.

»Sieben Wochen!«, sagte Karl grimmig, als er nach tagelangem kaltem Regen sein Pferd am Uferschlamm der Raab anhielt und über den kleinen grauen Fluss gen Osten blickte. Er schüttelte die Tropfen aus seinem Schnurrbart. Mit seinen nassen, schlaff gewordenen Handschuhen aus ehedem sehr gutem Hirschleder strich er das Wasser nach beiden Seiten vom Widerrist des schwarzen Wallachs.

Nicht Hunnenreiter und nicht Attilas Fluch hatten die Frankenkrieger das Zittern gelehrt, sondern Nässe, Sturm und Kälte als Vorboten des frühen Winters. Alles, was Eisen war, tropfte rostbraun und schmierig: Speerspitzen, Schwerter, Kettenhemden, der Helmbesatz der Fußkrieger ebenso wie Messer, Pfannen und Kesselketten.

»In dieser Zeit hätte Gott unser Herr die Erde siebenmal erschaffen mit allem, was da kreucht und fleucht! Und was haben wir geleistet? Tag um Tag ein paar mühsame Meilen durch Sumpf und Uferried. Gelegentlich Awarenschatten im Unterholz und als Krönung die Verwüstung von verlassenen Hirtenkaten … ist das der große, siegreiche Zug, zu dem wir aufgebrochen sind?«

Karl sah noch finsterer als seine Grafen und Berater aus.

»Wo ist das Gold in Greifenklauen?«, grollte der Frankenkönig. »Und wo der große, sagenhafte ›Hrinc‹, in dem der Khan der Khane alles hortet?«

Weder die Anführer des Frankenheeres noch die Berater im königlichen Hofstaat kamen dazu, Karl zu antworten. Düdo, der Sachsenjunge, der durch Taufe und Tapferkeit Karls erster Feuergraf geworden war, kam zu Fuß durch den Matsch bis in den Kreis der Grafen. Ohne ein Wort zu sagen, hob er die nassen Schabracken an den Flanken der Pferde, aus denen längst die Farbenfülle herausgewaschen war, nahm seinen ledernen, mit goldenen Streifen verzierten Rundhelm ab und legte seinen Kopf gegen die Leiber der Tiere.

»Es rasselt wie trockene Seide«, sagte er nach dem dritten Versuch. Er erreichte den König der Franken. Abwechselnd blickte er auf den großen, kräftigen Wallach und in Karls Gesicht.

»Was ist?«, fragte Karl.

»Fast alle Pferde sind krank«, antwortete Düdo. »Und Hunderte werden tot sein, noch ehe der erste Schnee fällt!«

Ganz langsam mischten sich weiße Flocken unter den Regen.

Nie zuvor war ein Frankenheer mit Gottes Hilfe ungeschlagen, aber fast ohne Pferde, Karren und Wagen aus einem Feldzug zurückgekehrt. Dabei waren Eis und Schnee noch angenehmer gewesen als Sumpfboden und Dauerregen. Niemand wusste, welche Seuche die Pferde dahingerafft hatte, aber schon lange vor dem Einzug in Regensburg wusste Karl, dass dies sein erster und sein letzter Zug gegen die Awaren gewesen war.

»Ich habe kein Interesse daran, in dieser gottverdammten Sumpfgegend ebenso lang nach einem sagenhaften Schatz zu suchen wie bei den Sachsen nach ihrem Widukind, dem ich so viele Jahre meines Lebens opfern musste!«

Er genoss es, so oft wie er nur wollte, in gut geheizten Räumen der Pfalz von Tassilo ein warmes Bad zu nehmen und weiche, nicht nasse und nicht klamme Kleidungsstücke anzulegen. Und in den Nachtstunden, wenn er nicht schlafen konnte, dachte er immer häufiger darüber nach, dass er im nächsten Frühling ins fünfte Lebensjahrzehnt eintreten würde und dass die dauerhafte Serie von Siegen und Erfolgen inzwischen auch schon Schatten aufzuweisen hatte. Und irgendwie begann er, sich davor zu fürchten, dass diese Schatten größer wurden.

Der Feldzug, den er nicht gewollt hatte, war einer dieser Schatten. In Sachsen schien niemals Ruhe einzukehren, und nicht im angestammten Frankenreich blühte nach all den Jahren Wohlstand, sondern in Baiern und wie zum Hohn in Regensburg. Weder Tassilo noch er hatten die Grundlage dafür geschaffen, sondern Händler aus allen nur denkbaren Provinzen und Regionen. Es waren Franken und Friesen, Sachsen und Alemannen, Aquitanier und Langobarden, aber auch Juden und Griechen, die in Regensburg Slawen aufkauften, um sie mit dem

506

Begriff zu bezeichnen, den sie tragen sollten, wenn sie in Galliens Mittelmeerhäfen an Sarazenenhändler weiterverkauft wurden. Ohne sein eigenes Zutun waren die Gassen und Plätze der alten Römerfestung zum wichtigsten Sklavenmarkt des gesamten Frankenreiches geworden. Wer getauft war, durfte eigentlich nicht gehandelt werden. Doch weder Kirchen noch christliche Häuser boten Asyl und Unverletzlichkeit der Person. Wer glaubte schon einem Sprachunkundigen, der das Zeichen des Kreuzes schlug? Karl verbrachte sehr friedliche und schöne Weihnachten in den Sälen und Gemächern, die ihn auf Schritt und Tritt an die Agilolfinger erinnerten. Aber er wollte nichts verändern – nicht hier und nicht in den Grundsätzen, nach denen er stets gelebt hatte. Und als am Hof erneut um die göttliche Natur Christi gestritten wurde, entschied er ein für alle Mal, dass im Herzogtum Baiern das Kirchendogma und nichts anderes gelten solle.

In den folgenden Monaten war Karl viel mit seiner Familie zusammen. Während Fastrada sich um ihre eigenen Kinder, die sechsjährige Theodrada und die vierjährige Hiltrud, kümmerte, unterhielt sich Karl oft und lang mit seinen Großen. Karl war inzwischen neunzehn, Adalhaid siebzehn und Rotrud sechzehn Jahre alt. Der dreizehnjährige Ludwig und der ein Jahr ältere Pippin bildeten ein Herz und eine Seele, ganz so, als wollten sie ausgleichen, dass Ludwigs Zwillingsbruder bereits mit zwei Jahren gestorben war.

Das fröhliche Dreigestirn bildeten Berta, Gisela und Hruodhaid. Sie waren zwölf, zehn und sieben Jahre alt, wirkten aber durch ihre Größe und Schönheit so, als wären sie längst in der Lage, jungen Burschen zu sagen, was sie wollten. Das galt auch für die anfangs noch schüchterne Hruodhaid, die Tochter jener Mahthild, die später mit dem Mönch Farfadus zusammengelebt hatte.

Als die Tage kürzer wurden, nahm Karl in der heimeligen Wärme der Pfalzgemächer an den Unterrichtsstunden für seine Jüngsten teil. Die Bischöfe von Regensburg und Freising erzählten immer wieder die recht abenteuerliche Geschichte von der Entstehung des Christentums in Baiern. Die Kinder mochten das, Karl hingegen interessierte sich mehr für die Verteilung von Macht und Mächten.

»Ich möchte noch einmal über den Bischof von Poitiers hören«, sagte er eines Abends und setzte sich zwischen seine Töchter Rotrud und Gisela, legte seine Arme um sie und streckte seine langen Beine aus. Draußen schneite es, und durch die Scheiben sah das dunkle Band der Donau wie ein schwarzer Schnitt in der wie mit weißen Leinenbahnen bedeckten Landschaft aus.

»Es war in der Zeit, in der die hispanische Halbinsel von den Mauren erobert wurde«, begann Bischof Arbeo von Freising. »Die islamischen Omaijaden hatten das christliche Reich der Westgoten besiegt. Und auch bei euch Franken stand nicht alles zum Besten, denn noch gab es die Merowingerkönige, und euer Vorfahr Pippin der Mittlere hatte als ihr Hausmeier alle Hände voll zu tun, um den streitenden Adel in Austrien und Neustrien zusammenzuhalten.«

»Eigentlich wollten wir etwas über Emmeram hören«, sagte Karl.

Der kleine, ein wenig verklärt wirkende Bischof faltete mehrmals die Hände über der Brust. »Gemach, gemach«, sagte er. »Wir hatten vereinbart, dass ich diesmal eine volle Stunde über das grausame Unglück erzählen darf, das unseren geliebten Missionar aus dem Frankenreich in ebendieser Stadt ereilte.«

»Was geschehen ist, wissen wir«, meinte Karl. »Was mich interessiert, ist die Frage: Hat er oder hat er nicht?«

Karls kleine Töchter kicherten, seine Söhne schnalzten mit der Zunge, und Rotrud schüttelte vorwurfsvoll den Kopf. Arbeo von Freising knetete seine kleinen, fleischigen Betfinger.

»Ich sagte schon, dass Bischof Emmeram aus der unruhigen Gegend von Poitiers kam«, fuhr er fort. »Unseres unglücklichen Tassilos Vorfahr, der Herzog Theodo, hatte zu Beginn des Jahrhunderts mehrere fränkische Missionare nach Baiern geholt. Bischof Erhard kam nach Regensburg, Rupert ging als ›Apostel der Baiuwaren‹ nach Salzburg, und Emmeram wollte eigentlich weiter zu den Awaren im Osten ziehen. Herzog Theodo hielt ihn in Regensburg fest, weil Erhard gestorben war und Theodo zu dieser Zeit mit den Awaren im Streit lag.«

»Und dann musste Bischof Emmeram drei Jahre nach seiner Ankunft urplötzlich fliehen«, sagte Karl. Er lachte über die Umständlichkeit von Arbeo.

»Ein Bischof darf sich eben nicht mit der Tochter seines Herzogs ertappen lassen!«, meinte Rotrud nüchtern.

»Ach«, meinte Karl, »der hätte wahrscheinlich überhaupt nichts dagegen gehabt. Utas Bruder hat es gemerkt, dieser gerade erst Christ gewordene Lantpert!«

»Und so nahm das Unheil seinen Lauf«, seufzte der Bischof von Freising. »Emmeram floh mit der Tochter von Herzog Theodo. Ihr Bruder verfolgte sie mit seinen Gefährten. Emmeram wurde gestellt, auf eine Leiter gebunden, gefoltert, geschunden und erschlagen.«

»Der Bischofsmord hat ziemlich böse Folgen gehabt«, sagte Karl zu seinen Kindern. »Bedenkt, dass hier der Sohn eines Herzogs einen Kirchenfürsten erschlagen ließ. Unter anderen Herrschern hätte dies Krieg bedeutet.«

»Ja«, bestätigte Arbeo. »So aber ging Rupert nach Worms zurück, und Bischof Korbinian, der gleich nach Emmerams Tod in Baiern eintraf, ließ sich ebenfalls nicht mehr halten. Aber ein Baiern ohne Bischof? Konnte Rom damit einverstanden sein? Also reiste Herzog Theodo zum Papst und versprach, dass Baiern nach dem Bischofsmord fortan besonders christlich leben würde.«

»Bei Tassilo habe ich nichts davon bemerkt«, sagte Karl.

»Lass doch, Vater«, meinte Rotrud vorwurfsvoll. »Du kannst einem auch die schönsten Geschichten kaputt machen!«

»Entschuldigt bitte«, sagte Karl sofort. »Das wollte ich nicht. Aber ich werde mir überlegen, welche Geschichte ich demnächst erzählen kann.«

»Ich würde gern noch viel mehr von Yggdrasil, der Weltesche, erfahren«, sagte Gisela, »von Nornen und der Seherinnen Weissagung ...«

Bischof Arbeo von Freising hüstelte leise.

»Gisela!«, sagte Karl mahnend. »Wir sind doch Christen und keine heidnischen Sachsen oder Germanen!«

Der kleine Bischof sprach seinen Segen über die Kinder des Königs und verließ den Raum. Für eine volle Minute blieb alles ruhig, dann platzten alle zusammen los. Sie lachten, und Karl fand, dass er als Vater ziemlich überzeugend für den Bischof gewesen sein musste.

Nach der Schneeschmelze ließ Karl auf der Donau das ausprobieren, was er sich in den langen Winterabenden ausgedacht hatte. Seit seinem Bootsausflug von Worms bis zur fränkischen Saale und erst recht seit dem letzten Zug gegen die Awaren waren Flüsse und Wasserwege besonders interessant für ihn geworden. Obwohl die Donau bei Regensburg ziemlich reißend war, zwang Karl seine stärksten und geschicktesten Männer, neue Flussboote auszuprobieren, deren Teile auf Karren über Land transportiert werden und im Wasser mit Seilen und Ankerhaken zu großen Brücken zusammengesetzt werden konnten. Niemand in Karls Begleitung hatte jemals davon gehört, dass seit der Antike irgendwo derartig große und aufwendige technische Konstruktionen gebaut worden waren ...

Karl feierte seinen fünfzigsten Geburtstag in aller Stille und im Kreise seiner Familie. Trotzdem konnte er nicht verhindern, dass ihm bei der nächsten Synode in Regensburg lange und innige Gebete gewidmet wurden. Und niemand ahnte, dass sich am zweiten Abend ein Streit mit weitreichenden Folgen entwickeln sollte.

Nach der Vesper, als die angereisten Bischöfe und die Großen des Reiches in der Aula der Pfalz zusammensaßen, trug Abt Baugulf vom wichtigen und großen Kloster in Fulda eine zunächst harmlos erscheinende Bitte vor.

»Nachdem wir alle zu deinem fünfzigsten Geburtstag Gottes Segen erbeten und dir Geschenke gebracht haben, wünsche ich mir ebenfalls ein Geschenk«, sagte er bescheiden. Niemand empfand das Anliegen des Abtes als ungewöhnlich, obwohl es nur wenige Klöster gab, die so reich waren wie Fulda mit seinen Besitzungen von Baiern bis weit in den sächsischen Raum.

»Ihr wisst, dass mein Kloster vor achtundvierzig Jahren durch Sturmi, den bairischen Etheling und Gefährten des großen Bonifatius, als erstes Bollwerk gegen die Heiden in Germanien außerhalb der alten römischen Gebiete gegründet worden ist«, fuhr Abt Baugulf fort. »Und deshalb möchte ich eine Kirche bauen, in der wir in zwei Jahren zur Feier des halben Jahrhunderts beten und Messen lesen können ...«

»Ach, und wir alle sollen deine neue Kirche bezahlen?«, warf der Bischof von Mainz ironisch fragend ein. »Was kümmert uns eine Kirche für einen Hochgekommenen, der Küchenmeister im Kloster Fritzlar war, ehe er Priester und meinetwegen auch noch Abt geworden ist?«

»Ich weiß, dein Vorgänger in Mainz, der angeblich so große Bischof Lullus, hat Sturmi, einen Baiuwaren, sogar für zwei Jahre nach Jumieges verbannt ... und weißt du auch, warum? Weil er zu gut war, zu erfolgreich!«

»Was kommst du hier damit ... vor König Karl und nicht unter uns?«

»Weil ich genau weiß, wie du geantwortet hättest«, stieß Abt Baugulf erregt hervor. Weder Karl noch die meisten der Reichsedlen wussten, was sich in diesem Moment entwickelte. Sie blickten verständnislos von einem zum anderen.

»Unser von allen verehrter Abt Baugulf meint, dass die Fuldaer Missionsarbeit wichtiger war als alles, was wir von Mainz aus seit Jahrhunderten ... ja, seit dem frühchristlichen Stadtbistum Mainz aus dem Jahr des Herrn fünfhundertundfünfzig geleistet haben ...«

»Genauso ist es«, stieß Abt Baugulf hervor. »Ihr seid nie über die Stadtgrenze der Civitas Moguntiacum hinausgekommen!«

»Und was ist mit Thüringen, mit Erfurt?«

»Ach was! Thüringen war nur ein vager Versuch der merowingischen Hausmeier, und Erfurt habt ihr selbst verhindert, sonst wäre es längst ein selbstständiges Bistum.«

»Streiten wir nicht über diesen Punkt, obwohl wir dies bis länger als zum Morgengrauen könnten! Stattdessen sage ich, dass Bonifatius stets Mainz als edelste der Diözesen gewollt und auch gefördert hat!«

»Er war Erzbischof und Metropolit nur für sich selbst«, behauptete Abt Baugulf.

»Es ist infam, was du da sagst! Doch ich vergesse das und sage dir, dass Bonifatius selbst vor vierzig Jahren Karls Vater, dem verehrten König Pippin, Lullus als Oberhirten in Mainz vorgeschlagen hat …«

»Ganz richtig«, rief Abt Baugulf. »Und was ist dann geschehen? Lullus sollte anstelle Gregors von Utrecht Gesamtnachfolger von Bonifatius werden, aber es hat leider nur zum Bischof von Mainz gereicht. Die Würde eines Erzbischofs des ganzen Frankenreiches erhielt Chrodegang von Metz. Ja, ihr bekamt erst vor zehn Jahren wenigstens das Pallium! Erzbischof! Metropolit! Wir sind in Fulda weder dir noch anderen untertan, denn unser Kloster hat schon lang die Exemption. Wir unterstehen nur dem Papst und niemandem sonst auf dieser Welt.«

»Und was soll dann mit mir sein?«, fragte Karl in diesem Augenblick. »Ihr streitet euch um längst Vergangenes, um Nichtigkeiten, die niemanden außerhalb der Kirche von Jesu Christi interessieren. Wo ist der Punkt? Wo das Begehren?«

»Ich weiß, was dieser Abt beabsichtigt: Eine Hure von Babylon will er sich bauen … ein Kirchenwerk, größer und schöner als alle anderen! Er will den ersten Dom, der nicht mehr einen, sondern zwei Chöre hat!«

»Ja«, antwortete Baugulf, »und wenn du erlaubst, will ich einen meiner besten Männer erklären lassen, was wir vorhaben.«

Nicht schlecht, was dieser Abt sagt, dachte Karl und bedauerte, dass er die Fuldaer nicht längst für seine Pläne in Aachen hinzugezogen hatte. Er nickte, und von den hinteren Plätzen erhob sich ein spitznasiger Mönch in der grauen Kutte der Benediktiner. Der etwa Zweiundzwanzigjährige kam hastig und sichtbar aufgeregt nach vorn und ließ ungelenk mehrere Pergamentrollen auf den Tisch direkt vor Karl fallen.

»Das also ist einer der besten Mönche aus Fulda?«, rief der Bischof von Mainz ironisch.

»Ja, das ist Eginhard«, sagte Abt Baugulf ungerührt. »Es dürfte schwerfallen, nördlich der Alpen einen jungen Mann zu finden, der in lateinischer Sprache und Grammatik besser ist als dieser Mönch!«

»Ach, was nützen Streber?«, lachte der Mainzer abfällig. »Sie wissen nichts von praktischen Dingen!«

»Lassen wir ihn doch selbst sprechen«, schlug Karl vor. Er

wandte sich an den über und über rot gewordenen jungen Mann.
»Du willst erklären, wie die Abteikirche von Fulda gebaut werden
soll? Na gut, dann tu es!«

Eginhard rollte die ersten Pläne aus. »Wir haben es mit der
Basilikaform zu tun«, sagte er mit trockener Stimme.

Karl reichte ihm seinen Becher mit Wein. »Aber nur einen
Schluck!«, drohte er lächelnd. Eginhard trank, holte tief Luft und
sprach weiter: »Fulda ist inzwischen ein Großkloster wie Lorsch
und Denis. Wir haben einige hundert Mönche und Kleriker.
Wir müssten daher sehr breit bauen, um zwischen den Brüdern
und dem Altar eine innige Verbindung zu schaffen.«

»Nun gut, was hindert euch daran? Hat man in Fulda noch nie
etwas von Peter in Rom oder der Hagia Sophia in Konstantinopel
gehört?«

»Wir verfügen nicht über die Baumeister und die Geldmittel,
auf die Westrom und Ostrom zurückgreifen konnten«, antwortete
der junge Mönch furchtlos. »Und deshalb dachten wir eher an
einen schönen und lang gestreckten Kirchenraum wie Ravennas
Apollinare in Classe.«

»Eine Scheune mit Holzgebälk über dem Mittelschiff und
einfallslos geschmückten Säulengängen an den Längsseiten ...«

»Genau dies ist unsere Überlegung gewesen«, warf der Abt des
Klosters Fulda ein. Er streckte einen Arm in Richtung Eginhard
aus.

»Wir wollen so breit bauen wie irgend möglich«, rief der junge
Mönch mit leuchtenden Augen. »Wie in Ravenna ... ein langes
Mittelschiff mit Säulengängen, aber dann, hier ...« Er zeigte mit
beiden Händen auf die Pergamentrollen auf dem Tisch vor dem
König der Franken. »... hier im Westen soll ein halbrunder Bogen
entstehen ... Treppenaufgänge ... zum Osten hin ebenfalls ein
Halbrund mit Treppen hinter dem Altar ... und genau dort die
beiden Chöre, die sich wie Kopfbalken bei einem großen T nach
Süden und Norden erstrecken ...«

»Was nützt euch das?«, fragte Karl skeptisch, aber interessiert.

»Wir können – wenn wir selbst nicht in der Kirche beten – sehr
viel mehr Gläubige gleichzeitig an die Reliquien und den Altar
heranbringen«, sagte Abt Baugulf.

»Gut, aber was kostet es, dass ich die Pläne nun gesehen habe?«, fragte der Frankenkönig. Baugulf hob nur die Hände.

»Gut, ich bin einverstanden«, sagte Karl. »Ihr sollt bekommen, was ich euch schenken kann. Doch dafür will ich eine Gegenleistung ...«

»Ich ahnte es schon«, lächelte der Abt.

»Könntest du einverstanden sein?«

»Nur mühsam, mühsam, aber ich wusste längst, dass ich den Bruder Eginhard nicht lang halten kann.«

»Ich brauche ihn für meine Pfalz. Er könnte sich als der beweisen, der unserem Baumeister Odo von Metz bisher gefehlt hat ...«

Später, als die Sonne bereits hinter dem Horizont versunken war, kam Alkuin in Karls Privatgemächer. »Das hast du gut gemacht«, sagte er anerkennend und nahm sich, ohne zu fragen, einen Bratapfel am Holzspieß aus dem Kaminloch. »Ich meine das mit Eginhard«, fuhr er genüsslich schmatzend fort. »Der Mönch ist brauchbar und vielleicht sogar ein wichtiges Verbindungsglied zwischen jenen, die denken, und all den anderen, die in dem Seelen- und Gedankenmeer lang fischen müssen, bis sie die Tagestat gefangen haben.«

»Mag sein, mag sein«, antwortete Karl. »Ich sah, dass einige der Bischöfe sehr unzufrieden waren.«

»Na, was soll sein?« Alkuin lachte. »Sie wollen nur ein paar Geschenke aus dem Schatz, den du Tassilo abgenommen hast!«

»Weiß jemand, wie viel es war?«

»Zumindest alle bairischen Bischöfe«, antwortete Alkuin besorgt. »Wichtig ist nur, dass Salzburg auch etwas aus Tassilos Nachlass bekommt. Du musst also doppelt geben – nicht zu viel für Fulda und nicht zu wenig für den schwarzen Arn!«

Karl folgte Alkuins Rat, schenkte aber nicht selbst, sondern ließ diesmal seinen Sohn Karl, den inzwischen zwanzig Jahre alten Thronfolger, etwas Schmuck und Gold an die bairischen Bischöfe weitergeben. Alle bedankten sich ohne großes Aufsehen und versprachen, die mildtätigen Frankenkönige auch weiterhin nach besten Kräften zu unterstützen. Die Gelegenheit dafür kam schneller als erwartet. Bereits am dritten Tag der Synode wurde

Karl vor zwei Probleme gestellt, die ihn zwar interessierten, die er aber auch als König der Franken nicht lösen konnte.

Als erstes Thema des dritten Tages wurde bereits am Vormittag die Frage der Adoption Jesu Christi durch Gott den Allmächtigen besprochen. Fast alle anwesenden Bischöfe und Äbte wandten sich ganz entschieden gegen die neue Irrlehre aus Hispanien.

»Gottes Sohn ist Gottes Sohn!«, rief Bischof Felix von Urgell erregt. »Ich habe nie bestritten, dass Jesus Christus der Sohn des allmächtigen Gottes ist!«

»Du hast behauptet, dass Gott ihn nur adoptiert habe.«

»Ja«, antwortete der Kirchenfürst der hispanischen Mark so laut durch die Kapelle der Regensburger Pfalz, dass alle anderen Bischöfe und Äbte zusammenzuckten. »Adoptiert als seinen Sohn! Ist das denn so schwer zu verstehen? Ich sage doch nur, dass Jesus als Mensch geboren, in Windeln gewickelt und in eine Krippe gelegt wurde. Danach hat er viele Jahre lang so gelebt wie andere Menschen auch. Und erst als Gott ihn adoptierte, wurde er zum Heilsbringer und Erlöser ...«

»Das steht so nicht in der Heiligen Schrift!«, unterbrach Arbeo, der Bischof von Freising.

»Und nicht in den Briefen der Apostel«, ergänzte der Bischof von Salzburg. »Der Stern von Bethlehem, die drei Weisen, Herodes' Kindermord und die Vertreibung der Händler aus dem Tempel ... wie verträgt sich das alles mit deiner Theorie, dass Jesus Christus erst viel später von Gott adoptiert wurde?«

»Ich weiß nicht, wann Marias Sohn adoptiert wurde, aber er war zunächst ein Mensch, das wisst ihr ebenso wie ich!«

»Und der Heilige Geist? Mariä unbefleckte Empfängnis? Wie siehst du diese Tatsachen?«, fragte Alkuin sanft. Er saß direkt neben dem Frankenkönig. Der Bischof der hispanischen Mark blickte von einem zum anderen.

»Erzbischof Elipandus von Toledo hat klipp und klar ausgeführt, wie es gewesen ist«, sagte Felix von Urgell. »Zwar ist die göttliche Natur der zweiten Person innerhalb der göttlichen Dreifaltigkeit von Gott erzeugt worden, aber die menschliche musste nachträglich von ihm akzeptiert werden. Außerdem hat bereits Arius von Alexandria vor fast fünf Jahrhunderten gelehrt,

515

dass Christus nicht wesensgleich mit Gott, sondern nur wesensähnlich sei.«

Zum ersten Mal mischte sich Karl in die hitzige Diskussion ein: »Dann seid ihr Adoptionisten im Grunde auch nur Arianer«, sagte er. Gleichzeitig bemerkte er, wie Alkuin kaum merklich den Kopf schüttelte. Er kannte den Gelehrten aus York besser als irgendein anderer Teilnehmer des Konzils. Und nur er wusste, wie sehr sich Alkuin zusammennehmen musste, um nicht mit aller Kraft seinen Zorn und Protest gegen die wirre Lehre hinauszuschreien.

Doch da erinnerte sich der Bischof der hispanischen Mark an eine ähnliche Situation. Damals, in Worms, hatte Herzog Tassilo keine Chance mehr gehabt.

»Du machst ein Gesicht, als wenn du uns bitten wolltest, hier und jetzt widerrufen zu dürfen«, sagte der schwarze Arn mit gutmütigem Spott. Felix von Urgell lachte trocken.

»Wir kennen uns lang genug, Arn, und ich sehe, dass ihr allesamt zu hochmütig seid. Und deshalb widerrufe ich ...«

»Bitte?«, fragte Alkuin.

»Ich widerrufe die Lehre vom Adoptionismus!«

»Nun gut«, sagte Karl, nachdem sich der Bischof der hispanischen Mark mit bleichem Gesicht umgedreht und die Pfalzkapelle verlassen hatte. »Dann kommen wir jetzt zum zweiten Thema. Ich hoffe, wir werden bis zur Mittagsstunde einen guten Beschluss gefasst haben ...« Die Versammelten wussten, dass der Streit mit Felix von Urgell nicht der Hauptgrund für die Einberufung des Konzils nach Regensburg gewesen war. Es ging vielmehr um das bereits fünf Jahre zurückliegende Konzil von Nicaea und die leidige Frage der Ikonoklasten. Im 7. Jahrhundert hatten die Klöster Ostroms durch den Ikonenkult eine so große Machtfülle erhalten, dass sie auch politische Entscheidungen mitbestimmten.

»Ich möchte, dass noch einmal die wichtigsten Punkte zusammengefasst werden«, sagte Karl.

»Nichts einfacher als das«, sagte Wigbod, der Kaplan des Hofstaates. »In Konstantinopel begegnet uns der typische innere Kampf um die reine Lehre, wie wir ihn auch bei den Anhängern Mohammeds erlebt haben. Und Ostrom wird fallen, weil es nicht gegen seine Feinde von außen, sondern gegen Abweichler im Inneren immer härter und grausamer wird. Das ist der Fluch aller Offenbarungslehren!«

»Jetzt zeigt sich, wie gefährlich es ist, wenn Caesar und Papst wie in Ostrom in einer Person vereint sind«, sagte der Frankenkönig. »Es wird mir stets eine Lehre sein!«

»Die eigentliche Gefahr besteht darin, dass jederzeit eine neue Kirche von unten entstehen kann«, meinte der Bischof von Salzburg. »Vergesst nicht, wie sich das Christentum in Rom durchgesetzt hat ... Es kam über Sklaven und Verachtete, durch wandernde Missionare und Apostel, die sich versteckt halten mussten.«

»So hat es auch bei uns angefangen«, sagte Karl.

»Mit einem Unterschied«, sagte der Bischof von Salzburg. »Einem entscheidenden Unterschied sogar: Nördlich der Alpen ist das Christentum von oben nach unten verbreitet worden – von Königen über Adelige bis zum letzten Leibeigenen.«

»Oder von Franken über das Schwert bis zu Sachsen, Bretonen und Awaren«, warf Kaplan Wigbod ein.

»Man kann dem Volk keinen Erlöser und keine Heiligen geben und sie ihm dann wieder fortnehmen«, meinte der schwarze Arn. »Jahrhundertelang haben die Christen versucht, sich ein Bild von dem zu machen, an was sie glauben sollen.«

»Den Tanz ums Goldene Kalb hat schon das Alte Testament abgelehnt«, rief Bischof Arbeo von Freising. »Und im Islam darf überhaupt nichts abgebildet werden! Ich bin deshalb auf der Seite der Bilderstürmer!«

»Was?«, ereiferte sich der schwarze Arn. »Das sagst ausgerechnet du, der du Emmerams Leiden so plastisch dargestellt hast, dass überall Votivtafeln von ihm entstehen?«

»Die Menschen brauchen nun einmal Zeremonien, Rituale und Reliquien«, stellte Karl fest.

»Ja, aber sie müssen auch den Zugang zu dem haben, was sie glauben sollen«, sagte der schwarze Arn. »Wenn Staat und Kirche eins sind, wollen die Menschen wieder mit Christus und den Heiligen zusammen sein. Und dafür nehmen sie in Ostrom eben Ikonen!«

»Und was sind denn nun Ikonen wirklich?«, fragte Karl. »Ich habe nie verstanden, woran der Streit sich eigentlich entzündet.« »Lass es mich aus der Sicht der Bilderstürmer darstellen«, bat der Bischof von Salzburg. Karl beugte sich vor, stützte den rechten Unterarm auf ein Knie und wartete gespannt auf die Erklärung des schwarzen Arns.

»Die Ikonoklasten stellten die Behauptung auf, dass ein echtes Bild mit dem abgebildeten Gegenstand wesensgleich sein müsse«, sagte der Bischof von Salzburg. »Nach ihrer Auffassung ist es daher unmöglich, die zwei Naturen Christi – die göttliche und die menschliche – im Bild darzustellen, ohne ihre beiden Naturen voneinander zu trennen. Da aber beide Naturen untrennbar in Christus verbunden sind, erscheint ihnen eine bildliche Darstellung frevelhaft, denn die göttliche Natur ist aperigraptos, also undefinierbar. Die Bilderstürmer sagen, dass ein Bild, also eine Ikone, nur toter Stoff ist. Jede Verehrung ist daher nichts anderes als eine Götzenanbetung.«

»Hm«, machte der Frankenkönig. »Und was sagen die anderen?«

»Für die Bilderfreunde ist das Bild ein Gegenstand, dem man zwar nicht Anbetung, aber doch eine Verehrung schuldet. Diese Verehrung gilt nicht dem toten Material, sondern der dargestellten Person. Für die Ikonenfreunde ist das Bild wie eine Reliquie Mittler, Schatten des Archetyps, Symbol und Gleichnis, aber nicht vordergründiges Ziel der Verehrung.«

»Nun gut«, sagte Karl. »Ich verstehe beide Positionen. Doch ich verstehe nicht, warum deswegen seit Generationen Blut in Konstantinopel fließen muss, warum beide Parteien sich gegenseitig umbringen und zu keinem anderen Gedanken mehr fähig sind.«

»Hier stoßen Welten aufeinander«, sagte Theodulf von Orleans. Der kluge und beredte Bischof griff zum ersten Mal in die Diskussion ein. »Alles, was ich hier an Argumenten pro oder kontra die Ikonen gehört habe, geht letztlich auf den scharfen Geist Platons zurück. Aber genau das hilft hier nicht weiter.«

»Und warum nicht?«

»Weil die Christen in Ostrom nicht alle Platon kennen. Sie

sind meist ebenso orientalisch wie die Anhänger des Islams. Und ihr Glaube will keine Wissenschaft und keine Ratio, die nur vereinsamt, sondern Gemeinschaft, deren Wurzeln genauso mythisch-magisch sind wie vieles, was wir an heidnischen Gebräuchen ablehnen und verurteilen.«

»Das heißt doch, dass ein Konstantin, der die Ikonen zulässt, das alte Heidentum verteidigt!«, rief Karl erbost. »Ja, mehr noch ... eigentlich muss er exkommuniziert werden!«

»Zu spät«, antwortete der Bischof von Freising. »Konstantin VI. hat inzwischen seine Mutter Irene zur Mitregentin ernannt. Und gegen beide lässt sich eine Exkommunikation nicht durchsetzen!«

Ein halbes Jahr später musste der Frankenkönig eine Niederlage hinnehmen, die eigentlich nur einen Traum von ihm zerstörte.

Seit keltischen und noch viel älteren Zeiten waren im Altmühltal die Lastkähne und die Boote der Fischer wie an der antiken Landenge von Korinth über das Land bis zur schwäbischen Rezat geschleift worden.

Bereits in den vergangenen Jahren hatten viele hundert Männer auf Karls Befehl hin den Versuch unternommen, einen Graben zwischen den beiden Flüssen auszuheben. Aber sosehr sie sich auch mühten – die »Fossa Carolina«, wie der Karlsgraben inzwischen schon genannt wurde, wollte und wollte nicht fertig werden. In diesem Jahr wollte es Karl endlich schaffen. Doch mehr als zweitausend Bauern und Lehnsleute, Krieger und Knechte konnten den Königsbefehl nicht erfüllen.

Schließlich machte sich Karl selbst mit kleinem Gefolge auf und ließ sich bis zu den weißen Steilklippen des romantischen Donaudurchbruchs rudern. Die Boote bogen in die Altmühl ein. Obwohl sie flussaufwärts fuhren, kamen sie schneller voran als durch die dichten Eichenwälder des Albvorlandes, in denen die Römer vor Jahrhunderten die Grenzbefestigungen des rätischen Limes errichtet hatten. Karl dachte daran, dass bereits die Merowingerkönige versucht hatten, diese Gegend zu besiedeln. Jetzt waren kaum noch Spuren davon zu sehen.

Der dritte Tag der gemächlichen Flussfahrt war kalt und windig. Als die Boote die Felsengruppe der Zwölf Apostel bei

519

Solnhofen passierten, begann es zu regnen. Obwohl Karl nicht anlegen, sondern weiterrudern ließ, erreichten die Boote erst spät am Nachmittag die größte Baustelle im gesamten Frankenreich. Der Karlsgraben an der Wasserscheide zwischen der Altmühl und der zum alten römischen Kohortenkastell Biriciana fließenden schwäbischen Rezat war inzwischen dreihundert Fuß breit und gut zweitausend Fuß lang.

Karl stand in seinem Boot auf, als er die vielen hundert Menschen an den Ufern des Grabens sah. Die Boote legten an. Karl wollte sofort die gesamte Baustelle besichtigen. Weil aber immer schwärzere Regenwolken aufzogen, ließ er zuerst die Zelte für sich und seine Begleiter aufstellen. Sie warteten, aber der Regen hörte auch am Abend nicht mehr auf.

»Die Donau und ihre Nebenflüsse bringen mir kein Glück«, sagte er schließlich. Er stand mit zusammengezogenen Schultern unter dem durchtropfenden Vordach seines Zeltes und starrte auf die schmierigen Kolonnen von Bauern, Knechten und Unfreien aus der Umgebung, die wie Horden von Ratten und Mäusen mit halb gefüllten Lastsäcken über den Schultern in den im Dauerregen braun glänzenden Grabenseiten entlangschlurften.

Woche um Woche hatten die Männer aus der Umgebung, die Fußkrieger des Heeres und baierische Flussschiffer, die sich inzwischen sehr gut auf das Verseilen von Prahmen und Brückenstücken verstanden, versucht, gegen das ständig nachrutschende, morastige Erdreich anzukämpfen. Keine Uferbefestigung hielt, und bei jedem neuen Regen trat das Wasser aus den Seitenwänden und füllte den gerade trocken geschöpften Kanal so stark mit Wasser, dass nicht am letzten Stück für den Durchbruch gearbeitet werden konnte.

»Sie haben alles getan, was in ihren Kräften stand«, sagte der Frankenkönig enttäuscht, aber nicht verbittert. »Bei Gott, das haben sie – auch wenn alles umsonst und eine Sisyphusarbeit war!«

Er drehte sich um. Einer der Knappen aus seiner Begleitung hob das gewachste Leinentuch des Zelteingangs. Es war Victor, der Junge, dem er in Worms einmal ein Goldstück geschenkt hatte. Karl legte ihm eine Hand auf die Schulter und sagte: »Ich

520

weiß nicht, ob du mir glaubst … ob du mich überhaupt verstehst … aber ich sage dir, irgendwann wird eine Vereinigung zwischen den Wassern der Donau und des Rheins gelingen.«

Noch am gleichen Tag gab er den Befehl, sein Lager abzubrechen und die Arbeit an der Fossa Carolina einzustellen. Zum zweiten Mal war er, dessen Geschlecht am Rhein zu Hause war, im Regen und am Donaufluss gescheitert.

30

Revolte in Regensburg

Karl war kein Mann, der sich lang an Erfolgen oder Misserfolgen aufhielt. Die Idee eine Kanals zwischen den beiden Flusssystemen war interessant, aber nicht wichtig genug gewesen, um den Tagesablauf in seiner Umgebung in irgendeiner Weise zu verändern. Es gab wichtigere Aufgaben, und noch vor Einbruch des Winters musste entschieden werden, wie mit den Sachsen verfahren werden sollte. Es war, als wolle Karl die an Altmühl und Rezat verlorene Zeit durch konzentriertes Arbeiten wieder aufholen. Er stand bereits vor Morgengrauen auf und besuchte die Messe in der eben erst fertiggestellten Kirche des Klosters von Emmeram vor den Mauern das alten Römerlagers. Viele der Männer in seiner Nähe empfanden den frühen Gang durch die Kälte der letzten Nachtstunde als äußerst unangenehm. »Niemand möchte dir deinen Gottesdienst streitig machen«, sagte der schwarze Arn eines Morgens, nachdem sie fröstelnd die von Bischof Adalwin zelebrierte Frühmesse beendet hatten und mit großen Schritten durch die noch schlafende Altstadt zu den Pfalzgebäuden gingen. Der schwarze Arn deutete auf die dunklen Häuser. »Sie hier«, sagte er, »die Regensburger haben sich sehr schnell an dich gewöhnt. Sie stellen nicht einmal ein Öllicht in die Fenster, wenn ihr König vom Gebet zurückkehrt. Und wie ich Adalwin kenne, ist er in dieser Minute schon wieder in die Rolle des Abtes von Sanct Emmeram zurückgekehrt und holt im warmen Federbett den Schlaf nach, den du ihm genommen hast …«

»Mich stört die Ablehnung der Herzogstreuen viel weniger als zu viel Liebedienerei am Hof«, sagte Karl. Ein erstes Morgengrau zeigte sich über den Dächern. Zusammen mit seinen Begleitern betrat er die Pfalzgebäude und begab sich sofort in den großen Versammlungsraum, in dem bereits seine Familienangehörigen sowie die Angehörigen der Edlen und der Grafen seines Hofstaates warteten.

Karl ging nie bis zum großen Feuer im Kamin der Stirnseite. Er überließ es allen anderen, sich fröstelnd vor den Flammen aufzustellen und sich die Hände warm zu reiben. Stattdessen begrüßte er die Frauen und die Kinder, fragte sie, ob es ihnen auch gut ging und ob sie irgendwelche Wünsche hätten. Wie an jedem Morgen setzte er sich an einen der großen, blank gescheuerten Holztische. Und gerade er, der sonst sehr viel auf feste Regeln und eine gute Ordnung gab, verstieß in diesen Regensburger Morgenstunden immer wieder gegen sein eigenes Gebot. Manchmal setzte er sich an die Stirnseite der Tafel, dann wieder zwischen kleine Kinder irgendwo im hohen Saal, die erst nach ihm ihre Schale mit heißem, ungewürztem Gerstenschleim erhalten sollten. Er kannte sie fast alle und nannte sie bei ihrem Namen. Und er sah jedes Mal, wenn sich ein neues, scheues Kind eingefunden hatte.

An diesem Morgen fiel ihm ein blondgelocktes, etwa acht Jahre altes Mädchen auf, das er eine Zeit lang nicht gesehen hatte. Er musste zweimal hinsehen, um Hruodhaid wiederzuerkennen – die Tochter jenes Sachsenmädchens, das nach dem Tod Hildegards und mitten in den wüsten Kriegstagen an der Hase für ein paar Nächte das Lager mit ihm geteilt hatte. Er hatte Mahthild nicht mehr gesehen, seit sie – geschützt von wütenden Sachsen und unfreundlichen Frankenadeligen – im Kloster Tauberbischofsheim untergekommen war.

»Wie geht es dir?«, fragte Karl und setzte sich neben sie.

»Gut«, sagte Hruodhaid.

»Und deiner Mutter?«

»Sie ist Ostern gestorben.«

»Gestorben? Warum habe ich nichts davon gehört?«

»Sie wollte es nicht«, antwortete das Mädchen leise. Karl presste die Lippen zusammen und legte seine schwere Hand auf ihre kleinen Finger. Der Morgenlärm im langsam heller werdenden Saal wurde ihm unerträglich. Er ärgerte sich plötzlich über Nachrichten, die ihn nicht erreichten, Awaren, die sich nicht finden ließen, Pferde, die krank wurden und starben, Sachsen, die wieder und wieder besiegt sein wollten, winzige Flüsse irgendwo in Baiern, die trotz Befehl des Königs die Wasser nicht vereinigten, und über einen Hofstaat, der ihn nicht einmal mit seiner Tochter sprechen ließ. In diesem Augenblick hätte er am liebsten alles hinwerfen und wegreiten können ... irgendwohin – nach Rom, zu den Nordmannen, nach Bagdad oder Konstantinopel. Doch wo, fragte er sich im gleichen Augenblick, wo würde er den Gottesstaat, die Gottesstadt finden, an die er schon so lang tief und innig glaubte und die doch weiter entfernt war als Sonne, Mond und Sterne gemeinsam.

Er wusste nicht, was ihn auf einmal so unduldsam machte.

»Ruhe!«, brüllte er so laut, dass seine Adern an den Schläfen anschwollen. »Ich will Ruhe in diesem Saal der Pfalz – wenigstens so lang, bis die Sonne über den Mauern von Regensburg aufgegangen ist!«

Das Gewirr der Stimmen fiel wie ein Zelt ohne Spannschnüre in sich zusammen, und aus erschreckt abgesetzten Holzschalen platschte die Suppe auf die Tische. Karl richtete sich ganz langsam auf.

»Hört mir zu, ihr großen, edlen Herren – Damen und Geistlichkeit besonders eingeschlossen«, sagte er Wort für Wort betonend. »Wenn ich mit meiner Tochter rede, will ich nicht gegen Hofgeschwätz, Anwürfe und die Gerüchtemacherei von Kuttenbrunzern ankämpfen müssen!«

Er drehte sich wieder zu Hruodhaid um. Für einen winzigen Augenblick sah er die Goldmünze an ihrer Halskette. Quer über den Tisch packte er zu. Jedermann im Saal der Tassilo-Pfalz hörte, wie Karl seine uneheliche Tochter anfuhr: »Woher hast du das? Diese Theoderich-Münzen besaßen nur die Könige der Merowinger!«

Und auch die Antwort hörten sie: »Bruder Farfadus hat sie mir geschenkt ...«

»Bruder Farfadus!«, wiederholte Karl. Er sah weiterhin Hruodhaid an, doch seine helle Stimme erreichte schneidend scharf und laut den letzten Winkel des großen Saales. »Wofür verschenken arme Mönche und Langobarden goldene Münzen an eine Tochter des Frankenkönigs?«

»Ich soll nichts sagen«, antwortete Hruodhaid. »Aber ich habe wirklich nur zufällig gehört, dass Pippin kommen will ...«

»Pippin?«

»Ja, mein Halbbruder … dein Sohn. Er soll bucklig sein …«

»Was geht hier vor?«, schrie Karl unvermittelt. »Und wo ist dieser Mönch?« Die Adern an seinen Schläfen schwollen erneut an.

»Verzeih mir, Karl, edler und großmütiger Herrscher der Franken«, jammerte eine heisere Stimme im Schatten neben der Kaminmauer. »Ja, ich bin Farfadus, Mönch und im Fleisch schwacher Bettgefährte der edlen Nonne Mahthild, Gott hab sie selig … und ich bekenne, dass niemand aus deiner engeren Familie und nur wenige aus deinem Hofstaat überleben sollten … nur jene eben, die die Theoderichs-Münze um den Hals trugen …«

»Kerl, wovon faselst du?«, brüllte der König den bebenden Benediktiner an. Er griff unwillkürlich an den Knauf seines guten, in vielen Schlachten bewährten Schwertes. Irgendwie ärgerte es ihn, dass ein kleiner, noch dazu langobardischer Mönch mit dem gleichen Weib geschlafen hatte, das ihm selbst eine Tochter geboren hatte. Gewiss, das war schon Jahre her, aber es passte ihm trotzdem nicht.

»Schnell, Karl!«, jammerte der Mönch. »Ich flehe dich an bei Gott, dem Allmächtigen … lass alle Tore der Stadt und auch der Pfalz geschlossen …«

»Was soll ich tun?«, fragte Karl verständnislos. »Hörst du nicht, dass sie bereits geöffnet werden – wie jeden Tag bei Sonnenaufgang …«

»Dann lass die Hörner blasen und Glocken läuten!«, schrie der Mönch. »Tu es um meiner Seele willen, und ich will antworten, sobald du diesen Befehl erteilt hast …«

Karl sah schnell von einem seiner Berater zum anderen. Die meisten hoben nur die Schultern. Sie kannten den Mönch nicht und wussten nicht, ob er gleich auch noch in Veitstänze ausbrechen würde.

»Bitte«, sagte in diesem Augenblick das kleine Mädchen. Karl blickte in die großen, auf einmal sehr, sehr ahnend wirkenden Augen seiner Tochter. Ein Mönch, von dem Karl irgendwann den Namen Fardulf gehört hatte, hielt sie wie eine kostbare Relique an der Hand. Und dann riss sich der Mönch die Kutte von Brust und Schultern. Nackt, wie er mit seinem jungen Oberkörper war, bot er sich Karl als Opfer an.

»Du kannst mich töten – oder ihr glaubt!«

Karl sah sehr lange in die Augen des Mönchs und die seiner Tochter. Dann nickte er, klatschte kurz und laut in die Hände. Sofort wurde seine Absicht wie eine immer größer werdende Lawine von Gesten, Lauten und Aktionen von Mann zu Mann weitergegeben. Es dauerte nicht einmal eine Minute, bis erste Hornsignale die gerade erst erwachende Stadt aufschreckten. Dann fing das große Glockengeläut an. Es klang wie Feuer, Überschwemmung und Pestilenz zugleich. Fast alle drängten zu den hohen Fenstern der Aula. Der Himmel war schon hell, doch in den nach Norden hin abfallenden Gassen zum Fischmarkt und zur Donau hin hingen noch nachtschwarze Schatten.

»Ich sehe sie«, schrie der langobardische Mönch plötzlich. Mit ausgestrecktem Zeigefinger stieß er immer wieder gegen die Scheiben eines Fensters. »Dort auf der Unteren Wöhrd … am anderen Ufer … und voran der Bucklige …«

»Thüringer … nein, Sachsen!«, rief der Seneschall.

»Ich sehe Awarenwimpel«, der Marschall.

»Ich Farben der Langobarden«, irgendein anderer.

»Und ich sehe Baiuwaren«, rief der schwarze Arn, als hätte er nichts anderes erwartet. »Uralter Adel, die Söhne der besten Familien!«

Der König des Frankenreiches strich mit der Handfläche über Schnurrbart und Lippen, sog laut die Luft durch die Nasenlöcher und schnaubte dann wie ein Pferd.

»Die Söhne der besten Familien!«, lachte er abschätzig. »Söhne aus jedem Volk, jedem Stamm, der mich hasst! So gut das klingt, so falsch ist es! Sie kommen nicht weit … jetzt nicht mehr! Kein Aufstand und kein Verrat können beenden, was ich begonnen habe! Los, kommt, empfangen wir die Abtrünnigen! Ich will sie haben, Mann für Mann – aber nicht heute erschlagen, sondern in Sack und Asche und in winselnder Demut!«

Im gleichen Moment kam von der anderen Seite der Aula Eisengeklirr aus dem Innenhof auf.

»Von draußen und drinnen zugleich!«, lachte Karl, wild wie

in frühen Jahren. »Das gefällt mir, und diesmal ziehe ich das Königsschwert!«

Der Kampf gegen die eingeschleusten Verschwörer, die schon vor Sonnenaufgang über die Donau hinweg angreifenden Rebellen, die weinerlich um Gnade flehenden Mitläufer und gegen die kleine Kerngruppe ernsthafter Königsgegner war ebenso kurz wie hart und grausam.

Wer an Sieg glaubte, ritt oder rannte aufschreiend gegen die hundertfach streiterprobten, aus Schlaf zum Kampf erwachten Recken der Scara francisca. Fünfhundert Mann in der Pfalz Tassilos und in den uralten Straßen Regensburgs, das waren mehr, als alle Gegner des Frankenkönigs gemeinsam aufgebracht hatten – und zehnmal mehr, als nötig gewesen wären, ihn zu bezwingen ...

Und doch wusste jeder, dass nur ein einziger Schwerthieb im Morgendunkel, der Stich eines Dolches im Schatten der Treppenaufgänge oder ein Schluck aus dem Giftbecher ausgereicht hätte, um Karl zu töten.

Sie schafften es nicht. Keiner der klugen Verschwörer kam durch. Karls Befehl sicherte jenen, die seinen Tod gewünscht hatten, eine fast unglaublich schonende Behandlung zu. Tag um Tag verging, und niemand am Hof schien das Verfahren gegen die Aufständischen zu fördern. Ein Datum für den Prozess machte die Runde, wurde bestritten, bestätigt und erneut geändert.

»Was ist mit Karl?«, wurden überall im Land die Königsboten gefragt. »Warum zeigt er sich derartig milde? Jeder andere Herrscher hätte doch sofort und gnadenlos kurzen Prozess gemacht!«

»Jeder andere«, bestätigten die, die es wissen mussten. »Aber Karl will mehr als Rache – er will, dass öffentlich und mit der Zustimmung von allen Großen Recht gesprochen wird. Denn wer die Macht hat, hält sie oft schon für Wahrheit. Karl aber verlangt Wahrhaftigkeit.«

Und dann war es so weit: Aus allen Teilen des Reiches kamen Abordnungen nach Regensburg. Grafen und Kirchenfürsten mit kleinem und nicht sehr lautem Gefolge trafen nach und nach ein. Die meisten mussten den Großteil ihrer Knechtschaft in der Stadt – und einige sogar vor ihren Mauern – zurücklassen.

Unter dem Vorsitz des Erzbischofs von Mainz als oberstem

Kirchenfürsten des Frankenreiches begann der schärfste und strengste Prozess, der jemals im Frankenreich geführt worden war. Alle Verhandlungen fanden in der Aula der Tassilo-Pfalz statt. Sie wurden von Rufern fast Wort für Wort in den Innenhof und zu den Wartenden in den Straßen der Stadt übertragen. Nichts war geheim, und jedermann sollte hören, wie das Gesetz und das Recht der Franken regierten.

Karl selbst hob mehr als hundert Mal die Hände, sobald das Gericht aus Grafen und Bischöfen ihn fragend ansah. Hundert Mal bestätigte er den Ratschluss derjenigen, die frei und unabhängig über Schuld und Verstrickung, Dummheit und Tatendrang zu entscheiden hatten. Wie selten zuvor blieb Karl ganz bewusst ruhig und beherrscht, doch genau darauf kam es jetzt an.

Er hörte Klagen über sein Weib Fastrada.

Er hörte Vorwürfe über seinen Regierungsstil.

Und er hörte Gründe, denen er sogar zustimmen musste.

»Jeder Mann, der unter Waffen in diese Stadt eingedrungen ist, hat gleich mehrfach sein Leben verwirkt!«, rief Graf Gerold von der Bertholdsbar als Statthalter von Baiern und oberster Ankläger. »Zum Ersten, weil niemand Kriegswaffen tragen darf, solange die Reichsversammlung keinen Zug beschlossen hat.«

»Moment, ihr Frankenherren«, rief einer der gefangenen Slawenanführer erbost. »Ich bin ein freier Mann, auch wenn ihr mich mit Stricken fesselt. Habt ihr noch nie vom Fürsten Wonomyr gehört? Nun gut, ich sage euch, was ihr mich könnt! Ich war ein Freund und manches Mal auch ein Verbündeter von Herzog Tassilo. Hier saß ich mit ihm, und in diesen Mauern könnt ihr nur deshalb sein, weil ihr eure Gesetze nachträglich für jeden anwendet, den ihr geschlagen und erniedrigt habt. Nennt ihr das edel? Oder gerecht?«

Er wandte sich zu Karl um, schüttelte abfällig den Kopf und sagte: »König, Herr Karl, König ist man nur dann, wenn man sogar den Gegner achtet.«

»Nun gut, Fürst Wonomyr«, sagte Karl. Er merkte, wie gefährlich eine Diskussion mit diesem wilden, unbeugsamen Slawenanführer werden könnte. »Was würdet ihr denn tun an meiner Stelle? Jemanden freilassen, der mich ermorden wollte?«

»Was heißt ermorden?«, fiel der einzige Weißhaarige unter den langobardisch gekleideten Gefangenen ein. »Auch ich war Freund von Herzog Tassilo. Ich kam auf Bitten edler Baiuwaren hierher —«

»Es gibt keine edlen Baiuwaren mehr!«, unterbrach Graf Gerold laut. »Hier sind jetzt alle Franken!«

Karl runzelte die Stirn, hob die Hand und ließ den Langobarden weitersprechen.

»Ich kam auf Bitten adliger Familien«, wiederholte der Langobarde. »Mein letzter Herrscher gab nicht nur dir und deinem Bruder Karlmann eine Tochter, sondern auch Herzog Tassilo. Ich kann nicht sehen, dass Verrat im Spiel sein soll ...«

»Ihr wolltet mich doch umbringen«, sagte Karl ruhig.

»Wir wollten nur zurückgewinnen, was durch Gesetz und Erbe schon seit Jahrhunderten den Agilolfingern gehört. Was ist verwerflich daran? Hast du nicht selbst mit deinen Heeren das einzige germanische Königreich zerstört, das es außer dem euren noch gab – und nur, um Bischöfen in Rom zu geben, was eine mysteriöse, vielleicht sogar gefälschte Urkunde behauptete?«

»Die Bischöfe, die du erwähnst, waren zufällig die Päpste der christlichen Kirche«, sagte Karl und schürzte die Lippen, »aber ihr meint also, dass ihr – oder zumindest jene, die nicht zu meinem Reich gehören – vollkommen ehrenwert und legitim gehandelt habt?«

»Genau das meinen wir«, antwortete Fürst Wonomyr.

»Warum kein Heer? Kein Ultimatum? Keine Begegnung auf offenem Feld, wie sie seit Urzeiten so üblich ist?«

»Es gab genauso viele andere Schlachten«, lachte der Slawenfürst. »Lies doch nur euer Altes Testament! Was wurde da durch offenen Kampf erreicht und wie viel mehr durch Verabredungen!«

Was wie ein Streitgespräch unter Freunden ablief, war eine der härtesten Machtproben, die Karl jemals durchzustehen hatte. Er wusste, dass alle Unternehmungen der nächsten Zeit danach bemessen würden, wie sich in diesen Regensburger Gerichtstagen Herrschermacht und Königsmilde ausglichen und die Waage hielten.

»Gut«, sagte er deshalb, »für alle, die gefangen wurden und nicht zum Frankenreich gehören, soll das Gesetz wie für Besiegte und Gefangene gelten!«

»Ich danke dir für die Gerechtigkeit«, sagte Fürst Wonomyr sofort. »Gleichzeitig biete ich Lösegeld für alle Männer meines Stammes —«

»Das reicht nicht!«, rief Graf Gerold eifrig.

»… und die Gefolgschaft bei einem Frankenzug gen Osten«, fügte Fürst Wonomyr mit einem leichten Lächeln um die Mundwinkel hinzu. »Für einen Heeresbann um das Gold der Awaren …«

Der schwarze Arn schlug mit dem rechten Zeigefinger das kleine Zeichen des Kreuzes. Karl konnte nicht erkennen, was der Bischof von Salzburg damit meinte.

»Wir ziehen uns zur Beratung zurück«, verfügte er kurz entschlossen. »Anschließend ist Mittagspause. Fleischsuppe mit Kräutern und Gemüse und Brot als Beispeise für alle Angeklagten. Um drei Uhr Glockenschlag soll das Gericht mit den Verhören fortfahren.«

Während der nächsten Stunden bestimmten seltsame, teilweise laute, teilweise wissende und höchst verhaltene Geräusche die Stimmung zwischen den Mauern der alten Herzogspfalz. Das große Tribunal trat pünktlich und wie vorgesehen in der Aula zusammen. Karl hatte sich umgezogen und kam mit Schulterumhang und seinem gut drei Fuß langen Schwert am Waffengurt in die Aula. Wie schon seit langer Zeit nicht mehr hatte er seine Krone aufgesetzt und zusätzlich Zepter und Reichsapfel mitgebracht.

Rede und Widerrede wurden von eifrigen Notaren aufgeschrieben. Als die Abendschatten über die Gassen der Altstadt von Regensburg sanken, stand fest, dass weder Fürst Wonomyrs Slawen noch Langobarden, versprengte Awaren, Mauren oder Vasgonen, Bretonen oder Oströmer aus Konstantinopel für ihre Teilnahme am Komplott gegen den König der Franken bestraft werden konnten, denn allesamt hatten offen und gerüstet mit ihren deutlich sichtbaren Wimpeln und Farben Regensburg erreicht. Niemand konnte ihnen Heimlichkeit und Verschwörung nachweisen. Das Recht des Krieges rettete Leiber und Leben.

Aber das konnte und durfte nicht alles sein!

Diesmal war Karl es, der die Verhandlung abbrach. Warum, dachte er, warum das alles? Mühsam beherrscht stand er auf, sah sich mit unbewegtem Gesicht um und schritt langsam bis zu den Steinstufen in der Eingangshalle. Erst als ihn keiner mehr sehen konnte, stürmte er bis in die Wohngemächer Tassilos hinauf, in denen er selbst seit vielen Monaten wohnte.

Einige seiner Kinder kamen ihm lachend und scherzend entgegen. Er sah es, berührte mit seinen Handflächen ihre Haare und ging doch wie ein Schlafwandler weiter bis zu Fastrada. Sie stand dämonisch schön und begehrenswert wie am Tag, an dem er sie zum ersten Mal gesehen hatte, inmitten des Trubels. Damals waren es Krieger gewesen, die Leichen zwischen ihn und die neue Königin gestoßen hatten. Heute umgab sie sich mit lärmenden, lachenden Kindern.

Karl kannte sie. Er wusste genau, was und wie sie war. »Los, komm!«, rief er, »ich will dich ... jetzt!«

Sie lachte und warf ihr Haar mit beiden Händen hoch. »Ach, Karl, du weißt doch, was wir beide wollen. Aber du warst nicht gut heute! Ich mag nicht, wenn du vor aller Augen nicht wie ein König, sondern wie ein ängstlicher Rechtsgelehrter handelst. Niemand könnte dich tadeln, wenn du jetzt Köpfe rollen lässt.«

»Das geht so nicht«, sagte er kopfschüttelnd. »Wer sollte dann noch die von mir erlassenen Gesetze achten? Denn gerade weil ich will, dass dies geschieht, muss ich mit eigenem Beispiel vorangehen.«

»Damit sich morgen und in den nächsten Tagen immer mehr Angeklagte auf irgendwelches Recht berufen?«, zischte sie ärgerlich. »Nein, Karl, wenn du jetzt Schwäche zeigst, bist du nicht nur in meinen Augen ein Versager! Ich schlafe erst wieder mit dir, wenn du gezeigt hast, dass du der König und der Mann bist, den ich geheiratet habe!«

»Fastrada! Was soll der Unsinn? Komm her!«

»Nein«, sagte sie und zog sich bis an die schwere Bohlentür zu ihren eigenen Gemächern zurück. »Denk heute Nacht darüber nach. Morgen Abend warte ich wiederum auf dich. Entscheide selbst, was dann geschieht ... oder auch nicht!«

Sie lächelte ihm zu und verschwand. Karl stand mit hängenden Schultern im Raum. Nur zwei, drei Kienspanfackeln an den Wänden beleuchteten ihn. Obwohl er lang genug Fastradas unnachgiebige Art kannte, erschreckte ihn die Härte, die sie von ihm verlangte. Er ahnte längst, dass irgendetwas mit ihr nicht so war, wie es sein sollte. Andererseits wollte er nicht, dass sich diese Gedanken in ihm verstärkten.

Er schloss die Augen, holte tief Luft und ballte beide Hände zu Fäusten. Ein heißer Schauder rann durch seinen Körper. Er liebte sie, ganz gleich, ob sie ihn quälte oder verspottete.

Und der Verdacht, dass sie schon früher mit seinem Sohn Pippin zu tun gehabt hatte? Karl schüttelte den Kopf. Verbindungen zu Thüringern? Vielleicht. Zu Tassilo?

»Ach was!«, brach es aus Karl hervor. Dieses verdammte Weib sollte ihn nicht ins Bockshorn jagen! Er drehte sich auf dem Absatz um und stampfte aus dem Raum.

Am nächsten Morgen durften viele der Männer abziehen, auf die das Kriegsrecht angewendet werden konnte. Einige von ihnen mussten noch bleiben, bis Lösegeld eintraf, andere hatten sich bereit erklärt, als Kronzeugen gegen die Anführer der Verschwörung auszusagen. Der Vormittag und der frühe Nachmittag vergingen mit Besprechungen und kleineren Verhandlungen, an denen Karl nicht teilnehmen musste. Er ging erneut sehr früh zur Messe, traf sich mit den Anführern der Scara francisca und ritt dann mit seiner kleinen Tochter Hruodhaid vor sich auf dem Sattel über die Brücke des südlichen Donauarms. Seneschall, Marschall und eine Reihe weiterer Edler des Hofstaates begleiteten ihn über die flachen Niederungen im Flussgeflecht.

»Wie heißen diese Inseln hier?«, fragte er.

»Nach Westen hin die Obere und nach Osten die Untere Wöhrd«, antwortete der Seneschall sofort.

»Gut«, sagte Karl. Er schnalzte mit der Zunge und galoppierte mit Hruodhaid vor sich auf dem Sattel bis zu den Mauern des alten Römerlagers Castra Regina zurück. Bereits am Nordtor der Pfalz wurde er von Graf Gerold, dem schwarzen Arn und von den wichtigsten Mitgliedern des Reichsgerichts erwartet.

»Was ist geschehen?«, fragte Karl und reichte seine kleine Tochter heraneilenden Mägden.

»Es war sehr schön mit dir«, sagte Hruodhaid und lächelte Karl zu. Er sah und hörte sie nicht mehr.

»Es gibt da ein Problem«, sagte der Bischof von Salzburg besorgt. Karl stieg vom Pferd, ordnete seine Kleider und rückte sich den Waffengurt zurecht. Während sie durch den Innenhof zur Aula gingen, erklärte Arn, was inzwischen vorgefallen war.

»Wir können keinem Einzigen von den verbliebenen Gefangenen die Mordabsicht beweisen«, sagte er.

»Und warum nicht?«, fragte Karl ohne Verständnis. »Der Slawenfürst hat doch genügend zugegeben ...«

»Ja, aber der ist weg«, zischte Graf Gerold. »Und jetzt beginnen auch die Thüringer und Sachsen mit krummen Argumenten!«

»Sie sagen, dass sie keinen Treueeid gebrochen haben«, bestätigte der schwarze Arn.

»Natürlich haben sie das!«, fauchte Karl. »Jeder Franke, Sachse oder Alemanne schwört Treue auf den König und die Fahne, sobald er mannbar wird!«

»Richtig«, sagte der schwarze Arn. »Wenn die Gesetze und Verordnungen, die du bisher erlassen hast, genauso scharf und schneidend wären wie dein Schwert!« Er ließ dem König den Vortritt an der Tür zum Aulaeingang. »Aber sie sind es nicht«, sagte er dann. Karl blieb abrupt stehen.

»Was willst du damit sagen?«

»Wenn du nicht alles wieder verlieren willst, musst du jetzt Köpfe rollen lassen! Niemand würde dich dafür tadeln ... im Gegenteil ...«

»Ist das dein ganzer Rat?«, fragte Karl bitter. »Oder bist du es etwa, der meinem Weib Fastrada die Worte wie fein zerteiltes Wildbret entbeint und vorlegt?«

»Nein«, antwortete der Bischof. »Das bin ich nicht. Aber ich gebe dir, wenn du erlaubst, folgenden Rat: Du solltest Königsboten ausschicken ... so viele Königsboten wie möglich ... bis zu den Küsten aller Meere ... Und jeder freie Mann, den sie in all den Monaten und Jahren ihrer Queste und suchenden Wanderschaft treffen, soll einen Fahneneid und einen Treueschwur ablegen ...«

»Ich dachte, all das würde längst geschehen«, sagte der Frankenkönig.

533

»Gedacht, gesagt, doch nicht getan«, sagte der schwarze Arn. Karl lachte trocken, aber er wusste inzwischen, wer alles zusammengehörte. Nacheinander nahmen die Grafen und Edlen ihre Plätze in der Pfalzaula ein. Die Zeremonie des großen Reichsgerichtes unterschied sich in keiner Geste von der des vorigen Tages. Wer nicht geschworen hatte, wurde ohne langen Prozess freigesprochen oder verbannt, erhielt ein Dutzend Peitschenhiebe, Arschtritte und Faustschläge und konnte über die Hügel rund um Regensburg fortlaufen oder bis zu den Wäldern kriechen.

Nur Franken blieben übrig.

Den ganzen Tag über sprach das Gericht Urteile. Als Erster wurde Karls Erstgeborener Pippin angeklagt. Jedermann wusste, wie heikel gerade diese Anklage war. Und dann, als der Dreiundzwanzigjährige ohne Ketten vorgeführt wurde, bestätigten sich die Befürchtungen. Der Sohn des Frankenkönigs zeigte weder Schuldgefühle noch Reue.

»Du weißt, was dich erwartet?«, fragte der Vorsitzende des Gerichtes.

»Ich wusste stets, was mich erwartet«, sagte der stolz und edel wirkende junge Mann. »Ohne den lächerlichen, unwichtigen Knochenauswuchs an meiner Schulter würde ich König über euch sein, sobald der da nicht mehr ist …«

Er warf sein langes blondes Haar zurück und deutete hart auf Karl. Und alle sahen, wie ähnlich sich die beiden Männer waren. Pippin sah schöner aus als der Frankenkönig. Seine Nase erschien weniger gebogen, und ohne den Buckel wären die Schultern des Königssohns noch breiter als die seines Vaters gewesen.

»Siehst du ein, dass wir dich zum Tode verurteilen müssen?«

»Na und? Was heißt das schon für einen, der vom eigenen Vater verraten und verbannt wurde? Macht, was ihr wollt! Bindet mich auf das Rad! Schichtet den Scheiterhaufen für mich! Lasst mich durch Pferde zerreißen wie Brunichild, die einzige große Königin der Merowinger …«

»Versündige dich nicht gegen das vierte Gebot!«, unterbrach ihn Bischof Arbeo von Freising.

»Oh ja, ich weiß, ich soll Vater und Mutter ehren«, rief der schönste und klügste Sohn des Frankenkönigs. »Aber dort, in den Zehn Geboten Mose, steht nicht, dass auch ein Vater seine Kinder ehren soll, die er gezeugt hat. Dass nicht das Zeugen göttlich ist, sondern die Verantwortung danach! Das müssen der Christengott, seine Propheten, Apostel, Priester und Päpste erst noch lernen!«

Die Runde der Edlen blieb vor Entsetzen still.

»Warum ist denn das Gleichgewicht aller Kräfte verschoben worden?«, fragte der schöne Bucklige. »Ostrom und Westrom und jetzt das Frankenreich. Würde es existieren, wenn Mohammed nicht gelebt und gepredigt hätte?«

Er sah sich herausfordernd um. »Die Teilung Roms und die Lehre Mohammeds sind die wahren Gründe dafür, dass du, mein Vater, überhaupt König der Franken sein kannst! Ein anderes Rom, ein anderes Byzanz hätten nie zugelassen, dass sich Hausmeier der Merowinger ohne das heilige Blut zu Königen aufschwingen ...«

»Blasphemie!«, stieß Bischof Berowelf von Würzburg entsetzt hervor. »Pippin, du redest dich um dein Leben!«

»Ja, Gotteslästerung!«, bestätigte der Bischof Erembert von Worms. »Willst du als Ketzer sterben?«

»Genug!«, rief Karl scharf.

»Ein Wort noch, und dann schweige ich«, rief Pippin furchtlos. »Was nützt der Segen der Fruchtbarkeit jenen, die in der Minute ihrer Geburt verdammt sind ... verdammt zum Leben in einer Welt, die sie nicht will ...«

»Ist das für dich etwa eine größere Strafe als der Tod?«, fragte Karl und beugte sich gespannt vor. Nur wenige merkten, was der König in diesem Augenblick plante.

»Ja«, stieß Pippin voller Hass hervor. Karl nickte nur. Er legte seine Hand um den goldenen Reichsapfel, ganz so, als wolle er dem Bischof von Salzburg zeigen, was er dachte.

Der schwarze Arn und die anderen bairischen Bischöfe beugten sich zueinander. Sie sprachen leise miteinander und benutzten dafür eine Mischung aus lateinischen, griechischen und hebräischen Ausdrücken, die kein Außenstehender verstehen konnte.

»Pippin soll härter als alle anderen bestraft werden«, verkündete der schwarze Arn schließlich. »Er hat bekundet, dass ihm das

535

Leben schlimmer ist als der Tod. Deswegen soll er leben und im Kloster Prüm über die Dämonen in seinem Herzen nachdenken.« Er schob ein bereits vorbereitetes Pergament zum König hinüber. »Sämtliche anderen Verschwörer sollen je nach der Schwere ihres Verbrechens auf dem Richtplatz an der Oberen Wöhrd aufs Rad geflochten oder aufs Kreuz gebunden, geviertelt oder verbrannt, ersäuft oder enthauptet werden. Für sieben Angeklagte, bei denen wir nicht sicher sind, empfehlen wir als Gottesurteil den großen Schierlingsbecher.«

Wortlos las Karl die Namen und die Urteile. Kein Laut, nicht einmal ein Hüsteln war zu hören. Es war, als würde jeder darauf warten, bis auch das letzte Sandkorn im Stundenglas über Leben und Tod verronnen war.

»Ich akzeptiere alle Urteile und befehle, dass sie ab übermorgen um die dritte Stunde vollstreckt und abgewickelt werden.«

Einige Tage später ließ Karl die Edlen seines Reiches nochmals zusammenrufen. Er teilte Grafen und kirchliche Fürsten in Zweiergruppen ein.

»Zieht bis zum nächsten Reichstag durch die Lande und nehmt in meinem Namen jedermann, der bisher nicht geschworen hat, den Treueeid ab. Ich will auch, dass Listen mit Namen angelegt werden, denn das, was hier geschehen ist, darf sich nie mehr wiederholen.«

Am nächsten Morgen erfuhr Karl gleich nach der Frühmesse in der Kirche von Emmeram, dass sich die jungen Sachsen der zweiten Generation erneut erhoben hatten.

»Einige von ihnen haben dir sogar Heerfolge geleistet«, berichtete Graf Düdo.

»Und wo? Wo hat es begonnen?«

»Du warst noch nie dort«, antwortete der Feuergraf. »Es geschah beim friesischen Rüstringen an der Weser. Eines unserer Heere unter Graf Theoderich befand sich auf dem Rückmarsch von einer kleinen Befriedungsaktion ...«

»Die Weser, immer die Weser!«, knurrte Karl.

»Ja, und inzwischen hat der Aufstand das ganze Sachsenland zwischen Niederrhein, Weser und Elbe erfasst! Kirchen und

Klöster brennen, Mönche und Äbte, Grafen und Königsboten werden ermordet. Getaufte Sachsen gelten vielerorts als Verräter, und Femegerichte sitzen nachts in Waldlichtungen zusammen, um die verbotenen heidnischen Rituale zu zelebrieren.«

Noch ehe sie die Pfalz wieder erreicht hatten, gab Karl bereits die ersten Anweisungen. Sie waren genauso hart, wie alle es inzwischen von Karl erwarteten:»Ich will, dass die Bevölkerung in allen Dörfern, die nicht entschieden gegen diesen Aufstand vorgegangen sind, sofort zusammengetrieben und in kleinen Gruppen irgendwo neu angesiedelt wird. Die neuen Orte soll man so benennen, dass ihre Herkunft von den Sachsen jedermann deutlich wird.«

»Das kostet Zeit und bindet viele Krieger«, gab der Seneschall zu bedenken, während er die Küchenknechte heranwinkte.

»Ich weiß«, antwortete Karl und setzte sich zu seinen Kindern an einen frisch gescheuerten Bohlentisch in der Pfalzaula. Er nahm die dargebotene Holzschale aus den Händen des Seneschalls und schlürfte höchst genüsslich den heißen, ungewürzten Gerstenschleim. Die anderen taten es ihm gleich.

»Wir wollten eigentlich einen neuen Zug gegen die Awaren vorbereiten«, sagte der Marschall.»Das waren andere Erfordernisse als jetzt.«

»Natürlich hast du recht«, sagte Karl und wischte sich mit dem Handrücken ein paar Speisespuren von den Bartspitzen.»Aber ihr seht doch selbst, dass wir uns jetzt keinen Awarenzug leisten können! Also vergesst ihn und stellt lieber Listen guter Liten und Kolonen zusammen, die in der Lage wären, als freie Grundherren die leeren Bauernhöfe der Sachsen zu bewirtschaften.«

»Sollten nicht besser tapfere, bewährte Scaras die Gehöfte und das Land als Treuelohn und Königsdank erhalten?«, fragte der Marschall.

»Nein«, antwortete Karl knapp.»Ich will in Sachsen Bauern haben, die aus dem Boden Nahrung für uns alle holen und neue Krieger stellen, wenn ich sie rufen lasse.«

Genau drei Tage später traf die Nachricht in Regensburg ein, dass die Sarazenen Carcassonne teilweise niedergebrannt hatten und weiter durch fränkisches Gebiet marschierten. Karl gab sofort den Befehl, ein Heer im Westen aufzustellen und die Angreifer zunächst ohne ihn abzuwehren.

Nur wenige Wochen darauf versuchten die schnell zusammengerufenen Frankenkrieger aus Burgund und dem nördlichen Gallien, das Sarazenenheer auf seinem Vormarsch nach Narbonne aufzuhalten. Doch so, als hätten sie niemals von Karls Taktiken und seinen Angriffsklammern gehört, stellten sie sich wie ängstlich abwartende römische Kohorten den schnellen Reitern unter der Fahne Mohammeds. Sie mussten unterliegen, weil sie nicht wussten, wie sie ohne Karl siegen sollten.

Als Karl von der Niederlage der gallischen Franken erfuhr, war er nur kurz laut und aufbrausend. »Damit ist Aquitanien erneut in Gefahr«, stellte er fest. »Wir müssen die islamische Gefahr ausschalten, ehe sie erneut zu einer Bedrohung für das ganze Reich wird.«

»Gott sei Dank haben die Sarazenen ebenfalls schwere Verluste hinnehmen müssen«, sagte der Seneschall. »Sie sind nach Hispanien zurückgekehrt.«

»Ja, aber sie werden wiederkommen, und wir können uns nicht um alles gleichzeitig kümmern. Weit oben in der Nordsee haben Nordmannen das Inselkloster von Lindisfarne überfallen. Sie werden fortan immer weiter nach Süden rücken – so lange, bis sie stark genug sind, sich in Friesland oder im Norden Galliens festzusetzen. Hier sind es die Sachsen und die Awaren, im Süden die Beneventer und im Südwesten die Sarazenen. Wo soll man anfangen und wohin reiten?«

Kurz vor dem Winter, der sich ungewohnt früh ankündigte, zog der gesamte Hofstaat mit den neuen Booten, die Zimmermänner und Drechsler, Böttcher und Stellmacher gemeinsam in Regensburg gebaut hatten, über Kehlheim die Altmühl hinauf. Karls Ziel war die Frankenfurt, wo sich die Bischöfe des Frankenreiches beim nächsten Osterfest zu einer Synode treffen wollten. An der noch immer gigantisch aussehenden, aber längst verlassenen Baustelle zwischen Altmühl und Rezat wurden die Frachtkähne inzwischen wieder mit Ochsen und Seilen wie seit jeher über den flachen Trennhügel geschleift.

Niemand sprach Karl auf den vergeblichen Versuch an, die beiden großen Wasserwege nach Nordwesten und Südosten miteinander zu verbinden.

»Aber eines Tages wird es irgendein Mächtiger schaffen«, grummelte Karl, als er auf sein Pferd stieg, um die knappe Meile von der Altmühl bis zur Rezart zu reiten. Er wollte nicht über Erdboden gehen, der ihn bei jedem Schritt an seinen großen Plan und seine ganz persönliche Niederlage erinnerte. Die Fahrt auf der Regnitz und dann auf dem vielfach gewundenen Main flussabwärts war eine stille, angenehme Zeit. Nur in den Morgenstunden zogen die Herbstnebel unangenehm und feucht in die Zelte am Ufer, unter Pelze und Decken und in die fröstelnden Körper von Männern, Frauen und Kindern.

»Dann lieber kalt und trocken«, fluchten einige.

Zwei Tage vor Würzburg begann die junge Königin Fastrada zu husten. Karl kümmerte sich sofort selbst um sie. Er hatte ihr misslungenes Machtspiel in Regensburg mit keinem einzigen Wort mehr erwähnt. Jetzt ließ er auch tagsüber kleine, tragbare Tonöfen auf dem Königsboot aufstellen. Fastrada bekam Kräutertee, heiße Umschläge und kräftigende Brühe. Dennoch atmete sie immer flacher, und ihr Oberbauch schmerzte bis zur Brust.

Kurz entschlossen änderte Karl seine Pläne. »Wir werden in Würzburg Rast machen«, ordnete er an.

»Darauf sind wir nicht vorbereitet«, gab der Bischof von Würzburg zu bedenken. »Nicht auf so viele Menschen ...«

»Was soll das heißen?«, fragte Karl unwirsch. »Ich habe euch von Anfang an Sachsen zur Ausbildung geschickt und sicherlich nicht wenig Gold und Geschenke als besonderes Einkommen für das Bistum. Da werdet ihr den Hof doch ein paar Tage so ernähren können wie jede andere Pfalz.«

»Würzburg ist keine Pfalz«, jammerte der Bischof.

»Und auch kein Kloster wie Lorsch, Prüm oder Fulda?«, fragte Karl unnachgiebig. »Gut zu wissen, wenn eure Einstellung zu mir so bleibt ...«

»Nein, nein!« Erst jetzt schien der Bischof von Würzburg zu begreifen, welchen Fehler er gemacht hatte. »Natürlich ist uns

der Hof für einige Tage willkommen …« Er zögerte und fügte
hinzu:»Und auch für einige Wochen, wenn es sein muss!«
»Ich danke dir für deine Gastfreundschaft«, sagte Karl mit
unbewegtem Gesicht. Er wandte sich an seine Berater.»Wir
werden den Winter in Würzburg verbringen und auch das Weihnachtsfest hier feiern.« Es wurden trübe Weihnachten. Fastrada
hatte noch immer Husten und Schmerzen. Und dann trafen auch
noch erschreckende, unglaubliche Berichte aus vielen Teilen des
Reiches in Würzburg ein. Missernten hatten in Italien, Burgund
und Südfrankreich erneut zu furchtbaren Hungersnöten geführt.

»Ich sah, wie Menschen Menschen aßen«, berichtete ein irischer Mönch, »Brüder ihre Brüder, Mütter ihre Kinder.«

»Verhungernde wurden umgebracht und gepökelt«, bestätigte
ein anderer.

»Die Menschen hatten Halluzinationen von Getreide, das man
sehen und anfassen, aber nicht essen kann.«

»Vorräte«, sagte Karl in den folgenden Tagen immer wieder.
»Es müssen Vorräte angelegt werden, wie es bereits Joseph in
Ägypten getan hat. Außerdem wäre es nützlich, wenn von jetzt
an aufgeschrieben wird, was sich in jedem Jahr ereignet hat und
was für später wichtig sein kann.«

»Eine Art Annalen des Reiches?«, fragte der Seneschall.

»Ja, und sie sollen im Kloster Lorsch verfasst werden.« Karl
blieb an diesen Abenden öfter als sonst allein. Er, der sich im
Kreise seiner Familie und der Gefährten stets besonders wohlge-
fühlt hatte, bat jetzt darum, jeweils zur Abenddämmerung ohne
Diener und Knechte, ohne Mönche und Äbte und ohne alle zu
sein, die ihm irgendetwas aus dem Fächer der großen und kleinen
und doch immer gleichen Fragen vorlegen wollten.

Er sehnte sich nach einem Zuhause. Er wollte einfach nicht
mehr herumziehen wie ein stets ruheloser Nomadenfürst und
Wanderkönig.

31

Der Schatz der Awaren

Nach der Schneeschmelze gingen alle wieder an Bord. Karl hatte recht behalten. Während der ganzen Monate war es dem Bistum nicht schwerer als anderen gefallen, den Hofstaat mit Speise und Trank zu versorgen. Zum ersten Mal merkte Karl, welch ärmlichen Erträge seine eigenen Hofgüter im Vergleich zu den großen Klöstern und Abteien einbrachten.

Kaum hatten die Boote abgelegt, als Fastrada erneut zu husten begann. Karl überlegte, ob sie umkehren und Fastrada in eine gewärmte Kammer bringen sollten, aber sie wollte nicht. »Ich will in deiner Nähe sein«, sagte sie. »Außerdem ist es wichtig, dass du in Frankfurt bist, wenn sich die Bischöfe deines Reiches dort treffen.«

Die fränkische Reichssynode in Frankfurt versuchte vergeblich, religiöse, bis in den Bereich der Dogmen reichende Fragen zu beantworten. Auch der »Adoptionismus« stand als Irrlehre erneut auf der Tagesordnung. Karl interessierte sich nicht sonderlich für derartige Spitzfindigkeiten. Stattdessen ließ er einige Kleriker aus Rom wissen, dass der Leiter seiner Reichskanzlei und Bischof von Köln ein wenig mehr Anerkennung verdient hätte.

Fastrada starb am 10. August während der Reichssynode. Karl hielt sie in seinen Armen, legte sich neben sie und schrie jeden an, der es auch nur wagte, an die Tür zu klopfen. Auch am nächsten Tag verließ er das Totenbett nicht. Wieder und wieder küsste er ihre Lippen, Wangen und Augenlider. Er streichelte ihre Brüste, fuhr über ihre Schenkel, die sich nun nicht mehr bewegten, und bat flüsternd die ganze Zeit, dass sie aufwachen und zu ihm zurückkommen solle.

»Du kannst nicht gehen!«, murmelte er. »Du gehörst nicht zu den Verschwörern, die mich verraten haben ... du bist mein Weib ...«

Am Morgen des zweiten Tages wollten sie ihn mit Weihwasser

und Gebeten von Fastradas Lager holen, und noch ehe der Tag sich neigte, lief bereits das Gerücht um, dass der Frankenkönig auch nach dem Tod der Königin bei ihr geschlafen habe. Nach einer langen, tiefen Beichte fing sich Karl wieder. Er trauerte noch immer, doch er fand Halt in Messen und Gebeten. Fastrada wurde im Beisein sämtlicher großen Bischöfe und Äbte des Frankenreiches in Sanct Alban in Mainz bestattet. Und noch an ihrem Sarg schwor Karl so leise, dass nur die Umstehenden ihn hören konnten, dass er fortan alle Stätten meiden wollte, an denen er mit ihr glücklich gewesen war. Ingelheim, Mainz und Frankfurt gehörten ebenso dazu wie Worms und Regensburg.

Nach der Bestattung Fastradas stürzte sich Karl wie ein aus langer Dunkelheit Erwachender erneut in die Aufgaben seines Amtes. Er wollte keine Zeit durch Wochen voller Gram und Trauer verlieren. Reichssynode und Reichstag waren durch die unerwarteten Ereignisse plötzlich so eng miteinander verflochten, dass nicht mehr ganz genau zwischen Fragen der Kirche und denen des Reiches unterschieden wurde. Beinahe unbemerkt und völlig ohne Widerspruch tauchte als dritter Tagungspunkt auf der Versammlung der Kirchenfürsten ein Thema auf, das eigentlich und nach Karls stets betonter Überzeugung weltlich entschieden werden musste.

Völlig unerwartet wurde der geschorene und mit der grauen Benediktinerkutte bekleidete Tassilo vorgeführt. Er verneigte sich nach allen Seiten, dann sagte er sorgsam einstudiert: »Ich bitte um Vergebung für alle meine Missetaten, die ich sowohl zur Zeit König Pippins gegen ihn und das Reich der Franken verübt habe als auch für jene zur Zeit König Karls. Ich weiß, dass ich mich als Meineidiger erwiesen habe …« Er hob mit einer demütigen Gebärde seine Hände. »Aber ich bitte euch um Gnade, denn mein Herz ist nunmehr frei von allem Hass und aller Rachsucht, die mir so sehr geschadet hat …«

Viele der Bischöfe und Äbte wussten nicht, auf was Tassilo eigentlich hinauswollte. War er nicht längst geschoren? Trug er nicht eine Mönchskutte? Wozu dann diese erneute Selbstanklage?

Bereits die nächsten Sätze Tassilos brachten die Antwort. Erstaunt und ungläubig hörten die Kirchenfürsten, was Tassilo gestand: »Unwiderruflich verzichtete ich auf alle meine Rechte und den Besitz meiner Familie, denn ich bereue von ganzem Herzen die Verbrechen, die in Regensburg gegen unseren König von Gottes Gnaden versucht wurden.« Er stockte, sah sich hilfesuchend nach allen Seiten um und sagte dann: »Und wovon ich wusste ...«

Tassilos unerwartetes Geständnis war so ungeheuerlich, als wäre plötzlich ein bisher unsichtbares, von den Grenzen des Reiches bis in Klöster und Pfalzen reichendes Spinnennetz aus Intrigen und Verrat im Licht der Wahrheit sichtbar geworden.

Wenn Tassilo an der Verschwörung von Regensburg ebenso beteiligt gewesen war wie Karls erster Sohn Pippin, dann waren nicht nur die Langobardinnen Liutperga, Gerperga und Desiderata in den fränkischen Klöstern, sondern ganz sicher auch ihre vierte Schwester Adelperga und ihr Mann, Herzog Arichis von Benevent, eingeweiht gewesen ...

Und wer wollte sagen, ob nicht sogar Ostrom und die Awaren, Sarazenen, Sachsen und über sie die Nordmannen ebenfalls davon gewusst hatten?

Die prächtig gekleideten Großen des Reiches starrten den alt und verloren wirkenden Mann im Büßergewand noch immer ungläubig an. Und einer nach dem anderen begriff, warum der Frankenkönig gewollt hatte, dass Tassilo sein Geständnis nicht vor dem weltlichen Reichstag, sondern vor der Synode ablegte. Sie war es, die nicht nach fränkischem Recht, sondern nach den Geboten des Christentums nachträglich Karls Härte beim Strafgericht von Regensburg billigen musste!

Tassilo spürte die Mauer der Ablehnung um sich herum. Er drehte sich zu Karl um. »Wir beide sind nicht gleichen Blutes und haben doch gemeinsame Ahnen, die wir verehren«, sagte er ohne Furcht. »Um ihretwillen bitte ich um Barmherzigkeit für meine unschuldigen Söhne und Töchter.«

Karl antwortete nicht. Er überließ das weitere Verfahren den Großen seines Reiches. Tassilo wurde mitsamt seiner Familie in eines der Reichsklöster mit besonders starken Mauern verbannt. Außer Karl wusste nur eine Handvoll Bischöfe, dass es das Kloster Jumieges in der großen Loireschleife war.

543

Für Karl hingegen gehörten der Reichstag und die Synode von Frankfurt zu den wichtigsten seines Lebens. Er war vor Gott und der Welt in seinem Handeln bestätigt, für seine Milde gelobt und für seine Härte gerechtfertigt worden.

Obwohl die Awarenfrage noch nicht geklärt war, beschloss der Reichstag, zunächst gegen die Sachsen vorzugehen. Gleichzeitig sollten einige Gesandtschaften mit verschiedenen Tar-Khanen Kontakt aufnehmen, um herauszufinden, wo sich die schwächsten Stellen der awarischen Sippen und Stämme befanden.

Es war schon fast Winter, als die Franken mit zwei Heeren zu einem erneuten Strafzug gegen die Sachsen aufbrachen – der König von der Frankenfurt aus, sein Sohn Karl über Köln von Westen. Der König benutzte die Gelegenheit, um das Kloster Fulda mit seinen fast fünfhundert Mönchen zu besuchen. Zusammen mit Abt Baugulf und den Baumeistern des Klosters besichtigte er den Baufortschritt der Abteikirche.

»Geht es denn gut voran?«, fragte er. Baugulf wusste genau, worauf Karl anspielte. Er lachte, dann sagte er mit einer weit ausholenden Geste: »Leider mussten wir einen unserer Besten an dich abgeben. Ich hoffe, dass Eginhard sich gut bewährt ...«

»Ich mag diesen mageren Mönch«, sagte Karl lachend. »Er ist ein hässlicher Tollpatsch, der nicht einmal weiß, wo vorn und hinten bei einem Schwert ist. Aber nicht nur ich, sondern auch meine Töchter, diese gekrönten Tauben, haben an ihm einen Narren gefressen!«

»Kann er es denn?«

»Ach, Abt, wenn du wüsstest ...« Sie lachten und besichtigten anschließend einige innere Räume und Säle des Klosters. In den gewärmten Schreibsälen saßen Dutzende von Mönchen und arbeiteten mit gebeugten Rücken.

»Hier entstehen Abschriften religiöser Vorlagen mit kostbaren Illustrationen und wertvollen Einbänden«, erklärte der Abt, »aber auch Sammlungen von mündlichen Überlieferungen, von Zaubersprüchen, alten Liedern und Texten der Heilkunde. Hier, sieh! Wir benutzen bereits Alkuins neue Schrift, die viel einfacher zu schreiben ist ...«

Er nahm einen großen Pergamentbogen vom Pult eines Mönchs und hielt ihn so ins Licht, dass Karl die kleinen Buchstaben erkennen konnte, die viel runder wirkten als bisher üblich.

»Was du hier siehst, ist übrigens der erste Teil des alten Hildebrandsliedes, wie es in dieser Gegend erzählt wird«, sagte der Abt.

»Wir wollen mehrere Kopien anfertigen, weil wir glauben, dass es zu unseren wichtigsten Überlieferungen gehört.«

Nach der Vesper ließ der Abt Baugulf eine einfache Abendspeise im Refektorium auftragen. Um Platz für Karl, seinen Hofstaat und die fränkischen Heerführer zu machen, mussten die meisten der Mönche an diesem Abend in ihren Schlafsälen essen. Viele der jüngeren Mönche nahmen ihm die scheinbare Benachteiligung nicht übel, denn dadurch ergab sich für sie eine Gelegenheit, ohne Lesung von Geschichten der Heiligen, ohne Gesänge und ohne langatmige Belehrungen nach schnellem Suppentrank für ein paar Stunden das Kloster zu verlassen, um nachzuschauen, ob in den Kemenaten der Fuldaer Mägde und Maiden schon alle Lichter ausgegangen waren ...

Als Karl davon hörte, musste er lachen. »Ach, wenn doch alles ebenso vergnügt zu regeln wäre«, rief er, »du hast es gut, Abt, und eigentlich viel besser als ein Frankenkönig!«

»Oh, Karl, du weißt nichts von den Mühen eines Klosters am Rande heidnischer Gemarkungen. Auch wir sind Krieger, Tag für Tag! Nicht nur heilige Männer, die mit der Schrift herumlaufen und den Allmächtigen nur einen guten Mann sein lassen!«

»Was tut ihr dann?«, fragte Karl. Er ließ sich ausnahmsweise noch einen dritten großen Krug Klosterbier reichen. »Ihr lebt nach den klaren Regeln Benedikts, durch die euch alles vorgeschrieben ist – der Tag, die Nacht und alle Jahreszeiten. Ich aber weiß nie im Voraus, wo ich das übernächste Weihnachtsfest verbringe ...«

»Aber du weißt doch, wohin du jetzt ziehen willst.«

»Das ist kein Geheimnis«, antwortete Karl. »Ich denke, dass wir im Sendfeld südlich der Paderquellen auf die Sachsen treffen werden.«

Und so geschah es auch. Wenige Tage später kamen die Sachsen genau dort, wo er sie erwartet hatte, aus dem Buschwerk gestürmt. Karl saß auf seinem Pferd, beobachtete das Heer seines Sohnes auf der anderen Seite der weiten, sandigen Lichtung und schüttelte verständnislos den Kopf. »Sie haben nichts gelernt von ihren Vätern!«, sagte er abfällig, als er den wilden Haufen der jungen Sachsenkrieger sah. Doch dann musste er sich selbst korrigieren, denn gleich nachdem die Sachsen sahen, in welche Falle sie geraten waren, reagierten sie mit einer völlig neuen Taktik: Sie legten einfach ihre Waffen dort auf den Boden, wo sie gerade standen, drehten sich um und liefen fort. Die Frankenkrieger sahen ihnen verdutzt und fassungslos nach.

»Was soll das?«, brüllte der Marschall den Sachsen hinterher. »Eine Waffenspende, oder was?«

»Lass sein!«, rief Karl. Er hatte ebenfalls mit einer längeren Aktion und einem frühen Winter im Sachsenland gerechnet. »Wir werden jetzt in Aachen überwintern. Heilsame Quellen gibt es bis zur Porta Westfalica. Aber es zieht mich mehr zu den warmen Quellen von Aquis Grana.«

»Ist es nur das?«, fragte der Feuergraf Düdo. Er konnte sich inzwischen viel bei Karl herausnehmen. »Oder drängt es dich, zu sehen, wie weit die Bauten in der Pfalz von Aachen sind?«

»Beides«, gab Karl mit einem Lächeln zu und reckte sich. »Also erledigen wir hier das Nötigste und ziehen dann nach Westen weiter.«

Sie waren sechs bis zwölf, nie mehr als fünfzehn. Und sie versammelten sich im neuen Granusturm neben den königlichen Privatgemächern an der Ostseite der Pfalzaula. Keller und Untergeschoss des Turms waren nur durch schwere Bohlentüren aus einer Zwischenetage erreichbar. Eine Etage darüber hingen an den nur roh verputzten und weiß gekalkten Wänden einige Beutewaffen, kleine gewebte Teppiche und Erinnerungsstücke, die Karl aus irgendeinem Grund und irgendwoher mitgebracht oder bekommen hatte: Steinbrocken mit uralten labyrinthartigen Ausschabungen aus Carnac in der bretonischen Grafschaft Vannes, Bernsteinklumpen mit eingeschlossenen Insekten vom Ostseestrand, das salzige Wurzelholz eines Olivenbaums aus dem Toten Meer und die Weltkarte des Salzburger Bischofs Fergil, der

546

behauptet hatte, dass auf der anderen Seite einer kugelförmigen Erde auch Menschen stehen könnten. Die zweite Oberetage des Granusturms war ebenso nüchtern eingerichtet. Alle vier Wände – bis auf den Treppenaufgang – trugen Regale, in denen Pergamentrollen lagen und voluminöse Folianten gegeneinanderlehnten.

Ganz oben aber hatte sich Karl ein Refugium einrichten lassen, das nur wenige Eingeweihte kannten. In den quadratischen Turmgemächern, die noch von Kaiser Neros Bruder Granus Serenus stammten, war kein Platz für einen Kamin. Dennoch reichte selbst in den Wintermonaten die warme Luft aus den Wandöffnungen, um die Räume wie in den römischen Thermen schnell aufzuwärmen.

»Dies hier ist deine eigentliche Schatzkammer«, sagte Alkuin nahezu jedes Mal, wenn er mit Karl den Raum erreicht hatte. »Trotzdem sind unsere Gesprächsrunden hier im Turm nicht mehr das, was sie in meiner Schulbibliothek waren.«

Karl begrüße die Anwesenden mit den alten Namen, die ihnen Alkuin gegeben hatte, und setzte sich neben einen der warmen Luftströme aus der Turmmauer. »Nun, wie ich sehe, sind ja einige aus unserer ersten Runde noch vorhanden. Angilbert-Homer fein gekleidet wie immer, Eginhard-Bezaleel ausgehungert wie nach der Fastenzeit. Doch ich vermisse Rabanus Maurus.«

»Du sagst es, Salomo oder auch David. Er war mir einer der liebsten und besten Schüler hier«, seufzte Alkuin mit einem theatralischen Augenaufschlag.

»Er ist in Fulda«, antwortete Eginhard. »Und wenn nicht alles täuscht, wird er dort noch Abt oder gar Bischof.«

»Viel wichtiger ist mir, dass unser Freund Aaron vom Papst zum ersten Erzbischof von Köln ernannt wurde.« Er ging auf den Mann zu, der in der verschworenen Runde den Namen von Moses' Bruder trug, in Wahrheit aber Hildebold hieß und längst auch als Nachfolger des kränkelnden Erzkanzlers Rado vorgesehen war. Mit einem glücklichen Gesichtsausdruck umarmten sich beide.

Je länger sie alle sich unterhielten, umso leichter und lockerer wurde das Gespräch. Selbst Alkuin verlor langsam seine Griesgrämigkeit. Und dann waren sie wieder die Runde, die wie Klosterschüler in der Pause über alles und jeden frotzelten und lachten.

»Die Nordmannen werden immer frecher«, sagte Karl. »Ihr König Gottfried hat ein dänisches Reich gegründet und dringt schon in fränkisches Gebiet ein.«

»Na und?«, fragte Alkuin lachend. »Hast du denn irgendwann ganz förmlich angefragt, ob du jemandem auf die Füße treten darfst?«

»Natürlich habe ich das!«, antwortete Karl. »Bei jedem Reichstag!«

»Wir wollen nicht bei Plato und den guten Wächtern eines Staates anfangen«, wehrte Alkuin ab. »Ich meine deine Gegner. Hast du sie jemals gefragt?«

»Die Nordmannen haben einfach kein Recht …«, protestierte Eginhard.

»Kein Recht?«, fragte Alkuin fast spitzbübisch. Er schlug die Hände zusammen und klimperte mit seinen gefärbten Augenlidern. »Der Logik nach ist es doch so: Hier gibt es Franken, dort Nordmannen. Und beide haben einen König. Wo steht geschrieben, was der eine darf oder der andere nicht?« Er wandte sich direkt an Karl. »Und du? Was sagt der Frankenkönig?«

»Ich bin zu groß und schwer für deine dünnen Fallstricke«, sagte Karl und lehnte sich zurück. »Natürlich haben wir das Recht und nicht die Nordmannen, im Namen Gottes und seines eingeborenen Sohns zu streiten und zu kämpfen.«

»Und was willst du gegen die Heiden tun?«, fragte Alkuin sofort.

»Ich will, dass eine neue Flotte aufgebaut wird«, antwortete Karl, plötzlich wieder ernsthafter, »und zwar durch jene Friesen, die jetzt zum Reich gehören!«

»Sollten nicht auch die Küsten mit Wehrburgen und Festungen gegen die Meermörder geschützt werden?«, fragte Angilbert, der instinktiv spürte, dass Karl nicht über dieses Problem scherzen konnte. Karl gab noch immer viel auf das Urteil des Dichters und hervorragenden Diplomaten, der nun schon ein paar Jahre mit seiner Tochter Berta zusammenlebte. Karl hatte nichts dagegen, aber er weigerte sich, ihnen die Zustimmung für eine Ehe zu geben.

»Ja, baut Befestigungen«, sagte Karl, »aber nur dann, wenn weder Feldarbeit noch Bootsbauten und Fischzüge anstehen.«

»Das wird nicht reichen«, sagte Angilbert.

»Du weißt, wie wenig es genützt hat, dass sich die Römer durch Limes und Kastelle schützen wollten«, antwortete Karl. »Unsere Nordflanke über flaches Land und kaum besiedelte Küsten bis hin zu den steilen Klippen der Bretagne kann weder durch Mauern noch durch Burgen sinnvoll verteidigt werden.«

»Die Chinesen fern im Osten haben bewiesen, was eine gute Mauer leisten kann«, sagte Alkuin und tupfte sich mit einem kleinen Tuch etwas Holzkohlenruß von der Stirn. »Es ist zu heiß in diesem Raum«, fügte er hinzu, »und viel zu trocken!«

»Eginhard, bring ihm Wasser«, sagte Karl.

»Ich will aber Wein ... roten Burgunder.«

»Und für mich Bier oder Met«, sagte Angilbert.

»Bin ich hier Diener?«, fragte Eginhard abweisend.

»Nein, mein Freund«, sagte Alkuin scheinbar gequält. »Du bist der große und hochverehrte Baumeister Bezaleel, der Israel die Stiftshütte errichtet hat. Aber du bist auch der Jüngste in dieser erlauchten Runde.« Er richtete sich ganz langsam auf und begann zu lachen. »Lauf jetzt«, bellte er ihn urplötzlich an, »und beschaff uns endlich etwas zu trinken!«

Eginhard sprang auf. Er war so verwirrt, dass er mit hochrotem Kopf zur Bohlentür lief. Im gleichen Moment prusteten die anderen vor Lachen. Eginhard, dieser unglaublich fähige und intelligente Kopf, war wieder einmal auf Alkuins Scherze hereingefallen ...

Karl klatschte dreimal in die Hände. Sofort öffnete sich die Bohlentür am Verbindungsgang zwischen der Pfalz und dem Granusturm. Der Seneschall kam zögernd durch die kleine Tür. Ihm folgten drei verschwiegene Küchenmönche mit einem Blech voller Plätzchen und Kuchen, Krügen mit Wein, Met und Bier sowie ein paar getrockneten und gedörrten Früchten.

Jeder nahm sich, was er wollte, und nur Karl wartete, bis der Seneschall einen Schluck aus dem Bierkrug getrunken hatte, den er ihm reichte. Nachdem wieder Ruhe eingekehrt war, kam Alkuin noch einmal auf die Chinesen, die Friesen und die Nordmannen zurück.

»Willst du die Räuberischen aus dem Norden einfach die Flüsse hinauffahren lassen?«, fragte er. »Sie haben schon geschworen, dass sie ihre Mähren in der Pfalzkapelle von Aachen einstellen wollen.«

»Nicht, solange ich lebe!«, lachte Karl.

»Und danach?«, fragte Alkuin sehr direkt. »Willst du ein offenes, nach allen Seiten ungeschütztes Reich hinterlassen?«

»Siehst du, Alkuin«, sagte Karl, »wenn du mir von Anfang an zugehört hättest, würdest du nicht mehr fragen. Gegen Angreifer von See her baut man keine starren Mauern und Festungen.«

»Nein?«, fragte Alkuin verwundert. »Was dann?«

»Schiffe«, sagte Karl breit lachend. »Wir bauen Schiffe – und zwar von den Leuten, die etwas davon, von ihren Küsten und von den Flüssen des Landes verstehen ... von den Friesen! Das ist unsere bewegliche chinesische Mauer!«

Es wurde Juli, bis Karl sich vom zunehmend fortschreitenden Bau der Aachener Pfalz losreißen und mit dem längst bereiten Heer in Richtung Mainz und Kostheim zum Herbstreichstag aufbrechen konnte. Und als es endlich so weit war, wartete er noch ein paar zusätzliche Tage, bis sein Sohn Ludwig ihm das dritte Enkelkind in die Arme legen konnte.

»Wie wollt ihr den Kleinen taufen?«, fragte Karl hocherfreut.

»Chlothar«, sagte Ludwig.

»Kerl«, lächelte Karl, »wir wollen doch keine Namen der Merowingerkönige mehr!«

»Aber der Name gefällt mir und meinem Weib.«

»Na schön, nehmt ihn, aber sprecht ihn so aus, wie es am Rhein üblich ist, denn dieser Kleine wird anstelle deines gestorbenen Zwillingsbruders als Lothar I. den Ruhm des Reiches mehren!«

»Möchte der große Frankenkönig noch einen Enkel?«, fragte seine sechzehnjährige Tochter Berta. Karl lehnte sich zurück und zog so vorwurfsvoll die Brauen zusammen, dass Berta unwillkürlich rot wurde.

»Ja, ja, ich weiß!«, versuchte Angilbert zu dämpfen. »Wir sind nun mal noch nicht verheiratet. Aber du würdest das ja auch nicht zulassen!«

»Da könnte ja auch jeder kommen!«, grummelte Karl. »Aber nun gut. Nichts gegen Enkel, Angilbert. Aber glaub ja nicht, dass du damit die Rechte eines Schwiegersohns erkaufen kannst! Berta bleibt ledig! Und es wird nicht darüber diskutiert, verstanden?«

Im großen Thronsaal war es auf einmal vollkommen still. Nur die Holzbalken knackten und sirrten in ihren eigenen Flammen. Selbst die ganz Kleinen in seiner weitverzweigten Familie schienen den Atem anzuhalten. Berta erhob sich wie eine Göttin der Germanen. Zum ersten Mal schritt sie auf ihren Vater zu, um ihm mit vollem Stolz zu sagen, was sie dachte: »Du willst also, dass ich, die Tochter eines Frankenkönigs, wie eine Friedelfrau einfach so schwanger werde oder ein Kind wie deine Schwester Adalhaid verstecke?«

Im allerletzten Moment bemerkte sie, dass es Dinge gab, die ungesagt bleiben mussten. Vater und Tochter blickten sich lange an, und viele sahen, wie plötzlich Tränen über ihr schönes, ebenmäßiges Gesicht rannen. Dann aber lächelte Berta, drehte sich um und setzte sich neben ihren Geliebten.

»Warum hast du denn aufgegeben?«, zischelte Angilbert so laut, dass ihn alle hören konnten.

»Ich kenne doch meinen Vater«, sagte Berta ebenso deutlich flüsternd. »Er denkt nun mal, dass seine Kinder wie goldene Kelche oder wertvolle Reliquien zu seinem Eigentum und Königsschatz gehören.«

Der größte Teil des Hofstaats war bereits vorangezogen. Karl, seine Berater und die Scara francisca holten den Tross noch vor der Pfalz Ingelheim ein. Karl vermied Mainz, obwohl viele erwartet hatten, dass er das Grab von Fastrada besuchen würde.

Der Reichstag auf der Maraue von Kostheim verlief ohne besondere Zwischenfälle. Auch in den inzwischen im Kloster Lorsch begonnenen Jahresberichten über das Reich wurde er nur kurz erwähnt. Jedermann wusste, dass das Jahr bereits fortgeschritten war und sie sich sputen mussten, wenn sie noch bis zu den Slawen an der Elbe vordringen wollten. Viel gab es dort ohnehin nicht zu holen, aber das Heer brauchte nun einmal den jährlichen Zug.

Unterwegs erfuhr Karl, dass die Nordmannen nicht nur Britannien bedrohten, sondern damit begonnen hatten, Irland zu plündern. In Hispanien hatten die Sarazenen die Hauptstadt von Asturien zerstört. Doch all das war unbedeutend gegen eine Nachricht, die Karl einhalten und fast wieder umkehren ließ.

Seine Männer waren gerade dabei, an vorausbestimmten Orten Familien der Sachsen zu versammeln, um sie nach Alemannien am Oberrhein umzusiedeln, als in den Hügeln südlich von Karls Lager eine sehr feierlich und bunt aussehende Reiterschar auftauchte. Selbst als sie näher kamen, wusste zunächst niemand, wer die Männer waren. Doch dann stellte sich heraus, dass sie aus Rom kamen.

»Direkt vom neuen Papst Leo III.«, sagte der Bischof, der die kleine Delegation anführte. »Papst Hadrian hat sich in den letzten Monaten zunehmend darüber gegrämt, dass die Ausweitung des Kirchenstaates nicht zügig genug voranging. Er starb in Trauer und Enttäuschung.«

Karl schob das Kinn vor, und sein Gesicht verfinsterte sich. »Was denken sich die Päpste eigentlich? Hat meine Familie … haben mein Vater und ich nicht genug für sie getan? Ein eigenes Patrimonium, Kirchenland quer durch Italien, das Schutzversprechen des Frankenkönigs, die Abwehr von Desiderius im Norden und Arichis im Süden, ja, selbst die Unterstützung gegen Konzile Ostroms … Was wollt ihr mehr?«

»Wir kommen nicht, um Klagelieder zu singen«, beschwichtigte der Bischof aus Rom. »Leo III. stammt nicht aus einem so stolzen und fordernden Adelsgeschlecht wie Hadrian, Gott hab ihn selig. Der neue Papst ist ein einfacher Mann aus einer unbedeutenden Familie.«

»Ich verstehe«, sagte Karl. »Er hat keine Hausmacht und ist nur gewählt worden, weil alle anderen Kandidaten zu stark waren. Ist es so?«

»Dazu kann ich nichts sagen«, meinte der Bischof und senkte demütig den Kopf. Er nahm eine große, mit heiligen Symbolen verzierte Holzschachtel auf. »Nimm als Beweis für die Freundschaft des neuen Papstes die Schlüssel und das Banner der Stadt Rom entgegen …«

»Warum will er sich unterwerfen, noch ehe wir miteinander gesprochen haben?«, fragte Karl seine Edlen.

»Um dich an deine Schutzpflicht zu erinnern«, antwortete der Seneschall.

Karl schob die Lippen vor, dann nickte er und drehte sich zur Gesandtschaft des neuen Papstes um. »Nun gut«, sagte er. »Ihr könnt ihm sagen, dass ich die Freundschaftsbeweise des neuen Bischofs von Rom angenommen habe …«

»Der Pontifex Maximus –«

»Moment, Moment!«, unterbrach der König der Franken sofort. »Wer oberster Brückenbauer zum Reich Gottes im Himmel oder auf Erden ist, sollte in aller Ruhe besprochen werden. Für den Augenblick müssen Dank und Gruß reichen!«

»Wir haben jetzt siebentausendundsiebzig Sachsen aus den nördlichen Gauen für die Umsiedlung zusammengestellt«, berichtete der Seneschall wenige Tage später. »Sie können in drei oder vier Großgruppen bis zum Main geschafft werden.«

»Wie viele Krieger müssen wir als Begleitung abstellen?«

»Die Gruppen bestehen hauptsächlich aus Frauen, Kindern und Alten.«

»Ein paar Männer müsst ihr ihnen auch schon lassen«, sagte Karl und lachte. »Ich will schließlich keine Nonnenklöster gründen, sondern fruchtbare Sachsendörfer.«

»Sie werden nicht aussterben«, grinste der Seneschall. »Es gibt genügend Sachsenmänner in den Gruppen, die zwar ein Bein, die Schildhand oder den Schwertarm gegen uns eingebüßt haben, nicht aber das, was zum nahen Kampf in Weiberarmen wichtig ist.«

»Also, wie viele Krieger ziehen nicht mit mir zur Elbe?«

»Pro Sachsengruppe hundert Reiter samt Waffenknechten.«

»Sie sollen sorgsam achtgeben«, mahnte Karl. »Und sagt den Männern, dass sie einen sehr guten Anteil des frei gewordenen Sachsenlandes zum Lehen haben können.«

Wenige Tage nachdem das Heer der Franken ohne besondere Zwischenfälle die Elbe erreicht hatte, erschien völlig unerwartet ein kleiner Trupp awarischer Reiter im Lager. Karl hob nur die Brauen, dann nickte er und ließ sie zu sich führen. Es dauerte eine ganze Weile, bis die beiden Anführer der Awaren in ihrem schlechten Latein erklären konnten, was sie bis nach Sachsen getrieben hatte. Durch Vermittlung und Übersetzung von Baiuwaren kam Karl allmählich dahinter, was die Angereisten wirklich wollten.

»Sie sagen, dass sich am Hof ihres Großkhans eine uns freundlich gesinnte Partei gebildet hat«, sagte der Übersetzer.

»Frag sie, ob der Grund dafür unsere Schwerter sind«, sagte Karl sofort. Er brauchte die Übersetzung nicht abzuwarten, denn einer der beiden Awarenanführer hatte bereits verstanden und nickte.

»Gute Frankenschwerter ... sind unbesiegbar ...«, formulierte er mühsam. »Und wir sehen ... ein großes, sehr starkes ... Heer ...«

»Das also sollten sie bei dieser Gelegenheit auch gleich erkunden«, sagte Karl zu seinen Beratern und lachte. Allmählich stellte sich heraus, dass die Awaren nicht vom Großkhan, sondern von einem der »Tudun« genannten Unterfürsten kamen. Und schließlich erklärten sie sogar, dass sie bereit waren, sich Karl zu unterwerfen und den christlichen Glauben anzunehmen.

»Ich möchte wissen, wer diese Männer so gut beraten hat«, murmelte Karl. Am gleichen Abend betrachtete der König im Licht der Lagerfeuer und der Fackeln auf einem großen Tisch die Karten mit den Gegenden zwischen der Elbe und dem Mittelmeer.

»Wenn die Awaren sich tatsächlich uneins sind, wäre das eine gute Gelegenheit für uns«, meinte Graf Audulf.

»Wir können hier noch nicht weg«, antwortete Karl. »Ich will den widerspenstigen Sachsen nicht wegen der Awaren neue Hoffnung machen. Nein, das hier ist mir im Augenblick wichtiger.«

»Und wenn ein anderer zu den Awaren vorstößt?«, fragte der Marschall. »Zum Beispiel Gerold, dein Statthalter in Baiern?«

Karl schüttelte den Kopf. »Nein, Gerold ist noch nicht lange genug Praefectus. Er hat noch keine Hausmacht, auf die er sich auch außerhalb der Pfalz in Regensburg verlassen kann. Ich denke eher an den Markgrafen von Friaul.«

»An Erich?«, fragte Graf Audulf zweifelnd. »Ich weiß, du magst den Elsässer, aber bisher hat Erich sich noch nicht hervorgetan.«

»Aber er kennt die Awaren noch aus dem Jahr 788. Immerhin hat er sie vor sieben Jahren mit Gottes Hilfe wieder aus Friaul vertrieben. Außerdem soll er auch nur bis in die südwestlichen Grenzgebiete der Awaren am Plattensee vorstoßen, bis mein Sohn Pippin als König von Italien ein gutes Heer zusammengestellt hat und ihn stärken kann.«

Die Delegation kehrte ins Awarenland zurück. Und wie die Franken bereits erwartet hatten, kam es am großen Donaubogen sofort zum Stammeskrieg, bei dem sich die Awaren gegenseitig schwere Verluste zufügten, der Khan der Khane umgebracht und ein neuer Herrscher mit dem Titel Tudun ernannt wurde.

Südlich der Alpen war es gerade noch warm genug für einen schnellen Zug nach Nordosten. Unterwegs, an der Drau, schlossen sich einige bairische Kontingente an. Und dann geschah etwas, womit niemand gerechnet hatte: Markgraf Erich von Friaul stieß zum zweiten Mal am Plattensee vorbei bis in die Gegend der Raabmündung vor. Zunächst traf er nur auf bewaffnete Slawen, die seit Jahrzehnten immer wieder vor den Awaren zurückgewichen waren. Sie bildeten inzwischen eine Art Ring um das ständig größer werdende Awarenreich. Die Slawen kamen dem Markgrafen von Friaul entgegen.

»Wenn ihr erlaubt, kämpfen wir mit euch!«, rief ihr Anführer.

»Kenne ich dich nicht?«, fragte Erich.

»Wir haben uns hier … an der gleichen Stelle … schon einmal gesehen«, lachte der Anführer der Krieger. »Ich bin Fürst Wonomyr, und du bist Markgraf Erich von Friaul.«

Die beiden Männer mochten sich sofort. Sie stiegen von ihren Pferden und ließen ihre Männer lagern. Nachdem die Feuer brannten und alte Erinnerungen ausgetauscht waren, besprachen Erich und Wonomyr, wie die Ringwälle der Awaren überwunden werden konnten. Und obwohl Markgraf Erich keinen Befehl – weder vom König Italiens noch vom König der Franken – hatte, griffen die vereinten Kriegskontingente zwei Tage später einen der riesigen, mehrfach gestaffelten Ringwälle an. Hornsignale kündeten von ihrem Kommen, und die Awaren griffen zu ihren Waffen.

Wall um Wall wurde von den fränkischen, langobardischen, bairischen und slawischen Kriegern erobert. Aber der Widerstand wuchs, und was so täuschend leicht begonnen hatte, wurde schnell zu einer großen, auf beiden Seiten erbittert ausgefochtenen Schlacht.

Markgraf Erich wollte nicht aufgeben – nicht vor den Augen von Fürst Wonomyr. Obwohl er sah, dass seine Langobarden und dann auch die Baiuwaren schwere Verluste hinnehmen mussten, kämpften an anderen Stellen zum ersten Mal Franken und Slawen Schulter an Schulter.

»Für Karl, den König der Franken!«, schrie Erich wieder und wieder über das laut klirrende, schreiende Schlachtgetümmel hinweg. Die Awaren wurden immer stärker. Wolken von Pfeilen prasselten auf die Angreifer vor dem innersten Ringwall herab. Jetzt wussten sie, warum die Verteidigung weiter außen so schwach gewesen war. Hier, im Herzen der awarischen Verteidigung, waren die besten Bogenschützen und Steinschleuderer, die stärksten Speerwerfer und die noch immer abwartenden Schwertkämpfer versammelt.

»Sinnlos!«, keuchten die Langobarden und begannen zurückzuweichen. Die Baiuwaren hatten ebenfalls kein Interesse daran, selbstmörderisch über den letzten Erdwall zu klettern, um dann in Dornenhecken und Palisadenzäunen hängen zu bleiben.

»Schildkröte wie die Römer!«, schrie irgendein fränkischer Unterführer. »Macht eine Schildkröte und zerschlagt die Sperren auf den Wällen!«

Das Wunder geschah. Obwohl kaum einer der Baiuwaren und erst recht kein Slawe jemals die alte römische Angriffstaktik geübt hatte, war der Gedanke so einfach, dass jeder Krieger ihn verstand.

Die Pfeile und Wurfgeschosse der Awaren prasselten wie

Gerölllawinen und Hagel zugleich auf die unterschiedlichsten, leder- und kupferbeschlagenen Holzschilde, die wie ein riesiges Schindeldach die Körper der vorwärtsdrängenden Krieger schützten.

Die Palisaden des letzten Ringwalls zerbrachen, Dornenhecken zerrissen, und dann quollen die Angreifer mit triumphierendem Gebrüll in den inneren Kreis. Sie achteten nicht auf die vielen flachen Gebäude aus Baumstämmen und Lehm mit Dächern aus Stroh. Sie sahen weder Frauen noch Kinder, weder die vielen verhängten Wagen auf dem großen Versammlungsplatz in der Mitte noch das von allen Seiten zusammengetriebene Vieh. Wie im Blutrausch stürzten sie sich von der Höhe des letzten Walls auf die Verteidiger hinab. Welle um Welle brandete wie eine Sturmflut nach innen, und das Gemetzel war furchtbar. Weder Markgraf Erich noch seine Mannen ahnten, dass sie den sagenumwobenen und an allen Feuern nur flüsternd erwähnten »Hrinc« des Cha-Khans gefunden hatten …

Es war bereits spät am Nachmittag, als einer der Krieger mit seinem längst wieder blank geputzten Schwert die lederne Plane an einem der Wagen auf dem Versammlungsplatz anhob. Niemand war bisher an den Vorräten interessiert gewesen. In den Häusern, in Ställen und Schuppen fanden die Eroberer Fleisch und Wein, Schmuck und wertvolle Waffen im Überfluss. Und schon klangen die ersten Sauflieder über den inneren Wall hinweg und zum klaren, mit goldroten Schäfchenwolken bedeckten Herbsthimmel hinauf.

Der Krieger an dem Wagen ließ die lederne Plane wieder fallen. Er blieb für eine lange Weile vollkommen regungslos stehen. Was er gesehen hatte, war noch keinem Franken, keinem Langobarden, keinem Baiuwaren und nicht einmal König Karl jemals vergönnt gewesen!

Der Schatz, den die Awaren jahrhundertelang zusammengeraubt hatten, überstieg in Schönheit, Umfang und Wert selbst die wildesten und phantastischsten Gerüchte und Legenden. Das seltsam zusammengewürfelte Heer unter der Führung von Markgraf Erich erblickte staunend Berge von goldglänzenden

Prunkbechern, Schalen und Schüsseln, geschmückte Karren voll kostbarer Schwerter und edelsteinverzierter Messer und Dolche, dazu wertvolle Truhen mit riesigen Mengen von Goldmünzen und ledernen Säcken, in denen sich Silbergeld aus aller Herren Länder befand.

Erich erkannte sofort die ungeheure Gefahr, in der er sich befand. Vor so viel Glanz und Reichtum konnte selbst der edelste Treueeid schwach und brüchig werden.

»Was wollen wir tun?«, rief er dem Slawenfürsten zu, nachdem aus andächtiger Stille zuerst ein unbeschreiblicher Jubel und dann erneut ein erwartungsvolles Abwarten geworden war. Wonomyr ritt schnell neben Graf Erich.

»Wir müssen unsere Krieger belohnen, ehe sie vor so viel Gold und Glanz den Verstand verlieren!«, sagte er ebenso rau wie weitsichtig. »Lass sie mit der linken Hand in eine Kiste mit Goldmünzen greifen. Jeder soll in seiner Gier so viel Anteil erhalten, wie er fassen kann. Damit kein Neid und keine Mordlust gegen uns beide entstehen, werden wir sagen, dass wir zufrieden mit dem sind, was auf den Boden fällt.«

Erich überlegte kurz, beriet sich schnell mit den anderen Heerführern, und als die Sonne über dem still gewordenen Hügelland an der Donau unterging, wurden zehn große Kisten mit Goldmünzen vor den Wagen und Karren aufgestellt. In zehn Reihen traten die Krieger vor, und jeder, der sich bückte und mit seiner Linken in den schweren, schimmernden Goldmünzen wühlte, kam sich auf einmal unermesslich reich und glücklich vor.

Später, als alle den vereinbarten Anteil erhalten hatten, betrachteten Erich und Wonomyr die übrig gebliebenen Goldmünzen in den Kisten. Zum großen Erstaunen von Markgraf Erich war keine von ihnen mehr als zur Hälfte geleert.

»Dennoch hat kein Sieg seit Menschengedenken so viel Gold für jeden einzelnen Krieger gebracht«, sagte Fürst Wonomyr lächelnd.

»Und wenn ich sehe, was auf dem Boden liegt, kommst du auch nicht schlecht dabei weg«, lachte Erich.

»Es bleibt noch genug für dich und den König der Franken und für seinen Sohn, den König von Italien.«

»Wohl wahr«, sagte der Markgraf von Friaul mit einem großen und stolzen Seufzer. Der Schatz der Awaren wurde auf sechzehn große vierspännige Ochsenwagen verladen. Graf Erich schickte Boten zu Pippin und Karl sowie zu den Grafen und Bischöfen, durch deren Gebiete er ziehen wollte. Er löste sein Heer auf, und da von keiner Seite Gefahr drohte, begnügte er sich mit fünfhundert Mann, die den wertvollsten Wagentreck begleiten sollten, der jemals donauaufwärts durch Baiern und Alemannien und dann den Rhein hinabziehen sollte. Die Ochsen, die immerhin das Anderthalbfache ihres Körpergewichts bewegen konnten, schafften nicht mehr als acht bis zehn Meilen pro Tag. Es wurde Weihnachten, ehe der Schatz der Awaren endlich in Aachen eintraf. Mehrere Tage lang sichteten und sortierten die Schreiber und Notare unter der Aufsicht des Kämmerers die unfassbar reiche Beute. Einiges davon ließ Karl Erzbischof Hildebold zukommen. Anschließend befahl er, die wichtigsten Waffen und Schalen, Goldkisten und Silbersäcke in der Kapelle auszustellen, damit auch das Volk sehen konnte, wie reich und mächtig der König der Franken geworden war ...

32

Königsboten

Im Jahr darauf heiratete der vierundfünfzigjährige König der Franken zum fünften Mal. Niemand wunderte sich darüber, denn schon seit vielen Monaten war die außergewöhnliche Alemannin Liutgard nicht von seiner Seite gewichen. Die Prinzessin galt längst als das komplette Gegenteil der stets etwas dämonischen Fastrada. Liutgard war neunzehn Jahre alt, fromm und bescheiden und liebenswürdig gegenüber jedermann. Sie hatte nussbraune Augen und volles blondes Haar. Und sie interessierte sich für die feinen Künste und hatte Alkuin, der sie von Anfang an bewundert hatte, gebeten, sie alles zu lehren, was sie wissen musste, wenn sie in Karls Nähe bleiben wollte.

Neben all ihren guten Eigenschaften zeigte Liutgard auch einen Sinn für alle praktischen Erfordernisse des Hofes. Sie sprach mit den Stallknechten, lief durch die Küchenräume, ließ sich die Vorräte zeigen und kümmerte sich um den Kräutergarten. Wenn Karl ausritt, blieb sie nicht zurück, sondern ließ sich ebenfalls ihr Pferd bringen. Dann legte sie ihre gern getragenen Geschmeide, nicht aber allen Schmuck ab. Sobald sie auf ihrem Pferd saß, zog sie ein zwei Finger breites purpurrotes Band wie einen Kronenreif über ihr langes, lockiges Haar und die helle, sehr hohe Stirn. Mehr als einmal zeigte sie den Männern in Karls Begleitung, wie bei ihr zu Hause ein Bogen gespannt, eine Saufeder geführt und ein Messer geworfen wurde.

Während Liutgard sich sehr dafür interessierte, wie die oberhalb des großen Hofes entstehende Pfalz mit ihrer Aula, den Küchenräumen, dem Wohntrakt für die ganze Familie und dem Turm eingerichtet wurde, verbrachte Karl selbst Stunden um Stunden in strahlendem Sonnenschein gut hundert Schritte entfernt auf der Baustelle für die Kapelle. Er verglich die Zeichnungen mit den echten Materialien, strich über Säulen und Marmorplatten, prüfte die Steinmetzarbeiten und ging immer wieder bis zu dem Platz hinauf, an dem die neue Pfalz entstehen sollte.

Er lachte viel, war freundlich und jovial zu den Tagelöhnern.

Er hatte auch nichts dagegen, wenn Angilbert, Eginhard oder auch der Feuergraf den Steinträgern, Holzknechten und aus dem Umkreis dienstverpflichteten Bauern ein paar Denare mehr als üblich zukommen ließen. Er wollte, dass jedermann ebenso freudig das Wachsen der Pfalzkapelle erlebte wie er selbst.

Am ersten Tag der Osterwoche ließ er sich schon frühmorgens seinen hispanischen Löwenstuhl bringen und setzte sich in schlichter Gewandung, in an der Brust offenem Leinenhemd, Kniebundhosen, flachen Bundschuhen, ohne Wehrgehänge und nur mit seinem goldenen Amulett am Hals und einem Messer am Gürtel mitten unter die arbeitenden Handwerker. Er sah ihnen zu und dämpfte jedes Mal, wenn sie an ihm vorbeigingen und den Kopf neigen wollten, die Zeichen von Unterwürfigkeit und Verehrung.

»Macht weiter, macht weiter«, sagte er lachend. »Ich bin nur hier, um das Werk zu loben, das ihr alle mit Gottes Hilfe schafft!«

Er sah lächelnd zu, wie alles ineinandergriff. »Was bist du?«, fragte er dann einen Mann mittleren Alters, der mit einem kompliziert aussehenden Modell aus kleinen Holzstiften um ihn herumgehen wollte.

»Ich bin Zimmermann«, antwortete der Handwerker in breitem gälischem Tonfall.

»Was hast du gemacht, und was gefällt dir an deiner Arbeit?«, wollte Karl wissen.

Der Mann mit dem Holzmodell unter dem Arm hob die Schultern. Ein paar andere lachten bereits und hörten neugierig zu. »Was ich bisher gemacht habe? Nun, Einbauten für Brunnenschächte, Holzwerk für Wassermühlen, hier und da einen Dachstuhl ... na, was so anfällt außer ...«

»Außer was?«

»Außer Särgen natürlich! Ich mag lieber große Scherenbeinkräne mit großen Auslegern, die gespreizt wie kraftvolle Weiber über uns stehen. Mir gefällt, wenn die Holzzapfen Loch um Loch in die Zargen von Rädern beißen ... Ich mag Winden und Seile und alles, was am Holz knirscht und stöhnt!«

Der Zimmermann schnäuzte sich zur Seite, ohne eine Hand

zu benutzen, und ging nach einer kurzen Geste notwendigen Respekts weiter. Karl sah ihm lächelnd nach. Männer wie diese waren die eigentlichen Poeten des Volkes, Muskeln und Rückgrat, Seele und Herz zugleich.

Fast eine Stunde lang sah er zu, wie sein großer Traum um einen weiß geschlagenen und noch nicht durch Regen vom Himmel geweihten Viertelstein weiterwuchs. Das hohe Dach war bereits geschlossen. Dennoch gingen mehr Handwerker auf der Baustelle hin und her als vor seiner Entscheidung, die kleine Kapelle seines Vaters bis auf den Altar abzureißen, um einen Dom zu bauen.

Und alles gefiel ihm.

Ende April schickte Karl einen Teil der Scaras zu einem schnellen, kurzfristig angesetzten Beutezug gegen die Muselmanen nach Hispanien. Die Panzerreiter kamen bereits im Juli zurück. Karl wartete nicht, bis ihre Beute auf langsamen Wagen eingetroffen war. Anfang August zog er mit einem kleinen Heer durch Baiern bis in die Gegend des Klosters Kremsmünster. Von hier aus sollten in einer friedlichen Kampagne die Awaren des fürstlichen Tuduns getauft werden. Es war vereinbart, dass sich das Heer König Karls im Spätsommer mit einem langobardisch-fränkischen Aufgebot treffen sollte, um den Awaren nochmals zu zeigen, wie sinnlos jeder Widerstand war.

Karl hatte aus den langen Kämpfen gelernt. Er war nicht daran interessiert, erneut Jahr um Jahr gegen ein längst besiegtes Volk zu ziehen. Er konnte nicht ahnen, dass sich sein eigener, gerade erst neunzehn Jahre alt gewordener Sohn Pippin, den er ohne besondere Verdienste zum König Italiens gemacht hatte, monatelang über den unglaublichen Erfolg des Markgrafen von Friaul geärgert hatte.

»Pippin ist vor drei Wochen erneut gegen die Awaren aufgebrochen«, meldete der Abt des Klosters Mondsee eines Tages.

Karl zog die Brauen zusammen. »Was soll das? Sie sind geschlagen, und wir wollen sie taufen.«

»Es ist, wie es ist«, antwortete Abt Hunrich. »Ich weiß es von Mönchen vom Klosterberg Säben jenseits der Alpen.«

Nur wenige Tage später häuften sich die Meldungen aus der Donauebene. Die erste besagte, dass König Pippin ebenso wie Markgraf Erich von Friaul bis zur Mündung der Raab vorgestoßen war. Die nächsten Nachrichten aus der Donauebene klangen verwirrend. Einige berichteten, dass der Elsässer nicht gründlich genug bei der Zerstörung des großen »Hrinc« gewesen sein sollte. Andere kündeten von Siegen Pippins über Tar-Khane, von gefangenen Verrätern, die nach der Revolte in Regensburg gen Osten geflohen waren, und von großer Beute.

»Was soll das?«, fragte Karl erneut. »War Pippin bereits im vergangenen Jahr dabei oder nicht? Oder hat Graf Erich allein den Awarenschatz erobert?«

»Nein, nein, der Ruhm gebührt deinem Sohn!«, meinten alle, die aus der Donauebene gekommen waren. »Der Markgraf von Friaul wäre doch niemals ohne ganz klaren Befehl und ohne die Pläne von König Pippin bis zum ›Hrinc‹ vorgestoßen ...«

»Vielleicht bin ich da etwas anderer Meinung«, murrte Karl missmutig.

»Lass es dabei bewenden«, meinte der Bischof von Salzburg. »Es ist nicht wichtig, ob dein Sohn oder einer der Vasallen die Awaren bezwungen hat. Du bist es gewesen, der gegen sie antrat, und du hast letztlich gesiegt, denn du bist der König der Franken.«

»Es gefällt mir nicht, aber du hast recht«, sagte Karl mit einem ärgerlichen Schnauben. Er murrte noch einmal, dann wischte er mit einer Hand durch die Luft. »Was schlägst du vor, Arn? Wo soll der Erzbischof residieren – in Regensburg oder in Salzburg?«

»Du kennst meine Antwort«, sagte der schwarze Arn. »Natürlich wäre Regensburg als Sitz deines Statthalters eine gute Civitas für einen Erzbischof. Aber vergiss nicht, wo wir jetzt sind ...«
Er deutete mit ausgestrecktem Arm über das Donautal hinweg bis nach Pannonien hinüber. »Baiern samt Kärnten gehört uns ohnehin, auch wenn Bischof Arbeo von Freising ständig darüber klagt, dass Götzendienst und Aberglaube noch nicht völlig ausgerottet sind.«

»Ich mag seine Lebensbeschreibungen des heiligen Emmeram und Korbinian«, sagte Karl. »Aber ich stimme dir zu, dass Regensburg nicht der richtige Platz für ein Erzbistum wäre. Außerdem denke ich, dass du der Metropolit eines nach Osten hin ausgedehnten Erzbistums sein solltest.«

»Das der neue Papst noch bestätigen müsste!«

»Gibt es nicht ausreichend Gründe dafür?«, fragte Karl und zählte sie an den Fingern ab. »Du bist aus adelig-bairischer Familie, hervorragend ausgebildet, Abt, Bischof und fränkischer Königsbote.«

»Nicht zu viel«, lachte der schwarze Arn abwehrend.

»Nein, lass mich ruhig! Nach dem großen Missionar Fergil bist du der legitime Nachfolger des Salzburger Gründungsheiligen Rupert. Außerdem gibt es zwei gute Argumente für den Papst, dich zu ernennen.«

»Und die wären?«

»Ich übereigne dir die gesamte Awarenregion zwischen Raab, Drau und Donau mit dem Plattensee in der Mitte als Salzburger Missionsgebiet ...«

»Und das zweite Argument?«, fragte der schwarze Arn gespannt.

»Es könnte sein, dass einigen anderen das neue Erzbistum zu groß erscheint. In diesem Fall könnte Neuburg die Diözese Augsburg vergrößern.«

»Ein bairisches Bistum zu den Alemannen?«, fragte Arn bedenklich.

Karl lachte trocken. »Die Alemannen sind längst fränkisch. Und jetzt bekommen sie auch noch Sachsen in ihre Gebiete. Was spricht da gegen ein paar zusätzliche Baiuwaren?«

»Nein«, sagte der Bischof von Salzburg. »Ich meinte, dass die Neuburger Baiuwaren niemals alemannisch werden. Ich stamme selbst aus der bairischen Adelsfamilie der Fagana, und ich bleibe Baier, selbst wenn du mich dafür rädern und vierteilen würdest.«

»Das habe ich nicht vor«, sagte Karl. »Im Gegenteil.«

Karl wartete, bis sein Sohn Pippin mit seinen Kriegern aus Pannonien eintraf. Mit keinem Wort, keiner Geste unterbrach der König der Franken den triumphierenden Einzug der Langobarden in sein eigenes Lager. Er nahm Gruß und Umarmung von Pippin huldvoll, doch nicht wie ein liebender Vater entgegen.

Überall wurde gefeiert, gelacht und getrunken. Nur Karl zog sich etwas zurück, während Pippin und seine Anführer wieder und wieder von ihren Taten berichteten.

Drei Tage lang ließ Karl seinen zweitältesten Sohn gewähren, ehe er ihn zu sich rief, um ganz allein mit ihm zu sprechen.

»Ich habe dich die ganze Zeit über beobachtet«, sagte Karl und setzte sich in seinen Lieblingssessel. Pippin blieb stehen, doch Karl bedeutete ihm, dass er sich ebenfalls setzen sollte.

»Ich weiß«, sagte Pippin, »und ich weiß auch, warum.«

»Du hast also bemerkt, dass ich dich nicht so in die Arme geschlossen habe, wie wir beide es sonst getan haben.«

»Ja«, sagte der neunzehnjährige König von Italien. Er sah stolz und schön aus mit seinem glänzenden Harnisch, dem halblangen Beinkleid und dem reich verzierten Schwertgehänge.

»Und? Was sagst du dazu?«

»Ich bin im Recht! Es geht nicht an, dass irgendein kleiner Markgraf höher gelobt und gerühmt wird als sein König von Gottes Gnaden!«

Karl blickte an ihm vorbei auf die bereits herbstlich gefärbten Büsche und Baumkronen am Ufer der Donau.

»Hast du jemals von einem kleinen Markgrafen namens Roland gehört?«, fragte Karl. »Und seinem König, der lange um ihn weinte?«

»Roland war dein Sohn.«

»Und du bist mein zweiter Sohn, um den ich weine. Ich werde nichts von dem, was du behauptet hast, richtigstellen. Nur eines frage ich dich: Wer wird König der Franken, wenn ich und auch dein älterer Bruder Karl vor dir sterben?«

»Warum fragst du? Dann werde ich der Frankenkönig!«

»Nein, Pippin«, antwortete Karl beinahe freundlich. »Dafür fehlt dir etwas. Bleib König von Italien und mach niemals die Fehler, die dein anderer Bruder mit dem gleichen Namen gemacht hat.«

Eine Woche später waren all die Verwaltungsangelegenheiten mit den bairischen Grafen und Bischöfen besprochen, die bis zum nächsten Frühjahr geregelt werden sollten.

Während Karl mit seinem Gefolge nach Aachen zurückkehrte, nahm er von den Klöstern und Pfalzen die jeweils neuesten Berichte mit. Einige waren alltäglich und betrafen gerodete Waldflächen mit neuen Hufen, trockengelegte Sümpfe, Stege über kleine Bäche und Abgaben, andere wurden dem König der Franken von Boten aus allen Teilen des Reiches versiegelt übergeben.

»Was haben wir nun erfahren, während wir unterwegs waren?«, fragte er, als sie über die letzte Hügelkette unmittelbar vor Aachen kamen. »Die Nordmannen haben eine befestigte Siedlung namens Haitabu gegründet, die Kirche erklärt Schwarz zur religiösen Farbe, Hisham, der Emir von Cordoba, ist gestorben, und Al-Hakam hat ihn abgelöst ... alles verändert sich, und nichts hat Bestand!«

»Nichts hat Bestand?«, wiederholte Alkuin ein paar Tage später.

»Nein«, antwortete Karl und rieb sich vor dem lodernden Kaminfeuer die Hände. Überall in den Ecken des provisorischen Thronsaals saßen Schreiber und Notare. Sie kopierten die letzten Anweisungen Karls an alle Gaugrafen.

»Ich habe deine Abwesenheit genutzt und darüber nachgedacht, wie aus einem Nachteil ein Vorteil werden kann«, meinte Alkuin beiläufig.

Karl sah ihn fragend an. Alkuin hob verzeihend die Hände.

»Ich habe Abt Gervold von Sanct Wandrille mit einem Vertrag zu König Offa von Mercia geschickt.«

»Mit einem Vertrag? Ich verstehe kein Wort.«

»Es ist ein Versuch«, sagte Alkuin wie bei einem interessanten Schachzug. »Die Kontinentalsperre unserer Häfen für Schiffe aus Britannien nützt niemandem. Wenn man stattdessen einen Vertrag abschließen würde, der Händlern und Kaufleuten auf beiden Seiten des Kanals Rechtsschutz und Gerichtsstand beim jeweiligen König bietet, dann wäre dies ein völlig neuer Weg des Zusammenlebens.«

Karl dachte an seinen Sohn Pippin. Irgendwie gefiel ihm nicht, wenn andere über seinen Kopf hinweg Entscheidungen trafen, für die er selbst einstehen musste. Andererseits hatte er keine Lust, sich mit Alkuin zu streiten.

»Nun komm schon«, drängte er ihn. »Was hast du ausgehandelt?«

»Ich?«, fragte Alkuin erschrocken. »Nein, nein, du verstehst mich falsch! Der Vertrag ist bisher nur ein Stück Pergament. Du müsstest ihn nochmals zu König Offa schicken ... offiziell, mit ein paar schönen Geschenken vielleicht ... aus dem Awarenschatz ...«

»Ach nein«, lachte Karl. »Und was wünscht der Brite?«

Alkuin hob die Hände. »Ich weiß nicht, ein Schwert vielleicht, einen Gürtel mit Edelsteinen dazu und ein, zwei seidene Mäntel ...«

»Und was bekomme ich?«

»Wie ich schon sagte – den königlich garantierten Schutz für alle fränkischen Händler in Britannien.«

»Lohnt sich das?«, fragte Karl zweifelnd.

»Denk nur daran, was die irischen Mönche mit dem Schutz der Merowingerkönige im Frankenreich erreichen konnten.«

»Also gut«, sagte Karl, noch immer unwillig. »Der Vertrag soll gesiegelt werden. Ich unterschreibe ihn.« Er wandte sich um, kehrte aber nochmals zurück. »Was hältst du von einem hübschen kleinen Kloster ... als Geschenk für dich, meine ich ...«

»Gar nichts«, sagte Alkuin fast schon beleidigt.

»Du, mein bester und klügster Berater, willst kein Kloster als Dank für deine großartigen Leistungen?«, fragte Karl überrascht.

»Habe ich das gesagt?«, antwortete Alkuin eher nörgelig.

»Du hast doch eben –«

»Ich habe klipp und klar gesagt, dass ich gar nichts von einem hübschen kleinen Kloster halte!«

»Was willst du dann?«, fragte der Frankenkönig.

»Ein großes Kloster ... mindestens Tours zwischen Orleans und dem Meer.«

»Aber Alkuin! Das ist ein Vermögen, ein Schatz, gut zwanzigtausend Menschen ...«

»Ich bin mehr wert«, sagte der weise Mann aus York. »Und du weißt, dass es so ist!«

Für die Frankenkrieger begann das Jahr im Freien mit einem kurzen Feldzug gegen die Mauren in Hispanien. Ende März restituierte und bestätigte Karl dem Grafen Theodold, nachdem dieser sich vom Verdacht der Teilnahme an der Verschwörung Pippins durch ein Gottesurteil gereinigt hatte, sein konfisziertes Eigengut.

»Ich wünsche dir noch eine gute Ernte«, sagte Karl. »Andererseits solltest du für das günstige Gottesurteil dankbar sein. Es hätte auch anders ausgehen können.«

»Ich weiß«, sagte Theodold und rieb sich fröstelnd die Oberarme. »Was schlägst du vor?«

»Das Kloster von Sanct Denis hat nach Fulrads Tod nicht mehr die Zuwendungen erhalten, an die es gewöhnt war. Ich denke, dass du aus dem dir zurückgegebenen Besitz dreißig Güter für eine großmütige Schenkung entbehren könntest.«

»Dreißig Güter!«, wiederholte der Graf erschrocken. »Dann bleibt für mich kaum genug zum Leben! Fünf Güter ja, mit Mühe zehn, aber dreißig sind wirklich viel zu viel, Karl!«

»Zwanzig Güter und kein Wort mehr darüber!«

Ähnliches kam zwar nicht jeden Tag vor, doch immer wieder musste Karl Vorträge und Bitten der unterschiedlichsten Parteien anhören. Er hatte jetzt immer öfter Schmerzen in seinen Fuß- und Kniegelenken, wenn sich das Wetter änderte. In diesem Jahr wurde das Stechen in manchen Nächten derartig heftig, dass er nicht weiterschlafen konnte. Als weder warme noch kalte Umschläge mit Kräutersud halfen, gewöhnte er sich an, immer dann aufzustehen, wenn er vor Schmerzen aufwachte, um sich anzukleiden und über Fragen zu entscheiden, zu denen er während des Tages nicht gekommen war. Es störte ihn nicht, dass dann auch seine Knechte und häufig sogar Schreiber und Notare sowie die Edlen seines Hofstaats mitten in der Nacht zur Verfügung stehen mussten.

In diesen Nächten erdachte Karl das »Capitulare Saxonicum«. Tagsüber sprach er mit Sachsen, die er nach Aachen eingeladen hatte, über jede Einzelheit ihres Volksrechtes. Ihn interessierten Übereinstimmungen und Abweichungen zum Frankenrecht, zum Recht der Baiuwaren und dem der Langobarden.

»Manches muss härter sein, als sich die Sachsen es erhoffen«, erklärte er kurz vor Sonnenaufgang. »Andere sächsische Gesetze, die noch auf heidnischem Boden wuchsen, sind viel zu hart für einen Christen. Hier soll mehr Milde einfließen. Und ehe ich's vergesse: Der Wert des Schillings soll ab sofort überall gleich sein, nämlich so viel wie ein einjähriges Rind, das im Frühjahr aus dem Stall getrieben wird.«

»Also so viel wie vierzig Scheffel Hafer«, murmelte einer der Schreiber gähnend. Sie waren nachlässig geworden nach dem Tod von Erzkanzler Rado. Und sein Nachfolger Ercambald war noch zu milde zu ihnen.

Obwohl der neue Papst seinen Vorschlägen noch nicht zugestimmt hatte, stellte Karl beim Konzil in Aachen die neue Ordnung in der Kirchenprovinz Baiern vor. Selbst Alkuin war dafür aus Tours nach Aachen gekommen.

»Insgesamt hat das Königreich Franken jetzt zwanzig Erzbistümer«, sagte er und zählte sie absichtlich einzeln auf: »Köln, Mainz, Trier und Salzburg dort, wo Deutsch gesprochen wird, Ravenna, Mailand, Cividale und Grado in Italien, dazu in Gallien Sens, Besancon, Lyon, Rouen, Reims, Arles, Vienne, Bordeaux, Tours, Bourges, Moutiers en Tarentaise und Embrun.«

»Was ist mit Rom?«, warf Alkuin fordernd ein. »Ist das kein Erzbistum, und bist du nicht Patricius Romanorum?«

Karl lächelte. »Nehmen wir an, es ist so«, sagte er. »Aber wir sollten all dies nochmals mit dem neuen Papst bereden.«

Die meisten der in Aachen versammelten Bischöfe und Äbte waren über die Entwicklung in Rom besorgter, als sie zugeben wollten. Viele von ihnen waren noch vom Vorgänger Leos III. geweiht worden. Erst jetzt wurde ihnen bewusst, wie nutzbringend und fähig Hadrian gewesen war.

»Ich versichere euch, dass ich ein Auge auf die Entwicklung in Rom haben werde«, sagte Karl zum Abschluss des Konzils. »In Spoleto steht noch ein kleines fränkisches Heer, das ich zur Grenzsicherung zwischen dem Kirchenstaat und dem Herzog von Benevent dort gelassen habe. Ich denke, dass ich den Anführer dieses Heeres, den jungen Herzog Winniges, nach Rom beordern werde. Wir brauchen einen zuverlässigen Beobachter, um zu erfahren, was in Rom geschieht.«

Das Konzil endete in großer Harmonie. Und niemand ahnte, wie schnell aus dem Beobachter der wichtigste Botschafter zwischen Rom und dem fränkischen Königshof werden sollte.

Während des Sommers richtete Herzog Winniges einen ständigen Botendienst mit jungen Kriegern und Waffenknechten seines Heeres ein. Er wollte die kürzestmögliche Reisezeit zwischen Rom und Aachen herausfinden und bot jedem, der möglichst nah an die aus Römertagen überlieferten Leistungen kam, einige Hufen Land aus seinem gräflichen Besitz im Norden als Preis des Wettstreits an. Auf diese Weise schaffte er es, seinen König schneller zu unterrichten, als dies bisher üblich gewesen war.

Im Herbst konnten die Reiter von Herzog Winniges berichten, dass sich in Rom die Stimmung mehr und mehr verschlechterte. Überall wurden Gerüchte und Beschuldigungen gegen Papst Leo III. laut. Die Ablehnung des neuen Pontifex ging durch alle Schichten der Bevölkerung. Den hochgestellten Familien war er zu falsch und von zu niederer Herkunft, das einfache Volk stöhnte unter neuen, brutalen Abgaben. Auf allen Märkten und in den Tavernen schimpften sie darüber, dass dieser Papst noch schlimmer hauste als die Händler, die Christus in Jerusalem aus dem Tempel gepeitscht hatte.

Als Herzog Winniges' Boten immer größeren Widerstand gegen den Papst meldeten, schickte Karl zwölf »Missi dominici« nach Rom. Zu den Königsboten in besonderen Aufträgen gehörten Bischof Arn von Salzburg, der gelehrte Patriarch Paulinus von Aquileia und Abt Fardulf. Der Nachfolger von Fulrad hatte Sanct Denis als Dank dafür erhalten, dass er sich bei der Revolte in Regensburg schützend vor Karls Tochter Hruodhaid gestellt hatte.

Sie überbrachten dem Papst den ausdrücklichen Wunsch des Königs, auch in Baiern die Metropolitanverfassung einzuführen und Arn von Salzburg zum Erzbischof zu erheben. Zum Schluss erhielt Angilbert den Auftrag, den Papst von den Forderungen des Frankenkönigs zu überzeugen.

Karl saß in seinem Sesselstuhl, stützte sich auf den rechten Arm und streckte, wie er es gern tat, seine Beine lang aus. »Sag ihm, er soll die simonistische Ketzerei ausrotten, die den Körper der Kirche an vielen Orten befleckt, indem er Ämter verkauft und seiner Sippe gefällige Urteile liefert. Und sag ihm vor allem, dass er selbst einen ehrbaren Lebenswandel führen muss!«

Er wartete einen Augenblick, dann stand er plötzlich auf, ging ans Fenster und sagte: »Außerdem soll er Pindar, ich meine unseren Erzkaplan Theodulf, zum Bischof von Orleans erheben! Wir brauchen in den Diözesen mehr Männer unserer Kirche, auf die wir uns verlassen können!«

Karls Unruhe hielt auch den Winter über an. In den sehr langen dunklen Nächten, in denen Stürme wie von hunderttausend toten Franken, Sachsen und Germanen an den verhängten Fenstern vorbeijaulten, streckte er oftmals eine Hand zur Seite. Er mochte Liutgards jungen, warm-animalischen Geruch. Mit sechsundfünfzig Jahren hatte er kein Interesse mehr an allzu heftigen Liebeskämpfen. Es gab inzwischen andere Freuden, die ihn bei seinem Weib beglückten: Er liebte es, wenn ihre Brustwarzen zuckten, sobald er sie berührte, wenn sich auf ihren Schenkeln unter seinen streichelnden Händen eine lustvolle Gänsehaut bildete, wenn sie dann stöhnte und bei ihm zufasste, sobald er ihre heiße Feuchte anrührte. Er war bei Liutgard fast so einfühlsam wie vor langer Zeit bei Himiltrud und Hildegard. Auch Liutgard schnurrte, wenn sie sich nach der innigen Vereinigung gemeinsam wie die Igel einrollten, die ihre Stacheln nicht mehr brauchten.

Er war im Spätherbst des vergangenen Jahres nochmals mit einem kleinen Heer nach Sachsen gezogen. Es war kein richtiger Kriegszug gewesen, eher eine Inspektion. Trotzdem hatte es bereits im idyllischen Tal der Sieg eine erste Auseinandersetzung mit einem wilden sächsischen Kriegerhaufen gegeben. Weitere kleinere Zusammenstöße hatten sich in Hohlwegen ereignet, an unübersichtlichen Bachfurten und in den dichten Wäldern, die zum Land Hadeln gehörten. Karl hatte diese Zwischenfälle nicht besonders ernst genommen und den ganzen Winter in Sachsen verbracht.

Erst im März war er nach Aachen zurückgekehrt. Dort hatte er mehrere Nachrichten vorgefunden. Sein Sohn Ludwig, den einst Papst Hadrian zum König von Aquitanien geweiht hatte und der inzwischen zwanzig Jahre alt geworden war, teilte ihm mit, dass er unmittelbar nach Ostern einen Streifzug bis Gerona durchführen wollte.

»Irgendetwas stimmt nicht mehr«, sagte Karl in der Osternacht des Jahres 798 zu seinen engsten Gefährten. Aus dem besiegten Awarenreich waren Meldungen über kleinere Guerilla-Aufstände eingetroffen, die aber die Fakten nicht mehr verändern konnten. »Was dem Schwert nicht gelungen war, werden Sklavenhändler und Missionare vollenden«, sagte Karl nur. Tatsächlich kamen aus den Ringsiedlungen der Awaren immer neue Sklaven. Besonders viele wurden auf der Donau bis nach Regensburg gebracht. Von hier aus wurden sie ins ganze Reich verkauft.

»Ich fürchte, diese Flut von Sklaven und das Gold aus dem Awarenschatz werden langsam zum Danaergeschenk«, sagte Alkuin eines Tages zu Karl.

»Wie kommst du darauf?«, fragte Karl. Er hatte einen irdenen Henkeltopf vor sich, in dem sich heißer Kräutersud gegen die Schmerzen in seinen Fußgelenken befand.

»Ihr Franken habt kein Verständnis für den Wert des Geldes«, sagte Alkuin und setzte sich auf eine gepolsterte Holzbank im Vorraum von Karls Schlafzimmer. Die neue Pfalz war immer noch nicht fertig. Karl wollte, dass zuerst die Pfalzkapelle stehen musste.

»Das alles kostet nun mal Zeit und Geld.«

»Gewiss, aber ihr Franken seht in jedem Schatz nur die hübsche Form, die feine Ziselierung oder die Anordnung der Edelsteine. Selbst bei den Büchern und Evangelarien verwenden deine Künstler inzwischen mehr Sorgfalt auf Ornamente und den Ausschmuck einer Initiale als für den Inhalt ihrer Bilder.«

»Was hat die Arbeit hier am Hof mit dem Awarenschatz zu tun?«, fragte Karl verständnislos.

»Ihr Franken wart zu keiner Zeit ein reiches Volk, und im Vergleich zu Roms frühem Glanz, Konstantinopel und den Bischofsstädten Hispaniens konnte man deinen Hofstaat wohl eher ärmlich nennen.«

»Wir haben Bücher und Gewänder«, protestierte der Fran-

kenkönig, »wertvolle Waffen, Schmuck, Pferde, Rinder, Pfalzen
und Salhöfe, die Zins an uns zahlen müssen ...«
»Ihr habt nie Geld gehabt!«, stellte Alkuin unbeeindruckt fest.
»Nur ein paar kleine, oftmals leere Kästen für goldene Solidos,
Silberdenare und Schillinge. Selbst Pfennige sind selten.«
»Ja und? Wir sind doch keine Mercatores, die nur noch Mün-
zen schenken oder empfangen können!«
»Nicht schenken oder geschenkt bekommen«, stöhnte Alkuin
übertrieben nachsichtig. »Geld ist ein Wert und kein Geschenk.
Versteh doch, Karl ... es war der Markgraf von Friaul, durch den
Tausende von Kriegern der Langobarden, Baiern, Franken und
auch Slawen Goldmünzen in die Hand bekamen ... insgesamt
mehr, als du jemals zuvor gesehen hast!«
»Was willst du damit sagen?«, fragte Karl misstrauisch.
»Durch all das Gold ... das Geld ... ist eine Inflation entstanden. Wer gestern arm war, ist heute reich. Es gibt zu viele
Münzen mit zu hohem Wert. Und wo der Überfluss regiert,
treibt Leichtsinn auch die Preise hoch. Zum ersten Mal können
Tausende von Familien regelrecht prassen. Aber wie lange, Karl?
Sie sind es nicht gewohnt. Und wie groß ist die Armut für alle
anderen und auch für jene, denen das letzte Goldstück plötzlich
aus den Fingern fällt?«

Am 20. April füllte sich die Basilika von Sanct Peter in Rom
wie schon lang nicht mehr. Ganz Rom war eingeladen, um die
Geburtsstunde des neuen Erzbistums Baiern feierlich zu begehen.
Schon vor Beginn der ersten Messe fiel auf, dass sich zwar viele
Römer mit grimmigen Gesichtern im Kircheninneren zusam-
mendrängten, dass aber keiner von ihnen vornehm gekleidet
oder von edlem Stand war.
    Nach einer Messe, die schlechter gesungen war als alles, was
der schwarze Arn und die anderen Frankenbischöfe jemals gehört
hatten, ging Papst Leo III. mit schwitzendem Gesicht und dem
Pallium in den Händen auf den Bischof von Salzburg zu.
    »Auf Ersuchen und Befehl des großen Königs Karl«, rief der
Papst so laut, dass ihn auch jedermann in der Basilika hören
konnte. Er stellte sich auf die Zehenspitzen und legte den langen

Tuchstreifen aus weißer Lammwolle als Zeichen der Erzbischofswürde über die breiten Schultern des schwarzen Arn. Sodann verlas er das Schreiben, mit dem die bairischen Bischöfe Alim von Säben, Atto von Freising, Adalwin von Regensburg, Waltrich von Passau und Sintpert von Neuburg über ihren neuen Metropoliten informiert wurden.

Nachdem die peinliche Messe beendet war, wollte Leo III. die Missi dominici zu einem ganz besonderen Gelage einladen. Keiner der Franken verspürte Lust dazu. Sie wollten lieber mit Herzog Winniges zusammensitzen und hören, was wirklich auf den Märkten und hinter den Mauern Roms gesprochen wurde.

»Gebt unsere Speisen an die Armen«, sagte der neue Metropolit von Baiern nur. »Wir sind Franken und keine Anhänger der Völlerei.«

Zur gleichen Zeit gerieten andere Königsboten so in Bedrängnis, dass sie keinen Ausweg mehr sahen. Erzbischof Richolf von Mainz, ihr Anführer, war ein gebürtiger Sachse und Schüler Alkuins. Zusammen mit Rorico, dem Grafen von Maine, sowie den eine Generation jüngeren Grafen Had und Garich unternahm er eine Inspektionsreise an der Elbe entlang zur gerade entstehenden Hammaburg. Auf dem Weg dahin wollten sie mit einem kleinen Umweg Richolfs Bruder Richart einen Besuch abstatten.

Keiner von ihnen war auffällig gekleidet oder schwer gerüstet. Die Grafen trugen Helme, Kettenhemden und weite, nur an den Schultern mit goldenen Fibeln zusammengehaltene Mäntel, aber keine beim Reiten lästigen Beinschienen oder schwere Harnische. Die Begleiter des Erzbischofs waren ausnahmslos in graue Kutten mit weißen Gürtelseilen gekleidet, an denen Messer, Feuersteine und Ledersäckchen mit den notwendigsten Utensilien hingen.

Sie sahen bereits die Lichtung, auf der das lang gestreckte Wohnhaus Richarts mit den Ställen stand, als plötzlich Pfeile durch den warmen Sommermorgen flogen. Graf Had schrie auf, Graf Garich stürzte ohne ein Wort von seinem Pferd.

»Aufpassen, Sachsen!«, rief der Erzbischof. Er sah, wie mehr als ein Dutzend Bewaffnete aus den Büschen sprangen, schlug die Hacken in die Flanken seines Pferdes und hörte noch, wie Eisen gegen Eisen krachte. Gleichzeitig spürte er einen Pfeil in seine Schulter schlagen. Er erreichte den Hof seines Bruders, der ihm bereits mit seinem Langsax in der Hand entgegenlief. »Schnell, hierher!«, rief Richart, eilte heran und fing den langsam vom Pferd gleitenden Erzbischof auf.

»Karl muss erfahren, was geschehen ist«, stöhnte der Erzbischof. »Hier sollen nicht noch andere in eine Falle laufen.«

»Es ist mein und auch dein Land«, sagte Richart. »Das Land der Väter, getränkt durch unser eigenes Blut ...«

»Fang nicht mehr damit an!«, presste der Erzbischof mühsam hervor. »Du bist getauft wie ich. Deshalb bitte ich dich – auch um das Leben der jungen Burschen in den Wäldern zu bewahren –, reite zu Karl und berichte ihm vom Tod der Königsboten. Und bitte ihn im gleichen Atemzug, dass er kein Heer hierherschickt. Wir müssen selbst versuchen, mit unseren sächsischen Hitzköpfen fertigzuwerden.«

Richart erfüllte die Bitte seines Bruders. Er war noch keine zwei Tage fort, als mitten in der Nacht sein Hof in Flammen aufging. Überall schrie das Gesinde. Richolf wälzte sich mühsam von seinem Lager in der Kammer neben dem Schlafraum von Richart und seinem Eheweib. Er hörte bereits die Männer, die polternd in das brennende Haus eindrangen. Dann brachen sie die Tür des Schlafraums auf.

»Komm raus, du Frankenmetze!« Drei, vier Mann zerrten Richarts Weib, das sich noch nicht einmal fertig angekleidet hatte, auf den Hof hinaus. »Wo ist der andere?«, schrien sie. Der Erzbischof hörte Schläge und Schreie, dann tobten drei junge Männer durch den Feuerschein. Sie rissen eine schwere Truhe hoch, in der sein Bruder wertvollen Besitz verwahrte.

Der Erzbischof konnte nichts dagegen tun. Er wartete, bis sich die lauten Stimmen entfernten, dann goss er sich den halb geleerten Krug mit Met über den Kopf und kroch an den mit Lehm verputzten Balkenwänden entlang. Vom letzten Winter hing noch ein Stück schwarz gewordene Schweinsblase vor der Fensteröffnung. Draußen fielen bereits brennende Strohbündel vom Dach herunter.

Der Erzbischof zwängte sich durch das Fensterloch. Er stürzte in die Glut, kroch weiter und erreichte irgendwie den Brunnen. Zwei Holzeimer lagen umgekippt neben der hölzernen Verschalung. Der Schwerverwundete kühlte sein schmerzendes Gesicht und seine Hände in flachen Wasserpfützen. Jemand beugte sich über ihn.

»Sagt's Richart«, keuchte er. »Und sagt's Alkuin.« Er spürte nicht mehr, wie er aufgehoben wurde. Erst nach vielen Tagen, die er mit schwerem Fieber verbrachte, sah er auf einmal das Gesicht seines Bruders über sich.

»Hast du ... mit König Karl gesprochen?«

»Er will nicht, dass im Reich bekannt wird, was hier geschah. Und du sollst erst nach Mainz zurückkehren, wenn deine Verletzungen in der Öffentlichkeit nicht mehr bemerkt werden.«

»Ich soll mich verstecken?«

»Er bittet dich darum!«, sagte Richart. Und dann zeigte er seinem Bruder die Urkunde, durch die er ebenfalls zum persönlichen Boten des fränkischen Königs mit besonderen Rechten ernannt worden war.

Der Erzbischof hustete und lachte leise. »Ich weiß nicht, ob ein Königsbote einem anderen etwas befehlen kann oder nicht.«

»Du meinst, was geschehen soll, wenn zwei zugleich für Gott, König und Reich und dennoch gegeneinander sind, weil jeder nur an seine Wahrheit denkt?«

»Das wäre dann die Hölle!«

»Oder der Gottesstaat, von dem Karl träumt«, meinte der Erzbischof und lächelte.

33

Das Attentat auf den Papst

Die Vorbereitungen des Osterfestes im Jahr des Herrn 799 wurden mit großer Freude getroffen, denn zusehends ging der Kirchenbau in Aachen seiner Vollendung entgegen. Karl saß wie schon oft auf seinem Löwenstuhl und beobachtete, wie das große Werk Gestalt annahm. Pfalzkapelle, Palast, Türme und Übergänge waren längst fertig. Jetzt wurde nur noch an einigen Gebäuden zu den Thermen hin und im Inneren des Doms gearbeitet. Am Gründonnerstag traf eine kleine Mönchsdelegation in Aachen ein. Karl hob den Kopf von einem Stapel Pergamentrollen und blickte dem Anführer der schwarzbärtigen, in griechische Gewänder gekleideten Mönche entgegen. Er sah ganz anders aus als die Iren, die er kannte.

»Ich grüße dich, mächtiger König der Franken und furchtloser Beschützer des Heiligen Stuhls in Rom«, sagte der Mönch mit einer orientalisch wirkenden Verneigung.

Karl hob die Brauen. »Woher kommst du?«, fragte er.

»Ich bin ein kleiner Diener des Patriarchen von Jerusalem. Und ich komme, um dir seinen Segen zu überbringen.«

Karl richtete sich zu seiner vollen Größe auf. »Habt ihr gehört?«, rief er erfreut wie ein Kind über die Köpfe seiner Begleiter und der arbeitenden Handwerker hinweg. Sofort ließen sie Hammer und Stechmeißel ruhen. »Der Patriarch von Jerusalem schickt uns seinen Segen!« Der Mönch zupfte ihn am Ärmel und überreichte ihm eine kleine, mit Goldblech beschlagene Schachtel.

»Und Reliquien vom Grabe des Herrn!«, flüsterte er. Karl stockte kurz, dann nahm er die Schachtel und hielt sie hoch über den Kopf.

»Und Reliquien vom Grabe des Herrn!«, wiederholte er laut und triumphierend. Es war das schönste und wertvollste Geschenk, das Karl jemals erhalten hatte – noch wichtiger als das Standbild des Gotenkönigs Theoderichs des Großen, das in mühsamer Arbeit von Ravenna bis in den Hof der neuen Pfalz geschleppt worden war.

»Mit dem Sieg über die Awaren haben wir vier große Erweiterungskämpfe für das Frankenreich beendet«, sagte Karl am gleichen Abend im Kreis seiner Edlen. »Ich habe das Königreich der Langobarden, das Gebiet der Sachsen, das Herzogtum Baiern und das awarische Reich meinem Herrschaftsgebiet angegliedert.«

»Hispanien ist noch in fremder Hand«, sagte Theodulf von Orleans. Seit der sprachgewaltige Dichter Erzkaplan und damit erster Mann in Karls Hofstaat war, vertrat er häufig die Ansicht, dass Hispanien für das Christentum wiedererobert werden müsste. Alkuin, der nicht ganz unbeteiligt an Theodulfs Ernennung gewesen war und ihn mit dem Hofnamen Pindar ansprach, nickte zustimmend.

»Ich habe keine Absichten mit Hispanien«, sagte Karl. »Weder die Westgoten noch die Mauren und Araber, kurzum: Keiner von denen, die wir die Sarazenen nennen, würde in unser Reich passen.«

»Und was ist mit Asturien?«, fragte der Erzkanzler Ercambald herausfordernd. Er hatte seine Schreiber und Notare inzwischen hart im Griff. »Hat sich nicht diese christliche Enklave im Nordwesten Hispaniens deinen Schutz verdient?«

»Ihr König sagt doch nur aus Höflichkeit und Warnung an die Araber, dass er Vasall bei uns Franken werden möchte«, meinte Karl mit einer wegwerfenden Handbewegung. »Nein, ich bin nicht an Ländern interessiert, die nur über den Pass von Roncesvalles zu erreichen sind.«

Alle Anwesenden verstanden, was Karl meinte. Nur Theodulf ließ nicht nach. »Die Christen von Asturien sind Nachkommen der Schwaben«, meinte er. »Wenn hier in Aachen das Gegenstück zu Konstantinopel entsteht, dann darf kein christliches Gebiet freiwillig Rom oder irgendeinem anderen Patrimonium überlassen werden!«

»Pindar hat recht«, sagte Alkuin ernsthaft. Er stand auf und ging vor den Versammelten auf und ab. »Aus Sicht der Kurie gibt es keine universale Kirche mehr. Daran ändern auch die Konzile nichts. Sie tragen nur noch dazu bei, den Schein zu wahren. Und auch Konstantinopel ist keine kaiserliche Schutzmacht für die römische Kirche mehr, sondern ein völlig neues, nur mit sich selbst beschäftigtes Gebilde.«

»Soll ich auch noch gegen Byzanz kämpfen?«, fragte Karl empört.

»Du gegen sie oder sie gegen dich«, warnte Alkuin sibyllinisch. »Es hat in den vergangenen Jahren manchmal nicht viel dazu gefehlt. Ich sage nur Pippinische Schenkung, dein Langobardenfeldzug und die Unterstützung Roms, das Konzil von Nicaea, deine Einmischung in den Bilderstreit, die geplatzte Verlobung deiner Tochter mit Konstantin und vieles mehr ...«

»Und welche Provokationen habe ich eingesteckt?«, stieß Karl wütend hervor. »Der ganze Adel dort unten, die uralten Familien in Pavia und Rom, Byzanz, Jerusalem und Bagdad, ja selbst in Hispanien, Sachsen und Britannien, haben mich doch immer als Emporkömmling gesehen ... als starken Kerl, dem man Verträge unterschreibt, von denen niemand nur ein Jota halten will. Wer stand denn wirklich hinter Pippins Regensburger Revolte? Die Sachsen? Baiuwaren? Franken?«

Er lachte und schlug sich mit der zur Faust geballten Rechten in die linke Hand. »Nein, das waren stets Familien, die Päpste wählen und getaufte Sklaven an Araber verkaufen! Edle Familien, die dem wortbrüchigen Arichis Asyl bei Konstantin verschafften und gleichzeitig den Beneventer aufstachelten, um mich zur direkten Konfrontation mit Ostrom zu verleiten.«

»Es war nicht ungeschickt von dir, das Herzogtum von Benevent als eine Pufferzone bestehen zu lassen«, sagte Alkuin lächelnd. »Was hast du jetzt vor?«

»Ich werde mich beim Patriarchen von Jerusalem bedanken. Und wie ich Rom Schutz geboten habe, will ich auch für Jerusalem mehr einstehen als bisher.«

»Jerusalem ist weit«, sagte Alkuin. »Wir hätten keine Flotte, um Krieger bis zum Grab des Herrn zu schaffen. Und auch die Landstrecke über Konstantinopel und die alten Stätten der Christenheit könnte kein Frankenheer überwinden.«

»Nichts spricht gegen gute Beziehungen zum gefährlichsten Gegner von Ostrom.«

»Zu Bagdad? Zur Hauptstadt des Islams?« Alkuin war entsetzt.
»Du siehst, ich bin noch lernfähig«, sagte Karl lächelnd. »Du
selbst bist es gewesen, der mir erzählt hat, wie sich die Großkönige
der Perser, die Sassaniden, und die Kaiser des Römischen Reiches
gegenseitig als gleichberechtigte Herrscher anerkannten und sich
trotz aller Kriege ›Bruder‹ nannten. Ich will ganz einfach, dass
Christenpilger ohne Angst Jerusalem besuchen können. Wer dort
als Christ lebt, soll wissen, dass er unter meinem Schutz steht. Dies
und nichts anderes will ich mit dem Kalifen, der schon ein Schwert
von mir besitzt, in seiner neuen Hauptstadt Bagdad vereinbaren.«

»Du musst sehr lang über diesen Schritt nachgedacht haben«,
sagte Theodulf von Orleans mit dem Ausdruck der Bewunderung.

»Ja«, sagte Karl. »Seit ich nicht mehr akzeptiere, dass ich als
der rechtgläubige Herrscher des Westens von geringerem Rang
sein soll als der rechtgläubige Herrscher des Ostens.« Er trank
seinen irdenen Krug mit Met aus. »Sonst noch etwas?«

Der Erzkaplan richtete sich auf. »Nur eine Kleinigkeit: Wido,
der neue und recht starke Markgraf der Bretagne, ist erstmals über
die Grafschaften Rennes und Vannes nach Nordwesten gezogen.«

»Ins Kerngebiet der Bretonen?«, fragte Karl verwundert. »Das
war bisher tabu für uns … uraltes Land, uraltes Volk, keltisch und
mit zu vielen Göttern, Druiden und was weiß ich …«

»Druiden, die auch die Schrift verboten«, ergänzte Alkuin mit
einem kleinen, spitzbübischen Lachen. »Deswegen waren sie ja so
genial! Denn wer den Menschen das Lesen verbietet, hat Macht
über alles, was sie empfinden sollen.« Mit einer knappen Handbewegung ließ Karl ihn schweigen und nickte dem Erzkaplan
zu.

»Markgraf Wido drang tief in das karge, von Stürmen zerfetzte
und von geheimnisvollen Steinreihen und keltischen Riesen-
gräbern durchzogene Grenzland im äußersten Nordwesten des
Reiches ein …«

»Und mir wirft man vor, dass ich weitschweifig bin«, sagte
Alkuin maulend, doch der Erzkaplan fuhr unbeirrt mit seinem
Bericht fort:

»Wido unterwarf das gesamte Gebiet bis zur letzten Steilklippe

über der aufstiebenden Brandung des westlichen Meeres, um die
Bretonen für ihre Treulosigkeiten zu bestrafen.«
Er schwieg, und Alkuin schnalzte beleidigt mit der Zunge.
»Hat er nun, oder hat er nicht?«
»Was?«, fragte Karl.
»Die Bretonen bestraft ...«
»Was denn sonst«, antwortete der Erzkaplan.
»Dann bin ich ja beruhigt«, meinte der Lehrmeister in seiner
manchmal sehr eigenwilligen Art.

Genau vier Wochen später veränderte sich die Welt in einer
Weise, an die auch Karl nicht gedacht hatte. Und wieder waren es
die irischen Mönche, die eine Schreckensnachricht am schnellsten verbreiten konnten. Der letzte der total abgehetzten Boten
in der langen Kette von Rom nach Aachen kam kurz vor der
Vesperstunde und mehr auf dem Rücken seines schweißnassen
Pferdes hängend als sitzend in der neu errichteten Pfalz an.
»Zum König!«, keuchte er, noch ehe er abgestiegen war. »Ich
muss zum König ... zum Erzkaplan ... zu allen Bischöfen, die
hier sind ...«
»Was ist geschehen? Rede doch!«, rief ihm der Hofmarschall
bereits auf dem Hof zu. Der hagere Mönch schüttelte erschöpft
den Kopf. Die lila Farbe von seinen Augenlidern rann wie ein
dunkler Tränenstrom über seine Wangen.
»Der Papst, der Papst«, jammerte er immer wieder. Der
Hofmarschall befahl, den Mönch bis zum Versammlungsraum
der Pfalz zu führen. Dort war ein Treffen bis zum Abendessen
angesetzt.
»Ich glaube, ihr müsst kurz unterbrechen«, rief der Marschall
über die Köpfe der Versammelten hinweg. Mit abweisenden Gesichtern blickten sie auf den schmutzigen, verschwitzten Mönch,
doch Karl nickte, als er den kleinen, dreckigen Stoffballen mit
dem Siegel des Herzogs von Spoleto in der Hand des Iren sah.
»Gib her!«, befahl er. Sein Seneschall nahm den Beutel ab,
schnitt mit seinem Messer die erste Kordel durch und wickelte
die äußeren gewachsten Tücher ab. Es folgten mit Pech ein-
gestrichene Lagen, dann Ledertücher, und schließlich kam ein

Pergament zum Vorschein, auf dem in kleiner Schrift ein kurzer Bericht aufgezeichnet war. Der Seneschall warf nur einen Blick auf die Nachricht des Herzogs von Spoleto.

»Für dich persönlich«, sagte er und wollte Karl das Pergament geben. Karl deutete auf den Erzkaplan. »Theodulf soll vorlesen!« Der Bischof von Orleans lächelte. Er nahm das Pergament und überflog die säuberlich aneinandergereihten Minuskeln. Mit der neuen Schreibkunst passten viel mehr Wörter in eine Zeile als früher. Und dann begann er halblaut zu lesen. Weder Karl noch die neben ihnen Sitzenden konnten irgendetwas verstehen.

»Nun sag schon!«, drängte der König. »Was gibt's aus Rom?« Theodulf von Orleans gehörte zu den wenigen, die auch leise lesen konnten. Er bewegte nur noch die Lippen, und sein Gesicht verfinsterte sich mehr und mehr. Schließlich ließ er das Pergament sinken und starrte wortlos vor sich hin.

»Was soll das heißen?«, fragte Karl ungeduldig. »Warum liest du nicht vor?«

»Es ist zu furchtbar!«, sagte der Erzkaplan kopfschüttelnd. »Zu furchtbar und gewiss nicht für alle Ohren bestimmt!«

»Also was dann?«

»Ich bitte dich, dass nur im kleinen Kreis der Vertrauten mit dem doppelten Treueeid über dieses Pergament des Herzogs von Spoleto gesprochen wird.«

Karl überlegte nur einen Augenblick. »Kommt!«

Er stand schneller auf, als es seinem Rang und Alter angemessen war. Mit großen Schritten eilte er vor seinen engsten Hofberatern in den Turmraum. Die schwere Tür zum Versammlungssaal schlug hinter ihnen zu.

»Wozu diese Geheimniskrämerei?«, fragte der Frankenkönig unwirsch. Er schätzte Theodulf, aber er mochte es nicht, wenn Rituale stärker wurden als das direkte, klare Wort, wie es im Heerlager üblich war. »Lies endlich vor, aber erspare uns alle Vorreden!«

»Am einunddreißigsten März … während des großen Bittgangs«, las Theodulf von Orleans leise, »als der Heilige Vater wie üblich die Reiterprozession von Sanct Peter auf dem vatikanischen Berg quer durch die Stadt zur Kirche Sanct Laurentius an der Via Tiburtina anführte, drängte sich das Volk von Rom an den Straßenrändern, um seinen Segen zu erhalten. Aber es lobte und pries ihn nicht wie vordem Papst Hadrian –«

»Kein Wunder, bei den Methoden, mit denen Leo seine Römer auspresst«, grantelte Alkuin. Karl hob die Hand, und Theodulf las weiter:

»Kurz vor dem Ziel brach ein Haufen Bewaffneter aus dem Gebüsch hervor. Sie hatten sich in den nahen Katakomben versteckt gehalten. Papst Leo wurde vom Pferd gerissen und in den Straßenstaub geworfen. Sie prügelten und traten ihn, rissen ihm sämtliche Kleider vom Leib und zückten ihre Messer, um ihm die Zunge rauszuschneiden und ihm sein Augenlicht zu stehlen.«

Karl hob beide Hände. »Lebt er noch?«

»Oh ja, der Unglückliche lebt noch«, bestätigte der Erzkaplan. »Wie Herzog Winniges dir schreibt, hat der Papst unbegreiflich viel Glück gehabt. Nackt und halb tot hat er im Straßenschmutz gelegen, bis ein paar Samariter kamen, ihn aufhoben und ihn ins nahe Kloster des heiligen Erasmus trugen.«

»Steht das wirklich so da?«, fragte Karl misstrauisch.

»Ja, Wort für Wort.«

»Das Kloster von Sanct Erasmus gehört Hadrians Familie«, überlegte der Frankenkönig. »Wenn Leo dorthin gebracht worden wäre, hätte er keine Nacht mehr überlebt. Sie hassen ihn!«

»Das mag richtig sein«, sagte Theodulf. »Deshalb hat Leos Kämmerer Albinus gleich nach dem Überfall deinen Gewährsmann in Rom benachrichtigt. Herzog Winniges hat, wie er schreibt, noch in der gleichen Nacht dafür gesorgt, dass Leo heimlich hinter Klostermauern in Sicherheit gebracht wurde.«

Karl schüttelte mehrmals den Kopf. »Das war nicht gut«, sagte er schließlich. »Nein, das war ganz und gar nicht gut!«

»Urteile nicht voreilig«, warnte Alkuin. »Du bist Verteidiger der Kirche, Karl. Winniges sah sie und ihren Pontifex bedroht!«

»Ich meine nicht, was da in Rom geschehen ist«, sagte Karl abfällig. »Aber es ist nicht gut, dass ich … dass wir jetzt eine Schlange an unserem Busen tragen, einen sehr zweifelhaften Mann, den wir dennoch nicht abschütteln können! Betet zu Gott, ihr Herren, dass dieser Kelch uns nicht zum Schierlingsbecher wird …«

Bereits zwei Tage später traf der nächste Bote aus Rom ein. »Der Papst ist ohne Zunge und geblendet«, rief er und brach in Tränen aus. Wiederum zwei Tage später hieß es, dass nur die Frankenkrieger von Spoleto Leo III. schützen konnten. Und dann bestätigte sich, was Karl bereits vermutet hatte. Das Attentat auf den Papst war tatsächlich von der Familie Hadrians geplant und ausgeführt worden.

Und ganz als würde sich Karls finsterste Befürchtung auch noch erfüllen wollen, schrieb Herzog Winniges, dass dem Papst furchtbares Unrecht widerfahren sei. »Leo beklagt, dass die niedere Herkunft eines Auserwählten, für die gerade du, Karl, Verständnis haben müsstest, wie ein Kainsmal sei, das den Hass anzieht.«

Theodulf von Orleans, der Karl auch diesen Brief vorgelesen hatte, hielt plötzlich inne.

»Was ist? Lies weiter!«

»Zum zweiten Mal!«, sagte der Erzkaplan stockend. »Zum zweiten Mal kommt ein Papst über die Alpen ins Königreich Franken. Leo will kommen und vor dir darlegen, was ihm angetan wurde.«

Noch bevor Karl empört ablehnen konnte, griff Alkuin ein. »Du bist als Patricius Romanorum nicht nur Vertreter von Christi Herrschaft in der Welt, sondern auch Schutzherr des Verfolgten!«

»Nein!«, presste Karl aufgebracht zwischen den Zähnen hervor. »Ich will diesen Mann nicht in Aachen sehen! Ein Mann mit diesem Leumund kommt nicht in unsere geheiligte Kapelle!«

Die fränkische Eskorte brachte den geschundenen Papst im Juli über die Alpen und Anfang August durch das obere Rheintal bis zum Kloster Lorsch. Schnell vorauseilende Mönche berichteten, dass der Papst einem blinden Kind die Hand aufgelegt hatte, das wortlos vor ihn geführt worden war. »Vielleicht kann er irgendwann wieder ein wenig sehen«, sagten sie hoffnungsvoll. Von Leos Aufenthalt im Erzbistum Mainz wurde Karl berichtet, dass er trotz seiner abgeschnittenen Zunge Worte des Segens gesprochen haben sollte. Und von Fulda kam dann die ganze Bestätigung des Wunders: Papst Leo III. konnte wieder sprechen und sehen – mühsam zwar, aber doch im Vollgefühl göttlicher Gnade.

Karl, der zu dieser Zeit ein großes Heerlager in Paderborn abhielt, hätte den Papst lieber bei einer Synode als bei einem Reichstag empfangen, bei dem es um weltliche und nicht um kirchliche Dinge ging. Dennoch einigte sich der Frankenkönig mit seinen Edlen, gerade diesen Papst mit allen Insignien der Frankenmacht und mit großem Pomp zu empfangen. Karls Ältester nach dem verstoßenen Buckligen war inzwischen ein Jahr älter als sein Vater bei dessen Krönung. Er war längst als Thronfolger anerkannt, obwohl noch niemand offiziell darüber gesprochen hatte. Rotrud turtelte mit Rorico, dem Grafen von Maine, ganz so, als wären sie völlig allein auf der Welt. Hingegen verhielt sich das vierte der Hildegardkinder als Familienvater und König von Italien schon wie ein gesetzter Herrscher. Der einst auf den ungeliebten Namen Karlmann getaufte und dann vom Papst auf den Namen des Großvaters umgetaufte Pippin hatte seine Frau, seinen hübschen dreijährigen Sohn Bernhard und die beiden Säuglinge Adelheid und Adela bis ins wilde Sachsenland mitgebracht.

Ludwig der Fromme war nicht gekommen. Ihn hielten schwierige Abrechnungen des Sallandes in den alten Pfalzen Diedenhofen und Ponthion sowie in den Königshöfen des Rheingaus seit Monaten fest. Dagegen nutzten die drei hochgewachsenen flachsblonden und inzwischen um die zwanzig Jahre alten Frankenprinzessinnen Berta, Gisela und Rotrud jeden Tanz am Nachmittag, am Abend und bis zum letzten Feuerschein. Jahrelang hatte ihr Vater sie härter als die Äbtissin Lioba vom Kloster Tauberbischofsheim gegen jeden verteidigt, der sich ihnen nähern wollte. Nicht einmal der Kaiser in Byzanz hatte Rotrud bekommen. Erst die fröhliche, respektlose Jägerin Liutgard hatte ihm gesagt, dass seine Töchter ebenfalls ein Recht auf ein Eigenleben hatten.

Also ließ er sie seit einigen Monaten gewähren, obwohl er ganz und gar nicht billigte, wie sie die neue Milde ausnutzten. Sie zeigten mehr als jene Sachsenschönen, die mit entblößten Brüsten den Schwertschlag ihrer Krieger angeheizt hatten, und tanzten stolz wie Königinnen des Himmels und geheimnisvoll wie die Dunkelhaarigen in solchen Nächten. Karl merkte, wie sein alter Freund und treuester Berater Angilbert sich kaum noch halten konnte. Seit vielen Jahren war er nun schon mit Berta verbunden. Nur seine Treue und der Respekt vor seinem König hatten ihn bisher davon abgehalten, sich öffentlich zu seiner Liebe zu bekennen.

»Lass sie«, sagte Karl, als Alkuin sich über die Verderbnis aller Sitten aufregte, »anders als meine Söhne werden die Töchter nichts von meinem Reich erben. Für diese Ungerechtigkeit will ich ihnen wenigstens auf andere Art ein Beneficium gewähren. Sie sollen ihre besten Jahre nicht nur am Spinnrad, Stickrahmen oder über gepressten Wiesenblumen in alten Folianten verbringen müssen ...«

Der Empfang für den Papst war kein triumphaler Einzug eines Kirchenfürsten, sondern die eher abwartende Aufnahme eines Verletzten. Leo III. wurde im jüngsten der aus Stein gebauten Häuser rund um die Königshalle untergebracht. Karl befahl, dass Tag und Nacht Wachen an allen Seiten des kleinen Hauses auf und ab gehen sollten. Er übertrug Düdo, dem Feuergrafen vom Hartzgebirge, die Verantwortung für die Sicherheit des hohen Gastes.

Mehrere Nächte lang lag er wach und überlegte, ob er hier, im Herzen des Sachsenlandes, den Papst restituieren konnte.

»Du musst dir darüber klar sein, was dann geschieht«, warnte Angilbert. »Sobald du den Papst wieder in sein Amt einsetzt, gewinnt er zwar seine Position zurück, aber er verliert gleichzeitig alle Macht, die seine Vorgänger über Jahrhunderte erkämpft haben ...«

»Warum das?«, fragte Karl. »Was spricht gegen einen neuerlichen Bund zwischen unserem Königtum und den Bischöfen Roms?«

»Rom selbst«, sagte Alkuin und stellte sich auf die Seite der Warner. »Die Kirchenfürsten wollen keinen Papst Leo!«

»Haben sie Gründe?«, fragte Karl.

»Natürlich«, antwortete Alkuin ungewohnt präzise. »Dieser

Mann ist ein hinterhältiger Intrigant und – mit Verlaub gesagt – ein Lump, Dieb und Ehebrecher, der nur absahnen und seine Verwandten auf gute Posten heben will.«

»Mir scheint, du hast was gegen ihn«, lachte Karl.

»Schweinen kann man nicht trauen«, sagte Alkuin empört. »Einen wie Leo muss man schon totschlagen, damit seine Gier nicht aus Hexendreck falsche Reliquien macht –«

»Halt!«, unterbrach Karl. »So redet niemand an meinem Königshof über den Stellvertreter Christi!«

Leo III. blieb fast drei Monate in der Trutzburg an den Paderquellen. In dieser Zeit sprach Karl mehrmals allein mit ihm, und schließlich gab auch Alkuin zu, dass ein Papst nicht durch ein Attentat abgesetzt werden konnte.

»Das wissen sogar seine Gegner«, sagte Karl zu den herbeigerufenen Bischöfen des Reiches. »Jedenfalls ist bisher noch kein Gegenpapst gewählt worden.«

»Das sind kluge Leute«, meinte der neue Erzkaplan. »Denn Leo hat instinktiv richtig gehandelt, als er zunächst das Gerücht von schweren Verletzungen und dann von göttlicher Gnade und dem Wunder seiner schrittweisen Heilung verbreiten ließ.«

»Aber was dann?«, fragte Karl. »Ich bin Patricius Romanorum.«

»Du bist für den Schutz des Papstes verantwortlich, aber nicht für seine Sünden und Verbrechen.«

»Was also empfehlt ihr?«

»Der Papst muss nach Rom zurückkehren«, sagte der schwarze Arn. »Meinetwegen mit einer fränkischen Eskorte und einer Art neutraler Untersuchungskommission.«

»Würdest du mitgehen?«

»Ja, warum nicht?«

»Noch jemand?«

Zum ersten Mal nahm auch Hildebold Stellung: »Als Erzbischof von Köln und zugleich Erzkaplan sage ich, dass wir diese entsetzlichen Vorgänge um den Heiligen Vater sehr ernst nehmen müssen.«

Karl nickte. »Gut«, sagte er. »Ich will wissen, wer in Rom Intrigen gesponnen hat. Und als Verteidiger der Kirche muss ich wissen, ob wir weiterhin mit Leo III. zusammengehen können oder nicht. Deshalb sollen sechs Bischöfe von uns nach Rom ziehen und den Schmutz, der gegen den Heiligen Stuhl geworfen wird, für jedermann sichtbar beseitigen. Ich will eine Reinigung, versteht ihr? Und was auch immer – es darf nichts offen- oder bedenklich bleiben, weder so noch so!«

Karl und der Hofstaat begleiteten den Papst bis nach Prüm. Nachdem Leo III. dort die reiche »goldene Kirche« geweiht hatte, trennten sich ihre Wege. Leo und seine Anhänger zogen nach Süden weiter. Karl wollte den Winter in Aachen verbringen.

Während der königliche Hofstaat direkt nach Aachen aufbrach, besuchte Karl selbst die nur wenige Meilen entfernte Stammburg Mürlenbach. Dort angekommen, verlangte er, dass ihn alle für einige Stunden allein ließen. Wie sonst kaum denkbar, streifte er ohne jede Begleitung durch die Gemächer und Gänge, die Türme und Stallungen der kleinen Burg seiner Urgroßmutter Bertrada, die eine Schwester der Kölner Herrscherin Plektrud gewesen war. Beinahe wehmütig erinnerte er sich an die ersten Jahre seines Lebens, die er zu einem Teil mit seiner Mutter Bertrada in der Burg verbracht hatte. Kein einziges Mal war sein Vater Pippin dort erschienen. Karl erreichte die Burgmauer am ungepflasterten Hof, von dem aus der Blick über waldiges Bergland frei war. Es war unglaublich, fast schon unwirklich still in der Burg seiner Vorfahren mütterlicherseits. Auch noch nach einem halben Jahrhundert erinnerte sich der König an die glückliche Zeit, in der er kein Großer und Geweihter, sondern ein adliger Bastard gewesen war – nicht weniger, aber auch nicht viel mehr als die verspotteten Narren der Inzucht in Mürlenbach und den entlegenen Dörfern.

Es dämmerte bereits, als er sich endlich vom Blick über die friedlichen Baumwipfel und die im Tal beginnenden Nebel löste.

Am nächsten Morgen brach er bereits in aller Frühe mit seinen Begleitern auf. Am späten Nachmittag holte er den gesamten Hofstaat und den Tross an einer engen Balkenbrücke über die Rur wieder ein.

Während die anderen ihr Nachtlager am felsigen Ufer des schnellen Flusses einrichteten, ritt Karl nach einigen kurzen Anweisungen und mit einem Dutzend Begleiter weiter in Richtung Aachen.

Die Königin empfing ihn nicht, wie er erwartet hatte. Noch von dem langen Ritt erhitzt, polterte er in ihre Gemächer. Sie lag voll angekleidet auf ihrem Bett, umringt von ihren Damen, einigen Mägden und einem Chorknaben, der leise fromme Lieder sang.

»Liutgard! Geht es dir nicht gut?« Sie lächelte und ließ sich etwas aufrichten.

»Was hast du? Darf ich dich in meine Arme schließen?« Eigentlich hatte er gehofft, dass sie jetzt, nach fünfjähriger Ehe und zur Vollendung seiner Pfalzkapelle, bereit sein würde, ihm einen Sohn zu schenken.

»Was wünschst du dir?«, fragte er noch immer laut und stark. Doch sie ließ sich zurückfallen und bekreuzigte sich schwach.

»Ich bin so müde, Karl. Und ich wünsche mir nichts mehr als deine Zustimmung für eine Pilgerreise zum Grab des heiligen Martin in Tours am Fluss Loire. Mir reicht auch eine sehr kleine Begleitung ...«

Karl brauchte lang, bis er begriff. Nein, das war nicht mehr die fröhliche Gemahlin, von der er sich einen Sohn gewünscht hatte. Er presste seine Lippen zusammen, atmete mehrmals tief ein und nickte dann. Es fiel ihm schwer, die Hand nach ihr auszustrecken, noch schwerer, dass sie dankbar lächelte.

Nach einer kurzen Dusche unter einem Schwall heißem und dann kaltem Wasser ließ er sich abtrocknen, neu einkleiden und kämmen. In der großen Pfalzhalle waren inzwischen die Boten aus allen Himmelsrichtungen eingetroffen. Karl setzte sich sofort an die große Tafel, auf der ihr Nachtmahl aufgetragen wurde. Er nahm den ersten Schluck aus seinem goldenen Weinbecher, dann winkte er den ersten Boten von der anderen Saalseite heran. Er berichtete von Angriffen der Nordmannen gegen die Südküste seines Reiches am Mittelmeer, aber es erschien ihm unwichtig, darauf einzugehen.

Viel ärgerlicher war der widerborstige Felix von Urgell. Er wurde erneut zu einem Problem. Noch bis Mitternacht ließ sich Karl Briefe vorlesen. Darin drängten einige der nördlichen Erzbischöfe, Alkuin zur nächsten Synode oder bereits früher nach Aachen einzuladen: »Er ist der Einzige, der diesem Hispanier den wilden, schädlichen Mut verderben kann!«

Karl murrte unwillig. »Alkuin wird nicht kommen. Mit seinen letzten Geschenken zum Weihnachtsfest hat er mir mitgeteilt, dass er sich mit seinen siebzig Jahren jetzt alt fühlt et cetera und dass er sich in Zukunft viel lieber dem Verfassen von schönen Gedichten widmen will.«

»Ist das der Dank für reiche Pfründen?«, fragte der neben ihm speisende Erzbischof aus Köln abfällig.

»Sprich nicht so über den Mann, der mehr aus seinem Kopf herausgeholt hat als ihr alle zusammen!«

»Aus dir hat er die vier Abteien Ferrières, Sanct Martin in Tours, Sanct Loup in Troyes und Sanct Josse herausgeholt«, antwortete Hildebold. »Das sind gut und gern tausend Mönche, die in Schreibsälen Evangeliare und andere kostbare Bücher herstellen, die Wein kultivieren und sich das wilde Land untertan machen. Dazu mehr als zwanzigtausend unfreie Knechte, Hörige und Menschen im Sklavenstand, die nur den Reichtum Alkuins zu fördern haben …«

Karl winkte ab. »Ich will, dass Alkuin in voller Achtung und mit Liebe hier empfangen wird!«

Zwei Wochen später kam Alkuin in Aachen an. Er ließ sich von zwei starken, jungen Mönchen führen, denen er Hände und Wangen streichelte, sobald sie sich bei ihrem langsamen und theatralisch inszenierten Gang rund um den Innenhof der Königspfalz für ein paar Atemzüge ausruhten.

»Es ist zu laut bei euch geworden«, beschwerte er sich mehrmals bei Karl. »Zu viele Pferdeknechte, zu viele Schmiede und andere Handwerker und sicherlich zu viele Händler aus dem Süden. Außerdem ist es nicht gut in deinem Alter, wenn du dir gleich zwei Bettgefährtinnen leistest …«

»Geht dich das irgendetwas an?«, schnaubte Karl. »Du weißt doch gar nicht, was du mir neiden willst!«

Alkuin blieb unter den Fenstern an der Ostseite des sanft zwischen Kirche und Pfalzaula aufsteigenden Innenhofs stehen.

Für einen kleinen Augenblick legte er den Kopf zur Seite und lauschte dem Gesang der Hofschüler. »Das ist noch kein Messgesang«, kritisierte er. »Ich wünschte, dass sich endlich einer findet, der diesem Mäusepiepen Einhalt gebietet!«

Niemand beschwerte sich. Denn jeder wusste, dass Alkuin mehr als nur Narrenfreiheit besaß. Er war sehr lang die graue Eminenz, Vordenker und Auserwählter und noch im Greisenalter Lenkender für viele der Gedanken Karls gewesen. Nur eines hatte er nie gesehen: Karl hatte das alles wie ein Schwamm aufgesaugt, aber dann doch ganz allein entschieden ...

Es war, als würde Alkuin noch einmal demonstrieren wollen, wie unverzichtbar er doch war. Mit kleinen, steten Mückenstichen verteilte er sein Gift gegen Felix von Urgell.

»Er hängt noch immer seiner Lehre von der Adoption Christi an«, seufzte der große Lehrmeister am dritten Tag seiner Ankunft. »Aber ich werde ihn noch packen ... bald schon, beim Konzil im Juni!«

An den folgenden Abenden hielt sich der König nach den großen Gelagen in der Pfalzaula mit oftmals mehr als hundert Teilnehmern nicht beim Essen, wohl aber beim Trinken noch deutlicher zurück als üblich. Es war, als könne er kaum erwarten, sich endlich und mit einem kleinen Kreis von ausgewählten Männern dorthin zurückzuziehen, wo ihn kein Lärm von Lautenspielern, kein trunkenes Gelächter, kein Hundegebell und kein Weiberkichern störten.

Bis in den Frühsommer hinein befasste sich Alkuin nur noch mit Anklageschriften und dem Entwurf von Reden gegen Bischof Felix von Urgell.

Anfang Juni kamen Boten aus Rom in Aachen an. Karl kannte einige von ihnen. Sie waren Mönche aus dem bairischen Kloster Mondsee. Er maß ihnen aber keine besondere Bedeutung zu, da sie ihm nur Grüße des Papstes ausrichteten, einige kleine Geschenke sowie einen Brief mit Anmerkungen Leos III. zu Gebietsstreitigkeiten zwischen dem Kloster vom Mons Cassino und dem Herzogtum von Benevent übergaben. Erst nach dem großen Abendessen in der Pfalz sprach nochmals einer der bairischen Mönche beim König der Franken vor.

»Kann ich dich unter vier Augen sprechen?«, fragte er. Das war ungewöhnlich, aber dann zeigte der Mönch Karl einen Brief, der das Siegel des Bischofs von Salzburg trug. Karl zerbrach den Verschluss und ging zur nächsten Wandfackel. Nach den üblichen Anreden übermittelte der schwarze Arn nur eine einzige Bitte: »Höre den Mann an, der dir dieses Schreiben übergibt. Er sagt die Wahrheit ...«

Karl sah sich kurz nach allen Seiten um. »Komm«, sagte er dann und führte den Mönch durch den kurzen Zwischengang in den Granusturm. »Was sollst du mir sagen?«

»Es sind zu viele Beobachter aus Rom in Aachen«, flüsterte der Mönch. »Deshalb wollte der schwarze Arn dir keinen Brief schreiben, der doch so laut verlesen wird, dass falsche Ohren es hören könnten. Aber ich soll dir sagen, dass in Rom alle Vorwürfe gegen den Papst weiter bestehen.«

»Was ist mit meiner Untersuchungskommission?«

»Sie hat die Ankläger festnehmen lassen.«

»Das war nicht klug«, rügte Karl sofort.

»Das wissen dein Erzkaplan und der schwarze Arn inzwischen auch. Die Lage in Rom ist sehr gefährlich. Unsere Untersuchungen haben kein günstiges Bild für den Papst ergeben ...«

»Reichen die Vorwürfe gegen Leo für eine Verurteilung aus?«

»Nondum, noch nicht.«

»Was also schlagen der Erzkaplan und der schwarze Arn vor?«

»Sie bitten dich nach Rom.«

»Was? Mich? Warum?«

»Christus ist durch ein weltliches Gericht verurteilt worden, aber bei einem Papst als seinem Stellvertreter ist das nicht so einfach. Und nur noch du könntest entscheiden, was geschehen soll.«

Karl drehte sich nachdenklich um. Zusammen mit dem Mönch ging er in die lärmende, von Fackelrauch erfüllte Aula der neuen Königspfalz zurück.

34

Das Kaiserkomplott

Erst im August war es so weit. Wie schon seit Generationen
kamen alle, die in Germanien oder Gallien etwas zu sagen hatten
oder dabei sein mussten, mit Weibern, Tross und Waffenknechten, mit Geistlichen und Hurensöhnen, Leibeigenen, Sklaven,
Händlern, Gauklern und Gutspriestern, Äbten und Mönchen
und Magiern und all den anderen zusammen, ohne die nie irgendetwas geschah.

Da einigermaßen Frieden im Land herrschte, beschloss der
Reichstag in diesem Jahr keinen großen Kriegszug, für den
der König erforderlich gewesen wäre. Einige Grafen erhielten
die Zustimmung, auf eigene Rechnung Grenzstreitigkeiten zu
schlichten oder kleinere Strafaktionen gegen bestimmte Teile
der jeweiligen Urbevölkerung ihrer Grafschaft auszuführen.

»Sollte ich vielleicht doch nach Rom gehen?«, fragte Karl alle
möglichen Edlen und Kirchenfürsten. Alkuin und die Bischöfe
waren dafür, Karl selbst und die meisten der fränkischen Großen dagegen. Aber die abendlichen, meist an Lagerfeuern unter
freiem Himmel geführten Diskussionen brachten keine neuen
Argumente. Es war so, wie er es von Anfang an gesehen hatte.

»Geht irgendetwas schief, hänge ich mit drin«, sagte er.

Alkuin kicherte. »Verläuft aber alles im Sande, dann hast du
einen Papst, mit dem du machen kannst, was du willst.«

»Rüttelt ihr etwa an den Grundfesten des Papstes?«, protestierte Karls Sohn Ludwig. Der Zweiundzwanzigjährige war von
ebenso riesiger Gestalt wie sein Vater. Er galt noch immer als der
Frömmste seiner Familie.

Alkuin seufzte sehr tief, dann sagte er: »Um deine Frage eher
logisch als philosophisch zu beantworten, dürfen wir nicht mit
Vers sechzehn im Kapitel sechzehn bei Matthäus anfangen,
sondern bei Vers dreizehn. Und genau das wird in fast allen
Wortgefechten über den Ursprung des Primats der Päpste schlicht
vergessen!«

»Meinst du, dass alles falsch ist?«, fragte Ludwig verstört.

»Du musst die damalige Situation verstehen«, sagte der alte Alkuin belehrend. »Das alles geschah doch in der Zeit, in der Jesus in die Gegend der Stadt Cäsarea Philippi an die Jordanquellen kam. Er fragte seine Getreuen, was die Leute über ihn redeten. Natürlich gab es ganz unterschiedliche Antworten ... dass er vielleicht Johannes der Täufer sei, Elia, Jeremia oder irgendein anderer Prophet ...«

»Was soll denn daran unglaubwürdig sein?«, warf Ludwig ein.

»Nichts«, sagte Alkuin mit einem feinen Lächeln. »Denn so weit könnte die beschriebene Szene stimmen. Aber dann kommt eine Passage, die eines Herrn und Meisters und eines Gottessohnes absolut unwürdig ist ...«

»Alkuin!«, rief Ludwig erschrocken. »Versündige dich nicht!«

»Was glaubst du denn, wie oft bei Mönchen, Äbten und erst recht bei Bischöfen über diese kleine, maliziöse Bibelstelle geflucht, gestritten und gekämpft wird!« Der siebzigjährige Fürst aller Frankenmönche lachte. »Was passiert denn in Vers fünfzehn, sechzehn? Jesus fragt seine Jünger, was die Leute von ihm glauben.«

»Ich weiß – bei allem Respekt – nicht, worauf du hinauswillst«, sagte Ludwig mühsam beherrscht. Der fromme Sohn des Frankenkönigs schien zu glauben, dass hier ein Angriff auf das Reich stattfand, das nicht durch Festungsmauern oder Schwerter verteidigt werden konnte.

»Hör mir zu, eh du protestierst«, sagte Alkuin. »Ich weiß, du zürnst mit aufrichtigem Herzen. Aber du solltest toleranter werden. Du musst lernen, eh du lehren und zuhören, eh du antworten, verzeihen oder gar strafen kannst!«

»Ach, lass ihn«, meinte Karl. »Sag uns lieber, worauf wir schon die ganze Zeit warten.«

»Also gut«, meinte Alkuin und nickte. »Wenn du, Karl, mich jetzt fragen würdest, wer du bist – welche Antwort gebe ich?«

»Was weiß ich ... König der Franken höchstwahrscheinlich.«

»Das ist dein Amt durch Gottes Gnade. Doch wer bist du als Mensch? Und was gibst du dem, der als Erster antwortet?«

»Gar nichts«, antwortete Karl laut lachend. »Warum sollte ich

594

einem, der mich schon lang kennt und der mir folgt, etwas für eine völlig klare Antwort geben?«

»Gut«, fuhr Alkuin fort. Er hob die Arme, um mit Händen und Fingern über die anderen zu herrschen. »Aber es könnte doch sein«, sagte er absichtlich zögernd, »es könnte doch sein, dass irgendjemand hier am Hof dich als Gekrönten, aber zugleich auch als unehelichen Sohn des Hausmeiers Pippin bezeichnet, als –«

»Wer bei mir ist, weiß, wer ich bin!«, unterbrach ihn Karl.

»Genau das wollte ich hören!«, sagte Alkuin zufrieden und schlug klatschend die Hände zusammen. Er sah sich um, als würde er nur warten, bis Karls letzte Worte von jedem Anwesenden nicht nur gehört, sondern verstanden waren.

Es klang wie beiläufig, als er sagte: »Nun ja, zurück zur Bibel ... in Vers sechzehn soll Simon Petrus – immerhin der Sprecher der zwölf Jünger, die Jesus seit geraumer Zeit begleiteten – gesagt haben: ›Du bist Christus – also der Messias und Gesalbte – des lebendigen Gottes Sohn.‹«

Er schob die Lippen vor, hob die Hände, drehte sie, knickte die Finger ein und betrachtete so intensiv seine Fingernägel, als hätte er alle Zeit und alle Stille eines Klosters für sich allein.

»Hat er gesagt und geschrieben«, bestätigte er sich selbst noch einmal. Und plötzlich schnellte er hoch, ließ Purpurrot über sein altes, faltiges und klein gewordenes Gesicht strömen und wurde wieder zur schärfsten Waffe des Wortes im ganzen Frankenreich. »Aus!«, stieß er hervor. »Warum sollte Jesus einen der Jünger segnen, der doch nur aussprach, was alle glaubten? Warum gerade ihn als Simon seligsprechen und ihn Petrus den Felsen nennen, auf den er seine Gemeinde bauen wollte? Und warum hat er fast im gleichen Atemzug seinen Jüngern verboten, irgendjemandem zu verraten, dass er Jesus, der Christus, ist?«

»Das war mir immer schon zu unverständlich«, sagte Karl.

»Wem nicht? Wem nicht?«, lachte Alkuin vergnügt. »Nun gut, ich billige dem Gottessohn zu, dass er keine Gemeinde haben wollte, die aus Selbstsucht auf das verlockende Versprechen vom Erlöser zu ihm kam. Die Jünger sollten erst nach seinem Tod von ihm als dem Messias zeugen. Trotzdem ... auf eine selbstverständliche, ja, schon fast dumme Antwort das ganze Papsttum und den Primat des Bischofs von Rom über alle anderen aufzubauen, das ist mehr als mutig!«

»Für mich ist Karl König der Bischöfe«, sagte Angilbert voller Überzeugung. Alkuin schickte ihm einen seiner kleinen, wespenstichigen Blicke zu. Seit Angilbert mit der Königstochter Berta einen kleinen Nithard gezeugt hatte, war er für Alkuin kein ernst zu nehmender Streitpartner mehr.

»Ja, aber immerhin hat Petrus in Rom gelehrt«, sagte Ludwig.

»Mag sein«, antwortete Alkuin. »Doch Paulus ebenfalls. Warum kann er nicht erster Apostel gewesen sein?«

»Es steht nicht in der Bibel ...«

»Ludwig, du gehst auf dünnem Eis«, warnte Alkuin wohlwollend. »Ich könnte dich noch mehr verwirren. Zum Beispiel dadurch, dass nirgendwo im Evangelium des Matthäus geschrieben steht, wer eigentlich die Nachfolger von Simon Petrus sind.«

»Die nächsten Bischöfe natürlich ...«

»So? Nicht seine Kinder? Seine Söhne? Du weißt doch, dass der erste Bischof Roms nicht im Zölibat gelebt hat, sondern verheiratet gewesen ist ...«

»Schluss jetzt, hört auf zu streiten!«, befahl der Frankenkönig. »Ich will nur wissen, ob ich als Patricius Romanorum den Heiligen Stuhl oder den Arsch, der darauf sitzt, verteidigen und schützen muss!«

»Das zu beantworten«, kicherte Alkuin, »das zu beantworten, würde hundert Konzile erfordern!«

»Mindestens«, sagte Angilbert. »Sie werden alles zerreden, sortieren und so zusammensetzen, wie sie es selbst verstehen.«

»Und irgendwann wird all das nichts mehr mit der Frohen Botschaft zu tun haben«, meinte Karl nachdenklich. »Die Botschaft, für die Gottes Sohn gestorben ist.«

Alkuin holte tief Luft. »Dann schütze ihn vor der Kirche, den Bischöfen und den Päpsten!«, sagte er ketzerisch.

Karl zog nach Rom. Er ließ sich Zeit und ritt gemächlich über die Alpen. Die meiste Zeit begleiteten ihn rechter und linker Hand seine erwachsen und stark gewordenen Söhne. Südlich des

Bernhard-Passes erlaubte Karl allen Waffenträgern, Tücher statt ihrer Kopfhelme zu tragen.

Die Hitze nahm so schnell zu, dass Karl sogar den Weibern im Gefolge zugestand, sich ihrer Unterkleider zu entledigen. Sie zogen an der Dora Baltea entlang bis zur Einmündung in den Po und weiter bis nach Pavia. Dort rasteten sie einige Tage, ehe sie sich bis nach Ravenna am Adriatischen Meer weiterbewegten. Der Frankenkönig blieb eine volle Woche in der Stadt. Er empfing Botschaften aus Friaul und Adlige, hörte sich an, was die Äbte verschiedener Klöster zu beklagen hatten, und schlichtete mehrere Streitfragen zwischen Edlen aus alten Langobardengeschlechtern und jungen Franken, die noch nicht wussten, wie Macht und Milde zu vereinen waren.

Natürlich blieb ihm nicht verborgen, dass die Unzufriedenheit unter den Edlen, die ihn begleiteten, ständig zunahm. Auch zwei seiner Söhne hätten ihn lieber bei einem Feldzug als auf dem Weg zu einer Gerichtsverhandlung gegen den Papst gesehen.

»Du muss etwas tun«, sagte der junge Karl eines Abends, »immer mehr Heerführer und Grafen sagen, dass bald auch noch Schilder und Schwerter abgelegt werden, wenn es so weitergeht.«

»Ludwig ist natürlich für dich«, meinte Pippin. »Aber der war schon immer mehr für das Kreuz als für das Zepter ...«

»Lasst Ludwig in Ruhe!«, befahl Karl barsch. »Er mischt sich auch nicht in eure Angelegenheiten ein. Ich aber will sie hören!«

Karl, der Thronfolger, zögerte kurz. »Pippin hat Ärger mit dem Herzog von Benevent«, sagte er dann. »Arichis schwört immer wieder, dass er sich an die Vereinbarungen hält, doch seine Haufen dringen bei Nacht und Nebel immer wieder nach Norden vor.«

»Ist es so?«, fragte Karl. »Oder reagiert Arichis nur auf Provokationen von eurer Seite?«

»Teils, teils«, antwortete Pippin zögernd. »Ich kann nicht beurteilen, wer jetzt, in den vergangenen Wochen oder vor einem Jahr wieder einmal angefangen hat.«

»Als König von Italien solltest du alles über das Land, in dem du herrschst, wissen. Und nun? Was habt ihr vor?«

Der junge Karl räusperte sich. »Einen Strafzug gegen Arichis.«

»Strafzug? Oder Raubzug?«

Karls Söhne hoben die Schultern und die geöffneten Handflächen, aber ihr Vater schüttelte den Kopf. »Haderlumpen«, sagte er abfällig.

»Wenn du nichts befiehlst und der Reichstag nichts für uns beschließt, dann müssen wir doch zusehen, wo etwas Gold und Silber geerntet werden können.«

»Außerdem kommen morgen Vertreter der Kurie zu dir.«

»Aha! Und ihr wisst schon, was sie wollen?«

»Sie wollen sich nur über Arichis beschweren«, sagte Pippin, »über das Ausbleiben der vereinbarten Lieferungen für das Kloster auf dem Mons Cassino und ein paar andere Kleinigkeiten.«

»Betrifft irgendetwas von dem, was sie sagen werden, den Prozess?«

»Ja«, antwortete der Thronfolger nach kurzem Zögern. »Die Abgesandten des Papstes haben Dokumente bei sich, die seine Unschuld beweisen und –«

»Halt!«, unterbrach Karl sofort. »Kein Wort weiter! Ich will kein einziges Dokument hier sehen – weder ein echtes noch ein gefälschtes! Wer etwas vorzutragen hat, soll das vor Gericht tun, aber nicht bei mir!«

»Willst du nicht vorher nach der Wahrheit suchen?«

»Wahrheit, und das müsst ihr beide euch in eure Köpfe hämmern, Wahrheit ist nie ein absolutes Maß, sondern stets eine Vereinbarung der Beteiligten zu einem ganz bestimmten Zeitpunkt. Einen Tag vor der Kriegserklärung ist ein fränkischer Krieger, der einen anderen mutwillig und ohne Notwehr totschlägt, als Mörder selbst des Todes. Einen Tag nach dem Beschluss des Reichstags zum Heeresbann kann der gleiche Totschlag eine leuchtende Heldentat sein.«

»Das ist mir viel zu kompliziert«, sagte Pippin.

»Wenn du das nicht verstehst, müsste ich dir die Königskrone von Italien wieder wegnehmen«, sagte sein Vater ernsthaft.

»Ich habe sie mir nicht aufgesetzt.«

»Willst du sie denn behalten?«

»Warum nicht? Ich kann die Frankenkrone nicht bekommen, denn die steht meinem Bruder zu, der deinen Namen trägt.«

»Oder unserem Halbbruder, der wie du Pippin heißt«, sagte der Thronfolger ganz so, als wolle er nicht nur seinen Vater, sondern auch seinen jüngeren Bruder reizen.

»Genug jetzt«, sagte Karl. Er musste plötzlich wieder an Himiltrud, Hildegard und Mahthild, an Fastrada und Liutgard denken. Zusammen mit der ungeliebten Tochter von König Desiderius hatte er vier Ehefrauen gehabt – einschließlich der schönen, wunderbaren Friedelfrauen nach altem Frankenrecht sogar sechs. Nein, dachte er, ich will nie wieder heiraten. Er lächelte ein wenig wehmütig, als ihm das klar wurde.

»Und nun zu euch«, sagte er zu seinen Söhnen.

»Eigentlich sind wir nur hier, um dein Einverständnis für einen Zug gegen Herzog Arichis zu bekommen«, meinte der jüngere Karl vorsichtig.

»Nur wenn ihr mir zuvor die Schönlinge in Rom vom Leibe haltet.«

»Versprochen«, sagte Pippin sofort. Der junge Karl nickte ebenfalls.

Die Verhandlungen mit den Vertretern des Klerus verliefen so angestrengt und förmlich, dass niemand Karl in diesen Tagen stören oder behelligen durfte. Er nahm keinerlei Schriftstücke an und erklärte sich nur damit einverstanden, dass der Papst ihm zwanzig Meilen vor Rom entgegenkommen sollte.

»Warum auch nicht?«, entschied er lapidar. »Das hat schon Hadrian gefallen ...«

Eine Woche später zogen die vereinten Heere der Franken weiter nach Süden. Siedlung für Siedlung und Stadt für Stadt lieferten aus, was sie verlangten. Nachdem auch noch Ancona, in dem sich fast zweitausend Getreue der alten Langobardenkönige verschanzt und eingeschlossen hatten, sich fügte, ermahnte Karl seine Söhne erneut:

»Seid milde und lasst Besiegten Raum zum Atmen. Es hat noch nie einem Eroberer genützt, wenn er den Krieg auch noch nach Sieg und Niederlage fortsetzte.«

In den nächsten Tagen zogen sie weiter bis zur Via Salaria. Dort verließen sie die adriatische Küste zur mühevollen Überquerung des Apennin von Nordost nach Südwest – eine Strecke durch enge Schluchten, hohe Pässe und auf Geröllwegen, über die sich schon vor Jahrhunderten römische Legionäre und Salzhändler nur mit bösen Flüchen auf den Lippen gequält hatten.

Am 22. November wechselte der Frankenkönig noch in den Sabiner Bergen von der Via Salaria in die Via Nomentana über. Er war einen Tag zu früh und erreichte den Zwanzigmeilenstein vor Rom schon am Nachmittag. Hier wollte er mit der Delegation des Papstes zusammentreffen. Während die ersten Mulis und Packpferde abgeladen wurden, gab Karl wie schon vor vielen Jahren seine Anweisungen:

»Kein Kettenhemd soll rostig sein, wenn wir den Papst empfangen und dann in Rom einziehen«, rief er den Reitern und den Fußkriegern zu. Wie viele mögen noch dabei sein, dachte er im gleichen Augenblick, wie viele, die das alles schon einmal gehört haben? »Jeder Helm sollte in Eisen und in Leder glänzen«, befahl er weiter, »jedes Wams, jeder Mantelumhang gewaschen sein und jeder Harnisch fleckenlos funkeln. Ich will, dass wir den Römern so strahlend, sauber und wahrhaft königlich entgegentreten, wie sie es nur von den Legionen ihres besten und allergrößten Cäsaren hörten!«

Am nächsten Tag kam der Papst wie erwartet im schweren Reisepelz und vollem Schmuck auf einem Zelter bis ins Frankenlager. Dutzende von stolzen Kirchenfürsten in bunter Kleidung begleiteten ihn, dazu niedere Priester und Mönche, manche sehr ernst und abgehoben mit dreckstarrenden, zerschlissenen Kutten, barfuß und hohlwangig, andere feist grinsend und verschlagen wie Diebe in der Menge. Obwohl der Papst kein Heer haben sollte, wurden er und seine Großen von fast hundert zwielichtigen Gestalten unter Waffen begleitet, bei denen niemand erkennen konnte, ob sie Byzantiner, Galloromanen oder gar hispanische Muselmanen waren.

Die fränkischen Missi dominici hielten sich auffällig zurück. Weder der Bischof von Salzburg noch der Erzbischof von Mainz ritten in den ersten Reihen der römischen Kirchenfürsten. Sie blieben auch noch im Hintergrund, als Leo sich von seinem Zelter aus vor Karl verneigte. Als Gegenleistung reichte der König der Franken dem Pontifex die linke Hand zum Absteigen. Der barhäuptige Frankenkönig überragte den Bischof der Bischöfe trotz seines Pelzhutes um fast zwei Haupteslängen.

»Willkommen vor Rom«, sagte Leo III. Die beiden ungleichen Männer sahen sich lang in die Augen.

»Ich weiß, worum es geht«, sagte Karl schließlich. »Hoffentlich weißt du das auch!«

»Frag mich im nächsten Jahr«, sagte der Papst sibyllinisch.

»Wir müssen Schritt für Schritt vorgehen. Ich hoffe nur, dass du dir klar darüber bist, in welcher Klemme du jetzt steckst ...«

Karl führte den Papst zur festlich vorbereiteten Tafel. Sie setzten sich nebeneinander.

»Bevor du fortfährst, sollst du wissen, dass jedes unserer Worte von meinen Schreibern und Notaren festgehalten wird«, sagte Karl.

»Von meinen ebenfalls«, nickte Leo III. und nahm sich zum Probieren von der ersten der vorgekosteten Platten zwei gegrillte Wachteln, ein Tonschälchen mit gesottenen Nachtigallenzungen auf Basilikumspitzen, drei Froschschenkel in geminztem Butterteig, etwas arabisch gepfeffertes Knoblauchhuhn, Pistazien, Maronen und ein paar andere Kleinigkeiten.

Karl aß nichts davon. Er trank nur eine Schale Brühe mit etwas weißem Brot als Beispeise und aß einen kleinen Löwenzahnsalat mit ausgelassenem Speck und klein gehackten gekochten Eiern. Erst als Wildbraten gereicht wurde, griff er zu – doch nur so lange, bis er gesättigt war. Der Papst hingegen ließ sich dreimal aufhelfen, um sich unweit der Tafel und nicht einmal richtig vom Gebüsch verdeckt nach vorn und hinten zu entleeren.

»Warum frisst er so viel?«, fragte Karl kopfschüttelnd. »Was will er mir damit beweisen?«

»Die Römer sind nun mal so«, lachte der schwarze Arn. »Sie müssen übertreiben.«

»Ich mag das nicht«, sagte Karl. Er wollte weiterreden, doch da sah er zwei, drei warnend erhobene Finger seines Sohns Karl. Der Thronfolger schürzte die Lippen, sah in die Luft und pfiff ein paar Takte aus Alkuins Vertonung des Nibelungenliedes. Für einen Augenblick wusste Karl nicht, was sein Sohn meinte. Aber dann erinnerte er sich wieder an ihre Diskussion in Ravenna. Keine Vorverurteilungen! Keinerlei Gesten, die als parteiisch ausgelegt werden konnten! Nicht einmal irgendein Naserümpfen …

Am frühen Nachmittag ließ sich der arg gebeutelte, deutlich erschlaffte und auch schon schwankende Papst auf sein Pferd helfen. Er hatte den ganzen Weg über die Via Nomentana bis zu den Stadtmauern von Rom vor sich, dann nochmals fast drei Meilen quer durch die Stadt an den Thermen entlang bis über den Tiber zum Lateranpalast – und alles nur im Damensitz und im anstrengenden Passgang eines Zelters.

»Papst möchte ich auch nicht sein«, sagte Pippin, der König von Italien. Sein Vater lachte nur.

»Bei Gott, ich auch nicht«, sagte er. »Es hat schon Vorteile, wenn man bestimmen kann, was geglaubt und gedacht werden muss. Aber Nachfolger eines Apostels zu sein, ist bestimmt schwerer, als tausend Hufen wildes Land mit Pferd und Schwert zu verteidigen!«

Kurz nachdem der Staub der päpstlichen Delegation verweht war, ließ der König der Franken das Lager abbrechen. Obwohl die Tage inzwischen auch in Italien kürzer waren, hatten die Franken keine Mühe, noch vor Sonnenuntergang samt Fußvolk, Tross und einigen Karren die Stadt zu erreichen. Und dann geschah, was eine Überraschung sein sollte und was doch alle ebenso erwartet hatten:

Jubelnde Römer empfingen den Frankenherrscher bereits an der nordöstlichen Stadtmauer und begleiteten ihn von der Porta Nomentana bis zum Lateranpalast.

»Sperrt eure Ohren und Augen auf«, rief er seinen Söhnen zu. »Hier könnt ihr sehen und hören, was mit bestellten Massen und eingeübten Sprechchören erreicht wird. Ich würde auch darauf hereinfallen, aber ich kenne das alles, und es beeindruckt mich nicht mehr!«

»Aber es sieht doch gut aus«, meinte der Thronfolger hoch aufgerichtet auf seinem Pferd und winkte ständig nach allen Seiten.

»Und es klingt auch gut«, gab Ludwig der Fromme ergriffen

zu. »Eine ganze Stadt singt … das altehrwürdige Rom … im Jubelchor für Gottvater, Jesus Christus und uns, die wir den Glauben verteidigen …«

»Vorsichtig, Kerle!«, mahnte Karl. »Lasst euch nicht täuschen! Herrscher und Gaukler benutzen die gleichen Listen. Das hier hat Leo kaum einen Scheffel Denare gekostet, aber es wird noch Jahrtausende lang heißen, das Volk von Rom hätte uns jubelnd empfangen!«

»Ist es denn nicht so?«, fragte Ludwig.

Der König der Franken lachte so laut, dass sein Gefolge aufmerkte und die Römer am Straßenrand erschreckt die Hand vor ihren Mund schlugen.

»Passt auf, was geschieht, wenn wir zum Vatikan kommen«, sagte Karl zu seinen Söhnen. Selbst als der gleiche Papst, der noch zur Mittagszeit mit seiner Völlerei das denkbar schlechteste Bild des Pontifikats abgegeben hatte, in vollem bischöflichen Ornat über die Stufen seiner Basilika herabkam, glaubte ihm Karl kein Wort und keine Geste.

»Wir müssen aufpassen«, sagte er abends zu seinen Söhnen, »so höllisch aufpassen wie nie zuvor!«

»Was vermutest du?«, fragte der Thronfolger.

»Ich weiß nicht«, antwortete Karl und lehnte sich in seinem hispanischen Reisestuhl mit den Löwenköpfen an den Armlehnen zurück. Er streckte seine langen Beine aus und umfasste das Holzschnitzwerk. Er hatte erneut abgelehnt, in der Stadt der sieben Hügel zu wohnen. Auch in den Wochen, die jetzt kamen, sollte sein Platz bei den Franken in den Zelten und bei seiner Familie sein. Er drehte sich zur Seite und nahm einen kleinen Schluck herben Wein.

»Keiner von uns weiß, wer recht hat«, sagte er, indem er sich noch weiter zurücklegte und gegen das Dach seines Zeltes starrte. »Der Papst kann ein Unschuldslamm oder ein Lump sein. Sage ich dies oder das, weiß es ganz Rom noch in dieser Nacht.«

»Lass doch den Dingen ihren Lauf«, schlug Ludwig vor. »Der Herr, der über alles richtet, wird uns auch hier den Weg weisen.«

Der Thronfolger ballte die Fäuste und stieß kopfschüttelnd die Luft aus. Sein Vater sah es, schlug sich mit einem Zeigefinger auf die Lippen und wehrte dann sehr schnell mit beiden Händen jedes weitere Wort seines Sohnes ab.

»Lass ihn!«, zischte er leise. Der junge Karl stutzte, dann lächelten sie beide.

»Auf jeden Fall werden wir zwei unabhängige Ausschüsse oder Kommissionen brauchen«, sagte Karl nicht sehr laut, aber doch deutlich genug für jeden Lauscher außerhalb der Zeltwände. »Eine der Versammlungen von Edlen soll römisch sein, die andere fränkisch oder mit Bischöfen und Äbten nördlich und westlich der Alpenberge besetzt.«

»Ja, das ist gut«, sagte der Thronfolger lächelnd und ging auf seines Vaters Spiel ein. »Immerhin soll ein Papst vor Gericht –«

»Oder auch nicht!«, unterbrach der Frankenkönig. Sie nickten sich kaum sichtbar zu, und als Ludwig noch etwas sagen wollte, schlugen sie beide wortlos zurück. Zwei Blicke nur, doch das reichte.

Die nächsten Tage vergingen äußerlich ruhig. Karl ritt mehrmals mit kleiner Begleitung durch Rom, besuchte die Kirchen der Umgebung, einige heilige Stätten, Katakomben und die großen Bauwerke der Kaiserzeit. Er hatte eine Reihe von langobardischen Vertrauten seines Sohnes Pippin über die ganze Stadt verteilt, dazu bairische und irische Mönche, die ihm ebenso berichteten wie Franken unterschiedlichster Stellung, die schon seit längerer Zeit in Rom lebten.

Trotz der äußerlichen Ruhe der Adventszeit hing eine überall spürbare Anspannung über allen Straßen und Plätzen. Die wenigsten Römer wussten, was hinter den dicken Mauern der Kurienpaläste, in der lang gestreckten fünfschiffigen Basilika von Sanct Peter, im großen Querhaus oder den inneren Säulengängen der Portikusgebäude besprochen und verhandelt wurde.

Die Menschen sprachen leiser als üblich, und selbst die Marktweiber hielten sich zurück und tuschelten lieber über immer neue Beschuldigungen des Papstes. Andere hielten alles für böse Verleumdungen durch die Familie von Hadrian und möglicherweise des Herzogs von Benevent, Ostroms oder der Sarazenen von Hispanien bis Bagdad.

Nur eins wurde bei allem Hin und Her, aller Gegnerschaft und dem ständig anschwellenden Wust von Gerüchten immer deutlicher: Falls es tatsächlich zu einem Prozess gegen den Papst kommen sollte, stand ein Erdbeben bevor, das den gesamten Erdenkreis erfassen musste!

»Wenn dies geschieht, ist das die Apokalypse für uns alle!«, stieß der schwarze Arn ernsthaft besorgt hervor. Karl hatte alle, die ihm wichtig waren, am zweiten Advent in das kleine, zwischen Buchen und Eichen versteckte Bergkloster Farfa in den Sabiner Bergen gebeten. Das Refektorium war karg und schmucklos, aber es atmete die Wärme vieler Sonnentage aus – und die Erinnerungen an eine lange und schlicht gläubige Geschichte des Christentums in den vergangenen Jahrhunderten.

»Ein Prozess gegen den Papst ist noch schlimmer als eine Rebellion gegen einen Kalifen oder König«, warnte auch Erzbischof Richolf von Mainz. »Unsere gesamte Ordnung würde zusammenbrechen, und jeder Bischof könnte danach wie ein profaner Graf für kleinste Verfehlungen an den Pranger gestellt werden!«

»Wird sich beweisen lassen, ob Leo schuldig oder unschuldig ist?«, fragte Ludwig.

»Ein Schuldspruch richtet die Kirche zugrunde«, beharrte der schwarze Arn auf seiner Ansicht.

»Ein Freispruch ebenfalls«, meinte der Thronfolger. »Die Kirche würde sich völlig unglaubwürdig machen, wenn Leo nicht verurteilt wird.«

»Also?«, fragte Karl. »Was empfehlt ihr?«

»Kein Verfahren, kein Prozess, keine Spruchkammer«, sagte der schwarze Arn. »Die römischen Kirchenfürsten haben inzwischen auch begriffen, was sie mit ihrer Intrige angerichtet haben.«

»Was heißt Intrige?«, warf der junge Karl ein. »Jeder hier weiß doch inzwischen, dass alles, was gegen diesen Papst vorgebracht wird, zutreffend ist.«

»Lügen, nichts als Lügen!«, schrie sein Bruder Ludwig.

»Still!«, rief Karl ärgerlich. »Ihr seid nicht die Richter!« Er wandte sich an die fränkischen Kirchenfürsten. »Habt ihr einen Vorschlag, wie wir Leo – und natürlich uns selbst – aus dieser Fallgrube retten können?«

Der schwarze Arn zeigte das breiteste Grinsen, zu dem er fähig war, und wiegte dabei bedeutungsschwer den Kopf. »Papst Leo III. soll einen Eid schwören«, sagte er nach einer langen Pause, »einen Reinigungseid, mit dem er vor Gott alles abstreitet, was ihm vorgeworfen wird.«

»Hm«, machte Karl nachdenklich. Der Vorschlag klang viel zu simpel. Er dachte an die sogenannten Gottesurteile, die ihn nach der Revolte in Regensburg eher geärgert als befriedigt hatten. »Und das soll reichen?«

»Auf jeden Fall hat ihn dann keiner von uns verurteilt oder freigesprochen ...«

»Und was geschieht, wenn der Himmel kein Einsehen hat?«, fragte ausgerechnet Ludwig der Fromme, »wenn Blitz und Donner herunterfahren, die Sonne dem eisigen Grau des Winters weicht oder irgendein anderes Zeichen den Papst vor aller Augen straft?«

Keiner der Anwesenden wusste eine Antwort darauf. Dennoch wurde genau so verfahren, wie an diesem zweiten Adventssonntag in den Sabiner Bergen besprochen. Als Tag des Reinigungseides für den Papst wurde der 23. Dezember festgelegt – der vorletzte Tag im Jahre des Herrn 799.

Leo III. erklärte sich mit der ungewöhnlichen Prozedur einverstanden. Und als der Tag kam, schien eine milde Wintersonne durch den Dunst über Rom. Es war, als würden urbi et orbi, Sonne und Wind, Menschen und Mächte nur auf ein einziges Zeichen warten. Aber kein Erdbeben, keine Flutwellen im Tiber und keine feuerspeienden Ungeheuer aus den Bergen kündeten irgendein Unheil an. Niemand berichtete von der Geburt dreiköpfiger Kälber, von rotem Fröscheregen oder von Kugelblitzen rund um die Stadt.

Im Gegenteil. Sehr früh am Morgen trafen drei halb verhungerte Männer in Rom ein, von denen es hieß, dass sie extra für diesen Tag aus dem fernen Jerusalem gekommen waren. Der erste nannte sich Zacharias, der zweite sagte, dass er ein Mönch vom Ölberg sei, und der dritte kehrte aus dem uralten Kloster des heiligen Sabas in Palästina nach Rom zurück.

»Sie können sehr wichtig sein«, sagte der Frankenkönig, als ihm die Ankunft der Mönche unmittelbar vor dem Beginn der großen Zeremonie gemeldet wurde. Er war schon früh aufgestanden, hatte sich aber betont schlicht gekleidet. »Wir sollten sie in die Eidesleistung des Papstes einfügen. Bringen sie irgendetwas mit aus der Heiligen Stadt?«

»Etwas sehr Gutes sogar«, antwortete der schwarze Arn und rieb sich die Hände. »Der Patriarch von Jerusalem schickt dir als Zeichen seines Segens die Schlüssel zum Grab des Herrn und zur Schädelstätte, dazu den Schlüssel zur Stadt und zum Berge Zion samt einer Fahne, die hier noch niemand gesehen hat! Karl, das ist der Sieg! Du hast gewonnen ... gegen den Papst, seine Gegner und alle, die bisher noch an deiner Macht und Größe zweifelten.«

Viele der Römer, die Leo III. und seinen Lebenswandel besser kannten als die Franken, erwarteten bis zur letzten Minute doch noch einen Blitzstrahl vom Himmel, der ihn vernichten würde, sobald er die Schwurhand hob. Doch kein göttliches Strafgericht traf den Papst, und damit war der gesamte Vorgang beendet.

Am nächsten Tag, der gleichzeitig der Geburtstag Jesu Christi und der erste Tag des neuen Jahres war, feierte der Frankenkönig die Nachtmesse und die zweite Messe in der Morgendämmerung im Kreise seiner Familie und einiger Frankenbischöfe. Erst zur Hauptmesse am Tage begab er sich zusammen mit den Großen seines Reiches in die Basilika von Sanct Peter. Niemand wunderte sich darüber, dass Karl zur Feier des Tages die zeremoniellen Gewänder seines Königtums anlegte. Er, der sich sonst eher einfach und praktisch kleidete, zog sich diesmal sogar prunkvolle, mit Juwelen besetzte rote Schuhe an, wie sie in den vergangenen Jahrhunderten nur von Kaisern getragen wurden.

Der Weihnachtsgottesdienst lief ab, als sei nichts geschehen. Und wie schon zweimal an diesem Tag lauschte Karl der Heilsbotschaft von der Geburt des Mensch gewordenen Sohnes Gottes aus der jungfräulichen Mutter im Stall von Bethlehem. Er, der sein ganzes Leben lang mit dem Schwert an seiner Seite verbracht hatte, der ohne große Bedenken töten ließ und selbst getötet hatte, setzte die größte Hoffnung nicht auf seine eigene Kraft, Macht und Gewalt, sondern allein auf die Gnade und das Heil aus dem Geheimnis um die Geburt des Gottessohnes. Der Altar war zur Krippe geworden. Karl kniete nieder und nahm seine Königskrone ab. Er setzte sie neben sich auf die steinernen Bodenplatten und neigte den Kopf zum Gebet. Papst Leo III. folgte den alten Anweisungen so genau, dass Karl unwillkürlich an jenen Tag im Garten von Ponthion erinnert wurde, an dem Abt Megingaud ihn in den äußeren und inneren Aufbau der Messe eingeweiht hatte.

Nach dem stillen Gebet, dem Gedächtnis an die Heiligen und der Kommunion sprach der Papst das Schlussgebet: »Wir bitten dich, allmächtiger Gott: Befiehl, dass der heute geborene Heiland der Welt, der für uns Urheber der Gotteskindschaft ist, auch Spender der Unsterblichkeit ist ... Jener, der mit dir lebt ...«

Karl blieb noch einen Augenblick in voller Versenkung knien. Wie ein Kind sprach er die letzten Worte des Papstgebetes nach: »Qui tecum vivit ...«

Im gleichen Moment beugte sich Leo vor und griff nach der abgestellten Krone des Frankenkönigs. Karl hielt den Kopf noch immer gesenkt. Und dann spürte er die Krone auf seinem Kopf.

Noch ehe er irgendetwas tun konnte, hallte ein lauter Sprechchor durch die Kirche: »Carolo Augusto ... a Deo coronato magno et pacifico Imperatori Romanorum ... Vita et Victoria ... dem erhabenen Karl ... dem von Gott gekrönten, großen und friedbringenden Kaiser der Römer ... Leben und Sieg.«

Karl spürte, wie sein Herz für ein, zwei Schläge aussetzte. Er spürte, wie gleich darauf das Blut in seinen Kopf wallte, wollte aufspringen, sich wehren, schreien und protestieren. Doch dann ... Will ich das wirklich?, schrie er sich in einem Sturm von Gefühlen innerlich an. Oder habe ich nicht genau das erhofft und erträumt, seit ich vaterlos, Bastard und so oft geprüft worden bin?

»Leo!«, stieß er hervor. »Du verdammtes Schwein!«

Doch niemand verstand ihn im jubelnden Lärm. Er richtete

sich ruckartig auf und drehte sich um. Die Formel der Akklamation entsprach Wort für Wort dem Zeremoniell für die Wahl eines römischen Imperators. Karl hob die Schwerthand. Für eine Ewigkeit sah es so aus, als wolle er sich die Krone vom Kopf schlagen. Doch auch das hätte ihm nichts genützt – die Krönung zum römischen Kaiser war rechtsgültig.

Nur ... er war vom Papst gekrönt worden, einem Mann, der noch zwei Tage zuvor zur Ablegung eines Reinigungseides gezwungen worden war ...

Und wer galt mehr? Der Gekrönte oder der Krönende?

»Wenn ich gewusst hätte, was der Papst plant, hätte ich die Kirche nicht betreten«, sagte Karl am Abend während des Festmahls. Die meisten der Franken hielten die Kaiserkrönung für einen ebenso wichtigen Sieg wie die Frankenkrone, die Karls Vater Pippin vor fast fünfzig Jahren erobert hatte.

»Ich werde mich niemals Imperator nennen«, sagte Karl.

»Ach Vater, das war doch immer dein Traum«, lachte der jüngere Karl. »Außerdem benimmst du dich wie ein richtiger Römer ...«

»Wieso?«

»Hast du vergessen, dass es bei römischen Herrschern zum Zeremoniell gehörte, sich stets ein wenig zu zieren, wenn ihnen neue Ehren und Würden bevorstanden, und erst einmal abzulehnen?«

»Ihr meint also, ich hätte alles gewusst und insgeheim geplant?«

»Was spricht dagegen?«, fragte Karls Sohn lachend, aber mit einer Spur von Herausforderung in seiner Stimme. Es wurde plötzlich still an der Tafel. Selbst die Spielleute unterbrachen Gesang und Lautenschlag.

»Dagegen spricht, dass ich keinen Papst wie Leo benötige, um mich zu krönen!«, stellte Karl entschieden fest. »Die Eisenkrone der Langobarden habe ich mir auch selbst aufgesetzt.«

»Eine Königskrone«, sagte der junge Karl. »Die macht dir auch Ostrom nicht streitig. Beim Titel Imperator von Rom sieht das ganz anders aus! Da könnte es sogar günstig sein, wenn du sagst, nicht du, sondern der Papst sei es gewesen ...«

»Überlass Alkuin derartige Spitzfindigkeiten!«

»Ich hoffe nur, dass unsere Kirche nicht durch zwei Kaiser gespalten wird«, sagte Ludwig der Fromme besorgt.

»Was träumst du da?«, rief der Thronfolger abfällig. »Erstens ist die christliche Kirche seit Jahrhunderten gespalten, und zweitens hat Westrom von heute an wieder einen eigenen schützenden Kaiser. Und das ist wichtiger als alles Zaudern!«

35

Herrscher des Abendlandes

Eginhard machte sich mehrmals heimliche Notizen, die er zunächst aufbewahrte und dann doch den Flammen des Kaminfeuers übergab.

»Die Kaiserkrönung hat Karl verändert«, stand auf einem der Pergamentblätter, »er hat sich stets als Verfechter der kirchlichen Rechte gesehen, aber so willfährig müsste er nicht sein! Was soll das Kapitel im Kirchenrecht gegen Hexen und Zauberer? Warum dürfen sie nicht mehr getötet werden, wenn sie erkannt sind, sondern müssen so lang im Kerker gehalten werden, bis sie all ihre vorgebrachten Sünden gestanden haben? Glaubenserforschung? Feindschaft gegen die Macht der Fleischeslust? Nein, bei Karl nicht, aber was dann?«

Eginhard wusste es nicht. Er erlebte mit, wie Karl Geschenke als Gegengabe für die Reliquien und Segenswünsche, die ihm der Patriarch von Jerusalem zukommen ließ, ins Heilige Land schickte. Und er sah noch andere Dinge, die ihn verstörten.

Der neue Kaiser des Römischen Reiches freute sich wie ein Kind, als ihm kurz nacheinander von Madelgard und Gerswind Töchter geboren wurden. Er ließ sie auf die Namen Ruothild und Adalthrud taufen. Dass seine Tochter Berta ihren zweiten unehelichen Sohn von Angilbert bekam, vergrößerte nur sein Vergnügen. Karls neuer Enkel wurde auf den Namen Hartnid getauft. Aber der Frühling dieses Kaiserjahres sollte noch fruchtbarer werden ...

Am frühen Ostersonntag liefen laut schreiend Dutzende von blonden Jungen aus dem Frankenlager durch die Gassen Roms bis zum Forum Romanum. Sie hielten lange Lanzen mit scharf geschliffenen Eisenspitzen hoch, von deren Schäften lange Bänder aus bunt gefärbten Leinenstreifen mit Reiherfedern an den Enden flatterten. Einige hatten Pauken und Handtrommeln mit, andere bliesen wie wahnsinnig vor Aufregung und Freude in Kuhhörner und Luren.

Alte Frauen murmelten sicherheitshalber ein Ave-Maria, und verschlafen in die Hauseingänge stolpernde Römer bekreuzigten sich, ehe sie fragen konnten, was geschehen war. Zuerst verstand kaum einer der Römer die Jubelrufe im seltsamen Latein der Frankenjungen. Erst nach und nach verbreitete sich der Grund für den ungeplanten Auftrieb der jugendlichen Fremden.

»Drogo! Drogo! Drogo!«, schrien die jungen, wilden Franken. »Uns ist ein Frankensohn geboren! In Rom ... der erste Kaiserliche ...«

Die Begeisterung der jungen Schar hatte sehr seltsame Folgen. Im Lateranpalast und in den Seitenräumen von Sanct Peter eilten Priester und Bischöfe, die von ihren noch verschlafenen Ordines minores nur unvollkommen angekleidet worden waren, durch die kühlen Gänge und Hallen.

»Drogo! Drogo! Drogo!«, riefen sie. »Kaiser Karl hat einen Sohn, und er soll Drogo heißen!«

Schließlich tauchte auch Papst Leo III. auf. »Seid ihr voll süßen Weines, oder was soll der Unfug?«, fuhr er die Priester an, »warum lärmt ihr am Ostermorgen in Sanct Peter wie wüste Pferdeknechte?«

»Dem Kaiser wurde heute Nacht der erste Sohn geboren!«

Der Papst verzog den Mund und konnte über so viel Dummheit nur noch den Kopf schütteln. »Wollt ihr euch wirklich vom Zeitpunkt irgendeiner Geburt verblenden lassen? Wer ist die Mutter?«

»Sie heißt Regina.«

Der Papst brauchte nicht lang zu überlegen. »Das muss die Metze sein, die nach Madelgard in Karls Bett gekrochen ist.«

»Du weißt sehr gut Bescheid über Karls Familie«, sagte in diesem Augenblick der Erzbischof von Salzburg. Er löste sich aus dem Halbdunkel der hinteren Basilika und trat als Einziger im vollen Ornat zwischen den Papst und seine Priester. Leo III. war nur für einen kurzen Augenblick verwirrt.

»Was willst du?«, fragte er herrisch. Der schwarze Arn überragte den wabbeligen, aber immer noch verschlagen und gefährlich wirkenden Papst um fast zwei Haupteslängen. »Gehörst du etwa auch zu denjenigen, die einen neuen Bastard dem Dutzend

vor der Krönung geborenen Söhnen und Töchtern eures Kaisers vorziehen?«
»Ganz sicher nicht«, antwortete der Erzbischof von Salzburg.
»Aber du solltest vorsichtiger sein! Ich bin nicht sicher, auf welche Seite du dich stellen würdest, wenn hier nicht Halbwüchsige, sondern die Kirchenfürsten des Frankenreiches den Neugeborenen hochleben ließen ...«
»Arn! Das ist eine ganz infame Unterstellung!«
»Verzeiht mir«, lächelte der Erzbischof spöttisch.
»Ego te absolvo!«, konterte der Papst völlig unpassend.

Kurz nach Ostern ließ der Kaiser durch Erzkanzler Ercambald und seine besten Notare die Möglichkeit einer Heirat mit Irene von Athen prüfen.
»Das wäre es doch!«, lachte er Leo III. beim großen Abendgelage im Lateranpalast zu. »Das Reich der Franken von der Bretagne bis zum Donaubogen der Awaren, vom Nordmannenwall bei Haithabu bis zum Herzogtum von Benevent, vereint mit Ostrom bis zum Schwarzen Meer und dem Persischen Reich ... und mittendrin als bestgeschützter Adlerhorst das warme Nest des Papstes! Nun, Leo? Bist du für oder gegen die Vereinigung?«
»An deiner Stelle würde ich bei diesem Weib sehr vorsichtig sein! Sie ist immerhin zehn Jahr jünger als du. Muss ich dich außerdem daran erinnern, dass sie kein ›Basileus‹ ist, weil nach römischem Recht nur ein Kaiser, also ein Mann, das Oberkommando des Heeres haben kann? Es bleibt also dabei – dieses Weib ist dir, Kaiser Karl, weder als ›Basileus‹ noch als ›Basilea‹ ebenbürtig!«
Karl lachte trocken. »Selbst wenn du recht hast – sprechen die Fakten nicht eine andere Sprache?«
»Sie hat ihren Sohn, Konstantin VI., gefangen setzen und ihm die Augen blenden lassen«, stieß der kleine Papst mit einem Zorn hervor, den ihm niemand mehr zugetraut hatte. »Aber das stört den Kaiser und die edlen Herren des Frankenreiches wohl auch nicht mehr ...«
»Herrschsucht und Grausamkeit sind eine Sache«, antwortete Karl vollkommen ruhig. »Mag sein, dass sie einen Status bean-

sprucht, den Gott ihr nicht verliehen hat. Aber man könnte sich doch irgendwann umarmen, statt sich zu bekämpfen ... wenigstens in Europa.«

»Und das sagst ausgerechnet du? Und träumst dabei von einem Gottesstaat? Was du willst, schafft kein Gott, kein Allah, kein Jesus und kein Mohammed ... jedenfalls nicht mit Menschen so wie uns ...«

Karl kehrte still und nur gelegentlich von Pilgern auf dem Weg nach Rom bejubelt in sein Kernreich zurück. Seine Söhne zogen mit ihren Heeren gegen die Mauren in Hispanien. Ludwig belagerte zunächst Barcelona und gründete dann die hispanische Mark. Am Kaiserhof hatten die beiden wichtigsten Männer des Frankenreiches andere Sorgen. Karl störte sich plötzlich an den immer schamloseren Ausritten seiner Paladine mit orgiastischen Zusammenkünften in Waldlichtungen und an Flussufern. Dann wurde ihm auch noch der Lärm in der Aachener Pfalz zu viel.

»Ich will, dass diese ständige Hurerei aufhört«, sagte er eines Morgens, nachdem er sich die halbe Nacht lang über schrilles Gekicher und trunkenes Gelächter in der Nähe seines prächtigen Gotteshauses geärgert hatte. »Auch Friedeldirnen und gegen Geschenke willfährige Weiber soll es nicht mehr geben! Jedenfalls nicht mehr an meinem kaiserlichen Hof.«

Er sah, wie Alkuin verzückt kicherte. Einerseits stimmte der Kirchenmann freudig zu, doch andererseits wussten beide, dass ihr Geist willig war, jegliches Fleisch aber schwach bleiben würde.

»Bei der Gelegenheit«, meinte Alkuin hellwach, »solltest du gleichzeitig den Mönchen im Reich das Lesen der Schriften von Vergil verbieten ...«

»Wie kann ich verbieten, was ohnehin aufgeschrieben ist? Dadurch wird doch nichts ungesagt.«

»Sicherlich nicht«, wand sich Alkuin gequält, »aber muss man unbedingt zulassen, dass jedes Mönchlein Zugang zu kecken Gedanken erhält?«

»Mach, was du willst«, brummte Karl. »Ich habe andere Sorgen und denke seit mehreren Nächten darüber nach, wie ich doch noch einmal mit Byzanz in Verhandlungen kommen könnte.«

»Greif sie doch an«, schlug Alkuin vor. »Nicht direkt natürlich, sondern in Benevent ... oder besser noch in Venedig oder an der Dalmatinischen Küste.«

»Du meinst mit Schiffen?«

»Wozu haben wir eine Flotte?«

»Das ist nicht meine Domäne«, meinte Karl unbehaglich. »Aber gut, dann erkunden wir eben auf diese Weise, wie Byzanz reagiert. Die Schiffe sollen Venedig angreifen!«

Beim nächsten Reichstag in Aachen wurden sechsundsechzig Kapitel des überarbeiteten sächsischen Volksrechtes verabschiedet.

Obwohl er eigentlich zum Kaiser der Römer gewählt worden war, sah sich Karl immer noch als Frankenherrscher, den zuallererst die Edlen seines Reiches anerkennen und bestätigen mussten.

»Ich will nicht ›ultramontan‹ sein«, sagte er während der langen Gespräche in der düsteren, kalten Fastenzeit. »Und meine Herrscherwürde kommt nicht von jenseits der Alpenberge. Ich will ein Kaiser für die Menschen und die Welt sein, wenn auch mit Schutzverpflichtungen für Papst und Kurie. Aus diesem Grund ändere ich meinen Titel in ›Serenissimus et Christianissimus dominus Imperator Augustus – allergnädigster und allerchristlichster Herr und Kaiser‹.«

Wie zufällig ließ er jeden Hinweis auf Rom weg. Trotzdem merkten die Papstberater, was er beabsichtigte, und ließen Leo III. energisch gegen diese nicht abgestimmte Eigenwilligkeit des Kaisers protestieren.

»Sollen sie lamentieren, so viel sie wollen«, sagte Karl nur. Er wusste, dass er irgendwann den Bezug auf Rom wieder in seinen Titel einfügen musste, doch das hatte Zeit, viel Zeit sogar ...

Er befahl neue Umsiedlungen von Sachsen und gründete in ihrer nahezu menschenleer gewordenen Siedlung Mimigernaford am Fluss Aa zwischen Lippe und Ems ein neues Missionskloster. Als ersten Bischof setzte er den Friesen Liudger ein, der auch den Standort in der Nähe von Osnabrück vorgeschlagen hatte. Ein weiteres Bistum wurde in Minthun an der Porta Westfalica gegründet – in Sichtweite des Mons Wedegonis, Widukinds ehemaliger Stammburg.

Karl selbst erlaubte sich inzwischen ein besonderes Privileg. Auch das Verbot nächtlichen Lagerlärms in der Pfalz hatte nichts daran ändern können, dass sein Schlaf immer schlechter wurde. Im Gegenteil – je stiller es nach der Mitternachtsstunde wurde, umso eher wachte er auf, von schmerzhaften Knoten in den Gelenken seiner langen, immer noch starken und muskulösen Beine gequält. Noch immer wollte er nicht, dass irgendjemand sein Leiden bemerkte. Er schnauzte jeden an, der ihn darauf ansprach. Die Ärzte der Pfalz und des Heeres hatten ihm schon so viele unterschiedliche Ratschläge gegeben, dass er ihnen nicht mehr traute. Die einen meinten, er dürfe keinen Rotwein trinken, die anderen wollten ihm sein geliebtes Wildbret verbieten.

Nacht um Nacht hockte er auf seinem Lager, umwickelte sich eigenhändig die wie versandet knirschenden Gelenke und das zum Platzen gespannte, dunkelrot glühend geschwollene Fleisch daneben mit nassen Tüchern.

Wieder und wieder und so lange, bis die Entzündungen abklangen, saß er, eingehüllt in Decken und Felle und dennoch am ganzen Körper zitternd, auf seinem aus Hispanien mitgebrachten Klappstuhl mit den geschnitzten Löwenköpfen. Und immer häufiger lenkte er sich mit Griffel und Schreibtafel ab. Er wusste, dass es fast aussichtslos war, in seinem Alter noch Hände und Finger an die winzigen Buchstaben zu gewöhnen, die sich wie Saatkörner vollkommen unterschiedlicher Art auf einem Feld aus Linien aneinanderreihen sollten, um nach und nach Worte zu bilden und schließlich all die vielfältigen Früchte des Geistes und der Gedanken zu tragen.

Erst als er merkte, dass er seine leidvollen Stunden ohnehin nicht verbergen konnte, genehmigte er sich selbst zwei bis drei Stunden Schlaf nach dem Mittagsmahl. Niemand konnte irgendetwas dagegen haben, denn anschließend wurden konzentriert und viel straffer als vorher die inneren Fragen des Reiches besprochen. Wie zufällig ergab sich daraus die ungeschriebene Regel, dass für äußere Politik und alles, was jenseits der Reichsgrenzen lag, die Zeit zwischen Vespergebet und Nachtmahl vorgesehen wurde. In dieser Stunde wollte er nur noch Männer sehen, die nicht bei Alltäglichkeiten verharrten.

Manchmal wurden auch Kundige hinzugezogen, die über das eine oder andere Gebiet etwas aussagen konnten, doch meist blieb der Kreis klein und bestand nur aus dem Kaiser, Erzkanzler Ercambald, dem Erzkaplan und Kölner Erzbischof Hildebold, dazu aus den Angehörigen des Hofstaates mit einem Ehrennamen wie Homer, Bezaleel, Gelehrten der Hofschule wie Timotheus sowie Notaren und ausgesuchten Mönchen als geheime Schreiber.

Bei einer dieser »kleinen Runden« im Frühsommer und kurz nachdem Regina dem Kaiser einen zweiten, auf den Namen Hugo getauften Sohn geboren hatte, sprachen die Männer um Karl davon, dass jetzt auch Bulgarien jenseits des Awarengebietes blühte und gedieh.

»Ihr neuer Khan Krum muss ein sehr fähiger Mann sein«, meinte Burchard, der nach Audulf neuer Seneschall geworden war.

»Dafür rebellieren weiter südlich erneut die Bilderstürmer. Nach allem, was wir bisher wissen, haben sie Irene abgesetzt und ihren Schatzmeister Nikephoros zum Kaiser von Byzanz ernannt.«

»Einen Schatzmeister als Kaiser?«, fragte Karl unwillig.

»Dein Vater war Hausmeier, ehe er König wurde«, mahnte Hildebold. Der Kreis war an diesem Abend so klein, dass sich der Erzbischof diesen sehr deutlichen Hinweis leisten konnte.

»Du hast recht«, sagte Karl. »Warum eigentlich kein Schatzmeister für Konstantinopel? Selbst Konstantin der Große war »Bischof im äußeren Bereich«, berief Synoden und Konzile ein, ohne Papst Silvester in Rom zu fragen.«

»Und wurde erst kurz vor seinem Tod getauft«, warf Eginhard ein.

»Du meinst, wem Gott ein Amt gibt, den wird er befähigen?«

»Nicht immer zwar, doch oft genug geschieht es.«

»Müsst ihr denn immer derart schwierige Probleme wälzen?«, seufzte Graf Burchard, der inzwischen Marschall am Kaiserhof geworden war. »Viel schöner ist doch, dass Mönche aus dem Orient die edle Rosenblume bis zu uns gebracht haben ...«

Einige Monate später erließ der Kaiser mit dem »Capitulare de examinandis ecclesiasticis« eine Prüfungsordnung für alle Kleriker – auch die niedere Geistlichkeit.

»Ich bin sehr stolz, dass uns diese Verfügung so gut gelungen ist«, sagte Karl einige Abende später. Er saß vor dem Kaminfeuer im großen Saal der Pfalz, hatte sein linkes Bein auf einen Schemel gelegt und trug die schlichte Kleidung, die er zeit seines Lebens allen festlichen Ornaten und Roben vorgezogen hatte. Ein paar von seinen Kindern hockten im Halbkreis zwischen ihm und den Großen des Reiches. In einer Ecke spielten einige andere auf Lauten und Flöten. Rotrud und ihr Mann, der Graf Rorico, scherzten mit ihrem bereits zweijährigen Sohn Ludwig. Pippin, der König von Italien, war mit seinem fünfjährigen Sohn Bernhard zu Besuch gekommen, Berta turtelte wie immer mit ihrem erlesen gekleideten Angilbert. Gisela und Hruodhaid lasen sich gegenseitig aus Büchern vor, die gerade aus Lorsch und Fulda angekommen waren, und einige ihrer Halbgeschwister beschäftigten sich leise kichernd mit dem uralten Spiel »Hast du schon gehört ...«.

»Ich glaube, es ist an der Zeit, eine neue Treueeidsformel festzulegen«, meinte Karl, nachdem er den offiziellen Teil des Tages mit einem nicht sehr aufwendigen Nachtmahl beendet hatte. Abende, an denen er mit seiner Familie und seinen engsten Freunden allein sein konnte, gehörten längst zu den Ausnahmen. Fast ausnahmslos mussten Botschaften entgegengenommen, Gäste unterhalten, Geschenke verteilt oder strittige Fragen geregelt werden.

»In der neuen Eidformel«, sinnierte der Kaiser weiter, »könnte zum ersten Mal auch die Einhaltung der Zehn Gebote beschworen werden.«

»Meinst du, das ändert irgendetwas an der Verrohung der Sitten?«, fragte Angilbert, der doch zugehört haben musste, während sich seine Hände die ganze Zeit mehr um den Busen von Karls Tochter Berta gekümmert hatten.

»Ausgerechnet du!«

»Was willst du?«, lachte Angilbert. »Unser Freund Hrabanus Maurus aus Fulda hat mir kürzlich geschrieben, dass sein Vater auf dem Totenbett alle Zehn Gebote gesprochen hat.«

»Was hat das mit dem neuen Treueeid zu tun?«, fragte Karl und zog unter einem plötzlich aufzuckenden Schmerz in seinem Bein die Luft durch die Zähne.

»Ich weiß nicht«, antwortete Angilbert. »Aber es klingt doch gut.«
»Dein Spott ist schlimmer als Alkuins närrischer Zynismus!«, stöhnte Karl vollkommen humorlos.

»Die Sachsen sollen ihre alten Volksrechte zurückerhalten«, bestimmte der Kaiser kurz vor Ostern das Jahres 803. »Wenn sie bereit sind, das Christentum anzunehmen, will ich ihnen alle Tributzahlungen bis auf den Kirchenzehnt erlassen. Ich selbst behalte mir nur das Recht vor, die Grafen ihrer Gaue einzusetzen. Die aber sollen dann mit allen anderen Grafschaften in meinem Reich gleichberechtigt sein.«

Im »kleinen Kreis« erfuhr der Kaiser, dass die Sarazenen erneut Gerona erstürmt hatten und bis nach Narbonne vorgestoßen waren.

»Es wiederholt sich«, seufzte Karl kopfschüttelnd, »muss sich denn alles überall und immer wiederholen? Und soll ich ebenfalls den Schmerzensweg Christi gehen?«

»Dein Sohn Ludwig wird seiner Aufgabe als König Aquitaniens von Jahr zu Jahr besser gerecht«, sagte Graf Burchard. »Er hat sofort gehandelt, Narbonne geschützt und die Araber bis nach Barcelona zurückgeschlagen.«

»Hat Barcelona etwa kapituliert?«, fragte Karl nur wenig interessiert.

»Sofort und ohne große Kämpfe.«

»Wie sich die Zeiten ändern«, seufzte der Kaiser.

»Dein Sohn hat damit die hispanische Grenzmark bis zum Ebro erweitert. Durch unseren Gebietszuwachs jenseits der Pyrenäen müssen die Muselmanen jetzt ziemlich vorsichtig sein.«

»Leider bin ich dafür bereits zu alt«, seufzte Karl mit einem Anflug von Bedauern. »Ihr könnt euch überhaupt nicht vorstellen, wie gern ich noch einmal einen großen Kampf beginnen würde … keine Befriedungsaktion, kein Durchsetzen von oft erteilten Befehlen … nein, eine richtig große Schlacht, wie sie die Befreiung Hispaniens vom Islam sein könnte. Das wäre noch einmal eine große Aufgabe.«

Die Wirklichkeit war viel frustrierender. Ein erneuter Sachsenaufstand zwang Karl zu einem weiteren Heereszug hoch in den Norden. Er mochte die eintönigen Waldgegenden jenseits von Osenbrugga und hin auf Verden nicht, aber er musste die Stellung der Abodritenfürsten stärken, die schon lang als treue Verbündete der Franken gegen die Nordalbinger und die Nordmannen unter ihrem kaltblütigen und entschlossenen König Göttrik galten.

Karls kaiserliche Krieger diskutierten nicht mehr, wenn sie auf Fremde, Aufständische oder auch Feinde trafen. Sie wussten, dass sie das Gesetz, die Ordnung, Macht und Gewalt verkörperten. Der Zug nach Norden glich deshalb eher einer Razzia als einem Waffengang, in dem auch schwache Gegner zu Ruhm und Ehre kommen konnten.

Die Sachsen fielen unter den Schwertschlägen wie morsche Äste in den Frühlingsstürmen. Einzeln, in kleinen Gruppen, als Familien und nur sehr selten noch als Hundertschaften gingen sie lieber in den Tod als in die Verschleppung.

Karl interessierte nicht, wie viele Tränen flossen. Er hatte keine Scheu vor Blut, vor abgeschlagenen Sachsenköpfen, kreischenden Weibern und Flüchen der Geschlagenen.

»Umsiedeln!«, befahl er kalt. »Alle umsiedeln!« Und so geschah es: Zehntausende von Sachsen wurden von ihren Höfen, aus Langhäusern, brennenden Strohkaten und Erdverstecken in den Wäldern geholt. Die langen Trecks der Vertriebenen bestanden oft nur noch aus weinenden Frauen und Kindern, die nicht begreifen konnten, warum ihre Väter und großen Brüder erschlagen, aufgehängt, gevierteilt und kniend noch zerspießt wurden.

Und dann war auch der Norden des uralten Germaniens frei von Sachsen und vom Rhein bis hoch zur Elbe fränkisch und christlich zugleich. Karl kehrte ziemlich schweigsam nach Aachen zurück. Für ein, zwei Tage hörte er sich an, was sich in der Familie, der Schule und der Pfalz getan hatte, dann zog er sich zu den Instrumenten zurück, mit denen er zur Mitternacht die Sterne und den Lauf der veränderlichen Planeten beobachtete und ihr Geheimnis zu ergründen suchte, von denen Alkuin so viel erzählt hatte. In diesen Stunden seiner Einsamkeit vermisste er den klugen Quälgeist.

Er blieb ziemlich unnahbar. Doch als er wenig später hörte, dass Alkuin in Tours gestorben war, hatte er für den Mann, dem er mehr als allen anderen verdankte, nur ein Schulterzucken übrig. »Hoffentlich findet er im Himmel auch hübsche Mönche und kleine Engelsknaben vor«, sagte er mit unverhohlenem Sarkasmus zu Hildebold.

Im nächsten Jahr regelte Karl die kaiserliche Thronfolge. Bis auf die Tatsache, dass er weder die Anverwandten von Roland noch seinen Sohn Pippin erwähnte, bot der Erberlass keinerlei Überraschungen: Der mittlerweile dreiunddreißig Jahre alte Stammhalter Karl wurde von seinem Vater ebenso wie von den Großen des Frankenreiches voll und ganz anerkannt. Er hatte sich ebenso wie sein von Karlmann auf Pippin umgetaufter Bruder, dem König von Italien, im Lärm der Schlachten und Scharmützel, in vielen Heerzügen und in Verwaltungsangelegenheiten hervorragend bewährt. Der Dritte in der Rangfolge war der siebenundzwanzigjährige Ludwig, den selbst die Kirchenfürsten manchmal als etwas zu fromm und zu schlicht im Gemüt empfanden.

Die folgenden Wochen vergingen in der Kaiserpfalz eher gemächlich. Bereits kleine Nachrichten aus irgendwelchen Provinzen reichten für eine Unterhaltung beim Nachtmahl aus.

»Der Felsen am Saalefluss ist zu einer starken Burg namens Halla gegen die Slawen ausgebaut worden«, meldeten Edle aus Thüringen.

»Ist mein Sohn Karl nicht gerade in dieser Gegend?«, fragte der Frankenkaiser. Rorico, der Graf von Maine, schüttelte den Kopf. Als Lebensgefährte von Karls Lieblingstochter Rotrud nahm er inzwischen eine Zwitterstellung zwischen Erzkaplan, Marschall und Seneschall ein.

»Es heißt, dass der Thronfolger gerade erst König Becho besiegt und getötet hat …«

»Becho?«, fragte Karl gedehnt. »Wer ist König Becho?« Zum ersten Mal fiel ihm und den anderen auf, dass er einen Namen nicht mehr sofort zuordnen konnte.

»Der König der Böhmen war nicht besonders wichtig für uns«,

sagte Graf Rorico geistesgegenwärtig. Nur so konnte vermieden werden, dass Karls kleines Versagen allzu deutlich wurde.

»Wo ist mein Sohn jetzt?«

»Er befriedet die Sorben an Saale und Elbe.«

»Ach, das habe ich auch schon versucht«, seufzte Karl ungewohnt deprimiert. »Mich würde viel mehr freuen, wenn er die Dänen unter König Göttrik zurückdrängen könnte, denn dieser Nordmannenherrscher gefällt mir ganz und gar nicht!«

»Das ist der Befehl, den du deinem Sohn erteilt hast«, sagte Graf Rorico. Und plötzlich huschte ein freundliches und sehr zufriedenes Lächeln über Karls Gesicht. Er nickte mehrmals, rieb sich die Hände und fand den Tag doch nicht so schlecht.

Wiederum ein Jahr später erkannte Karl eher verstimmt, dass es nach wie vor Konflikte mit dem Byzantinischen Reich gab.

»Wir werden wohl nicht mehr erleben, dass sich Ostrom, die Päpste und wir Franken gegen die Korangläubigen zusammenschließen«, sagte er eines Abends mit einem tiefen Seufzer.

»Du unterschätzt die Kraft, die Herrlichkeit und die Widerstandsfähigkeit alter Gesetze«, antwortete Erzbischof Hildebold. »In Hispanien haben sich Pamplona und die Navarrer in Vasgonien unter unseren Schutz gestellt. Auch Tarragona ist inzwischen fränkisch. Und alle Gegenangriffe der Sarazenen blieben erfolglos.«

Karl lächelte sehr sanft und weise. »Und das soll ein Beweis dafür sein, dass sich das Christentum gegen den Islam durchsetzt?«, fragte er. »Ich glaube eher, dass es noch viele Generationen dauert, bis sich Moslems, Juden und Christen treffen ...«

»Karl!«, protestierte der Erzkaplan entsetzt. »Du tust ja fast so, als hätten diese furchtbaren Irrgläubigen ebenfalls ein Evangelium!«

»Sie haben Bücher«, sagte Karl. »Drei eng verwandte und doch verfeindete Religionen. Und jede hat ein Buch, aus dem sie alles schöpft ... Man müsste lachen über diesen Wahn, wenn er nicht grausam wäre ...«

Karl fühlte, wie die Jahre fast schneller als die Jahreszeiten an ihm vorübereilten. Inzwischen teilte ein stilles junges Mädchen mit langen nussbraunen Haaren und großen Augen in der gleichen

Farbe das Nachtlager mit ihm. Sie hieß Adelinde und hätte eine seiner Töchter, wenn nicht gar Enkelinnen sein können. Karl mochte sie, denn sie verlangte nichts von ihm. Sie war wie selbstverständlich da und versuchte gar nicht erst, ihm zu antworten, wenn er schlaflos und in der Dunkelheit von Dingen sprach, die sie nicht wissen oder gar verstehen konnte.

Sie schwieg, kuschelte sich an ihn, atmete neben ihm und ließ seine Hand auf ihrer Brust, während seine Gedanken ebenso wie seine Worte sehr große Kreise zogen, ehe sie wieder zum kleinen und sehr nahen Streicheln heimkehrten.

»Ich mag dich«, sagte Karl. »Du weißt es nicht, doch du erinnerst mich an meine erste Liebe. Du kannst es vielleicht nicht verstehen, aber ...«

Es war sehr still. Sie hörten, wie sie atmeten. Dann fragte sie ganz leise: »Was?«

Karl seufzte sanft. »Ich weine manchmal tief in mir, wenn ich an diese Sommer denke, an blauen Himmel über der Champagne, Kornfelder ... Weinstöcke im flachen Land. Wir lebten fast neun Jahre als glückliche Gefährten des Tages und der Nacht zusammen, ritten gemeinsam durch unbekannte Gegenden und kamen doch zurück zum Anfang, sobald die Blätter fielen. Sie wusch das Blut der Siege von meinen Händen, küsste mich, wenn ich nachts in Höllenträumen um mich schlug und schrie. Ein wenig bist du auch wie Hildegard, die mir neun Kinder schenkte. Nein, ganz und gar nicht wie Fastrada, dieses wildeste von allen meinen Weibern. Aber vielleicht mit einer Spur von Liutgard, von der ich nie ein Kind bekam ...«

»Ich will gar nicht wie all diese sein«, sagte Adelinde leise.

Für einen Augenblick wunderte sich Karl über den plötzlichen Widerstand des jungen Mädchens. Doch dann rann ihm ein warmes, angenehmes Gefühl über den Rücken, und er mochte sie gerade deswegen noch mehr. Er ließ die schwer gewordene Hand über ihren jungen Leib gleiten. Es war, als ahnte er bereits, dass er in dieser Nacht sein letztes Kind zeugen würde ...

Die nächsten Tage verliefen unerwartet geschäftig. Obwohl es Ostern noch ganz anders aussah, sollte das Jahr des Herrn 807 das zweite Jahr seiner Regierungszeit als König und Kaiser werden, in dem er keinen Krieg führte. Wie üblich ließ er rechtzeitig ein Capitulare aufsetzen.

»Lass an die Grafen und Kirchenfürsten im Reich schreiben«, sagte er zu seinem Freund Hildebold. »Wir wollen Mitte August einen Reichstag in Kostheim abhalten. Ich denke, dass wir die Vasallen der Grafschaften südlich der Seine diesmal besonders einladen, damit die Verbindung zwischen den unterschiedlichsten Regionen des Reiches gestärkt wird.«

»Ja, das ist gut«, sagte Hildebold zustimmend. »Der gallische Teil des Reiches fühlt sich ohnehin zurückgesetzt, seit du jeden Winter hier in Aachen verbringst.«

»Wer sollte etwas dagegen haben?«, fragte Karl, obwohl ihm die Argumente gegen die Pfalz seit Jahren bekannt waren. »Diese Gegend hier ist gut für die Gesundheit, und auch ein Kaiser hat das Recht, dort zu leben, wo er alles seit seiner frühesten Jugend kennt.«

»Vielleicht vermissen die gallischen Adligen nur dein Erscheinen von Zeit zu Zeit.«

»Ich bin kein Jüngling mehr«, gab Karl zurück. »Außerdem gelten inzwischen ganz andere Regeln als zur Zeit meines Vaters oder meines Großvaters Karl Martell.«

»Es ist tatsächlich sehr merkwürdig«, sagte Hildebold nachdenklich. »Einerseits wachsen die meisten der alten Römerstädte mit Gestrüpp zu. Viele sind bereits finstere Räubernester. Andererseits gibt es einige Plätze, die sich ganz anders entwickeln.«

»Woran denkst du?«, fragte Karl.

»An Regensburg zum Beispiel. Gut, Ratisbona ist seit Jahrhunderten ein wichtiger Standort, aber was jetzt dort durch den Handel mit Slawen und Sklaven bis zu den Häfen am Mittelmeer geschieht, ist schon erstaunlich. Oder nimm Lyon, das alte Lugdunum der Römer. Dort ist inzwischen der wichtigste Handelsplatz aller Juden entstanden. Und als drittes Beispiel für die Veränderungen nenne ich dir die friesischen Häfen wie Dorestad. Durch dein Rechtsschutzabkommen mit König Offa sind im Rheindelta aus einfachen Ankerplätzen große, durch

Palisaden geschützte Niederlassungen mit Lageraufsehern, Verwaltern, Handwerkern, Seefahrern und Sklaven entstanden.«

»Ich fürchte, ich weiß, worauf du hinauswillst«, sagte Karl und rieb sich gedankenverloren seine Knie. »Ich werde daher mit den Edlen des Reiches reden und einen Kriegszug beschließen. Siegen, mein Freund und Beichtvater, Kämpfen und Siegen ist der gottgegebene Auftrag eines Herrschers und nicht das welsche Tauschen, Kompromisse auszuhandeln und allen alles recht zu machen.«

Ein paar Tage später trafen Gesandte von Harun al-Raschid in Aachen ein. Die halbe Pfalz und alles Volk liefen ihnen entgegen, als bekannt wurde, was die prächtig gekleideten Muselmanen für Kaiser Karl mitgebracht hatten.

Das wichtigste Geschenk des Kalifen von Bagdad war nicht zu übersehen. Mit einem lauten und markerschütternden Trompeten schritt ein riesiger weißer Elefant durch die für ihn fast zu engen Stadttore. Männer und Frauen bekreuzigten sich, Kinder schrien auf, und Säuglinge in den Tragetüchern der Mütter begannen zu weinen. Noch nie zuvor war ein derartig ungewöhnliches, gleichzeitig erschreckendes und faszinierendes Fabeltier in Aquis Grana oder im ganzen Land bis hinauf zu den Friesen, Sachsen und Nordmannen gesehen worden.

Noch am gleichen Tag empfing der Kaiser die Abgesandten des Kalifen von Bagdad. In einer langen Zeremonie schenkten sie ihm den weißen Elefanten.

»Er heißt Abul Abas nach dem Stammvater der Abbasiden, der im Jahr 749 nach eurer Rechnung und im 127. Jahr nach der Haddsch Mohammeds nach Medina die Omaijaden verjagte – im gleichen Jahr übrigens, in dem dein Vater deine Mutter zum Weibe nahm ...«

Karl spürte einen leisen Stich in seinem Herzen. Für einen kurzen Augenblick wusste er nicht, was er mehr bewundern sollte – die Frechheit der Bemerkung über das nicht ganz gewöhnliche Heiratsdatum seiner Eltern oder den sanften Hinweis aus Bagdad, dass man im Morgenland sehr gut über Kaiser und Könige der Franken Bescheid wusste.

»Ich danke dem Kalifen für dieses wunderbare Geschenk«, sagte Karl. Der Anführer der Delegation schnippte mit den Fingern. Seine Diener brachten einen großen Kasten. Offensichtlich war er erst kurz vor dem Eintreffen der Delegation in der Pfalz ausgepackt worden, denn in einem so vorzüglichen Zustand hätte er die lange Anreise sicherlich nicht überstanden. Die Annahme wurde bestätigt, denn unmittelbar nach dem Aufklappen der Kiste begannen sich kleine Figuren um ein goldglänzendes, mit Edelsteinen geschmücktes Gerät zu drehen.

»Was ist das?«, fragte Karl entzückt.

»Eine Wasseruhr, Herr«, antwortete der Edle aus Bagdad. »Mein Kalif, der große Harun al-Raschid, schickt auch dieses Kunstwerk seinem verehrten Bruder Karl, dem ruhmreichen und unbesiegbaren Kaiser in Rom und König der Franken und Langobarden.«

Alle Umstehenden bemerkten, wie sehr der Muselmane sich bemühte, genau die Wörter zu benutzen, die auch Karl offiziell verwendete. Noch aufschlussreicher war das Wort, mit dem Karl angesprochen worden war.

»Hat dein Kalif wirklich ›Bruder‹ gesagt, als er von mir sprach?«, fragte Karl.

»Ja, ich beschwöre es!«, antwortete der hochgestellte Araber aus dem Morgenland, ohne zu zögern. »Er bittet ebenfalls darum, dass du ihn ›Herrscherbruder‹ nennst.«

36

Von Gott verlassen

Nicht alles gefiel Karl in seiner Lieblingspfalz. Er zeigte deutlich seinen Unmut über zu viel Schmuck und allzu feine Stoffe bei seinen Paladinen und Frauen der Adligen. Stattdessen empfahl er Leibwäsche aus Leinen, wie sie all seine Frauen und Töchter immer selbst gesponnen und gewebt hatten. Dazu Hosen und Schnür- oder Bundschuhe mit hohen wollenen Strümpfen. Seinen Leib bedeckte eine Art Kutte aus aneinandergenähten Stoffstreifen und ein von einer seidenen Leibbinde gehaltenes Wams. Im Winter und an kalten Tagen trug er zusätzlich einen einfachen Schulterpelz aus Marder- oder Fischotterfellen. Von Zeit zu Zeit hinderten ihn seine schmerzenden, gichtig rot anschwellenden Fußgelenke daran, Schuhe oder Stiefel anzuziehen. Wenn das während der Nachtstunden geschah, ließ er sich von seinem getreuen Kämmerer Meginfried eine kleine Wanne bringen, stellte seine Füße hinein, hängte sich eine oder zwei von seinen alten Pferdedecken über die Schultern und zerquälte die langen Stunden der Nacht mit mühsamen Schreibübungen auf immer neuen Schiefertafeln aus Solnhofen am Altmühlfluss. Und manchmal fragte er seine inzwischen auch schon alt gewordenen Getreuen, ob er nicht nochmals heiraten sollte. »Nicht, weil ich mich in meinen Bettfellen zu einsam fühle«, sagte mit einem feinen Lächeln. »Aber es wäre doch schön, wenn ich Bewährten meines Reiches zu hohen Festtagen einen Friesrock schenken könnte, von dem wir alle wissen, dass er von einer Königin gesponnen und gewebt, von ihr selbst zugeschnitten und genäht worden ist.«

Wenige Tage vor dem Beginn des Reichstags in Kostheim wurde in der Sonne mit bloßem Auge ein großer schwarzer Fleck sichtbar. Sofort trafen Karl und seine Berater zusammen. Sie warteten mehrere Tage, in denen Karl immer wieder in sein Observatorium hinaufstieg und mit gebräunten Glasscheiben und allerlei anderen Gerätschaften die Sonne beobachtete.

»Es wird nicht besser«, sagte er schließlich. »Ich erkenne das Zeichen des Himmels an und werde in diesem Jahr keinen Krieg führen. Deshalb brauchen wir die Maraue von Kostheim auch nicht für Wehr- und Waffenübungen. Der Reichstag soll in die Pfalz Ingelheim verlegt werden.«

»Was willst du dabei mit den Edlen bereden?«, fragte der Erzkaplan.

»Die unheilvollen Erscheinungen am Himmel müssen aufhören!«, sagte Karl wie im Groll gegen den Allerhöchsten. »Ich will eine neue Ordnung für das Heer einführen. Ich will die Pflicht zum Heeresdienst nach dem Vermögen abstufen. Und ich will einen Waffenstillstand mit Byzanz.«

»Soll König Pippins bisher klägliches Versagen bei Rivo Alto etwa hinter einem Stück Pergament versteckt werden?«

»Nein«, antwortete Karl mit unbewegtem Gesicht. »Doch weder Araber noch Nordmannen und Byzanz müssen wissen, dass wir nicht einmal in der Lage sind, die wichtigste Insel der Region Altino einzunehmen. Dann lieber schnell einen Vertrag mit Konstantinopel. Der Zeitpunkt scheint mir günstig.«

»Du meinst, weil Nikephoros gerade Schwierigkeiten mit diesem neuen Reich der Bulgaren und ihrem Anführer Krum hat?«

»Genau das meine ich«, sagte der Kaiser der Franken, obwohl ihn diese Dinge kaum noch interessierten. Er blickte zu Adelinde und lächelte ihr zu. Sie strich über ihren gewölbten Leib und formte mit den Lippen den Namen, den sie für das noch Ungeborene gemeinsam ausgewählt hatten: »Theoderich – oder Theodora, wenn es ein Mädchen wird.«

Im folgenden Jahr flammte die Auseinandersetzung mit Ostrom dennoch erneut auf. Und wieder ging es um die Lagunenregion, an der Karl nicht im Geringsten interessiert war. Nur sein Sohn Pippin wollte sie haben, obwohl Venedig formal immer noch zu Byzanz gehörte.

Boten aus Friesland berichteten, dass die Nordmannen einen Erdwall als Grenzbefestigung zwischen der Nordsee und der Ostsee angelegt hatten.

»Solange sie keinen Kanal zwischen den beiden Meeren bauen, können sie meinetwegen ihre Boote über Land schleifen«, knurrte Karl. »Ich habe auch schon einmal vergeblich versucht, zwei Wasserwege miteinander zu verbinden.«

»Trotzdem werden die Nordmannen zunehmend frecher«, sagte Hildebold besorgt.

»Was soll ich dagegen tun? Etwa eine Festung an der unteren Elbe bauen?«

»Ja«, sagte der Erzkaplan. »Wir brauchen ein Bollwerk gegen die Nordmannen. Und wenn es nur beobachtet, was König Göttrik unternimmt.«

»Also gut, baut eine Burg an der Elbe! Aber an einer Stelle, an der ein anderer Fluss von Norden oder Osten her in den Strom mündet, damit es auch hier eine Sperrlinie gibt. Was muss ich sonst noch aus anderen Gegenden wissen?«

»Huesca und Saragossa sind dummerweise wieder in die Hände der Mauren und Sarazenen gefallen. König Ludwig von Aquitanien hat zudem mehrmals Tortosa am unteren Ebro bestürmt ... vergeblich, wie es heißt.«

Karl hob die Hand und unterbrach damit die Berichte. Für eine Ewigkeit starrte er wortlos vor sich hin. »Er muss selbst sehen, wie er mit seinen Schwierigkeiten fertigwird«, sagte er schließlich. »Ich kann nicht jeden strafen, der nicht so fähig ist, wie ich es wünsche.«

Die anderen wunderten sich über Karls ungewohnte Milde. Dennoch verstanden sie, dass der Kaiser der Franken keinen Konflikt mit seinen Söhnen wollte. Es war, als wüsste er, dass er nicht mehr viel Zeit hatte, und ignorierte deshalb, was ihn in früheren Jahren mehr als wütend gemacht hätte.

In den folgenden Monaten geschah nichts, was eine Aufzeichnung in den Annalen des Reichsklosters Lorsch wert gewesen wäre. Auch das Konzil in Aachen verlief ohne Höhepunkte – bis auf den heftig diskutierten Beschluss, ab sofort keine Bestattungen in Kirchenräumen mehr zu erlauben. Im darauffolgenden Jahr brachen nur noch einmal Feindseligkeiten zwischen dem König von Italien und Venedig aus, das eigentlich von Byzanz auf die Seite der Franken gewechselt hatte.

»Wie lange muss ich noch davon hören?«, fragte Karl unwirsch. Seine Berater wussten, wie schwierig es inzwischen geworden war, mit ihm zu reden. Nur noch der Erzbischof von Köln und Erzkaplan konnte es wagen, Karl die ganze Wahrheit zu sagen: »Ich weiß, dass es dich schmerzen muss, aber dein Sohn Pippin, der König von Italien, ist erneut an den Inseln von Venedig gescheitert.«

»Vergreist er eher als ich?«, stieß Karl aufgebracht hervor. »Hat ihm die Langobardensonne das Gehirn ausgetrocknet?«

»Sicherlich nicht«, meinte Hildebold beschwichtigend. »Aber Obelerio Antenoreo, der neunte Doge von Venedig, ist so geschickt in der Verteidigung der Lagunenstadt, dass Pippin keine Möglichkeit —«

»Keine Möglichkeit?«, unterbrach der Kaiser mit seiner hohen, hellen Stimme. »Soll ich auf meine alten Tage etwa noch einmal über die Alpen reiten, um meine durch zu viel süßen Wein denkfaul und schlaff gewordenen Söhne zu belehren?«

»Karl, du bist sechsundsechzig Jahre alt ...«

»Noch ein Wort, und ich reite! Mit diesen Söhnen nehme ich es immer noch und allemal auf! Ich würde Pippin schon beibringen, wie eine störrische Stadt umschlossen, belagert und ausgehungert wird!«

Er ritt nicht, auch wenn es ziemlich schwer für seine besten und erfahrensten Berater war, ihn davon abzuhalten.

»Ich werde einen anderen Weg wählen«, sagte er eines Tages. »Wenn ich Nikephoros auffordere, dass er meinen Kaisertitel anerkennt, können wir uns peinliche Wasserschlachten um diese byzantinische Pestbeule in Italien ersparen.«

Fast alle stimmten sofort und begeistert zu. Nach langer, langer Zeit hörte der Frankenherrscher wieder einmal den Schlag von Fäusten, Messern und Schwertknäufen auf den Schilden seiner Großen. Karl schüttelte dennoch vorwurfsvoll den Kopf. Eigentlich konnte er nur noch weinen über das Verhalten seiner Männer. Was war aus seinem Hofstaat geworden, wenn seine Paladine und Vasallen dem Angebot an einen fernen Kaiser mehr Beifall zollten als einem Ruf zu ihren Schwertern ...

Das Reich der Franken war einfach nicht mehr glutvoll wie

das junge Eisen, das gerade aus dem Feuer kam, sondern gesetzt und großmächtig geworden.

Während der Wintermonate arbeitete der Kaiser an Plänen für eine noch bessere und nützlichere Bepflanzung der Pfalzgärten. Er nahm sich das »Capitulare de villis« vor, das er zwei Jahre zuvor erlassen hatte, und dazu die fünfundsiebzig Seiten Kalbspergament, auf denen die Mönchsärzte im Scriptorium des Reichsklosters Lorsch niedergeschrieben hatten, was sie über hilfreiche Arzneien wussten.

Bis in den Frühling hinein lernte Karl mehr über Birnen, Äpfel und Zwetschgen, Gewürz-, Heil-, Gemüse-, Farb- und Schönheitspflanzen, über Klettensud gegen Haarausfall und Gicht, Bärwurz als Magenbitter, über den wilden Sellerie als eine der fünf öffnenden Wurzeln, die Vietsbohne, die Bienenzucht und die Behandlung der Äcker – über das Düngen, Ackern, Säen und Brachen – die Sorge um Wald und Wiesen sowie um die Pflege des Viehs – insbesondere der Pferde.

Eines der vielen hundert Rezepte der Benediktinermönche von Lorsch gefiel ihm besonders gut. Er brauchte eine ganze Nacht, um es Wort für Wort abzuschreiben:

»Haustee bei Gicht ... Nimm Radix Ebuli, genannt Attich, gut zwanzig Gran, dazu Radix Gentianac, genannt Enzian, zwanzig Gran, dann Radix Odonidis, Hauhechel, zehn Gran, und Fructus Anisi, den Fenchel, fünf Gran. Mit einer Maß Wasser aufgekocht, trinke ihn zweimal am Tag im Wechsel mit gleichem Sud aus Brennnesseln, Wermut, Kirschblättern und Birkenrinde ...«

Der Rest des Jahres verging mit vielen kleinen Verwaltungsaufgaben. Während des nächsten Winters beschäftigte sich Karl hauptsächlich mit der Neuordnung des Geldwesens in seinem Reich. Mehrere Wochen lang besprach er seine Vorstellungen mit jedem Edlen, den er erreichen konnte. Er wusste schon seit Jahren, dass irgendetwas getan werden musste, da kaum noch genügend Gold für Münzen aufzutreiben war.

»Ich weiß, ich weiß«, sagte er immer wieder. »Jedermann

warnt mich, weil Gold das höchste der Metalle ist und bleiben wird. Aber ich kann es mir nicht aus den Rippen schneiden. Es bleibt uns nur die Möglichkeit, das Silber zum Maß der Waren und der Dienste im Frankenreich zu machen.«

Wenige Tage vor dem Beginn der Fastenzeit diktierte er seinen endgültigen Beschluss: »Oberster Maßstab ist ab sofort das Pfund reines Silber. Wo dies zu viel ist, soll das Pfund in zwanzig gleiche Teile getrennt werden, die Schillinge heißen, und diese wiederum in Zwölftel, genannt Denare oder auch Pfennige.«

Am 15. März des Jahres 810 wurde die neue, große Hammaburg zwischen den Flüssen Elbe und Alster als Bollwerk gegen die Nordmannen eingeweiht. König Göttrik verspottete die Schutzmaßnahme des Kaisers. Statt zur Elbe zu ziehen und die neue Festung der Franken anzugreifen, bestiegen seine gefürchteten Krieger ihre großen Boote und überfielen eine der friesischen Halligen nach der anderen.

Zur gleichen Zeit wurde Karls Lieblingstochter krank. Karl war so besorgt, dass er keine Stunde mit seinen Beratern aushielt. Er unterbrach ständig die Gespräche und bat den Erzkaplan, an seiner Stelle weiterzumachen. Er selbst hatte wieder Schmerzen im rechten Fuß und im linken Kniegelenk. Dann humpelte er bei Tag im schon halb abgelegten kaiserlichen Ornat und manchmal auch bei Nacht im langen, bis auf den Boden schleifenden Leinennachthemd zu Rotruds Kemenate.

Pitschnass aus dem Regen kommend und von keinem der Edlen am Hof aufgehalten, liefen Boten aus dem Norden hinter ihm her. »Die Dänen sind an der Küste Frieslands gelandet«, riefen sie ihm nach. Er winkte nur ab und eilte weiter.

»Stellt ein kleines Heer zusammen«, befahl er unkonzentriert und verschwand erneut bei Rotrud. Einen Tag darauf verstärkte sich die Unruhe am Hof. »Karl, du musst dir bitte einen Augenblick Zeit nehmen«, drängte Erzkaplan Hildebold kurz nach Sonnenuntergang, während er neben dem grauhaarigen, ungekämmten und bleich wirkenden Kaiser herlief.

»Was störst du mich, wenn Rotrud Fieber hat und niemand außer mir ihre Hand halten darf?«

»Die Dänen kommen!«, antwortete der Erzkaplan. »Sie mor-

den, plündern, brandschatzen und dringen bereits bis zum Rhein
vor.«
»Dann haltet sie doch auf!«, schimpfte der Kaiser. »Der Mar-
schall soll die leichten Reiter führen. Und meinetwegen sollen
auch die Scaras ausrücken!«
»Du meinst, ohne dich?«
Karl antwortete nicht. Er stampfte in die Kemenate seiner
Lieblingstochter und warf die schwere Bohlentür hinter sich ins
Schloss. Drei Tage lang durften nur Rotruds Mägde und ihre
Ärzte in die Kemenate. Karl blieb die ganze Zeit bei ihr. Er nahm
sich nicht einmal die Zeit, sich richtig anzuziehen.
Rotrud schlief am 25. Mai im Jahr des Herrn 810 für immer
ein. Karl hielt noch immer ihre Hand. Er weinte, wie er schon
lange nicht mehr geweint hatte.
Drei Tage später, nachdem des Kaisers Lieblingstochter begraben war und Karl sich wortlos mit einer klaren Fleischbrühe,
etwas Brot zum Tunken und einem Krug Bier gestärkt hatte, ging
er für einige Stunden zu den alten Thermen hinab. Niemand
durfte in dieser Zeit bei ihm sein. Anders als in den ersten Jahren,
als oftmals bis zu hundert Männer gleichzeitig im heißen Wasser
gebadet und angeregt miteinander gesprochen hatten, ertrug er
keine Gespräche in den Thermen mehr. Er schwamm durch
das heiße, übel nach Schwefel riechende Wasser, das tief dem
warmen Schoß der großen Mutter Erde entsprang, und fühlte,
wie es ihn umschmeichelte und gute Kräfte durch die Haut in
seinen Körper eindrangen.
Was eigentlich hatte er erreicht, wofür gelebt? Wo war das
Gottesreich, von dem er zeit seines Lebens geträumt hatte? Gab
es weniger Heidengötter, weniger Heiden, seit er drei Kronen
gleichzeitig tragen konnte? Und wie alt war er geworden, dass
jetzt schon jene, die ihn überleben sollten, krank wurden und
einfach vor ihm starben?
Niemand bemerkte, dass die einsamen Stunden im warmen
Thermenwasser Karl mehr veränderten als alle Jahre seit der
Kaiserkrönung. Vor dem größten Triumph seines Lebens hatte
er stets große Ziele vor sich gehabt, doch in den Jahren danach
war aus dem Feuer in seinem Kopf die ehrwürdige Flamme

einer Kirchenkerze in der Bereitschaft für die Ankunft Christi geworden. Auch er hatte sich geopfert und zugleich verzehrt, aber die Flamme in ihm ließ kein Schwert mehr glühen und keine Schneide blitzen.

»Ja, du bist alt geworden, Karl!«, sagte er halblaut zu sich selbst und verließ das Badebecken. Und so, als hätte ihn erst dieses Wort gereinigt, wurden seine Schritte wieder elastischer, und seine nach vorn gesunkenen Schultern hoben sich zu jener Breite, die jedermann bewunderte. Er zog neue Unterwäsche an und ließ sich so ankleiden, wie es einem Kaiser zukam. Anschließend ging er, umringt von Knappen, Paladinen, Kirchenfürsten und Vasallen aus dem ganzen Reich, über die Schräge vom alten Römerbad unter dem Torbogen am Hospiz hindurch bis in den Innenhof der Pfalz. Überall hörten Handwerker, Weiber und Knechte mit ihrer Arbeit auf. In der Sängerschule wurde ein Chorlied angestimmt, das die neuen, von ihm erdachten Monatsnamen lobte.

Er hielt einen Moment vor dem Standbild Theoderichs des Großen mitten im Pfalzhof inne, dann nickte er, sah zum Dom im Süden, zum überdachten hölzernen Kolonnadengang im Westen und zur vier Manneslängen höher liegenden Pfalz. Er neigte sich nach vorn, dann schritt er – kaum noch schlurfend und vom Gemurmel seiner Edelsten begleitet – zum halb gerundeten Treppenaufgang des Pfalzsaals, um sich dort anzuhören, was man besprochen hatte, während er badete.

Es ging erneut um die Nordmannen. Karl ließ seinen Blick über die fein und farbenprächtig gekleideten, laut streitenden Herren in der Runde, die Teppiche am Boden, die Silberkronleuchter mit ihren Öllampen und das große Gemälde an der Seitenwand schweifen, das den Baum der Erkenntnis und des Lebens symbolisieren sollte. Noch während Äbte, Bischöfe und Grafen die widersprüchlichsten Gründe für oder gegen einen Feldzug vortrugen, entschied sich Karl zum Handeln.

»Wir reiten bis nach Verden und warten, in welche Richtung König Göttrik zieht.«

»Will er nur Beute, wird er zu den friesischen Handelshäfen im Westen abbiegen«, meinte Hildebold von Köln. »Will er jedoch mehr Land und Macht, könnte er unsere Klöster und meine Bistümer im alten sächsischen Gebiet von Osnabrück bei Minthun an der Porta Westfalica heimsuchen und dann von Süden her die Hammaburg einschließen.«

»Ich sagte doch: Wir warten auf ihn bei Verden an der Aller!«

Sie kamen schnell bei Xanten über den Rhein. In Verden angelangt, fühlte sich der Kaiser auch inmitten der Panzerreiter nicht wohl. Die meisten seiner Herzöge, der Grafen, Kirchenmänner und Gefährten hielten ihm den schweren Schlag zugute, den ihm der Tod seiner geliebten Tochter versetzt hatte. Wer ihn aber noch besser kannte, der ahnte, dass da noch etwas anderes war. In seiner Rolle als Erzkaplan erzählte Hildebold den jungen Männern der Hofschule, die diesmal allesamt mitgezogen waren, wie sehr Karl schon immer auf Zeichen am Himmel und in der Natur geachtet hatte.

»Er hat sein ganzes Leben unter Sonne, Mond und Sternen zugebracht«, sagte auch Düdo von Hartzhorn zu jüngeren Scaras, die noch nie mit Karl ausgeritten waren. Düdo war immer noch oberster Feuergraf, obwohl er längst Wälder und große Ländereien zum Anwesen seiner Vorfahren hinzubekommen hatte. »Er kann in Wolken am Himmel besser lesen als in einem Buch. Farben im Abendrot sagen ihm, wie Licht und Schatten der nächsten Tage fallen, und schon ein wenig Moos an einem Baumstamm, der Sprung der Eichkatzen oder der Weg der Ameisen im Laub zeigt ihm, ob es einen harten Winter gibt oder ob er die Salhöfe anweisen kann, beizeiten überschüssige Ernteerträge an Mercatores zu verkaufen.«

»Er sieht den schwarzen Fleck in der Sonne immer noch als ein böses Vorzeichen«, sagte der kleine, hässliche Eginhard zustimmend. Bezaleel, wie ihn Alkuin oft genannt hatte, beobachtete schon seit einigen Jahren ganz genau, was der Kaiser und König der Franken tat.

»Du willst doch nur wieder ein Geheimnis aus ganz Natürlichem machen«, spottete der Erzkaplan. »Oder siehst du weitere finstere Vorzeichen, die du in deinem Buch verwenden kannst?«

Eginhard zog den Kopf zwischen die Schultern und zeigte

seine geöffneten Hände. Hildebold wusste, dass Eginhard, die Ameise, schon seit Jahren daran arbeitete, eines Tages eine »Vita Caroli Magni« zu verfassen – ein Buch, in dem alles stehen sollte, was er über den großen Sohn Pippins und Enkel Karl Martells gesehen und erfahren hatte. Und nur die Angst, ein so großes Werk zu beginnen, hatte ihn bisher davon abgehalten.

»Es sind noch viele Linien da, die erst beschrieben werden müssen«, sagte Eginhard mit einem tiefen Seufzer.

»Warum fängst du nicht einfach mit den Dingen an, die du weißt und kennst?«, fragte Hildebold.

»Das ist es ja gerade«, jammerte Eginhard. »Wie soll ich wissen, ob wahr ist, was irgendwelche Mönche in den Annalen aufgeschrieben haben?«

»Wie meinst du das?«

»Ich meine, wirklich wahr … ohne Veränderungen. Nimm nur zum Beispiel die Ereignisse von Roncesvalles. Sind sie so gewesen, wie wir über sie reden? Oder stimmen vielleicht jene Gerüchte, die behaupten, dass Roland ein Sohn von Meeresungeheuern war und dass es einen heute totgeschwiegenen Verräter namens Ganelon im Kreise der Gefährten gab?«

»Das sind doch Ammenmärchen, Bruder Eginhard!«, stieß der Erzkaplan kopfschüttelnd hervor. »Wir sind doch hier nicht in der Spinnstube oder an irgendeinem Abendfeuer in Dörfern, die nie des Kaisers Mantelzipfel, geschweige denn sein Schwert und/oder die Krone sahen!«

»Aber es gibt sehr viele derartige Geschichten.«

»Wenn du jemals mit deinem Buch über das Leben Kaiser Karls ernst genommen werden willst, musst du bei jedem Wort, bei jeder Zeile fragen, ob du belegen kannst, was du berichtest. Du wirst vielleicht für die Art deines Erzählens Beifall bekommen, aber auch Kritik und Ablehnung. Beides nimm hin voller Bescheidenheit. Und gräme dich nicht über jene, die alles besser wissen wollen, ohne dass sie jemals mit Karl geredet oder einen Krug Bier mit ihm getrunken haben. Und hüte dich vor Übertreibern, die heute schon am Titel Kaiser nicht genug haben und ihn stattdessen König Salomo, König David oder auch ›Karl der Große‹ nennen.«

»Ist er es etwa nicht?«

»Nein«, sagte Erzbischof Hildebold und lächelte. »Er ist zwar körperlich etwas größer als du und ich – und doch ein Mensch, der Träume hatte, Schmerzen und Leid empfand und der versuchte, so gut wie möglich seine von Gott gestellten Aufgaben in dieser Welt zu erfüllen.«

Eginhard seufzte erneut. Zu gut kannte er jene Worte, die in allen Klöstern die Wahrheit über Fluch und Glück des Pergamentes, der Federkiele und der endlosen Buchstabenreihen berichteten: »So, wie den Seemann der lang ersehnte Anblick des vertrauten Gestades nach mühsamer Reise aufheitert, so jubelt auch der von Erschöpfung überwältigte Schreiber, der das ungeduldig erwartete Ende seines Buches nahen sieht. Wer nicht schreiben kann, schätzt diese Mühe gering ein, und nur wer sie einmal unternommen hat, weiß, wie hart sie ist.«

Den Panzerreitern der Scara francisca gefiel das Warten ebenso wenig wie den leichten Reitern und den Kriegern zu Fuß. Das Heer hatte am weichen Ufer der Aller ein Lager aufgeschlagen, in dem die Zelte zwischen mannshohem Schilf und Röhricht viel dichter nebeneinanderstanden als sonst. Genauer betrachtet waren es die jungen Krieger, die eine seltsame Scheu davor hatten, in einer Gegend zu rasten, deren Boden noch immer mit dem Blut von einigen tausend Sachsen durchtränkt war.

Es gab nicht mehr viele Männer, die das Furchtbare selbst miterlebt hatten. Die anderen verstanden nicht, warum Kaiser Karl gerade diesen Ort ausgewählt hatte, um auf die Dänen Göttriks zu warten.

»Der Grund dafür wird ganz einfach sein«, sagte Eginhard eines Morgens. »Karl kennt diese Gegend. Außerdem liegt Verden auf halbem Weg zwischen der Hammaburg und den alten sächsischen Volksburgen bei der Porta Westfalica. Was auch passiert – in ein, zwei Tagen könnte aus beiden Richtungen Hilfe kommen.«

»Nein«, sagte einer der ganz alten Krieger, der schon dabei gewesen war, als Karl sich selbst die Eisenkrone der Langobarden aufgesetzt hatte. »Das war noch nie ein Grund für Karl! Er hat stets klug geplant, aber niemals mit einer Rückversicherung für den Fall, dass seine Pläne scheitern könnten!«

Das Heer wartete fast zwei Wochen. Und wie in jedem längeren Lager mit vielen Menschen und Tieren begann es wieder, ein wenig streng zu riechen. Doch für das, was dann geschah, gab es keine Gegenmaßnahmen. Einige Scaras waren wie jeden Morgen ohne Rüstung und Bewaffnung und beinahe nackt auf ihren ungesattelten Pferden in wilder Jagd um das Lager geritten. Doch diesmal nahmen sie einen etwas größeren Bogen durch den Wald am Zeltlager. Und plötzlich entdeckten sie hinter hohen Farnwedeln eine in allen Farben blühende Wiese mit einem dunklen, fast schwarzen Waldsee inmitten umgestürzter, überwucherter und halb verwester Baumriesen.

»Solch ein Waldmoor habe ich bisher nur in Baiern gesehen«, lachte einer der älteren Scaras. »Was ist? Wer schwimmt mit mir durch den Teich?«

»Nur zu Pferd«, antwortete Victor und lachte herausfordernd. Er war inzwischen einer der Besten geworden. Ohne abzuwarten, stürzten sich die ersten der Scaras in den flach und glasklar aussehenden Waldsee.

»Kommt rein«, riefen sie. »Er ist sehr gut ... wie eisig kalter Saft von Brennnesseln auf nackter Haut ...«

»Ich bin am Wasser, an den alten Rheinarmen bei Worms aufgewachsen«, meinte Victor warnend. »Das hier riecht schlecht und faulig ... als wenn die Sachsenleichen allesamt hier versenkt wurden!«

»Victor, versündige dich nicht!«, rief Isambart, der Graf des Thurgaus. »Dann bade ich doch lieber in der Aller!«

Die jungen Scaras warteten auf ihre schwimmenden Gefährten, dann ritten sie gemeinsam zurück ins Heerlager.

In der gleichen Nacht wurden einige der Scarapferde unruhig. Es schien, als würden sie von einer unerklärlichen Kolik gequält. Am nächsten Morgen hatte die Krankheit bereits zwanzig Pferde erfasst, am Tag darauf waren es hundert. Alle Ärzte des Heeres, die Kräuterkundigen und die erfahrensten der Krieger besprachen ohne Unterlass die Ursachen der unbekannten Seuche. Von den Männern fühlte sich keiner krank, doch dann brachen die ersten Pferde zusammen und verendeten mit letzten, grauenhaften Schreien. Die ganze Nacht über konnte niemand im Heerlager an Schlaf denken. Und dann, als alle sich bereits die Ohren mit Stoff und Werg zustopften, gellte ein schauerlicher schreiender Trompetenton durch die mondlose Nacht.

Abul Abas, der weiße Elefant, riss sich von seinen Ketten und brach nach allen Seiten ausstampfend in wilder Panik quer durch das Lager. Er riss Pferche mit Pferden ein, löste unter der Meute der Hunde ein wölfisches Jaulen aus und erreichte nicht einmal mehr die Felle, auf denen sonst die Pferdeknechte zwischen den Lagerfeuern schliefen. Das mächtigste Tier, das jemals an einem Königshof nördlich der Alpen gesehen worden war, brach taumelnd zusammen, wälzte sich ausschlagend durch zwei, drei aufstiebende Feuer und verendete mit einem langen, weithin klagenden Todesschrei.

Am nächsten Morgen waren dreihundert Pferde tot. Die müden, völlig erschöpften Krieger nahmen kaum wahr, dass in der Morgendämmerung irische Mönche eingetroffen waren.

»Wir kommen von Norden, aus dem besetzten Friesischen«, riefen sie. »Und wir verlangen, dass wir sofort vor den Kaiser treten dürfen ...«

Niemand hatte Zeit für sie. Sie brauchten fast drei Stunden, ehe sie an Pferdekadavern und fluchenden, schwitzenden Kriegern vorbei das Kaiserzelt erreichten. Auch hier wollte niemand sie zum Kaiser lassen. Karl saß in seinem geschnitzten hispanischen Klappsessel und hörte sich ohne Unterlass die Schreckensmeldungen aus allen Teilen des Heerlagers an. Weder die Ärzte noch die besten der Pferdeknechte hatten jemals eine derartige Krankheit bei den Tieren gesehen.

»Vielleicht ist es ja doch das Leichengift der Sachsen«, murmelte Eginhard erschauernd und eher zu sich selbst als zu den anderen. Er fühlte zwei harte Hände wie Eisenklammern um seine Oberarme.

»Wenn du jemals ein derartiges Gerücht unter die Leute bringst, vergifte ich dich eigenhändig beim nächsten Abendmahl«, zischte der Erzkaplan von hinten in seine Ohren. Eginhard begann ebenso zu zittern wie die Pferde. Aber bei ihm waren es nur Schreck und Angst. Er taumelte zurück und machte den drei irischen Mönchen Platz, die schon seit einer Weile hinter ihm gestikuliert hatten. »Was wollt ihr hier?«, fragte Hildebold von Köln barsch. »Dies ist das Zelt des Kaisers. Ihr habt hier nichts zu suchen!«

»Wir wollen doch nur gute Kunde bringen«, sagte der älteste der noch sehr jungen Mönche. Er sah sehr ärmlich und ziemlich ausgehungert aus.

»Lass sie doch sprechen«, sagte Eginhard, der plötzlich Mitleid mit den Mönchen empfand. Der Erzkaplan zuckte die Schultern. »Wo kommt ihr her?«

»Von Norden, auf den Spuren des großen Bonifatius. Wir wollten den Platz sehen, an dem der Missionar der Friesen und Germanen freiwillig in den Tod gegangen und so zum Märtyrer geworden ist.«

»Hört zu, Männer«, sagte Hildebold ungeduldig. »Das ehrt euch sehr, aber wir haben hier ganz andere Probleme.«

»Deswegen kommen wir ja«, antwortete der Mönch, und seine Begleiter nickten. »Wir wollen euch berichten, dass ihr den König der Nordmannen nicht mehr fürchten müsst!«

»Was soll das heißen? Der Kaiser aller Franken fürchtet Gott und nichts auf der Welt!«

»Ja, aber König Göttrik ist tot … ermordet in der Stille der Nacht von Verschwörern unter seinen eigenen Edlen …«

»Soll das bedeuten, dass die Nordmannen jetzt endlich vorrücken?«, fragte der Erzkaplan sofort.

»Nein«, sagte der älteste der jungen Mönche. »Sie ziehen bereits wieder nach Norden, um ihre Boote zu besteigen und übers Meer in ihre Heimat zu rudern und zu segeln.«

Karl war sichtlich erleichtert, als er von der unerwarteten Wendung hörte. Die eigenartige Krankheit der Pferde und das plötzliche Ende seines prächtigen weißen Elefanten hatten ihn mehr mitgenommen, als er zugeben wollte. Denn immer noch quälte Rotruds Tod sein Herz.

»Wir brechen morgen früh auf!«, befahl er. »Zurück nach

640

Aachen! Und alle, die ein krankes Pferd haben, bleiben hier, bis es verendet oder genesen ist!«

Es war, als hätte er sich wieder an Ratschläge der Ärzte erinnert, die er gehört hatte, als sein Vater in Aquitanien das Mückenfieber bekam. In der folgenden Nacht verendeten nur noch fünfzehn Pferde. Zweihundert weitere zitterten. Unter den Felldecken würden sie aller Wahrscheinlichkeit nach überleben.

Karl schlief in dieser Nacht sehr schlecht. »Jedes zehnte Pferd«, murmelte er unter grässlichen Alpträumen, in denen sich Erinnerung und Gegenwart wie unter Hohngelächter von Odin, Thor und allen anderen Germanengöttern mischten, »wie damals jeder zehnte Sachse ...«

Der neue Tag begann mit sehr leisen, aber eigentümlichen Geräuschen. Die ganze Nacht über war es sehr warm gewesen und viel stickiger als in üblichen Sommernächten. Karl kleidete sich an und gürtete sein Schwert, noch ehe Mönche die ersten Kerzen für die Messe anzündeten. Er hatte einige Tage nicht mehr auf seinem Pferd gesessen und wollte nicht, dass er gebrechlich wirkte, wenn er vor seinem Heer aufsitzen musste.

Noch in der Dunkelheit ging er zu seinem Pferd. Es war noch ungezäumt und ungesattelt. Karl ging noch einmal in sein Zelt zurück. Keiner bemerkte, wie er seinen hispanischen Klappsessel holte und einem schlafenden Scarakrieger die schwere Lanze wegnahm. Bis auf Graf Düdo, der mit seinen Leuten am anderen Ende des Nachtlagers Feuerwache hielt, war niemand wach. Der Kaiser stellte den Sessel an der Seite seines Pferdes auf, band es los, presste die Lippen zusammen und hob seinen eigenen Körper auf den Rücken des Tieres. Die Schmerzen in beiden Kniegelenken ließen ihn eine Weile schnaufen.

Vorsichtig ritt er eine kleine Runde und stieg wieder ab. Viermal hintereinander übte er das Besteigen des Pferdes mit dem Gewicht der Lanze, bis er sich sicher war, dass er es auch mit dem Brustharnisch gerüstet und umgelegtem Kaisermantel schaffen würde. Nach dem fünften und letzten Mal hatte er den hispanischen Sessel noch nicht wieder erreicht, als ihn ein

Knistern in der Luft stocken ließ. »Pst, still«, raunte er seinem leise schnaubenden Pferd zu. »Sei ganz still!«

Aus irgendeinem unbekannten Grund erinnerten ihn die Bewegungen der Pferdeohren an ein Ereignis, das mittlerweile mehr als ein Menschenleben zurücklag. Damals war ein Papst mitten im Winter über die Alpen gekommen. Und sein Pferd war es gewesen, das vor allen anderen etwas gehört hatte. Auch diesmal schien das Pferd unter ihm überdeutlich zu spüren, dass etwas kam ... Es zuckte und blinkte zwischen seinen Händen und der Mähne des Pferdes. Als wenn ein Stück Bernstein im Dunkeln an Wolle gerieben wird, dachte Karl. Und dann sah er das kleine, kaum kopfgroße Licht, das wie ein leichter, federnder Feuerball zwischen den Zelten hindurch direkt auf ihn zusprang. Das Pferd bäumte sich auf, sprang laut wiehernd vor. Karl konnte sich nicht mehr halten. Er sah gerade noch, wie das Licht schräg aufstieg und dann zwischen den Bäumen des Waldes verschwand. Schwert und Lanze des Frankenkaisers flogen im weiten Bogen zur Seite, dann krachte er mit Kopf und Schultern auf den Boden, und es wurde noch tiefere Nacht um ihn.

Die Sonne stand bereits hoch am Himmel, als er wieder erwachte. Sie kitzelte ihn in der Nase. Er musste niesen und spürte gleichzeitig den Schmerz in Kopf und Schultern.

»Ist irgendwas gebrochen?«, fragte er matt.

»Nein, nur geprellt«, sagte die Stimme seines Erzkaplans. Karl ächzte und drehte sich etwas zur Seite. Sein Oberkörper und sein Kopf waren mit feuchten, in Kräutersud getränkten Tüchern bedeckt.

»Habt ihr gesehen, was mich vom Pferd geworfen hat?«, fragte er. Hildebold zögerte, schüttelte den Kopf und sagte dann: »Nur Feuergraf Düdo hat das Wiehern deines Pferdes gehört. Als er sich umdrehte, soll eine Erscheinung wie ein kugeliger Blitz aufgestiegen und in den Baumwipfeln verschwunden sein ...«

Karl spürte, wie die Schmerzen in Wellen durch seinen Körper jagten. Ihm war, als würde er von innen heraus mit Dornenruten und Brennnesselsträußen, saugenden Blutegeln und Wespenstichen gleichzeitig geplagt.

»Ich kann so nicht reiten«, stöhnte er mühsam.

»Willst du, dass wir dich auf Stroh und Fellen mit einem Ochsenkarren zum nächsten Kloster oder zur Pfalz in Aachen bringen?«

»Bin ich ein Merowingerkönig, ein verkalkter?«, protestierte Karl sofort.

»Wir könnten dich auch auf eine Pferdetrage legen und zurückschleifen ...«

»Nein, wir bleiben hier, bis ich wieder reiten kann. Und jedermann im Reich soll für drei Tage fasten, um Gott zu bitten, dass er uns zeigen möge, in welcher Weise unser Verhalten zu ihm gebessert werden muss!«

»Glaubst du etwa, dass Gott dir zürnt?«, fragte der Erzkaplan.

»Sind mir schon einmal Hunderte Pferde über Nacht eingegangen, gerade nachdem die liebste meiner Töchter von ihrer Krankheit nicht genas?«, antwortete Karl heftig. »Ist mir ein weißer Elefant gestorben? Hat mich ein Kugelblitz vom Pferd geworfen?«

»Du siehst nur eine Häufung von Unglücken, die auch durch Zufall aufeinandertreffen können.«

»Nein, es ist aus«, antwortete Karl harsch. »Ich weiß, dass es mit mir über kurz oder lang zu Ende geht ...«

Anders als er sich selbst prophezeit hatte, erholte er sich unerwartet schnell. Schon zwei Tage später konnte er mit seinem Hofstaat und dem Heer in Richtung Aachen aufbrechen. Vielleicht hätte er die Rückkehr in die Kaiserpfalz verzögert, wenn er gewusst hätte, welche Nachrichten ihn dort erwarteten.

Die erste besagte, dass Nikephoros, der Kaiser von Byzanz, im Krieg gegen die Bulgaren gefallen war und sein Schwiegersohn als Michael I. die Krönung zum neuen Kaiser Ostroms erhalten hatte.

Die zweite war so schockierend, dass drei Tage lang niemand wagte, damit zu Karl zu gehen. Es war Eginhard, Alkuins kleiner, hässlicher Bezaleel, der den Mut fasste, dem Kaiser zu sagen, dass am 8. Juli auch sein Sohn Pippin, der König von Italien, gestorben war.

Karl, der in seinem astronomischen Kabinett von Eginhard

643

besucht wurde, blätterte nur in den großen Folianten auf dem Tisch. Er sah nicht einmal auf, als er sagte: »Dann soll Pippins Sohn Bernhard König von Italien werden!«

»Ein Dreizehnjähriger?«, fragte Eginhard vorsichtig.

»Ja. Und seine Schwestern Adalhaid, Atula, Gundrada, Berthaid und Theodora sollen hier am Hof zusammen mit meinen jüngeren Kindern und meinen anderen Enkeln erzogen werden.«

»Was befiehlst du sonst noch?«

»Nichts«, sagte Karl tonlos.

37

Ein Stern verglüht

»Vorzeichen des Todes ... beunruhigen ... die Menschen«, murmelte Eginhard, während er ameisenfleißig Buchstaben für Buchstaben auf ein Stück Pergament malte. »Sonnen- und Mondfinsternisse ... Erdbeben ... Blitzschläge und ... niederfallende Meteore künden vom Ende ... einer Epoche ...« Er fasste einfach alles zusammen, was am Hof des Kaisers von reisenden Händlern, durchziehenden Pilgern und staunend stammelnden Burschen aus den wilden, fast menschenleeren Waldregionen des Reiches erzählt und berichtet wurde. Während er schrieb, dachte er gleichzeitig daran, wie es weitergehen sollte, wenn Karl eines Tages nicht mehr war. Er hörte, wie in der Hofschule gesungen wurde. Draußen, vom Dorf her, klangen die Hammerschläge der Schmiede bis in den großen Pfalzhof.

Obwohl inzwischen mehr als ein Jahr seit dem Tod von Rotrud und Pippin vergangen war, hatte der Kaiser die alte Kraft nicht wieder zurückgewonnen. Es war, als wäre vor seinem eigenen Körper bereits ein Teil seiner selbst gestorben. Weder der Reichstag noch die dabei beschlossenen Züge seiner Heerführer gegen die Mauren und die Bretonen schienen ihn zu interessieren.

Der Erzkaplan hatte zusammen mit Kanzleivorsteher Ercambald und den Notaren einen Vertrag mit den Nordmannen und einen weiteren mit dem oströmischen Kaiser Michael vorbereitet.

»Soll ich die Urkunden vorlesen?«, wollte Hildebold wissen.

Karl schüttelte den Kopf.

»Willst du die ganzen Texte etwa selbst lesen?«, fragte der Erzbischof von Köln verwundert.

»Nein«, antwortete der Kaiser. »Es interessiert mich nicht mehr, wofür ihr den Vollziehungsstrich von mir benötigt.« Er tunkte einen Federkiel in Tinte und winkte Hildebold heran. Mit kratzendem Geräusch zog er seine Linien durch die von Schreibern vorgemalten Monogramme.

Nach dem Ende des Reichstags blieben einige von Karl ausgewählte Edle des Reiches in Aachen zurück. Nachdem sich alle zur festgelegten Stunde im großen Saal der Pfalz versammelt und eine halbe Stunde gewartet hatten, kam Karl aus seinen Gemächern. Ein feierliches Klopfen empfing ihn. Es klang für ihn ganz anders als das zustimmende Lärmen der Krieger bei den Reichstagen. Hier und bei diesem Treffen war nicht die Lautstärke, sondern eine eher erhabene Zustimmung gefragt. Die Mark- und Gaugrafen wie auch die Bischöfe waren weitaus farbenprächtiger gekleidet als der Kaiser, der nur kurz in die Runde nickte und mit nachschleifendem Gang bis zur Stirnseite der u-förmig angeordneten Holztische ging.

»Sind alle hier?«, fragte er, nachdem er sich ächzend gesetzt hatte. Rechts hinter ihm stellte sich der Pfalzgraf auf und links der Seneschall. Der Mundschenk rückte Holzschalen mit Gebäck zurecht. In einer Ecke las einer der Kaplane halblaut den einhundertneunzehnten Psalm. Er war bereits beim siebenundfünfzigsten Vers angekommen: »Ich habe gesagt: ›Herr, das soll mein Erbe sein, dass ich deine Worte halte ...‹«

Der Erzkaplan hob die Hand und ließ ihn aufhören. »Wir sind gekommen, wie du es bestimmt hast«, sagte er zu Karl gewandt. »Fünfzehn Grafen mit doppeltem Vasalleneid und fünfzehn Bischöfe aus allen Teilen des Reiches.«

»Gut«, sagte der Kaiser. »Dann will ich jetzt und in eurer Anwesenheit mein Testament verkünden. Hört alle gut zu, denn jeder von euch soll mit seiner Unterschrift und seinem Namen bezeugen, was ich sage ...« Die Sonne schien durch die Fenster auf die farbenprächtig gekleideten und schweigend an den Bohlentischen sitzenden Großen des Reiches. Weder sie noch die ringsum vor weißgrauen Steinwänden stehenden Schreiber, Notare und Diener wagten sich zu bewegen.

»Ich habe zehn Weiber oder ein paar mehr gehabt, die länger als nur eine Nacht mein Lager teilten«, sagte der Kaiser. »Achtzehn von ihren Kinder habe ich anerkannt. Aber zu viel ist mir weggestorben, während ich weiterlebte. Zu viele Hoffnungen und zu viel Liebe. Und heute frage ich euch: Wofür habe ich gelebt? Wofür sechzig Sommer auf dem Rücken der Pferde verbracht? Wofür bin ich länger herumgezogen als Alexander der Große oder die Könige der großen Wanderung hungriger Völker? Warum musste ich wieder und wieder gegen alle ziehen, die sich taufen ließen, meinem Vater und mir Gefolgschaft schworen und dennoch ihre Eide brachen, als wären sie nicht mehr als Strohhalme mit tauben Fruchtständen ...«

Die Edelsten des Reiches wagten kaum zu atmen. Obwohl Karl klagte, wie sie es nie zuvor bei ihm erlebt hatten, war er doch immer noch der strahlendste von allen Sternen an ihrem Lebensfirmament.

»Ich habe stets für die Familie, aber auch für die Einheit und die Größe des Abendlandes gelebt«, fuhr der Kaiser fort. »Aber ich will nicht, dass geteilt wird wie unter schlechten Erben ... kein Neustrien oder Austrien, kein Burgund, Baiern oder Sachsen, keine alten Kernlande oder neue Grenzmarken. Einzig der Glaube an Jesus Christus, den Erlöser, kann über Sprachen, Grenzen und Völkerschaften hinweg zusammenhalten, was die Apostel, die Missionare und zu einem Gutteil auch wir selbst geschaffen haben.«

Karl hob die Hand und wischte sich langsam mit einem angefeuchteten Leinentuch über die Lippen. Der Geruch von Minze und Bärwurz zog durch den Raum, dazu der Duft von Siegwurz und dem Allermannsharnisch mit Zauberkraft, wie es in Germanien hieß.

»Jetzt aber sorge ich mich um die Einheit unseres Europas«, fuhr Karl bedächtig fort. »Es ist daher mein letzter und unanfechtbarer Wille, dass zwei Drittel meines Vermögens und meiner Schätze den einundzwanzig Erzbischöfen des Reichs übertragen werden.«

Er wartete, bis sich die heftige Unruhe im Saal wieder gelegt hatte. Die Grafen sahen sich an. Einige wurden rot, andere blass, und alle wunderten sich über die unerwartete Großzügigkeit des Kaisers gegenüber der Kirche.

»Nach meinem Tod soll das restliche Drittel in Viertel geteilt werden«, fuhr Karl fort. »Ein Viertel davon soll wiederum von unseren Erzbischöfen für wohltätige Dinge eingesetzt werden, ein Viertel soll meinen Kindern gehören, ein Viertel jenen, die mir hier in der Aachener Pfalz treu gedient haben, und das letzte Viertel den Pilgern, Bettlern und Armen im Reich.«

Karl nahm einen Schluck Wein, der mit Quellwasser aus den Ardennenbergen verdünnt war.

»Weiterhin verfüge ich, dass meine beiden Tische aus Gold und Silber an den Papst in Rom und an den Bischof von Ravenna gehen sollen. Der dritte Tisch mit der eingravierten Darstellung der Erde soll an den verkauft werden, der am meisten dafür bietet. Der Erlös daraus soll zu gleichen Teilen unter den Erben, wie sie das Gesetz bestimmt, und unter Arme aufgeteilt werden.«

Viele der Anwesenden vermuteten, dass noch weitere Verfügungen existieren müssten. Mit keinem Wort hatte der Kaiser erwähnt, ob Pippin der Bucklige, der nach altfränkischem Recht nach wie vor als sein erster Sohn galt, ebenfalls einbezogen werden sollte. Darüber hinaus hatte Karl nicht gesagt, was mit den Kindern jener Frauen geschehen sollte, die lange Zeit und wie in Friedelehe sein Bett geteilt hatten.

Auf eine kurze Frage nach der Möglichkeit, das Testament noch einmal Wort für Wort durchzusprechen, antwortete der Kaiser nur mit knappem Kopfschütteln. Erzbischof Hildebold von Köln nahm Karls Testament und wandte sich an die Versammelten.

»Dann unterschreibt jetzt! Nicht dass ihr einverstanden seid, sondern dass ihr bezeugt, was Kaiser Karl hiermit verfügt hat.«

Nachdem die Großen samt ihren Begleitern die Kaiserpfalz wieder verlassen hatten, begannen Wochen, in denen Karl sich rarmachte. Nur seine engsten Mitarbeiter und jene, die bei Nacht wach waren, konnten ihn manchmal sehen, wie er über den langen überdachten Steg zur Kirche ging und dabei immer hörbarer sein linkes Bein nachzog. Karl besuchte die Messen in der Nacht, betete laut und sprach sehr oft mit dem Erzbischof von Köln über den Gottesstaat.

Irgendwann in den unangenehmen regnerischen Novembertagen erfuhr Karl, dass auch sein Erstgeborener nicht mehr lebte. »Er ist still und friedlich in seiner Klosterzelle gestorben«, berichtete ihm Hildebold.

Karl hatte noch immer ein feines Ohr. »Warum betonst du, dass er friedlich starb?«, fragte er.

»Ich meinte nur sein Sterben und nicht den Zustand seines Herzens«, antwortete der Erzbischof. »Der Brief, an dem er schrieb, war an den Kaiser von Byzanz gerichtet. Er war voll Bitterkeit und Klagen über dich und uns ...«

»Man stirbt nicht, wenn man gerade an den Kaiser Ostroms schreibt!«, stellte Karl unmissverständlich fest. »Soll ich dir sagen, was ich glaube? Wir wussten alle, dass er schuldig war, aber wir wussten auch, dass nur das Vorurteil und alter Aberglaube den besten aller meiner Söhne zum Opfer und Rebellen machten! Und ich vermute, dass ihr meinen Sohn, den ich nie lieben durfte, in seinem Kloster kaltblütig hingerichtet habt! Ihr habt ihn umgebracht, damit er ganz zum Schluss und nach dem Tod der anderen nicht doch noch Herrscher des Frankenreiches wird!«

Hildebold war so entsetzt über Karls finsteren Verdacht, dass er kein Wort hervorbrachte.

Noch viele Wochen lang wagte er nicht, Karl darauf anzusprechen. Der schlimmste Tag des Jahres aber wurde der 4. Dezember. Nachts war der erste Schnee gefallen. Knechte und Mägde fegten schon früh auf dem großen Platz Pfade zwischen den Wohnräumen des Kaisers, der Kirche und den Wirtschaftsgebäuden. Allmählich erwachte auch der übrige Hofstaat. Fensterluken wurden geöffnet, und erste Rauchfäden stiegen aus den Kaminen, Kessel und Schüsseln klapperten, das Vieh in den Ställen regte sich, und frohe Kinderrufe begrüßten die weiche weiße Decke, die sich über die ganze Pfalz gelegt hatte.

Später sagte Karl, dass er die stille Schneedecke schon gleich bei ihrem Anblick als Leichentuch empfunden hätte. Und wie erstarrt durch Schnee und Kälte hatte er am Fenster seines Schlafgemachs gestanden, als Hildebold hereinkam und die rechte Hand auf seine Schulter legte.

»Du musst jetzt stark sein, Karl«, hatte er gesagt.

»Was ist geschehen?«

»Der Ratschluss Gottes, des Allmächtigen, bleibt immer unergründlich ...«

»Dann sprich du wenigstens, Gottesmann!«

»Dein Sohn Karl, der Thronfolger ...«

»Ich habe es geahnt«, sagte Karl. »Ist er tot?«

»Ja.«

»Dann bleibt nur noch Ludwig von Aquitanien«, sagte Karl. Seine Stimme weinte, aber er hatte keine Tränen mehr. »Ludwig war stets der frömmste meiner Söhne ... nicht schlecht, aber nicht stark genug gegen euch Kirchenmänner. Er wird, so denke ich, alles verlieren ...«

Karl und der Hofstaat feierten das Weihnachtsfest still und von traurigen Gedanken begleitet. Der Kaiser hatte seine vornehmsten Kleider angelegt, die Krone aufgesetzt und sich auch noch das Zepter und den goldenen Reichsapfel, der die Herrschaft Jesu Christi auf der Erdkugel versinnbildlichte, genommen. Erst jetzt, nach all den Jahren, fiel Karl der Widerspruch zwischen dem Reichsapfel und der offiziellen Lehre der Kirche auf. Wenn die Erde eine Scheibe sein sollte – warum hatte Kaiser Theodosius II. von Byzanz das Kreuz als Symbol des Sieges auf eine goldene Kugel gesetzt?

Karl genoss die feierlichen Stunden, die er in vollem Ornat im von Feuern aus Eisenkörben geheizten Oktogon seiner Aachener Pfalzkirche verbringen konnte. Er fand Gefallen daran, stundenlang in den Polstern des Steinthrons mit jener Platte zu sitzen, die vor sehr vielen Jahren Anlass für einen Streit mit seinem Bruder Karlmann gewesen war. Aus der erhöhten Position konnte er alles sehen und beobachten – die niederen Höflinge im Erdgeschoss des hohen, beinahe maurisch anmutenden Achtecks und die Edlen zwischen den umlaufenden, nochmals durch je drei schmale Bögen und zwei Pfeiler darüber geteilten Rundbögen.

In diesen Tagen blieb er oft bis zur Mittagsstunde in seinem Gotteshaus. Mitte März wurde es so warm, dass Karl den »kleinen Kreis« am Rand des Gartens zusammenrief, in dem bereits die ersten Pflanzen sprossen.

»Ludwig ist es gelungen, einen Vertrag mit dem Emir von Cordoba zu schließen«, sagte er sichtlich stolz. Neben Hildebold und Eginhard gehörten inzwischen mehrere Bewährte aus der

Verwaltung des Reiches zum »kleinen Kreis«. Feuergraf Düdo von Hartzhorn war ebenso Teil der Runde wie Graf Isambart vom Thurgau, der fröhliche, beim Lesen, Schreiben und Rechnen äußerst gewandte und just zum Pfalzgrafen von Aachen ernannte Victor aus Worms sowie Graf Rorico von Maine, der Vater des Kaiserenkels Ludwig.

»Hoffentlich ist dieser Emir al-Hakam zuverlässiger als der letzte der Omaijaden«, sagte Karl. »Denn wenn es meinen Freund und Bruder Harun al-Raschid nicht gegeben hätte, wären keine guten Empfindungen bei dem Gedanken an Sarazenen, Mauren und Muselmanen in mir.«

»Nun ja«, sagte Erzbischof Hildebold. »Wenn zutrifft, was dein Sohn Ludwig aus Hispanien berichtet, dann haben die Anhänger Mohammeds allen Grund, sich gut mit uns und den Christen des Abendlandes zu stellen.«

»Ludwig schreibt von einem Apostelgrab, das jüngst gefunden wurde ...«

»Wir sollten die Entdeckung des Grabes von Apostel Jakobus dem Älteren schnell verlautbaren«, sagte Hildebold. »Denn dann hätten wir Anspruch auf einen Wallfahrtsort mitten im Sarazenengebiet.«

»Ich fürchte, unser Kaiser hält nicht mehr viel von wundersamen Himmelserscheinungen«, sagte Eginhard.

»Das festzustellen, solltest du mir schon überlassen, Bezaleel«, meinte Karl nachsichtig. Er wandte sich an die anderen. »Und doch hat Eginhard recht. Es ist schon ungewöhnlich, wenn plötzlich über einem Feld irgendwo in Hispanien ein Stern aufleuchtet wie einst in Bethlehem. Noch seltsamer erscheint es mir, dass genau dort das Grab von Sanct Jakobus aufgefunden wird.«

»Nun ja, ein Sanct Jakobus auf dem Campus stellae – Santiago di Compostela, wie die Mauren sagen würden –, das wäre schon ein gutes Leitbild für eine Reconquista«, meinte der Erzkaplan eilfertig. »Ich höre schon den Schlachtruf gegen die Sarazenen: »Santiago und drauf auf sie!««

»Hört auf zu träumen!«, sagte Karl. »Sagt lieber, wie weit die Verhandlungen mit Byzanz über mein Kaisertum gediehen sind.«

»Nun, praktisch hat Ostrom alle Bedingungen akzeptiert«, sagte der Erzkaplan und holte eine mit vielen Siegeln geschmückte Pergamentrolle aus einem Kasten neben sich.

»Was heißt ›praktisch‹?«, fragte Karl misstrauisch.

»Wir können uns, wenn du einverstanden bist, mit Byzanz auf folgende Bezeichnung einigen: ›In nomine Patris‹ und so weiter, ah ja, hier ist es ... Du könntest dich mit Billigung von Ostrom in Zukunft folgendermaßen nennen: ›Carolus serenissimus, Augustus a Deo coronatus magnus pacificus imperator princeps Romanum gubernans imperium, qui et per misericordiam Dei rex Francorum et Langobardorum ...‹«

»Nun für alle verständlich!«

»›Karl, der Ernsthafte, der Augustus, der von Gott gekrönte, der Große, der Friedfertige, der Kaiser, der Fürst, der das Römische Reich lenkt, und durch das Erbarmen Gottes König der Franken und Langobarden ‹«

»Moment, halt ein!«, unterbrach Karl kopfschüttelnd. »Du hast gesagt ›der das Römische Reich lenkt‹. Bin ich nicht Patricius Romanorum? Dann kann ich ebenso gut der Kaiser des Römischen Reiches sein ...«

»Nein, Karl«, sagte Eginhard, »das ist kein Versehen und keine Nachlässigkeit von Michael, dem neuen Kaiser in Konstantinopel. Eigentlich ist er der legitime Herrscher Westroms, also auch unser Kaiser ...«

»Aber ›der es regiert‹ ist ein anderer als ›der es ist‹ – und ich bin Kaiser und vom Papst gekrönt ...«

»Ja, aber Papst Leo hat dir etwas gegeben, was ihm leider nicht gehörte. Das ist das ganze Problem, das jetzt sehr einfach gelöst werden könnte oder niemals ...«

»Wie meinst du das?«

»Tritt aus dem Königreich Italien einige Küstenstädte samt der Dogenstadt Venedig an Michael ab. Dafür erkennt Byzanz das Kaiserreich der Franken an. Koexistenz zwischen Aachen, Byzanz und Rom ... so einfach ist das.«

»Und Michaels Reich? Wie heißt es?«

»Imperium Orientale.«

»Und meines?«

»Imperium Occidentale.«

»Zwei Kaiserreiche also …«

»Aber gleichberechtigt, Karl. Zum ersten Mal anerkannt und wirklich gleichberechtigt!«

»Ein Kaiserreich des Abendlandes«, sagte Karl, und seine müden Augen begannen erneut aufzuleuchten. »Ihr habt recht, ›der das Römische Reich regiert‹ genügt vollkommen. Schreibt an den anderen Kaiser, dass ich einverstanden bin. Und ich will gern diesen Vertrag mit einem Federstrich vollziehen!«

In den folgenden Wochen genoss Karl das erhebende Gefühl, etwas erreicht zu haben, wovon Karl Martell oder sein Vater nicht einmal zu träumen gewagt hatten. Er verringerte freiwillig den Fleischanteil bei seinen Mahlzeiten, trank mehr Kräutertee als Wein und Met und arbeitete mit großem Schwung an zwei Vorhaben, zu denen er bisher nicht gekommen war.

Mit dem »Capitulare de villis vel curtis imperii« wurde endlich eine Neuordnung der kaiserlichen Pfalzen, Hofgüter, Salhöfe und der sonstigen Besitzungen erreicht. Die zweite wichtige Entscheidung betraf das Durcheinander der vielen Münzen und Geldformen im Frankenreich.

»Ich habe schon vor Jahren angeordnet, dass überall bei uns eine einheitliche Währung gilt«, sagte er eines Abends, »und zwar aus Silber und nicht aus Gold.«

Eginhard reichte dem Kaiser eine kleine Schrift. Sie war nicht besonders reich verziert, sah aber noch sehr neu aus.

»Der Stein der Weisen«, sagte Eginhard. »Dieses Büchlein über die Kunst des Goldmachens ist bei einigen Grafen und Äbten in den Klöstern inzwischen schon beliebter als die Bibel.«

»Und? Hat schon jemand damit Gold gemacht?«, fragte Karl.

»Ich glaube nicht«, antwortete Eginhard zerknirscht.

Im Frühjahr darauf erneuerte das Konzil in Mainz das Verbot, Menschenleichen in Kirchenräumen einzugraben, von welchem Rang und welcher Herkunft sie auch waren.

Das Jahr versprach friedlich und schön zu werden, doch ohne Vorwarnung tauchten plötzlich die bösen Zeichen wieder auf. Am Himmelfahrtstag schritt Karl mit seinen festlich gewandeten Begleitern von der Kaiserhalle über den hölzernen Säulengang zum Aachener Dom. Sie hatten die Kirche fast erreicht, als es plötzlich unheilvoll im Gebälk knisterte. Ein vielstimmiger Aufschrei schallte über den weiten Hof. Die vorn Gehenden blieben so plötzlich stehen, dass andere gegen sie stießen. Das Krachen und Knistern wurde lauter. In diesem Augenblick warf sich der kleine, hässliche Eginhard mit aller Kraft gegen den Kaiser und stieß ihn zur Seite.

Keinen Atemzug zu früh, denn wie von einem unsichtbaren Sturm geknickt, brachen Bretter und Balken des Säulenganges unter dem Gewicht der vielen Männer ein. Sie stürzten aufschreiend nach unten und schlugen sich Köpfe und Glieder blutig. Immer neue Balken rutschten aus ihren Dübellöchern und polterten auf das Gemenge aus Bohlen und menschlichen Leibern ...

Karl hatte nicht einmal einen Kratzer abbekommen. Trotzdem fiel er tagelang in ein fast büßerisches Schweigen, bis feststand, dass alle überleben würden. Kein blutiges Gemetzel und kein Schwertschlag hatten ihm je so zugesetzt wie diese Dinge, von denen niemand wusste, ob sie nur Unglück oder Menetekel waren. Als dann auch noch bei einem kleinen Frühlingsgewitter ein Blitz den goldenen Apfel auf der Spitze der achteckigen Pfalzkapelle abriss und durch das Dach ins Wohnhaus von Erzkaplan Hildebold schlagen ließ, hielt es Karl nicht mehr länger in Aachen.

Er war froh, als der Hofstaat zum Reichstag nach Mainz aufbrechen konnte. Es fiel ihm schwer, mit seinen schmerzenden Beinen den ganzen Uferweg rheinaufwärts zu reiten. Aber bei Mainz angekommen, genoss er wieder das laute, farbenprächtige Getümmel auf der Maraue an der Mündung des Mains in den Rhein. Viele waren erschienen, aus Baiern und Lombardien, aus Sachsen und Burgund. Karls letzter lebender Sohn Ludwig, König von Aquitanien, übernahm die meisten Zeremonien, das Lob der Sieger bei den Reiterkämpfen und die Verlautbarung der Urteile, die Karl ihm leise vorsprach.

Die Großen des Reiches beobachteten sehr genau, wie Ludwig seine Stellvertreterrolle ausfüllte. Viele von ihnen trauerten noch immer dem jungen, fähigen Karl nach. Selbst Karlmann, der unter dem Namen Pippin König von Italien geworden war, hätte nach ihrer Meinung mehr Heiltum und königliche Ausstrahlung gehabt als Ludwig, doch diese Wahl gab es nicht mehr. Einer der Ersten, der ganz auf Ludwig umschwenkte, war Eginhard, die emsig vorausschauende Ameise, die von Alkuin noch Baumeister Bezaleel genannt worden war. Theodulf von Orleans schrieb böse Briefe über Eginhards Liebedienerei an Erzbischof Hildebold. Er hörte erst damit auf, als er erfuhr, dass Ludwig seinen eifrigsten Parteigänger mit Dörfern und Klöstern aus seinem Besitz im Odenwald, am Main und in Oberitalien belohnte. Wenn es sich derart auszahlte, wollte er ebenfalls Ludwig loben. So wie er änderten immer mehr Große des Reiches ihre Meinung. So lange jedenfalls, bis erneut ein böses Vorzeichen die Diskussionen und Orakel, Gerüchte und Bedenken anfachte. Mitten in der Nacht stand plötzlich die riesige Holzbrücke über den Rhein in Flammen. Hunderte, Tausende von Kriegern und Knechten versuchten mit Krügen und mit Schalen, ledernen Säcken und großen Weinfässern den Brand zu löschen. Aber die Balken waren trocken und brannten fauchender als Zunder.

Karl sah von Anfang an zu, wie das große Werk, das auf seinen Befehl hin und mit viel Mühen errichtet worden war, in Rauch und Asche aufging.

»Es stört mich nicht«, sagte er am nächsten Morgen. »Wer sich ein Denkmal setzten will, soll Stein verwenden, wie es die Griechen und die Römer schon gewusst haben. Also schreibt auf: Die nächste Brücke hier wird aus Stein errichtet!«

Der zweite Reichstag des Jahres 813 fand wieder in Aachen und in der Pfalzkapelle statt. Als Karl zusammen mit seinem Sohn Ludwig auf der Empore mit dem Marmorthron erschien, strahlte die Morgensonne so prächtig durch die hohen Fenster, dass sie sogar sein Alter und seine schmerzhafte Gebrechlichkeit mit goldenem Glanz umhüllte. Sie beteten gemeinsam, sangen und ließen Erzbischof Hildebold die Messe feiern. Erst dann begann die Stunde des Kaisers.

»Ich habe Bernhard, den Sohn Pippins, zum König von Italien erhoben«, sagte Karl, und seine Stimme klang laut und hell wie stets durch den hohen achteckigen Kirchenraum. »Dafür musste ich keinen von euch fragen. Aber worum ich euch jetzt bitte, soll jeder von euch so beantworten, wie ihm Herz und Gewissen raten.«

Er machte eine Pause und strich mit seinen Fingern über die langen Enden seines weiß gewordenen Schnurrbartes. »Wollt ihr, dass mein Sohn Ludwig an meiner Seite Kaiser wird und auch nach meinem Tod die Kaiserkrone trägt?«

Der Beifall aller Großen war echt. Ein Chor aus Metz erfüllte das Gotteshaus mit wunderbaren Klängen. Noch nie zuvor hatten die Großen des Frankenreiches so schöne, reine Stimmen und einen so starken, durch alle Glieder fließenden Gesang gehört.

Während der Chor sang, kam Karl, auf seinen Sohn gestützt, über die Wendeltreppe an der Westseite des Kirchenraums nach unten. Er zog deutlich sein Bein nach, als er sehr langsam und von Ludwig geführt auf den Altar im Osten des Kirchenraums zuging. Auf einem großen Kissen lag eine neue Krone, die größer und mit mehr Edelsteinen geschmückt als seine eigene war. Der Kaiser und sein Sohn beteten zusammen mit Hildebold. Dann drehten sie sich so um, dass sie sich gegenseitig in die Augen sehen konnten.

»So ermahne ich dich denn, Sohn Kaiser Karls und seiner Gemahlin Hildegard, gesalbt vom Papst in Rom und König Aquitaniens, zu Gottesfurcht und Schutz der Kirche. Und ich befehle dir als Vater und als Kaiser, deine Schwestern, Neffen und Nichten und alle anderen Anverwandten zu schützen, wie ich es auch getan habe. Ich fordere dich auf, mildtätig zu sein gegen die Klöster und die Armen, nur unbestechliche Gläubige für das Reich einzusetzen und selbst so zu leben, dass du vor Gott und den Menschen zu jeder Zeit bestehen kannst, damit du weiterhin »Ludwig der Fromme« bleibst. Willst du all das hier und jetzt versprechen?«

»Ja, Vater, das will ich.«

Stürmischer Beifall erfüllte den Kirchenraum. Karl drehte sich zu den Versammelten, wartete auf mehr Ruhe, dann nickte er Ludwig zu.

»Nimm also die Krone, die hier auf dem Altar liegt, und setze sie dir eigenhändig und nicht durch andere geführt auf deinen Kopf!«

Ludwig vollzog den Befehl und setzte sich die Krone auf. Damit hatte das Reich der Franken zwei Kaiser mit gleichen Pflichten, gleichen Rechten. Und doch befürchteten viele der Edlen in diesem Augenblick, dass Ludwig alles wieder entgleiten könnte, was sein Vater aufgebaut hatte. Nach ihrer tiefsten Überzeugung hatte der Kaiser seinen schwächsten Sohn auf den Thron gehoben. Er hatte keinen anderen mehr.

Nach der Krönung und der Rückkehr des frommen Ludwigs nach Aquitanien schien Karl viel gelöster zu sein als vorher. Er kümmerte sich kaum noch um Verwaltungsgeschäfte und verwendete die meisten Stunden des Tages darauf, zu beten und Almosen zu verteilen.

Obwohl ihm seine Berater davon abrieten, entschloss der Kaiser sich Anfang Oktober zu einem ruhigen Ritt nach Orleans. Der Hofstaat und die kleine Begleitung aus Scaras kamen nur sehr langsam voran, da niemand Karl zumuten wollte, mehr als ein paar Stunden pro Tag im Sattel zu sitzen. Vielleicht gehörte gerade deshalb diese geruhsame Reise zu den schönsten, die Karl erlebt hatte. Er genoss die kleinen, fröhlichen Unterbrechungen, wenn Fasane und Rebhühner gelockt, Hasen und Wildschweine gejagt oder in aller Ruhe Fische und Wasservögel eingefangen wurden.

Theodulf, der Bischof von Orleans, freute sich sehr, als er Karl wiedersah. Der ehemalige Erzkaplan zeigte dem Kaiser seinen gesamten Sitz und nahm mit ihm gemeinsam an den Vorlesungen in seiner akademischen Schule teil, die er nach Aachens Vorbild eingerichtet hatte. In der Zwischenzeit verbrachten die beiden Männer viele Stunden mit schönen Gesprächen unter Orangen- und Feigenbäumen.

Anschließend zog Karl nach Tours weiter und betete an den Gräbern von Liutgard und Alkuin. Auf dem Rückweg machte der Hof einige Tage in der Pfalz Diedenhofen Rast. Anschließend zogen alle gemächlich moselabwärts und bogen kurz vor der alten römischen Kaiserstadt Trier zum Kloster Echternach ab.

»Ante Romam Treveris stetit annis mille trecentis. Perstet et aeterna pace fruatur, amen«, sagte Pfalzgraf Victor mehrmals nacheinander.

»Hör endlich auf damit!«, rief Karl ihm zu. »Ich weiß, dass

Trier tausenddreihundert Jahre vor Rom entstanden sein soll, dass es weiterbestehen und sich am ewigen Frieden erfreuen will ... aber kein vernünftiger Kopf kann glauben, dass diese Stadt tatsächlich von Trebate, dem Stiefsohn der babylonischen Königin Semiramis, gegründet wurde ...«

»Weiß man's? Oder weiß man's nicht?«

»Schluss damit!«, presste Karl zwischen den Zähnen hervor. Er spürte wieder starke Schmerzen in seinem Bein. Erzkaplan Hildebold ritt heran und versuchte ihn zu überreden, sich mit kalten Umschlägen ins Bett zu legen, doch Karl grantelte nur.

»Ich will in diesem Herbst noch einen Hirsch erlegen«, verlangte er immer wieder, nachdem sie im Kloster Echternach angekommen waren. »Einen Zwölfender, wie es mir gebührt.«

Der ganze Hofstaat steckte tagelang die Köpfe zusammen und überlegte, was getan werden konnte, um den Wunsch des Kaisers zu erfüllen und ihn dennoch so weit es ging zu schonen.

»Dann müssen wir eben einen Hirsch einfangen und ihn unten im Tal an einer Stelle freilassen, wo der Fluss eine Biegung macht und kein Hirsch durch die Strömung fliehen kann«, schlug Eginhard vor.

»Nein«, sagte Pfalzgraf Victor. »Das ist Betrug.«

»Außerdem würde Karl merken, was gespielt wird ...«

Die Versammelten fuhren zusammen. Es war die Stimme, diese unverkennbare, im ganzen Reich bekannte Stimme, die sie zusammenfahren ließ. Karl stand am Eingang des Refektoriums und schüttelte den Kopf. »Gönnt mir die Freude, noch einmal einen Hirsch zu jagen. Wer weiß, ob ich im nächsten Jahr dazu noch in der Lage bin.«

»Aber es ist wirklich leichtsinnig, Karl«, sagte der kleine, hässliche Eginhard. Niemand außer ihm hätte es wagen können, dem Kaiser jetzt noch Widerspruch zu bieten. Nur der Abt versuchte es ebenfalls.

»Willst du nicht lieber die Bibliothek und das Skriptorium besichtigen? Wir haben wertvolle Evangeliare und Dokumente aus der Zeit, als dein Großvater Karl Martell hier sein Rebellenheer gegen seine kaltherzige Stiefmutter, die Kölner Regentin Plektrud, zusammengestellt hat.«

»Ich danke dir … ich danke allen für die Fürsorge«, sagte Karl milde. »Aber sofern das Wetter danach ist, will ich noch vor der Mittagsstunde den Hirsch gesehen haben und ihn zu Pferde jagen.«

Alles geschah, wie Karl es angeordnet hatte. Die Jagdgesellschaft traf auf Bären, Auerochsen und allerlei Kleingetier der Wälder. Nur Hirsche ließen sich nicht blicken. Am nächsten Tag ritten sie nochmals aus: kein Hirsch, kein Reh, nicht einmal Kot von Luchsen. Dann aber, am dritten Tag, hatten sie Glück. Karls Augen blitzten, als er den Zwölfender auf einem kleinen Felsvorsprung mitten im Wald erblickte. Sein Gesicht rötete sich. Er holte tief Luft, stieß einen hellen Freudenschrei aus und setzte wie ein Zwanzigjähriger über einen plätschernden Bergbach. Der Zwölfender blickte bewegungslos auf ihn herab. Es war, als wüsste er, dass hier nur einer Herr der Wälder sein konnte.

Karls Pferd kam unglücklich auf schrägen Ufersteinen auf. Es rutschte mit der rechten Hinterhand ab. Karl, der nur den Hirsch sah, reagierte einen Augenblick zu langsam. Mit seinem schmerzenden Bein konnte er sich nicht stark genug festklammern. Er spürte, wie er den Halt verlor. Die Wucht des Sprunges hob ihn aus dem Sattel. Gleich einem flügellahm gewordenen Adler stürzte er tiefer. Sein schwerer Körper prallte auf den von Laub und Moos weichen Waldboden. Er rollte sich zur Seite und wollte sofort wieder hoch, als ihn ein Stich wie von einer feuergeglühten Lanzenspitze ins Knie traf. Kraftlos fiel er nach hinten. Er verlor die Besinnung und merkte nicht mehr, wie er auf eine mit Bärenfell bedeckte Trage gehoben wurde.

Später, nach Sonnenuntergang, kam er halb wieder zu sich. Er spürte heißen Tee an seinen Lippen, und mit geschlossenen Augen sah er noch immer den stolzen Hirsch schräg über sich.

»Ja, lass die Augen glühen, du zwölfendiges Untier!«, phantasierte er. »Ich weiß, ich weiß … du bist der Antichrist, der mir mein Reich, mein Europa, zerstückeln wird und für zwölf mal hundert Jahre in kleinste und eifersüchtigste Stammesfetzen zerreißt!«

Karl wurde Anfang November nach Aachen gebracht. Erst hier erfuhr er, dass Kaiser Michael durch eine Verschwörung in Konstantinopel gestürzt und in ein Inselkloster verbannt worden war. Neuer Kaiser als Leon V. war inzwischen sein eigener Heerführer Leon der Armenier. Es kümmerte Karl nicht mehr. Einmal noch huschte ein freudiges Glühen über sein faltiges Gesicht. Eginhard berichtete ihm, dass die Araber jetzt neue, aus Indien kommende Ziffern und einen Wert mit der Bezeichnung »Null« übernommen hatten.

»Was ist Null?«, fragte Karl und vergaß für einen Augenblick seine Schmerzen. »Wie kann man mit einer Null und einem Garnichts rechnen?«

»Die Muselmanen sagen, die Null sei die wichtigste Zahl überhaupt«, sagte Eginhard. »Denn sie bestimmt den Stellenwert aller anderen Ziffern.«

Karl nickte, obwohl er das Geheimnis nicht verstanden hatte.

»Ach, ehe ich vergesse«, murmelte er abwesend, »da wir gerade bei Zahlen sind, ordne ich an, dass künftig alle Zinszahlungen, die Zehntabgaben und die Abrechnungen bis zum neunundzwanzigsten September geleistet werden.«

Eginhard schüttelte fragend den Kopf.

»Zum Michaelisfest, du Dummkopf!«, schnaubte Karl. »Erzengel Michael hat schließlich nicht nur Adam und Eva wegen ihrer Sünde aus dem Paradies vertrieben, sondern auch den Teufelsdrachen mit dem Höllensturz besiegt. Aber ich danke ihm, denn er reicht auch die Hand zu einem guten Tod.«

Diesmal verstand Eginhard nicht, worum es ging. Auch die im Schatten standen, konnten nicht sagen, was der Kaiser eigentlich sagen wollte.

Am 21. Januar im Jahre des Herrn 814 wurde Karl nach einem Bad in den alten Thermen von Aquis Grana von hohem Fieber befallen und musste im Bett bleiben. Sofort eilten die wichtigsten Edlen und Grafen aus der Umgebung herbei.

»Ich werde fasten, wie ich es bei Fieber immer getan habe«, sagte der Kaiser zu den Ärzten. »Enthaltsamkeit vertreibt die Krankheit besser als jede Medizin.«

»Ja«, antwortete der Erzkaplan besorgt. »Das mag für einen jungen Mann gelten, dessen gesunder und geübter Körper sich schnell durch eigene Kraft erholen kann.«

»Na und? Warum soll das für deinen Kaiser nicht mehr gelten?«

»Weil du den Körper, der dir Wohnung bietet, bereits sieben Jahrzehnte geschunden und gequält hast.«

»Du übertreibst«, sagte Karl freundlich. »Wenn es nur danach gehen würde, hätte ich schon mit zweiundfünfzig wie mein Vater Pippin, mit zweiundvierzig wie mein Großvater Karl Martell oder so jung wie meine Söhne sterben müssen.«

Am dritten Tag hatte Karl Schmerzen im Oberbauch. Die Ärzte beugten sich dicht über ihn, legten ihr Ohr auf seine Brust, ließen ihn atmen und dann wieder die Luft anhalten.

»Es klingt, als würden in dir Seidentücher aneinandergerieben«, sagten sie. »Die Muskelstränge unter den Lungenflügeln, die dich atmen lassen, sind entflammt. Kein Wunder nach all den Jahren in Wind und Regen, in feuchter Kleidung und nassen Lederzelten. Die Griechen nennen diese Krankheit Entzündung unter der Pleura, und sie ist nicht durch Fasten zu heilen! Du musst auf jeden Fall sehr, sehr viel Wasser trinken …«

»Ich habe keinen Durst«, sagte Karl. Am fünften Tag seiner Krankheit war er kaum noch ansprechbar. Die ganze Pfalz schien abzuwarten und in ungewohnter Stille zu verharren. Kein Hammerschlag kam aus den Schmieden, keine der Mühlen klapperte, und nirgendwo sägten die Böttcher, Zimmerleute und Tischler.

Am sechsten Tag der Kaiserkrankheit und in der darauffolgenden Nacht schneite es wieder. Am Samstag, dem 28. Januar, hörte der Schneefall gegen Morgen auf, und der Mond in seinem letzten Drittel wurde über der stillen Winterlandschaft sichtbar. Als der Tag nach der zweiten Stunde strahlend schön im glitzernden Sonnenlicht erwachte, empfing der Kaiser von Hildebold, dem Haupt der Kirche in seinem Reich, die heilige Kommunion. Er nahm die Hostie an und strich mit seinen Fingern über die Wangen des Erzbischofs von Köln.

»Ich danke dir«, flüsterte er kaum hörbar. »Ich danke allen, die so lange mit mir gegangen sind …«

Nur wenig später – in der dritten Stunde des Tages – legte Karl seine Finger übereinander und betete die Worte des dreißigsten Psalms: »In deine Hände, Vater, befehle ich meinen Geist.« Er starb, fast zweiundsiebzig Jahre alt, im siebenundvierzigsten Jahr seiner Herrschaft und im vierzehnten seines Kaisertums.

Sie wuschen, salbten und kleideten ihn noch am gleichen Tag entsprechend seiner Würde. Er wurde aufgebahrt, aber bis zum frühen Abend konnte niemand sagen, wo er bestattet werden sollte.

»Vielleicht gibt es in den Pfalzen von Herstelle, Diedenhofen oder Ponthion Hinweise dazu«, sagte Eginhard. »Möglich, dass Karl etwas gesagt hat, als sein Vater Pippin starb ...«

»Genauso gut könnte man in den Klöstern von Fulda, Lorsch oder Salzburg suchen«, sagte Hildebold. Die beiden ungleichen Männer sahen sich an und wussten beide, dass sie vollkommen unterschiedliche Absichten hatten.

»Willst du, um Kaiser Ludwig zu gefallen, den Leichnam Karls im gallischen Reichsteil bestatten?«, fragte Hildebold direkt.

Eginhard lächelte. »Darf ich dich daran erinnern, dass Karl bereits vor fünfundvierzig Jahren gleich nach dem Tod seines Vaters gesagt hat, dass er neben ihm – also in Sanct Denis – begraben werden möchte?«

»Damals gab es die Pfalzkapelle von Aachen noch nicht.«

»Und ich bezweifle, dass er sein Grabmal zu einem Wallfahrtsort machen wollte«, sagte Eginhard immer mutiger. »Es wäre gut für den Bestand des Reiches, wenn ein Ausgleich dafür geschaffen würde, dass Ludwig von Aquitanien jetzt nach Aachen zieht ... ich meine, ein Kaiser hier ist genug ...«

»Karl ist noch keinen Tag tot«, protestierte Hildebold scharf. »Und du behandelst ihn bereits wie eine Reliquie, die man beliebig hin und her schieben kann!«

»Karl ist mehr als ein Märtyrer oder ein Heiliger«, sagte Eginhard hitzig. »Er ist der erste Kaiser, den Ostrom nach dem Schisma anerkannt hat. Er war Caesar, verstehst du, Herr der westlichen Welt ... der erste Kaiser von Europa!«

»Du sagst selbst ›Kaiser von Europa‹ und nicht König von Austrien oder Neustrien, Burgund oder Baiern, Sachsen oder

Aquitanien. Warum soll er dann nicht hier beigesetzt werden. Hier hat er gelebt und regiert, seit er Kaiser ist!« »Genau deswegen«, antwortete Eginhard. »Er gehört den Westfranken genauso wie uns an Rhein und Donau. Doch wenn er hier, am Ort des ersten und gemeinsamen Kaisertums Franciens und auch Germaniens, bleibt, dann wird sein Erbe schnell zerfallen. Die einen werden ihre Kaiser und Könige weiter in Aachen krönen, die anderen werden sich abspalten und sich das wahre Frankenreich nennen!« »Ich bin dein Erzkaplan«, sagte Hildebold. »Der Erzbischof der Diözese Köln, oberster Kirchenfürst im Frankenreich und ganz allein verantwortlich für das Seelenheil meines Kaisers. Deshalb ordne ich an, dass Karl, der große Sohn der Karolinger, Kaiser von Rom und König der Franken, hier begraben wird. Hier, wo er seine letzten und erfüllten Jahre zugebracht, wo er sich seinen Himmelsdom gebaut und seine Pfalz errichtet hat.«

Sie warteten nicht auf das Eintreffen von Kaiser Ludwig und anderen Großen des Reiches. Noch in den späten Stunden seines Todestages wurde der Leichnam Karls aufrecht sitzend in einer Grube der Pfalzkapelle beigesetzt. Als sein Sohn Ludwig und die anderen Edlen des Reiches eintrafen, hatten die Steinmetze bereits die Grabinschrift geschlagen:

»Hier unten liegt der Leib Karls,
des großen und rechtgläubigen Kaisers,
der das Reich der Franken herrlich vergrößerte
und 47 Jahre hindurch regiert hat.
Er starb, ein Siebziger, im Jahre des Herrn 814,
in der siebten Indikation, am 28. Januar.«

Anhang

Nachwort

Die Legenden um Karl den Großen sind in den zwölf Jahrhunderten nach seinem Tod immer vielfältiger aufgeblüht. Karl war der Edelstein, in dem sich Hoffnungen und Ängste des gerade erst erwachenden Europa in vielen und oftmals bis heute noch widerstreitenden Facetten spiegelten. Schon seinen unmittelbaren Nachkommen gelang es nicht, das erste Kaisertums Europas zu erhalten.

Trotz aller Warnungen ließ sich Ludwig der Fromme zweieinhalb Jahre nach dem Tod seines Vaters im Oktober 816 durch Papst Stephan IV. in Reims salben und krönen. Er legte den Königstitel ab und nannte sich »Imperator«. Als neuer Lenker der Christenheit wollte er keine Rücksicht mehr auf jene nehmen, die innerlich noch immer den Überlieferungen der alten Götter folgten. Für ihn, den schwächsten von Karls Söhnen, bot erst die »richtige Ordnung« Halt in einer Welt des Umbruchs, in der nur noch Seuchen, Missernten und Hunger, Verschwörung und Verrat zu herrschen schienen. Er wollte keine Nachsicht mehr, duldete keine Ausflüchte für Ungehorsam. Wer nicht bereit war, ihm und dem Glauben an Vater, Sohn und den Heiligen Geist zu folgen, wer weiterhin wie zu Karls Zeiten von der Unzulänglichkeit der Menschen und ihren Schwächen sprach, der sollte ausgestoßen und am Kaiserhof nicht mehr zugelassen sein.

Ludwig und die Kirchenfürsten waren sich einig, dass Karls Traum von einem gerechten Gottesstaat nur in einem gefestigten und geeinten Frankenreich möglich sein konnte. Obwohl das fränkische Recht die Erbteilung forderte, wurde 817 in Aachen in der »Ordinatio imperii« ein Kompromiss für eine andere Erbfolge vereinbart:

Ludwigs Erstgeborener Lothar wurde zum Mitkaiser gewählt und gekrönt, sein Bruder Pippin wurde König von Aquitanien und ihr jüngster Bruder Ludwig II. König von Baiern. Die Töchter mussten einem Erbverzicht zustimmen.

Dennoch hatte diese willkürliche neue Reichsordnung keinen Bestand. Kaiserin Irmgard starb, und Ludwig nahm Judith, die Tochter des Grafen Welf (nach dem ein ganzes Geschlecht benannt werden sollte), als zweite Ehefrau. 823 gebar sie ihm einen Sohn, der Karl der Kahle genannt wurde, weil er nach der gerade geltenden Reichsordnung keinerlei Erbansprüche hatte.

Auf Drängen von Kaiserin Judith brach Ludwig der Fromme für den inzwischen sechs Jahre alten Nachzügler die Vereinbarung, die das Frankenreich als einheitlichen Machtblock erhalten sollte. Auf Kosten seines Erstgeborenen Lothar versorgte er Karl den Kahlen mit einem eigenen Herrschaftsgebiet, bestehend aus Alamannien, dem südlichen Rätien bis zur Rhone und einem Teil von Burgund. Selbstverständlich erhoben seine ältesten Söhne sofort Einspruch. Pippin drohte damit, seinen Vater vom Frankenthron zu vertreiben. Doch Ludwig II. war gegen einen Aufstand und paktierte stattdessen mit seinem Halbbruder Karl, dem eigentlichen Anlass des Familienstreits.

Als Pippin 838 und der Kaiser selbst zwei Jahre später starben, versuchte Lothar noch einmal, den Gedanken der Reichseinheit zu verteidigen. In einer schnellen Aktion erhielt Karl das frei gewordene Aquitanien und trat dafür Alamannien an Lothar ab. Damit war der Status von 817 wiederhergestellt.

Dennoch blieben Karl der Kahle und Ludwig II. unzufrieden. Sie wollten nicht einsehen, dass Lothars Herrschaftsbereich größer war als ihre beiden Teilreiche zusammen. Die Auseinandersetzung konnte nur noch auf dem Schlachtfeld entschieden werden. Das Bündnis von Karl und Ludwig gegen Kaiser Lothar wurde 842 in den »Straßburger Eiden« beschworen. Damit die Krieger aus dem westfränkischen Teil des Reiches ihn verstanden, leistete der Baiuwarenherrscher seinen Eid in altfranzösischer Sprache, Karl der Kahle für die Ostfranken im rheinfränkischen Dialekt. Anschließend schworen alle Vasallen in ihren eigenen Volkssprachen Treue bis zum Tod.

Im folgenden Jahr griff Ludwig II. mit seinen Baiuwaren das Reich von Osten her an, sein Halbbruder Karl mit den Aquitaniern von Westen. Damit brachen erneut Feindschaften auf, die schon seit der Zeit der Merowingerkönige schwelten und nur durch kriegerische Überlegenheit im Zaum gehalten worden waren.

Lothar, der Kaiser aller Franken, hatte keine Chance. Nach dem Sieg der Aufrührer gegen das Reich wurde die neue Aufteilung 843 im Vertrag von Verdun festgeschrieben. Ludwig II. bekam den Teil des Frankenreiches, der östlich des Rheins von der Hammaburg an der Elbe bis zum Erzbistum Salzburg reichte. Damit ging ein lang gehegter Traum für ihn in Erfüllung: Aus Ludwig II., dem Baiernkönig, wurde zum späten Triumph Tassilos III. Ludwig der Deutsche.

Seinem Halbbruder Karl fiel der gesamte Westen des Reiches zu, in dem Galloromanisch gesprochen wurde. Lothar durfte den Titel eines gewählten und gesalbten Kaisers behalten. Als Herrschaftsgebiet ließen ihm seine Brüder nur einen Landstreifen, der spöttisch Lotharingen genannt wurde und der durch unwirtschaftliches Hügelland von Friesland bis Italien reichte.

Europa, das Reich Karls des Großen, blieb für mehr als ein Jahrtausend ein wirrer Flickenteppich. Und wieder verändert sich alles – mit und sogar ohne Schwert.

Personen

Abd al-Rahman – erster muslimischer Emir von Cordoba (756–788) im ehemaligen germanisch-westgotischen Gebiet Vandalusien, errichtet 755/756 als letzter der arabischen Omaijaden ein politisch von Arabien unabhängiges Reich.

Abul Abbas – 723–754, arabischer Herrscher (Kalif) ab 749. Als Angehöriger der Familie Mohammeds beseitigt er die Omaijaden-Macht durch die Ermordung der gesamten Herrscherfamilie (bis auf Abd al-Rahman) und errichtet die Dynastie der Abbasiden. Nach ihm wird der weiße Elefant benannt, den Harun al-Raschid KdG schenkt.

Adalhard – 752–826, Sohn Bernhards mit einer Fränkin, Jugendgefährte und Trauzeuge von KdG, Graf, Abt von Corbie und Corvey, Hofname Antonius.

Adalgis Adelchis – Thronfolger und ab 759 Mitkönig von Desiderius, kann nach Konstantinopel fliehen.

Adalgis – Kämmerer und Heerführer von KdG, gefallen 782 in der Schlacht auf dem Dachtelfeld.

Adalthrud – † nach 800, Tochter von KdG mit der Sächsin Gerswind.

Adalhaid – Schwester von KdG, möglicherweise Mutter von Roland, † 752 in Metz.

Adelinde – † 809 Geliebte von KdG und Mutter seines Sohnes Theoderich (807–818).

Adelperga – * um 740, zweite Tochter des Langobardenkönigs Desiderius, heiratet den Langobardenherzog von Benevent, der dadurch Schwager von KdG wird.

Aistulf – Herzog von Friaul, Bruder von Ratchis und 28. König der Langobarden (749–756), kämpft gegen den Papst, Byzanz und mehrmals erfolglos gegen die Franken.

Al-Arviz – Schwiegersohn von Yusuf al-Fihri, kommt 777 nach Paderborn.

Alboin – langobardischer König (560–572), zieht mit den Langobarden als letztem wanderndem Germanenstamm nach Oberitalien.

Alkuin – 730–804, angelsächsischer Gelehrter aus Northumbrien, wichtigster geistlicher Berater von KdG, Gründer der Hofschule von Aachen, führt die Hofnamen ein, eigener Hofname Flaccus (nach dem Familiennamen von Horaz).

Al-Mansur – 712–775, arabischer Herrscher (Kalif) ab 756. Sohn einer Sklavin. Nach dem Tod seines Bruders Abul Abas macht er Bagdad statt Damaskus zur neuen Regierungsstadt. Er verliert Teile Spaniens und Nordafrikas.

Angilbert – 745–814, Jugendfreund KdGs und späterer fränkischer Diplomat, Laienabt des Klosters Centula in Sanct Riquier bei Abbeville (ab 790); Lebensgefährte von KdGs Tochter Berta, Söhne Hartnid und Nithard, Hofname Homer.

Ankar – Oger, Sachse, Mitstreiter Pippins, später Anführer der Antikarlisten am Hof von Pavia.

Angilram – 784–791 Bischof von Metz und Erzkaplan bei KdG.

Arnulf von Metz – 614–629 Bischof von Metz, Vater von Ansegisel, der mit Begga, der Tochter von Pippin I., zum Ahnherrn der Karolinger wird, † 640.

Ansegisel – † 679, Ururgroßvater von KdG, Sohn von Bischof Arnulf von Metz, verheiratet mit Begga, der Tochter von Pippin d. Ä. und Itta/Iduberga.

Anselm – Pfalzgraf, gefallen 778 bei Roncesvalles.

Arichis – langobardischer Herzog von Benevent, unterwirft sich KdG und stellt seinen Sohn Grimoald als Geisel.

Arbeo – Bischof von Freising (764–783), schreibt einen Bericht über das Leben des heiligen Emmeram.

Arn, der schwarze – ★ 741, versippt mit den mächtigen bairischen Fagana, 785 Bischof von Salzburg, nach 791 immer wieder Missus (Königsbote) des Frankenkönigs.

Audulf – Seneschall, Hofname Menaclos.

Augustinus – 354–430, Bischof von Hippo in Nordafrika, Kirchenlehrer und Verfasser des Werkes über den Gottesstaat »De civitate Dei«.

Benedikt von Nursia – 480–547, gebürtiger Römer, Mönchslehrer, Heiliger, Abt von Monte Cassino, Begründer der Benediktiner.

Begga – 615–693, Tochter von Pippin d. Ä. und Itta/Iduberga, verheiratet mit Ansegisel, dem Sohn des Bischofs von Metz, Ururgroßmutter von KdG.

Bernhard – Sohn von Karl Martell und seiner Geliebten Ruodheid, Onkel von KdG, führt bei KdGs erstem Feldzug gegen Desiderius eine Heeresgruppe am Mons Jovis über die Alpen (seither der Name Sanct Bernhard).

Bernhard – 797–818, Sohn von KdGs drittem Sohn Pippin, König von Italien.

Berta – 779–823, Tochter von KdG, Geliebte von Angilbert, Mutter von Hartnid und Nithard.

Berta – vierte Tochter von KdGs drittem Sohn Pippin.

Bertrada die Ältere – 660–nach 721, Schwester von Plektrud, der Frau von Pippin dem Mittleren, und Großmutter von Bertrada d. J.

Bertrada II. – Bertrada die Jüngere (mit den großen Füßen) (726–783), von Karl Martells zweitem Sohn Pippin III. als Fünfzehnjährige geschwängert (Sohn: KdG) und erst sieben Jahre später seine Ehefrau, Mutter von Karlmann, Gisela, Pippin, Rothaid und Adalhaid.

Bonifatius – Wynfrith, 673–755, Engländer, mit Schutzbrief von Karl Martell Missionar und später Erzbischof für Hessen, Thüringen, Baiern, erleidet 755 in Dokkum/Friesland den Märtyrertod und wird in Fulda beigesetzt.

Burchard – erster Bischof von Würzburg (741–753), Gesandter von Pippin III.

Cancor – † 771, »erster Speer«, Jugendfreund KdGs, Sohn von Rupert, Gaugraf des Oberrheins.

Charibert – Heribert, Graf von Laon, begütert an der Mosel und in der Eifel, Vater von Bertrada d. J., der Mutter von KdG.

Childerich III. – letzter Merowingerkönig der Franken (743–752), durch Hausmeier Pippin den Kurzen mit Billigung von Papst Zacharias abgesetzt und ins Kloster geschickt.

Chrodegang – † 766, Bischof von Metz, nach Bonifatius und vor Wilcharius von Sens an der Spitze der fränkischen Reichskirche.

Deocar – Deo carus: »Gottlieb«, erster Abt des um 780 von KdG gestifteten Klosters Hasenried (heute Herrieden) an der oberen Altmühl.

Desiderata – ★ um 747 in Pavia, kann auch den Namen Ermengarde getragen haben, vierte Tochter des Langobardenkönigs Desiderius, auf Betreiben von KdGs Mutter seine 1. Vollehe mit kirchlicher Trauung um 770, Scheidung 771.

Desiderius – Herzog der Toskana, 29. und letzter König der Langobarden (757–774); seine Töchter Liutperga und Desiderata (evtl. als Ermengarde) heirateten Herzog Tassilo III. von Baiern bzw. die Frankenkönige Karlmann und KdG; sein Sohn Adalchis wird der letzte Langobardenherrscher im süditalienischen Herzogtum Spoleto.

Dodo – Leiter von Karlmanns Gesandtschaft in Rom, der lange Zeit die langobardenfeindliche Politik am päpstlichen Hof unter Primus Christoforus und dessen Sohn Sergius unterstützt.

Düdo von Hartzhorn – von der KdG-Forschung bisher ignorierter, aber nachweisbarer Sachsen-Etheling, der als einer der ersten getauft und sogar oberster Feuergraf von KdGs Frankenheeren wurde.

Eggihard – Seneschall, gefallen 778 bei Roncesvalles.

Eginhard, Einhard – 770–840, Mainfranke, Hofname Bezaleel, schreibt später »Vita Karoli Magni«.

Ercambald – Erzkanzler (797–812) KdGs.

Erembert – Bischof von Worms (770–803).

Erich – Jugendfreund von KdG, Sohn des Grafen Eticho vom Elsass, Markgraf von Friaul, Eroberer des Awarenrings.

Fastrada – ★ 765, Tochter des ostfränkischen Grafen Radulf, KdGs vierte Ehefrau, kirchliche Trauung 783 in Worms, † 794 in Frankfurt, bestattet in Mainz.

Fergil von Salzburg – 701–784, der Geometer, irischer Naturwissenschaftler, Geschichtsforscher und Theologe. Lehrt, dass es auch auf der anderen Seite der Erde Menschen (Antipoden) gibt. Wegen seiner Lehre von der Kugelgestalt der Erde von Bonifatius beim Papst verklagt. Er geht an den fränkischen Hof und wird danach Bischof von Salzburg.

Felix von Urgell – Bischof der spanischen Mark, muss 792 in Regensburg die These von der Adoption Christi durch Gott (Adoptionismus) widerrufen.

Fulrad – † 784, Abt von Saint-Denis, Erzkaplan bei Pippin dem Kurzen und KdG, Gesandter von Pippin III.

Geilo – Heerführer, fällt 782 bei der Schlacht auf dem Dachtelfeld.

Gerperga – dritte Tochter des Langobardenkönigs Desiderius, heiratet auf Betreiben von Bertrada Karlmann und wird nach dessen Tod von KdG mit ihren Kindern zu ihrem Vater nach Pavia zurückgeschickt.

Gerold von der Bertholdsbar – † 799, Graf von Eich, das zum bedeutenden Hofgut Alsheim gehört, Enkel des Alemannenherzogs Godefrid, Heerführer, Bruder von KdGs Ehefrau Hildegard, nach Tassilos Entmachtung Statthalter in Baiern.

Gerswind – Sächsin, Mutter von KdGs Tochter Adalthrud.

Gisela – † 810, Schwester von KdG. Er verhindert, dass sie den langobardischen Thronfolger Adelchis heiratet, später Äbtissin der Frauenklöster Chelles und Notre-Dame de Soissons (781–814).

Gisela – 718–814, Tochter von KdG, Hofname Lucia.

Godefrid – Herzog der Alemannen, Vater von KdGs Ehefrau Hildegard.

Godescal – Jugendfreund KdGs aus der Klostergegend zwischen Paris und Reims († 798 als Missus an der Elbe).

Göttrik – 765–810, König der Dänen ab 800, eint mehrere Nordmannenstämme, baut einen Schutzwall und eine Flotte, zieht gegen die Franken in Friesland und wird ermordet.

Graman – Graf des Traungaus, Heerführer im Awarenkrieg.

Grifo – Sohn von Karl Martell und seiner zweiten Ehefrau Swanahild, Onkel von KdG.

Grimoald – Sohn des Langobardenherzogs Arichis von Benevent, von seinem Vater als Geisel für KdG gestellt.

Hadrian I. – Papst (772–795), erinnert KdG 778 an seine Versprechungen und bezieht sich dabei auf die »Konstantinische Schenkung«.

Hartnid – zweiter unehelicher Sohn von Angilbert und KdGs Tochter Berta.

Harun al-Raschid – 766–809, Kalif Arabiens. Als Sohn einer Sklavin zum Alleinherrscher aufgestiegen, zieht er mehrmals gegen Byzanz und entwickelt Bagdad zu einer prächtigen Metropole.

Hathumar – um 776–815, sächsische Geisel, in Würzburg ausgebildet, ab ca. 800 Bischof von Paderborn.

Heribert – um 702–nach 749, Graf von Laon, durch seine Ehefrau mit den Merowingern verwandt, Vater von Bertrada mit den großen Füßen, der Mutter KdGs.

Hildegard – * 758, Tochter des Grafen Gerold von Vinzgau, zweite Vollehe KdGs mit kirchlicher Trauung 771 in Aachen, † 783 im Kindbett in Diedenhofen, bestattet in Metz, Kinder: Karl, Adalhaid, Rotrud, Pippin, Ludwig, Lothar, Berta, Gisela, Hildegard.

Hildebold – Erzbischof von Köln, Erzkaplan in Aachen, Hofname Aaron.

Hiltrud – † 754, Tochter von Karl Martell und seiner ersten Ehefrau Chrotrud, Tante von KdG. Heiratet Odilo, Herzog von Baiern; ihr Sohn Tassilo wird später von KdG entmachtet.

Himiltrud – KdGs erste Friedelfrau mit kirchlicher Trauung um 768, möglicherweise die Tochter von Theoderich, dem Grafen von Ripuarien, gestorben um 780, bestattet im Kloster Nivelles, Mutter von KdGs Sohn Pippin dem Buckligen.

Hrabanus Maurus – 784–857, deutscher Gelehrter, Schüler von Alkuin. Als Abt in Fulda fördert er die Ausbreitung der deutschen Sprache.

Hunoald – Abt vom Kloster Kremsmünster.

Hunold – Herzog von Aquitanien, Vater von Herzog Waifar.

Irene von Athen – Griechin, Kaiserin von Byzanz (797–802); Mutter von Konstantin VI., den sie blenden lässt.

Isambart – nach Graman Graf des Traungaus, gibt einem vom Kaiser bereits getroffenen Hirsch den Todesstoß.

Karl der Große (KdG) – 742–814, Sohn von Pippin III. und Bertrada d. J., König und Kaiser der Franken, Hofnamen David und Salomo.

Karlmann – 714–754, Sohn von Karl Martell und seiner ersten Ehefrau Chrotrud, Bruder von KdGs Vater Pippin, König des westfränkischen Reiches, stirbt als Mönch im Kloster.

Karlmann – 751–771, Bruder von KdG, König der Franken, geboren, als sein Vater Pippin III. bereits König ist, heiratet die Langobardenprinzessin Gerperga, stirbt als Mönch unter seltsamen Umständen im Kloster.

Karlmann – 777–810, zweiter Sohn KdGs mit Hildegard, später vom Papst umgetauft in Pippin, König von Italien.

Karl Martell – um 689–741, Sohn von Pippin II. und seiner Zweitfrau Chalpaida, nach dem Tod seines Vaters 714 vom Erbe ausgeschlossen und von seiner Stiefmutter Plektrud in Köln eingekerkert, bricht aus, besiegt die westlichen Franken, wird Princeps der gesamten Francia, kämpft gegen Friesen, Sachsen, Baiern, Alemannen, Aquitanier und Araber und ist über seinen zweitgeborenen Sohn Pippin III. Großvater von KdG. Karl »der Hammer« gilt als Retter des Abendlandes vor dem Islam, aber auch als Kirchenguträuber und Ahnherr des Rittertums.

Konstantin I. – der Große, nach dem Christenverfolger Diokletian erster christlicher Kaiser (325–337) von Ostrom.

Konstantin II. – Gegenpapst (767–768).

Konstantin V. – »Kopronymos« (der ins Taufbecken machte), Kaiser von Byzanz (741–775).

Konstantin VI. – Sohn von Kaiserin Irene, die ihn blenden lässt, Kaiser von Byzanz (780–797).

Liutperga – erste Tochter des Langobardenkönigs Desiderius, heiratet KdGs Cousin Tassilo III., Herzog von Baiern.

Liutgard – ⋆ um 775 in Alemannien, KdGs vierte Vollehe, kirchliche Trauung 794, † 800 in Tours, bestattet in Saint-Martin.

Liutprand – König der Langobarden (712–744), mit der baierischen Prinzessin Guntrud verheiratet, Waffenbruder von Karl Martell in den Zügen gegen die in Gallien vordringenden Mauren, Adoptivvater von Karl Martells Sohn, dem späteren Frankenkönig Pippin III.

Lothar – ⋆ 778 in Chasseneuil, Zwillingsbruder von Ludwig, † 779/780.

Ludwig – ⋆ 778 in Chasseneuil, Zwillingsbruder von Lothar; der Fromme, Sohn KdGs und Kaiser der Franken ab 813. Kann das

Frankenreich trotz innerer Unruhen und äußerer Bedrohungen bis zu seinem Tod zusammenhalten. Danach zerfällt sein Erbe.

Ludwig – 800–867, Sohn von KdGs Tochter Rotrud und Rorico von Maine, Abt von Saint-Denis.

Lullus – Angelsachse, Gefährte von Bonifatius, Abt in Hersfeld, Erzbischof von Mainz (757–786).

Lupus – Fürst der Vasgonen in Aquitanien, liefert Hunoald aus und erspart sich dadurch einen Krieg mit KdG.

Madelgard – Geliebte von KdG (vor 801–nach 802/6) und Mutter seiner Tochter Ruothild.

Martin – * um 316 in Pannonien, † 397, Bischof von Tours und Frankenheiliger, kommt als römischer Legionär nach Amiens, wo er der Legende nach seinen Mantel mit einem Armen teilt. Sein Mantelteil, die Cappa, wird die wichtigste Reliquie der fränkischen Könige.

Mahthild (Name nicht gesichert) – möglicherweise Sächsin, Geliebte und Mutter von KdGs 784 geborener Tochter Hruodhaid.

Megingaud – Bischof von Würzburg (753–785).

Merowech – 425–455, der aus dem Ozean geborene legendäre Namensgeber der Merowingerkönige.

Meginfried – Kämmerer KdGs.

Michael I. – Kaiser von Byzanz (811–813).

Nithard – unehelicher Sohn von Angilbert und KdGs Tochter Berta, Abt von Saint-Riquier und fränkischer Geschichtsschreiber.

Nikephoros I. – Kaiser von Byzanz (802–811), fällt im Krieg des Oströmischen Reiches gegen die Bulgaren.

Odilo – Agilolfinger, Herzog von Baiern (736–748), verheiratet mit Hiltrud, der Schwester von Pippin III. und Tante von KdG, Vater von Tassilo III.

Odo von Metz – Baumeister in Aachen, etwa gleichaltrig mit KdG, schon am Bau von Saint-Denis beteiligt.

Offa von Mercia – König von East Anglia (757–796), besucht mit großem Gefolge Rom zum Beten, Fasten und Almosengeben. Er spendet jährlich Geld zum Unterhalt für die Kerzen von Sankt Peter.

Paulinus von Aquileia – Patriarch, Gelehrter am Hof von KdG ab 774, Hofname Thimotheus.

Paulus Diaconus – 723–799, eigentlich Paul Warnefried, lango-bardischer Dichter und Geschichtsschreiber, Grammatiker, skeptisch, an KdGs Hof von 781/82 bis 785/86.

Petrus von Pisa – Gelehrter am Hof von KdG ab 780.

Pippin II. – der Mittlere (635–714), Sohn von Ansegisel und Begga. Hausmeier der Merowingerkönige. Er erringt trotz formellen Fortbestands des Merowingerkönigtums die Macht im östlichen Franken (Austrien). Durch seine Siege in anderen Reichsteilen (Neustrien und Burgund) wird er ab 687 Allein-herrscher. Heiratet Plektrud, die Schwester von Bertrada d. Ä. (Großmutter von Bertrada d. J.). Seine legitimen Söhne ster-ben vor ihm. Er hinterlässt sein Reich seinem kindlichen Enkel Theudoald unter der Regentschaft seiner Frau Plektrud. Vater von Karl Martell mit Chalpaida.

Pippin III. – der Kurze (714–768), Sohn von Karl Martell mit Chrotrud, fränkischer Herrscher, setzt die letzten Merowin-gerkönige ab und lässt sich 751 zum Frankenkönig ausrufen, errichtet durch die »Pippinische Schenkung« einen unabhän-gigen Kirchenstaat. Vater von KdG. Begraben in Saint-Denis.

Pippin der Bucklige – * 769, Sohn von KdG und seiner (ersten) Friedelfrau Himiltrud, versucht mehrmals, seine Ansprüche durchzusetzen, † 811 im Kloster Prüm.

Plektrud – * um 650 als Tochter von Hucbert und Irmina, reich begütert um Köln und Trier, erste Gemahlin von Pippin II., lässt nach dem Tod ihrer eigenen Söhne ihren Stiefsohn Karl Martell einkerkern und wird von ihm nach seiner Revolte arretiert. In der Kölner Kirche Maria im Kapitol begraben.

Rado – Kämmerer KdGs (777–799).

Radulf – Herzog, noch vom Merowingerkönig Dagobert I. ein-gesetzter christlicher Graf von Thüringen; Vater von KdGs dritter Ehefrau Fastrada.

Regina – ab etwa 801/6 Geliebte von KdG, Mutter von Drogo und Hugo.

Remigius – † 771, Sohn von Karl Martell und seiner Geliebten Ruodheid, Bischof von Rouen, Onkel von KdG.

Richart – an der Unterelbe lebender Bruder von Erzbischof Richolf von Mainz.

Richbod – Abt des Klosters Lorsch, Erzbischof von Trier (791–804), Schüler von Alkuin, Hofname Macharius.

Richolf – Richulff, Sachse, Schüler von Alkuin, Erzbischof von Mainz (787–813).

Roland – † 778 in Roncesvalles, Markgraf der Bretagne, ab 1100 zentrale Heldengestalt in der französischen, deutschen, spanischen, englischen und italienischen Literatur.

Rorico – * um 770–839, Graf von Maine, Geliebter von KdGs Tochter Rotrud, Vater von Ludwig.

Rotrud – 775–810, KdGs Lieblingstochter, Geliebte von Rorico, Hofname Columba.

Ruothild – Tochter von KdG mit Madelgard.

Rupert – Gaugraf des Oberrheins, Vater von Cancor.

Stephan II. – Papst (752–757), schließt 754 mit Pippin III. den Vertrag zu Quierzy (Pippinische Schenkung) und legt damit die Basis für den Kirchenstaat.

Stephan III. – Papst (768–772), gerät in den Strudel einer Politik, der er nicht gewachsen ist.

Sturmi – baierischer Edeling, gründet im Auftrag von Bonifatius 744 das Großkloster Fulda, durch einen Streit mit Erzbischof Lullus von 763–765 nach Jumieges verbannt († 779), aber bis zu seinem Tod weiter Abt von Fulda.

Sulaiman – Ibn Iachthan al-Arabi al-Kelbi, nach einem Aufstand gegen den Emir von Cordoba abgesetzter Wali von Barcelona, kommt 777 nach Paderborn und überredet KdG zu einem Spanienfeldzug.

Tassilo III. – Herzog der Baiern (748–788) zwischen Donau und Hochalpen inklusive Niederösterreich, Sohn von Odilo aus dem Geschlecht der baiuwarischen Agilolfinger und KdGs Tante Hiltrud; heiratet Liutperga, die älteste Tochter des Langobardenkönigs Desiderius; verspielt Baiern durch ungeschickten Widerstand und Wortbrüchigkeit endgültig an die Franken.

Theoderich – Graf des Gaus Ripuarien, mit KdG verwandt, überlebt die Niederlage von 782 auf dem Dachtelfeld.

Theodrada – 785–853, Tochter von KdG und Fastrada, goldblond, Äbtissin von Argenteuil.

Theodulf von Orleans – Erzkaplan am Hof in Aachen, Hofname Pindar.

Wala – Sohn von KdGs Onkel Bernhard, gezeugt mit einer Sächsin; Mönch, Heerführer unter KdG.

Warin – † 774, Graf im Thurgau, hält zu KdGs Bruder Karlmann.

Wido – Gaugraf, zieht 779 gegen die Bretonen.

Widukind – Wittekind (743–807), Sachsenherzog ab 768, Schwiegersohn des Dänenkönigs Göttrik, getauft 785 in Attigny, 786 ins Kloster Reichenau verbannt. Seine Hauptburg – 650 Meter lang und 110 Meter breit – liegt auf dem Wiehengebirge westlich der Porta Westfalica.

Wigbod – Moselfranke, Kaplan am Königshof und Königsbote.

Wiho – Friese, 772–804/5, erster Bischof von Osnabrück.

Wilcharius von Sens – Erzbischof, Nachfolger von Chrodegang von Metz, an der Spitze der fränkischen Reichskirche.

Willibrord – 658–739, angelsächsischer Priester, vom Papst mit der Christianisierung des Nordens beauftragt, gründet zum Beispiel das Kloster in Echternach – einen der Ausgangspunkte für die Christianisierung Germaniens.

Winniges – Jugendfreund KdGs, Herzog, »Botschafter« der Franken in Rom und Befehlshaber einer in Spoleto stationierten fränkischen Truppeneinheit.

Wonomyr – Fürst der Karantaner Slawen, ist an der Revolte von Regensburg beteiligt und erobert zusammen mit Markgraf Erich von Friaul den Awarenring

Worad – Graf, fränkischer Heerführer, überlebt die Niederlage von 782 auf dem Dachtelfeld am Süntel

Zacharias – Papst (741–752), erkennt den merowingischen Hausmeier Pippin III. als König der Franken an

Die Vorfahren Karls

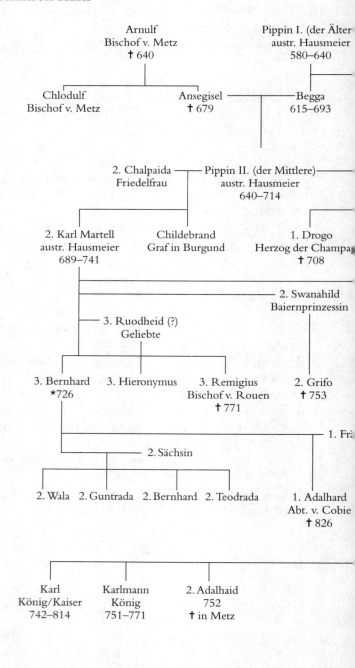

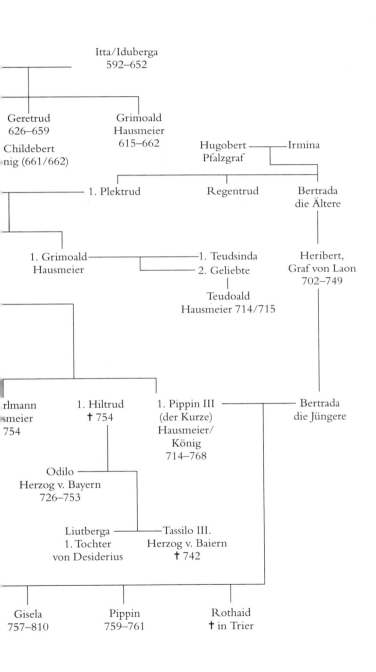

Geschwister und Nachkommen Karls

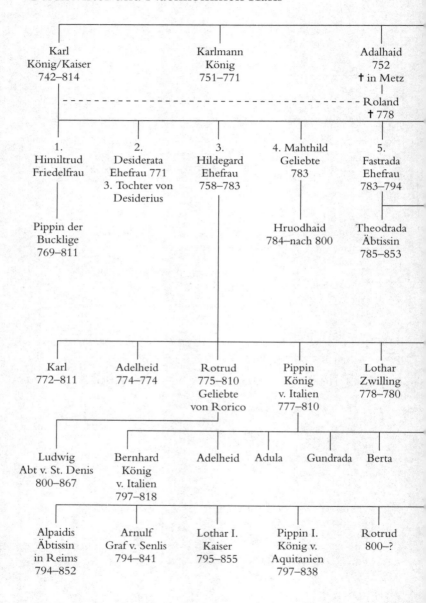

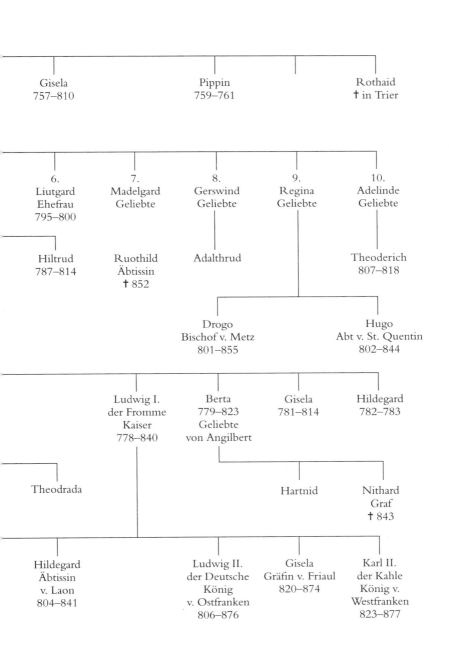

Literaturauswahl

Arbeitsgruppe Bajuwarenausstellung 1988: Die Bajuwaren von Severin bis Tassilo 488–788, Rosenheim/Mattsee 1988

Balzer, Manfred: Widukind, Sachsenherzog – und als Mönch auf der Reichenau, Beitrag zur Stadtgeschichte II, Enger o. J.

Bemman, Klaus: Der Glaube der Ahnen. Die Religion der Deutschen, bevor sie Christen wurden, Essen 1990

Borgolte, Michael: Die Grafen Alemanniens in merowingischer und karolingischer Zeit, Sigmaringen 1986

Borst, Otto: Alltagsleben im Mittelalter, Frankfurt 1983

Braun/Schuchardt: Atlas vorgeschichtlicher Befestigungen in Niedersachsen, Excerpt in Ravensburger Blätter Nr. 3, 1903

Braunfels, Wolfgang: Karl der Große, Reinbek 1972

Christlein, Rainer: Die Alamannen, Stuttgart, 3. Auflage, 1991

Cunliffe, Barry: Die Kelten und ihre Geschichte, Bergisch Gladbach 1980

Dieckhoff, Otto: Führer durch das Oberwesergebiet, Hameln und Leipzig 1912

Einhardus: Das Leben Karls des Großen, Biographie, Stuttgart 1987

Elbe, Joachim von: Die Römer in Deutschland, München 1984

Engler, Aulo: Germanen, Augsburg 1989

Heimat- und Kulturverein Lorsch (Hrsg.): Beiträge zur Geschichte des Klosters Lorsch, 2. Auflage, Lorsch 1980

Heimat- und Kulturverein Lorsch (Hrsg.): Das Lorscher Arzneibuch, Klostermedizin in der Karolingerzeit, 2. Auflage, Lorsch 1990

Grillandi, Massimo: Karl der Große, Biographie, Klagenfurt 1987

Gockel, Michael: Karolingische Königshöfe am Mittelrhein, Veröffentlichungen des Max-Planck-Instituts für Geschichte 31, Göttingen 1970

Grote, Hermann: Stammtafeln, Leipzig 1877

Gunkel/Zscharnack: Die Religion in Geschichte und Gegenwart (RGG), Handwörterbuch für Theologie und Religionswissenschaft, 6 Bde., Tübingen 1932

Gurjewitsch, Aaron: Das Weltbild des mittelalterlichen Menschen, Dresden 1978

Hausmann, Axel: Aachen – Residenz der Karolinger, Aachen 1995

Heine, Alexander (Hrsg.): Die Chronik Fredegars und der Frankenkönige, Essen 1986

Heitmann, Heinrich: Das heilige Tal Germaniens, Vlotho o. J.

Heldmann, Karl: Das Kaisertum Karls des Großen: Theorien und Wirklichkeit, Leipzig 1971

Herm, Gerhard: Karl der Große, Biographie, Düsseldorf 1988

Hertz, Wilhelm (Übers.): Das Rolandslied, Essen o. J.

Hlawitschka, Eduard: Studien zur Genealogie und Geschichte der Merowinger und der frühen Karolinger, in: Rheinische Vierteljahrsblätter 43 (1979, 81–95)

Hubmann, Franz/Pohl, Walter: Das karolingische Kaisertum, in: Deutsche Könige, römische Kaiser, Wien/München 1987

Kalckhoff, Andreas: Karl der Große – Profile eines Herrschers, Biographie, München 1987

Klopsch, Paul/Walter, Ernst (Hrsg.): Einhard – Vita Karoli Magni, Bamberg 1984

Lange, Reinhold: Das Rom des Ostens, in: Pörtner, R. (Hrsg.): Alte Kulturen ans Licht gebracht, Düsseldorf 1975

Lautemann, Wolfgang (Hrsg.):»Titel Karls des Großen« in»Geschichte in Quellen«, Bd. 2, München 1975

Leuckfeldi, Joh. Georg: Genealogische und historische Beschreibung derer vormals gelebten Grafen von Blanckenburg am Hartz-Walde, Quedlinburg 1708

Menghin, Wilfried: Die Langobarden, Stuttgart 1985

Moser, Bruno (Hrsg.): Das Papsttum, München 1983

Nack, Emil: Germanien, Wien/Heidelberg 1958/1977

Nöhbauer, Hans F.: Die Bajuwaren, Bern/München o. J.

Paulus Diakonus: Die Geschichte der Langobarden, Essen 1986

Pirenne, Henri: Mohammed und Karl der Große: die Geburt des Abendlandes (1936), Frankfurt 1963, 1985

Pleticha, Heinrich (Hrsg.): Weltgeschichte in 14 Bänden, Bd. 4: Kreuz und Halbmond, Gütersloh 1990

Roth, Helmut: Kunst und Handwerk im frühen Mittelalter, Stuttgart 1986

Semmler, Josef: Die Geschichte der Abtei Lorsch von der Gründung bis zum Ende der Salierzeit 764–1125, o. J.

Thomas R. P. Mielke
COLONIA
Roman einer Stadt
Broschur, 560 Seiten
ISBN 978-3-89705-599-5

»*Spannende Zeitreise durch die 2000 Jahre umfassende Geschichte Kölns.*« Rheinische Post

»*2000 Jahre Kölner Stadtgeschichte – spannend erzählt und aufbereitet.*« Top Magazin Köln

www.emons-verlag.de

Thomas R. P. Mielke
KARL MARTELL
Roman eines »Königs«
Broschur, 496 Seiten
ISBN 978-3-89705-872-9

»Dass Martell die arabische Invasion Westeuropas stoppte, machte ihn bei unseren westlichen Nachbarn zum Nationalhelden, in Köln hingegen steckte man ihn ins Verlies. So spannend kann Geschichte sein.« www.koeln.de

Thomas R. P. Mielke
JAKOB DER REICHE
Broschur, 352 Seiten
ISBN 978-3-95451-005-4

»Wer bei diesem Stoff nun an die Finanzkrise und das Verhalten der heutigen Bankhäuser denkt, liegt nicht unbedingt falsch.«
Miroque – Lebendige Geschichte 1/2013

»Der Autor gibt mit seiner Schilderung von Beziehungen, in denen Wahrheit und Fiktion wie Zahnräder gut ineinander greifen, seinen Lesern das Gefühl: ›So könnte es gewesen sein.‹«
Augsburger Allgemeine

www.emons-verlag.de